中国西北边疆研究丛书

卫拉特蒙古历史论考

马大正 著

西北大学出版社
·西安·

图书在版编目(CIP)数据

卫拉特蒙古历史论考／马大正著.—西安:西北大学出版社,2020.8
ISBN 978－7－5604－4563－2

Ⅰ.①卫… Ⅱ.①马… Ⅲ.①厄鲁特—民族历史—文集 Ⅳ.①K289－53

中国版本图书馆 CIP 数据核字(2020)第 136984 号

卫拉特蒙古历史论考
WEILATE MENGGU LISHI LUNKAO

著　　者	马大正
出版发行	西北大学出版社
地　　址	西安市太白北路 229 号
邮　　编	710069
网　　址	http://nwupress.nwu.edu.cn
E－mail	xdpress@ NWU.edu.cn
电　　话	029－88302825
经　　销	全国新华书店
印　　装	西安华新彩印有限责任公司
开　　本	787mm×1092mm　1/16
印　　张	31.5
字　　数	532 千字
版　　次	2020 年 8 月第 1 版　2020 年 8 月第 1 次印刷
书　　号	ISBN 978－7－5604－4563－2
定　　价	125.00 元

本版图书如有印装质量问题,请拨打电话 029－88302966 予以调换

总　　序

　　由西北大学出版社组织出版的"中国西北边疆研究丛书"（以下简称"丛书"）付梓在即。承出版社美意嘱我为书作序，我既忝列"丛书"主编，实无理由推辞，考虑到在"丛书"中我具有主编和作者的双重身份，"丛书"的学术水准还是由读者评说，我想借此写些主编本"丛书"过程中的感悟。

　　2015年初春，已在西北大学任教的我的学生陈跃博士，转达西北大学出版社有意请我策划一套以西北边疆民族研究为主题的学术丛书。我很赞赏出版社的魄力，也很感谢出版社对我的信任，虽说百事缠身，还是欣然受命。

　　几经商议，我确定了有关"丛书"编选的如下共识：一是定名为"中国西北边疆研究丛书"，确定西北边疆民族历史研究为各册选题的主题；二是延请学术上有建树的资深专家担当"丛书"选题的作者；三是各选题采用"专题性学术论集"模式，选编作者已刊历年研究之上乘之作或未刊之新作，前置作者学术自述为前言。

　　"专题性学术论集"一般是指个人的研究论文汇编或选编，此类作品具有下列学术上的优势：一是所收论文均是个人研究中的上乘之作，有的属其成名之作，学术含量高，并经过了时间的检验，有些文章已成为后来者研究入门的必读之作；二是所收论文刊发时间跨度长，刊载于不同刊物或论文集，寻觅不易，集中汇编成集，于某一专题研究而言，具有研究成果积累之功效。

　　"专题性学术论集"的编选在我国有悠久的传统，历来为学界所重视，也颇受专业读者的垂青，在我个人学术生涯中也多有这方面的学术实践。早在20世纪90年代，我在策划、组织由中国社会科学院中国边疆史地研究中心主持，黑龙江教育出版社出版的"边疆史地丛书"时，即含有"专题性学术论集"这一类选题,尽管其在全部 59 种选题中所占比例并不高,但其学术含量一直为业内同行所看重,可视为该套丛书的一大特色。这方面选题有吕一燃《中国北部边疆史研究》,马大正《边疆与民族——历史断面研考》《中国边疆研究论稿》,周伟洲《边疆民族历史与文物考论》,纪大椿《新疆近世史论稿》,孟广耀《北部边疆民族史研究》等。同类选题中还包括日本学者若松宽编选的论文专集《清代蒙古的历史与宗教》。该书编译者马大正1991 年末为本书所撰"代编者序"中指出:"若松宽教授是当今活跃于日本史坛的蒙古史学家。近三十年笔耕不息,在清代蒙古历史与宗教研究领域内,以其选题新颖,资料丰富,研考严谨,在当代日本蒙古史研究中独树一帜,颇享盛名,同时赢得中国蒙古学界的称道,在国际蒙古学界也有广泛的影响。"该书所收论文如作者在"中译本自序"中所言:"本书虽然以《清代蒙古的历史与宗教》命题,但内容的重点是卫拉特蒙古史,尤集中于准噶尔王国史的研究。宗教篇所收论文也有半数以上是与 17 至 18 世纪卫拉特蒙古史有直接关联的各位高僧的事迹考订。"该书出版后受到卫拉特蒙古历史研究者的关注。直至今天,仍不时有研究卫拉特蒙古史的青年学子,将该书作为研究的必读参考书,四处寻觅早已脱销的这本印数仅为 1 000 册的作品。进入 21 世纪后,中国社会科学院专门组织出版了"中国社会科学院学术委员文库"丛书,其中包括了 41 位中国社会科学院的资深专家的专题学术论文汇集。时任中国社会科学院院长陈奎元同志在其总序中指出:"学术事业的发展有如长江大河,前浪后浪,滔滔不绝,又如薪火传承,代代相继,光焰愈盛。后人做学问,总要了解前人已经做过的工作,继承前人的成就和经验,在此基础上继续前进。中国社会科学院学术委员会集中了我院几十个学科的几十名资深专家,他们在相关学科都有几十年的研究经历,大都在各自领域内卓有建树。现在出版的文库,由每位专家自选学术生涯中的代表作,结集面世,既可以显示他们孜孜矻矻辛勤走过的学术道路,又可以从中看出几十年,特别是改革开放以来我国哲学社会科学各个领域的部分成就和发展,是一件很有意义的事情。"

据我所知,故宫博物院、吉林省社会科学院、辽宁省社会科学院、新疆维吾尔自治区社会科学院等先后资助资深专家出版"专题学术论集"。中国社会科学院老干部局还专设基金为退休专家出版个人"专题性学术论集",持续有年,已成规模。这是一项惠及个人、功在后人的十分有意义的学术工作。

基于上述共识和感悟,经过多方协调,我确定了五种"丛书"选题,现对五种"丛书"选题的内容做简要介绍。

马大正《卫拉特蒙古历史论考》,主要内容分为四个部分:第一部分为"综论",从宏观上论述了卫拉特蒙古历史上重大事件的历史影响和当代启示;第二部分为"人论",着重评议了卫拉特蒙古历史重要人物如顾实汗、噶尔丹、渥巴锡、帕勒塔等的历史功过;第三部分为"考论",着重考证了卫拉特蒙古遗址、系谱,特别是土尔扈特东归时间、路线、人户数、札萨克印和人物等问题;第四部分为"研论",涉卫拉特蒙古历史文献、图书和研究者的评议。

苗普生《新疆历史论衡》,主要内容分为三个部分:第一部分为"历史发展总论",就新疆历史发展及研究概况进行了系统性回顾;第二部分为"民族历史研究",以新疆历史的具体史实为研究中心,不局限于一朝一代,上至两汉时期的匈奴,下至辛亥革命时期的新伊大都督府;第三部分为"资源开发与地方志文献研究",着重研究了清代新疆的资源开发和地方志文献资料。

华立《清代新疆社会变迁研究》,主要内容分为三个部分:第一部分为"移民与流动篇",主要论述了清代新疆人口流动、移民出关、跨地域迁徙的情况;第二部分为"地域社会篇",主要论述了清代新疆的社会状况,以相应的史实和政策为研究内容;第三部分为"经济文化篇",主要介绍了新疆地区的农业、贸易等情况,使西北边疆地区的研究更加鲜活丰富。

成崇德《清代西北边疆与卫拉特蒙古历史研究》,主要内容分为三个部分:第一部分为"卫拉特蒙古历史文献篇",对卫拉特蒙古历史文献进行了细致的译注和研究;第二部分为"卫拉特蒙古部落篇",以卫拉特蒙古部落为切入点,对其起源、政权、法典、文献等进行了论述;第三部分为"清朝边疆政策与西北边疆篇",对清代的疆域和边疆民族政策进行了论述。

段连勤《中国古代北方民族史论著选集》,对中国古代北方民族进行了综合研究,既有对维吾尔族远古史,如丁零、高车、铁勒的丰富研究,又有对回纥汗国建立前蒙古草原历史发展大势的研究和概括,还包括一些为秦汉史研究者所注意的关于秦嬴的起源地、族属问题，以及犬戎和中山国历史方面的文章。

西北边疆研究是一个庞大的研究领域，研究成果丰厚，如浩瀚的大海，"丛书"所选的五种仅仅是大海中的五滴水珠，至于水珠的优劣尚待读者评议。

在序文结束之时，我要向西北大学出版社下决心出版本"丛书"的出版家情怀，表达由衷的钦佩之情。我还要向为"丛书"的出版劳碌奔波的我的学生陈跃博士，以及"丛书"的责任编辑李华同志和为"丛书"出过力的众多不知名的朋友表达自己的感激之意。

权充序。

马大正

2020年6月20日于北京自乐斋

回忆与思考：我的卫拉特蒙古历史研究
——代前言

卫拉特蒙古历史研究是我真正意义上的研究工作起点，也是我着力最多的研究领域之一。现借《卫拉特蒙古历史论考》成集之际，追忆自己已逾40年的卫拉特蒙古史研究历程与心路、感悟与感激，权充正在撰写的个人学术生涯回忆与思考的一个片段。

兹分如下七题：

一、研究之缘起。

二、准噶尔史研究。

三、研究拓展之一：从准噶尔史、土尔扈特史到卫拉特史论与通史研究。

四、研究拓展之二：从卫拉特蒙古史到新疆蒙古史研究。

五、走出学术研究的象牙塔。

六、研究之感悟与感激。

七、研究永远不画句号。

一、研究之缘起

1975年夏秋，离我1964年6月到中国科学院民族研究所（今中国社会科学院民族学与人类学研究所前身）已过去整整11年！其间，我与大多数同龄人一样，身在研究机构，却长期与科研工作无缘。但平心而论，这些年确也是经风雨、见世面、长见识，加深对社会的认识本身也是哲学社会科学工作者的必修之课，无疑大大有利于日后研究工作中资料鉴别、历史现象分析能力的提高。当年唯一能做而我未能做到的是，我不及我的一些同龄的先觉者，没能抓紧时间巩固外文水平和进行再学习。从这一意义上说，我浪费了宝贵的青春岁月。

在中国科学院哲学社会科学部河南干校时，我与著名历史学家翁独健老师曾在几十人的大宿舍里隔铺而居，这拉近了我们的关系。1972年返京后，我成了独健老师家中常客，每每无主题的聊天，却让我获取了信息和知识,独健老师对晚辈的真诚、观察问题的缜密、评论时政的坦诚,让我既感动又折服!1975年夏秋,已进入科学殿堂11年可又从未确定研究方向的我,选择研究方向时,多次求教独健老师。独健老师从研究对象的生命力、重要性以及当前研究现状等方面,结合我个人的研究能力、特长,还分析了当年民族所历史研究室研究队伍的人际关系等,他建议我从事新疆历史研究,并向我透露,民族研究所得到一个外交部交办的研究任务——"准噶尔问题",正在考虑组织人力接受此项任务,让我争取参加此项目工作,以准噶尔问题研究为切入点,从事新疆历史研究。我接受了独健老师的指点,1975年底,我如愿成为"准噶尔问题"研究小组的一员,从此开始了我新疆历史研究的学人生涯,至今仍乐此不疲。

2006年,为纪念独健老师百年诞辰,我撰写了《论新疆历史发展的基本问题》,并入选《蒙元史暨民族史论集——纪念翁独健先生诞辰一百周年》(社会科学文献出版社2006年版)一书中。我在题记中写下了这样一段话:"遥想当年,正是独健老师建议我将新疆史研究作为自己的研究方向,30年后的今天,我以一篇论述新疆历史的论文,来纪念独健老师,祈望以此告慰独健老师在天之灵!"

二、准噶尔史研究

"准噶尔问题"研究小组最初由民族所7人和中国科学院新疆分院历史研究所3人组成,负责人是罗致平和杜荣坤,新疆分院领导陈华同志参与指导。研究工作伊始,即得到享誉海内外的著名前辈学者翁独健老师的指导与启迪,独健老师是我研究卫拉特蒙古史和之后研究隋唐民族关系史的引路人和最直接的老师。

参加研究小组伊始,我只知清代前期有一件著名的历史事件:平定准噶尔。在独健老师和罗致平教授(研究小组中唯一的新疆史、中亚史教授,精通英、俄、德、日诸国文字)的指导下,我们确定了研究工作目标为写一部学术专著《准噶尔史略》。至今我仍清晰记得《准噶尔史略》编写之初,独健老师的谆谆告诫:"一定要详尽地掌握原始资料和国内外研究动态,首先把前人的研究成果收齐,编好目录,仔细阅读,在前人研究的基础上,把这本书写成有较高科学性的民族史学专著,不要成为应时之作。"这种治学精神,成为我走学术探索之路的准则而永存心际。

卫拉特蒙古史研究起步是顺利的,因为从大环境而言,我们很快摆脱"文革"阴影,赶上了社会科学研究蓬勃发展的好时代;从小环境而言,我有幸置身于一个团结、进取的研究集体之中。

《准噶尔史略》研究与撰写经历了两个阶段。

1976—1978年为资料收集和草拟编写大纲阶段。这一阶段我负责做如下三项工作：一是编制准噶尔历史研究参考书目；二是编制厄鲁特各部世系简表；三是负责组织编印《蒙古族厄鲁特部历史资料译文集》（以下简称《译文集》）。在上述三项工作中，前两项经过修饰补充，作为《准噶尔史略》的附录收于书中，第三项工作自1976年8月至1980年2月，共编印了16辑，1981年12月至1984年12月又编印了《厄鲁特蒙古历史译丛》（以下简称《译丛》)4集。《译文集》《译丛》共编发了有关卫拉特蒙古历史近80篇史料、论文、专著摘选的译文，文种涉及俄文、英文、法文、德文、日文，以及蒙古文、满文等少数民族文字。《译文集》《译丛》为当时《准噶尔史略》的撰写提供了大量珍贵的史料、国外相关研究成果和信息，在史料多样性、研究视野拓展和吸纳国际优秀成果等方面，均起到了良好作用。《译文集》和《译丛》当时就得到同行的欢迎和好评。随着时间的推移，这套20册简陋的油印本仍为几代清史、蒙古史研究者所关注，显示了其在推动我国卫拉特蒙古史研究中的学术价值。作为当年《译文集》和《译丛》编印的具体组织者，每思及此，备感欣慰。同时，我更怀念撰写《准噶尔史略》时的美好岁月和情趣相投、和谐合作的各位师长和同人好友。①

为积累研究之原始资料和掌握研究之动向，我们当年还做了两件现在年轻人看来很"蠢"的工作。

第一，《清实录》《亲征平定朔漠方略》《平定准噶尔方略》是研究准噶尔历史最基本史料，我们好不容易从民族所的图书馆中找到了《清实录》和《亲征平定朔漠方略》，从北京图书馆善本库中找到了《平定准噶尔方略》，组织专人进行复印。研究小组众人分工摘抄卡片，然后将资料卡片集中整理供写作时使用，记得分工给我的是阅读摘抄《亲征平定朔漠方略》。

第二，从商务印书馆找到1册兹拉特金《准噶尔汗国史》的马曼丽中译稿的油印本，我们共同努力进行复写，将1册油印本，变成了5册复写本，以供编写时使用。

---

① 2005年秋，国家清史编纂委员会编译组重视《译文集》《译丛》对今日清史纂修的学术价值，冠名《卫拉特蒙古历史译文汇集》，入选《清史译文新编》第三辑，铅印四册，重新编印工作由马大正主持，阿拉腾奥其尔负责编校。

在当时的办公条件下,这是下笨功、下死功,但我们研究准噶尔历史资料的"原始积累"就是这样完成的。实践证明,这是符合研究的客观规律的,我辈也从中获益终生!

在熟悉资料和研究动态前提下,《准噶尔史略》的编写大纲几易其稿,臻于成型。

1979—1982年为《准噶尔史略》一书初稿的分工撰写阶段。

根据反复修改确定之编写大纲,《准噶尔史略》共分六章:第一章元明时期的历史概况;第二章准噶尔部的兴起;第三章噶尔丹的兴起及其覆亡;第四章策妄阿拉布坦、噶尔丹策零统治时期的准噶尔;第五章准噶尔统治集团内讧及清政府对西北地区的统一;第六章准噶尔的文化艺术与社会习俗。全书计划25万字,每章平均4万字左右。由罗致平、杜荣坤、郭蕴华、马大正、蔡家艺、白翠琴分章执笔撰写,我负责撰写第二章第四节巴图尔珲台吉和僧格的抗俄斗争和第三章全章,从时间上看,其正好是17世纪60—90年代末,这半个世纪是清史、蒙古史、中俄关系史上值得深入研究的重要时段。

在完成撰写任务的同时,我和蔡家艺合作撰写了五篇论文《略论17世纪前期厄鲁特及和托辉特人民的抗俄斗争》《试论僧格时期准噶尔人民的抗俄斗争》《18世纪初准噶尔人民抗俄斗争的重要一页》《略评兹拉特金的〈准噶尔汗国史〉》《论准噶尔贵族对南疆的统治》。同时我还撰写了《噶尔丹与沙俄》和《苏联史学界利用俄国档案资料研究准噶尔历史情况简述》等论文。

由于资料准备扎实、编写大纲讨论充分、执笔人全心全意投入撰写工作,又能正确处理集体成果和个人研究的关系,撰写工作进行得十分顺利,1981年完成了初稿。在对全书的框架结构未做大的变动的情况下,我们用了将近一年时间完成了通稿和定稿。1985年12月,《准噶尔史略》由人民出版社出版,全书24.4万字。2007年,广西师范大学出版社将《准噶尔史略》作为"中国古代北方民族史丛书"选题之一再次出版。这次再版,基本上保留全书原貌,足以证明这本书的学术质量经住了时间的检验,实现了翁独健老师"不要成为应时之作"的嘱托。

三、研究拓展之一:从准噶尔史、土尔扈特史到卫拉特史论与通史研究

这一阶段大体是在20世纪80—90年代,综观卫拉特蒙古历史发展进程,明末清初至清前期,亦即17—18世纪,是卫拉特蒙古历史发展由兴盛到危机的过渡时期。这一时期卫拉特蒙古各部,特别是统治天山南北的准噶尔部、统治青藏高原的和硕特部、远徙伏尔加河流域的土尔扈特部，是活跃于西北和北方的三支重要的政治力量，它们之间相互联系又各自沿着自己的轨迹发展，写下了历史上值得一书的篇章。

在撰写《准噶尔史略》有关噶尔丹一章时，我的研究视野已开始拓展到土尔扈特史、和硕特史。正是此时，我有幸结识中国人民大学清史研究所的马汝珩同志，他是20世纪50年代中国人民大学的研究生，师从尚钺教授，年长我11岁。马汝珩同志从年龄到学历可以算是我老师一辈了。在始于20世纪70年代末我们的相识、相处，特别是以清史、卫拉特蒙古史为主题的学术交往、交流中，我们的关系不知不觉完成了从亦师亦友到亦友亦师，再到坦诚相见的知交诤友的转变。

20世纪80年代，我和汝珩同志从清史研究视角完成了四篇卫拉特蒙古重要历史人物论文：《顾实汗生平略述》《厄鲁特蒙古喇嘛僧咱雅班第达评述》《论罗卜藏丹津叛乱与清政府的善后措施》《论杜尔伯特三车凌维护国家统一的斗争》；在土尔扈特史方面我们合作完成了《土尔扈特蒙古系谱考述》《试论渥巴锡》《渥巴锡承德之行与清政府的民族统治政策》等论文。上述论文具有如下共同特点：一是选题在当时均为研究之空白点，前人相似研究成果极少，甚至没有；二是突破了汉文的资料利用，大量利用了满文、俄文、蒙古文的资料，同时也吸纳了俄国、日本、美国学者的相关最新研究成果。这些论文在当时确有引领研究之先的功效。我个人还依据已汉译的满文档案先后撰写了《土尔扈特蒙古东返始于何时考》《土尔扈特蒙古东返路线考述——一条鲜为人知的哈萨克草原通道》《土尔扈特蒙古东返人、户数考》《土尔扈特蒙古大喇嘛罗卜藏丹增史事述补》《新疆和布克赛尔准噶尔遗址考》《新疆和硕特蒙古札萨克印考》等。这些文章后来与《土尔扈特蒙古系谱考述》一起被业界称为"卫拉特蒙古史事七考"，得到了同行的认可和很多关注土尔扈特蒙古东归史的文艺界朋友的重视与称赞。这是因为我依据满文、汉文、俄文档案文献以及自己田野调查的资料，对土尔扈特蒙古东归史的一些重要节点的考证，解决了史事、史实上长期待解的难题。

我和汝珩同志的合作得到了老一辈边疆研究学者吴丰培老师的称赞，在丰培老师的推荐下，青海人民出版社同意为我们出版论集，由我和汝珩同志合著，题名为《厄鲁特蒙古史论集》，在责任编辑高淑芬同志的辛劳操作下于1984年出版，计22万字。论集收录了15篇文章，内容大体上可分四类，前三类分别论述了和硕特、准噶尔和杜尔伯特、土尔扈特诸部有关的历史人物和历史事件,最后一类则是对厄鲁特蒙古历史研究和有关资料的评述。

我与汝珩同志还着力编选了《清代土尔扈特蒙古历史资料汇编》(手稿)收集了汉、满、俄、英、日等文种的档案文献和资料近200万字。在资料积累日益丰富、专题研究不断深化的基础上,1989年9月,历经十载,四易其稿完成了《漂落异域的民族——17至18世纪的土尔扈特蒙古》一书,该书1991年7月由中国社会科学出版社出版。著名清史学家戴逸教授在为这本书所撰的序言中指出:"这次本书的出版,是作者在卫拉特蒙古史学术领域中又一次新的开拓","长期以来,我们在清史研究中,对边疆民族历史的研究并不充分,呈现出较为明显的不足……作者出版本书,正是为弥补清史研究的薄弱环节而做的努力,其学术价值是应该予以肯定的。"

戴逸教授在序言中还特别指出:"本书的两位作者能够在较长时期里坚持相互合作,切磋钻研,并在所探求的学术领域中取得优异成绩,是值得称道的。这除了两位作者的学术观点、研究志趣一致性之外,还与他们合作过程中互敬互助、彼此理解的友谊精神分不开。因此,本书的出版,也可说是两位作者在志同道合、同心协力的土壤中结出的友谊之花。我希望两位作者在未来的学术研究中,继续发扬友谊合作精神,创造出更丰硕的果实。"

尽管戴逸教授在序文中将我称之为他"多年的同事与朋友",但其实戴逸教授是我从大学时代起就敬仰的学术大家,也是当年从事准噶尔史研究中最先寻访的老师,他的称赞,特别是对我与汝珩同志合作的肯定,成为我从事学术研究以及学术研究中为人处世坚持的原则,遵行不悖。

《厄鲁特蒙古史论集》的出版使我们与青海人民出版社建立了良好的合作关系,在政史室主任高淑芬同志推动下"中国民族史入门丛书"选题(以下简称"入门丛书")顺利立项。这套丛书由中国社会科学院民族研究所民族历史研究室主编,我为实际的组织者,参与审稿的还有蔡家艺、杨保隆。丛书第一批书目包括《青海民族史入门》(芈一之),《满族史入门》(陈佳华),《渤海史入门》(杨保隆),《甘肃民族史入门》(马曼丽),《吐谷浑史入门》(周伟洲),《卫拉特蒙古史入门》(马大正、蔡家艺)。

"入门丛书"是对中国民族史各个研究方向已有成果进行审视和回顾的小结。在体例上,它按族别史和地区民族史分册编写,每册包括三大部分,即历史概述、史料简介、研究综述,分别阐述各民族或地区民族历史发展的线索和特点、进行专题研究必须掌握的基本史料以及各领域研究发展中的成果与问题。

在"入门丛书"的策划过程中,独健老师尽管已体弱多病,但他仍十分关注这套丛书的编撰工作,从选题构想到内容安排,他都进行了悉心而具体的指导,这使"入门丛书"一开始就有一个较高的起点,工作进行得十分顺利。该项目于1986年正式启动,1987—1989年第一批6册全部出版面世,获得业界好评,尤其深受初习民族史的青年学子的欢迎。我和蔡家艺合著的《卫拉特蒙古史入门》既是一本研究入门之作,也是一本史论之作,由我执笔的"历史概述"为日后参加《卫拉特蒙古简史》的编写做了学术上的准备。

1987年,我从已经工作了23年的民族研究所,调入中国边疆史地研究中心,个人研究重点有所转移,但1987—1994年,我仍参加了《卫拉特蒙古简史》上册、下册的撰写,还承担了部分组织工作。

1987年10月,经时任新疆维吾尔自治区党委常委、自治区政协主席浩·巴岱同志提议,组成了《卫拉特蒙古简史》上册编写组,1988年底完成初稿,1989年4月讨论定稿,我承担了第四章准噶尔汗国在天山南北的统治、第七章土尔扈特汗国在伏尔加河的统治的撰写。《卫拉特蒙古简史》下册编写组亦于1989年8月25日成立,1994年11月讨论定稿。我承担了第十四章辛亥革命前后新疆的卫拉特蒙古的撰写。

新疆人民出版社分别于1992年6月和1996年3月相继出版了《卫拉特蒙古简史》上册、下册。该书出版后得到了国内外同行的好评,也一直为蒙古史、清史、中亚史、中外关系史、新疆地方史等领域的青年学子们所关注。2006年,新疆人民出版社提议修订再版《卫拉特蒙古简史》上册、下册,我辈欣喜之余,重读旧著,自感尽管时间已过去十余年,但这本书仍不失其学术原创性的魅力,在当前蒙古史、清史、中亚史、中外关系史、新疆地方史等领域研究深化中仍有其存在的价值。但当年参加撰写工作的刘志霄、冯锡时、郭蕴华诸先生已驾鹤西归,一些当年编写组的年轻学者,大多已成为各自单位的中坚力量,难以调动,因此修订再版工作由当年编写组成员、现任职国家清史编纂委员副主任的我和成崇德教授担任。在征得浩·巴岱同志同意后,我们做了四项工作。

一是将书名改为《卫拉特蒙古史纲》,将原上册和下册合为一册,由马大正、成崇德担任主编,并邀请了蒙古族学者乌云毕力格、阿拉腾奥其尔、吐娜、黑龙和满族学者孙喆担任副主编。

二是全书内容基本保持原貌,在内容上根据近年研究的新成果仅对土尔扈特蒙古东归的日期做了修正。

三是对原上册和下册的大事记、世系表做了统编修正，对译名对照进行补充修正。

四是增写了全书前言，增补了照片和示意图。

在20世纪90年代初，我还撰写了《清末土尔扈特蒙古郡王帕勒塔述论》和《民国初年土尔扈特亲王帕勒塔述论》，将自己的土尔扈特蒙古史研究从17—18世纪延伸至20世纪初。

20世纪80—90年代是卫拉特蒙古历史研究的一个勃兴期。在这十余年时间里，卫拉特蒙古史研究在如下三个方面特别引人瞩目。

第一，卫拉特蒙古史的研究已摆脱了长期依附于清史、地方史、中俄关系史的从属地位，成为蒙古学中一个相对独立的研究领域，上述一批研究专著的问世和研究课题领域的广泛开拓与不断深化即是明显的标志。研究的实践表明，只有卫拉特蒙古真正成了研究的客体，卫拉特蒙古史这一学术领域才能得到研究者们的精心耕耘，才能结出丰硕的学术成果。

第二，研究中实事求是的精神逐步得到恢复，这一点在历史人物评价上尤为明显。20世纪60—70年代初，对卫拉特蒙古众多历史人物否定过多，即使对应予以肯定的人物，也多有指责，其依据的标准主要是我国与俄国的关系。这种对历史人物缺少全面、历史分析的倾向，在研究中不断得到纠正，大多数卫拉特蒙古历史人物得到了较为公正的评价。但我们也应认识到，研究是一个不断深化的过程，包括历史人物评价在内的许多问题仍须进一步去认识，诸如如何认识卫拉特蒙古史在祖国历史中的地位与作用，如何更客观真实地研究卫拉特蒙古与清朝政府关系，并做出更合乎实际的历史结论，这些都是有待于在研究中去努力解决的问题。我们相信，具有优良传统的中国史学工作者，能够将卫拉特蒙古史研究推向一个新的发展阶段。

第三，蒙古族学者和蒙汉兼通学者的崛起。一批蒙古年轻史学工作者和蒙汉兼通的史学工作者投身到卫拉特蒙古史的研究行列，为这一领域研究注入了新的活力。据不完全统计，十年间这一领域用蒙古文出版的专著有2种，发表的资料有13篇，论文有30篇（参见马大正、蔡家艺《卫拉特蒙古史入门》附录二）。

基于上述综述和认识，为了进一步推进未来的研究工作，我在《卫拉特蒙古史研究述评》①一文中希望脚踏实地地做好两个方面的工作。

第一，发掘、整理研究新资料。档案文献中保存着相当数量的卫拉特史料，因此，对档案文献的整理应进行统筹安排。中国第一历史档案馆收藏有大量汉文、满文档案，中国第二历史档案馆收藏有民国时期有关卫拉特蒙古的档案，在新疆档案馆、西藏档案馆以及一些地、县档案馆也有数量众多的珍贵档案。这些档案整理利用的广度直接影响到研究的深入，但整理和利用这些档案绝非个人或几个单位所能完成，还需要统筹与组织，并应有相应的经济力量和组织机构作为保证。至于外文资料的翻译，特别是俄国档案的翻译，将对研究的开展大有裨益。

第二，将卫拉特蒙古作为研究客体而推动研究的深入和新领域的开拓，至少有以下几个方面不应忽视：对卫拉特蒙古早期历史的研究，包括卫拉特蒙古诸部的来源、卫拉特蒙古的形成和早期分布等；对16世纪以来卫拉特蒙古社会各方面，诸如社会制度、阶级结构、经济活动、法制思想、宗教生活等方面进行专题或综合的研究；进一步研究卫拉特蒙古在清朝前期的历史作用和历史地位，将有助于总结统一多民族国家历史发展中的一些规律；深入研究卫拉特蒙古与蒙古诸部，与汉族、满族、藏族、维吾尔族、哈萨克族、柯尔克孜族的关系，填补其中研究的空白，既是中国民族关系史研究的一项重要内容，也将使卫拉特蒙古史的研究更富有立体感；全面研究卫拉特蒙古与俄国关系诸方面，既研究其对抗直至战争的一面，也研究其和好交往的一面，将大大有助于早期中俄关系史研究的深入；改变卫拉特蒙古近现代史研究的落后状态，对这一空白的填补，将使卫拉特蒙古史的研究更完整、更系统，也大大推动当今卫拉特蒙古居住地区的地方史研究的深入。

上述设想得到同人的认同，卫拉特蒙古历史研究正是在符合学术规则与规范的上述思路下有序推进。也正是由于自己的个案研究成果和推动学术研究的主张的有效，我有幸与马汝珩教授、马曼丽教授一起被学界称为国内开拓卫拉特研究的"三马"②。

---

① 乌兰察夫，乌力吉图主编：《蒙古学十年：1980—1990》，内蒙古人民出版社1990年版。

② 徐黎丽：《封面学者：马曼丽教授》，载《广西师范大学学报》（哲学社会科学版）2013年第1期。

四、研究拓展之二：从卫拉特蒙古史到新疆蒙古史研究

生活在新疆的蒙古族除了卫拉特蒙古诸部外，还有清乾隆年间西进戍边的察哈尔蒙古。

察哈尔是蒙古旧部落名，清康熙年间，编为察哈尔八旗，驻牧于今内蒙古自治区乌兰察布市东南部及锡林郭勒盟南部。18世纪60年代，清政府在统一新疆后，为了保卫新疆和开发新疆，有计划地移民戍边，遣满洲、索伦、察哈尔、厄鲁特（卫拉特）、锡伯兵丁携眷移驻伊犁，分别组成"满营""索伦营""察哈尔营""厄鲁特营"和"锡伯营"，供伊犁将军管辖调遣。发生在18世纪中叶的西迁新疆戍边活动，构成了一幅西进的宏伟图幅，在这股西进洪流中，察哈尔蒙古的戍边队伍占有重要地位，他们的后裔今天成为居住在新疆维吾尔自治区博尔塔拉蒙古自治州蒙古族的主要组成部分。

历史的思考与现实的要求，均向我们提出了同一命题：应着力研究清代西迁新疆之察哈尔蒙古的历史。当我着手了解此问题的前人研究成果时，却不无遗憾地得出结论：清代西迁新疆的察哈尔蒙古的历史是研究中被遗忘的角落。连《察哈尔蒙古族史话》一书中，也只字未提西迁的历史。为何如此？史料不足是最重要的原因之一。史料的缺乏和分散，尤其是前者，使研究者望而却步。要想使研究工作有新的进展，唯有在现藏于中国第一历史档案馆的浩瀚档案中，特别是满文档案中去寻索。

这项工作的提出始于1990年9月，当时我正第三次到博尔塔拉蒙古自治州进行一项考察工作。这一设想提出后得到了博尔塔拉蒙古自治州党政领导的赞同，更在当地蒙古族学者和群众中引起了强烈反响。1982年，曾任博尔塔拉蒙古自治州党委宣传部部长，当时已是中共博尔塔拉蒙古自治州党委常委、人大常委会副主任的那克同志为促成此项工作的顺利开展不遗余力，四方游说。此后一年多时间的商议、策划，顺利解决了开展此项工作的必要经费等问题。1992年，中国边疆史地研究中心、中国第一历史档案馆和博尔塔拉蒙古自治州地方志编纂委员会共同组织人力使这项工作进入了寻检、汉译和编选阶段。我们共检索了乾隆二十五年至宣统三年（1760—1911）满文录副奏折、月折档、寄信档和议复档等1 056件，从乾隆朝610件中选择了462件，编成《清代西迁新疆察哈尔蒙古满文档案译编》（以下简称《译编》），作为献给博尔塔拉蒙古自治州成立40周年的贺礼，1994年该书正式出版，了却了我多年来的一桩心愿！十年后，为庆祝博尔塔拉蒙古自治州成立50周年，我们又在《译编》的基础上进行了再收集、再

修订、新汉译,并按时间顺序重新编排,以《清代西迁新疆察哈尔蒙古满文档案全译》(以下简称《全译》)为书名,于2004年出版。《全译》辑入并汉译的档案计1 483件,其中正件925件,附件558件,起止时间为乾隆二十五年至宣统三年(1760—1911)闰六月。可以说,《全译》将收藏于中国第一历史档案馆的有关清代察哈尔蒙古西迁新疆的满文档案尽数收集,是研究西迁新疆察哈尔蒙古最权威、最重要的基础性文献。

我为此撰写了《清代西迁新疆之察哈尔蒙古的史料与历史》,刊发于《民族研究》1994年第4期,并作为《译编》的代前言,在该文研讨的几个历史断面中,阐论了西迁之举的决策,西迁的时间与人数,西迁后安置地的变迁,民族间的和好、互助关系。这些既是学术界探究的难点,也是当地察哈尔蒙古民众最关注的热点历史议题。

由于有了扎实的史料基础,察哈尔蒙古西迁史和博尔塔拉蒙古自治州地区史的撰写,在当地政府的倡导和组织下得到蓬勃开展。我先后为《新疆察哈尔蒙古西迁简史》(民族出版社2010年版)和《察哈尔蒙古西迁新疆史》(新疆人民出版社2013年版)两书撰写了序言。

在此过程中,我也在从准噶尔人抗俄斗争功绩史到土尔扈特人的东归壮举,再到察哈尔蒙古的西进伟业的研究中,实现了自己对新疆蒙古历史研究的全覆盖。

五、走出学术研究的象牙塔

在研究卫拉特蒙古历史进程中,我结识了很多蒙古族历史学家,在进行卫拉特蒙古历史田野调查时更是接触到广大新疆蒙古族普通民众,这使我深感他们(从知识精英到普通民众)对卫拉特蒙古、察哈尔蒙古先辈历史事迹了解的渴求。学人的责任让我强烈意识到应该让卫拉特蒙古历史从研究走向大众。为此,自20世纪90年代以来我做了三件事。

第一件事是将自己亲历的卫拉特蒙古社会历史田野调查写成考察实录。1982年6月至7月,我组织并参加了中华人民共和国成立以来首次对新疆地区蒙古族社会历史的综合考察,考察了巴音郭楞蒙古自治州库尔勒市以及和静县的和静镇、巴仑台镇、巴音布鲁克镇,伊犁哈萨克自治州伊宁、昭苏、特克斯、尼勒克、乌苏和和布克赛尔蒙古自治县,博尔塔拉蒙古自治州博乐市、精河县、温泉县,行程共5 523公里,历时54天。这次考察本身具有开创性、探索性和普查性。考察结束后,我除了撰写了学术性的考察报告和编辑考察资料汇编外,还尝试以散文随笔风格撰写了《伊犁考古散记》,刊发于《伊犁河》杂志1983年第3期,未曾想几千字的散文竟获得那么多读者的关注与鼓励。①

由于有此实践,加之随着人们对中外探险家新疆考察活动历史有更多了解,如瑞典探险家斯文·赫定的《亚洲腹地旅行记》得到几代中外读者的喜爱,1993年我应邀去日本福冈参加九州大学国际丝绸之路学术研讨会,会上以及会后到京都龙谷大学做的以自己的新疆考察经历为内容的学术讲演,在日本同行中引起反响。所有这些,促使我在20世纪90年代中期,萌生了策划出版一套由中国学者自己撰写的边疆考察实录丛书的设想。这一想法得到了时任山东画报出版社总编辑汪家明的热烈响应,终于在1997年诞生了一套当时颇获各界好评的"中国边疆探察丛书",我以1982年田野调查为内容的《天山问穹庐》也应时面世。全书分设如下九题:一个梦的开始;奔向巴音布鲁克;天鹅的故乡;呵,伊犁;国境线上访古碑;青色草原博尔塔拉;乌苏寻古;寻访准噶尔古遗址;未圆的梦。全书计7万字,配有考察照片54张。这本书自1997年出版以来,印刷已近2万册,承蒙读者厚爱,很快售罄。2009年,我对十余年前旧著又做了增补修订,山东画报出版社于2010年再次出版,计11万余字,图幅138张。由金花翻译的蒙古文版也于2016年由内蒙古人民出版社出版。《天山问穹庐》比我和汝珩教授合著的学术著作《漂落异域的民族——17至18世纪的土尔扈特蒙古》拥有更多的读者,也为土尔扈特蒙古东归壮举、东归精神的宣传普及,让学术走向大众,让大众了解学术,提供了一些有益的素材。

第二件事是积极参与巴音郭楞蒙古自治州、博尔塔拉蒙古自治州,以及和布克赛尔蒙古自治县党委和政府策划组织的有关土尔扈特蒙古东归和察哈尔蒙古西迁纪念、庆典、展览、讲演等活动,提供必要的历史知识支持,取得了良好的效果。参与的活动如下:2004年6月,在库尔勒召开的巴音郭楞蒙古自治州首届东归历史文化学术讨论会;2010年7月,在和静县举行的东归历史文化学术讨论会和土尔扈特人东归展;2004年7月,在博乐市举行的察哈尔蒙古西迁与土尔扈特人东归学术研讨会;2012年8月,在温泉县举行的纪念察哈尔蒙古西迁戍边250周年文化研讨会;2003年8月,在承德外八庙管理处举办的"万里东归——土尔扈特蒙古东归展"。

---

① 文章原题是《伊犁寻古散记》,刊发时编辑将"寻古"改成了"考古",其实我们的考察,应是寻古,不是考古!

2007年以来，我先后撰写了《东归精神永存——土尔扈特蒙古万里东归的启示》《东归精神不朽——土尔扈特东归240年祭》《土尔扈特蒙古东归的当代启示》《土尔扈特蒙古万里回归的启示》，参与了有关土尔扈特蒙古东归为主题的电视访谈、公益讲演等活动。

现在每每听到、看到自己的研究成果中的一些见解成了宣传的基调、大众的共识，"东归"和"西迁"精神深入人心，精神动力转变为物质实力，欣慰之情不禁油然而生！

第三件事是鉴于新疆蒙古史具有特殊的"以史为鉴"的功能，2004年10月，我撰写专文，提出新疆蒙古史研究与普及应成为新疆地方史研究的新亮点，应成为开展"五观"教育的好素材。卫拉特蒙古和察哈尔蒙古是新疆蒙古族的主要组成部分。卫拉特蒙古在17—18世纪反抗沙俄侵略、保卫国家领土方面功不可没，尤其是1771年土尔扈特蒙古举族东归祖邦故土的壮举，更是中华民族历史上一曲爱国主义凯歌。而18世纪60年代以降，察哈尔蒙古和锡伯、满族、索伦、绿营大批兵丁西迁新疆屯垦戍边，则构成一幅西进的宏伟图画，成为18世纪中国历史上一道独特亮丽的风景线，也是一个具有特殊"以史为鉴"功能的绝好研究领域。

从意识形态领域反分裂斗争的战略高度出发，对新疆蒙古史的研究，理应予以特别的关注，给予更多政策上的倾斜。为此我建议：

一是继续下大力气发掘新资料。新疆蒙古历史的档案文献资料特别是满文、藏文的档案仍应成为首要开发对象。有了新资料，开拓研究视野、深化研究才有可能。

二是开拓研究新视野，强化知识普及读物的出版。就研究而言，17—18世纪新疆蒙古史仍应是研究重点，当时新疆蒙古族在政治、经济、文化上（包括他们所信仰的藏传佛教）的建树和推动新疆历史发展中所起的作用有待研究者进行探讨，近代、现代至当代新疆蒙古族的历史活动的研究更需研究者去填补空白。就普及而言，新疆蒙古族的历史与现状是一份不可多得的进行爱国主义教育的乡土教材，已是人们所熟知的"东归""西迁"以及众多文艺作品的绝好题材。

三是采取有力举措，让学术研究成果走向大众。近年，巴音郭楞蒙古自治州、博尔塔拉蒙古自治州党委和政府结合本地特点，为弘扬"东归""西迁"爱国主义精神，创办了"东归节""西迁节"。这是一项特别值得赞扬的让学术走向大众、让大众了解学术的好举措，自治区党委和政府应持续鼓励,将此项活动持之以恒地办下去。

上述建议得到了中央有关部门的高度重视,形成了有利于新疆蒙古史普及和研究深化的实际推动力。

六、研究之感悟与感激

自己从事卫拉特蒙古研究已逾40个春秋,蓦然回首,既漫漫又匆匆,静夜思之,感悟与感激良多!

研究中的感悟简言可归纳如下:

一是资料是研究的基础,田野调查不能忽视,详尽占有上述两类资料,即为研究深化提供了可能。

二是要详尽掌握和吸纳前人和同时代人的研究成果,使自己的研究不陷入井底之蛙的窘境,为从选题到内容的创新提供保证。

三是研究中要坚持微观研究与宏观研究兼顾,微观研究是研究深化的基础,宏观研究则是研究的升华和能否拓展的保证。

四是不要忘记"以史为鉴"的古训,同时要牢记让学术走向大众、让大众了解学术的学人之责。

五是作为脑力劳动的学术研究,一般说来,以个人的钻研为基本方式,但个人研究并不排斥集体合作。研究中合作的前提除了合作者学术观点、研究志趣一致外,互敬互助、彼此宽容、理解的友谊精神也十分重要,唯此合作者才能在志同道合、同心协力的土壤中结出学术之花。

上述五点感悟是自己对逾40年卫拉特蒙古历史研究实践经验的总结,自感尚带有一定的普遍价值,可供研究的新生代借鉴。

感悟之余,我也要表达自己的感激之意。我要感激卫拉特蒙古历史研究中的诸多合作伙伴,特别是中国人民大学清史研究所的马汝珩教授。与汝珩教授的合作对我的研究起到引领的作用,这里的引领作用包括资料的收集和利用、研究选题的选择、著作论文的谋篇布局,甚至还包括了讲课、做报告的要诀等诸多方面,使我受益匪浅,获益终生。20世纪90年代以后,我和汝珩教授的合作还拓展到清史研究领域,我们共同主编的《清代的边疆政策》(中国社会科学出版社1994年版)和《清代边疆开发研究》(中国社会科学出版社1990年版)在推动有清一代边疆史研究上具有填补研究空白的价值。惜2012年汝珩教授终于摆脱了十余年病魔折磨之苦,驾鹤西归。故人已逝,思念永恒!

我还要感激在自己从事卫拉特蒙古历史研究中提供资料汉译支持团队

的每一位成员,其中包括满文档案汉译的郭基南、肖夫、汪玉明诸君,蒙古文文献汉译的诺尔布、道布诸君,以及俄文汉译的马曼丽、李琪诸君,英、日文汉译的凌颂纯、吴永明诸君,法文汉译的吴其玉前辈,特别是我的民族研究所同事李佩娟研究员。佩娟女士既是我的上海同乡,又是我尊敬的老大姐,她不辞辛劳翻译的《有关十七至十八世纪与卫拉特人交往的俄国档案文献》(В. Л. 科特维奇著)、《十七世纪三十至五十年代俄国与蒙古相互关系的俄国档案文献》(М. И. 戈利曼、Г. И. 斯列萨尔丘克著)、《卡尔梅克人》(诺伏列托夫著)等篇对我研究的展开与深化起到了极为重要的作用。

我特别要感激给予我的卫拉特蒙古历史研究以极大鼓舞的国内外的蒙古族学者和读者,他们对我学术见解的理解与认同,是推动我不倦研究的重要动力之一。1999 年,我应邀赴蒙古国参加"纪念蒙古高僧咱雅班第达诞生 400 周年国际学术讨论会",在会上我有幸荣获会议颁发的"蒙古史研究特别奖";2012 年 7 月,新疆卫拉特蒙古研究学会授予我"卫拉特学研究突出贡献奖";2014 年,新疆卫拉特蒙古研究学会聘任我担任新疆维吾尔自治区重大项目《卫拉特蒙古通史》编委会学术顾问。所有这些我均视为对我卫拉特蒙古历史研究的最大鼓励和最高奖励而铭记于心。在这里,我还要特别提到我尊敬的两位蒙古族学者对我研究工作的支持。一位是曾担任中共新疆维吾尔自治区党委常委、政法委书记,新疆维吾尔自治区政协主席的浩·巴岱同志。我在 2009 年第六届卫拉特蒙古历史文化学术研讨会闭幕会上曾说,就卫拉特学研究的开创和发展而言,浩·巴岱同志做出了重要贡献。我在 30 年前刚刚开始接触卫拉特历史研究时,曾得到时任新疆重要领导的浩·巴岱同志的大力支持和指导。1982 年,在公务繁忙的情况下,他听取了我们的卫拉特蒙古社会历史调查的工作汇报,1986 年 8 月,他倡导、组织的首届卫拉特蒙古历史文化学术研讨会在博乐市成功召开。浩·巴岱同志还组织我们研究团队完成了多项研究任务,其中包括 1992 年和 1996 年由新疆人民出版社出版的《卫拉特蒙古简史》上册、下册,他为这本书撰写了长篇序言,为深化卫拉特蒙古历史研究做出了贡献。近些年,浩·巴岱同志不顾年迈仍致力于推动《卫拉特蒙古通史》的撰写工作,每次与他交谈我仍深受启迪。另一位是曾任新疆博尔塔拉蒙古自治州宣传部部长、人大常委会副主任的那克同志。他既是领导干部,又是一位造诣很深的蒙古历史、文化和语言专家。在蒙古文文献的使用和新疆察哈尔蒙古历史档案整理和察哈尔蒙古西迁史研究中,他给予了我极大帮助。回顾与那克同志几十年的相处相知,"那克深知我之所好、我之所求!我们的心是相通的!"我在拙著《天山问穹庐》"忆我的老友那克"中如是说。

在上述感激之后,我还有感激之情要在此表达。我诸多书籍的出版和文章的发表都有各位责任编辑玉成之功,对于他(她)们,我想表达不仅仅是感激之情,更要向其致以一个学人真诚的敬礼。其中,特别要感谢《厄鲁特蒙古史论集》和《卫拉特蒙古史入门》的责任编辑,原在青海人民出版社,后调入中国藏学出版社担任副总编辑的高淑芬女士;感谢《漂落异域的民族——17至18世纪的土尔扈特蒙古》的责任编辑,中国社会科学出版社的周用宜女士;感谢《卫拉特蒙古史纲》的责任编辑,新疆人民出版社的王淑梅女士!

七、研究永远不画句号

回顾自己卫拉特蒙古历史研究走过的路程,大体上可归纳为如下三个阶段:20世纪70—80年代,重点研究准噶尔史和土尔扈特史;20世纪90年代,重点研究卫拉特蒙古史论和通史,进行察哈尔蒙古西迁新疆的档案文献汉译的组织与研究,并关注卫拉特蒙古历史知识的普及;21世纪以来,重点是对新疆蒙古史"以史为鉴"启示研究与推介以及推动新疆蒙古史研究的档案文献翻译工作的展开。

我不敢妄言在今后岁月里还能做几项扎实的个案研究,但以自己的学识与经验,在倡导研究的新视野、提出研究的新命题、推介研究的新成果和新生代上,还想尽绵薄之力。从这一意义上说,于我而言,卫拉特蒙古历史研究永远不画句号!

马大正
2020年6月

目 录

综 论

卫拉特蒙古历史概述 …………………………………………… (3)
略论17世纪前期厄鲁特及和托辉特人民的抗俄斗争 ………… (41)
试论僧格时期准噶尔人民的抗俄斗争 ………………………… (54)
18世纪初准噶尔人民抗俄斗争的重要一页 …………………… (61)
伏尔加河畔土尔扈特汗国的建立及其与俄国的关系 ………… (67)
略论18世纪20—50年代的土尔扈特汗国 …………………… (79)
清前期土尔扈特蒙古与祖国的关系 …………………………… (92)
略论雍正年间清政府两次派往俄国的使团 …………………… (106)
土尔扈特蒙古三件18世纪稀世文献现世记述 ………………… (118)
《康熙谕阿玉奇汗敕书》试析 …………………………………… (121)
试论《雍正谕土尔扈特汗敕书》与满泰使团的出使 …………… (130)
东归精神永存——土尔扈特蒙古万里东归的当代启示 ……… (142)
20世纪初芬兰探险家马达汉访查卫拉特蒙古述略 …………… (160)

人 论

顾实汗生平略述 ………………………………………………… (175)
厄鲁特蒙古喇嘛僧咱雅班第达评述 …………………………… (189)
论罗卜藏丹津叛乱与清政府的善后措施 ……………………… (201)
噶尔丹的政治和军事实践 ……………………………………… (215)
论准噶尔贵族对南疆的统治 …………………………………… (232)
在蒙古国感受噶尔丹的影响 …………………………………… (246)
论杜尔伯特三车凌维护国家统一的斗争 ……………………… (251)
渥巴锡论——兼论清朝政府的民族统治政策 ………………… (264)
清末土尔扈特蒙古郡王帕勒塔述论 …………………………… (291)
民国初年土尔扈特蒙古亲王帕勒塔述论 ……………………… (305)

考 论

新疆和布克赛尔准噶尔遗址考 ………………………………………（317）
土尔扈特蒙古系谱考述 …………………………………………（322）
土尔扈特蒙古东返始于何时考 …………………………………（334）
土尔扈特蒙古东返路线考述
　　——一条鲜为人知的哈萨克草原通道 …………………（340）
土尔扈特蒙古东返人、户数考 …………………………………（346）
土尔扈特蒙古大喇嘛罗卜藏丹增史事述补 ……………………（355）
新疆和硕特蒙古札萨克印考 ……………………………………（359）

研 论

历史研究的资料收集与视点选择
　　——以18世纪土尔扈特人东归故土为例 ………………（367）
清代满文档案的整理与新疆研究的深化 ………………………（377）
一部有创意的卫拉特蒙古历史研究之作
　　——荐《准噶尔蒙古与清朝关系史研究（1672—1697）》 ……（382）
准噶尔史研究的新开拓
　　——读李秀梅博士著《清朝统一准噶尔史实研究——以高层决策
　　为中心》 ……………………………………………………（389）
苏联史学界利用俄国档案资料研究准噶尔历史情况简述 ………（397）
17世纪前半叶俄蒙关系历史档案文献的中译与史料价值
　　——马曼丽《俄蒙关系历史档案文献集》中文版序 ……（411）
略评兹拉特金的《准噶尔汗国史》 ……………………………（416）
我们正在谱写卫拉特研究的历史
　　——第一至第六届卫拉特蒙古历史文化学术研讨会评述 ……（427）
20世纪中国卫拉特历史研究述评 ………………………………（437）
历史的真实与艺术的探索
　　——谈电影《东归英雄传》与电视剧《东归英雄》 ……（465）

附录：马大正有关卫拉特蒙古历史著述目录（1979—2018） ………（469）
后记 ……………………………………………………………（479）

综 论
ZONGLUN

卫拉特蒙古历史概述

卫拉特蒙古是我国蒙古族的一支,历史悠久,在各个历史时期有不同的称谓。元代称斡亦剌惕,明代称瓦剌,清代称卫拉特,亦称厄鲁特、额鲁特或漠西蒙古、西蒙古。国外则称之为卡尔梅克。

明末清初之际,卫拉特蒙古分为和硕特、准噶尔、杜尔伯特和土尔扈特四大部落,在清代历史上起过重要作用。在清代前期一个多世纪中,准噶尔雄踞天山南北,和硕特进据青藏高原,而土尔扈特大部分则远徙伏尔加河流域。长期以来,卫拉特蒙古人以自己的辛勤劳动和艰苦斗争,发展了本民族的经济、文化,开发了祖国的西北边疆,为推动我国统一的多民族国家历史的发展做出了有益贡献,其势力所及,也直接影响其邻近各部族历史发展的进程。

综观元代以来卫拉特蒙古历史的发展进程,大体上可做如下划分:首先,元明时期的斡亦剌惕和瓦剌是卫拉特蒙古历史发展的先世时期;其次,明末清初至清前期,亦即公元17—18世纪,是卫拉特蒙古历史发展由兴盛到危机的过渡时期,这一时期卫拉特蒙古各部,特别是统治天山南北的准噶尔部、统治青藏高原的和硕特部、远徙伏尔加河流域的土尔扈特部,是活跃于西北和北方的三支重要的政治力量,它们之间相互联系又各自沿着自己的轨迹发展,写下了历史上值得一书的篇章;再次,清中叶以降及至民国时期,是卫拉特蒙古历史发展的稳定时期;最后,中华人民共和国成立以后,卫拉特蒙古和各族人民一起进入了社会主义发展的崭新阶段,正在谱写着历史的新篇章。

下面我们将重点讲一讲17—18世纪卫拉特蒙古由兴盛到危机这一历

史时期的基本线索和情况。①

一、元明时期的卫拉特蒙古

（一）元代斡亦剌惕

元朝建立以前，在我国广阔的北方蒙古草原和叶尼塞河上游一带，居住着众多大大小小以从事游牧业为主的蒙古和突厥语系部落，如蒙古部、克烈部、乃蛮部、塔塔尔部等，被统称为"草原游牧民"。另外，这里分布着一些"森林狩猎民"部落，大都分布在贝加尔湖地区、色楞格河至额尔齐斯河之间的原始森林中，被统称为"林木中百姓"，斡亦剌惕即是"林木中百姓"诸部中比较著名的部落。他们人数众多，有许多分支。

斡亦剌惕出现在政治历史舞台，最早见于我国史籍《元朝秘史》。金泰和元年（1201），为争夺森林地区和狩猎场所，斡亦剌惕人向西北迁到了色楞格河支流德勒格尔河（今木伦河）至克木河上游锡什锡德河一带。泰和六年（1206），蒙古部著名首领铁木真在斡难河的忽里勒台盟会上，被推为全蒙古的汗（称"成吉思汗"）后，决定西征"林木中百姓"诸部落。次年，成吉思汗派长子术赤率右翼军出征，在征途中与斡亦剌惕部首领忽都合别乞相遇。忽都合别乞率部降附，并为蒙古军带路，在他的影响下，不里牙惕、巴尔浑、失必儿、客思的迷等十余部纷纷降附，各部诺颜朝见成吉思汗，以白海青、黑貂鼠等为贡礼。

成吉思汗统一蒙古后，在斡亦剌惕地区建立千百户制，编为四个千户，因忽都合别乞首先诚服，并在西征"林木中百姓"诸部中立下功绩，旋将斡亦剌惕归忽都合别乞管辖。成吉思汗遂与斡亦剌惕部建立了世代姻亲关系，他将自己的女儿嫁给忽都合别乞的儿子脱劣勒赤，又把术赤的女儿豁雷嫁给忽都合别乞的另一子亦纳勒赤。忽都合别乞则将女儿斡兀立海迷失嫁给成吉思汗的孙子贵由。定宗元年（1246），贵由继帝位，斡兀立海迷失做了皇后，地位显赫，两年后定宗去世，她临朝称制，暂摄国事。这种在成吉思汗时开始的姻亲关系，不仅在斡亦剌惕与元皇室子孙间世代相袭，也存在于斡亦

---

① 读者需要了解卫拉特蒙古历史发展的详情，可参阅《准噶尔史略》（人民出版社1985年版）和《卫拉特蒙古史纲》（新疆人民出版社2006年版）。

剌惕与各宗王术赤系、察合台系、拖雷系之间。有元一代,斡亦剌惕贵族的子弟,差不多都是元朝历代驸马,享有"亲视诸王"的崇高政治地位,多次受元廷派遣,征战四方,成为元统治集团的重要成员,是元朝政治舞台上一支活跃的力量。元世祖时,在谦河设置万户府,派遣蒙古万户长率军驻守。至元七年(1270),元世祖又派保定路刘好礼到叶尼塞河上游为吉利吉思等五部断事官。五部包括吉利吉思、乌斯和斡亦剌惕分布的谦州、益兰州、撼合纳地区。大德十一年(1307),元朝设立岭北行省后,这里成为岭北行省管辖的一部分。

13世纪中期以后,由于发生了阿里不哥和海都的叛乱,一部分斡亦剌惕人支持阿里不哥和海都,随军西迁,另一部分则从森林中转徙到阿尔泰山西麓的草原地带,从事游牧业。元朝政府鉴于斡亦剌惕等所在地区政治、军事上的重要性,采取了一系列经济措施。元朝将中原地区的农民、手工业者大量迁到叶尼塞河上游欠欠州(即欠州、谦州)进行屯垦和手工业生产,以解决该地区对粮食和日常生活用品的需要;同时开辟由斡亦剌惕至吉利吉思的驿道,使之成为当时沟通蒙古和西伯利亚地区的交通要道。

元朝在叶尼塞河上游采取的一系列政治、经济措施,使该地区获得较长时间的稳定,斡亦剌惕在安定中得到发展,为明代瓦剌雄踞塞北准备了物质条件。

(二)明代瓦剌

盛极一时的元朝,在元末农民大起义的浪涛中覆灭。洪武元年(1368),朱元璋建立了明朝,元顺帝妥欢帖木儿逃离北京,继续统治塞北蒙古高原。随着蒙古封建贵族集团内讧加剧,瓦剌乘机崛起,约在建文元年(1399),摆脱蒙古可汗的统治,成为我国北方的一支强大力量。

明初,瓦剌在猛哥帖木儿统率下,部众繁衍,势力渐强,人数增至四万户以上,领地也得到扩充,除了仍占有原来叶尼塞河上游广大地区外,逐步向南方草原地区移动,有的进入扎布汗河、科布多河流域,有的迁徙到准噶尔盆地北缘一带。

---

① 明代史籍称这一部分蒙古人为瓦剌,称居住在今鄂嫩河、克鲁伦河上游以西、贝加尔湖以南、色楞格河一带的东蒙古部众为鞑靼,称住在今西辽河、老哈河一带的为兀良哈诸部。

15世纪初,猛哥帖木儿死后,瓦剌分属马哈木、太平、把秃孛罗三位封建主管辖,与明廷交往甚密。永乐六年(1408)十月,马哈木等遣使到明廷贡马,并请印信封爵。翌年,明廷册封马哈木为特进金紫光禄大夫顺宁王,太平为特进金紫光禄大夫贤义王,把秃孛罗为特进金紫光禄大夫安乐王。此后瓦剌每年遣使向明廷朝贡,明廷还准其在甘州、凉州等地进行贸易。与此同时,明廷还支持瓦剌打击东蒙古封建主阿鲁台。永乐七年(1409),马哈木击败了蒙古可汗本雅失里和太师阿鲁台,占领和林。永乐十年(1412),马哈木袭杀本雅失里。翌年,阿鲁台在瓦剌压迫下内附明廷。明廷恐马哈木等势力膨胀于己不利,遂接纳阿鲁台,并封其为和宁王,作为对瓦剌的牵制力量。但就总的倾向言,明朝政府因东蒙古地临明边,对自己直接威胁更大,因而,还是偏向于扶持瓦剌。

永乐十六年(1418),马哈木之子脱欢承顺宁王爵,经过近30年的征战,于宣德九年(1434)袭杀阿鲁台,尽收其部众。脱欢扶立成吉思汗后裔脱脱不花为可汗,自为太师,控制政治、经济实权,并先后征服开平以北的哈喇嗔(哈喇沁)等部和阿鲁台所立之阿台可汗,进而占领亦集乃路(今内蒙古自治区额济纳旗一带)。

正统四年(1439),脱欢死,其子也先继为太师。为确保东西商道畅通,垄断与中原地区的贸易市场,也先施政的两个重点如下:一是以军事实力为后盾,实行"联西击东"的战略方针,即在西边采取联姻、封官的办法,控制哈密,联结沙州、罕东、赤斤蒙古等卫,在东边屡攻兀良哈三卫,兵胁女真,以确保宣府、大同贡道的畅通;二是着力加强与明朝的政治、经济联系。据《明实录》记载,也先时期受明廷封爵的有358人次之多;当时瓦剌与中原地区的经济交往,主要是以"通贡""互市"两种形式进行的。"通贡"既是瓦剌与明廷政治隶属关系的一种表现,又是保持经济联系的一种特殊形式。瓦剌封建主派遣大批使臣,带着马驼、皮货等物朝贡明廷,明朝统治者则以钞币、丝绢以及各种手工业品为赏赐。"互市"又称"马市",是指在明朝官方控制下,汉族与蒙古等族在指定地点所进行的贸易。中原地区以棉布、丝织品、谷类、茶叶换取蒙古的牲畜和皮毛。正统三年(1438)大同马市的设立,使瓦剌与中原地区的经济交流得到进一步发展。

瓦剌在也先统治时期,势力达到全盛。当时北服乞儿吉思,西征中亚诸族,南摧哈密,联结沙州、罕东、赤斤等卫,东攻兀良哈,威震辽东、蓟州、宣府、大同各地。

也先势力膨胀后,不仅在经济上对中原地区萌发更大的贪欲,力图掠取更多的财物,在政治上重求一统天下的思潮也日益抬头。大同马市开设的正统三年(1438),也先遣使臣率两千五百人到北京贡马,却号称三千五百人,企图冒领赏品;也先又以明朝使臣曾许嫁公主与其子,而明廷无意许婚,又减岁赐为借口,于正统十四年(1449)七月发兵分四路进攻中原,明朝仓促应战。

七月十六日,明英宗在宦官王振的怂恿下,率军从北京出发,号称五十万大军。师至大同,得悉各地明军败北军报,又决定退兵东归,八月中旬行至土木堡,为也先亲率之两万瓦剌军击溃,明英宗被俘,这就是历史有名的"土木之变",或称"己巳之变"。同年十月,也先乘胜兵围北京,但被于谦领导下的明军击退,损失惨重。也先同意议和并送回明英宗。瓦剌与明廷又恢复了正常往来。

也先围攻北京之役虽遭失败,但其在对明战争中夺得了大量人畜财物,因此,实力仍在增长。景泰四年(1453),也先在击败脱脱不花后,自称大元田盛(天圣)可汗,建年号添元(天元),封次子为太师。也先统一蒙古的局面并没能维持多久。次年,阿剌知院起兵袭杀也先。不久,阿剌知院又为东蒙古领主孛来所杀,瓦剌陷于混乱。

也先妻者密失哈屯及长子火儿忽答、孙楚王率众一万,居于干赶河(扎布汗河)一带。也先弟伯都王等率众投奔哈密忠顺王之母弩温答失里(脱欢之女),而大部分瓦剌部众仍居住在漠北。到15世纪80年代,瓦剌首领克舍死后,汗族争权,达延汗乘机攻袭,瓦剌被迫将主力移向漠西。其主要活动地区以坤奎河、扎布汗河流域为中心,东面到杭爱山,西面到额尔齐斯河,北越唐努山。

也先之后,瓦剌与明朝之间虽有东蒙古封建主阻隔,但在相当长时期内还是通过各种途径保持联系。天顺、成化期间,瓦剌首领常和哈密卫的首领一同向明廷朝贡。弘治初,瓦剌太师火儿忽力等还不断派使臣贡方物马匹,并求封官职。从弘治四年到弘治十八年(1491—1505)寄居苦峪城的瓦剌别部哈剌灰头目拜迭力迷失也随哈密卫都督奄克孛剌一起遣使入贡,受明廷封职,直到正德十三年(1518)屯驻在北山把思阔(今巴里坤附近)地区的瓦剌首领卜六王仍以驼马入贡。与此同时,瓦剌与中原地区的贸易也通过各种途径继续进行着。隆庆五年(1571)"隆庆封贡"后,瓦剌曾以东蒙古为中介,利用为俺答汗等开辟的互市场所进行贸易。

随着瓦剌主要活动中心的西移,瓦剌与哈密、吐鲁番、哈萨克、乌兹别克等的联系日益频繁,并在西域事务中日益发挥重要作用,成为一支举足轻重的政治力量。瓦剌的势力不断向西北方向的额尔齐斯河中游、鄂毕河以及哈萨克草原移动,同时也向西南方向的伊犁河流域推进。

明末清初,卫拉特蒙古诸部相继走上政治舞台,从此开始了卫拉特蒙古历史新的一页。

二、统治天山南北的准噶尔部(17—18世纪中叶)

(一)准噶尔部的崛起

约在16世纪末17世纪初,卫拉特蒙古主要由准噶尔、杜尔伯特、和硕特、土尔扈特四大部组成,因此又称为"杜尔本·卫拉特",即四卫拉特。四大部分布情况大体如下:准噶尔部游牧于巴尔喀什湖以东以南、伊犁河流域一带;杜尔伯特部游牧于额尔齐斯河两岸;和硕特部游牧于乌鲁木齐一带;土尔扈特部游牧于塔尔巴哈台(今塔城地区)。此时,卫拉特蒙古四部"各统所部,不相属",但各部之间有一个松散的部落首领联盟组织——"丘尔干",即定期的领主代表会议,作为调整各部首领之间矛盾、加强对本部人民统治以及抵御外侮的临时协调组织。"丘尔干"内有大家公认的盟主,被称为"达尔加"。从16世纪中期至17世纪初,和硕特部的首领一直担任"丘尔干"的"达尔加",为四部联盟领袖,到17世纪30年代,准噶尔部势力崛起,取代和硕特部成为四部联盟的盟主。

准噶尔部兴起,成为统治天山南北的政治势力,雄踞我国西北地区,历时整整一个世纪,亦即历哈喇忽喇、巴图尔珲台吉、僧格、噶尔丹三世四位首领。

1. 哈喇忽喇时期的准噶尔部

哈喇忽喇(?—1634)是17世纪20年代以前准噶尔部的著名首领。17世纪初,卫拉特蒙古诸部被喀尔喀赉瑚尔汗打败,被迫臣服并向其纳贡。当时哈喇忽喇的驻牧地大体西抵额尔齐斯河东岸、北达亚梅什湖,南面和东面与和托辉特部的领地相接。哈喇忽喇为使准噶尔部摆脱喀尔喀汗的羁绊,一方面与赉瑚尔汗斗争,另一方面还要与赉瑚尔汗之堂兄弟、和托辉特部首领硕垒乌巴什及其子俄木布额尔德尼兵戎相见。明泰昌元年(1620)以后,哈喇忽喇联合卫拉特蒙古诸部与和托辉特部进行了多年战争,互有胜负,到崇祯元年(1628),这场斗争以哈喇忽喇的胜利而告终,这表明准噶尔部已成为一支不可忽视的力量。

在哈喇忽喇时期,卫拉特蒙古各部封建主为了共同对付外来威胁,通过联姻、会盟保持密切联系,协调各部关系;但是,各封建主间为了争夺财产继承、牧地和人口,又不断发生冲突,乃至诉诸武力。在抵御外侮和调解内部纠纷过程中,哈喇忽喇的威望和实力与日俱增。当卫拉特蒙古一些封建主企图反对哈喇忽喇时,杜尔伯特部首领达赖台吉就劝阻说:"一岁的骆驼崽不可能驮起成熟的大骆驼的重荷。"可见,准噶尔部势力已日趋强大,足以与"丘尔干"首领和硕特部的拜巴噶斯相抗衡。

哈喇忽喇的一生,是在同喀尔喀蒙古封建主斗争并取得初步胜利中度过的,这为其子巴图尔珲台吉最终确立在卫拉特蒙古诸部中的统辖地位准备了条件。

2. 巴图尔珲台吉父子时期的准噶尔部

巴图尔珲台吉(？—1653)名和多和沁,为哈喇忽喇长子。明万历四十四年(1616),巴图尔珲台吉与其父分牧,活动在额尔齐斯河两岸、亚梅什湖周围。崇祯七年(1634)哈喇忽喇去世,翌年,五世达赖喇嘛授予和多和沁以额尔德尼巴图尔珲台吉称号。

巴图尔珲台吉登上卫拉特蒙古历史舞台之时,正逢国内外形势发生巨大变化之际。

从国内形势来看,17 世纪前半期是中国历史上明、清两个封建王朝交替的大变动时期,延续了 276 年的明王朝被以李自成为首的农民起义推翻,但新建立的大顺政权,很快被崛起于东北的后金满族统治者所取代。清顺治元年(1644)清兵南下,攻下北京,建立起以满族统治集团为核心的联合蒙、汉封建主的清王朝。

从国外形势来看,沙皇俄国的侵略势力已开始向我国黑龙江流域、喀尔喀蒙古以及卫拉特蒙古地区渗透。沙皇俄国以利诱和威胁为手段,妄图拉拢卫拉特蒙古首领臣服于俄国,同时还采用武装蚕食领土、掠夺居民、挑动内战等手段企图达到控制和吞并准噶尔部的目的。

从卫拉特蒙古内部来看,各部封建主由于争夺牧场和财产,兵戎不息。由于巴图尔珲台吉势力强大,其他卫拉特蒙古诸部为摆脱在冲突中的不利地位和寻求新的游牧地,到 17 世纪 30 年代初,原游牧于塔尔巴哈台一带的土尔扈特部联合和硕特部一部分,越过哈萨克草原,远徙到额济勒河(伏尔加河)下游,其塔尔巴哈台游牧地为杜尔伯特的一支辉特部所占。和硕特部在图鲁拜琥(即顾实汗)率领下也离开了乌鲁木齐游牧地向东南迁徙到青海一带,并兴兵入藏,占据了青藏高原。这样,游牧在天山北路广大地区的卫拉特蒙古部落主要是准噶尔部、杜尔伯特部及辉特部。杜尔伯特部原与准噶尔部同宗,早就附牧于准噶尔部,而辉特部是杜尔伯特部的一支,也附牧于准噶尔部。因此,这些地区实际上完全由准噶尔部统辖了。

准噶尔部势力虽日益强盛,但外部来自俄国的威胁始终存在,且有加剧之势,更有切肤之痛的是卫拉特诸部的纷争,以及与喀尔喀蒙古和托辉特部的长期角逐,使卫拉特和喀尔喀各部首领深感加强内部团结之必要。因此,17世纪30年代以降,他们一方面陆续向兴起于东北的后金政权遣使通好;另一方面,在巴图尔珲台吉和札萨克图汗的努力下,1640年秋于塔尔巴哈台召开了卫拉特、喀尔喀十四部王公会议,远徙伏尔加河流域的土尔扈特部首领和鄂尔勒克率其子书库尔岱青也赶来参加。会上制定了"察津·必扯克"(法规),即著名的《蒙古卫拉特法典》。通过此次会议,卫拉特、喀尔喀各部组成了新的更广泛的联盟,巴图尔珲台吉成了这一松散联盟的首领之一。

清顺治十年(1653),巴图尔珲台吉病逝,他的几个儿子为争夺汗位,展开了剧烈斗争。康熙三年(1664),巴图尔珲台吉第五子僧格成为准噶尔部的实际统治者。但统治集团的斗争并未结束,至康熙九年(1670),僧格为异母兄车臣台吉和卓特巴巴图尔所杀。

3. 噶尔丹的兴亡

噶尔丹生于顺治元年(1644),为巴图尔珲台吉第六子。早年曾赴西藏,削发为僧,达赖五世授予其呼图克图尊号,同时,噶尔丹还与当时西藏政界的实权人物第巴桑结嘉措关系甚密。僧格死后,噶尔丹在西藏僧俗上层的支持下,打着达赖喇嘛的旗号,以替僧格复仇为名,返回准噶尔部,并很快击败对手,成为准噶尔部首领。

在康熙十年(1671)至康熙三十六年(1697)的近30年间,噶尔丹领导准噶尔部东征西伐,战绩赫赫,一时成为我国北方草原一支举足轻重的力量,噶尔丹也成了一位叱咤风云的人物。这一时期准噶尔部在噶尔丹的领导下,大体经历了两个发展阶段:一是兼并卫拉特诸部,统治天山南北;二是与清政府发生军事冲突直至失败。

（1）兼并卫拉特诸部，统治天山南北（1671—1687）

噶尔丹在掌握了准噶尔部的统治权后，即着手对卫拉特诸部和邻近部族发动一系列的掠夺兼并战争。他将矛头首先指向曾经支持过他取得政权的叔父楚琥尔乌巴什、岳祖父（一说是岳父）鄂齐尔图车臣汗。康熙十五年（1676），噶尔丹擒获楚琥尔乌巴什，杀其子巴噶班第。次年又挥戈袭杀鄂齐尔图车臣汗，康熙十八年（1679）领兵三万，占领哈密、吐鲁番。同年，他自称博硕克图汗，称雄卫拉特诸部。

康熙十九年（1680），噶尔丹乘天山南路白山派和黑山派纷争不息之机，在白山派首领和卓伊达雅图勒拉（即阿帕克和卓）的引导下，遣兵进军喀什噶尔、叶尔羌。在军事上大获全胜后，他扶持和卓伊达雅图勒拉为王，称阿帕克和卓（意为世界之王）。自此以后，准噶尔统治南疆地区近80年。

康熙二十年（1681）以后，噶尔丹又连年向西扩张，征伐哈萨克、诺盖等部族。康熙二十三年（1684），噶尔丹击溃哈萨克的头克汗，攻占赛里木，兵抵黑海沿岸被称为"美人国"的诺盖部族聚居区。在此期间，他还征讨了吉尔吉斯人和费尔干人。

此时，噶尔丹已将准噶尔部的政治中心转移到了伊犁河谷。当时准噶尔的游牧地，北达阿尔泰山，西抵巴尔喀什湖以南哈萨克人的广阔游牧区，东至叶尼塞河上游，还统治了天山南路的广大地区，势力所及达中亚的撒马尔罕、布哈拉、乌尔根齐地区。噶尔丹还派人到南西伯利亚叶尼塞河流域活动，与当地土著居民头人订约媾和。

（2）与清政府发生军事冲突直至失败（1688—1697）

噶尔丹自任准噶尔部首领以来，与清朝政府在保持臣属关系的前提下，政治、经济贸易往来得到正常发展。但随着噶尔丹努力的膨胀，兼并喀尔喀蒙古从而实现蒙古大一统政治愿望的日益强烈并一步一步付诸行动，其就必然与正处兴盛时期的清王朝发生不可调和的矛盾，而沙俄侵略势力的插手，更使这种国内矛盾带上了强烈的国际色彩，增加了事态发展的复杂性。

康熙二十七年（1688），噶尔丹经过长期准备，在沙俄的怂恿下，率精骑三万越过杭爱山，向喀尔喀蒙古土谢图汗部大举进犯。时土谢图汗率领军民将沙俄侵略者围困在楚库柏兴。噶尔丹的军事介入，使喀尔喀蒙古陷入腹背受敌、两线作战的不利处境，土谢图汗兵溃。噶尔丹乘势率军击溃车臣汗和札萨克图汗两部，喀尔喀蒙古诸部蒙受空前浩劫，举部内迁。

噶尔丹自恃有俄国的军事支持,对喀尔喀蒙古初战大胜,便有恃无恐地加强军事攻势。康熙二十九年(1690)六月,准噶尔骑兵侵入内蒙古乌尔会河以东的乌兰地区。六月二十一日乌尔会河一战,清军大溃,噶尔丹军队乘胜深入乌珠穆沁,清廷震动,急忙调兵布军,大规模的军事冲突势在必发。

康熙二十九年(1690)八月,清廷和准噶尔大战于内蒙古乌兰布通,即历史上著名的乌兰布通之战。双方数万兵卒激战整日,噶尔丹布下的"驼阵"被清军火炮摧毁,噶尔丹旋渡西拉木伦河,逃回科布多地区。乌兰布通一战使噶尔丹军的有生力量遭到沉重打击。但噶尔丹并不甘心,经过几年恢复,于康熙三十四年(1695)五月又率骑兵两万,进抵巴颜乌兰一带,一度沉寂的战火再起。清十万大军于次年二月兵分三路出击,同年五月十三日清军的西路费扬古军在昭莫多与噶尔丹军相遇,这是一次主力决战。昭莫多一战全歼噶尔丹军主力,噶尔丹率残部退回塔米尔河流域,从此一蹶不振。在清军的追剿中,噶尔丹四处流窜,康熙三十六年(1697)闰三月十三日,在阿察阿木塔台暴病而死。

噶尔丹穷兵黩武,兵败身亡,给准噶尔人民带来深重灾难,但准噶尔部却并未因此衰落;相反,他们在策妄阿拉布坦的领导下,迅速克服战祸引发的灾难,使准噶尔部进入了兴盛发展的新时期。

(二)准噶尔部的兴盛

1. 策妄阿拉布坦父子时期准噶尔社会经济的发展

噶尔丹兵败身亡后,部众溃散,准噶尔部力量受到极大打击,元气大伤。但在策妄阿拉布坦(1688—1727年在位)及其子噶尔丹策零(1727—1745年在位)统治时期,准噶尔部不仅很快恢复元气,还走上了繁荣兴盛的发展道路。

策妄阿拉布坦是僧格之子,生于康熙四年(1665),初附牧于噶尔丹。康熙二十七年(1688),噶尔丹为巩固自己的统治地位,杀死了策妄阿拉布坦之弟索诺木阿拉布坦,策妄阿拉布坦率部众五千人逃往额琳哈必尔噶,打退了噶尔丹的追击,定牧于博尔塔拉、伊犁一带,后又将势力扩展到阿尔泰地区。及至噶尔丹败亡,策妄阿拉布坦因在对噶尔丹战争中支持清政府,获得了大批噶尔丹的部众与牧地。康熙三十七年至康熙三十八年(1698—1699),策妄阿拉布坦相继出兵进攻哈萨克,夺取了额尔齐斯河西岸及哈萨克草原的大片地方,势力延伸至锡尔河下游(今哈萨克斯坦共和国境内)。康熙四十三年(1704),他又并吞土尔扈特散扎布属下一万五千余人,统治了天山南路的回疆地区,使准噶尔进入全盛时期。

在策妄阿拉布坦及其子噶尔丹策零统治时期,准噶尔部虽然也经常与周围诸民族发生冲突,但总的来说,较之噶尔丹统治时期稳定与和平,加上他们比较重视生产发展,因此,这一时期准噶尔部的社会经济比前一时期有了较大发展。

畜牧业生产有了相当快的发展。伊犁、乌鲁木齐、雅尔(今哈萨克斯坦共和国乌尔扎尔)、珠勒都斯(今新疆维吾尔自治区和静县西北)、玛纳斯、巴彦岱等地出现了马、驼、牛、羊遍山谷的繁荣景象。

随着畜牧业的发展,准噶尔部与中原地区的贸易往来有了很大发展。乾隆五年(1740)春,清政府允准每四年在北京和肃州两地同准噶尔进行互市,准噶尔前来贸易商队有时一年一次,有时一年两次甚至三次。乾隆九年(1744),准噶尔商队到肃州贸易的羊达两万三千余只。这样大规模而频繁的贸易活动与畜牧业生产的发展是分不开的。

社会经济的发展也反映在农业和手工业上。农业生产早在巴图尔珲台吉统治时期就已受到重视。不过,当时的农业生产规模有限,一般只分布在台吉们的牙帐周围,在准噶尔的社会生活中并不占据重要位置。策妄阿拉布坦和噶尔丹策零统治时期,由于实行奖励农业的政策,准噶尔不仅出现了伊犁河流域、额尔齐斯河流域及乌鲁木齐等生产技术比较先进的农业区域,在乌苏、奇台、焉耆等地也有不少耕地。就农作物品种而言,除小麦、大麦、高粱、青稞等粮食作物外,还有棉、麻等经济作物和蔬菜、瓜果等。农作物品类的多样化,反映了农业已发展到较高的水平。准噶尔贵族还把大批维吾尔人从天山南路强行迁移到伊犁地区从事农业,这对伊犁河流域的开发和准噶尔地区农业生产的发展具有积极意义。

这一时期准噶尔地区还出现了呢绒、布匹、皮革、造纸、印刷、兵器制造及矿冶等手工业作坊,同时还有造大车、马具、织毡毯、坐褥等手工业。准噶尔的手工业虽然在不同程度和不同范围内有所发展,是当时社会经济发展的一个重要方面,但是还远没有形成独立的和稳定的生产行业,而其经济也远未达到自给的程度。因此,除兵器外,许多生活必需品都要由邻近各族人民供给,或与中原地区人民进行互市取得。

2. 策妄阿拉布坦父子时期准噶尔的内政与外交

策妄阿拉布坦和噶尔丹策零为加强对地域的统治,不断健全统治体制,强化统治权力。

准噶尔人不论其社会地位如何,都由汗王统治。策妄阿拉布坦时期,原来的十二个鄂托克逐步增至二十四个,到了噶尔丹策零时期,又在二十四鄂托克外,设立了二十一昂吉,在二十一昂吉内又设立六游牧台吉。供养喇嘛的鄂托克也由原来的五集赛逐渐扩展为九集赛。

为了加强对维吾尔等族人民的统治,准噶尔贵族还施行"人质制"。"人质制"在噶尔丹征服新疆时,就已推行。噶尔丹败亡后,这一政策被继承下来,准噶尔贵族通过"人质制"干涉被征服民族的内部事务,向被征服民族征收赋税,防止被征服民族的反抗。"人质"必须受到准噶尔贵族的严密监视,但一般并不任意杀害,并允许提供"人质"的民族或地区定期以亲族中的人来替换。

策妄阿拉布坦父子领导下的准噶尔成为雄踞西北的政治势力,他们与清朝政府的关系也经历了曲折的发展进程。准噶尔与中原地区贸易交往的空前发展是双方关系的一个主要方面,但在近半个世纪中准噶尔和清廷间也发生过冲突,乃至兵戎相见。

康熙五十四年(1715)三月,策妄阿拉布坦借口贸易商人在哈密受到"阻截",率兵两千袭击哈密北境。次年六月,他又派大策凌敦多布率兵六千进军西藏,并于康熙五十六年(1717)十月攻占拉萨,杀拉藏汗。准噶尔贵族如此作为,清政府当然不能坐视不管。康熙五十九年(1720),清廷遣兵两路进藏平乱。同年八月,清军进入拉萨,大策零敦多布逃回准噶尔。雍正元年(1723),策妄阿拉布坦遣使北京,重修旧好,双方前嫌冰释。

雍正五年(1727),噶尔丹策零继为准噶尔部首领,派遣使臣到北京纳贡,但因清政府要求噶尔丹策零交回罗卜藏丹津,引起双方误解,战祸重启。

雍正九年(1731)六月,清、准噶尔在和通淖尔交战,清军傅尔丹部几乎全军覆没。次年,双方再次激战于额尔德尼昭,准噶尔部遭受惨重损失。噶尔丹策零于雍正十一年(1733)冬被迫请和。为此,清政府两次遣使赴准噶尔,就准噶尔与喀尔喀游牧界进行谈判。乾隆四年(1739)冬,牧界谈判正式达成协议:循布延图河(今蒙古国境内),南以博尔济、昂吉勒图、乌克克岭(今新疆维吾尔自治区友谊峰)、噶克察等处为界,北以逊多尔库奎、多尔多辉库奎至哈尔奇喇、博木喀喇、巴尔楚克等处为界。准噶尔部仍在山后游牧,不得越阿尔台岭;喀尔喀部,只在扎卜堪等处游牧。自此之后,准噶尔和内地各族人民的政治、经济联系更加紧密。到内地贸易的准噶尔商队和贡使络绎不绝。

(三) 准噶尔部的危机

1. 准噶尔统治集团内讧加剧

乾隆十年(1745)十月,噶尔丹策零病逝。准噶尔统治集团内部为争夺汗位展开了激烈斗争。噶尔丹策零有三儿一女:长子喇嘛达尔札,次子策妄多尔济那木札勒,幼子策妄达什,女儿乌兰巴雅尔。策妄多尔济那木札勒因"母贵",根据噶尔丹策零遗嘱,于乾隆十一年(1746)初继承汗位。喇嘛达尔札不肯罢休,一直谋求篡位。策妄多尔济那木札勒不谙政事、昏庸暴戾,上台不久便引起部属众人不满。喇嘛达尔札乘机于乾隆十五年(1750)发动兵变,擒策妄多尔济那木札勒,自己登上准噶尔汗宝座。

喇嘛达尔札系噶尔丹策零"外妇"所生,因出身卑贱,为准噶尔部诸台吉所不服。游牧于塔尔巴哈台一带的大策零敦多布之孙达瓦齐不听喇嘛达尔札调遣,相互矛盾不断发展、扩大。素有政治野心的辉特部首领阿睦尔撒纳,遂怂恿支持达瓦齐反对喇嘛达尔札,两人结成反对喇嘛达尔札的联盟。乾隆十七年(1752)十一月,两人袭杀喇嘛达尔札,达瓦齐登上准噶尔汗位。

达瓦齐上台后,招抚部众,收回眷属,将原来所领塔尔巴哈台牧地全部送给阿睦尔撒纳,以酬拥立之功。达瓦齐对清政府采取了和好归附的态度。乾隆十九年(1754)五月,达瓦齐遣使京师,上表请享受与噶尔丹策零同等之礼遇,并请允派人赴藏礼佛。

达瓦齐与阿睦尔撒纳的联盟是不牢固的,一旦达瓦齐登上汗位,往昔的盟友便成了今日争斗的敌手。阿睦尔撒纳觊觎卫拉特四部总台吉之位已久,由于他非准噶尔直系,未能赢得准噶尔贵族的支持。故阿睦尔撒纳拥达瓦齐以自重,伺机取而代之。他原居于雅尔,娶杜尔伯特部台吉达什之女为妻,后袭杀达什,迁帐额尔齐斯河而据其地,得行令于辉特、和硕特、杜尔伯特三部。

阿睦尔撒纳羽翼渐丰,不仅不愿受命于达瓦齐,且欲同达瓦齐争夺汗位。乾隆十八年(1753)十月,阿睦尔撒纳向达瓦齐提出分辖准噶尔诸部的要求,遭到拒绝。于是,战乱又起。次年六月,达瓦齐率军三万大败阿睦尔撒纳。八月,阿睦尔撒纳取道科布多归附清政府。一同归附的还有纳默库、班珠尔,共领兵五千余名,部众两万余口。

至此,清政府的军事力量直接介入已持续了近十年的准噶尔部贵族内乱,使准噶尔部的危机更趋复杂、激烈。

2. 阿睦尔撒纳的覆亡

阿睦尔撒纳的附清,使清政府做出出兵准噶尔的决定。乾隆十九年(1754)底,清政府决定分兵两路远征伊犁。次年正月,远征准备就绪,乾隆皇帝命班第为定北将军,阿睦尔撒纳为定边左副将军从北路进军;永常为定西将军,萨喇尔为定边右副将军,从西路进军。两路军各拥兵两万五千人,马七万匹。北路军出乌里雅苏台,西路军出巴里坤,约期会师于博罗塔拉河。

内附的卫拉特各部首领积极参加此次远征行动,除阿睦尔撒纳为定边左副将军,率先锋队由北路进军外,额驸色布腾巴尔珠尔、郡王青滚杂卜、内大臣玛木特均随行。萨喇尔为定边右副将军,率先锋从由西路进军,郡王班珠尔、扎拉丰阿等随行。杜尔伯特三车凌及讷默库也率所部兵丁随征。准噶尔部人民早已厌恶内讧带来的混乱,盼望和平安定局面的出现。因此,两路大军所过之处,各地宰桑、台吉皆率属归附,进军神速,五月初,两路大军会师博罗塔拉,继续向伊犁挺进。

达瓦齐众叛亲离,尽力组织有效抵抗,率护卫亲兵万人退守格登山(今新疆维吾尔自治区昭苏县境内)固守。五月十四日夜,清军夜袭格登山,达瓦齐大败,仅率亲信七十余人越库鲁克岭(在伊犁之南、阿克苏之北)逃往天山以南,为乌什城阿奇木伯克霍吉斯擒获,押交清军,献俘于京师午门。乾隆皇帝特赦了达瓦齐,并封他为亲王,还配以宗室之女,留住京城,后病死京都。

乾隆皇帝在击溃达瓦齐后,即按"众建以分其势"的既定方针,将卫拉特四部各封为汗,以车凌为杜尔伯特汗,阿睦尔撒纳为辉特汗,班珠尔为和硕特汗,噶勒藏多尔济为绰罗斯汗。但是,此策未及实施,阿睦尔撒纳已发动叛乱。

阿睦尔撒纳归附清朝的原意是借清政府军事力量,消灭达瓦齐势力,以实现谋取卫拉特四部大汗的目的。因此,他对乾隆皇帝分封四汗之举心怀不满,处处以总汗自居,并四处遣人,招兵买马,竭力扩张自己的势力。

清政府察知阿睦尔撒纳野心,召其入觐承德。阿睦尔撒纳于乾隆二十年(1755)八月十日从伊犁起程,八月十九日行至乌隆古河时率众叛逃。次年正月,阿睦尔撒纳聚众于博罗塔拉。二月,清军分西、北两路夹攻,很快攻克伊犁。阿睦尔撒纳逃入哈萨克。清军经过近一年半的征战,彻底击溃阿睦尔撒纳。乾隆二十二年(1757)七月二十八日,阿睦尔撒纳由哈萨克逃入俄国的谢米巴垃丁斯克要塞。八月二十日,他被送到托波尔斯克,受到西伯利亚总督格拉勃洛夫的接见。俄国总督将其安置于托波尔斯克郊区,给予其优待和保护。九月十五日,阿睦尔撒纳身患天花,九月二十一日病死。

准噶尔部经过了二十余年的内讧与战乱,或投归清廷,或死于战祸,元气大伤,无法重振昔日之雄威,作为独立的政治力量的可能性已不复存在。

三、统治青藏高原的和硕特部(17—18世纪前期)

16世纪中期和硕特部成为卫拉特诸部中最强大的部落。在17世纪二三十年代卫拉特蒙古大迁徙时期,大部分和硕特部众在顾实汗率领下南迁青海,征服了原统治青海地区的喀尔喀却图汗,随即在西藏黄教僧侣上层支持下进军康、藏地区,在拉萨建立了无可争议的统治地位,辖区包括今天的青海、西藏和甘肃、四川的藏族地区。直到康熙五十六年(1717)和硕特部在西藏的统治为准噶尔所摧毁,雍正三年(1725)青海和硕特部最后被划为清王朝的二十一个札萨克旗。综观和硕特部统治青藏高原的近百年时间,大体上可分为四个发展时期:和硕特部进据青藏高原并确立统治时期(1636—1642);和硕特部统治青海、西藏时期(1642—1703);和硕特部在西藏统治的终结(1703—1717);和硕特部对青海统治的终结(1723—1725)。

(一)和硕特部进据青藏高原(1636—1642)

明崇祯九年(1636)秋,和硕特部首领顾实汗率领卫拉特诸部联军,远征青海,揭开了和硕特部统治青藏高原的序幕。

根据回鹘蒙古文和托忒文文献记载,参加这次远征的还有准噶尔的巴图尔珲台吉、土尔扈特的墨尔根特木纳等卫拉特著名首领,主力是和硕特,作为联军的中路,准噶尔为左翼,土尔扈特为右翼,杜尔伯特与辉特为殿后部队。

顾实汗率领的卫拉特联军遇到的第一个敌人是统治青海的喀尔喀部却图汗(绰克图台吉)。崇祯十年(1637)初,却图汗率兵四万,迎战于青海湖之北,卫拉特联军以少胜多,此役即是青海史上有名的血山之战。顾实汗之子达赖台吉率兵在哈尔盖冰川执杀却图汗。

顾实汗消灭了却图汗后,陆续将自己部众移牧青海。为了酬谢这次进军青海的同盟者,顾实汗赠予巴图尔珲台吉大量礼物,并将自己的女儿阿敏达兰嫁给巴图尔珲台吉(一说是嫁给巴图尔珲台吉之子),然后将巴图尔珲台吉及其部众送归准噶尔。

崇祯十一年(1638),顾实汗以香客身份到达拉萨,达赖喇嘛在大昭寺为他举行隆重的法会,并授予他"丹津却吉杰波"(佛教护法王)的称号。顾实汗在与达赖五世为首的西藏僧俗上层会晤中商定:为扩大政治实力,派出代表与清政权建立联系。顾实汗此时进据西藏的战略步骤是先以武力消灭康区白利土司,然后进军西藏,歼灭第悉藏巴的势力。

白利土司对却图汗的败亡大为震惊,并于明崇祯十二年(1639)致信第悉藏巴,约其于次年共同举兵夹击黄教势力。但这封信落到了顾实汗手中,就在这一年五月,顾实汗率军来到康区,很快征服了白利土司所属的一些小部落。但差不多经过一年的战斗,于次年十一月才擒获白利土司顿月多吉,同年冬将其处死。顾实汗释放了被白利土司囚禁的萨迦派、格鲁派、噶玛噶举派喇嘛僧人,从而使和硕特人得到了西藏各教派僧人的崇敬。消灭白利土司之后,和硕特人已统治了青海、川、康一带安多地区,即在此时顾实汗征服了西藏之外的藏族居住地区。

顾实汗统一青藏地区的最后一个敌手是后藏的藏巴汗噶玛·丹迥旺波。崇祯十四年(1641),顾实汗佯装从康区返回青海,乘藏巴汗放松戒备,亲率大军经当雄到后藏,先后在札噶尔、梅托塘击败藏巴汗,次年和硕特军攻占后藏首府日喀则,生擒藏巴汗。顾实汗命令将藏巴汗用牛皮缝裹投入日喀则附近的雅鲁藏布江中。

藏巴汗被消灭,标志着以顾实汗为首领的和硕特部统一青藏高原过程的最后完成。《西藏王臣记》记述:"在壬午年(藏历水马年、1642年)二月二十五日,所有西藏木门人家王臣全体都降低了骄横的气焰,俯首礼拜,而恭敬归顺。于是依《时轮》初年计时于三月望日,完成统一西藏事业,成为全藏三区之王。"这一天顾实汗宣布自己是全西藏和蒙古的最高统治者,并践位于拉萨布达拉宫的狮子宝座之上。顾实汗直辖青海和西藏,从此青藏地区在政治、行政方面被连接在一起。西藏地区自吐蕃王朝崩溃后,经历了长时期的动乱,终于在和硕特蒙古人征服下完成了统一。这个统一,是明末清初卫拉特社会和西藏社会历史发展的必然产物,蒙藏僧俗贵族的结盟是实现统一的保证。

(二)和硕特部对青海、西藏的统治(1642—1703)

1642年顾实汗实现对青海、西藏的统治后,大体上经历了顾实汗父子统治时期(1642—1671)、达赖汗统治时期(1671—1701),下面依次做一概述。

1. 顾实汗父子统治时期(1642—1671)

1642年,顾实汗登上拉萨布达拉宫狮子宝座,成为青海、西藏地区的最高汗王,负责两地军政事务,达赖、班禅则掌握西藏宗教和寺院经济权力。顾实汗直接任命第巴,第一任第巴是索南绕丹,他是顾实汗南下青海的重要引线人之一,是顾实汗信赖的藏族官员。顾实汗在保留西藏地方政府原有十三种官职基础上,又增设了一些新的官职,其中,"噶伦""代本"为清朝所袭用,成为清朝统治西藏的一种体制。

顾实汗深知掌握军权对巩固自己统治的重要性,他直接控制全部军队,令长子达延(号鄂齐尔汗)以汗位继承者的身份,统率留驻西藏的八个旗的蒙古军,驻牧达木。很明显,顾实汗建立的是以和硕特汗为首的蒙藏僧俗贵族联合统治的封建政权,青海、西康直接由和硕特蒙古人统治,而对西藏地区则实行政教合一、蒙藏联合的统治体制。

顾实汗在政治上是一位颇有远见的少数民族领袖,他从明清之际国内纷繁复杂的政治形势中认识到明王朝的行将没落与新兴满洲贵州势力的锐不可当,早在进据青海之初,就同后金政权建立了联系。1637年顾实汗进据青海后,即与达赖、班禅等西藏僧俗头面人物共同派出以伊拉古克三为首的代表团去盛京(今沈阳市)。这个代表团于清崇德七年(1642)十月到达,受到皇太极的隆重接待,皇太极在致顾实汗的谕旨中对其经略青藏地区的事业表示了实际上的支持。自此之后,顾实汗和达赖五世几乎每年都遣使京师(今北京市)。顾实汗在自己政治实践中还极力促使达赖五世与清政府加强联系。达赖五世于顺治九年(1652)亲率班禅和顾实汗的代表到京师,受到顺治皇帝的隆重接待。清政府在册封达赖五世的同时,专派使臣去西藏,给顾实汗赍送金册、金印,封其为"遵行文义敏慧顾实汗"。这实际上是清政府对顾实汗在西藏、青海建立的政权的正式册封。从此,顾实汗作为受清政府册封的政治首领统治着整个青藏高原。

青海是和硕特部统治青藏地区的根据地。自明崇祯十年(1637)和硕特部占领青海后,统治和经营青海达86年,和硕特贵族的游牧封地大多数分布在青海湖四周的牧场上。顾实汗在拉萨执掌政教大权后,即命其第六子达赖巴图尔以副王的身份统领青海诸蒙古,形成了称之为青海八台吉的游牧封建统治核心。和硕特封建主通过定期会盟来约束诸台吉,因此,会盟制度成为和硕特蒙古行政管理体制的主要特点。青海会盟的固定场所是在西宁西南65公里的察罕托罗海（意为白头山），会盟的领袖是青海八台吉（又称和硕特八台吉）。八台吉以洪台吉（后称"总管王"）为首，达赖巴图尔即是首任洪台吉，下辖青海和硕特诸部。约在康熙四年（1665），青海八台吉下辖诸台吉的游牧封地，在行政上以西宁—东科尔庙—日月山—青海湖东北岸—布隆吉尔河一线为界，分为左、右两翼。以北为左翼，以南为右翼，各设翼长。右翼长一直由顾实汗第六子达赖巴图尔一系担任；左翼长开始由达延汗的子孙担任，到康熙五十五年（1716）清朝任命顾实汗第四子达兰泰之孙额尔德尼额尔克托克托鼎分领青海左翼。

顺治十一年十二月十七日（1655年1月20日），顾实汗在拉萨哲蚌寺去世，长子达延汗即汗位。达延汗生于1596年，曾参加顾实汗统一青海高原的战争，打败并生擒了却图汗。之后，顾实汗又命他留居西藏，统领驻藏蒙古兵，驻牧于达木。达延汗执政期间，为继续巩固和硕特蒙古在青海高原的统治地位，一方面迅速镇压了后藏诺尔布领导的反对和硕特贵族和黄教僧侣集团联合统治的起义，另一方面则加强与清朝政府的友好关系。据载，顺治十七年（1660）、康熙二年（1663）、康熙四年（1665），达延汗均遣使进贡。康熙皇帝也曾颁给"土伯忒国之主卫拉特鄂齐尔汗（即达延汗）"以敕诰、印玺，并派16人到拉萨学经。

康熙七年（1668），达延汗去世，顾实汗第六子达赖巴图尔在拉萨行使汗权，但未正式称汗。

和硕特蒙古经顾实汗和达延汗的经营，完全建立了对青海、西藏的统治体制，结束了青藏地区的长期战乱割据状态，使蒙藏各族之间的政治、经济与文化联系进一步加强，特别是加强了蒙藏地区与清政府及中原地区政治、经济联系，为统一多民族国家在清代的大发展奠定了良好基础。

2. 达赖汗统治时期（1671—1703）

达赖汗是达延汗长子，康熙十年（1671）在拉萨即汗位，称丹津达赖札勒布。他在位的30年，是和硕特贵族与西藏黄教僧侣集团的联盟瓦解，并为争夺对青藏高原的统治权而互相争斗的时期。

第一任第巴索南绕丹于康熙七年（1668）去世，达赖五世在次年任命了新的第巴。达赖汗即位后承认了这一任命。自此，和硕特汗王实际上失去了对第巴的任命权。

随着和硕特贵族摧垮后藏反黄教势力和1681—1683年和硕特军队对拉达克战争的胜利，在反对红教势力斗争中结成的和硕特贵族与黄教僧侣上层间的联盟出现了裂痕,一些西藏上层贵族不满和硕特贵族大权独揽的局面,希望恢复以往藏王的统治。

康熙二十一年(1682),达赖五世圆寂后,西藏贵族的活动更加积极,他们的代表人物即第巴桑结嘉措(1653—1705)。他于康熙十八年(1679)出任第巴。达赖五世去世后,第巴桑结嘉措采取了"匿丧"的手段,宣布达赖五世"入定",除第巴外不见任何人。此举实际上等于第巴桑结嘉措自己做了达赖喇嘛。当时,在西藏同外界的关系中,第巴左右和硕特汗王,和硕特汗权完全旁落。康熙三十三年(1694),清政府赐第巴以"掌瓦赤喇怛喇达赖喇嘛弘宣佛法王布忒达阿白迪之印"("布忒达阿白迪"系梵文,藏文作桑结嘉措,意为觉海)。这一称号和印玺意味着第巴是一个掌教的法王。但此时的第巴已不仅是掌教的法王,实际上还是掌政的藏王。

第巴桑结嘉措还将自己的影响扩大到和硕特汗的根基之地青海,据《清实录》载,康熙三十六年(1697)闰三月,达赖五世死讯公开后,第巴曾下令青海诸首领"在察罕托罗海地方会盟缮修器械"。以往青海诸台吉会盟第巴是无权过问的,这件事本身就表明第巴权力的触角已深入到青海。

达赖汗时期,第巴桑结嘉措大权独揽,和硕特汗权受到严重挑战,蒙藏统治阶级内部权力之争已剑拔弩张,一触即发。

达赖汗在位30年,死于康熙四十年(1701)。达赖汗死后,由长子旺札勒即位,为时不长,康熙四十二年(1703)其弟拉藏汗发动政变,夺取了汗位。藏蒙统治阶级内部的斗争从此走向公开化,这场斗争以第巴桑结嘉措被处死、拉藏汗恢复顾实汗时期蒙古汗的一切权势而结束。

(三)和硕特蒙古在西藏统治的终结(1703—1717)

1. 拉藏汗重振和硕特汗权

拉藏汗执政后,首要目标是恢复顾实汗时期蒙古汗的一切权势。拥有实力的第巴桑结嘉措为维护既得权力,寸步不让,最终导致双方兵戈相向。康熙四十四年(1705)夏天,拉藏汗召集驻牧于达木的蒙古军,分三路围攻拉萨。第巴桑结嘉措立刻向西藏中部、康区和阿里地区调集军队,双方决战,藏军大败。第巴投降后被拉藏汗处死。军事上的全胜,使拉藏汗重新主宰全西藏。

为巩固自己的统治,拉藏汗首先废黜第巴官职。时任第巴之职的桑结嘉措之子阿旺林钦,于康熙四十五年(1706)被拉藏汗罢官后押送北京。从

— 21 —

此,西藏政务均由和硕特汗直接掌握。

拉藏汗在集权的同时,积极同清政府修好。康熙四十五年(1706),拉藏汗的使者抵北京,报告执杀桑结嘉措的情由。清政府派席柱等赴藏,封拉藏汗为"翊法恭顺汗",正式承认和硕特汗的地位。

拉藏汗为了进一步控制西藏的黄教僧侣集团,决定废除第巴桑结嘉措认立的六世达赖仓央嘉措。此举遭到了以甘丹寺住持为首的大喇嘛的反对,他们坚持认为达赖六世仓央嘉措是合法的。拉藏汗决定使用暴力,悍然下令废除仓央嘉措的圣职,押送京师。仓央嘉措在途中病逝于青海贡噶诺尔湖(一说逃亡于阿拉善地区)。

拉藏汗自立了一个新的达赖六世,康熙四十六年(1707)在布达拉宫坐床,法号阿旺益西嘉措。拉藏汗错误地估计了形势,擅立新的达赖六世和仓央嘉措的病死,不仅激怒了西藏黄教僧侣集团,而且伤害了笃信喇嘛教的青海蒙古台吉的宗教感情。西藏黄教僧侣集团在青海和硕特台吉们的支持下,议立达赖七世,以对抗拉藏汗所立的第二个达赖六世。

在围绕达赖废立的斗争中,拉藏汗得到清政府的支持。康熙四十八年(1709),清政府派拉都浑赴藏调查,当得知拉藏汗所立达赖六世得到班禅的承认后,便宣称拉藏汗此举合法,并于次年正式册封阿旺益西嘉措为六世达赖喇嘛。

清政府的支持,缓和了拉藏汗的困难处境,但并未改变其在青藏地区的孤立地位。拉藏汗为转移人们视线,于康熙五十三年(1714)突然发动对不丹的战争,结果大败而归。拉藏汗在对外战争中的失利,使西藏的政局更加动荡。

2. 和硕特蒙古在西藏统治的终结

正当拉藏汗为维护和硕特汗权进行拼死斗争之时,和硕特汗王的盟友,准噶尔部的策妄阿拉布坦却在策划着实施控制西藏的计谋。

康熙三十六年(1697),噶尔丹兵败身亡,策妄阿拉布坦成为准噶尔汗。他的势力日益增长,多次出征哈萨克等族,并想进一步控制西藏,挟达赖喇嘛以令众蒙古,拉藏汗与西藏黄教僧侣集团围绕六世达赖的斗争,为策妄阿拉布坦进军西藏提供了有利时机。

康熙五十五年(1716)底,策妄阿拉布坦派出两支军队:一支由其堂弟大策凌敦多卜统率,负责进军西藏;另一支约三百人的队伍出征青海,目标是从塔尔寺抢出达赖转世灵童噶桑嘉措,但因人数太少,未能奏效。大策凌敦多卜率领的准噶尔军,由阿里边区进入西藏。拉藏汗仓促应战,两军在达木对峙。康熙五十六年(1717)十月,拉藏汗退守拉萨。大策凌敦多卜分兵四路向拉萨进军,十一月一日攻取了布达拉宫。拉藏汗和他的次子以及部分随从出城逃窜,拉藏汗死于乱军之中。

准噶尔军占领拉萨后,组织了以西藏东北地区第巴达孜巴为首的政府。此政府完全是准噶尔军事统治的傀儡。

和硕特汗对西藏75年的统治,在准噶尔军事力量的打击下土崩瓦解。康熙五十九年(1720),清政府在"驱准保藏"的旗号下出兵西藏,并取得了彻底胜利,从而结束了和硕特蒙古对西藏的统治。

(四)和硕特部对青海统治的终结(1723—1725)

清朝政府"驱准保藏"战争取得胜利后,西藏地区归于清朝政府直接统治,但是和硕特汗不甘心轻易丢掉在西藏的特权。罗卜藏丹津领导的反清事件,正是和硕特汗为恢复在西藏汗权的尝试。战争的结局却是和硕特贵族对青海统治的终结。

罗卜藏丹津是顾实汗之孙,其父达什巴图尔是顾实汗第十子,康熙三十七年(1698)被清政府封为和硕亲王。罗卜藏丹津袭父爵,成为青海和硕特贵族中唯一的亲王,一直怀有恢复顾实汗霸业、总长诸部、君临西藏的政治抱负。康熙五十九年(1720)清军入藏时,罗卜藏丹津怀着极大的希望参加了延信率领的北路军,扈从达赖喇嘛入藏。

清军占领西藏后,组织了一个地方政府,由喀尔喀王公策旺诺尔布、敦多卜多尔济、和硕特贵族罗卜藏丹津、阿宝、西藏贵族阿尔布巴、隆布鼐组成。这些人中起主导作用的是策旺诺尔布,阿宝是阿拉善郡王、康熙的额驸。真正作为青海和硕特蒙古贵族代表的唯有罗卜藏丹津,而他的地位是无足轻重的,更使罗卜藏丹津失望的是康熙六十年(1721)清朝对西藏地方政府的改组。这次改组除了继续留策旺诺尔布率官兵镇守西藏外,又封康济鼐、阿尔布巴为固山贝子,隆布鼐为辅国公,理前藏事务;颇罗鼐为扎萨克一等台吉,理后藏事。此举说明清政府根本无意再设藏王之职,罗卜藏丹津再建和硕特汗权的美梦化为泡影。

更让罗卜藏丹津无法容忍的是,雍正初年清廷封赏参加西藏战争的青海蒙古王公台吉时,仅给他加俸银二百两、缎五匹,而将察罕丹津和额尔德尼厄尔克托克托鼐分别封为亲王和郡王。清朝政府对和硕特贵族中势力最强的罗卜藏丹津的恩赏微乎其微,而对察罕丹津和额尔德尼厄尔克托克托鼐明显的优厚,显然是为了削弱罗卜藏丹津的权力。此时,罗卜藏丹津不但藏王没有当成,连统领青海都做不到,清政府命他与察罕丹津同领青海右翼蒙古诸部。

雍正元年(1723)七月,罗卜藏丹津与青海各台吉会盟察罕托罗海,自称达赖珲台吉,同年十月,罗卜藏丹津率军进攻西宁周围的南川申中堡、西川镇海堡、北川上新城等地。清政府立即派遣年羹尧、岳钟琪率军讨伐,至次年三月,和硕特反清军队大败,罗卜藏丹津化装后逃窜准噶尔。

为了巩固战争成果,清朝政府采纳了陕甘总督年羹尧提出的《青海善后事宜十三条》和《禁约青海十二事》,建立了清朝在青海统治的新体制。这一统治新体制的基本点如下:

一是建立盟旗制度。对青海蒙古诸部,仿内蒙古札萨克制,划清各游牧地的界限,施行盟旗制度。

二是废除青海及其周围藏族对和硕特贵族的隶属关系,授其头人以土司千户、百户、土司巡检等职,直接接受附近道、厅、卫所管辖。

三是在经济上采取措施,发展农业生产,安定人民生活,对西宁周边可耕之地,实行开垦屯种,规定免征赋税三年。

四是整顿喇嘛寺庙,将其置于清朝控制之下。作为罗卜藏丹津反清重要据点的塔尔寺,除已被处死的几个大喇嘛外,清朝政府选留300名喇嘛,其余均遣散。喇嘛寺庙每年由政府稽查两次,同时规定寺庙不能直接向属民征收租粮、衣服、银两。

清政府在推行上述善后措施的同时,还对青海地区的行政建制进行调整。雍正三年(1725),清政府改西宁卫为西宁府,下设两县、一卫,即西宁县、碾伯县、大通卫,任命副都统达鼐为首任"办理青海蒙古番子事务大臣"(简称西宁办事大臣),管理青海一切政务。从此,青海地区完全被置于清政府直接统治之下。

四、远迁伏尔加河流域的土尔扈特部(17—18世纪70年代)

17世纪30年代,土尔扈特部在其首领和鄂尔勒克率领下远徙伏尔加河流域,在那里建立起游牧民族的封建汗国,直至1771年渥巴锡率部东返故土。在近一个半世纪的时期里,土尔扈特部在伏尔加河流域所建立的封建汗国大体上经历了如下几个时期:1632—1669年,即和鄂尔勒克率部迁到伏尔加河流域后,其子书库尔岱青、孙朋楚克开拓局面,建立政权,是土尔扈特汗国的初创时期;1670—1724年,即著名汗王阿玉奇执政的年代,由于他卓有成效的统治,土尔扈特势力不断发展与壮大,是土尔扈特汗国的鼎盛时期;1724—1761年,即阿玉奇汗逝世后,王公贵族内部为争夺汗位继承而造成汗国内乱频仍与汗位不断更迭,是汗国由兴盛转向衰落的动荡时期;1761—1771年,亦即渥巴锡执政时期,沙皇俄国控制空前加剧而造成汗国严重政治危机,终于导致了持续一个半世纪之久的土尔扈特汗国走向瓦解。

(一)土尔扈特汗国的初创时期(1632—1669)

大约在17世纪30年代初,和鄂尔勒克率领土尔扈特部众和部分和硕特、杜尔伯特约五万帐牧民离开其原牧地——塔尔巴哈台地区,远徙到了额济勒河(今伏尔加河)下游草原放牧。伏尔加河下游这片一望无际的大草原,本来是诺盖人迁徙后遗留下的弃地,当时俄国势力远未能控制这一地区。和鄂尔勒克率部众来到这里后,即"放牧牲畜,逐水草围猎之利",并置鄂拓克、设宰桑,开始了艰辛的创业阶段。

和鄂尔勒克及其子书库尔岱青、孙朋楚克执政时期的政治活动的主要内容分为两个方面:一是加强与卫拉特蒙古诸部及清政府的联系;二是处理与俄国政府的关系。二者是相互影响、相互制约、同步发展的。

为了增强自己在与俄国政府交往中的政治和军事实力,和鄂尔勒克不能不加强与卫拉特诸部的联系。1640年,和鄂尔勒克率其子书库尔岱青和伊勒登返回准噶尔,参加喀尔喀蒙古与卫拉特蒙古各部首领的联合会议。这次会议上东、西蒙古各部首领制定了著名的《蒙古卫拉特法典》。书库尔岱青继汗位后,曾到西藏礼佛,并留居西藏多年,得到了达赖喇嘛的支持。与此同时,书库尔岱青执政初期,便着手与刚刚建立起全国统治的清朝建立了关系。顺治三年(1646),书库尔岱青与其弟罗卜藏诺颜随青海和硕特部顾实汗,向清朝政府奉表贡之后,使臣进京不断。

书库尔岱青为强化对汗国的统治,设置并初步健全了政权机构。当时在书库尔岱青之下已设立了一个行政机构,这个机构由书库尔岱青的近亲和当地兀鲁思长官组成。当时,汗国还有一支约有八万名士兵的军队。可以看出,随着书库尔岱青权力的集中,在伏尔加河下游已建立起一个以土尔扈特部为中心的游牧民族的封建汗廷。

初创的土尔扈特汗国面临的严峻课题是如何处理好与俄国的关系。

和鄂尔勒克来到伏尔加河下游后,从未有臣属于俄国的想法,而这是与俄国的扩张政策相对立的。俄国政府为巩固已征服的喀山与阿斯特拉罕两个汗国的既得利益,处心积虑地想控制这些新来的游牧民族。为此,双方多次发生武装冲突。1644年,和鄂尔勒克战死在阿斯特拉罕城下。在这次武装冲突中,土尔扈特部队遭到惨重伤亡。

书库尔岱青和朋楚克执政期间,在对俄关系上做了灵活的调整。1655—1661年,土尔扈特首领与俄国政府共举行了五次谈判,双方交涉的焦点主要是土尔扈特游牧区域和沙皇要求汗国"臣服"问题。通过外交上的多次斗争,虽然表面上土尔扈特向俄国政府"宣誓臣服",但事实上履行宣誓仪式对汗国台吉来说,不过是应付俄国的一种策略和手段,是为争得游牧与生活环境的一种权宜之计。实际上每次"宣誓"之后,汗国首领们依旧我行我素,并不受誓约的束缚,正如当时一个俄国使臣所说:"(书库尔)岱青和他的使臣们多次向陛下宣誓,但一点也不守信义。"

伏尔加河畔的土尔扈特汗国的建立,是在和鄂尔勒克及其子孙两代的共同努力下完成的。如果说和鄂尔勒克为了摆脱卫拉特诸部纷争而给土尔扈特人民在伏尔加河下游开辟了新的游牧场地,那么他的继承人书库尔岱青和朋楚克便是在这块新的牧地上建立起土尔扈特汗国的第一代统治者。

(二)土尔扈特汗国的鼎盛时期(1670—1724)

1670年朋楚克病逝,其子阿玉奇执政。阿玉奇生于1642年,自幼生活在准噶尔,深受外祖父巴图尔珲台吉的熏陶与教育。1654年,他随其祖父书库尔岱青回伏尔加河畔。阿玉奇统治土尔扈特汗国50余年,将汗国推向了鼎盛时期。

阿玉奇执政之初即集中全力击败了汗国内部力量强大的异己势力——和硕特王公阿巴赖台吉,进而对邻族发动攻势,先后击败克里木人、希瓦人、库班一带的山民。军事上的一系列胜利,使阿玉奇不仅统一了汗国内部,巩固了汗国政权,还使汗国在伏尔加河流域取得了决定性的优势地位。

阿玉奇继承和发展了先辈的对俄政策,虽然在表面上臣服于沙皇,但在内政与外交上则保持独立自主的地位。阿玉奇曾多次向俄国政府表示:他是俄国政府的同盟者,而不是他们的臣民。声名显赫的沙皇彼得一世也承认阿玉奇是他的同盟者。1722年,彼得一世远征波斯在阿斯特拉罕停留时,在自己的游艇里以元首之礼隆重会见了阿玉奇。

阿玉奇执政期间,还积极同祖国联系,把其先辈与祖国建立起的多渠道联系推向了一个新的发展阶段。

一是加强与卫拉特蒙古诸部的联系。阿玉奇继续奉行与卫拉特及其他蒙古各部联姻的方针。其妹多尔济喇布坦嫁给和硕特部著名首领鄂齐尔图车臣汗;他还将两个女儿分别嫁于准噶尔首领策妄阿拉布坦和喀尔喀墨尔根汗额列克。贵族间的联姻,增强了土尔扈特蒙古与其他蒙古各部的政治联系。

二是与西藏地方建立联系。阿玉奇执政后,深知取得西藏喇嘛教神权对土尔扈特汗国支持的重要性。为此,他经常和达赖喇嘛交往。康熙二十九年(1690),达赖喇嘛赐给他以汗的封号。阿玉奇自此称汗,大大提高了自己的政治地位。

三是与清朝政府建立各种联系。阿玉奇汗支持清政府对噶尔丹的战争,并远道遣军至阿尔泰山一带与之配合。18世纪初,由于策妄阿拉布坦阻挠,通道梗塞。阿玉奇汗于1709年派出以萨穆坦为首的使团,取道北路经西伯利亚及库伦、张家口等地,抵达北京,由此引发出我国民族关系史上一段佳话——图理琛使团远访土尔扈特。

图理琛一行于康熙五十一年(1712)五月自北京启程,康熙五十三年(1714)六月才抵达阿玉奇汗驻地,即伏尔加河畔的马奴托海附近。当使团于六月初到达阿玉奇牙帐时,阿玉奇汗举行了隆重的欢迎仪式。阿玉奇汗在会见使团时谈到与祖国联系时的困难处境,指出:"遣使往来人数极多,恐彼(指俄国)惮烦,断绝道途,我遂无路请安进贡矣。"阿玉奇汗还向使团详细询问了国内政治、经济情况,他明确向使团表示:蒙古"衣服帽式,略与中国同,其俄罗斯乃衣服、语言不同之国,难以相比",表露出与故土亲人息息相关的真实情感。六月十四日,图理琛一行离开阿玉奇汗牙帐,翌年五月返回北京。

1724年2月19日,阿玉奇汗病逝,终年84岁。这位著名的游牧民族汗王,在他50余年执政期间,为了土尔扈特蒙古民族繁荣与强盛,做了不懈的努力,使汗国在强大的沙皇俄国面前保持了独立与自主,博得了人们的崇敬与怀念。如托忒文史籍《卡尔梅克诸汗简史》中写阿玉奇汗一生"帮助了许

---

① 图理琛:《异域录》卷下。

多国家和部落,没有让卡尔梅克人衰弱与受欺。比他强大者尊重他,与他相衡者怕他,名义上是俄罗斯的臣民,可是一切事情均由自己做主,所以,他是伏尔加河卡尔梅克汗王中最有威望的一位"。

(三)土尔扈特汗国的动乱时期(1724—1761)

争夺汗权的斗争不迭,俄国对汗国控制的加剧,构成了土尔扈特汗国动乱时期政治上的两大特点。

阿玉奇汗晚年曾指定其长子沙克都尔扎布为汗位继承人,但1722年沙克都尔扎布先于阿玉奇汗去世,阿玉奇汗转而指定次子车凌端多布为汗位继承人。但车凌端多布实力微弱,不孚众望,阿玉奇汗一死,争夺汗位的斗争日趋公开,造成汗国长期动乱与不安。

当时参与汗权争夺的权力集团主要有四个,他们的代表人物如下:一是车凌端多布;二是沙克都尔扎布之子达桑格;三是阿玉奇汗之孙敦罗卜旺布;四是阿玉奇汗的外甥道尔济·纳札洛夫。而此时沙皇俄国利用阿玉奇汗去世与贵族内部斗争的时机插手汗国的汗位继承,使汗国继承问题更加复杂化。最后由于得到俄国政府的支持,1724年9月车凌端多布成为汗国的执政者。俄国政府由此取得了任命土尔扈特汗王的特权。

车凌端多布执政10年,汗国的贵族间兵戈相向持续不断,来自俄国政府的政治压力又与日俱增,这促使汗国执政者及其人民不能不在感情上更加思念祖国亲人及曾亲切关怀过他们的清朝中央政府。他们期望通过加强与祖国的联系,改变他们在伏尔加河流域势单力孤的不利处境。

雍正八年(1730),车凌端多布派遣使臣赴京,并到西藏谒见达赖喇嘛。次年四月,雍正皇帝派出满泰使团携带敕书到达汗国回访,受到车凌端多布的隆重接待。会见时,车凌端多布向满泰表示,愿为清政府统一西北边疆而效力。满泰使团对汗国的访问,确实在政治上给予车凌端多布以极大的支持,当俄国政府得知清朝皇帝承认车凌端多布为汗王时,也赶忙赠其封号,正式承认其汗王地位。

但是,车凌端多布很快在内战中为敦罗卜旺布所败,失去了控制汗国的权力,敦罗卜旺布于1735年11月正式成为土尔扈特汗国的新汗王。敦罗卜旺布执政不到7年,为了巩固自己统治地位,极力强化对汗国的统治,镇压一切异己政治势力,但却适得其反,造成汗国内部更大的动荡。1741年3月,敦罗卜旺布在汗国内乱的阴霾中死去。他临终时,指定自己的妃子贾恩之子兰杜勒为汗位继承人,给汗国埋藏下再一次内乱的祸根。

敦罗卜旺布指定的继承人兰杜勒时年刚满十岁,实际上为其生母贾恩左右。贾恩出身于信奉伊斯兰教的卡尔巴金人,又不是敦罗卜旺布的可敦,这一切显然为笃信喇嘛教而又有浓厚封建意识的土尔扈特王公贵族所不容。俄国政府也因卡尔巴金人与俄国为敌,不能容忍贾恩独揽汗国大权。在这种情况下,沙克都尔扎布之子敦罗布喇什,以其显贵出身和雄厚实力,填补了这一权力真空。

1741年7月,敦罗布喇什在俄国的确认下,就任了汗国督办,1758年7月正式成为土尔扈特汗国的汗王。敦罗布喇什执政约20年,汗国内乱基本平息,可是来自俄国的政治压力却与日俱增,强迫土尔扈特汗王接受屈辱性的人质制。敦罗布喇什将自己的次子萨赖送到了阿斯特拉罕,由于禁锢生活的折磨,1744年萨赖死于阿斯特拉罕。萨赖之死,给敦罗布喇什心上留下难以愈合的创伤,从此他在对俄态度上由忍让转向对抗。

敦罗布喇什为了抵制俄国对土尔扈特汗国司法的干涉,公布了新的法规,即历史上有名的《敦罗布喇什补充法规》。《敦罗布喇什补充法规》内容比较广泛,其中除了宗教教规、社会治安、司法制度等方面的规定外,在文化教育以及抵御外敌侵略方面的规定,明显表露出维护民族独立与抵制俄国控制的倾向。如规定汗国贵族和一般牧民子弟必须受教育和学习本民族文字,否则受罚,实际上就是对俄国文化侵略与思想奴役的抵制。至于有关汗国贵族和牧民在抵御外敌入侵方面的规定,更清楚地说明,土尔扈特人不仅有保卫汗国不受外敌侵犯的义务,而且汗国有独立对外作战的权力。所有这些,都是汗国为抵制俄国控制所做的努力。

敦罗布喇什还继续奉行其先辈加强与祖国联系的政策。他派遣的吹扎布使团,假道俄国,历时三年于乾隆二十一年(1756)抵达北京,受到乾隆皇帝的接见。吹扎布代表敦罗布喇什向乾隆皇帝进献了贡品(其中的箭袋,今天仍陈列于中国历史博物馆),并向乾隆皇帝诉说了土尔扈特人民在俄国压迫下的困难处境,申明土尔扈特汗国与俄国关系只是"附之,非降之也,非大皇帝有命,安肯自为人臣仆"。吹扎布使团的出访,使双方关系得到进一步发展。

但是应该看到,经过近40年的动乱,强大的土尔扈特汗国已不复存在,加上俄国压迫不断加剧,使汗国更趋衰落。1761年敦罗布喇什病故,又给俄国政府加强对汗国的控制提供了良机,从而使汗国面临更为严峻的局面。

（四）土尔扈特汗国政治危机加剧

1761年，渥巴锡继其父敦罗布喇什之汗位，成为土尔扈特汗王。此时俄国正是叶卡捷琳娜二世统治时期，俄国女沙皇在封建贵族和大商人的支持下，对全国农民加强剥削与压迫的同时，对土尔扈特汗国也实行高压政策，力图达到完全控制整个部落之目的。

俄国政府首先通过改组扎尔固限制汗王的权力。扎尔固原是汗王实施自己统治意志的工具，但1762年俄国政府颁布的扎尔固条例，规定汗王无权任命扎尔固成员，而应由俄国政府批准，且汗王只有得到俄国政府允许，才能改变扎尔固的决定。

俄国政府还极力在土尔扈特贵族中培植自己的代理人，扶植已东正教化了的敦杜克夫家族，以取代渥巴锡的统治，企图把整个土尔扈特汗国东正教化，使之成为俄国的顺民。

俄国政府向伏尔加河流域大量移民及其对土尔扈特汗国无休止的征兵，更是直接影响到土尔扈特千家万户人民的正常生活。18世纪30年代以后，俄国政府鼓励顿河两岸哥萨克成批地迁往伏尔加河流域定居，哥萨克移民来到伏尔加河下游后，使土尔扈特牧地逐渐缩小。与此同时，1763年后，俄国政府屡次征土尔扈特兵与邻国征战，在俄国对外扩张中，土尔扈特人民死伤达七八万之众。牧地的缩小和人民死于战争，造成整个汗国的民族危机。

以渥巴锡为首的土尔扈特汗国首领们，为了维持民族的生存，摆脱俄国的奴役，经过充分酝酿，于1770年秋冬之交在维特梁卡（阿斯特拉罕省叶诺塔耶夫斯克以北）召开了一次绝密会议，参加会议的除渥巴锡、策伯克多尔济外，还有舍楞、巴木巴尔、达什敦多克和大喇嘛罗卜藏扎尔桑（又译作洛桑丹增）等四人。会上经过庄严宣誓，决定在次年——虎年，举族起义，东归故土。

1771年1月17日，土尔扈特抗俄武装起义爆发。起义军民袭击俄国驻军杜丁大尉兵营，并歼灭了基申斯科夫派遣的增援部队。渥巴锡将三万三千多户近十七万人的东返队伍，组成三路大军，浩浩荡荡踏上东归故土的征程。经过十余天的急行军，巴木巴尔和舍楞率领的先头部队摧毁了乌拉尔河上的俄军要塞，穿过冰封的乌拉尔河，迅速进入大雪覆盖的哈萨克草原，把尾追的俄军远远抛在后面。

但是，东返并不是一条畅通无阻的坦途。俄国政府在得到土尔扈特军民武装起义消息后,急命奥伦堡总督莱英斯多尔普和军团指挥达维多夫少将率军截击,未获战果。接着又派出特鲁本堡将军率领由哥萨克和巴什基尔人组成的骑兵团紧紧尾追。与此同时,在俄国政府唆使下,哈萨克小帐首领努尔·阿里汗联合巴什基尔人也不断发动袭击,给艰苦行军中的土尔扈特人造成巨大损失。长途行军中无法避免的严寒和缺少给养,还有泥泞难行的黄水草滩和滴水不见的戈壁荒漠,致使疫病流行、人口锐减和牲畜大量死亡。土尔扈特队伍行进到姆英塔湖时,陷入了哈萨克小帐努尔·阿里汗与中帐阿布赉汗的五万联军重围。在此危急时刻,渥巴锡等冷静分析了形势,迅速派出使臣与哈萨克人谈判,并同意送回在押的一千名俘虏,从而争得了三天喘息时间。渥巴锡利用这一宝贵时机,调整兵力,在第三天深夜奇袭哈萨克联军,成功突出重围,继续东进。为了避开哈萨克封建主的袭击,东返队伍绕道巴尔喀什湖西南戈壁,经楚河、塔拉斯河,沿沙喇伯勒前进。乾隆三十六年五月二十六日(1771年7月8日)策伯克多尔济率领的先遣部队,在伊犁河支流察林河畔与清军巡察部队相遇,六月五日(7月17日)清军总督伊昌阿、硕通率领之巡察部队在伊犁河畔会见了刚抵达的渥巴锡、舍楞以及土尔扈特东返队伍的主力和家属。至此,悲壮的东返征程以土尔扈特军民的胜利而告完成。

乾隆皇帝特派伊犁将军舒赫德主持接纳安抚事宜。舒赫德在伊犁会见渥巴锡、策伯克多尔济时向其宣谕:"尔等俱系久居准噶尔之人,与俄罗斯之俗不同,不能安居,闻厄鲁特等,受朕重恩,带领妻子远来投顺,甚属可悯,理宜急加抚绥安插。"①为安定舍楞的疑惧情绪,特宣谕:不究前罪,论功行赏。清政府经过精心安排,渥巴锡一行于九月八日在木兰围场伊绵峪觐见乾隆皇帝,并随乾隆皇帝行围三天,至九月十三日离开木兰围场,于九月十七日抵承德避暑山庄。次日,即九月十八日,乾隆皇帝在澹泊敬诚殿接见渥巴锡一行,之后又在四知书屋和卷阿胜境召见渥巴锡,与之长谈。渥巴锡等在避暑山庄期间参加了清政府举行的各种盛会。他们于九月三十日分四批离开承德。

在承德期间,土尔扈特贵族接受了清政府的封赏。渥巴锡被封为乌讷恩素珠克图旧土尔扈特卓里克图汗。曾参加1770年维特梁卡会议的策伯克多尔济、舍楞、巴木巴尔,分别封为乌讷恩素珠克图旧土尔扈特部布延图

---

① 中国第一历史档案馆藏:《满文月折挡》。

亲王、青色特奇勒图新土尔扈特部弼哩克图郡王、毕锡呼勒图郡王，均为封爵之首。经渥巴锡推荐，另一个参加维特梁卡会议并在东返过程中起了重要作用的达什敦多克，被封为一等台吉。

回归故土的土尔扈特部众得到了清政府及时的赈济。清政府命张家口都统常青调牧畜赶赴新疆接济，又命陕甘总督吴达善拨款办运茶叶、羊只和皮张等接济，再命西安巡抚文绥专程前往嘉峪关外料理。短时间内大量的救济物资，如衣服、口粮、帐篷、牲畜等，从新疆、甘肃、陕西、宁夏及蒙古等地及时运到，《优恤土尔扈特部众记》中曾记当时赈济来归土尔扈特人众，计有牛羊二十余万头，米麦四万多石，茶叶二万余封、羊裘五万多件、棉布六万多匹、棉花近六万斤以及大量毡庐等生活必需品。这些物资对饥困交加的土尔扈特人民来说，犹如雪中送炭，使他们度过了回归故土后的第一个冬天。

清政府又按土尔扈特原部落系统，指定牧地、编设盟旗。清政府把塔尔巴哈台东、科布多西之额尔齐斯、博罗塔拉、额密勒（额敏）、斋尔等地划为牧场，渥巴锡、策伯克多尔济、舍楞、巴木巴尔、默们图、恭格等人分任盟长。乾隆三十八年（1773）和乾隆四十年（1775），又对土尔扈特部牧场进行调整。

渥巴锡所领之众，称旧土尔扈特部，划分南、北、东、西四路，分设四盟，各立盟长，颁发官印。南路在哈喇沙尔（今焉耆回族自治县）裕勒都斯草原，置四旗，渥巴锡为盟长；北路在和布克赛尔，置两旗，策伯克多尔济为盟长；西路在精河县，置一旗，默们图为盟长；东路在库尔喀拉乌苏（今乌苏市），置两旗，巴木巴尔为盟长。

舍楞所领之众称新土尔扈特，驻牧于科布多、阿勒泰地区，置两旗，舍楞任盟长。

和硕特恭格部，游牧于博斯腾湖畔（今和硕县），置四旗，恭格为盟长。

至此，远徙伏尔加河流域达一个半世纪的土尔扈特部人民，终于在祖国的土地上生息游牧，土尔扈特蒙古进入了一个新的发展阶段。

五、卫拉特蒙古的经济和文化习俗

17世纪上半叶以来，卫拉特蒙古诸部在政治上各自经历了自己的发展轨迹，但在经济、文化、习俗上却息息相通，具有很多相似之处。本题主要以具有代表性的准噶尔部的情况为主，略做概述，时间界限基本上以18世纪中叶为下限，至于近代以来经济、文化诸方面的变化，尚待有志于此的研究者们去探索。

（一）社会经济

卫拉特蒙古的经济基础是畜牧业。牲畜主要畜养马、牛、羊、骆驼、驴、骡等。马、牛、羊数量较多，骆驼次之，驴和骡数量较少。所谓"逐水草、事畜牧"；"各有分地，问富强者，数牧畜多寡以对。饥食其肉，渴饮其酪，寒衣其皮，驰驱资其用，无一不取给于牲畜"，就是其社会生活的真实写照。

卫拉特人养的羊，主要有山羊和绵羊两种，专供食用。马，大多数为"蒙古马"，既是交通工具，又是重要生活资料。牛，绝大部分是山牛，供挤奶、肉食及拉车。骆驼主要供运输。牧民们一年四季都徙牧，运输任务通常是依靠骆驼完成的。在卫拉特四部中，准噶尔人以善养马著称，阿克敦《德荫堂集》卷八云："西塞四种厄鲁特人，驼马牛羊分牧之。种类之中，准噶尔善于牧马。"其牧养牲畜，除供自己食用外，也用以同周围民族，特别是中原地区各族进行贸易。明代卫拉特人与中原地区的互市中心是大同宣府。清代先是归化城，后是肃州、西宁和东科尔。

卫拉特蒙古人在夏季和秋季通常保持着"和屯"方式集体游牧，冬春两季则各自游牧。普通游牧民，大多数自己牧放牲畜。富裕牧民及有地位的诺颜，令属民或被掠夺来的奴隶放牧。

狩猎在卫拉特人社会生活中也占有一定地位。狩猎方式有两种：个人狩猎和集体狩猎。个人狩猎一般都在离居住地不远的地方进行，使用兽夹或火铳等工具。集体狩猎又称围猎，主要在秋冬两季。此时"弓劲马强，兽肥隼击"，而家居多暇，或无事可做，便带着干粮、猎鹰、猎犬和弓箭，向野兽丰富的山地出发。取得猎获物后，大体上都是平均分配，只将毛皮奖励首先射中者。

集体围猎规模因时因地而异。少的数人、十数人，多的数百、数千甚至上万人。围猎常常是远征、战争和袭击的同伴。军队出征时就经常以此获得食物并进行演习。猎获物大多是野羊、野驴、狐狸、狼、鹿、猞猁、野兔、貂、虎、豹等。

除畜牧和狩猎外，卫拉特蒙古人也兼营少量的农业。卫拉特人早在元代就已开始兼营农业，后经长期的发展，以及准噶尔部巴图尔珲台吉、策妄阿拉布坦等的倡导，至18世纪有了较广泛的推广。准噶尔部封建主为了促进农业发展，不仅奖励广大游牧民从事开垦种植，还利用俘虏来的维吾尔族人为其耕种。1643年到过巴图尔珲台吉牙帐的俄国人伊林说：霍博克萨里是由三五个小镇构成的。但这里的小镇实际上是指一两幢砖房，通常只是一座喇嘛庙。巴图尔珲台吉不但请来了西藏喇嘛，引入了佛教的一切规矩，还将"布哈拉"的农业人口迁到这里。1654年经由额尔齐斯河到达北京的沙俄使臣巴伊科夫在其出使报告中指出，从恩库勒河溯额尔齐斯河而上，经过三天旅程，到达额尔齐斯河左岸，这里有两座大的佛寺，均用砖砌。当地种有小麦和糜、黍等许多谷物，各地的都是"布哈拉人"。①

这是所说的"布哈拉人"，就是维吾尔人的异称。策妄阿拉布坦和噶尔丹策零统治时，被迫到准噶尔地区为之耕种的人，几乎南疆各城都有，尤其以乌什、阿克苏、库车、叶尔羌、喀什噶尔的人最多。他们大都分布于伊犁和乌鲁木齐等地，被称为"塔里雅沁"或"塔兰奇"。除维吾尔人外，还有蒙古族、满族、汉族等各族人民，不过为数不多。

在卫拉特蒙古各部中，农业生产较为发达的首推杜尔伯特部，他们"俗兼耕牧"。准噶尔部、土尔扈特部、辉特部、和硕特部则稍逊。

卫拉特蒙古人大体上都是牛力犁耕，春种秋敛，不粪不薅，广种薄收，耕牧分处。其生产作物有大麦、小麦、黍、糜、青稞、南瓜、西瓜、葡萄、杏和苹果以及蔬菜等物。

卫拉特人在手工业生产方面也有一定程度的发展。17世纪前，卫拉特人的手工业主要是传统的家庭手工业，男子从事木器、马鞍、弓箭、刀、矛、铠甲等的制造，妇女从事皮革加工、擀毡子、制皮靴等，似乎还没有形成独立的手工业部门。但随着畜牧业、农业生产的发展，进入18世纪以后，准噶尔地区开始出了呢绒、布匹、皮革、造纸、兵器制造以及矿冶等手工业作坊。

呢绒的生产，相传与瑞典军官列纳特的传授有关。他曾经为准噶尔人培养了不少织呢匠人。布匹生产的详细情况目前还不清楚，可能是在与维吾尔人的长期共处中，逐渐取得技术而发展起来的。纸，用一种名叫"察逊"的草捣烂加工制成，以供书写。

冶炼和兵器制造业也有所发展。1716年被俘的俄国人索洛金证实，在他被拘期间，一直在特克斯湖畔为准噶尔人冶铁。铁矿是由卫拉特人自己开采的。他们用老法熔炼，用炼出的铁，制造刀、矛、盔甲。他们还制造三种

---

① 巴德利：《俄国·蒙古·中国》下卷第一册，商务印书馆1981年版，第1126、1145—1146页。

不同型号的炮,计四磅炮十五门,小口径炮五门,十磅炮二十门。此外,他们还造枪支、火药和子弹,提炼硝磺和铜。

新的生产部门和手工业作坊的出现,标志着卫拉特人的手工业生产已从副业生产的位置,逐步走上了独立发展的道路,从家庭手工业的狭隘范围内解脱出来,走上社会化的道路。这对当时卫拉特蒙古社会经济的繁荣,起到了重要的促进作用。

(二)文化习俗

卫拉特蒙古人在社会历史的发展进程中,逐步形成了自己的方言和文字。其语言称托忒语。"托忒"的意思是清楚、明了。它与东部蒙古语相较,有相同之处但又有所区别。如蒙古语称"小刀子"为"吉土嘎",托忒语则称为"木达嘎"。卫拉特人的文字是托忒字,是1648年咱雅班第达在回鹘蒙古文的基础上创造的,共十五个字头,每个字头有七个音,总共一百零五个音。字以木笔书写,直下,右行,至今还为新疆等地蒙古人所使用。

卫拉特人有丰富的民间文学著作。最出名的有《江格尔》《天女之惠》《乌巴什珲台吉的故事》。《江格尔》是一部长篇英雄史诗,它从流传到定型经历了一个漫长的过程,有些片段产生于12世纪森林狩猎民时代,而大部分情节则反映其先民移居阿尔泰山和额尔齐斯河流域后的故事。目前我国已出版了十三章和十五章两种版本。国内外学者对此书极为重视。它不仅有重要文学价值,对于探索卫拉特人历史也有不容忽视的作用。《天女之惠》是关于杜尔伯特部和准噶尔祖先来源的传说故事,语言优美、生动。《乌巴什珲台吉的故事》是描写喀尔喀和托辉特部首领硕垒乌巴什引兵进攻卫拉特蒙古,在卫拉特蒙古人反击下惨遭失败的故事,其篇幅虽不长却很生动,是一首优美的散文诗。

卫拉特蒙古人在法学方面也有重要贡献。在巴图尔珲台吉的有力影响下,1640年于塔尔巴哈台会盟时产生的《蒙古卫拉特法典》,是继成吉思汗大扎撒之后产生的一部重要蒙古法典。它与尔后出现的《喀尔喀法典》、清朝《理藩院则例》同被誉为蒙古法的三大文献。18世纪中叶,土尔扈特敦罗布喇什为了强化封建统治,抵御沙俄侵略,颁布了《敦罗布喇什补充法规》,也是蒙古习惯法的重要文献。它对于我们研究居住在伏尔加河流域的土尔扈特人的政治、经济和文化有重要意义。

据林纳特证实,在他保留下来的两幅准噶尔地图中,有一幅是噶尔丹策零"亲自绘制的准噶尔境域图"。这两张图,因对中国西北及中亚地区的山川、湖沼、民族等做了详尽的记录,受到中外学者的重视,是中国地理学的一份宝贵遗产。

卫拉特人在音乐、体育、医药等方面也有很多建树。所有这些都是中华民族文化宝库的重要组成部分。

17世纪前,大多数卫拉特蒙古人都崇信萨满教。但自察罕诺们汗应卫拉特丘尔干首领拜巴噶斯的邀请前往布教后,各部封建主遂先后皈依西藏黄帽派喇嘛教。卫拉特蒙古喇嘛教有两个显著特点:一是呼毕勒罕制度产生晚且时间很短;二是寺院规模一般都比较小,喇嘛在人口中的比例比大漠南北的各部蒙古低。寺院除了少数为砖瓦结构建筑外,大多数属于毡帐式寺院。这说明喇嘛教在各部中的传播并没有像东部蒙古那样广泛。

卫拉特蒙古人因在17世纪30—40年代就控制了青海和西藏,故自喇嘛教传入后,各部封建主与西藏黄教寺院集团往来一直十分密切。他们经常亲自率领部众,或派人到西藏向达赖、班禅及其所属寺院布施。布施规模一般都很大,人数往往数百人,银数万甚至二十余万两。居住于伏尔加河流域的土尔扈特蒙古人也不例外。他们或为故去首领超度亡魂,或延请高僧到自己所辖兀鲁思传教,或购买藏医、藏药,或护送子弟进藏学经。史称其"岁以熬茶西藏为要务"。

男女结亲,以羊马为聘礼。成婚之日,女婿须先至女家迎亲。女家延喇嘛诵经,然后令新郎与新娘共持一羊胛骨,拜天地日月,交结其发。次日新郎先归,另择日娶新娘。新娘至家,也延喇嘛诵经。

人病先请喇嘛诵经。诵经无效,则延额摩奇(喇嘛医生)服药。

人死,不立"丧制"。子孙亲属延喇嘛诵经,检《珠露海》所载,视其适应何种葬法,倘有应"五行"(金、木、水、火、土)葬法者,则以其法埋葬。如应金葬,即将尸体置于山;应木葬,便将尸体悬于树;应火葬,则以火焚之;应水葬,则令沉于河;应土葬,则埋于地。若不应"五行"葬法,则将尸体弃于路旁,撤蒙古包搬家至别地居住。自亡日起,要诵经四十九日,不杀生。尔后每到忌日,设果食醍乳祭祀。

六、清中叶以后卫拉特蒙古的分布

清中叶以后,作为与清政府相抗衡的卫拉特蒙古已不复存在,但在盟旗制统治下,卫拉特蒙古仍在发展,他们生息繁衍,发展生产,并与各族人民一起在开发边疆、保卫边疆的实践中,做出了自己的贡献。

本题的目的是向读者介绍18世纪中叶以后卫拉特蒙古的分布,原因有二:第一,当时的卫拉特蒙古分布格局基本上延续至今,弄清过去,便于掌握当今卫拉特蒙古的活动领域;第二,18世纪以来卫拉特蒙古的政治实践、生产活动,已与居住地区的各族人民紧密相关,甚至已融为一体,因此近现代史上的卫拉特蒙古研究,很大程度上已属于地方史的研究范围。下面我们依分布地域做一概述。

(一)居住于新疆维吾尔自治区的卫拉特蒙古

1. 土尔扈特与和硕特部

居住于新疆的卫拉特蒙古中,土尔扈特部的人数最多,是乾隆三十六年(1771)随渥巴锡回归祖国的部众。渥巴锡所属称旧土尔扈特,当时划分四盟,各立盟长。

南路在裕勒都斯草原,其政治中心先在焉耆,后迁到和静,今天巴音郭楞蒙古自治州的卫拉特蒙古大多为其后裔。

北路在和布克赛尔,策伯克多尔济为盟长,今天和布克赛尔蒙古自治县的卫拉特蒙古大多为其后裔。

西路在精河县,默们图为盟长,今天精河县的卫拉特蒙古大多为其后裔。

东路在库尔喀拉乌苏,巴木巴尔为盟长,今天乌苏市的卫拉特蒙古大多为其后裔。清末民国初年,驻京蒙古王公中颇有名望的帕勒塔即是巴木巴尔之第六世孙。

居住于新疆的和硕特部,主要是随渥巴锡东返的恭格部,他们一直游牧于博斯腾湖畔,今天和硕县的卫拉特蒙古大多为其后裔。

2. 准噶尔部

18世纪中叶以后,居住在新疆的准噶尔部众均属厄鲁特营管辖。新疆厄鲁特营的准噶尔人来源于以下四个方面。

一是阿睦尔撒纳叛乱时内附的准噶尔人,其中以准噶尔二十一昂吉之一的达什达瓦部人数最众,其迁驻伊犁是乾隆二十九年(1764)。除达什达瓦部外,也有少数原系居住于北京的准噶尔官兵。

二是乾隆二十五年(1760)后陆续撤出哈萨克、布鲁特地区的准噶尔人。

三是乾隆三十六年(1771)随土尔扈特渥巴锡东返的卫拉特沙毕纳尔。

四是在对阿睦尔撒纳战争中免受兵灾与瘟疫的准噶尔人。

今天居住在伊犁哈萨克自治州伊宁市以及昭苏、特克斯、尼勒克等县，博尔塔拉蒙古自治州博乐市、温泉县的卫拉特蒙古，即是上述准噶尔人的后裔。

（二）居住于青海的卫拉特蒙古

清政府在结束罗卜藏丹津反清事件后，对青海卫拉特蒙古诸部，根据"宜分别游牧居住"原则，仿内蒙古盟旗制，分编为二十九旗。其中，和硕特部二十一旗，土尔扈特部四旗，绰罗斯（准噶尔）两旗，辉特一旗，喀尔喀一旗。每旗旗长由其部落首领担任，各旗划定地界，不得私占牧地，不能私自往来。有清一代一直沿袭这一统治格局与游牧地区，及至1929年青海建省时，蒙古居住地区仍袭用以往的盟旗组织形式，分为左、右翼。左翼盟包括和硕特及土尔扈特两部十四旗；右翼盟包括和硕特、土尔扈特、绰罗斯、辉特、喀尔喀等五部十四旗；另有察罕诺门罕旗，由喇嘛承袭，旗民已全为藏族。

这些居住于青海的卫拉特蒙古后裔，今天主要聚居住在海西蒙古族藏族自治州都兰、乌兰等县以及格尔木市，海北藏族自治州祁连、海晏、刚察、门源等县，海南藏族自治州共和县，河南蒙古族自治县，西宁市的湟源县、大通回族土族自治县等地。

（三）居住于甘肃、内蒙古自治区等地的卫拉特蒙古

居住于甘肃的卫拉特蒙古大多集中在今天的肃北蒙古族自治县，所辖马场、乌呼图尔、盐池湾等南山地区以及马宗山等北山地区，绝大部分是和硕特和土尔扈特后裔。肃北蒙古族各部落主要是以色尔腾部落为中心发展而成。该部落组建于嘉庆十五年(1810)，大致由三部分人组成：一是雍正九年(1731)土尔扈特阿喇布珠尔后裔迁走时留下的部分人员；二是18世纪下半叶青海蒙古旗民因民族争斗、沉重赋税等原因流落于此；三是邻近地方迁来约有七十余户各族人民，与蒙古族杂居通婚。至于马宗山地区，清朝中叶前多为青海之和硕特牧民，从清末开始，喀尔喀蒙古和新疆之卫拉特蒙古也常放牧于此。1926年初，新疆焉耆和硕特部蒙民包布拉率二十五户牧民迁于此，1931年新疆和布克赛尔土尔扈特蒙民杜洛尔率三十六户牧民迁于此。

居住于内蒙古自治区的卫拉特蒙古主要集中在阿拉善旗和额济纳旗。

阿拉善旗之卫拉特蒙古主要是和硕特部,康熙三十六年(1697)顾实汗之孙和啰哩受封为第一代札萨克王,其部命名为阿拉善和硕特旗,其第九代札萨克王达理札雅在位18年(1931—1949),中华人民共和国成立后任旗长、宁夏回族自治区副主席、内蒙古自治区副主席兼巴盟盟长等职。

额济纳旗之卫拉特蒙古主要是土尔扈特阿喇布珠尔之后裔。康熙三十七年(1698),阿喇布珠尔陪同母亲、妹妹由伏尔加河赴西藏熬茶礼佛,后因归途为策妄阿拉布坦所阻,清政府于康熙四十三年(1704)划嘉峪关外的党河、色尔腾、马海一带(今甘肃省肃北蒙古族自治县境内)为其牧地,阿喇布珠尔被封为固山贝子。雍正九年(1731),他们迁到额济纳河一带,乾隆十八年(1753)额济纳土尔扈特旗正式成立,至民国年间已传八代,共有十二任札萨克王。

在黑龙江省富裕县还居住着一部分准噶尔部人,他们是乾隆二十二年(1757)迁于此的准噶尔台吉阿卜达什、巴桑所部的后裔。是年10月,这部分准噶尔人约90户到达乌裕尔河畔,编为一旗,定名为依克明安旗,受黑龙江将军节制。直至1948年,原嫩江省人民政府鉴于旗的规模太小,取消了依克明安旗建制,划归富裕县。至此,从乾隆二十二年(1757)到1948年,依克明安旗作为旗一级政权经历了清王朝、"中华民国"、伪满洲国等几个不同历史时期,有191年的历史。

(四)居住于世界各地的卫拉特蒙古

1. 生活在俄罗斯的卫拉特蒙古

乾隆三十六年(1771)渥巴锡率领土尔扈特人民东返故土时,还有一部分土尔扈特人或因部落首领与渥巴锡政见相左,或因来不及参加东返队伍,仍留居于里海北岸和伏尔加河下游。他们的后裔即构成了今天生活在俄罗斯的卫拉特蒙古。当地人称他们为卡尔梅克人。十月革命后,卡尔梅克人曾参加红军,组建了卡尔梅克骑兵团,为苏维埃政权的建立浴血奋战,屡建功勋。1920年,卡尔梅克人建立了卡尔梅克自治州,1935年改为自治共和国,社会经济、文化教育得到较大发展。苏联卫国战争时期,卡尔梅克人民活跃在克里木、白俄罗斯、乌克兰等地的游击战场,与德国法西斯进行了殊死斗争。不幸的是,1943年底,卡尔梅克自治共和国因"通敌罪"被撤销,全体卡尔梅克人被迫迁往中亚、西伯利亚等地,受到极不公正的对待。直到20

世纪50年代下半期,此冤案才得到平反,卡尔梅克人的民族名誉得以恢复,大多数人返回原籍,1958年重新建立了卡尔梅克苏维埃社会主义自治共和国,隶属于苏联俄罗斯联邦共和国。在自治共和国境外,卡尔梅克人还散居在附近的阿斯特拉罕、伏尔加格勒、罗斯托夫和斯塔夫罗波尔等边疆地区,据1978年统计,卡尔梅克人约有17.4万人。

2. 居住于蒙古国的卫拉特蒙古

有清一代卫拉特蒙古诸盟旗中,游牧于科布多和漠北蒙古的有杜尔伯特部十四旗,辉特部三旗,准噶尔部二旗,土尔扈特部三旗,和硕特一旗。在科布多地区定牧的有十九旗,其中包括了随渥巴锡东返的舍楞所属新土尔扈特左旗和右旗。

民国初年曾有部分土尔扈特部众迁至新疆吉木萨尔县,其余诸旗清至民国时期大多定牧于原封地。1924年蒙古人民共和国成立,上述地区属蒙古人民共和国,这部分卫拉特蒙古人也成为蒙古人民共和国居民。

3. 居住于美国以及其他欧洲国家的卫拉特蒙古

今天生活在美国的卫拉特人,一部分是十月革命后的移民,被称之为旧移民,另一部分是指20世纪40年代以后移居的新移民。

卫国战争末期,一部分苏联的卡尔梅克人流浪至土耳其、南斯拉夫、保加利亚、捷克斯洛伐克等国。1945年第二次世界大战结束后,他们同流亡的俄国人、乌克兰人等,聚集在德国慕尼黑难民营,经长期交涉,1951—1952年约有七百余名卡尔梅克人获准移民美国,开始了他们在美国的创业生涯。美国的卫拉特人中也有少数自大陆经台湾的移民,其中包括著名的土尔扈特首领巴木巴尔的后裔。

移居英国的卫拉特蒙古人,开始由于语言不通,又无专门技能,只能从事一些体力劳动,社会地位低下。但他们的第二代、第三代已成了英国公民中的一员,他们能讲流利的英语,本民族语言却淡忘了,他们中的一些人成为学士、硕士、博士,从事医生、律师、工程师等职业。但这些卫拉特蒙古人还信仰喇嘛教,有自己的喇嘛庙。

此外,在保加利亚、法国等国,也居住着少数卫拉特蒙古人。从当今卫拉特蒙古人在世界各地的分布状况来看,他们确实无愧于世界性民族之称,这自然也增强了我们研究这个民族历史和现状的紧迫感和现实感。

(原载《卫拉特蒙古史入门》,青海人民出版社1989年版)

略论17世纪前期厄鲁特及和托辉特人民的抗俄斗争

蒙古族厄鲁特部与和托辉特部人民的抗俄斗争,是我国各族人民早期抗俄斗争的重要组成部分。但是,过去国内有关著述,往往只着重于揭露沙俄对他们的利诱、拉拢,忽略了他们的反抗斗争。为了更好地总结我国蒙古族人民的抗俄斗争经验,本文拟对17世纪前期厄鲁特部及和托辉特部人民的抗俄斗争做一略述。

一

厄鲁特部及和托辉特部都是我国蒙古族的一支。厄鲁特部俗称西蒙古,由和硕特、准噶尔、土尔扈特、杜尔伯特四部组成,故又称四卫拉特或都尔本·卫拉特。它在元、明时先后被称为"斡亦剌惕"和"瓦剌"。

"斡亦剌惕"在元代因跟随成吉思汗征战有功,一直是元朝统治者"世联戚畹""亲视诸王"的重要勋阀。其领地分布在谦河①地区,属元朝岭北行省。元亡,斡亦剌惕后人臣属明朝。明末,蒙古各部纷纷背弃明朝,与后金政权建立"通贡"关系,独瓦剌各部"犹私与明市"②。清崇德二年(1637),和硕特部顾实汗遣库鲁克向后金政权贡马匹、白狐皮、獭喜兽、绒毯等物。 自此以后,其与清朝确立隶属关系。

瓦剌各部早在15世纪就已进入额尔齐斯河流域。额尔齐斯河以东至

---

① 今叶尼塞河上游,从锡什锡德河起至克孜尔一带。
② 《外藩蒙古回部王公表传》之《和硕特部总传》,载《国朝耆献类征初编》卷首九三。
③ 《清太宗实录》卷三八,崇德二年十月丙午。

叶尼塞河以西,元时为"八邻"部豁儿赤辖地,居住着脱斡列思(脱额列思)和帖良古惕(捷连乌特)等林木中百姓。① 瓦剌迁徙到这里后,他们和当地劳动人民一起,进一步开发了额尔齐斯河两岸地区。从额尔齐斯河流域到鄂毕河流域,到处都留下了瓦剌等蒙古族人民劳动和生活的足迹。

和托辉特,是我国喀尔喀蒙古札萨克图汗部的一个鄂拓克。其始祖是硕垒乌巴什珲台吉,硕垒乌巴什有子三:长曰俄木布额尔德尼,次曰衮布伊勒登,三曰杭图岱。自硕垒乌巴什至其子杭图岱"世为珲台吉"②。俄木布额尔德尼清初为喀尔喀右翼札萨克。③

17世纪初年,和托辉特部势力强盛,硕垒乌巴什西逐瓦剌,以乌布萨泊地区为根据地,扩张实力,曾领有北至叶尼塞河中游,南界科布多,东至库苏泊,西至阿尔泰山的广阔境域。

由于厄鲁特部与和托辉特部人民生活在祖国西北边陲,当沙俄殖民者越过乌拉尔山脉大举东侵时,他们最早受到沙俄殖民者的侵略。

15世纪初,沙皇俄国还是一个城邦小国。后来,由于吞并了周围诸弱小民族,势力迅速发展,逐步建立了一个中央集权制国家。至伊凡四世(1533—1584年在位)时,它已成为北临白海,南抵车尔尼戈夫和梁赞,西至斯摩棱斯克附近,东达乌拉尔山脉,面积约二百八十万平方公里的封建帝国。然而它与中国各族人民的居住地尚隔着辽阔的地域,他们对中国的状况仍然"一无所知",只是偶尔从中亚商人或欧洲地理学者的著作中得到一些"片段消息"。中国地大物博,盛产金、银、宝石的种种传说像无数根无形的线不时牵动着伊凡四世贪婪的心。1582年,沙皇政府向西伯利亚各将军颁发命令,考察鄂毕河流域,查明"中国之所在及国富如何,有无可寻求之者"④。伊凡四世还因此允诺"若有人能开辟从北海通往中国的道路,将予以奖赏"⑤。在伊凡四世的"倡导"下,此后历代沙皇都把探索到达中国的道路作为自己的重要使命。

---

① 佚名:《蒙古秘史》卷八,第207节。
② 张穆:《蒙古游牧记》卷一〇,商务印书馆1938年版,第233页。
③ 赵尔巽:《清史稿》卷五二一《藩部四》。
④ 巴托尔德:《欧洲及俄国的东方研究史》,第187页。
⑤ В. Г. 谢班科夫:《十七世纪前半期的中俄关系》,载《历史研究》1958年第5期。北海指贝加尔湖。

1604年，俄国殖民者侵入中国厄鲁特蒙古辖地，在厄鲁特部所属地区建立托木斯克要塞。此后遂以托木斯克为前哨据点，不断向厄鲁特及和托辉特部渗透和扩张。在扩张过程中，他们获得了许多厄鲁特部和和托辉特部及明朝的情报，获悉厄鲁特及和托辉特人民是向大明皇帝纳贡的"臣民"①，中国领土广阔，资源丰富，商业发达，交通方便，河山秀丽，更加刺激了他们的扩张欲望。因此，尔后不管他们在西方的扩张遇到多大的困难，都没有忘记要千方百计敲开中国的"门户"。② 他们运用政治讹诈、物质利诱、武装蚕食等种种手段，不断向厄鲁特及和托辉特人民发动进攻。但是，厄鲁特、和托辉特人民既没有被沙俄气势汹汹的武力威胁所慑服，也没有被他们的花言巧语和小恩小惠迷住自己的心窍，而是通过各种方式，同沙俄的扩张主义行径做斗争，为中国人民的抗俄斗争写下了重要的一页。

二

沙俄扩张主义一踏上厄鲁特部的领地，就遭到各地厄鲁特人民的顽强抵抗。

1606年，当殖民者出兵侵入厄鲁特部辖地巴拉宾地区（今俄罗斯巴拉宾斯克），厄鲁特人民立刻派人向俄国政府交涉，指出"巴拉宾人是他们的臣民"③，俄国无权侵占其人民和土地；厄鲁特人民还派兵进驻巴拉宾草原，"维护他们的权利"④。俄国从托波尔斯克、秋明、土林斯克和塔拉等城镇征调军队，开进巴拉宾地区，向厄鲁特人民发动武装进攻。厄鲁特人民坚决奋起自卫。

1607年，沙俄哥萨兵二百多人再次入侵，厄鲁特人民和鞑靼蒙古人联合组成一支五千人的部队，给沙俄侵略者以迎头痛击，又派人越过塔拉，袭击托波尔斯克和秋明。当时居住在塔拉地区的鞑靼人因不堪沙俄的残酷压

---

① 巴德利：《俄国·蒙古·中国》第2卷，伦敦1919年版，第38—39页。
② 17世纪前半期，当俄国殖民主义浪潮尚未扩及贝加尔湖以东之前，俄国要进入"中国"，只有通过厄鲁特及和托辉特部。因此，占领这个地区，就成为他们势在必行的战略目标。
③ 巴德利：《俄国·蒙古·中国》第2卷，第33页。
④ 霍渥斯：《蒙古史》第1卷，伦敦1876年版，第614页。

迫,相率投奔厄鲁特部,带领厄鲁特人民袭击塔拉附近一带。俄国塔拉指挥官伊凡·莫萨尔斯科伊派人到厄鲁特部要求交还逃亡者,胁迫他们向俄国纳贡,遭到了严词拒绝。①

1609年,沙俄塔拉当局派戈鲁平带着礼物到土尔扈特部,企图劝诱该部首领效忠俄国沙皇,向俄国缴纳实物税。其宣称如不向俄国交纳实物税,则不准他们在额尔齐斯河流域游牧。对此,土尔扈特部首领义正词严地表示:如果俄国商人愿意带着珍贵商品跟他们交易,他们很乐意"与商人们做买卖,但要他们交纳实物税",那是梦想!"他们是从来不向任何人交纳实物税的,他们本身倒向白卡尔梅克人②索取实物税,往后他们也不想给任何人交纳实物税"。他们还郑重宣布:"额尔齐斯河流域是他们的游牧地,他们"想在那里游牧就在那里游牧。"③

此后不久,俄国又派人掠夺厄鲁特部的盐矿资源,他们派人坚决制止,宣布"盐矿为他们所有"④。

1615年,俄国托木斯克军政长官派遣哥萨克军官瓦西里·阿南宁到库兹涅茨克,企图胁迫该地厄鲁特属民归顺俄国。这一行径引起了当地人民的强烈义愤。因此,当阿南宁返回托木斯克时,当地人民便派人在其归途中拦截他,收缴了他的火绳枪和火药,还准备将他处死。后因他苦苦哀求,才饶了他的命。⑤

厄鲁特人民坚决维护民族主权的英勇斗争,使沙俄的侵略计划一再遭到破产。可是,扩张主义者仍不甘心失败。1616年,沙皇米哈伊尔·费奥多罗维奇·罗曼诺夫(1613—1645年在位)谕令托波尔斯克总督库拉金公爵,积极采取措施与厄鲁特各台吉联系,尽快敦促他们接受沙皇的统治。在沙皇授意下,1616年秋,托波尔斯克总督又派了托米拉·彼得罗夫带着礼物到厄鲁特部,想引诱厄鲁特王公归顺俄国。但当彼得罗夫到达时,恰好中国明朝官员在这里征收赋税。⑥ 彼得罗夫无法进行阴谋活动,非常沮丧,到

---

① 霍渥斯:《蒙古史》第1卷,第615页。
② 白卡尔梅克人是俄国人对捷列乌特人的称呼。
③ 《俄蒙关系史料(1607—1636)》,莫斯科1959年版,第38—39页。
④ 霍渥斯:《蒙古史》第1卷,第615页。
⑤ 《十七世纪俄中关系》第1卷,莫斯科1969年版,第56—58页。
⑥ 巴德利:《俄国·蒙古·中国》第2卷,第38—39页。

处搜集厄鲁特各部及明帝国的政治、军事、经济情报,其中包括对厄鲁特部到明帝国中心的距离、领域及武器装备等的详细调查,为扩大对中国的侵略积极准备着。

彼得罗夫的使命没有取得成功,第二年,他们又指派伊凡·萨维利耶夫再次带着礼物到准噶尔巴图尔珲台吉牧地,企图诱惑巴图尔珲台吉宣誓效忠沙俄,受到巴图尔珲台吉的冷淡对待。萨维利耶夫返回时,巴图尔珲台吉为了加深对俄国的了解,派人随同萨维利耶夫到俄国。沙俄政府认为机会难逢,想趁机向巴图尔珲台吉的使者施加压力。当使者被接见时,沙俄政府秘书官居心险恶地说:"巴图尔希望能成为沙皇的臣民,沙皇将把他和他的整个地方置于自己的统治之下。"并无中生有地说"黄金汗国①的阿勒坦汗带着他的全部领土,还有吉尔吉斯以及阿勒坦汗相去不远的其他国家,都已绝对地归顺于沙皇",这种睁眼说瞎话的无耻伎俩,立刻引起了巴图尔使者的怀疑,他们对沙俄强迫他们宣誓臣服,坚决表示拒绝,说没有巴图尔珲台吉的指令,他们"不能信口开河"。②

武装进攻没有使厄鲁特人民屈服,物质利诱和政治欺骗也不能使他们迷惑,沙俄殖民者恼羞成怒,于1618年派兵袭击游牧于额尔齐斯河与托波尔河间的厄鲁特牧民,劫掠了70峰骆驼,俘走一名喇嘛。③此后不久,他们获悉厄鲁特与和托辉特彼此因争夺牧地发生冲突,双方都想借助俄国力量打击对方,喜出望外。沙俄一方面派人送信和托辉特首领硕垒乌巴什,告诉他"已命令西伯利亚将军们,让他们派人保护你和你的领土免遭哈喇忽喇台什④及其军队的侵犯"⑤,挑拨和托辉特出兵攻打厄鲁特人民。沙俄声称哈喇忽喇的"兵员既不多",如果他们命令托波尔斯克和托木斯克"派军队与您的军队协作,共同征讨哈喇忽喇那帮匪徒。我方军队为一方,你方军队为

---

① 黄金汗国指和托辉特部,阿勒坦即阿勒泰的音转。阿勒泰山蒙古语意为金山。因和托辉特部地处阿勒泰地区,故俄国人称之为"黄金汗国",称硕垒乌巴什为阿勒坦汗,日本学者若松宽撰有《阿勒坦传考证》,载《内田吟风博士颂寿纪念东洋史论集》,京都1978年版,第519—542页。

② 巴德利:《俄国·蒙古·中国》第2卷,第45页。

③ 霍渥斯:《蒙古史》第1卷,第615页。

④ 哈喇忽喇,系巴图尔珲台吉之父,号多克辛诺颜。关于哈喇忽喇的详细情况可参阅若松宽:《哈喇忽喇的一生》,载《东洋史研究》22卷4号,1964年。

⑤ 《俄蒙关系史料(1607—1636)》,第96页。

另一方,向他夹攻","无论对沙皇陛下和你本人来说,都是十分有利的……"①。另一方面,他们又派人送信给厄鲁特部哈喇忽喇台吉,说已"命令西伯利亚各将军保护你们不受敌人侵袭"②。在沙俄的挑唆下,厄鲁特部与和托辉特部在此后十年中发生了两次大的战争。结果是彼此受到削弱,而沙俄却乘机扩大侵略,占领了叶尼塞河流域。1619年,沙俄在叶尼塞河中游建立了叶尼塞斯克,至1628年,他们又把边界线推进至克拉斯诺亚尔斯克。一位西方学者指出:"卡尔梅克人和蒙古人如能携起手来,或许可以使俄国在许多年内无法向前推进,但他们双方此刻却在交战。"③"狡诈地使用敌对力量来扩大自己,通过对那种力量的使用本身来削弱它,最后通过它本身的效果来推翻它"④,这就是沙俄殖民者掠夺异族人的惯用伎俩。

俄国扩张主义者虽然挖空心思破坏厄鲁特人民的斗争,但反抗的怒潮并没有因此停息。1620年,当他们获悉叶尼塞河流域吉尔吉斯人⑤正在酝酿抗俄斗争风暴时,便坚决予以支持,从而促使吉尔吉斯地区人民的抗俄斗争走向高潮。

由于厄鲁特人民的大力支援,1622年,吉尔吉斯人民派兵袭击库兹涅茨克(1618年建)。1627年,当俄国准备在克拉斯诺亚尔斯克建立新据点时,吉尔吉斯人民又联合起来破坏建设工程。沙俄派人进行"大屠杀"⑥,吉尔吉斯人民没有退缩,他们联合附近的乌梁海人多次给沙俄以沉重打击。⑦

沙俄对吉尔吉斯地区的侵略与掠夺,激起了准噶尔部巴图尔珲台吉的愤慨。他多次派人向沙俄当局提出抗议,声明吉尔吉斯人是他的属民,谴责沙俄政府强迫吉尔吉斯人民交纳实物税。他指出:"吉尔吉斯人是属于向他

---

① 巴德利:《俄国·蒙古·中国》第2卷,第87页。
② 《俄蒙关系史料(1607—1636)》,第99页。
③ 巴德利:《俄国·蒙古·中国》第2卷,第90页。
④ 马克思:《18世纪外交内幕》,载《历史研究》1978年第1期。
⑤ 吉尔吉斯人,即柯克孜人。16世纪后期,吉尔吉斯隶属于喀尔喀和托辉特,1620年后,厄鲁特势力渐强,大部分要求归并于厄鲁特。参见《俄国·蒙古·中国》第2卷,第93页。
⑥ 卡鲍:《图瓦历史与经济概述》,莫斯科1934年版,第54页。
⑦ 巴德利:《俄国·蒙古·中国》第2卷,第108页。

交纳实物税的人"，今后仍继续保留"从吉尔吉斯征收实物税的权利"①。俄国政府自知理屈，不敢反驳，只好听任巴图尔珲台吉向吉尔吉斯征收实物税。

为了抗议沙俄对厄鲁特地区的入侵。1627—1628年，巴拉宾地区的科古基王公拒绝向沙俄缴纳实物税，投奔巴图尔珲台吉。1633年，克萨勒噶人②也叛归厄鲁特。1634年，杜尔伯特台吉奎沙及儿子鄂木布领兵袭击塔拉，③1635年，杜尔伯特台吉达赖又派人袭击秋明，给沙俄殖民者以沉重打击。

厄鲁特人民不断掀起的抗俄斗争，使俄国的扩张活动受到巨大障碍，俄国的扩张活动在叶尼塞河流域"进展很慢"。④17世纪30年代后期，俄国由于在"俄波战争"中失利，无力在厄鲁特地区从事积极的军事扩张，于是，又乔装打扮，打着"和平""友好"的招牌，连续派人到厄鲁特部，"极力企图通过和平手段把卫拉特王公和执政者的居民变成替俄国提供实物税的属民，并把他们的居住区变成俄国的领土"。⑤目的的单一性在这里变成行动的两面性。据不完全统计，从1635年，他们先后派至厄鲁特部的"使团"有十七次，以"送礼"和"开放"贸易市场为诱饵，妄想劝说巴图尔珲台吉等"归顺"俄国。可是，厄鲁特人民没有被欺骗。1639—1640年，生活在沙俄铁蹄下的克拉斯诺亚尔斯克等地的厄鲁特属民，发动了反抗沙俄侵略的武装起义，斗争烽火燃遍了邻近数个县，龟缩在克拉斯诺亚尔斯克的沙俄侵略者眼看就要成为覆巢之卵，在"投降"还是"弃守"的关键时刻，沙俄政府从莫斯科派图恰切夫斯基带来大批杀人武装和作战物资，从托波尔斯克征集了大批援军迅速赶来，进行血腥的镇压。由于缺乏外援，反抗斗争不久被镇压下去。

沙俄不断掠夺和屠杀厄鲁特人民的血腥事实，使巴图尔珲台吉逐渐领悟到，加强蒙古族各部人民的团结是抵御沙俄入侵不可缺少的重要因素。

---

① 斯列萨尔丘克：《17世纪俄罗斯与准噶尔在历史上发生往来关系的档案文书》，载《俄罗斯封建时期的社会经济历史问题和资料》，莫斯科1961年版。

② 克萨勒噶人是分布于托木河上的一个鞑靼部落。

③ 关于奎沙台吉的情况，未见于汉籍文献。巴德利和霍渥斯都说他是杜尔伯特首领。然而关于他的详细情况，他们也不了解，有待进一步考查。

④ 沙斯季娜：《十七世纪俄蒙通使关系》，莫斯科1958年版，第22页。

⑤ 兹拉特金：《准噶尔汗国史》，莫斯科1964年版，第168页。

⑥ 巴德利：《俄国·蒙古·中国》第2卷，第120页。

于是,他积极活动于蒙古各部封建主之间。在他的倡导和推动下,喀尔喀和厄鲁特四十四部封建主1640年于塔尔巴哈台举行会盟,就维护封建统治、加强团结、一致对敌等重要问题进行磋商,取得了一致意见,产生了著名的《蒙古卫拉特法典》。虽然这是一次会盟性质的会议,但它对于加强蒙古各部团结一致和反对沙俄侵略起着重要作用。

在蒙古各部举行会盟这一年,沙俄政府派小列麦佐夫带了价值四百卢布的礼物到厄鲁特部,企图拉拢巴图尔珲台吉。巴图尔珲台吉非但没有被打动,反而愤怒地对小列麦佐夫说:"吉尔吉斯人是他——珲台吉的属民……"俄国必须立即停止向吉尔吉斯人征收实物税,把被劫掠的人归还他。他尖锐指出,你们一面"携带礼物来我这里,而另一方面……却攻打珲台吉的属民"①。小列麦佐夫刚刚回到俄国,巴图尔珲台吉就派人到巴拉宾地区征收实物税。俄国派拉里昂·纳索诺夫向厄鲁特部提出抗议,厄鲁特人民据理予以驳斥。

纳索纳夫抗议无效,沙俄接着又派伊林再次带着礼物到厄鲁特部,企图与巴图尔珲台吉继续纠缠。巴图尔珲台吉知道沙俄包藏祸心,在见伊林时,对俄国哥萨克任意屠杀克萨勒噶人表示强烈谴责,严正要求将被劫走的人无条件送还。为了解决这一悬案,当伊林回国时,他还派人随伊林到俄国,向沙俄政府提出,若不"无偿遣返俘虏,双方关系必将由此中断"②。

1644年,土尔扈特部和俄国在阿斯特拉罕附近发生战斗。俄国派克列比科夫到厄鲁特部,图谋劝说巴图尔珲台吉出兵攻打土尔扈特,巴图尔珲台吉严词拒绝。沙俄不死心,想鼓动阿巴赖台吉出兵,也遭到抵制。③

由于巴图尔珲台吉坚决维护民族权益,对沙俄的野蛮掠夺进行了针锋相对的斗争,沙俄很恼火。1647年6月,一个厄鲁特商队赶着牛、羊、马、驼准备到秋明贸易,沙俄拒绝商队进城,妄图以此对厄鲁特人民施加压力。厄鲁特人民没有屈服。沙俄见其阴谋没有得逞,恼羞成怒,1649年又派人袭击厄鲁特牧区。厄鲁特人民在色奇勒的率领下,以牙还牙,对托木斯克县的俄军实行报复。1652年,俄国库兹涅茨克当局派雅科夫列夫带领一队哥萨克兵侵入萨彦岭地区进行掠夺,当地人民忍无可忍,在其返回的路上设下伏

① 兹拉特金:《准噶尔汗国史》,第188页。
② 巴德利:《俄国·蒙古·中国》第2卷,第124页。
③ 兹拉特金:《准噶尔汗国史》,第190页。

兵,进行截击,将其马匹、武器、货物全部收缴。哥萨克兵狼狈逃入托木河流域帖良古惕(捷连乌特)人居住区,为帖良古惕人所杀。①

沙俄扩张主义者从哪里进攻,厄鲁特人民就在哪里同他们进行斗争。从17世纪初开始,到巴图尔珲台吉死时为止,厄鲁特人民的抗俄斗争从未间断过。厄鲁特人民以自己的英勇斗争向世界宣告:他们是额尔齐斯河到叶尼塞河中、上游一带土地的真正主人,谁要霸占、掠夺他们的土地,他们就要与之斗争。厄鲁特人民是威武不屈的英雄人民。

三

沙俄在把魔爪伸向厄鲁特部的同时,也不断派人侵入和托辉特部。根据现有资料证实,早在1608年左右,他们就已把势力伸进和托辉特部辖地;他们关于和托辉特部的最初情报,是从吉尔吉斯王公那里得到的。1608年,沙俄托木斯克总督知道通过和托辉特部能够进入中国其他地区,和托辉特与明朝关系非常密切,于是,他们就迫不及待派遣伊凡·别洛戈洛夫"出使"和托辉特,企图通过和托辉特首领硕垒乌巴什珲台吉的帮助进入中国。因为途中听说和托辉特人正与厄鲁特人发生战争,无法通行,不得不中途返回。这次"出使"虽没有成功,但获得了许多有关和托辉特及明朝的政治、经济、军事情报。②

1616年,沙俄政府派塔拉城头人瓦西里·丘麦涅茨前往和托辉特部。其主要任务,一是引诱和胁迫和托辉特首领硕垒乌巴什珲台吉臣服俄国,二是试图"开辟一条去中国通商的道路"③。

和托辉特人民勇敢善战、忠厚朴实、热情好客。他们对沙俄的侵略本性的认识有一个发展过程。当丘麦涅茨初次出现在和托辉特时,硕垒乌巴什珲台吉虽然对丘麦涅茨强迫他宣誓效忠沙俄的胡言乱语很反感,但还是以盛宴热情地接待了他,诵经礼佛也邀请他参加,照顾得极为周到。可是目不识丁、被扩张主义野心迷住心窍的丘麦涅茨,却把硕垒乌巴什珲台吉对他的

---

① 巴德利:《俄国·蒙古·中国》第2卷,第126、127页。
② 巴德利:《俄国·蒙古·中国》第2卷,第34页;《十七世纪俄中关系》第1卷,第47—49页。
③ 沙斯季娜:《十七世纪俄蒙通使关系》,第22页。

盛情礼让,当成对俄国沙皇的效忠,把和托辉特人民礼佛的宗教仪式当作向沙皇宣誓臣服,绘声绘色地说:"汗十分恭敬地用双手捧起佛像……像个小孩",当他的面,向沙皇"忠诚宣誓"①,完全是自欺欺人。

丘麦涅茨虽说无法迫使硕垒乌巴什珲台吉宣誓臣服,但由于他善于投机钻营,他在和托辉特部搜集了大量有关和托辉特部以及明帝国的重要情报。据记载,丘麦涅茨在这里曾遇到了许多中国人(指明朝政府官员),②中国人向他们介绍了许多"中国的情况"③。因此,如果说丘麦涅茨在迫使和托辉特部人民向沙俄效忠方面没有获得成果,那么他在进行间谍活动方面却是颇有成效的。他与1616年彼得罗夫在厄鲁特部所收集的情报一样,为尔后沙俄对中国进行扩张提供了重要资料。

1617年,沙皇米哈依尔·罗曼诺夫谕令托波尔斯克督库拉金:"如果有可能,就派遣信使到俺答汗和中国政府那里去,但是不要用使节和你的名义,而要从哥萨克人或某一些人中挑选恰当的人,并要装作似乎是偶然从某地来到他们那里的。在他们那里,要装成他们的模样,观察他们的土地、城市和风俗习惯,并要查明本敕命中指定的一切有关他们的事项,如实函奏。"④这里的俺答汗指的是阿勒坦汗,这里所谓"一切有关他们的事项"显然是包括"人口各多少?有哪些城镇?城镇又有多大?同哪些别的城市有否友好往来?他们信奉什么教?……他们是否在同其他国家交战,使用什么武器?他们掌握一些什么货物,除了同我们和喀尔梅克外,他们还同哪些国家有联系?"⑤上述沙皇给库拉金的谕令有力地表明,沙俄政府是如何利用那些带着礼物的使者,为其扩大对我国的侵略服务的。

1618年,硕垒乌巴什珲台吉与厄鲁特部发生战争,希望从俄国得到军事援助,并要求与邻近的西伯利亚城市进行贸易。沙俄以为时机已到,想乘机向硕垒乌巴什珲台吉施加压力,迫使其宣誓归顺。硕垒乌巴什珲台吉不但予以拒绝,而且对沙俄侵占他所属的吉尔吉斯人领地表示极大的愤慨,经

① 巴德利:《俄国·蒙古·中国》第2卷,第55页。
② В.Г.沙班科夫:《十七世纪前半期的中俄关系》,载《历史研究》1958年第5期。
③ 《十七世纪俄中关系》第1卷,第58页。
④ 穆尔扎耶夫:《蒙古人民共和国》,生活·读书·新知三联书店1958年版,第71页。
⑤ 巴德利:《俄国·蒙古·中国》第2卷,第51页。

常派人到被沙俄侵占地区征收实物税,①以此表示对侵略者的抗议。

17世纪30年代初,沙俄政府听说和托辉特与察哈尔部林丹汗有矛盾,林丹汗正准备向和托辉特部发动进攻,和托辉特部首领俄木布额尔德尼处境困难。沙俄殖民者乘人之危,把马刀架在和托辉特部派往沙俄的代表的脖子上,强迫他宣誓效忠沙皇。② 这一野蛮行径立即激起了和托辉特部代表的抗议,俄木布额尔德尼也因此对沙俄进行谴责。沙俄殖民者以为只要举起他们的刀剑,和托辉特人民就会接受他们的统治,事实恰好相反,侵略者的张牙舞爪使和托辉特部人民逐步认清了其狰狞面目。

1634年,沙俄政府派亚科夫·图恰切夫斯基和奥加尔科夫带着礼物再次到和托辉特部,梦想强迫俄木布额尔德尼归顺俄国。当图恰切夫斯基到达和托辉特部后,俄木布额尔德尼派人向图恰切夫斯基指出,俄国必须将"卡钦鞑靼人、克拉斯诺亚尔斯克城堡、通古斯鞑靼人、叶尼塞(斯克)城堡、鄂毕河流域鞑靼人、库兹涅茨克城堡、楚累姆斯克和恰茨克鞑靼贵族全部交给阿勒坦汗"③。据奥加尔科夫透露,早在库兹涅茨克城堡时,俄木布额尔德尼就讲了许多对沙皇"无礼的话","在接见俄国使节的时候,使俄国使节的座次低于唐古特(西藏)喇嘛"。④奥加尔科夫还供认,俄木布额尔德尼并没有在图恰切夫斯基到达和托辉特部时宣誓效忠沙皇,而是认为同俄国使者"缔结了同盟"⑤。可见,图恰切夫斯基企图迫使俄木布额尔德尼臣服的阴谋是遭到和托辉特部人民抵制和反对的。

沙俄政府得悉图恰切夫斯基的阴谋活动没有得逞,于1636年派遣斯捷潘·亚历山大(外号格列恰宁)再次来到俄木布额尔德尼的营地,想促使俄木布额尔德尼宣誓效忠沙皇,并"停止向吉尔吉斯人征收毛皮实物税",还"要求阿勒坦汗迫使吉尔吉斯人臣服俄国"⑥。但俄木布额尔德尼却对格列恰宁一行说:"蒙古人是耻于受奴役的,他们的风俗也不许由汗本人出面宣誓,向别国皇帝表示归顺。"⑦

1637年秋,沙俄又派军役贵族斯塔尔科夫和涅维罗夫前往和托辉特

---

① 巴德利:《俄国·蒙古·中国》第2卷,第89页。
② 沙斯季娜:《十七世纪俄蒙通使关系》,第34页。
③④⑤ 沙斯季娜:《十七世纪俄蒙通使关系》,第42—43页。
⑥ 沙斯季娜:《十七世纪俄蒙通使关系》,第45页。
⑦ 巴德利:《俄国·蒙古·中国》第2卷,第109页。

部,斯塔尔科夫一行于1638年9月离开托木斯克,当他们到达克姆契克河岸和托辉特兀鲁思时,俄木布额尔德尼派人通知他们,不得再往前走,命令他们留在当地听候命令。当涅维罗夫企图寻找车辆前往达音墨尔根喇嘛驻地时,俄木布额尔德尼的部属严正警告他们:"此乃蒙古土地应顺阿勒坦汗之命是从。"①俄木布额尔德尼在接见斯塔尔科夫等人时,坚决拒绝斯塔尔科夫等人提出的要他先问候沙皇健康的要求,坚持要使节们首先问候他的健康,因为他"是伟大的成吉思汗的后裔"②。他也拒绝聆听宣读和翻译给他的"沙皇国书"。和托辉特部人民从自己的亲身经历中认识到沙俄殖民者欺软怕硬,如果一味忍让,沙俄殖民者一定认为他们软弱可欺,因而他们对斯塔尔科夫的横暴行为进行了针锋相对的斗争。他们愤怒地把斯塔尔科夫等人撵出帐外,把他们带来的物品统统扔掉,取走了接见前借给的口粮,使斯塔尔科夫整整饿了四天。

如果说斯塔尔科夫初到和托辉特时,还能装出一副盛气凌人的模样,那么在经过这一番较量后,则已是丑态百出,狼狈不堪,"深怕第二次接见时再遭到像上次一样的侮辱,因此几乎不相信自己还敢去见阿勒坦汗"③。

和托辉特人民的坚持反抗,使斯塔尔科夫的阴谋彻底失败,再也不敢久留,他们一行离开驻地不远,立刻遭到和托辉特人民的袭击。他们到达阿巴根河吉尔吉斯人居住区时,吉尔吉斯人准备拘禁涅维罗夫,以迫使沙皇释放关押在克拉斯诺亚尔斯克的图巴④王公索伊特,后因涅维罗夫再三求饶,才得以解脱。

斯塔尔科夫的遭遇,是沙俄殖民者企图把"阿勒坦汗的领地并入西伯利亚版图的尝试"⑤的又一次惨败,也是和托辉特人民反对沙俄扩张政策的胜利。这向人们表明:和托辉特人民是耻于受人奴役的,他们是富有反抗外来民族压迫的斗争精神的,显示了他们为维护民族主权的坚强斗争意志和

---

① 沙斯季娜:《十七世纪俄蒙通使关系》,第53页。
② 巴德利:《俄国·蒙古·中国》第2卷,第114页。
③ 巴德利:《俄国·蒙古·中国》第2卷,第116页。
④ "图巴人"即"秃巴人",就是乌梁海人。1910—1911年,英国卡拉塞斯曾在乌梁海地区旅行,他说:"在别的国家,我们接触不到真正的野蛮乌梁海人——俄人著述中的索约特人,他们称自己为'秃巴'。"见韩儒林:《唐代都波》,载《社会科学战线》1978年第3期。
⑤ 沙斯季娜:《十七世纪俄蒙通使关系》,第56页。

决心。

四

17世纪前期我国正处于明末清初的动荡时期。明王朝腐朽不堪,在农民起义风暴的打击下土崩瓦解;新兴的满洲贵族入主中原,建立了清王朝。当时,政权更迭、战祸连年,腐朽的明王朝根本无力顾及边陲安宁,新兴的清王朝还来不及关注边疆事务。恰在此时,北方的沙俄殖民者奋力东进,使我国北方广袤领土处于危急之中。厄鲁特部与和托辉特部人民在这样的关键时刻,奋起反抗沙俄的侵略,打击了沙俄殖民者的嚣张气焰,直接抵制了沙俄的渗透、扩张,捍卫了民族利益和主权,在客观上维护了祖国西北边陲的相对稳定,为17世纪60年代以后中国各族人民更大规模的抗俄斗争的展开争得了时间、积聚了力量。因此,厄鲁特部与和托辉特部人民抗俄斗争的历史功绩必须充分肯定。

厄鲁特部与和托辉特部人民的抗俄斗争,由于尚处于我国抗俄斗争的早期阶段,斗争表现出明显的自发性。第一,缺乏统一的组织和领导,斗争一般是在迫不得已的情况下爆发,且往往以在局部地方发动突然袭击的办法进行反抗。第二,由于厄鲁特部与和托辉特部经常互相攻伐,彼此力量被削弱;加之,厄鲁特部与和托辉特部人民此时与中原地区的经济联系被隔绝,交通受阻塞,不能得到中原各族人民生产的手工业品和农产品,有些手工业品和农产品不得不依赖俄国,俄国殖民者以此对他们施加压力,影响了抗俄斗争的开展。但是,在当时的历史条件下,厄鲁特与和托辉特部人民(当然包括他们的领袖人物)维护民族权益,坚持反对侵略的精神,值得永世赞颂!

(原载《中俄关系问题》1981年第1期,合作者蔡家艺,执笔人蔡家艺)

试论僧格时期准噶尔人民的抗俄斗争

准噶尔人民的抗俄斗争在我国人民早期抗俄斗争史上占有重要地位。本文就17世纪60年代僧格时期准噶尔人民的抗俄斗争进行初步探讨,以期引起史学界对此问题的重视。

一

15世纪末,俄国才成为一个统一的国家。当时俄罗斯国家的地域,"北从北冰洋伸展到南方塞姆河中游;西从芬兰湾、楚德湖、西德维纳河上游伸展到东西乌拉尔山脉和东北面的鄂毕河"①。16世纪末,沙皇俄国的殖民势力开始东越乌拉尔山,向广阔的西伯利亚地区扩张。1579年,沙皇支持俄罗斯大地主、大商人斯特罗甘诺夫派出叶尔马克到东方从事远征。1581年,叶尔马克吞并了西伯利亚汗国,便溯额尔齐斯河而上。1586年,沙俄建立了乌拉尔以东的第一个殖民据点——秋明。1587年,沙俄建立了托波尔斯克,沙俄西伯利亚总督便常驻于此。之后,沙俄陆续建立以下几个殖民据点:1604年,建立托木斯克;1619年,建立叶尼塞斯克;1632年,建立雅库茨克。经过大约一百多年,沙皇俄国的殖民势力终于到达太平洋之滨。1732年,沙俄建立了鄂霍茨克要塞。在东侵西伯利亚过程中,沙皇俄国的殖民主义冒险家们在沙皇政府的直接策划、指挥下,开始了有计划地侵略我国北部边陲的罪恶历史,正如一位苏联早期历史学家指出:"沙皇俄国的殖民政策(即征服政策)早在它的最初阶段,目标就比西伯利亚一地更为远大……西伯利亚不仅是它本身,而且同时又是通向蒙古、满洲和中国的大道。由于西

---

① 诺索夫主编:《苏联简史》第1卷,莫斯科1972年版,第84—85页。

伯利亚的这一特性,征服西伯利亚政策本身同时就是图谋进入中国。"①

沙皇俄国分三路侵入我国北部边陲。西路以托波尔斯克为基地,溯额尔齐斯河而上,侵入我国准噶尔部游牧地区;中路,以叶尼塞斯克为基地,溯叶尼塞河而上,侵入贝加尔湖和喀尔喀蒙古地区;东路,以雅库茨克为基地,溯勒拿河而上,侵入我国东北的黑龙江流域。沙皇俄国对中国的侵略具有极其野蛮和狡诈的两重性。在东路,沙俄殖民者组织土匪式的殖民军,对我国黑龙江流域各族人民进行血腥的屠杀和野蛮的掠夺,波雅科夫、哈巴罗夫、斯捷潘诺夫就是这一伙强盗中最凶残的代表人物。而在中路和西路,沙俄主要是派遣殖民官吏对世居当地的我国少数民族诸部落交替使用政治诱骗和武装蚕食的两面手法。准噶尔人民是我国最早与这伙侵略者相遇的民族之一。

早在1607年,沙俄塔拉统领加加林在沙俄政府的授意下,就派人到厄鲁特蒙古杜尔伯特部活动,用馈赠礼品等手段诱骗他们加入俄国国籍,未能得逞。自此之后,沙俄的形形色色人物频繁出没于厄鲁特蒙古各部,煽动厄鲁特各部首领臣服俄国。17世纪30年代,厄鲁特蒙古准噶尔部部落长巴图尔珲台吉崛起。与此同时,沙俄的侵略活动也随着它在西伯利亚军事实力的增长而日益频繁。据不完全统计,在巴图尔珲台吉统治准噶尔部时期(1635—1653),沙俄派到准噶尔部活动的"代表团"达十七次之多。② 淳朴的准噶尔人民最初以友好的态度接待了来自北方的陌生客人,但很快认识到这些人的伪善与贪婪。他们在友好的幌子下,在政治上诱骗巴图尔珲台吉加入俄国国籍,在经济上非法向准噶尔部管辖的一些部落征收实物税,一旦沙俄政府认为时机成熟,就出动军队进行公开的武装占领,建立殖民据点。沙俄的根本目的是极力通过和平手段把厄鲁特王公和执政者的居民变成替俄国提供实物税的属民,并把他们居住的地区变成俄国的领地。③

准噶尔人民是英勇的人民,他们热情好客,但酷爱自由;他们淳厚朴实,

---

① 霍多罗夫:《波克罗夫斯基与远东研究》,载苏联《新东方》1929年第25期。
② 该数据根据以下记载综合统计而成。巴德利:《俄国·蒙古·中国》,伦敦1919年版;霍渥斯:《蒙古史》第1卷,伦敦1876年版;加恩著,江载华译:《早期中俄关系史(1689—1730)》,商务印书馆1961年版;兹拉特金:《准噶尔汗国史》,莫斯科1964年版;奇米特多尔端也夫:《十七世纪俄蒙相互关系》,莫斯科1978年版;斯列萨尔丘克:《十七世纪三十至五十年代俄国与蒙古相互关系的俄文档案文献》,载《亚洲民族研究所简报》第76辑。
③ 兹拉特金:《准噶尔汗国史》,第168页。

但疾恶如仇。面对沙俄侵略者政治上不断提出的带有明显侮辱性的要求，经济上不断掠夺准噶尔部属民的财物，军事上非法深入准噶尔部属地建立殖民据点，巴图尔珲台吉在准噶尔人民支持下，对沙俄日益扩大的侵略活动进行了抵制，直至组织武装反抗。亚梅什湖畔是当时反抗沙俄侵略的重要战场之一。亚梅什湖在我国文献中称为达布逊淖尔，①蒙古语意为盐池。1613年在这里发现盐矿后，沙俄侵略者不断派人进行掠夺，对此准噶尔人民多方交涉，但均抗议无效。为了捍卫民族主权，1643年，准噶尔一次出动了两千余人的军队到亚梅什湖驻守，并多次打击入侵的俄国强盗，进而围困塔拉、进攻秋明，②一度制止了沙俄对盐矿的掠夺。1640年10月，巴图尔珲台吉对到他牙帐活动的俄国人明索伊·列麦佐夫愤慨地说：俄国人一方面"携带礼物来我这里，而另一方面，俄国人却攻打珲台吉的属民"③。由于巴图尔珲台吉坚决维护民族利益，对沙俄侵略进行坚决斗争，沙俄殖民者的图谋一再受挫。一位英国史学家在评论这一时期特点时曾指出："这些年来，对俄国人来说，加尔梅克人一直是个多事的邻居。"④1653年，巴图尔珲台吉去世，沙俄侵略者极力想利用准噶尔部贵族上层争夺统治权的机会，加紧侵略活动。在这样一个历史关头，僧格顺应历史的要求，大步走上了抗俄斗争的前列！

二

僧格，汉文史籍又称僧厄，是巴图尔珲台吉的第五子。⑤1653年，巴图尔珲台吉死后，僧格承袭了准噶尔部的统治权。当时僧格面临极为复杂的政治局面。就内部而言，准噶尔部贵族上层为争夺统治权展开了激烈的斗争，僧格的统治地位受到了他的异母兄卓特巴巴图尔和车臣的严重挑战；就外部而言，准噶尔则要防御和抗击咄咄逼人的沙俄侵略。

僧格在其叔父楚琥尔乌巴什和厄鲁特蒙古和硕特部首领鄂齐尔图车臣

---

① 徐松:《西域水道记》卷五；何秋涛:《朔方备乘》卷二六《额尔齐斯河源流考》。
② 霍渥斯:《蒙古史》第1卷，第616—617页。
③ 兹拉特金:《准噶尔汗国史》，第188页。
④ 巴德利:《俄国·蒙古·中国》第2卷，第122页。西方史学家将厄鲁特人或卫拉特人又称为加尔梅克人。
⑤ 《西域同文志》卷七《天山北路准噶尔部人名一·绰罗斯卫拉特属一》。

汗的支持下,进行了十年的斗争,击败了内部的权力觊觎者,于1664年左右正式成为准噶尔部首领。① 僧格继承了巴图尔珲台吉加强与中原王朝联系的方针,于1666年遣使向清中央政府入贡,表示臣服于当时统治中原地区的中央政府。在《清圣祖实录》的康熙六年(1667)、康熙八年(1669)均有"遣使进贡"的记载。②

1653年以后,沙俄侵略者的活动始终没有停止。在准噶尔部内争激化之时,沙俄侵略者把他们的活动重点转移到了和硕特部的阿巴赖台吉和喀尔喀蒙古和托辉特部的罗卜藏额琳沁③,企图通过他们来影响准噶尔部局势的发展,但这一图谋没有得逞。1664年以后,沙俄侵略者又不断派出"使团"到僧格牙帐活动,重操故技,进行政治诱骗和武力威胁,妄图迫使僧格就范。1664—1670年,到准噶尔部活动的沙俄"使团"达五次之多。

1665年6月,布宾内受托木斯克将军布图林派遣,偕同翻译卡普斯克一行抵达僧格的牙帐。布宾内带了一批礼品,送给僧格和他的叔父楚琥尔乌巴什,企图以此为诱饵,让僧格"在任何情况下为沙皇效力"④。僧格向布宾内明确表示,自己已承袭巴图尔珲台吉对准噶尔部的统治权,要沙皇政府尊重自己的地位与权力,指责沙皇无权把自己贡民捷列乌惕人扣留在托木斯克,也无权向他们收税。 僧格重申,为了妥善解决捷列乌惕人的问题,他将直接派人与沙皇当局交涉,坚决维护民族权益不受损害。1665年7月,布宾内一伙在归途中,正逢与沙皇俄国过往甚密的罗卜藏额琳沁进攻僧格之属部,僧格本来对布宾内一行的行动就有戒备,此时断然下令,半路截留布宾

---

① 关于1653年巴图尔珲台吉死后至1664年僧格掌权的历史资料很少,头绪纷繁。日本学者若松宽《卫拉特族的发展》(载《岩波讲座·世界历史》第13卷,东京岩波书店1971年版,第89—96页)中做了概要叙述,可供参阅。另,若松宽还写过一篇《僧格统治下准噶尔汗国的内乱》,载《游牧社会史探究》第42辑,可惜在国内尚未找到。

② 《清圣祖实录》卷二四,第25—26页;《清圣祖实录》卷三一,第22页。

③ 罗卜藏额琳沁,是我国喀尔喀蒙古札萨克图汗和托辉特部的首领,西方和俄国的著作把札萨克图汗和托辉特部首领称之为"阿勒坦汗",是根据该部附近之哈萨克等族的称呼。因该部居于阿尔泰山之下,故邻近各族依其居住之地名而称之。参阅须佐嘉橘:《西北外蒙古今昔》,第61页。

④ 巴德利:《俄国·蒙古·中国》第2卷,第177页。

⑤ 捷列乌惕人系喀沁兀鲁思所属。"贡民"一词,据巴德利解释,原文作克什提姆,意为接受统治并纳贡的人。参阅巴德利:《俄国·蒙古·中国》第2卷,第178页。

内一行,并没收他们的马匹,直到1666年4月弄清布宾内一行与罗卜藏额琳沁的进攻无关,才让他们返回西伯利亚。

布宾内一行被扣之际,沙俄政府于1666年4月,又派出托木斯克大贵族之子利托索夫到准噶尔部活动,僧格在自己的牙帐接见了利托索夫,再次就捷列乌惕贡民问题提出责问,并派出库兰喀尔岱青等随同利托索夫赴俄交涉。①

利托索夫于1666年春夏之交回国,不到半年,托木斯克总督萨尔蒂科夫又派出库尔文斯基到准噶尔部活动。库尔文斯基一行于1666年秋自托木斯克出发,同年初冬抵楚琥尔乌巴什的游牧地,并在那里过了冬。库尔文斯基在准噶尔部前后耽搁了将近一年。他一方面蓄意挑起"礼仪程序"的争论,进行无理纠缠,妄图侮辱准噶尔人民的民族自尊心,从而在精神上压倒刚强不屈的准噶尔人民;另一方面,在馈赠礼品的幌子下,梦想对僧格、楚琥尔乌巴什进行收买,使他们放弃归还捷列乌惕贡民的正当要求。库尔文斯基打错了主意。僧格、楚琥尔乌巴什对库尔文斯基的挑衅进行了针锋相对的斗争。所谓"礼仪程序"的争论,就是准噶尔部领袖应站起来接受沙皇的书信和礼物。对此,楚琥尔乌巴什尖锐指出:"难道我是沙皇的属臣,为什么我必须这样恭顺地接受他的国书和礼物?我作为台吉,无法蒙受这种屈辱!你们全部给我滚出兀鲁思……我也不准你们去见僧格!"②并严正声称"无论在过去其他台吉执政的年代里,或是我本人在位期间,还从未有不是坐着,而是站起来接受……礼物的先例"③。在楚琥尔乌巴什的坚持下,这场"礼仪程序"之争以准噶尔人民的胜利而告终,库尔文斯基在致沙皇的报告中无可奈何地写道:楚琥尔乌巴什"坐着"接受了礼品,"他本人既未问候陛下健康,也未亲自受礼……"④僧格在接见库尔文斯基时也同样"未起立","未向陛下问候"⑤。楚琥尔乌巴什还揭露沙俄侵略者借赠礼以行私的卑劣伎俩,说:"真是怪事,给我们每个人一点点绸缎布匹,你们居然把这样的沙皇礼物送到这里来,难道我自己就没有绸缎布匹?我连一点穿的都没有吗?我为什么要与你们商谈呢?"⑥

僧格关心着受沙俄侵略者抢掠的捷列乌惕贡民的命运,因此坚决要求

---

① 见巴德利:《俄国·蒙古·中国》第2卷,第178—179页;兹拉特金:《准噶尔汗国史》,第216—217页。

②③④⑤⑥ 巴德利:《俄国·蒙古·中国》第2卷,第182—185、187、189页。

沙俄政府把被扣押在托木斯克的"捷列乌惕贡民伊尔喀、巴力喀等人交还给"①。楚琥尔乌巴什为此警告库尔文斯基,如果沙俄政府继续拖延,不予解决,"我楚琥尔就把他的各城镇和托木斯克全县夷为平地……难道我再不能挽弓、开枪、击剑了吗?"②僧格、楚琥尔乌巴什面对侵略者的利诱、威胁,义正词严,正气凛然。库尔文斯基一再碰壁,无计可施,于1667年秋悻悻而归。不过,若说库尔文斯基一无所获也非事实,他在准噶尔逗留期间,四处收集情报,如"各台吉居住在什么地方?有多少兵力?"还特别探询中国政局的变动和军事实力。库尔文斯基向沙皇报告,"中国骑兵很少,但步兵达一万人,有火器装备!"③库尔文斯基是披着"使者"外衣的间谍、特务。

库尔文斯基的使命没有完成,但沙俄政府并不甘心失败。1668年4月和1670年初,沙俄又先后派出伯林和斯基宾到准噶尔部活动。

伯林一行于1668年4月抵达,7月离去。僧格当面警告伯林,如果沙俄当局再不交出捷列乌惕贡民,"我会自己弄到他们,我们一定要攻打托木斯克和库兹涅斯克"④。

1670年,斯基宾从托木斯克到僧格牙帐。鉴于沙俄政府对要求归还捷列乌惕贡民一事一贯采取令人难以容忍的拖延态度,僧格向斯基宾声明,沙俄政府如不改弦更张,那么,将如1667年那样,再次出兵攻打托木斯克、克拉斯诺亚尔斯克和库兹涅斯克。并警告,正在北京活动的俄使阿勃林返回时,将予以扣留。⑤

准噶尔人民根据半个多世纪与沙俄侵略者交往的切身经验知道,抗议、警告是不能制止侵略的,必须要进行针锋相对的斗争。当库尔文斯基还在纠缠不清时,僧格开始集结军队,特别是听到随库尔文斯基去托木斯克交涉的代表被扣留的消息,准噶尔人民忍无可忍,他们义愤填膺,同仇敌忾。1667年5月,僧格率领四千余人的军队,包围了沙俄侵略准噶尔部的前哨据点——克拉斯诺亚尔斯克,愤怒的准噶尔军民向被围在城里的沙俄殖民者高呼:"不放出人质,那么,我们不拿下克拉斯诺亚尔斯克决不罢休!"⑥沙俄侵略者在准噶尔人民铁拳打击下,龟缩孤城,四处求援,狼狈不堪。正当

---

① ② ③ 巴德利:《俄国·蒙古·中国》第2卷,第182—185、187、189页。
④ 兹拉特金:《准噶尔汗国史》,第220页。
⑤ 兹拉特金:《准噶尔汗国史》,第222页。
⑥ 兹拉特金:《准噶尔汗国史》,第218页。

1670年僧格准备再次进攻克拉斯诺亚尔斯克之际,却被其异母兄车臣和卓特巴巴图尔暗杀。

纵观僧格时期准噶尔人民的抗俄斗争,主要集中在两个问题上:一是围绕着"礼仪程序"之争,反映了是捍卫民族尊严、反对民族屈辱,还是摈弃民族尊严、接受民族屈辱;二是围绕着对捷列乌惕贡民征收实物税权益之争,反映了是维护民族主权、反对武力侵略,还是出卖民族主权、屈从武力威胁。在这些原则问题面前,僧格、楚琥尔乌巴什代表了准噶尔人民的根本利益,他们不被沙俄侵略者的小恩小惠迷惑,也不为沙俄侵略者残暴蛮横的武力所屈服,为保卫我国西北边陲不受侵犯做出了应有的贡献。

三

三百年过去了,今天重温僧格时期准噶尔人民抗俄斗争的壮丽史诗,我们心潮澎湃,我们祖先所创建的光辉业绩,犹如一座丰碑永远矗立在我们心中,鼓舞着我们前进。

准噶尔人民的抗俄斗争有重大的历史意义。17世纪,沙俄侵略者对我国北部边陲分三路进攻,但是侵略者遭到我国各族人民愈来愈强烈的反抗。列宁说:"只有强者能得到自由,弱者将永远是奴隶。"①中华民族各族人民是真正的强者,他们为了自由和独立,马革裹尸、血洒疆场、视死如归!翻开中外史籍,我们可以看到,17世纪中叶,在我国北方——黑龙江流域达斡尔族人民和各族人民的抗俄斗争、外贝加尔地区布里亚特蒙古族人民的抗俄斗争、喀尔喀蒙古人民的抗俄斗争以及准噶尔人民的抗俄斗争,此起彼伏,前赴后继,犹如燎原之火,燃遍了我国北部广袤边陲,形成了我国各族人民早期抗俄斗争的第一次高潮,在中华民族反侵略斗争史上写下了可歌可泣的篇章。在这一系列斗争中,僧格领导的准噶尔人民的抗俄斗争在当时是最有组织、最有成效的。通过长期的反对外来侵略斗争,各族人民的命运紧密联系起来。各族人民的生活状况、斗争条件虽然各不相同,但他们都为战胜外国侵略者做出了自己的贡献,值得后人景仰和怀念。

(原载《新疆大学学报》1979年第1—2期,合作者蔡家艺,执笔人马大正)

---

① 列宁:《决不要撒谎!我们的力量在于说真话》,载《列宁全集》第9卷,第283页。

18世纪初准噶尔人民抗俄斗争的重要一页

准噶尔部是中国蒙古族的一支,是伟大的中华民族大家庭的一员。准噶尔人民,同祖国各族劳动人民一样,以刻苦耐劳著称于世,同时又是酷爱自由、富于革命传统的英勇人民。在历史上,准噶尔人民同中国西北各族人民一起,曾为开发西北边疆做出了积极的贡献。当沙俄侵略势力侵入中国西北边陲时,准噶尔人民奋起反抗,进行了不屈不挠的斗争,在中国人民反侵略斗争史上写下了可歌可泣的一页。可是,准噶尔人民的英勇事迹不能得到应有的颂扬,长期湮没在浩瀚的史籍之中。近年来,一些论著在揭露沙俄政府策动准噶尔反动上层的罪恶活动等方面做了不少工作,取得了一定成绩,但对准噶尔人民抗击沙俄侵略的历史未给予足够的重视。讴歌准噶尔人民用鲜血和生命筑成的历史丰碑,进而探索和总结准噶尔人民抗俄斗争的经验教训,是史学界义不容辞的职责。

叶尼塞河和额尔齐斯河流域的中、上游,原是中国准噶尔部游牧区的一部分。这里河湖交错,土地肥沃,资源丰富,气候宜人,有可供畜牧的广阔牧场。17世纪初,沙俄扩张主义势力沿叶尼塞河和额尔齐斯河水系逐步向南推进,建立寨堡,设置"移民区",步步为营,把魔爪直接伸进中国准噶尔部地区,曾受到准噶尔部首领巴图尔珲台吉和僧格等的强烈反抗。①

17世纪末,沙皇彼得一世(1682—1725年在位)上台。他一面把战略重点放在欧洲,和瑞典争夺波罗的海出海口,一面指使那些已深入西伯利亚腹地的军人、冒险家,继续向东、南西伯利亚以及中亚扩张,掠夺西伯利亚和中亚的资源,企图开辟到达中国和印度的道路,攫取中国和印度的财富。

在彼得一世侵略野心的驱使下,沙俄侵略者用火和剑把准噶尔部一片

---

① 巴德利:《俄国·蒙古·中国》第2卷,伦敦1919年版,第126、190页。

片肥沃富饶的牧场变成沙俄的"新边区"。他们血腥地屠杀准噶尔人民,或把他们赶向偏僻的荒瘠地区。沙俄侵略者的野蛮行动激起了准噶尔人民一次又一次的反抗。在南西伯利亚,"袭击俄国移民地的事件经常发生"①。他们捣毁侵略者在自己领地上设立的侵略据点,用暴力严惩为非作歹的侵略强盗,把整个南西伯利亚变成打击侵略者的战场。沙俄当局虽然多次大动干戈,派兵征伐,但都被准噶尔人民粉碎。

1713年,经由阿斯特拉罕到彼得堡的土库曼人和卓纳菲兹,带来了阿姆河砂州土著居民获得很多黄金的传说,这强烈地打动着彼得一世的心。②与此同时,沙俄西伯利亚总督加加林也从传说中了解到中国叶尔羌(今新疆维吾尔自治区莎车县)地区出产金砂的消息,随即向彼得一世报告,说他从到西伯利亚经商的"不花剌人"③处获悉"突厥斯坦"的"艾斯凯尔"(即叶尔羌)生产金砂,他还从到托博尔斯克的"不花剌人"那里看到这些金粉。据此,加加林向彼得一世献计:假如沿额尔齐斯河建起"一连串"的碉堡,"那就可能在几星期内进抵'艾斯凯尔'"④。

彼得一世接到加加林的报告后,欣喜欲狂,对其侵略计划啧啧赞叹,立刻决定"占有这座富有的城市"。因为他正在和瑞典进行旷日持久的战争,经常需要钱。钱是他赖以进行"战争的命脉"⑤。

为了使入侵叶尔羌的计划得以实现,彼得一世决定从东、西两路进军。东路溯额尔齐斯河而上,向斋桑湖、巴尔喀什湖、伊塞克湖挺进,西路从里海东岸经咸海到锡尔河流域,然后进占叶尔羌。西路军当时由陆军中尉贝柯维奇率领,从阿斯特拉罕出发,企图通过突袭占领希瓦。可是贝柯维奇侵略军一到希瓦,立即遭到伏击,六千多人全部覆没。从此"像贝柯维奇一样惨败"在俄语中成了"绝望的毁灭"的同义语。

东路军的头目是布赫戈利兹,是1714年5月22日沙皇彼得一世亲自任命的。布赫戈利兹接到命令后,于是年8月离开莫斯科,11月13日到达

① 兹拉特金:《蒙古近现代史纲》,莫斯科1957年版,第68页。
② 佐口透:《俄罗斯与亚细亚草原》,东京1966年版,第93—94页。
③ 不花剌人又作"布哈拉人",系欧洲人对中亚地区及我国新疆西部维吾尔等族人民的称呼。这里指住在我国新疆西部的维吾尔等族人民。
④ 加恩著,江载华译:《早期中俄关系史(1689—1730)》,商务印书馆1961年版,第76—77页;兹拉特金:《准噶尔汗国史》,莫斯科1964年版,第342页。
⑤ 莫里斯·罗沙比:《中国和中亚》,伦敦1975年版,第96—97页。

托博尔斯克。1715年7月,布赫戈利兹率领三千士兵,一千五百匹马耀武扬威地离开托博尔斯克,逆额尔齐斯河,于同年10月1日窜入准噶尔部的亚梅什湖地区,建立碉堡等重要军事工事,并准备留下过冬。

亚梅什湖,在中国的文献资料中,被称为达布逊淖尔①,蒙古语意为盐池。这里一向以产盐著名。沙俄向准噶尔部扩张、渗透的前哨据点如塔拉、托博尔斯克等地都需要这里的盐。17世纪时,沙皇俄国就曾妄图占有这块地方,但没有得逞。除盐以外,这里也是准噶尔部的一个重要集市贸易中心。许多沙俄投机商,为了牟取暴利,榨取准噶尔人民的血汗,经常不远千里到这里做投机买卖。17世纪末,"在亚梅什湖每年都要举行历时2—3周以上的大规模集市","各地的商人——卫拉特人(即准噶尔人)、俄国人和来自中亚的商人都云集亚梅什湖","卫拉特人"还在这里销售各种"中国商品"②。除一般贸易外,这里还有奴隶买卖市场。沙皇俄国为了掠夺中国的劳动力,曾一度"独占"这里的"奴隶买卖"③。这里距额尔齐斯河仅六俄里半路程,溯额尔齐斯河而上,可进入中国准噶尔盆地和南疆地区。此外,这里还控制着沙俄通往贝加尔湖以东地区的通道,具有重要的战略意义。因此,沙俄政府选择在这一地区建立军事要塞完全是出于其扩大侵华的战略需要。

沙皇俄国的对外扩张,总是军事入侵和政治讹诈并用,互相配合,用政治讹诈掩护军事侵略。在布赫戈利兹还没有离开托博尔斯克时,加加林就根据沙皇彼得一世的指示,派人送信给策妄阿拉布坦,要他对远征队的目的"不要担心"④,相信"该使团的友好使命"⑤;他居心险恶地要策妄阿拉布坦"不干涉这一军队",如果按俄国的指挥棒转,将来"便可得到帮助和声援"。

布赫戈利兹到达亚梅什湖后,四出窥伺,收集情报,探听准噶尔人民的反应。他以侵略者的敏感,预感到即将出现巨大的抗俄风暴,旋于1715年

---

① 徐松:《西域水道记》卷五;何秋涛:《朔方备乘》卷二六《额尔齐斯河源流考》。

② 奇米特多尔瑞也夫:《17世纪俄国与卫拉特贸易联系》,载《列宁格勒大学学报》1958年第20期。

③ 加恩著,江载华译:《早期中俄关系史(1689—1730)》,第74—75页。

④⑥ 加恩著,江载华译:《早期中俄关系史(1689—1730)》,第77页。

⑤ 兹拉特金:《17世纪末至18世纪前叶俄国在蒙古人民争取独立反对满清侵略者的斗争中所起的作用》,载《苏联科学院东方学研究所简报》1952年第6期。

12月向彼得一世申诉他的困难境遇和内心的恐惧:"因为有珲台吉的军队",而俄军"人少很不安全",请求迅速派兵支援。与此同时,沙俄又派中尉特鲁勃尼科夫送信给策妄阿拉布坦,说自己"完全"是为了"寻找矿藏"而来,对准噶尔"没有敌意",企图打消策妄阿拉布坦对侵略军的"目的和性质方面的疑虑"。①

准噶尔人民在同沙俄近一世纪的交往中,深切地知道这一伙武装到牙齿的人,绝不是肩负什么"友好使命""寻找矿藏"而来的朋友,而是为霸占亚梅什地区而来的强盗。于是,他们集合了近一万人的队伍,在大策凌敦多布的率领下,浩浩荡荡地向亚梅什湖畔集结。

大策凌敦多布是巴图尔珲台吉第七子布木的儿子,与策妄阿拉布坦是堂兄弟,为人多谋善断,乾隆皇帝称赏他"善计善将将"②,是当时准部重要将领之一。

1716年2月9日,大策凌敦多布率领队伍抵亚梅什湖后,立刻把俄军围困在森林中,试图迫使俄军后撤。相持了十多天,布赫戈利兹仍赖着不走。大策凌敦多布即于2月21日向布赫戈利兹发出最后的警告:如果你们继续在这里待下去,"我将包围城堡,不准你们的人到任何地方去,春、夏、秋,冬一年四季住在这里面……到你们粮尽挨饿时,我再攻占此城"③。布赫戈利兹不但对大策凌敦多布的严正警告置若罔闻,而且对准噶尔部人民进行威胁恫吓,说沙皇"委派他不仅仅要修建一个碉堡,而且要修建其他碉堡",夸口说"他有大量的供应品,同时援军很快地就会从托博尔斯克到来"④。

当布赫戈利兹被围的消息传到沙俄西伯利亚当局时,加加林急得如热锅上的蚂蚁。他一面策划从托博尔斯克派兵救援,一面又指使百夫长瓦西里·契列多夫前往准噶尔,梦想继续以所谓"探测金、银、铜及其他矿藏和建设城镇"⑤的谎言麻痹准噶尔部人民的斗志,以作缓兵之计,为布赫戈利兹解围。更有甚者,他还授权契列多夫,继续玩弄所谓臣服沙俄的花招,想迫使策妄阿拉布坦让步。策妄阿拉布坦识破了沙俄的诡计,顶住了沙俄的利

---

① 兹拉特金:《准噶尔汗国史》,第343页。
② 傅恒等:《西域图志》卷四一《服物一·御制蕃剑行》。
③ 兹拉特金:《准噶尔汗国史》,第344页。
④ 霍渥斯:《蒙古史》第1卷第1册,伦敦1876年版,第647页。
⑤ 兹拉特金:《蒙古近现代史纲》,第71页。

诱和威胁,采取了断然的行动,扣留了侵略分子契列多夫,作为对沙俄的回答。

在亚梅什湖前线,准噶尔人民在大策凌敦多布的指挥下,用大刀、长矛、弓箭和鸟枪不断地袭击侵略军,打得敌人晕头转向,狼狈不堪。当他们获悉敌人从托博尔斯克派来了援军,并带来大批给养和战备物资后,便主动出击,在额尔齐斯草原设伏,出奇制胜地消灭了沙俄援军,缴获了大批的战利品和货币。在侵略者弹尽粮绝、士气萎靡不振的时刻,他们又不失战机地集中兵力,向敌人发起猛烈的攻击,沙俄侵略军在英勇的准噶尔兵民的打击下溃不成军。伤亡惨重,加上疫病流行,严重时每天要死二三十人,这一切迫使侵略者不得不在 4 月 28 日①收拾残部,炸毁了"亚梅舍夫要塞工事,把财物和人装到船上"②,灰溜溜地沿着额尔齐斯河逃跑。他们一直逃到鄂木河河口,在那里定居,着手准备建立另一个要塞——鄂木斯克,妄图卷土重来。

亚梅什湖一役,使俄军损失近三千人,其中,准噶尔俘虏俄军官兵几百人,缴获了大批作战物资(包括侵略者的全部马匹)。布赫戈利兹侵略军最后逃离亚梅什湖时,只剩下七百人,且大多数负伤或生病。③

亚梅什湖一役,是准噶尔人民为保卫自己的牧地、家园,维护民族尊严而进行的一次正义的、胜利的战斗,给了沙俄扩张主义分子以沉重的打击。但是沙俄政府并不甘心自己的失败。1717 年 3 月 7 日,加加林派遣维利扬诺夫送信给策妄阿拉布坦,其中有 1716 年 12 月 18 日彼得一世写的公函。彼得一世在信中除了重弹加加林所唱的老调外,还凶恶地声称准噶尔及其属民所住的地区,是属于沙俄"西伯利亚边区"的,叫嚷如果准噶尔部人民对沙俄"筑城和寻矿方面不加任何阻拦,就决不会从那些地方被驱逐"④。加加林则指责准噶尔人民在亚梅什湖战斗中,杀死了沙俄侵略军,缴获了俄军的作战物资。策妄阿拉布坦以生动的事实驳斥了沙俄的谬论,严正指出沙俄把托木斯克、库兹涅茨克、克拉斯诺亚尔斯克建在准噶尔的土地上,非法

---

① 兹拉特金的《准噶尔汗国史》把布赫戈利兹侵略军逃离亚梅什湖的时间说成是 1717 年 4 月 28 日,加恩《早期中俄关系史(1689—1730)》、巴德利《俄国·蒙古·中国》、霍渥斯《蒙古史》则说是 1716 年 4 月 28 日,本文认为 1716 年的说法更为可靠。

② 兹拉特金:《蒙古近现代史纲》,第 71 页

③ 霍渥斯:《蒙古史》第 1 卷第 1 册,第 647 页。

④ 兹拉特金:《准噶尔汗国史》,第 346 页。

进入准噶尔地区,强行征收实物税,这是对准噶尔人民的蓄意挑衅和犯罪。策妄阿拉布坦不怕威胁,坚决顶住沙俄的压力。他在准噶尔人民高涨的抗俄情绪的影响下,把维利扬诺夫扣留了近一年,打击了侵略者的嚣张气焰。

亚梅什湖保卫战的胜利,表明准噶尔人民是不畏强暴、热爱自由的英雄人民。他们的斗争精神体现了中华民族"反对外来民族的压迫"和"用反抗的手段解除这种压迫"①的光荣传统。准噶尔人民和西北各族人民一起进行的长期、艰苦的反侵略斗争,包括18世纪中叶反对沙俄侵略和以阿睦尔撒纳为代表的反动上层叛乱的斗争的胜利,为中国西北边陲赢得了长达一个世纪的安定,捍卫了祖国的统一。准噶尔人民的抗俄斗争,是中国各族人民抗俄斗争的重要组成部分,他们的英勇斗争事迹将永留青史,永远铭刻在中国各族人民的心中。

(原载《中俄关系史论文集》,甘肃人民出版社1979年版,合作者蔡家艺,执笔人蔡家艺)

---

① 毛泽东:《中国革命和中国共产党》,载《毛泽东选集》第2卷,第617页。

伏尔加河畔土尔扈特汗国的建立及其与俄国的关系

17世纪30年代,我国厄鲁特蒙古的一部——土尔扈特西迁到伏尔加河下游,在那里建立起一个游牧部落的封建汗廷。这个汗廷维持了百余年的时间,与清政府、其北邻沙皇俄国以及中亚各国均有密切联系,在当时中亚历史与中俄关系史上有着重大的影响。过去西方学者,特别是苏联的史学家对建立在伏尔加河下游的土尔扈特汗廷历史做过一些整理与研究,为我们今天的研究提供了资料线索与历史借鉴。笔者仅就土尔扈特汗廷建立的经过及其与俄国的关系做些初步的论述。

一

土尔扈特蒙古是我国西北厄鲁特蒙古四部之一。约在17世纪30年代,该部首领和鄂尔勒克率其所部及部分和硕特与杜尔伯特约五万帐牧民离开其原来的牧地——塔尔巴哈台地区。来到额济勒河(今伏尔加河)下游草原放牧。伏尔加河下游这片一望无际的大草原,本是诺盖人①迁徙后遗留下的弃地,当时俄国还未能控制这一地区。因此,和鄂尔勒克率部来到这里后,便"打算在伏尔加河建立独立的汗国"。然而,此时沙皇俄国在征服了喀山与阿斯特拉罕两个汗国之后,正进一步向伏尔加河与顿河流域扩展势力,刚刚来到伏尔加河下游的土尔扈特蒙古便成为它征服的对象。以和鄂

---

① 诺盖人是14世纪末到15世纪初从金帐汗国分离出来的一支游牧民族部落,16世纪末到17世纪初因不断内讧与受到自然灾害的侵袭,诺盖人建立的汗国日益衰落,并不断迁往亚速夫、希瓦等地草原。

② 诺伏列托夫:《卡尔梅克人》,彼得堡1884年版,第5页。

尔勒克为首的土尔扈特牧民为在伏尔加河下游建立起自己的游牧汗国,不得不与俄国进行了20余年的斗争。

土尔扈特蒙古与俄国早有接触。17世纪初,和鄂尔勒克率部向西伯利亚地区缓慢迁徙时,就与俄国地方当局发生了联系;这种联系主要是双方贸易上的需要。17世纪20年代,土尔扈特与俄国贸易主要以托波尔靳克、塔拉、秋明为集散地,土尔扈特向俄国市场提供以马匹为主的牲畜、毡子、羊皮与羊毛等商品,从俄国商人那里换回服装、布匹、金属制品等日用品。俄国当时出于互通有无的贸易需求,并没有限制地方当局同土尔扈特人进行贸易,而是"毫无阻碍地准许他们不仅在西伯利亚,而且在喀山、乌发,甚至在莫斯科做买卖。"①应该说,这种和平的贸易关系对双方都是有利的。然而这种关系并没有维持多久,17世纪30年代土尔扈特人进入伏尔加河下游后,俄国政府便改变对土尔扈特的贸易政策,限制与土尔扈特人通商,妄图以此来达到控制土尔扈特的目的。

但是,作为土尔扈特部首领的和鄂尔勒克来到伏尔加河下游后,"从来不曾有过一丝一毫臣属于俄国的想法"②,而这正与俄国的扩张政策相对立。俄国政府为巩固已征服的喀山与阿斯特拉罕两个汗国的既得利益,处心积虑地想控制这些新来的游牧民族,使其成为自己安顺的属民。1632年,俄国政府派了一名使者来到土尔扈特活动,和鄂尔勒克"很好地接待了这个使节",并派出使者到秋明做了回访,"表示愿意和俄国和平相处"。③然而和鄂尔勒克想与俄国和平相处的善良愿望,并不能改变俄国政府的扩张政策,他们与俄国不断发生小规模的武装冲突。1639年,和鄂尔勒克与沙俄当局发生了"第一次重大冲突",一万多土尔扈特人进攻萨马拉,"使该城陷入极大的危险之中"。④

和鄂尔勒克为了抵制俄国扩张势力的威胁,来到伏尔加河下游后竭力增强武装实力,1634年,据一个曾做过土尔扈特人俘虏的俄国人说,当时和

---

① 苏联科学院等编:《卡尔梅克苏维埃社会主义自治共和国史纲》,莫斯科1967年版,第90页。
② 诺伏列托夫:《卡尔梅克人》,第6页。
③ 霍渥斯:《蒙古史》第1卷,伦敦1876年版,第562页。
④ 帕里莫夫:《留居俄国境内时期的卡尔梅克民族史纲》,阿斯特拉罕1922年版,第9页。

鄂尔勒克已"有两万骑兵"①。尽管如此,但对远离祖国的土尔扈特人民来说,他们在强大沙俄势力面前,仍感势单力薄,因此不能不加强与厄鲁特蒙古各部的联系,并与之改善关系,以得到其声援与支持。1640年,和鄂尔勒克率领其子书库尔岱青和伊勒登返回准噶尔参加喀尔喀蒙古与厄鲁特蒙古各部首领的联合会议,就是为抵制外部侵略威胁而采取的实际措施。在这次会议上,东、西蒙古各部首领共同制定了著名的《蒙古卫拉特法典》,作为各部蒙古族共同遵守的根本大法。《蒙古卫拉特法典》中除了关于提高黄教神权地位、维护封建主利益、巩固封建统治秩序等方面规定外,关于进一步调整厄鲁特与喀尔喀各部之间关系以及共同联合抵御外侮的规定也占有重要地位。②这正是各部首领共同要求的反映。和鄂尔勒克在这次会议之后,把这部《蒙古卫拉特法典》带回伏尔加河下游,供奉在牙帐中作为统治本部的法律根据,正如《卡尔梅克诸汗简史》中所说:"和鄂尔勒克亲自来参加这次完成喜人大业的盛会,并把制定的大法典带回家乡,以此统治属下。"③与此同时,和鄂尔勒克与准噶尔部的巴图尔珲台吉也进一步调整了关系。他把自己的女儿嫁给了巴图尔珲台吉,而他的孙子朋楚克又娶巴图尔珲台吉之女为妻,上述的措施都使和鄂尔勒克在抵制俄国扩张威胁时得到了祖国胞族的支持。

和鄂尔勒克自准噶尔返回伏尔加河下游后,俄国政府对土尔扈特蒙古的限制贸易政策变本加厉。俄国地方军政长官,"在发给前往卡尔梅克兀鲁思的使节的训令中,以及在同台吉们谈判时,"无理强调:"只有在台吉们立下誓言并提供人质的条件下,通商才是'自由的'。"④俄国政府这种蛮横无理的限制贸易措施,激起土尔扈特人的强烈反对。1643年,由于俄国当局"没有准许从和鄂尔勒克及他儿子的兀鲁思来的150名商人去萨马拉,为此甚至发生过武装冲突。"⑤就在这一年,和鄂尔勒克"把他的营地迁到阿斯特拉罕附近"⑥,以抵制俄国势力的扩张。俄国政府于1644年派出克列皮可夫使团去准噶尔部,游说巴图尔珲台吉共同出兵攻打土尔扈特蒙古。当时早

---

① 苏联科学院等编:《卡尔梅克苏维埃社会主义自治共和国史纲》,第88页。
② 戈尔斯通斯基:《一六四○年蒙古卫拉特法典》,彼得堡1880年版,第36页。
③ 中国社会科学院民族研究所编:《厄鲁特蒙古历史译丛》第四集,第46页。
④⑤ 苏联科学院等编:《卡尔梅克苏维埃社会主义自治共和国史纲》,第91页。
⑥ 霍渥斯:《蒙古史》第1卷,第562页。

已与和鄂尔勒克改善了关系的巴图尔珲台吉立即识破俄国挑拨准噶尔、土尔扈特两部关系的诡计，义正词严地拒绝了俄国政府的要求，他明确地告诉使团："他不可能参战，而且他的朋友们——其他台吉也不会去攻打和鄂尔勒克。"①巴图尔珲台吉的对俄态度，实际上是对土尔扈特部在伏尔加河下游抗俄活动的有力声援。可是就在这一年，因和鄂尔勒克"进逼阿斯特拉罕，俄国已派出一支部队出面迎击"②，和鄂尔勒克在这次战斗中壮烈牺牲，其部队在渡过捷列克河时受到俄军的袭击，遭到惨重的伤亡，"仅有一万五千人幸存下来"③。

可以看出，以和鄂尔勒克为首的土尔扈特人民西迁到伏尔加河流域后，为了创造新的生存环境与建立本民族政权，与俄国扩张势力进行了不懈的斗争，乃至付出巨大的牺牲。然而，他们的英勇行动不仅给后来土尔扈特人民树立了榜样，而且为土尔扈特的后继者在伏尔加河流域建立游牧民族的汗国开拓了局面。

从和鄂尔勒克率领部众抵达伏尔加河下游的1632年起，直到1644年他战死于阿斯特拉罕城下为止，共12年。此间，和鄂尔勒克在这新的游牧区域里"置鄂拓克，设宰桑"，④建立起新的游牧部落。但一方面由于应付来自沙俄的侵扰，和鄂尔勒克经常处于戎马倥偬之中，无暇致力于本民族内部权势的统一；另一方面因为同俄国处于敌对状态，在俄国扩张政策侵扰下，其游牧区域游移不定，未能实现相对的稳定。因此，和鄂尔勒克执政期间，迁到伏尔加河下游的土尔扈特游牧部落，还没有能够在一个稳定的游牧区域里建立起一个权力集中的封建汗廷。土尔扈特汗国在伏尔加河畔的正式建立，是在书库尔岱青执政时期完成的。

二

书库尔岱青是和鄂尔勒克的长子，他在和鄂尔勒克死后继任为土尔扈

---

① 兹拉特金：《准噶尔汗国史》，莫斯科1964年版，第170页。
② 巴德利著，吴持哲、吴有刚译：《俄国·蒙古·中国》下卷第1册，商务印书馆1981年版，第1126页。
③ 苏联科学院等编：《卡尔梅克苏维埃社会主义自治共和国史纲》，第110页。
④ 祁韵士：《西陲要略》卷四《土尔扈特源流》。

特的主要首领。在巴库宁的《卡尔梅克民族史概述》一书中说:"和鄂尔勒克死后,他的儿子书库尔岱青战胜其他土尔扈特领主……得到了大领主的职位和统治权。"①书库尔岱青成为土尔扈特部实际的统治者,其权力得到集中是经过他个人采取一系列措施而取得的。

土尔扈特蒙古作为游牧民族部落来到伏尔加河下游以后,畜牧业仍是他们社会经济的主要基础。作为土尔扈特游牧民族封建统治阶级的大小台吉,支配着他们所有的牧民,役使广大牧民在各自牧地上独立地进行放牧。据载:"17世纪初游牧到俄罗斯边境的卡尔梅克人,共有五名大台吉和四十五名小台吉。小台吉和宰桑是较小的封建领地的统治者,隶属于大台吉。"②但是,这种游牧的自然经济,"不利于建立领主之间的巩固联系,小台吉对大台吉的从属关系往往是形式上的"③。

分散的游牧经济势必导致权力的分散,特别是在俄国的虎视眈眈下,这些独立分散游牧的牧群,"必将导致卡尔梅克人在政治上的灭亡"④。因为对当时强大的俄国扩张势力来说,征服与吞并这些分散的游牧人群是轻而易举的。在关系到土尔扈特民族存亡的严峻形势面前,继和鄂尔勒克之后作为主要台吉的书库尔岱青,就不能不审时度势,认真对待。他清楚地看到局势发展的全部危险性,他认为只有集中权力并建立起一个统一的汗国,才能摆脱俄国侵吞的威胁而使土尔扈特游牧部落强大起来。不仅如此,书库尔岱青也十分懂得在笃信西藏佛教的游牧民族中获取信任,取得西藏达赖喇嘛在神权上对他最高统治权的承认,以及得到国内厄鲁特蒙古各部对他政治上的支持,这些对他完成权力集中与抵制俄国侵略威胁起到了重要作用。帕里莫夫在论述书库尔岱青赴藏原因时指出:"书库尔岱青企图使那些摆脱主要台吉而取得独立的卡尔梅克小台吉归顺自己,从而巩固对卡尔梅克人的统治,是迫使他到西藏和胞族那里去的动力。"⑤

根据多数文献资料记载,书库尔岱青是1646年去西藏的。他在西藏留

---

① 巴库宁:《卡尔梅克各民族,特别是土尔扈特部及其诸汗和领主事迹的记述》,载《红档》1939年第3、5期。
②③ 苏联科学院等编:《卡尔梅克苏维埃社会主义自治共和国史纲》,第95页。
④ 帕里莫夫:《留居俄国境内时期的卡尔梅克民族史纲》,第17页。
⑤ 帕里莫夫:《留居俄国境内时期的卡尔梅克民族史纲》,第16页。

居了多长时间,史载不一,有人说他在西藏、青海和准噶尔地区前后住了整整十年之久。① 但有的著作说,1649 年书库尔岱青还在自己的兀鲁思。② 这种情况说明,书库尔岱青的西藏之行,恐怕不止一次,十年间或许曾返回伏尔加河下游。但史料确切表明,他在西藏期间,从"达赖喇嘛那里取得对他汗位的承认"③,即得到黄教神权对他汗号的认可。但在当时强邻俄国的注视下,书库尔岱青公开称汗,势必引起沙俄的敌意,出于策略考虑,他暂未称汗。可是,从 1651 年俄国《卡尔梅克档案》的记载来看,书库尔岱青已被尊为"皇帝"和"卡尔梅克和鞑靼的专制君主"④,可见至少到 1651 年,书库尔岱青已成为土尔扈特部的最高统治者。

书库尔岱青对权力的集中,在和鄂尔勒克在世时就已开始。除上述俄国《卡尔梅克档案》的记录之外,当时如未经同意,"台吉们无权决定对外政策问题"⑤。和鄂尔勒克死后,留下的部落本来由他的三个儿子——书库尔岱青、伊勒登和罗卜藏来继承。但到 1650 年时,由于书库尔岱青扩展权势,"他们兄弟吵了架",其弟罗卜藏被排挤,渡过雅依克河,"朝西伯利亚而去"。⑥ 书库尔岱青还以种种措施大力排除异己势力,"使所有不拥护他的政治方针和反对他的台吉破了产,并把他们挤出了卡尔梅克牧区的疆界"⑦。所以到了 17 世纪 60 年代,书库尔岱青已"成了新的领土——政治联盟的首领"⑧。

随着书库尔岱青权力的集中,也必然出现相应的政权机构。但文献资料中并没有直接的记述,只能从俄文档案中看到一些间接的反映。当时在书库尔岱青之下已设立了一个行政机构。这个机构是由书库尔岱青的近亲

---

① 波兹德涅耶夫说:"岱青去西藏,在达赖喇嘛和青海同胞那里逗留,最后,从西藏返回,又在准噶尔同胞那里逗留,总共用了整整十年的时间。"见《本世纪初期以前阿斯特拉罕的卡尔梅克人与俄国关系》,载《人民教育部杂志》1886 年 3 月刊,第 146 页。转引自帕里莫夫:《留居俄国境内时期的卡尔梅克民族史纲》,第 16 页。内达金也说:"书库尔岱青的西藏之行,几乎历时十年之久。"见马汝珩译:《土尔扈特蒙古西迁及其重返祖国》,载《新疆大学学报》1981 年第 2 期,第 124 页。

② 苏联科学院等编:《卡尔梅克苏维埃社会主义自治共和国史纲》,第 108 页。

③ 帕里莫夫:《留居俄国境内时期的卡尔梅克民族史纲》,第 16 页。

④⑤⑦⑧ 《卡尔梅克档案》1651 年案卷 4。转引自《卡尔梅克苏维埃社会主义自治共和国史纲》,第 129 页。

⑥ 霍渥斯:《蒙古史》第 1 卷,第 563 页。

和当地兀鲁思行政长官及少数官吏组成。在俄国档案中,机构的成员常常被称之为"杜马台吉"。至于汗国对地方的统治,则是由兀鲁思和爱马克地方行政长官通过舒楞格(赋税收集人)、杰木奇(村长)、埃尔奇(信使)来实现。① 列宁说:"常备军和警察是国家权力的主要强力工具。"② 书库尔岱青执政时期,土尔扈特蒙古已建立起一支强大的军队,这支军队是由与其相应兀鲁思的行政长官和硕齐领导的。前述及和鄂尔勒克在世时,土尔扈特部已有骑兵两万。这支武装力量经过阿斯特拉罕城下之战,虽然遭到了损失,但到书库尔岱青执政之后,又得到恢复与壮大。据苏联学者鲍戈亚夫连斯基的估计,当时在伏尔加河下游的土尔扈特汗国"约有八万卡尔梅克军人和二十万卡尔梅克的其他居民"③。可以看出,随着书库尔岱青的权力集中,在伏尔加河下游已建立起一个以土尔扈特为中心的游牧民族的封建汗廷。西方著作通常把它称为卡尔梅克汗国。

1661 年,书库尔岱青年老退位,把汗位传给他的儿子朋楚克。朋楚克在集中政权方面,继承他父亲的政策,竭力削弱敌对部落的势力。他利用伊勒登(书库尔岱青之弟)之子、墨尔根及兄弟之间的矛盾,把墨尔根监禁起来,并"占有了他的属民"④。不久,朋楚克又与另一王公杜加尔发生了权力之争,后者被击败,不得不到克里木汗国避难。朋楚克执政期间,还抵制了准噶尔地区某些王公对土尔扈特部制造的摩擦行动。1645 年,书库尔岱青在一次进藏拜佛的归途中,遇到准噶尔的袭击,致使妻子被俘,侍卫被击毙。1660 年,书库尔岱青之弟罗卜藏也在与准噶尔作战时战死。朋楚克为了排除来自准噶尔的干扰,并给其亲族复仇,于 1662 年亲自率军向准噶尔地区发动了进攻。朋楚克打败了该地区的一些王公,从而使新建的土尔扈特汗国政治地位得以进一步的巩固和提高。

三

在书库尔岱青父子执政期间,为了巩固其刚刚建立的土尔扈特汗国在

---

① 苏联科学院等编:《卡尔梅克苏维埃社会主义自治共和国史纲》,第 132 页。
② 《国家与革命》,载《列宁文选》第 3 卷,第 178 页。
③ 苏联科学院等编:《卡尔梅克苏维埃社会主义自治共和国史纲》,第 88 页。
④ 霍渥斯:《蒙古史》第 1 卷,第 563 页。

伏尔加河畔的政治地位,他们在极力加强权力集中与政权建设的同时,与其邻部、邻国也积极地开展了外交上的联系。当时土尔扈特汗国除了与中亚一些邻国有政治、经济联系之外,与俄国政府的频繁接触与交涉是这一时期汗国对外关系的主要方向。从汗国与俄国交涉的内容来看,除了前面所说的通商贸易问题之外,双方交涉的焦点主要在于土尔扈特游牧区域的确定和沙皇要求汗国所谓的"臣服"问题。

土尔扈特蒙古来到伏尔加河下游时,这里的草原本是诺盖人迁徙后遗留下的弃地,当时俄国势力并没有控制到这里。在土尔扈特人看来,在这片无主的弃地上,他们"有权在草原上游牧,在河流中航行"①,且是理所当然的。然而,极力向外扩张的俄国政府早把伏尔加河下游这片水草丰美的草原视为己有,而且千方百计地要把这些新来的牧民控制为自己的"属民",使之永远归顺俄国,而这恰是酷爱自由的土尔扈特领袖们及其人民所无法接受的。因此,自从土尔扈特来到伏尔加河流域,双方不断发生武装冲突的同时,在外交上也进行了长期复杂的交涉与斗争。

和鄂尔勒克战死后,俄国政府利用土尔扈特人遭遇军事惨败的时机,一方面煽动、支持早已臣服的巴什基尔人不断侵袭雅依克河上游的土尔扈特牧地;另一方面派出使节与土尔扈特部进行外交活动,妄图以军事威胁与外交讹诈,控制整个土尔扈特部落。1645年,俄国从乌发派出库德里亚佛采夫使团,"迫使台吉宣誓"臣服俄国,并"要求他们和俄国人一起去攻打克里木"。② 对这次俄国使团的来访,书库尔岱青没有理睬。俄国档案记载说:"岱青本人没有在兀鲁思中露面。"③ 这种情况是土尔扈特台吉们的斗争策略,还是书库尔岱青确实不在,史料中没有明确记载,但使团遇到汗国台吉们的抵制却是事实。据俄国档案记录,土尔扈特方面出面与使团谈判的是书库尔岱青的弟弟伊勒登和罗卜藏等台吉。他们声称土尔扈特蒙古"从来也没有请求过加入俄国国籍"④,因而库德里亚佛采夫"连想也不敢想去实现训令中的各项要求"⑤。由于土尔扈特台吉们的强烈抵制,俄国政府不得不做了如下让步:第一,允许"卡尔梅克台吉们全部兀鲁思可以沿雅依克

---

① 帕里莫夫:《留居俄国境内时期的卡尔梅克民族史纲》,第17页。
②③⑤ 苏联科学院等编:《卡尔梅克苏维埃社会主义自治共和国史纲》,第106页。
④ 《卡尔梅克档案》1645年案卷2,第228页。转引自《卡尔梅克苏维埃社会主义自治共和国史纲》,第107页。

河、奥尔河、基伊尔河、萨马拉河及其他河游牧";第二,命令巴什基尔人"不侵犯卡尔梅克的兀鲁思"。①

但是,俄国政府对土尔扈特台吉们做出的上述让步,不过是骗人的花招。事实上,俄国政府依然支持巴什基尔人对土尔扈特牧区进行侵犯。1649年7月,俄国政府给书库尔岱青的信中要求"岱青离开雅依克河和恩巴河,不得再在雅依克河、基伊尔河、萨乌拉河及其他河流游牧,那时同巴什基尔人的冲突就会终止"②,以此进行威胁。1649年9月,俄国政府又从乌发派出昂乌钦为使臣来土尔扈特汗国活动。书库尔岱青会见了俄国使臣,并明确表示,"土地和水是神的",而他现在游牧的地方,"原来都是诺盖人的地方,那里不曾有巴什基尔人的世袭领地"。③尽管书库尔岱青抵制了俄国使团,但以后俄国政府仍一直对土尔扈特的牧地横加限制,从莫斯科不止一次地往阿斯特拉罕地方当局发出指示,禁止土尔扈特人在伏尔加河和雅依克河流域一带游牧。

1655—1657年,俄国政府改变了对土尔扈特牧地的限制政策。根据俄国档案的记载:1655年4月,莫斯科在给阿斯特拉罕、喀山等城军政长官的命令中说:"允许他们兀鲁思沿伏尔加河诺盖人的地方,以及沿阿赫图巴河、别卢日河,或在我们城市的附近他们愿意的地方游牧。"④俄国政府对土尔扈特态度的转变,不是没有原因的。对土尔扈特的台吉们来说,尽管俄国政府一再限制他们游牧,但台吉们并不"重视这条禁令"⑤。他们"经常越过给他们规定的界线到阿斯特拉罕和伏尔加河流域的其他城镇附近"⑥去游牧,这已成为难以改变的事实。何况这时,土尔扈特已是一个实力强大的游牧汗国。俄国政府想以武力征服也是难以做到的。从俄国政府方面来说,这时它正与波兰、立陶宛王国为争夺乌克兰和白俄罗斯长期处于战争状态。

---

① 苏联科学院等编:《卡尔梅克苏维埃社会主义自治共和国史纲》,第107页。
② 《卡尔梅克档案》案卷3,第53—59页。转引自《卡尔梅克苏维埃社会主义自治共和国史纲》,第107页。
③ 《卡尔梅克档案》1649年案卷5,第24—25页。转引自《卡尔梅克苏维埃社会主义自治共和国史纲》,第108页。
④ 《卡尔梅克档案》1655年案卷1,第3页。转引自《卡尔梅克苏维埃社会主义自治共和国史纲》,第112页。
⑤ 苏联科学院等编:《卡尔梅克苏维埃社会主义自治共和国史纲》,第113页。
⑥ 苏联科学院等编:《卡尔梅克苏维埃社会主义自治共和国史纲》,第111页。

"在这一战争中,克里米亚加入波兰方面"①,使俄国处于腹背受敌的不利地位。而地处伏尔加河下游的土尔扈特蒙古对这场战争的向背,成为战争双方胜负的重要因素。也正因如此,交战双方都极力争取土尔扈特蒙古为同盟力量。俄国政府为了战胜敌方,不得不以承认土尔扈特牧地为条件,把土尔扈特拉到自己这方,使其参加对波兰、克里木汗国的战争。当代苏联史学家也承认:"俄国政府力图诱使卡尔梅克人'归附于君主的统治之下'。同时考虑以此来巩固南部边境的防御能力,并获得卡尔梅克的援军以抵抗克里木及波兰、立陶宛王国。"②正是在上述情况下,俄国政府才不得不改变其限制土尔扈特汗国游牧的政策。

土尔扈特汗国与俄国关系的调整是多次交涉与谈判的结果。据俄国档案资料记载,1655年到1661年前后共举行了五次谈判。

第一次是在1655年。根据这次谈判后签订的誓约,汗国的主要台吉们,如书库尔岱青、罗卜藏、朋楚克等向俄国政府保证"永世听命"于俄国沙皇,并保证"坚守信义",不向沙皇的"革命者和叛逆者通风报信",等等。③俄国政府想"实现台吉关于派军队为俄国服役的诺言",是俄国政府与汗国谈判的主要意图。1655年3月,俄国派沃尔科夫与戈罗霍夫分别到书库尔岱青和罗卜藏处,试图说服台吉们同顿河哥萨克一起进攻波兰和克木里汗国,但因台吉们的抵制而未能实现。俄国政府为了达到上述目的,1656年3月,阿斯特拉罕军政长官罗莫达诺夫斯基又与汗国的台吉们进行签订新誓约的谈判。这次谈判并没有收到任何成效,因为就在这次谈判后不久,波斯国王与克里木汗的使臣携带"国书"来到土尔扈特汗廷,"企图说服卡尔梅克人结成联盟去共同反对俄国",汗国的台吉们也派出使臣回复了波斯国王与克里木汗。④俄国政府为了阻止汗国与波兰、克里木的联合,又要求与汗国谈判。1657年3月30日,汗国的台吉们在库图莫瓦河畔,由俄国特种常备军头目阿列克谢·杰尔诺夫主持了宣誓仪式。这次宣誓规定了台吉们的

---

① 苏联科学院主编:《世界通史》第3卷上册,生活·读书·新知三联书店1963年版,第254页。

② 苏联科学院等编:《卡尔梅克苏维埃社会主义自治共和国史纲》,第126页。

③ 《卡尔梅克档案》1655年案卷1,第76—80页。转引自《卡尔梅克苏维埃社会主义自治共和国史纲》,第116页。

④ 苏联科学院等编:《卡尔梅克苏维埃社会主义自治共和国史纲》,第117页。

义务:不得与土耳其苏丹和克里木汗来往,以此来"限制卡尔梅克人对外关系的自由"①。俄国政府通过上述三次与汗国的谈判,使汗国台吉们表面上臣服于俄国,但其当时急于要解决的问题,乃是与台吉们达成汗国派军攻打克里木汗国的协议,这点并没有得到落实。因此,1661年俄国政府派出戈罗霍夫与汗国台吉们就土尔扈特军队参加反对克里木汗国远征问题进行了谈判,于同年6月8日举行了宣誓,俄国与卡尔梅克军队反对克里木的共同行动达成了协议。② 根据这次的誓约,书库尔岱青和朋楚克答应出兵远征克里木汗国,并根据誓约的规定:从克里木俘虏中释放出来的俄国俘虏,台吉们负责送到阿斯特拉罕或俄国其他城市。③可是,宣誓不久后,俄国政府又派出戈罗霍夫来汗国谈判。因为这时土尔扈特人与巴什基尔人、楚瓦什人以及马里人之间发生了严重冲突。同时,俄国政府也发现汗国的台吉们并没有严格遵守誓约的规定,没有把从克里木俘虏中释放出来的俄国战俘交还俄国。因此,俄国政府又要求汗国台吉们举行宣誓仪式。1661年12月9日,朋楚克代表全体台吉签署了誓约,保证对沙皇"永世臣服和顺从","不耍任何阴谋"。④

　　书库尔岱青执政时期,通过上述多次与俄国的谈判,土尔扈特汗国虽然表面上臣服于俄国,但俄国政府对汗国台吉们所采取的宣誓仪式,并没有达到彻底使汗国臣服的目的。履行宣誓仪式对汗国台吉来说,不过是应付俄国的一种手段,是汗国台吉们为争得游牧与生存环境的一种权宜之计。实际上每次宣誓之后,汗国台吉们依旧我行我素,并不受誓约的束缚,正如当时一个俄国使臣所说:"岱青和他的使臣们多次向陛下宣誓,但一点也不守信义。"⑤一位西方学者把土尔扈特台吉们对付俄国的办法,概括为"针对俄国的游牧民族政策——机会主义,有时以机会主义表示恭顺,有时袭击俄国的商队与城市。"⑥这样的说法虽然未必全面准确,但的确指出了土尔扈特与俄国关系的实质。史学家帕里莫夫在论述书库尔岱青时期土尔扈特与俄国关系时说:"书库尔岱青他作为卡尔梅克人的领袖就坚决选择了口是心非的政策,以对付俄国人……卡尔梅克人在极为隆重的、给人印象深刻的气氛

① 苏联科学院等编:《卡尔梅克苏维埃社会主义自治共和国史纲》,第118—119页。
②③ 苏联科学院等编:《卡尔梅克苏维埃社会主义自治共和国史纲》,第121页。
④ 苏联科学院等编:《卡尔梅克苏维埃社会主义自治共和国史纲》,第121—122页。
⑤ 《卡尔梅克苏维埃社会主义自治共和国史纲》,第115页。
⑥ 海西希著,田中克彦译:《蒙古的历史与文化》,岩波书店1967年版,第79页。

中向俄国政府代表人的宣誓并未制止住卡尔梅克人去袭击俄国辖区,抢劫、屠杀以及俘虏俄国人。17世纪四五十年代,卡尔梅克人接连不断袭击乌发、喀山、萨乌拉的俄国村庄和巴什基尔人的村庄,袭击萨拉托夫、察里津和阿斯特拉罕一带。经常在袭击之后,又向俄国政府认罪,为自己寻找开脱的理由,但又签署新的誓言,并立即违背这些誓言。"① 这就是书库尔岱青执政时期对俄国所采取的政策。这种政策我们可以把它称之为对俄的两面政策,即在形式上向俄国表示臣服,而实际上却依然保持独立,并为伏尔加河畔土尔扈特汗国确立了游牧区域。

建立在伏尔加河畔的土尔扈特汗国,是经过和鄂尔勒克及其子孙书库尔岱青和朋楚克两代的努力完成的,他们在土尔扈特蒙古族历史上做出了重要贡献。如果说和鄂尔勒克为了摆脱厄鲁特各部纷争而给土尔扈特人民在伏尔加河下游开辟了新的游牧场地,那么他的继承人书库尔岱青和朋楚克便是在这块新的牧地上建立起土尔扈特汗国的第一代统治者。

土尔扈特汗国的对俄两面政策,是从书库尔岱青执政时期开始制定、执行的。其后的历代执政者都在不同程度上奉行这一对俄政策。这一政策的形成,同土尔扈特蒙古西迁后在伏尔加河流域所处特定历史条件有着密切的关系。以书库尔岱青为首的土尔扈特蒙古人民,远离祖国与胞族,在势单力孤、寄人篱下的条件下,既要立足于伏尔加河流域这片水草丰美的游牧场地,并建立起本民族的汗国政权,又要应付强大的俄国而免遭其侵吞。他们只能在不损害本民族根本利益的前提下,一方面在形式上表示臣服于俄国,另一方面在实际上仍保持汗国的主权与独立性。事实证明,汗国的对俄两面政策,在特定历史时期里是有效的。书库尔岱青之孙阿玉奇汗执政时,正是成功地使用这一对俄政策,使土尔扈特汗国的实力得到发展与壮大。

事物不是一成不变的。自阿玉奇汗逝世后,土尔扈特汗国因后继者的相互争夺,势力日渐衰微,而沙俄对汗国的控制力量则日益加强。渥巴锡(阿玉奇重孙)执政时,为了摆脱沙俄日益加剧的政治控制,免遭汗国的灭亡,他毅然决然地抛开其先辈执行的两面政策,以率部武装起义重返祖邦的英雄壮举,向全世界公开宣布土尔扈特蒙古与沙皇俄国的决裂,在土尔扈特民族历史上写下了辉煌的一页。

(原载《西北史地》1987年第4期,合作者马汝珩,执笔人马汝珩)

---

① 帕里莫夫:《留居俄国境内时期的卡尔梅克民族史纲》,第17—18页。

略论18世纪20—50年代的土尔扈特汗国

17世纪30年代,我国西蒙古族的一支——土尔扈特部在其部长和鄂尔勒克率领下远徙伏尔加河流域,在那里"放牧牲畜,逐水草围猎之利"①,建立起游牧民族的封建汗国,直至1771年渥巴锡率部重返祖国,他们留居那里近140年。在这近一个半世纪的时期里,土尔扈特蒙古在伏尔加河流域所建立的封建汗国大体上经历了如下几个时期:1632②—1669年,即和鄂尔勒克率部迁到伏尔加河流域后,其子书库尔岱青、孙朋楚克开拓局面,建立政权,这是土尔扈特汗国的初创时期;1670—1724年,即著名汗王阿玉奇执政的年代,由于他卓有成效的统治措施,土尔扈特汗国势力不断发展与壮大,这是土尔扈特汗国的鼎盛时期;1724—1761年,即阿玉奇汗逝世后,王公贵族内部为争夺汗位继承而造成汗国内乱频仍与汗位不断更迭,这是汗国由兴盛转向衰落的动乱时期;1761—1771年,亦即渥巴锡执政时期,沙皇俄国政治控制空前加剧而造成汗国严重政治危机,最终导致渥巴锡率部东返祖邦,而残留于伏尔加河畔的少数牧民,此后因沙俄加强政治控制而丧失独立,成为俄国直接统治下的臣民。持续一个半世纪之久的土尔扈特汗国最终瓦解。

近年来,我国史学界在土尔扈特蒙古西迁及其东返祖国的140余年历史研究中,对其首尾两个时间段多有论述,但对阿玉奇汗统治年代以及阿玉奇汗逝世后汗国动乱时期的研究成果,至今尚不多见,本文仅就1724—1761年,即阿玉奇汗逝世后土尔扈特汗国的这段历史,做一粗略考察,以就正于史学界的同志们。

---

① 椿园七十一:《西域总志》卷二《土尔扈特投诚纪略》。
② 多数史料认为土尔扈特蒙古迁到伏尔加河流域的时间是在1632年。

一

和我国历代封建王朝兴亡史一样,建立于伏尔加河畔的土尔扈特蒙古封建汗国,也有自己的兴衰过程。如果说阿玉奇汗执政的50余年是土尔扈特汗国的极盛年代,那么他死后的37年(1724—1761)就是汗国由兴盛走向衰落的转折时期。在这一时期里,一方面,汗国贵族内部为争夺汗权而展开激烈斗争,造成汗国极为动乱的政治局势;另一方面,沙皇俄国利用汗国动乱时机,从政治上进一步加强对汗国的控制,使汗国日益走向衰落。

阿玉奇汗于1724年2月19日逝世,终年84岁。这位著名的游牧民族汗王,在他生前50余年执政期间,为了土尔扈特蒙古民族繁荣与强盛,做了不懈的努力,把汗国推向前所未有的鼎盛阶段,博得了人们的崇敬与怀念。在一本托忒文史料中,对阿玉奇汗卓越的历史功绩曾做了如下评述:阿玉奇汗一生"帮助了许多国家和部落,没有让卡尔梅克人衰弱和受欺。比他强大者尊重他,与他相衡者惧怕他。名义上是俄罗斯的臣民,可是一切事情均由自己做主,所以,他是伏尔加河卡尔梅克汗王中最有威望的一位。"然而,就是这位雄才大略、英武一世的封建汗王,生前在汗位继承问题上,并没做出妥善的安排,悬而未决的汗位继承问题,成为其后继者们相互争夺的罪恶渊薮。

阿玉奇汗晚年时曾指定过他的汗位继承人,即其长子沙克都尔扎布。因为沙克都尔扎布颇有军事才能,驰骋疆场,屡立战功,一直是阿玉奇汗"管理卡尔梅克人民的最亲密的助手"①。阿玉奇汗在晚年时,便把所有军机要务都交给了沙克都尔扎布,②其汗位所寄,已昭然若揭。然而事与愿违,沙克都尔扎布在1722年先于阿玉奇汗去世,并在临终时表示要将汗位传给他的儿子达桑格。沙克都尔扎布的遗愿遭到阿玉奇汗的反对,因为根据土尔扈特蒙古汗位继承的传统,沙克都尔扎布死后,汗位"应当传给阿玉奇的次子车凌端多布"③。可是车凌端多布并不是阿玉奇汗理想的继承人,他"才能有限,难负重任"④,在汗国贵族各派势力中,实力微弱,不孚众望。但在长子早逝的情况下,阿玉奇也只能指定车凌端多布为

---

① ② ③ ④ 帕里莫夫:《留居俄国境内时期的卡尔梅克民族史纲》,阿斯特拉罕1922年版,第39页。

汗位继承人。

在封建王朝中,王位或汗位是封建统治阶级最高权力的象征,谁占有了它,谁就能握有至高无上、生杀予夺的统治权力,成为国家政权的主宰者,为此,封建统治阶级内部常常上演一幕幕相互倾轧、火拼厮杀、篡夺相仍的血腥惨剧。土尔扈特汗国的王公贵族,在汗位争夺上也表现出这种状态。尽管阿玉奇汗生前指定了车凌端多布为汗位继承人,但汗国贵族各派政治势力依然觊觎着汗位,他们个个摩拳擦掌、剑拔弩张,暗地里蓄积力量,一场激烈的汗位争夺战已不可避免。果然,阿玉奇汗一死,争夺汗位的各派潜在势力的矛盾立即公开化,造成汗国长期的动乱与不安。

当时参与汗权争夺的政治势力主要有四个,他们的代表人物如下:一是阿玉奇汗生前指定的继承人车凌端多布;二是沙克都尔扎布之子达桑格;三是阿玉奇汗之孙敦罗卜旺布;四是阿玉奇汗的外甥道尔济·纳札洛夫。这些人背后都有支持势力,"各自都有雄厚的党羽"①。应该指出的是,沙皇俄国这时利用阿玉奇汗去世与贵族内部斗争的时机插手汗国的汗位继承,使汗位继承问题更加复杂化。俄国政府本想支持倾向于它的道尔济·纳札洛夫继承汗位,从而有利于对汗国的控制,但条件是要后者交出自己儿子作为人质。严酷的条件,使道尔济·纳札洛夫为"自己的兀鲁思担忧,同时也不愿让儿子去作人质"②,自动放弃了汗位继承的争夺。

达桑格实力比较雄厚,他曾得到他弟弟巴克沙岱多尔济的支持,可是遭到他胞兄敦罗布喇什的反对,不久又与其堂兄弟敦罗卜旺布兵戎相见,惨遭失败,达桑格逃往阿斯特拉罕,依附于阿斯特拉罕省长沃伦斯基,从此一蹶不振。

因此,汗位争夺人员只剩下车凌端多布与敦罗卜旺布。敦罗卜旺布是汗位争夺的有力竞争者,因为他也是阿玉奇汗的孙子,出身显贵,且有阿玉奇汗遗孀达尔玛巴拉的全力支持,势力比较强大。但是,由于他与俄国敌对的山民来往密切,因而遭到俄国的反对,俄国政府"无论如何也不会同意把汗位传给他"③。在这种情况下,俄国政府只能"采取阿玉奇生前的决策,宣布其子车凌端多布为汗国督办"④。这样,车凌端多布于1724年9月成为

---

① ③ ④　诺伏列托夫:《卡尔梅克人》,彼得堡1884年版,第17页。

②　苏联科学院等编:《卡尔梅克苏维埃社会主义自治共和国史纲》,莫斯科1967年版,第187页。

汗国的执政者。①

车凌端多布执政 10 年,汗国内充满了兵戈扰攘的内乱。车凌端多布是一位"性格柔弱、无能"②的统治者,他执政不久,汗国统治集团最上层又发生了内讧。达桑格及其弟尼塔尔多尔济为一方,敦罗布喇什及沙克都尔扎布的庶子们为另一方,为重新分配沙克都尔扎布的兀鲁思而燃起了内战的火焰。面对同室操戈、相互拼杀的局面,软弱的车凌端多布一筹莫展,无力调解,最后不得不借助俄国的力量,才把这场战火平息下去。然而汗国的内讧并没有就此而结束,一场新的内战在酝酿着。

这场新的内战是敦罗卜旺布发动的。敦罗卜旺布一直认为"他是阿玉奇汗的唯一合法继承人"③,根本不接受车凌端多布的统治。1731 年 11 月,敦罗卜旺布率领一万军队向驻扎在伏尔加河流域萨塞科俄地区的两千名车凌端多布军队发动进攻,军事占绝对优势的敦罗卜旺布大获全胜,"从汗的兀鲁思中侵夺了一万五千帐,汗与书库尔大喇嘛带着很少的追随者逃往察里津"④。车凌端多布实际上已失去了支配汗国的权力,敦罗卜旺布成为"在本民族中最有力量的人"⑤。敦罗卜旺布于 1735 年 11 月 10 日正式成为土尔扈特汗国的统治者。

敦罗卜旺布在汗国执政不到 7 年(1735—1741),在这段时期里,汗国同样是内乱迭起、动荡不安。和车凌端多布的软弱无能相反,敦罗卜旺布是一个强有力的统治者,他在内政方面坚决实行强硬的专制统治,只要是反对者,"不论对领主、对贵族、对下流人、对僧侣、对任何男人和女人都格杀勿论,他逮捕一些人,完全根除另一些人"⑥。敦罗卜旺布特别把他的堂兄弟、政治上的老对手敦罗布喇什"视为自己不共戴天的仇敌"⑦,他曾发誓

---

① 苏联科学院等编:《卡尔梅克苏维埃社会主义自治共和国史纲》,第 188 页。
② 内达金著,马汝珩译:《土尔扈特蒙古西迁及其重返祖国》,载《新疆大学学报》1981 年第 2 期,第 125 页。
③ 苏联科学院等编:《卡尔梅克苏维埃社会主义自治共和国史纲》,第 189 页。
④ 巴库尔:《卡尔梅克民族史概述》,载《红档》1939 年第 3 期,第 239—240 页。
⑤ 诺伏列托夫:《卡尔梅克人》,第 20 页。
⑥ 帕里莫夫:《伏尔加河沿岸卡尔梅克人历史的研究》第 2 册,阿斯特拉罕版,第 1 页。
⑦ 帕里莫夫:《留居俄国境内时期的卡尔梅克民族史纲》,第 46 页。

说：" 如果还不能根除他, (作为汗的) 我, 思想永远不得安宁"①, 可见两者的矛盾已达到你死我活的地步。

但是, 敦罗卜旺布与敦罗布喇什的矛盾还未解决, 家庭内部又因汗位继承问题爆发了内讧。敦罗卜旺布任汗后不久, 吸取了他祖父阿玉奇在继承人问题上的教训, 想在他势力强大之际, 把继承人确定下来, 以免日后纷争, 他指定自己爱妃贾恩所生之子兰杜勒为汗位继承人。但这一决定遭到他正妻所生之子噶尔丹诺尔莫的强烈反对。噶尔丹诺尔莫联合了一些汗国显贵, 如道尔济·纳札洛夫的儿子鲁布札和巴侬、鲁布札的儿子巴木巴尔、沙克都尔扎布女婿克列别侬等人, 乘 1738 年敦罗卜旺布进攻哈萨克人之机, 发动了进攻。恰在这时, 鲁布札去世, 噶尔丹诺尔莫失去重要支持力量, 遂在杜尔伯特部首领拉班敦多克的调停下, 与其父和解。但敦罗卜旺布并未就此罢休, 他不能容忍反对者的存在, 残忍地处死了除噶尔丹诺尔莫以外的所有反对派首领。1741 年 3 月 21 日, 敦罗卜旺布在汗国内乱的阴霾中死去。他在临终时, 仍然指定兰杜勒为汗位继承人, 这就给汗国埋藏下再一次内乱的祸根。

敦罗卜旺布死时, 兰杜勒还是一个刚满 10 岁的幼童, 汗国的政务实际上由其生母贾恩掌握。但阿玉奇的遗孀达尔玛巴拉并不承认贾恩母子在汗国的统治权力, 她为把自己亲生子噶尔丹丹津推上汗位也在积极组织力量。贾恩自然不能容忍达尔玛巴拉的挑战, 她"像她丈夫一样, 设法剪除汗位觊觎者。"②1741 年 6 月, 贾恩派出军队在鲍尔洪地区大败噶尔丹丹津, 俘虏并杀害了噶尔丹丹津及其追随者。贾恩一派军事上的得势, 并不能改变这样的事实, 即贾恩是信奉伊斯兰教的卡尔巴金人, 不是敦罗卜旺布的正妻。这一切显然为笃信喇嘛教而又有浓厚封建意识的土尔扈特王公贵族所不能容忍。而俄国政府因贾恩出身于同俄国敌对的卡尔巴金人, 也"不能容许贾恩及其孩子统治该民族"④。在这种情况下, 敦罗布喇什以其显贵出身和雄厚实力, 填补了这一权力的真空。

---

① 诺伏列托夫:《卡尔梅克人》, 第 23 页。
② 诺伏列托夫:《卡尔梅克人》, 第 25 页。
③ 鲍尔洪地区在黑雅尔城以南低地, 黑雅尔位于阿斯特阿拉罕省北部伏尔加河沿岸。
④ 诺伏列托夫:《卡尔梅克人》, 第 26 页。

敦罗布喇什是阿玉奇汗之孙、沙克都尔扎布之子,在过去汗位之争中一直是敦罗卜旺布的老对手。敦罗卜旺布取得汗位后,敦罗布喇什为了回避敦罗卜旺布的打击,长期隐居蛰伏,暗中聚集力量,伺机东山再起。敦罗卜旺布死后,贾恩母子执政遭到多数贵族反对,终于给他提供了出头的机会,1741年7月31日,敦罗布喇什在俄国支持下,就任了汗国的督办,17年后的1758年7月20日正式成为土尔扈特汗国的汗王,1761年病故。①

敦罗布喇什执政约20年,汗国内乱基本平息,可是来自俄国的政治压力与日俱增,自从敦罗布喇什执政后,"俄国当局推行了他们的强硬政策"②,妄图从政治上完全控制土尔扈特民族。经过长期动乱的土尔扈特汗国本已疮痍满目、疲惫不堪,再加上俄国压迫势力不断加剧,汗国更加衰落。

二

土尔扈特蒙古迁来伏尔加河流域后,其北邻俄国一直处心积虑地想把这个新来的游牧民族部落征服,使其变成温顺的属民。然而,土尔扈特人英勇剽悍、能骑善战,不仅使俄国难以武力征服,而且还经常对它的统治造成威胁,如法国史家加斯东·加恩所说:"因为土尔扈特人若是入侵,就能够损害阿斯特拉罕和喀山,俄国若能争取土尔扈特人的联盟或中立,则在与顿河区、伏尔加河中游以及乌拉尔区的各游牧民族进行斗争时,就可以利用他们作为助手。"③因此,俄国政府"总是巧妙地对待喀尔木克(卡尔梅克)人和他们的代理人"④。这种"巧妙的对待"就是以威胁利诱手段逐步从政治上对土尔扈特汗加以控制,从而达到完全征服这个游牧民族的根本目的。

早在阿玉奇汗逝世前夕,俄国就对汗国的汗王任命采取了坚定不移的方针,即不能"按照卡尔梅克诺颜们的意志来选举汗"⑤,而要由俄国政府来指定。这一点在俄国外交事务委员会给驻汗国公使别克列米舍夫的指令中说得最为清楚,指令要求他不要让阿玉奇家族"自己去选举谁当汗",而要

① 诺伏列托夫:《卡尔梅克人》,第33页。
② 苏联科学院等编:《卡尔梅克苏维埃社会主义自治共和国史纲》,第195页。
③④ 加斯东·加恩著,江载华、郑永泰译:《彼得大帝时期的俄中关系史(1689—1730年)》,商务印书馆1980年版,第111页。
⑤ 苏联科学院等编:《卡尔梅克苏维埃社会主义自治共和国史纲》,第162—163页。

"努力使对皇帝陛下怀有好意的人们,而不要任意将任何一个要人命名为汗,要请求皇帝陛下去任命;要密切注视,以免他们违背皇帝陛下的意志把汗位夺去"①。当阿玉奇逝世后贵族内部各派势力激烈争夺汗位时,俄国政府于1724年5月3日又给阿斯特拉罕省长下达训令,明确指出:"力求避免领主们完全按自己意志选择汗,此事务使彼等向皇帝陛下请示为好。"②如前所述,俄国政府授意推举道尔济·纳札洛夫为汗。只是由于道尔济·纳札洛夫不愿继承汗位,而俄国当局当时又"找不到其他有利办法"③的情况下,才转而支持阿玉奇生前指定的继承人车凌端多布。尽管车凌端多布并非俄国选择的理想汗王,但通过对他的支持,从此取得对土尔扈特汗国任命汗王的特权,俄国史家诺伏列托夫对此毫不掩饰地说:"彼得大帝早先打算对汗位继承问题加以控制,这个想法在阿玉奇去世后实现了,政府取得了任命汗的权利。"④

俄国政府取得任命汗的特权后,使俄国得以进一步控制汗国的内部事务,特别是汗位继承问题几乎全由俄国来决定。如前面所说,敦罗卜旺布与车凌端多布为汗位而争得难解难分时,俄国便公然出面加以干预,为了利用土尔扈特强悍骑兵对土耳其作战,俄国政府便把握有强大武装力量的敦罗卜旺布推上了汗王的宝座,而敦罗布喇什出任汗国督办也是经过俄国同意的。可以看出,俄国取得任命汗王的特权,无异于直接操纵汗国的命运,这对汗国的严重危害性,是不言而喻的。

俄国政府为了进一步加强对土尔扈特汗国的政治控制,还强制实行人质制。早在17世纪下半期书库尔岱青和朋楚克执政时,俄国就向他们索取过人质,由于书库尔岱青父子的抵制而未得逞。阿玉奇汗在汗位时,因汗国势力强大,"不可能向他提出这个问题"⑤。阿玉奇汗逝世后,经过车凌端多布、敦罗卜旺布执政时期的动乱,汗国实力已大为削弱,当敦罗布喇什执政后,俄国政府又故技重演,要求敦罗布喇什"交出儿子作人质,并决定,以后的汗都要遵守这个制度"⑥。敦罗布喇什迫于俄国强大的政治压力,无奈只

---

① 帕里莫夫:《伏尔加河沿岸卡尔梅克人历史的研究》第3—4册,第162—163页。
②④ 诺伏列托夫:《卡尔梅克人》,第16页。
③ 苏联科学院等编:《卡尔梅克苏维埃社会主义自治共和国史纲》,第187页。
⑤ 诺伏列托夫:《卡尔梅克人》,第29页。
⑥ 诺伏列托夫:《卡尔梅克人》,第28页。

得把自己的次子萨赖送到阿斯特拉罕以充人质,从此土尔扈特的汗王被迫接受了这一屈辱制度。

俄国政府对土尔扈特汗国加强政治控制,还表现在对汗国司法事务的横加干涉。在阿玉奇汗逝世前,《蒙古卫拉特法典》是土尔扈特人处理内部诉讼、民事纠纷与惩治罪犯的法律依据。阿玉奇逝世后,俄国在取得任命汗权的同时,"对卡尔梅克人犯罪的审讯也开始插手干涉"①。就是说,俄国的法律也成为土尔扈特汗国的司法根据。这一变化,我们从1731年7月29日俄国别克列米舍夫上校所做的诉讼记录中得到证实。当别克列米舍夫听取了一些犯罪的土尔扈特人供词后,做出了如下的判决:"根据《俄罗斯帝国法令大全》第二十一章第九项及阿斯特拉罕省办公厅发来的命令,彼等卡尔梅克人应处以鞭笞及刈去左耳的惩罚。"②

不仅如此,俄国政府为了从精神上奴役土尔扈特人民,达到政治控制的目的,在汗国大力推行东正教。这一措施,早在阿玉奇汗执政时就已实行。据记载:"十七世纪开始传教活动以后,在十八世纪取得了显著的成就,受洗礼和表示愿意信奉东正教的卡尔梅克人的数量如此之大,以致俄国政府开始为信教的人划出专门的居住区。"③而这些被安置在俄国居住区的改信东正教的汗国牧民,实际上是被俄国利用"作为保卫帝国边界免受外来侵袭的一支军事力量"④。俄国推行东正教措施,遭到阿玉奇汗抵制后,才稍有收敛,"决定把受过洗礼的卡尔梅克人和没有受过洗礼的卡尔梅克人分隔开"⑤。尽管如此,在阿玉奇汗逝世后的18世纪30年代,东正教的推行仍有明显的进展,"仅阿斯特拉罕省的城市就有1 446户卡尔梅克家庭加入东正教,计达5 282人"⑥。应该看到,俄国这一政策的推行,必然引起汗国统治阶层的不满。

更有甚者,俄国在取得任命汗权之后,面对汗国争夺汗位的各派力量,支持一派而又保持反对势力,使其同时并存,互相牵制,以收"分而治之"之效。曾担任过阿斯特拉罕省长的沃伦斯基就直言不讳地供认:"把卡尔梅克

---

① ② 诺伏列托夫:《卡尔梅克人》,第64页。
③ ④ ⑤ 苏联科学院等编:《卡尔梅克苏维埃社会主义自治共和国史纲》,第203页。
⑥ 苏联科学院等编:《卡尔梅克苏维埃社会主义自治共和国史纲》,第204页。

分为两部分是非常合乎愿望的。"①因为"这样更容易控制卡尔梅克人"②。不言而喻,推行这种政策的后果,只能促使汗国统治阶级内部篡夺频仍,征杀不已。

非常明显,俄国政府上述一系列加强控制的措施,必然使土尔扈特汗国的动乱局势更加恶化,从而使汗国日趋衰落。

三

"中华民族的各族人民都反对外来民族的压迫,都要用反抗的手段解除这种压迫。"③沙皇俄国为彻底控制土尔扈特汗国而采取的上述压迫措施,对富有反抗传统与酷爱自由的土尔扈特人民来说,自然是难以长期忍受与顺从的,动乱时期的汗国执政者及其人民针对俄国的控制措施,进行了多方面的抵制与反抗。

首先是反对俄国强加于汗国的人质制。如前所说,人质制是从敦罗布喇什执政时开始的。敦罗布喇什对于这一屈辱事件,一直耿耿于怀,力图改变。因为在他执政以前,俄国的这一图谋从未得逞,而由他开创此例,不仅使亲子被扣作人质,同时也被汗国贵族们责备。因此,他决心要改变这个屈辱制度,索回儿子萨赖。1743年9月6日,他写给俄国政府的信中说:萨赖"年幼孤身,而且以前几个汗从来不曾交过人质,因而认为这是自己的耻辱"④,要求沙皇下令释放他的儿子。然而得到的答复却是:"(俄国)政府已确定向卡尔梅克汗要人质的制度,就认定无须再加以改变了。"⑤敦罗布喇什的要求遭到拒绝后,又计划"从俄国的囚禁中把萨赖劫走",但由于俄国看守严密,"此举没有成功"⑥。结果,萨赖于1744年死于阿斯特拉罕的囚禁之中。萨赖之死,给敦罗布喇什心中留下了难以愈合的创伤,从此他在对俄态度上由忍让转向对抗,双方关系明显恶化。据俄国政府驻汗国代表斯皮增上校于1744年11月20日向外交委员会的报告中说:萨赖死后,以敦罗

---

① 苏联科学院等编:《卡尔梅克苏维埃社会主义自治共和国史纲》,第188—189页。
② 苏联科学院等编:《卡尔梅克苏维埃社会主义自治共和国史纲》,第189页。
③ 《毛泽东选集》第2卷,第617页。
④⑤ 诺伏列托夫:《卡尔梅克人》,第30页。
⑥ 帕里莫夫:《留居俄国境内时期的卡尔梅克民族史纲》,第53页。

布喇什为首的汗国统治集团"在从事有害的密谋策划"①。当时阿斯特拉罕省长莱尔金给外交委员会的报告比斯皮增说得更加清楚具体,报告中说:"卡尔梅克汗国总督往雷恩沙漠游牧时,打算率领卡尔梅克部渡过乌拉尔河,击败吉尔吉斯人,从而为自己打开通往布哈拉、波斯,甚或准噶尔的通道。"②莱尔金还报告说:为了此事,"所有领主每晚都聚集在他那里磋商"③。上述的报告已明显反映出敦罗布喇什为摆脱俄国压迫而酝酿返归祖邦的动向。

针对着俄国的宗教侵略政策,汗国的执政者们也进行了有力的抵制。土尔扈特人民原本信仰藏传佛教黄教派,汗国的贵族更是"忠于他们父辈的宗教,反对兀鲁思的东正教化"④。敦罗卜旺布执政时,就"坚持要求把新入教的人交还给兀鲁思"⑤。1736年,他向俄国提出:"要求归还所有加入东正教的卡尔梅克人,今后不许再改奉东正教"⑥。敦罗布喇什执政时,对东正教的传播采取了更有力的抵制措施,他不顾俄国强加于汗国的"一切愿受洗礼的人不受汗的势力约束力"⑦的规定,下令禁止汗国所属和硕特部贵族翁其克等人洗礼,并将翁其克妻女及财产扣留,以示惩罚。他公开向俄国政府声明:"对已受洗礼者,我们不予干涉,而那些想去洗礼者,我们得知后,可加以阻拦,或将其打死,我们不能因此受到惩处,因为他们还在我们的管辖之下。"⑧为严禁东正教传播,自1750年以后,敦罗布喇什摧毁了一些"受过洗礼的卡尔梅克人的村镇"⑨。

敦罗布喇什执政时期,为了抵制俄国对土尔扈特汗国司法的干涉,还公布了新的法规,即历史上有名的《敦罗布喇什补充法规》(以下简称《法规》)。土尔扈特人本来在法律上所遵循的是1640年制定的《蒙古卫拉特法典》。这部法典的副本由和鄂尔勒克父子带回伏尔加河流域,作为土尔扈特共同遵守的大法,一直供奉在首领的牙帐里。但到敦罗布喇什执政时,土尔扈特人在伏尔加河流域居住已有百余年,情况发生了许多变化,恰如一位佚

---

① 诺伏列托夫:《卡尔梅克人》,第30页。
② 帕里莫夫:《留居俄国境内时期的卡尔梅克民族史纲》,第54页。
③ 帕里莫夫:《留居俄国境内时期的卡尔梅克民族史纲》,第55页。
④⑤⑥ 苏联科学院等编:《卡尔梅克苏维埃社会主义自治共和国史纲》,第204页。
⑦⑧ 诺伏列托夫:《卡尔梅克人》,第31页。
⑨ 诺伏列托夫:《卡尔梅克人》,第32页。

名卫拉特史家所指出:"原来由四十部和四部团结制定的大法典对卫拉特蒙古的生存很适用,但土尔扈特离别卫拉特年长日久,风俗习惯变了,染上了原来没有的种种恶习,需要新的法规补充,并且与异族交往也需要有新的法规。"①特别是在俄国政府日益加强政治控制的形势下,对原有法典加以补充和修订,更有其重要现实意义。戈尔斯通斯基在分析《法规》制定的历史原因时曾指出:"伏尔加河卡尔梅克人起草新法规以补充1640年法典,是由卡尔梅克人的生活状况和条件,以及俄国政府对他们的关系的改变所引起的。当时俄国政府已扩张其势力于卡尔梅克人的内政,并使其服从于俄国政权。"②应该说,这一说法是符合事实的。

《法规》内容比较广泛,其中除了对宗教教规、社会治安、司法制度等方面规定外,在文化教育以及抵御外敌侵略方面的规定,明显表露出维护民族独立与抵制俄国控制的倾向。如规定汗国贵族和一般牧民子弟必须受教育和学习本民族文字,否则受罚,实际上就是对沙俄文化侵略与思想奴役的抵制。至于《法规》对汗国贵族和牧民在抵御外敌入侵方面的规定,更清楚地说明:土尔扈特人民不仅有保卫汗国不受外敌侵犯的义务,而且汗国有独立对外作战的权利。所有这些,都是汗国为抵制俄国控制所做的努力。

最后应该提到的是,动乱时期汗国执政者们依然与祖国中央政府保持密切联系,这种联系实际上是汗国执政者为寻求祖国支持而增强其抵制沙俄控制力量的一种方式。土尔扈特蒙古迁到伏尔加河流域以来,一直与祖国保持着多种渠道的联系,特别是阿玉奇汗时萨穆坦使团入觐清朝与康熙帝命图理琛使团至汗国报聘,已传为我国民族关系史上的佳话。阿玉奇汗逝世后,在俄国不断加强控制而汗国本身又因内乱无力进行有力反抗的情况下,汗国执政者及其人民不能不在感情上更加思念祖国亲人以及曾亲切关怀过他们的清朝中央政府,他们期望加强与祖国的联系,以改变他们在伏尔加河流域势单力薄的不利处境。

雍正八年(1730),车凌端多布就派遣"那木卡格龙(隆)、达尔罕格楚尔,前往向博格德汗请安并呈递奏文及进献礼品"③,博格德汗指清朝皇帝。

----

① 托式文文献《卡尔梅克诸汗简史》诺尔布汉译未刊稿。
② 戈尔斯通斯基:《一六四〇年蒙古卫拉特法典》,彼得堡1880年版,第13页。
③ 《满泰等奏奉派前往土尔扈特经过情形析》(雍正十年三月初五日),载《清代中俄关系档案史料选编》第一编下册,第241号,中华书局1981年版,第558—559页。

在北京期间,使团表明:"不自认为俄罗斯帝国之臣民"①,而清政府也认定土尔扈特人"为蒙古所属之一种民族"②,并特许他们"往西藏谒见达赖喇嘛"③。

在土尔扈特使团来访的第二年,雍正九年(1731),雍正帝派出满泰使团到汗国回访。俄文史料中记述了满泰使团抵达汗国牙帐时受到隆重欢迎的热烈场面,车凌端多布"在自己的母亲达尔玛巴拉及尚固尔喇嘛(首要神职人员)伴同下极其亲切和尊敬地接见了他们。汗本人和他母亲及尚固尔喇嘛不止一次地不仅向使臣,而且向他们全体随员赠送了礼品。汗跪接博格德汗的使臣交给他的谕旨。"④在会见时,车凌端多布对满泰说:"使臣等所告准噶尔人自噶尔至策旺(妄)阿拉布坦、噶尔丹策零之所作所为,与我所闻相同,其事实属实。博格德汗倘派大军进剿,我必获悉其信;倘有准噶尔人败北而窜入我处,我将收留之后,再行奏闻。"⑤车凌端多布表示愿为清政府统一西北边疆而效力的意向。满泰使团这次对汗国的访问,确实在政治上给予车凌端多布以极大的支持,当俄国政府得知"中国使节来访土尔扈特,带来中国皇帝给策凌敦道克(车凌端多布)的'汗'号"⑥时,为了抵消清政府对汗国的政治影响,"也赶忙赠策凌敦道克(车凌端多布)一个封号"⑦,正式承认其汗王地位。

满泰使团来汗国访问20年后的敦罗布喇什执政时期,汗国又派出吹扎布使团冲破俄国重重阻挠,历时三载,返回祖国。吹扎布代表敦罗布喇什向乾隆皇帝进献了贡品,并向乾隆皇帝诉说了土尔扈特人民在俄国压迫下的困难处

---

① 《全俄罗斯大女皇陛下各枢密大臣致大亚细亚各地独裁君主中国大皇帝陛下各国各大臣及外藩事务总管大臣》(1740年5月29日),载《故宫俄文史料》第23件,第31页。

② 《大清国理藩院致俄罗斯枢密院函》(乾隆五年),载《故宫俄文史料》第25件,第34页。

③ 《满泰等奏奉派前往土尔扈特经过情形析》,载《清代中俄关系档案史料选编》第一编下册,第241号,第557页。

④ 尼古拉·班蒂什-卡缅斯基编著,中国人民大学俄语教研室译:《俄中两国外交文献汇编(1619—1792年)》,商务印书馆1982年版,第212页。

⑤ 《满泰等奏奉派前往土尔扈特经过情形析》,载《清代中俄关系档案史料选编》第一编下册,第241号,第558页。

⑥⑦ 贝克曼著,马汝珩译:《土尔扈特族自俄返华记》,载《中俄关系问题》1983年第1期,第32页。

境,申明:土尔扈特汗国与俄国关系只是"附之,非降之也,非大皇帝有命,安肯自为人臣仆?"①这清楚地表明,土尔扈特始终认定自己是多民族祖国的成员。

毫无疑问,上述土尔扈特汗国与清政府的密切联系,不仅使汗国在政治上得到清朝有力支持,同时也加强了双方关系的发展。所以,在吹扎布使团来访的15年后,当俄国政府想要完全控制土尔扈特汗国时,多年来清政府对汗国的关怀与支持,顿时化作反抗沙俄压迫的巨大力量。土尔扈特人民终于在渥巴锡率领下,坚毅地踏上东返祖国的征途。

综观动乱时期的土尔扈尔汗国的历史,我们至少可以得到如下几点启示:

第一,土尔扈特蒙古王公贵族的权力之争,是汗国长期兵祸动乱的原因,而强邻俄国实现对汗国的控制,也正是因汗国的动乱而得以乘虚而入。历史再一次证明,一个国家每当祸起萧墙时,往往会引起外族势力的入侵。正所谓鹬蚌相争,渔人得利,这一粗浅的道理是值得永远铭记的。

第二,尽管沙皇俄国利用汗国内乱而加强政治控制,但汗国的执政者及其人民,并没有俯仰由人、任其宰割。不论是车凌端多布、敦罗卜旺布,还是敦罗布喇什,在其执政期间,都针对着俄国的政治控制进行了不同程度的抵制与反抗,这也是土尔扈特汗国长期保持相对独立而没有被俄国侵吞的根本原因。

第三,我国作为统一的多民族国家,各民族之间在历史上所形成的亲和力和向心力,是任何外部力量破坏不了的。处于动乱时期的汗国执政者们,虽然承受着来自外部俄国的强大政治压力,但他们从来没有忘记加强与祖国中央政府的联系。这种联系宛如一条无形的但具有强大吸引力的纽带,紧紧地维系着双方,使这一远离故土、寄人篱下的游牧民族,在渥巴锡执政时,终于落叶归根,重返自己的祖国。我们研究动乱时期土尔扈特汗国的这段历史,不仅有助于加深对土尔扈特蒙古重返祖国必然性的理解,同时也会加强对国家统一、民族团结重要性的认识。土尔扈特蒙古民族的历史,再一次说明这样一个真理:我国历史上长期形成的多民族大家庭,已融为一个整体,绝非任何外部侵略势力所能分割。

(原载《新疆社会科学》1986年第6期,合作者马汝珩,执笔人马大正)

---

① 祁韵士:《皇朝藩部要略》卷一三。

清前期土尔扈特蒙古与祖国的关系

土尔扈特蒙古是我国蒙古族厄鲁特蒙古四部之一。17 世纪 30 年代,为开拓新的游牧地,土尔扈特人在其首领和鄂尔勒克率领下远徙额济勒河(今伏尔加河)流域,直到 18 世纪 70 年代,又返回祖国。土尔扈特部西迁后,共经历了七世八代的汗王统治。① 在长达 140 余年的漫长岁月中,他们虽远离故土亲人,但与祖国的关系却并未间断,向清朝中央政府"进贡请安,输诚已久"②。纵观留居伏尔加河时期土尔扈特蒙古与祖国的关系,大体上经历了初建、发展和稳定三个历史阶段。本文拟通过土尔扈特与祖国关系的发展阐明其重返祖国的内在联系,从而说明我国各族人民之间的凝聚力和向心力在形成统一多民族国家历史进程中的巨大作用。

一

17 世纪 30 年代至 60 年代,是土尔扈特部首领和鄂尔勒克、书库尔岱青、朋楚克祖孙三代执政的年代,也是土尔扈特部西迁后与祖国建立关系的初创阶段。

17 世纪 20 年代以来,厄鲁特蒙古诸部内乱频仍,社会动荡,民不聊生。土尔扈特部首领和鄂尔勒克为了求得部族的安定生活,于 1628 年率领土尔

---

① 这七世八代的汗王在位时间如下:和鄂尔勒克(1630—1644)、书库尔岱青(1644—1661)、朋楚克(1661—1670)、阿玉奇(1670—1724)、车凌端多布(1724—1735)、敦罗卜旺布(1735—1741)、敦罗布喇什(1741—1761)、渥巴锡(1761—1775)。

② 《康熙谕阿玉奇汗敕书》,转引自马大正、郭蕴华《〈康熙谕阿玉奇汗敕书〉试析》,载《民族研究》1984 第 2 期。

扈特大部以及部分和硕特、杜尔伯特牧民约5万帐,远徙伏尔加河下游流域游牧。然而,千山万水割不断他们与厄鲁特各部之间长期形成的民族情谊。和鄂尔勒克虽然远离了祖国故土,他依然与厄鲁特各部保持密切联系。明崇祯十三年、清崇德五年(1640),和鄂尔勒克带领儿子书库尔岱青等长途跋涉返回塔尔巴哈台,参加了准噶尔部首领巴图尔珲台吉主持召开的厄鲁特、喀尔喀各部王公会议。① 在这次会议上,各部首领共同制定了著名的《蒙古卫拉特法典》,调整了蒙古族各部的关系。和鄂尔勒克还与准噶尔部建立通婚关系,他把自己女儿嫁给巴图尔珲台吉为妻,从而进一步加强了土尔扈特部与其他厄鲁特各部的政治联系。所以当顺治元年(1644)俄国使者克列皮可夫到巴图尔珲台吉处,劝诱巴图尔珲台吉出兵与俄国共同攻打土尔扈特部时,遭到了巴图尔珲台吉的严词拒绝,②挫败了俄国政府挑拨两部关系、从中渔利的阴谋。

和鄂尔勒克战死于阿斯特拉罕城下后,他的儿子书库尔岱青于1644年继任土尔扈特部首领。在书库尔岱青及其子朋楚克执政时期,新兴的清王朝在全国的统治已经确立,国内政局渐趋稳定,这为远离祖国的土尔扈特蒙古与祖国沟通创造了有利条件,使土尔扈特部得以从多方面与祖国建立联系。

书库尔岱青执政初期,首先便与刚刚建立起全国统治的清朝建立了联系,承认清朝合法的中央政府地位。顺治三年(1646),书库尔岱青与其弟罗卜藏诺颜随青海和硕特首领顾实汗,向清朝政府进表贡"附名以达"③。顺治七年(1650),书库尔岱青遣使"贡马",清政府赐使者以"宴赉"。④ 顺治八年(1651),土尔扈特部博地苏克等"贡马",清廷赐以"银币等物"。⑤ 顺治十二年(1655),书库尔岱青"遣使锡喇布鄂木布奉表贡"。翌年,和鄂尔勒克的另一个儿子伊勒登也遣使锡喇尼和硕齐向清政府入贡。⑦ 顺治十四年(1657),罗卜藏诺颜及其子多尔济遣使沙克锡布特、达尔汉乌巴什、阿巴赖

---

① 迪雷科夫:《大法典——十七世纪蒙古封建法的古文献》,莫斯科1981年版,第13页。

② 兹拉特金:《准噶尔汗国史》,莫斯科1964年版,第170页。

③⑥ 祁韵士:《皇朝藩部要略》卷九。

④ 《清世祖实录》卷五一,顺治七年十一月癸酉。

⑤ 《清世祖实录》卷五六,顺治八年四月丙寅。

⑦ 何秋涛:《朔方备乘》卷三八《土尔扈特归附始末》。

三人向清廷"贡驼马二百余,复携马千,乞市归化城"①,得到了清政府的同意。从上述内容可以看出,土尔扈特与清政府的不断联系,不仅加强了双方关系,而且使这个远离祖国的游牧部落在政治和经济方面都得到了清朝中央政府的支持。

土尔扈特的首领们还与西藏地方建立了联系。西藏是中国喇嘛教(藏传佛教)的"圣地",到西藏"熬茶礼佛"是笃信喇嘛教的土尔扈特王公贵族最虔诚的愿望,也是取得喇嘛教神权对他们支持的重要途径。土尔扈特与清政府建立政治联系后,便在清政府的支持下与西藏地方建立了联系。清政府为照顾土尔扈特部的风俗习惯和宗教信仰,给土尔扈特王公进藏礼佛提供种种方便。书库尔岱青曾进藏"熬茶礼佛,谒达赖喇嘛"②,前后在西藏留居长达十年之久。

土尔扈特与准噶尔部的关系是比较复杂的,双方虽然继续着通婚的关系,朋楚克娶巴图尔珲台吉之女为妻,且朋楚克之子阿玉奇自幼生活在准噶尔部,为巴图尔珲台吉所抚养,但双方时有冲突发生。1645 年夏,书库尔岱青在进藏礼佛的归途中,遭到了准噶尔人的袭击。1660 年,书库尔岱青之弟罗卜藏诺颜在与准噶尔的战斗中战死。1662 年,书库尔岱青和朋楚克出兵袭击准噶尔人。③ 17 世纪 60 年代,朋楚克曾"同准噶尔人及其他和硕特人作战"④。由此可见,双方虽然继续维持着通婚关系,但却为不断发生的争端所干扰。

可以看出,在这一阶段中土尔扈特与祖国的联系是从多种渠道进行的,其关系的发展,除与准噶尔部有些纠葛外,总的来说是正常健康的。应该说,土尔扈特与祖国的这种多方面联系,正是维系土尔扈特与祖国关系的重要纽带,也是土尔扈特部得以继续留居伏尔加河流域的巨大支持力量。

---

① 祁韵士:《皇朝藩部要略》卷九。
② 何秋涛:《朔方备乘》卷三八《土尔扈特归附始末》。
③ 苏联科学院等编:《卡尔梅克苏维埃社会主义自治共和国史纲》,莫斯科 1967 年版,第 102 页。
④ 巴库宁:《卡尔梅克各民族(尤指土尔扈特)记述及其诸汗和统治者的业绩》,载《红档》1939 年第 3 期,第 194 页。

二

17世纪70年代至18世纪20年代,是阿玉奇汗统治土尔扈特部时期。

阿玉奇汗是土尔扈特蒙古"历史上一个出色的人物"①,他一生活动的重要业绩之一,就是将其前辈与祖国建立起的多种渠道联系推向了一个新的发展阶段,使土尔扈特蒙古在伏尔加河下流所建立的封建汗国得到进一步的巩固和发展。

阿玉奇汗十分重视与厄鲁特蒙古各部的联系,他执政时期继续奉行与厄鲁特各部联姻的方针。阿玉奇的妹妹多尔济喇布坦嫁给和硕特部著名首领鄂齐尔图汗。②当准噶尔部首领策妄阿拉布坦"乞婚阿玉奇,阿玉奇以女妻之"③。阿玉奇又将另一女嫁于喀尔喀墨尔根汗额列克。④

阿玉奇为了取得西藏喇嘛教神权的支持,他继承其先辈与西藏地方联系的方针,"和西藏喇嘛教的主教进行交往"⑤。康熙二十九年(1690),达赖喇嘛赐给他汗的封号,"并送去了这一封号的大印"⑥。康熙三十七年(1698),阿玉奇侄子阿拉布珠尔陪同其母、姐妹一起率五千余人赴西藏拜谒达赖喇嘛,此举得到了清政府的准许,并受到清政府的优待。⑦

阿玉奇汗深知得到祖国中央政府支持的重要性。他为了维持和发展与清政府的关系做了不懈的努力。据记载,阿玉奇执政后,土尔扈特蒙古对清政府"表贡不绝",其贡道"皆由哈萨克经准噶尔地,达嘉峪关"后,到达内地。⑧康熙三十五年(1696),昭莫多战役后,清政府为防止准噶尔首领噶尔丹残余势力奔窜伊犁,康熙皇帝命策妄阿拉布坦在阿尔泰山一线防堵,而阿玉奇汗"发兵一千,以塞尔济札卜宰桑领之"⑨,与策妄阿拉布坦的军队"会

---

① 诺伏列托夫:《卡尔梅克人》,彼得堡1884年版,第8页。
②④ 祁韵士:《皇朝藩部要略》卷九。
③ 祁韵士:《皇朝藩部要略》卷一〇。
⑤ 苏联科学院等编:《卡尔梅克苏维埃社会主义自治共和国史纲》,第143页。
⑥ 诺伏列托夫:《卡尔梅克人》,第10页。
⑦ 张穆:《蒙古游牧记》卷一六。
⑧ 何秋涛:《朔方备乘》卷三八《土尔扈特归附始末》。
⑨ 《清圣祖实录》卷一七八,康熙三十五年十一月戊午。

集于阿尔台(阿尔泰)以内土鲁图地方驻扎"①。康熙三十六年(1697),阿玉奇遣使和硕齐等随同策妄阿拉布坦贡使"入贡庆捷"②,祝贺清朝平定噶尔丹割据势力的胜利。阿玉奇汗在维护国家统一,协助清政府击败噶尔丹割据势力方面,是有贡献的。康熙三十八年(1699),阿玉奇汗又派遣使者额尔罕格索尔前往北京,受到康熙皇帝的亲切接待。③

正当土尔扈特蒙古与清政府的关系顺利发展之时,准噶尔部首领策妄阿拉布坦自恃势力强盛,对厄鲁特蒙古其他各部推行同室操戈的政策,洗劫了自北京返回伏尔加河途经准噶尔地区的额尔罕格索尔使团,使者惨遭杀害。不久,阿玉奇汗与策妄阿拉布坦之间又发生了散札布事件,双方关系急剧恶化,④并由此使阿拉布珠尔一行因"策妄阿拉布坦阑之,不得归"⑤。由于策妄阿拉布坦割据准噶尔部,通道梗阻,土尔扈特蒙古遣使清廷的活动被迫中断,正如后来阿玉奇汗的一位近侍对图理琛所说:"因南路不通,所以数年相隔,未曾遣使。"⑥

但是,策妄阿拉布坦在新疆的割据,可以影响土尔扈特与清政府交往关系一时,终究减弱不了土尔扈特部长期形成的对祖国的向心力。18世纪以来,土尔扈特蒙古与清政府的关系不仅没有长期中断,相反,在阿玉奇汗与康熙皇帝的努力下有了较大的发展。萨穆坦出使清廷就是阿玉奇汗为冲破人为阻隔,恢复与祖国联系的一次成功的尝试。

康熙四十八年(1709),阿玉奇汗派遣萨穆坦为使臣回国。萨穆坦一行八人,因南路断绝,取道西伯利亚,经喀尔喀蒙古库伦,一路历尽艰辛,经过两年多时间,于康熙五十年(1711)六月到达北京,向清廷"表贡方物"⑦。康熙皇帝对萨穆坦使团来朝甚为欢迎,所谓"上嘉其诚"。所以清政府对使团颇为优待,对萨穆坦等人"足赏银两、绸缎、布匹、茶叶等"⑧。萨穆坦使团的

---

① 《清圣祖实录》卷一七八,康熙三十五年十一月戊午。
②⑤ 何秋涛:《朔方备乘》卷三八《土尔扈特归附始末》。
③ 《十八世纪俄中关系》第1卷,莫斯科1978年版,第534页。按额尔罕格索尔即《皇朝藩部要略》卷一〇所载之额里格克逊,《异域录》中的厄里克格孙。
④ 若松宽:《策妄阿拉布坦的上台》,载《史林》第48卷第6号。
⑥ 图理琛:《异域录》卷下。
⑦ 祁韵士:《皇朝藩部要略》卷一〇。
⑧ 《康熙谕阿玉奇汗敕书》,转引自马大正、郭蕴华:《〈康熙谕阿玉奇汗敕书〉试析》,载《民族研究》1984年第2期。

公开使命,据法国学者加斯东·加恩说:是要"索回那个差不多成了囚犯的王子"①。也就是说,其目的是为了同清政府商议阿拉布珠尔的返回问题。但在《康熙谕阿玉奇汗敕书》中有段文字颇引人思索,阿玉奇在奏书中写道:"所差遣之使,乃吾心腹小役,圣祖若有密旨,请赐口谕。"这是告诉康熙皇帝,萨穆坦是自己可以授以机密的亲信。显然,当时康熙皇帝与阿玉奇汗之间急于对话的绝不仅是阿拉布珠尔的遣返问题。对此,中外的学者曾做过种种猜测,由于史料所限,至今仍未能得出明确的答案。但从当时的形势来看,康熙皇帝与阿玉奇汗之间急于磋商的机密不外乎下述两个方面:第一,如何联合对付日益强大并威胁各自安全的策妄阿拉布坦;第二,则是探求土尔扈特蒙古重返故土的可能性。如果上述推测可以成立的话,那么就不难理解,为什么康熙皇帝于萨穆坦来朝的第二年(康熙五十一年)就破格地派出使团去土尔扈特部做了回访。

清政府派出的使团,由太子侍读殷扎纳、理藩院郎中纳颜、内阁侍读图理琛及厄鲁特人舒哥、米斯等五人组成,同行的有侍从武官和二十二名仆役,以及阿拉布珠尔的四名人员,共三十四人,这就是驰名中外的"图理琛使团"。②

使团于康熙五十一年(1712)五月二十四日由北京启程,至康熙五十三年(1714)五月才渡过伏尔加河进入土尔扈特游牧地。六月一日到达阿玉奇汗牙帐所在地马努托海附近。次日,阿玉奇汗举行了隆重的欢迎仪式。阿玉奇汗在会见使团中谈到与祖国联系中的困难处境,指出:"遣使往来人数若多,恐彼惮烦,断绝道途,我遂无路请安朝觐进贡矣。此等情由,烦天使留意奏闻。"③这表现出他渴望与祖国建立联系的迫切心情。阿玉奇对沙俄政府故意阻挠使团行程以致耽误时日的做法表示极大的不满。阿玉奇汗还十分关心与西藏的联系,他向使团询问:"达赖喇嘛可遣使来否?"又说:由于"道路不通",不能去西藏,"一切药物,甚是难得"。他希望使团能"留意转为奏闻"⑤,请求清政府给予支援。

---

① 加斯东·加恩著,江载华、郑永泰译:《彼得大帝时期的俄中关系史(1689—1730年)》,商务印书馆1980年版,第112页。

② 图理琛,满族,姓阿颜觉罗,他并非使团首脑,因其出使回国后撰写《异域录》一书而驰名中外,故后人将这个使团称之为图理琛使团。

③④⑤ 图理琛:《异域录》卷下。

图理琛一行被阿玉奇汗"留旬余,筵宴不绝"。他们在阿玉奇汗处停留的 14 天中,除阿玉奇一再宴请外,阿玉奇的妹妹、和硕特部首领鄂齐尔图汗的遗孀多尔济拉布坦、阿玉奇汗的长子沙克都尔扎布等土尔扈特王公贵族们,都以盛宴招待来自祖国的亲人,并馈赠了礼品。六月十四日,阿玉奇汗才派所部各首领率兵护送使团渡过伏尔加河。

应该看到,图理琛使团对土尔扈特部的出访,在清代前期的民族关系史上产生了深远的影响。它不仅给远在伏尔加河流域的土尔扈特蒙古带去了祖国的亲切慰问与关怀,进一步增强了清政府与土尔扈特部的政治联系,同时也更加激起阿玉奇汗及其部众的思乡之情。加斯东·加恩有段分析很是耐人寻味,他说:"后来事件的发展也提供了证明:中国浪子土尔扈特人的归来一事,最初提出于 1714 年,后来由于中国对厄鲁特人的征伐而拖延下来,直到 18 世纪中叶厄鲁特人被乾隆灭亡后才能真正实现,而这时距离第一次提出这个问题已有 60 年了。我们设想一下,土尔扈特人若不是由于中国甘言许诺因而长久以来怀有重归故土的想法,怎么可能在 1775 年(应为 1771 年)突然决定离开他们已经生活了一个世纪的国土,同时又冒着旅途上的种种危险,而且前途未卜,就回到故土去呢?"①加斯东·加恩的这段论述虽是分析推论,但也不是全无道理。

三

18 世纪 20—50 年代,是车凌端多布、敦罗卜旺布、敦罗布喇什统治时期。

这一时期土尔扈特蒙古与祖国的多渠道联系,出现了更多的困难。传统的南路通道由于准噶尔部噶尔丹策零与清政府时战时和,仍处于梗阻状态,同时,在阿玉奇汗逝世后,沙俄政府对土尔扈特蒙古的控制日益加强,因而通过北路假道俄国的路途也受到了阻挠。尽管如此,在土尔扈特部与清政府的努力下,双方的联系并没有中断,仍保持着与上一阶段一样的稳定状态。

雍正八年(1730),新任土尔扈特蒙古首领的车凌端多布,遣"那木卡格

---

① 加斯东·加恩著,江载华、郑永泰译:《彼得大帝时期的俄中关系史(1689—1730年)》,商务印书馆 1980 年版,第 117 页。

龙(隆)、达尔罕格楚尔,前往向博格德汗请安并呈递奏文及进献礼品"①,并"往西藏谒见达赖喇嘛"②。关于这次土尔扈特来使,因尚未见详细记载,难以说出具体情形。不过雍正年间满泰使团出访土尔扈特蒙古与乾隆年间吹扎布使团入觐清朝,是这一阶段中两次具有深远影响的事件。

  雍正八年(1730),雍正皇帝派出以满泰③为首的使团,出访伏尔加河流域对土尔扈特部进行慰问。随同这个使团出访的还有专程赴彼得堡祝贺俄国安娜女皇即位④的托时使团。满泰使团一行于雍正九年(1731)二月三十日抵萨拉托夫。土尔扈特首领、阿玉奇之子车凌端多布派遣宰桑刚达什、扎布专程迎接来自祖国的亲人。同年五月七日,满泰一行到达土尔扈特游牧地。五月十一日,阿玉奇汗遗孀可敦达尔玛巴拉和车凌端多布举行盛典,会见满泰使团。俄国档案文献中记录了这次会见的具体情节:车凌端多布"在自己的母亲达尔玛巴拉及尚固尔喇嘛(首要神职人员)伴同下极其亲切和尊敬地接见了他们。汗本人和他母亲及尚固尔喇嘛不止一次地不仅向使臣,而且向他们全体随员赠送了礼品。汗跪接博格德汗的使臣交给他的谕旨"⑤。早在图理琛使团来土尔扈特部访问时,车凌端多布就参加了会见。据《异域录》卷下载:"阿玉奇汗季子车领敦多布奏曰:'我年童稚,恭请至圣大皇帝万安,进鸟枪一杆,鸟枪已交付我使者,我无言可奏,但愿如天大皇帝万万年,临御天下,我在此朝暮于佛前洁诚祷祝,烦天使奏闻。'"如果帕拉斯所记车凌端多布生于1701年是实,那么,当时的车凌端多布已是一个初

---

① 《满泰等奏奉派前往土尔扈特经过情形析》(雍正十年三月五日),载《清代中俄关系档案史料选编》第一编下册,第241号,中华书局1981年版,第558—559页。

② 《满泰等奏奉派前往土尔扈特经过情形析》(雍正十年三月五日),载《清代中俄关系档案史料选编》第一编下册,第241号,第557页。

③ 满泰,时为副都统,清代史籍无传。陈复光的《有清一代之中俄关系》一书,据俄文记载转译为满达伊,并为一些著述和论文所沿用。

④ 正当筹组使团时,清政府获悉了俄皇彼得二世死讯,安娜女皇即位。清政府于雍正九年二月三日致文俄国萨纳特衙门,"今女皇继承彼得汗位",增"派内阁学士德新、侍读学士巴延泰为使臣,携带礼物前往贵国"(《清代中俄关系档案史料选编》第一编下册,第223号,第54页)。

⑤ 尼古拉·班蒂什-卡缅斯基编著,中国人民大学俄语教研室译:《俄中两国外交文献汇编(1619—1792年)》,商务印书馆1982年版,第212页。

⑥ 帕拉斯:《蒙古民族历史资料集成》,彼得堡1776年版,第86页。

识时务的贵胄少年了。从车凌端多布与图理琛使团的谈话可以看出,他对祖国的感情是多么真挚动人!他那远离祖国、寄人篱下,而始终认为自己是清朝臣属的心情,溢于言表。在这次与清朝使团会见时,车凌端多布也向使团表示,愿为清朝统一边疆事业效力,他说:"使臣等所告准噶尔人自噶尔丹至策旺(妄)阿拉布坦、噶尔丹策零之所作所为,与我所闻相同,其事属实。博格德汗倘派大军进剿,我必获悉其信;倘有准噶尔人败北而窜入我处,我将收留之后,再行奏闻。"①车凌端多布明确表示在与准噶尔贵族割据势力斗争中站在清朝中央政府一边的严正立场。阿玉奇汗的未亡人达尔玛巴拉更是深情地向使团表示"可蒙博格德汗之恩,趁老妪身死之前,亲往谒见达赖喇嘛"的意愿。②满泰使团于五月二十四日启程返国。

在满泰使团出访土尔扈特的同一年,即雍正九年(1731),阿玉奇汗的侄子乌巴什多尔济遣使阿尔巴图、沙喇布丹津等返国。"奏请往谒达赖喇嘛",时值西藏阿尔布巴之乱初定,达赖喇嘛徙噶达,清政府为安全计,"诏守汛者,勿遣赴唐古特,以其使臣噶达,优以粮糗"③,使土尔扈特使者安全返归。

20多年以后,敦罗布喇什继任土尔扈特部首领后,"欲遣使赴藏熬茶,行做善事"④,派出以吹扎布为首的使团,假道俄国,克服重重困难,历时三年的旅程,乾隆二十一年(1756)抵达北京,向清政府上表进贡。清政府根据吹扎布请求,特派麒麟保护送,于"七月初旬起程赴藏",并谕麒麟保自藏返回时,"即带领土尔扈特使臣,由张家口外,前赴热河入觐"⑤。九月间,乾隆皇帝在避暑山庄五次赐宴吹扎布。⑥吹扎布向乾隆皇帝进献了敦罗布喇什的礼品。⑦会见时,吹扎布向乾隆皇帝述说了土尔扈特蒙古早年西迁的原委,以及在伏尔加河游牧时受到沙皇俄国压迫的困境,他说:"俄罗斯尝与雪

---

①② 《满泰等奏奉派前往土尔扈特经过情形折》(雍正十年三月五日),载《清代中俄关系档案史料选编》第一编下册,第241号,第558页。

③ 祁韵士:《皇朝藩部要略》卷一一。

④ 第一中国历史档案馆藏:《满文土尔扈特档》,乾隆三十六年六月下,全宗。

⑤ 《清高宗实录》卷五一七,乾隆二十一年七月戊子。

⑥ 《清高宗实录》卷五二〇、卷五二二;中国第一历史档案馆藏。

⑦ 贡品中有一件黑绒镶银花的弓袋和箭束至今仍保存在中国历史博物馆,弓箭和箭袋上附有当年收藏时缮写的羊皮条,写有"土尔扈特台吉敦多布达什恭进撒袋一副"。

西洋(瑞典)及西费雅斯科(土耳其)战,土尔扈特以兵助之,厥后稍就弱,俄罗斯因谓为其属。"①这说明土尔扈特力量削弱之后,才被沙皇俄国控制的。吹扎布说:土尔扈特对于沙皇俄国是"附之,非降之也",说明土尔扈特并未完全臣服于沙皇俄国。他还特别强调:"非大皇帝有命,安肯为人臣仆?"②这清楚地表明土尔扈特作为祖国的成员始终是服从中央政府的政令的。当吹扎布得知哈萨克阿布赉的贡使即将抵京的消息后,即向乾隆皇帝请求:"哈萨克为天朝臣仆,若谕令由所部纳贡,无行道虑。"③也就是说,如果允许土尔扈特贡使经由哈萨克到内地进贡,不仅道路方便,而且可以不再借道俄罗斯,以避免沙俄的刁难阻挠。为了让清政府更多了解情况,吹扎布还将土尔扈特在伏尔加河流域"所属疆域",绘献给乾隆皇帝。④

毫无疑问,吹扎布使团的来访,加强了土尔扈特蒙古与清政府的政治联系,双方关系得到了进一步的发展,所以在这次使团来访的15年后(乾隆三十六年),当沙皇俄国妄图完全控制土尔扈特部的紧急时刻,土尔扈特首领及人民心中多年蕴藏的对祖国的向往,顿时爆发出来,化作反抗强暴的巨大力量。土尔扈特人民在其首领渥巴锡的率领下,冲破沙俄阻拦与路途艰险,终于胜利返回了自己伟大的祖国。

四

当我们回顾土尔扈特蒙古与祖国关系发展的历程之后,可以发现如下一个不容忽视的事实,土尔扈特西迁后,虽然远离故土,寄居异乡,但他们依然千方百计地与祖国各个方面进行接触,特别与清朝政府建立起紧密的政治联系。这种联系宛如一条无形的但具有强大吸引力的纽带,紧紧地维系着双方,以至于最后使这个远离母亲的游子又重新投归祖国的怀抱。这种历史现象看起来似乎有些偶然,但"在每一个领域内,都有这种偶然性中为自己开辟道路的内在的必然性和规律性"⑤。也就是说,土尔扈特蒙古与祖国联系的建立和发展,是具有深刻的历史原因的。

土尔扈特蒙古作为我国多民族大家庭的成员,他们与厄鲁特蒙古各部以及其他民族在开拓祖国西北边疆的劳动战斗中,早已建立了密不可分的

---

①②③④ 祁韵士:《皇朝藩部要略》卷一三。
⑤ 《马克思恩格斯选集》第4卷,第171页。

联系。尽管他们之间也发生过矛盾和冲突,但这并不是他们关系的主流。至于土尔扈特与祖国中央政府的关系,更是源远流长。从元、明时期起,包括土尔扈特在内的厄鲁特蒙古各部①早就归附于当时中央政府的管辖,和中原地区的各族人民,进行了长期的经济、文化交流和彼此的友好往来,并日益形成了他们对祖国中央政府的亲和力和向心力。这种力量植根于土尔扈特人民心中,形成了他们热爱自己的家乡、民族和国家的爱国主义思想。正如列宁所说:"爱国主义就是千百年来巩固起来的对自己的祖国的一种深厚的感情。"②正是在这种爱国主义思想的推动下,土尔扈特蒙古西迁到伏尔加河流域后,不仅依然与祖国各方面建立起紧密的联系,而且时时眷恋着祖国的故土与亲人。早在他们西迁后不久,就几次想重返故土,只是由于路途遥远,旅程艰辛,而未能如愿。③ 1714 年,图理琛使团到土尔扈特探望时,阿玉奇汗向使团询问祖国政治、经济等各方面情况,表示出对祖国的极大关心,他向来自祖国亲人倾诉:"满洲、蒙古大率相类,想初必系同源",蒙古衣服帽式略与中国相同,其俄罗斯乃衣服、语言不同之国,难以相比。④ 这一席发自肺腑的言辞,表露出他对祖国的真挚情感。据俄国档案记载,阿玉奇汗曾"两次蓄意出走而去中国",而他的后人"敦罗卜旺布和敦罗布喇什也有此意图"⑤。所以,1771 年,渥巴锡率其所部离开伏尔加河流域重返祖国,正是土尔扈特人民为反抗沙俄民族压迫而采取的伟大的爱国主义行动。

  这里还应该指出的是,土尔扈特蒙古之所以能保持经常与祖国联系乃至最后重返祖国,同清政府的民族统治政策有着密切的关系。清帝国作为统一多民族的封建国家,对边疆地区少数民族的统治,主要采取"恩威并施""剿抚并用"的方针,即一方面对少数民族割据势力与反清力量,实行武力镇压与军事统治,另一方面,对其上层人物则施之以怀柔、拉拢措施。这个方针在清朝开国之初已确定下来,早在太祖努尔哈赤时代就采取了"顺者以德

---

① 厄鲁特蒙古元时称"斡亦剌惕",明时称"瓦剌"。
② 《列宁全集》第 28 卷,第 168 页。
③ 兹拉特金:《准噶尔汗国史》,第 202—203 页。
④ 图理琛:《异域录》卷下。
⑤ 诺伏列托夫:《卡尔梅克人》,第 40 页。

顺,逆者以兵临"①的政策,皇太极时也实行"慑之以兵,怀之以德"②的措施。到乾隆时,他把这个政策说得非常明白:"夫天朝之于外番,恭顺则抚恤之,鸱张则讨灭之。"③清政府正是利用这一民族统治政策,解决了与其北部和西部的蒙古族的关系问题。皇太极时期臣服了漠南蒙古,康熙皇帝时收抚了喀尔喀蒙古,雍正、乾隆两朝对厄鲁特蒙古准噶尔部贵族割据势力进行了多次战争,终于在乾隆二十二年(1757)平定了阿睦尔撒纳叛乱,安定了西北边陲的政局,完成了多民族国家的统一。尽管清政府统治者执行这一政策时,带有明显的民族压迫和阶级压迫性质,但从当时国家日益走向统一的历史趋势来说,这一政策无疑是符合时宜的,是取得成功的。应该看到,清政府在对远离祖国的土尔扈特蒙古关系的处理上,正是其民族统治政策中的"恩"和"抚"方面的具体体现。如前所述,清政府对每次来朝的土尔扈特使者,无不热情接待,恩赏有加。特别是图理琛使团代表清政府远道去伏尔加河流域探望,带给了土尔扈特人民以祖国的关怀与温暖,这就不能不激起土尔扈特人民对祖国的向往和怀念。渥巴锡的率部返回祖国正是这一政策取得成效的表现,并非当时清朝统治者主观上能料到的。乾隆皇帝对土尔扈特部"弃俄罗斯,举属内附",就感到"始念所不及"④,因为在乾隆皇帝看来,土尔扈特部并非"借招致而来",他只好用封建观念加以解释说:"兹土尔扈特之归顺,实则天与人归,有不期然而然者。"⑤实际上,这是清政府民族政策吸引下土尔扈特人民多年向往祖国的爱国主义行动的体现。

与之相反,俄国沙皇政府对土尔扈特蒙古一直采取民族压迫政策,无时无刻不想将其完全征服,这就从反面加深了土尔扈特蒙古力图摆脱沙俄控制与依恋故土亲人的思想感情,土尔扈特人民日益形成维护其民族独立的民族意识与向往祖国的爱国主义思想。

土尔扈特蒙古迁牧于伏尔加河下游后,一直认为"自己有权在草原上游牧,在河流中航行,因为土地和水是佛祖的"⑥。他们虽然在那里经历了一

---

① 《清太祖实录》卷一。
② 《清太宗实录》卷二〇。
③ 《清高宗实录》卷一〇二四,乾隆四十二年正月丁丑。
④⑤ 乾隆:《土尔扈特汗渥巴锡等伊绵峪朝谒,诗以纪事》,载彭元瑞:《高宗诗文十全集》卷九,商务印书馆《丛书集成初编》本。
⑥ 帕里莫夫:《留居俄国境内时期的卡尔梅克民族史纲》,阿斯特拉罕1922年版,第17页。

个多世纪的生息繁衍,但始终保持着自己民族固有的政治体制,固有的经济、文化、语言、宗教信仰和风俗习惯。这些势必与俄国沙皇政府力图控制和奴役土尔扈特的图谋,发生越来越尖锐的冲突。在阿玉奇汗统治时期,土尔扈特部势力强盛,沙皇彼得一世在军事上对阿玉奇汗有所倚重,但就在此时,控制与反控制、奴役与反奴役的斗争仍贯穿于双方关系全局之中。据加斯东·加恩统计,1673—1710 年,俄国与阿玉奇汗"连续订立了六个条约"①,力图以一个又一个的条约迫使土尔扈特蒙古就范。但阿玉奇汗明确向俄国政府宣告:"他是他们的同盟者,而不是臣属"②,并"公开声称厌恶俄国"③。

阿玉奇汗逝世后,俄国沙皇政府通过承认车凌端多布,"取得了任命汗的权利"④。自此以后,土尔扈特每次汗权的更迭,都要征得俄国沙皇政府的确认。到敦罗布喇什继位后,俄国沙皇政府更蛮横地要求敦罗布喇什交出自己的儿子作为人质,并决定"以后的汗都要遵守这个制度"⑤。敦罗布喇什被迫交出其第二子萨赖以充人质,而萨赖于 1744 年死于阿斯特拉罕的幽禁之中。萨赖的悲惨遭遇,在敦罗布喇什家族中留下了深刻的仇恨,更构成土尔扈特与俄国关系的难以愈合的伤疤。20 年后,当俄国沙皇当局要求萨赖之弟渥巴锡交出"一个儿子作为人质,同时还决定把他们最高门第的三百个青年带走"⑥时,新仇旧恨使渥巴锡再也无法忍受,遂决定率部武装反抗,彻底摆脱沙俄控制,重新返回祖国。

综上所述,可以看出土尔扈特蒙古与祖国一个半世纪的交往联系,是我国各民族之间长期形成的巨大的凝聚力和向心力的体现,而土尔扈特重返祖国的伟大爱国主义壮举,正是这种凝聚力和向心力作用的结果。通过对清朝前期土尔扈特蒙古与祖国关系的全面阐述,将有助于我们更好地理解中华民族构成紧密的整体与我国统一多民族国家的形成和发展

---

① 加斯东·加恩著,江载华、郑永泰译:《彼得大帝时期的俄中关系史(1689—1730年)》,第 111 页。

② 霍渥斯:《蒙古史》第 1 卷,第 566 页。

③ 内达金著,马汝珩译:《土尔扈特西迁及其重返祖国》,载《新疆大学学报》1981年第 2 期。

④ 诺伏列托夫:《卡尔梅克人》,第 17 页。

⑤ 诺伏列托夫:《卡尔梅克人》,第 28—29 页。

⑥ 霍渥斯:《蒙古史》第 1 卷,第 575 页。

绝不是偶然的,而是我们各民族之间的关系,经过长期历史发展的必然结果。

（原载《中国古代民族关系史研究》,福建人民出版社1989年版,合作者马汝珩,执笔人马大正）

略论雍正年间清政府两次派往俄国的使团

关于雍正年间清廷派往俄国使团的记载,不见于清代官方文献,在私家著述中也很少谈及,即偶有所记,多只言片语,语焉不详,故人们对中俄关系史上这一事件,所知甚少。加之,清政府在鸦片战争前实行闭关自守政策,更给人们造成一种错觉:清政府在鸦片战争前从未派出过正式使团出使西方国家。其实关于雍正年间出使俄国的文献记录,早在百余年前俄国古文献学家尼古拉·班蒂什-卡缅斯基编纂的《俄中两国外交文献汇编(1619—1792年)》①一书中,做了较为全面的记述。半个多世纪后,我国学者刘泽荣、王之相根据故宫文献馆所藏清季内阁大库中的中俄两国来往文件,于1936年编辑出版了《故宫俄文史料——清康乾间俄国来文原档》,其第23号文件中,对雍正年间遣使俄国一事,也有所披露。上述原始档案的公布,引起国内外学者的注意与研究,发表了一些有关的论著。② 近年来,中国第一历史档案馆从该馆所藏清代中俄关系档案中辑录出版的《清代中俄关系

---

① 本书于1882年由喀山帝国大学印刷所出版,中国人民大学俄语教研室译成汉文,1982年由商务印书馆出版。
② 关于雍正年间派往俄国使团的研究,据笔者所知,中国学者有陈复光:《有清一代之中俄关系》(云南崇文印书馆1947年版,第58页),《十八世纪初叶清廷进攻准噶尔期间第一次到俄属及俄京的中国使节》(载《云南大学学报》1957年第3期);刘选民:《中俄早期贸易考》(载《燕京学报》第25期,第185—186页);吴相湘:《帝俄侵略中国史》(台北1954年版,第13页)。国外学者有曼考尔:《1729—1731年中国派往俄国的第一个使团》(载《东亚地区研讨会有关中国纪要》,哈佛大学1955年第9号,第75—110页);吉田金一:《清俄关系史》(第149—157页),《雍正年间清朝派往俄国的两次使节》(载《川越高等学校图书馆纪要》1964年第2集);野见山温:《清雍正朝对俄遣使考》(载《俄清外交研究》,东京酒井书店1977年版,第103—147页)。

档案史料选编》①中,对雍正朝遣使访俄史事,记述尤详,可与尼古拉·班蒂什－卡缅斯基所纂俄文文献汇编相互参照,为中俄关系史研究者提供了原始资料。本文拟依据上述中俄双方文献资料,对雍正朝出使俄国的经过、背景与使命等问题,略做论述。

一

雍正年间清廷派往俄国的使团,先后有二次。第一次是在雍正九年(1731),第二次是在雍正十年(1732)。

第一次遣使俄国是以祝贺新沙皇彼得二世即位的名义出访的。根据清代档案文献记载,雍正七年五月六日(1729年6月2日),清廷理藩院照知俄国枢密院的咨文中,除了表示愿意遵守与俄国订立不久的《恰克图条约》外,主要提出派出使节前往祝贺沙皇即位的意愿:"今值尔汗承继皇位喜庆之日,我国特派使臣前往致贺",并在同一咨文中提出:"随同我使臣一同前去者,尚有我前往土尔扈特地方之官员。"②其后清政府理藩院又于雍正七年五月十八日(1729年6月14日)和雍正八年正月十五日(1730年3月3日)两次咨文俄国枢密院,重申派使往贺俄皇即位及派大臣前往土尔扈特事,咨文中明确提出:"今特派我国原侍郎托时、原副都统广西、原护军参领宰三为使,参加尔国君继位典礼。同时派原副都统满泰、原副都统布达西、原副都统阿斯海等大臣,假道贵国前往土尔扈特汗处。"③可见前往土尔扈特的满泰使团是随同托时派往俄国的。关于满泰使团出使土尔扈特的始末,笔者已著文发表,④现仅就托时使团出使俄国的经过,略加叙述。

关于使臣托时的身世,史料中所记甚少,《清史稿》中没有他的传记,《清世宗实录》中仅有"以侍读学士托时,署户部侍郎"⑤,其使俄事只字未提。在《国朝耆献类征初编》中有如下一段记述:"托时,满洲正黄旗人,姓

---

① 中国第一历史档案馆编:《清代中俄关系档案史料选编》第一编,中华书局1981年版。

② 中国第一历史档案馆编:《清代中俄关系档案史料选编》第一编下册,第526页。

③ 中国第一历史档案馆编:《清代中俄关系档案史料选编》第一编下册,第531页。

④ 马汝珩、马大正:《试论〈雍正谕土尔扈特汗敕书〉与满泰使团的出使》,载《民族研究》1988年第1期。

⑤ 《清世宗实录》卷五。

佟,任仓场侍郎,雍正五年革职,七年赏侍郎衔出使鄂罗斯……十年使回。"①这里只概括提到托时身世及使俄一事,使俄经过并未述及。

如前所述,清廷为遣使访俄,于1729年和1730年几次与俄国政府咨文联系,在得到俄国政府的同意后,遂组成了托时与满泰两个使团,包括随从跟役共四十八人。这两个使团于1729年8月11日抵达恰克图,等待俄国政府派出护送使团的官员伊万·格拉祖诺夫。但格拉祖诺夫迟迟未到。直到1730年2月,使团才被送往色楞格斯克,而格拉祖诺夫于3月初才赶到色楞格斯克。②1730年5月,两个使团在格拉祖诺夫护送下由色楞格斯克出发,经托博尔斯克,于1731年1月9日抵达莫斯科城近郊阿列克谢夫斯克耶村暂住。1月14日,中国使团乘坐九辆轿式马车,在礼炮声与军乐声中被隆重地迎进莫斯科。③

不过,彼得二世于1730年1月18日逝世,皇位已由其姑母安娜·伊万诺芙娜继承,中国使团进入莫斯科后才得知俄国皇位的更迭变动。中国使团经过与俄国三等文官斯捷潘诺夫协商,议定于1月26日觐见俄国女皇。④据俄国档案文献记载,中国使团觐见女皇的仪式十分隆重:"在乘坐九辆轿式马车的使臣们的前面,士兵们抬着博格德汗赠给女皇陛下的礼品。"使臣们在鼓乐声中被迎进了克里姆林宫。托时在女皇宫殿前走出轿式马车,"拿出博格德汗的国书后,亲自用双手举在头前"。托时手持"国书"跪下,俄国首席大臣接过"国书",随即由托时向俄国女皇致贺词,"祝愿女皇永远顺遂,如同太阳永放光芒"。然后行三叩首礼,向女皇恭贺,并跪听由俄国首席大臣宣读的女皇的答词。⑤至此,结束了中国使臣觐见俄国女皇的仪式。

中国使臣觐见女皇之后,于1731年1月28日被邀请进宫赴宴,参加女皇诞辰庆典。3月1日,中国使臣又被召至俄国的枢密院,与俄国首席大臣戈洛夫金伯爵等就理藩院致枢密院咨文中所提各项条款内容进行了会谈。这次会谈是中国使臣出使俄国的主要目的,也是托时使团出使的真实使命。

---

① 李桓:《国朝耆献类征初编》卷七二。
② 尼古拉·班蒂什-卡缅斯基编著,中国人民大学俄语教研室译:《俄中两国外交文献汇编(1619—1792年)》,商务印书馆1982年版,第194页。
③⑤ 尼古拉·班蒂什-卡缅斯基编著,中国人民大学俄语教研室译:《俄中两国外交文献汇编(1619—1792年)》,第202—203页。
④ 尼古拉·班蒂什-卡缅斯基编著,中国人民大学俄语教研室译:《俄中两国外交文献汇编(1619—1792年)》,第203页。

关于双方会议内容,下文中再做详述。

在中俄会谈后的第二天,3月2日中国使臣觐见女皇,向女皇辞行,同时与俄方大臣们告别,并接受了俄国宫廷赠给清朝皇帝及使臣们的礼物。3月8日,中国使臣结束了对俄的出使活动后,分两部分离开了莫斯科:托时使团由俄国德米特里·别雷大尉等护送至托博尔斯克;满泰使团则由俄国外务委员会官员瓦西里·巴库宁护送,前往伏尔加河流域去探视土尔扈特汗廷。① 满泰使团于1731年6月末,结束了对土尔扈特汗廷的访问,回到萨拉托夫,然后取道喀山到达托博尔斯克,同早在那里等候的托时使团会合,一同回国。这就是清政府第一次派使臣出使俄国的经过。

在托时使团使俄期间,1730年8月4日,俄国政府首席大臣曾咨行清政府议政王大臣,告知沙皇彼得二世逝世及安娜·伊万诺芙娜继承皇位之事。② 清政府得知后,又立即组成第二次访俄使团。这次出使俄国的使团也如第一次一样,由两部分组成:一部分是以内阁学士德新、侍读学士巴延泰为首的使团,携带礼物前往俄国祝贺女皇即位;③另一部分是以内阁学士班第、总管内务府大臣赖保为首的使团,随同前者前往俄国,然后出访土尔扈特汗廷。为此,清政府通过理藩院先后行文俄国枢密院,告知中国使团组成情况与出使意图。④

俄国外务委员会得到清廷派出第二次使团来俄消息后,便向管理中国边界事务的伊尔库茨克副省长若洛鲍夫发布命令:"将正在前来俄国朝廷的中国使臣尽量妥善安全地从伊尔库茨克护送到托博尔斯克";而"绝对不准新派往见卡尔梅克汗的中国使臣进入俄国"。⑤ 因此,第二次派往俄国的使团,只有德新使团得以进入俄境,由托博尔斯克前往彼得堡;班第使团则于恰克图受阻,未能成行。

---

① 尼古拉·班蒂什-卡缅斯基编著,中国人民大学俄语教研室译:《俄中两国外交文献汇编(1619—1792年)》,第211页。
② 中国第一历史档案馆编:《清代中俄关系档案史料选编》第一编下册,第538页。
③ 中国第一历史档案馆编:《清代中俄关系档案史料选编》第一编下册,第541页;尼古拉·班蒂什-卡缅斯基编著,中国人民大学俄语教研室译:《俄中两国外交文献汇编(1619—1792年)》,第214—215页。
④ 中国第一历史档案馆:《清代中俄关系档案史料选编》第一编下册,第541页。
⑤ 尼古拉·班蒂什-卡缅斯基编著,中国人民大学俄语教研室译:《俄中两国外交文献汇编(1619—1792年)》,第218—219页。

德新使团是在1732年4月底抵达彼得堡的。使团的入城仪式和觐见仪式,都与1731年到达莫斯科的中国使团一样,使团受到了隆重地接待。4月28日,恰是女皇加冕周年纪念日。当天,德新使团觐见了女皇。中国使臣觐见时递交了理藩院致枢密院的两封公函。据俄文史料记载:"当时女皇坐在华盖之下……这位使臣跪着讲了两次话,两次话都向他答了话。"中国使臣在讲话中说:"他以博格德汗的名义请女皇相信,中方一定维护同俄国的持久和睦关系和牢固的友谊,并告知说,中国第二次派出的他们这些使臣,前来谨向女皇陛下祝贺,并祝愿她万寿无疆。"①觐见后,使臣们受到盛宴款待,晚间还参加了舞会并观看了焰火和彩灯。

同年7月间,德新使团由彼得堡来到莫斯科,在那里受到枢密院的盛宴招待,并参观了工厂。8月2日,使团在两名大尉护送下,途经伊尔库茨克、色楞格斯克和恰克图回国。②

二

从上述两次使团出使俄国的经过来看,使团都是以祝贺沙皇即位名义而出访的。这里人们不禁要问:一贯实行闭关自守政策而以"天朝"自居的清朝统治者,何以在两年之内相继派出两批使臣去远在欧洲的俄国进行外交活动呢?这是有它的特定历史背景与真实使命的。

清朝统治者入关后,经过顺治、康熙两朝军事行动,镇压了南明抗清势力,平定了三藩之乱,统一了台湾,建立起全国统治。但雄踞于我国新疆北部的准噶尔民族政权,自噶尔丹执政时起,实力不断增长,成为清政府统治的严重威胁。康熙执政时,虽然同噶尔丹进行了长期艰苦斗争,三次出兵漠北,击败了噶尔丹的反清势力,但没有统一西北边陲。噶尔丹之侄策妄阿拉布坦统治时期,与清朝时和时战。康熙末年,策妄阿拉布坦派兵攻打哈密,进扰西藏,造成西北与西藏地区的动乱局面。雍正继位后,虽然通过《恰克图条约》基本上解决了在北部与俄国的关系问题,但西北地区的准噶尔势力

---

① 尼古拉·班蒂什-卡缅斯基编著,中国人民大学俄语教研室译:《俄中两国外交文献汇编(1619—1792年)》,第230页。

② 尼古拉·班蒂什-卡缅斯基编著,中国人民大学俄语教研室译:《俄中两国外交文献汇编(1619—1792年)》,第232页。

并未消除。当时,策妄阿拉布坦之子噶尔丹策零统治准噶尔部,继承其父的政策,对内发展畜牧业、农业与手工业生产,对外实行扩张政策,侵扰邻部民族。1729年,清廷因噶尔丹策零多次侵扰喀尔喀蒙古,并藏匿青海和硕特反清头目罗卜藏丹津,拟以两路发兵进讨;而噶尔丹策零也在遣兵备战,双方剑拔弩张,大规模军事冲突已不可避免。正是在上述形势下,清政府为了在进攻准噶尔部期间,争取与准噶尔部为邻的强大俄国的中立与配合,孤立噶尔丹策零势力,才不得不破例以祝贺沙皇即位为名遣使联络俄国,以期通过外交途径,解决它与西北地区准噶尔政权的内政问题。托时使团正是在上述历史背景下出使俄国的。

至于德新使团的第二次使俄,总的来说,也是在同一背景下派出的。但不同的是,这时清、准噶尔关系更加恶化,形势更加紧张,所以当托时使团尚未归来的一年后,便立即第二次派遣使团出使俄国,这反映出当时清、准噶尔关系的严峻性与清廷急于联络俄国的迫切性。

1729年,清军正拟分兵西、北两路进军准噶尔部时,噶尔丹策零闻讯遣使赴京,声称清廷若对噶尔丹策零"赦其已往,即将罗卜藏丹津解送"①给清朝,雍正帝遂下命进兵准噶尔部之期"暂缓一年"②。但在清廷缓兵期间,噶尔丹策零遣兵两万突袭两路清营,清军遭到重创,两方关系更加恶化,终于导致大规模的战争。1731年,当噶尔丹策零侦知北路傅尔丹所率清军进驻科布多时,命其部将大小策零敦多卜率军三万,进犯北路清军,在和通泊战役中,清军遭到惨重失败,致使清政府与准噶尔关系进一步破裂。正是在这种形势下,清政府组成了德新与班第两个使团,肩负着与托时、满泰使团同样的使命,分别前往俄国与土尔扈特汗廷进行联络。这在清朝的档案中有明显的记录,理藩院于雍正九年六月十四日(1731年7月17日)给俄国枢密院的咨文中说:

> 准噶尔噶尔丹策零父子世代作恶,扰害四邻,使各部落不得安宁,悖逆至极。故我圣主派大兵进剿。为此,前曾派使臣持书往告尔国。去年因噶尔丹策零派人奏请并解送罗卜藏丹津前来,圣主大发慈悲,怜其准噶尔数万生灵,故命大兵暂勿往征……然噶尔丹策零实属狡诈奸滑,反趁我冬季西路大兵不备之时,偷袭我牧场马

---

① 《平定准噶尔方略》前编卷二〇。
② 《东华录·雍正朝》卷一六。

群。此种行径断不可饶,故发数路大兵进剿。惟因噶尔丹策零亦与土尔扈特为敌,若情势紧急,伊等难免前往土尔扈特侵扰隐匿。故特派本大臣等前往土尔扈特,以便明示此情。①

这段档案记录,清楚地说明了清政府第二次出使俄国与土尔扈特前夕清、准噶尔关系恶化情况与出使的历史背景。

从上述内容可以看出,清廷两次出使俄国,其表面理由是为了祝贺俄皇即位,但其真实使命则在于清廷进攻准噶尔部期间争取俄国的中立与配合。这里,我们在托时使团与德新使团在俄期间与俄国官员会谈的内容中,便可看得十分清楚。

托时使团在觐见女皇并递交了理藩院致俄国枢密院公函后,曾与俄国大臣们举行了会议。会谈时中国使臣提出四项建议:

(1)向俄国政府历数了准噶尔首领噶尔丹、策妄阿拉布坦、噶尔丹策零三代割据边疆、为害邻部的种种事实,且对清朝皇帝"屡示敌意"。为此,清帝"已派出自己的部分军队,攻打准噶尔人","如果上述军队在俄国边境附近有所行动,请俄朝廷不要有任何怀疑"。②

(2)清朝进攻准噶尔部进而占领其领土时,如果俄国女皇"对与其邻近的土地有什么需求",清朝皇帝可把这些土地让给俄国。③

(3)清军一旦进攻准噶尔部,该部逃往俄国境内者,俄国可以接纳,但要"把他们的领主和宰桑交给中国人",而对其牧民则要安排于可靠地区严加管理,"以免他们在边界从事任何敌对活动"。④

(4)希望俄国政府能把前往土尔扈特的使臣,迅速送到目的地。⑤

从上述四项建议中,我们可以看出使团真实使命之所在,即在清廷和准噶尔战争期间,期望得到俄国谅解与严守中立,并在准噶尔逃人与使臣出访土尔扈特问题上得到俄国的配合。而上述这些,正是清政府进攻准噶尔部前夕需要与俄国进行会谈的。

---

① 中国第一历史档案馆编:《清代中俄关系档案史料选编》第一编下册,第547页。

② 尼古拉·班蒂什-卡缅斯基编著,中国人民大学俄语教研室译:《俄中两国外交文献汇编(1619—1792年)》,第206—207页。

③ 尼古拉·班蒂什-卡缅斯基编著,中国人民大学俄语教研室译:《俄中两国外交文献汇编(1619—1792年)》,第207—208页。

④⑤ 尼古拉·班蒂什-卡缅斯基编著,中国人民大学俄语教研室译:《俄中两国外交文献汇编(1619—1792年)》,第208页。

至于德新使团第二次出使俄国的使命,是同托时使团一致的,不过因出使土尔扈特的班第使团受阻,其所负使命更为复杂与艰巨。德新使团在觐见女皇时,曾向俄首席副大臣奥斯特曼伯爵递交了理藩院致枢密院的两封公函。第一封公函主要阐明清帝派使前来祝贺女皇即位之意;第二封公函就俄国送还逃往俄国的蒙古人一事,表示满意。① 上述公函内容与进攻准噶尔部之事并无多少关系。但当清廷得知出使土尔扈特的班第使团于恰克图受阻不得进入俄境消息后,于雍正九年五月(1731 年 7 月)间,在给出使俄国及前往土尔扈特大臣德新与班第的训令中,详尽地指示了使团与俄方交涉的方略与使命。训令中除了要求使臣为前往土尔扈特而与俄方交涉外,还明确指示使臣们:要向俄方陈述策妄阿拉布坦与噶尔丹策零父子的种种罪行以及清廷兴兵进讨之由。训令中说:"世人皆知准噶尔人心意倨傲,世代所作所为,恶贯满盈,委实难容。故今调派大军向噶尔丹策零问罪,以剪除众蒙古之后患。"②训令中还指示使臣:"设将欲剿灭准噶尔一事告知俄罗斯国之后,俄罗斯亦要乘机派军队来边境地区增援,则可告之:准噶尔当被我大军击败之后,亦难料其无窜犯尔境之处。我两国已多年和睦相处,尔若派兵防守尔界,则由尔便,唯我大军足可以征讨准噶尔,不用尔之援助等语。"③这是要求俄国于清廷和准噶尔战争期间严守中立。对于逃人的处理,训令中又重申托时使团的建议:"若有准噶尔属下人来投尔国,则可收留,唯其台吉、较大宰桑、侍卫人等,则必须还我,因为尚有质对事项等语。"④显然,清政府给德新、班第使团的训令精神与托时使团的建议内容是一脉相承的。可以说,托时使团的使俄与德新使团的出使,是在同一历史背景之下肩负着相同的外交使命的;其所不同者在于前者出使于清、准噶尔战争前夕,后者访俄于清、准噶尔战争期间。而随同出使的满泰使团与班第使团,其得到俄方的对待也完全不同,前者得到了俄方的同意,后者遭到俄国的拒绝。

班第使团之所以遭到俄国的拒绝,是有原因的。在俄国看来,土尔扈特

---

① 尼古拉·班蒂什-卡缅斯基编著,中国人民大学俄语教研室译:《俄中两国外交文献汇编(1619—1792 年)》,第 230—231 页。
②④ 中国第一历史档案馆编:《清代中俄关系档案史料选编》第一编下册,第 552 页。
③ 中国第一历史档案馆编:《清代中俄关系档案史料选编》第一编下册,第 550 页。

汗国自阿玉奇汗逝世后,随着对汗国政治控制的加强,已成为它的属民,土尔扈特的一切对外活动均得由俄国女皇来决定。1732年1月,俄国外务委员会给伊尔库茨克副省长若洛鲍夫的命令中说:"因为卡尔梅克领主们早已臣属俄国,他们不能够,也不应该接待外国的任何使节,尽管去年曾允许中国使团前往卡尔梅克的兀鲁思,但那只是出自对博格德汗的尊敬和对他的好意。"①

另一方面,沙皇俄国与准噶尔政权也有着密切联系与长期交往关系。尽管在策妄阿拉布坦时期,亚米什湖的战斗,打击了俄国的扩张势力,俄、准噶尔双方关系在一个时期里产生了一些摩擦与纠葛,但后来因策妄阿拉布坦进军西藏的失败,又转向俄国,俄、准噶尔关系趋向缓和,双方互派使节。就双边一些问题进行了长期谈判。② 在噶尔丹策零进攻喀尔喀期间,俄国也曾派乌格里莫夫少校去准噶尔部活动,所以当俄国政府得知清廷派出班第使团是为策动土尔扈特进攻准噶尔部的真实意图后,③便明确地表示了对准噶尔部的态度。雍正十年十二月五日(1733年1月20日),俄国在给清理藩院复函中说:俄国女皇"不能强迫自己的属民卡尔梅克人用武力攻打珲台吉,一方面由于距离遥远,另一方面也考虑到珲台吉一直同俄国友好相处,因而不应该对他采取不友好的行动"④。基于上述态度,俄国政府自然要拒绝清廷第二次往土尔扈特派使臣了。

---

① 尼古拉·班蒂什-卡缅斯基编著,中国人民大学俄语教研室译:《俄中两国外交文献汇编(1619—1792年)》,第219页。

② 1721年,策妄阿拉布坦派使臣波罗柯尔干去彼得堡谈判,以允许俄国探矿者过境为条件,要求与俄国订立反清同盟;同年波罗柯尔干返回时,俄国派遣炮兵上尉几·温阔甫斯基随行,出使准噶尔部进行了长期谈判;俄国要求准噶尔部臣服,而准噶尔部要求与俄国订立反清军事同盟,但谈判没有明确结果〔加斯东·加恩著,江载华、郑永泰译:《彼得大帝时期的俄中关系史(1689—1730年)》,商务印书馆1980年版,第138—141页〕。

③ 雍正十年五月(1732年6月),清政府理藩院为清准许派往土尔扈特大臣过境等事致俄国枢密院的咨文中,曾明确告知俄国派往土尔扈特使臣的意图:"此次该大臣等前往土尔扈特,乃为通告准噶尔叛逆作乱,使邻近部落不得安宁,业已我大兵进剿。土尔扈特原与准噶尔为敌,使其知道此情,亦可乘机征讨"(中国第一历史档案馆编:《清代中俄关系档案史料选编》第一编下册,第570页)。

④ 尼古拉·班蒂什-卡缅斯基编著,中国人民大学俄语教研室译:《俄中两国外交文献汇编(1619—1792年)》,第235页。

三

在谈到雍正年间清廷两次出使俄国时,人们往往会联想到康熙晚年派出的假道俄国前往土尔扈特汗廷探望的图理琛使团。有的学者认为图理琛使团是"18世纪初期清廷破例三次遣使到俄"中的第一次。我们认为这种看法是不确切的。

图理琛出使虽途经欧洲俄国,但出访的对象不是俄国,而是自中国出走的一个游牧民族——土尔扈特蒙古的封建汗廷。这个汗廷在阿玉奇汗执政时期,虽然已受到俄国的政治控制,但其势力仍很强盛,且作为清朝的外藩与清朝联系密切,不断向清政府进奉表贡;而图理琛也是作为清朝中央政府的代表对一个远离国内的民族部落进行探望。所以当雍正年间,阿玉奇汗逝世后因汗廷势力衰弱而被俄国严加控制时,清、俄双方因对土尔扈特汗廷政治地位认识上的差异,才出现了上述双方的交涉,以致班第使团受阻而未能成行。因此,托时、德新使团出使俄国与图理琛出使土尔扈特不能相提并论,前者出访的是一个欧洲独立的封建大国,而后者是对我国境内出走到欧洲的一个游牧民族汗廷的探视。

当然,图理琛出使与托时使俄、满泰出使土尔扈特,在时间上仅隔20年,其出使背景与使命有某些相同之处,都是清廷为解决准噶尔问题在外交上"远交近攻"。但两者也有所差别:从出使的意图来看,前者是隐蔽的,后者是公开的,使团担负的使命也不尽相同,图理琛出使土尔扈特的真实使命,除了策动与阿玉奇汗建立共同对付策妄阿拉布坦的军事同盟外,还"在于劝诱土尔扈特人回到准噶尔去"①。而这点在托时、满泰出使的使命中并不明显。

因此我们认为,把图理琛使团看作18世纪初期出使到欧洲国家的第一个使团,是不够确切的。18世纪初,清朝第一次真正意义上派往欧洲国家的外交使节,应该是托时使团。

至于托时出使俄国一事,何以在清朝官方文献如《清实录》《东华录》中毫无记述呢?日本学者对此曾做过研究与推测:康熙、雍正年间的对俄交涉

---

① 加斯东·加恩著,江载华、郑永泰译:《彼得大帝时期的俄中关系史(1689—1730年)》,第116页。

"表现了对等和相互主义的某种程度的开明的对外态度,或者说是现实外交的倾向;但到乾隆时,其外交态度开始强硬了。因此,派遣托时等遣俄使节,在乾隆看来是一种国耻,所以从实录中省去了"①。这种说法不是没有根据的。

孟森先生在评议《清实录》时指出:"乾隆初,改定太祖以来三朝实录,世多知之……故谓《清实录》为长在推敲之中,欲改则改,并不似前朝修实录之尊重,亦毫无存留信史之意"②,故对乾隆初年(乾隆六年)编成的《清世宗实录》,做了删改是完全可能的。日本学者认为托时出使一事,"最初曾记录过,而后被删去也未可知"③。这种推测是有一定道理的。乾隆朝是清代的鼎盛时期,在作为天朝大国皇帝的乾隆皇帝看来,雍正朝使俄一事,是有损天朝大国尊严的。乾隆皇帝一向以"天下共主"自居,把境内各个民族都视为清廷的属民,对准噶尔部用兵本是清朝的内政,无须事先通知俄国,尤其是以出让准噶尔部领土换取俄国中立的建议,不能不使他有丧权辱国之感,而这些与乾隆皇帝在位时所执行的强硬对外政策相抵触。这里我们仅就乾隆皇帝执政时期两件对俄交涉事件,便可看出他的强硬对外政策。第一件事:当出身于辉特部台吉阿睦尔撒纳叛乱失败逃往俄国后,他一直把阿睦尔撒纳视为清朝的逃犯,命理藩院一再向俄国政府发出照会,强烈要求俄国根据中俄签订的《布连斯奇条约》,把阿睦尔撒纳引渡回国。但俄国一再推脱支吾,对此清政府给俄国咨文中尖锐指出:"想尔察罕汗,必念两国素相和好,遵照原定不匿逃犯之条,将阿睦尔撒纳送来,我等从前谓尔俄罗斯亦系一大部落,断不相欺,不意尔等乃如此行事,若非大皇帝明鉴,几为尔等所欺矣。"④后来在清政府再三交涉下,俄国不得不把已患天花病故的阿睦尔撒纳尸体,送至恰克图交清方官员验视才算了事。第二件事:土尔扈特于乾隆三十六年(1771)自俄返华后,俄国政府于乾隆三十七年(1772)由其枢密院行文清政府,要求将土尔扈特交还俄方,甚至以武力相威胁。但清政府对此采取了强硬态度,答复说:"土尔扈特渥巴锡人等,与尔国别一部落,原非属人",他们是"自准部入居尔境"的,因"尔国征调烦苛,不堪其苦",才率众来

---

① 吉田金一:《雍正年间的遣俄使节》,载《清代俄清关系史》,第155页。
② 孟森:《明清史论著集刊》下册,中华书局1959年版,第621页。
③ 野见山温:《清雍正朝对俄遣使考》,第143页。
④ 《清高宗实录》卷五四七,乾隆二十二年九月己酉。

投,回归故土。对俄方提出的若不送还土尔扈特人,就是"不守和好,恐兵戈不息,人无宁居"的武力恫吓,清政府答复是:"或以兵戈,或守和好,我天朝惟视尔之自取而已","如若尔等欲背前议,则亦听之"。① 这表明了清政府遵守条约而不畏武力威胁的强硬态度。

可以想象,一贯对俄采取强硬外交政策的乾隆皇帝,对雍正朝使俄一事,自然因感到有损于国体尊严而讳莫如深。把它从官方文献中剔除出去,是很有可能的。

(原载《外交学院学报》1989年第4期,合作者马汝珩,执笔人马大正)

---

① 《清高宗实录》卷九一四,乾隆三十七年八月丙寅。

土尔扈特蒙古三件 18 世纪稀世文献现世记述

1982年6月,笔者第一次踏上和静县的土地,但与和静县的事和人打交道却是早几年的事,而且与几件稀世文献发现的奇特经历有关。

20世纪70年代末,笔者正致力于《准噶尔史略》一书的写作,时有文艺界的同志找上门来,问询、探讨有关卫拉特蒙古历史方面的问题,有时也索取一些于创作有用的资料,由此也交了一些新朋友。1979年夏天,来自辽宁的作家、时任朝阳地区文联秘书长的迟松年同志,带着辽宁人民出版社的介绍信找上门来,说他计划创作一部土尔扈特人东返题材的小说,取题为《归魂》,已写出了两章,此行目的一是想找一些历史资料,二是正准备去新疆体验生活。迟松年同志健谈、豪爽,又是同龄人,我们相处投机,曾有过十分愉快的"神侃"时光。为了书名是用《归魂》,还是改为《希望》争论过一番,笔者坚持认为《归魂》这个书名更有韵味。不久他去了新疆维吾尔自治区。大约是1979年秋天,迟松年同志又来找笔者,兴冲冲地告诉笔者他去了和静县,他说:"在和静县的一个库房里翻拣时,几件浅黄色文件引起我的注意,捡起来细看,不认识书写的是什么文字,估计是清代皇帝的东西,想让你们研究历史的看看,也许对我创作有用。"笔者听后的直觉是,这可能是一次难得的发现,凭经验,这可能是清朝皇帝颁发的文书之类的文献。迟松年同志还说,几件文献体积较大,不易携带,已从新疆直接邮回辽宁老家,回去后即拍照寄给笔者,让笔者找人将上面的文字认一认,最好译出来。

当年冬天笔者收到了迟松年同志寄赠的三件文献的照片之后,即请民族研究所满族专家汪玉明同志辨认,并按其满文本进行汉译,又请民族研究所蒙古族专家道布同志按其蒙古文本进行汉译。

天啊!真是稀世文献。

三件文献分别是《康熙谕阿玉奇汗敕书》(康熙五十一年五月二十日);

《雍正谕土尔扈特汗敕书》(雍正七年五月十八日);《乾隆谕渥巴锡、策伯克多尔济、舍楞敕书》(乾隆三十六年六月二十日)。

迟松年同志1980年1月6日在给笔者的信中追述了他发现文献的经过:"'文化大革命'中,红卫兵火烧王爷府,把从伏尔加河流域带回的所有文献大部焚毁,据当地群众说,持续了七天七夜,可谓一场浩劫。当时,为了组织破'四旧'展览,留下一些衣服等物作为展览品。以后,几经周折,这些留下来的物品,大部分被外贸部门收购去了,剩下一些无什么价值的破烂,扔在一个仓库里。我去和静听说后,到库房转了一圈,满地都是灰尘、脏土、碎纸,从里面找出三件东西,由我开了借书条带回。"

笔者认为这段自述基本是真实的,但尚要做一些补充和修正。

其一,据渥巴锡汗嫡世孙、满汗王女儿满琳同志说,在王府二层,设有经房,里面专门存放王府珍贵传世之物。当然,她无法忆及众多传世之物的具体内容。

其二,据1982年在和静县访查中所知,迟松年同志所说的库房为和静县财政局一个堆放杂物的库房。而和静县史志办的洪永祥同志在他《敕书寻还记》一文中称:"(迟松年)到和静县后经县财政科批准,打开了当时属于'禁地'的财政科小库房,房子里除存放历年的县财政科账目外,还有'文化大革命'期间从满汗王府和巴仑台黄庙移存过来的部分蒙古族史料和实物。迟松年在灰尘飞扬、碎纸满地的房子里转了一圈后,被几卷保存完好的浅黄色绫缎文件所吸引,心想对他的创作可能有用,便提出借阅要求,从随身携带的笔记本上撕下一张纸写了张借条,轻而易举地将那三卷所谓的'满汗王任命书'拿走了。"

其三,所谓"火烧王爷府",持续了七天七夜,据了解,是指巴仑台黄庙而不是在和静镇。

1982年初,和静县为编写县志,专门派洪永祥、李舜启到辽宁取回了三件敕书原件,笔者也就是在那时,在北京认识了洪永祥。他们取回敕书的经历,洪永祥同志已写了专文《稀世珍宝寻还记》(载《民族团结》1990年第1期,同年3月12日《人民日报》海外版摘发),详述寻还之始末,1995年出版的《和静县志》也附载了经过修改的洪永祥撰《敕书寻还记》。

三件稀世文献,经辽宁省博物馆和中国历史博物馆专家技术鉴定,确实是清代前期文物,1982年以后一直存放在新疆维吾尔自治区档案馆。

其实,这三件敕书价值重大不仅仅因其是清代前期的文物,它们还与三次重大历史事件紧密相关,是三次重大历史事件的直接见证。《康熙谕阿玉奇汗敕书》是图理琛使团出使伏尔加河阿玉奇汗时的"国书";《雍正谕土尔扈特汗敕书》是出使土尔扈特汗的满泰使团的"国书",而《乾隆谕渥巴锡、策伯克多尔济、舍楞敕书》则是土尔扈特部东归故土抵达伊犁后,乾隆皇帝给他们的信件。为此,笔者曾先后写了《〈康熙谕阿玉奇汗敕书〉试析》(载《民族研究》1984年第2期)和《试论〈雍正谕土尔扈特汗敕书〉与满泰使团的出使》》(载《民族研究》1988年第1期),并在与马汝珩教授合著《漂落异域的民族——17至18世纪的土尔扈特蒙古》一书中全文刊发了三件敕书的译文和照片。

笔者在和静县与洪永祥同志再度相遇时,彼此都觉得格外亲切,忆及围绕三件文献发现和研究的前前后后,感慨万千!

1986年8月在博乐市召开的第一届卫拉特蒙古史学术讨论会和1992年7月在库尔勒市召开的第三届卫拉特蒙古史学术讨论会上,同年10月在笔者率领西域研究国际考察队途经和静县时,1995年在乌鲁木齐市召开的"世纪之交中国古典文学与丝绸之路文明"国际学术研讨会上我们又多次相遇。这些年来洪永祥同志致力于卫拉特蒙古历史研究,由他出任主编、凝聚他心血的《和静县志》已正式出版,目前他正在为开创一门"巴音布鲁克学"而倾注心力。其实,在笔者研究卫拉特历史或中国边疆历史进程中,这样的同人、朋友何止他一人,正是这一群体的孜孜以求、默默奉献,中国的民族史、地方史、边疆史研究,才具备了取之不尽的活力。

(原载《天山问穹庐》,山东画报出版社2010年版)

补记:

从知悉土尔扈特蒙古三件十八世纪稀世文献的存在到研究已逾30余年,但笔者一直未能得见其"庐山真貌",只知它们深藏在新疆维吾尔自治区档案馆的特藏专柜之中。

2013年4月15日,承新疆维吾尔自治区档案馆馆长吴志强先生之邀,笔者在许建英博士陪同下,造访档案馆,在吴志强先生和李燕女士展示下,终于亲见了三件稀世文献原件,真是人生之幸事!

《康熙谕阿玉奇汗敕书》试析

《康熙谕阿玉奇汗敕书》是一件用满文书写的文献,宫笔缮写在浅黄缎幅上,宽四十厘米,长二百厘米,缎幅四周有精致细腻的墨色云雷花纹,卷末盖有二十厘米见方的康熙玉玺,缎幅用宣纸裱糊成卷,卷的两端装有木制卷轴,一端有骨制别针。本文拟结合史籍记载对这一珍贵历史文献略做剖析。

一

关于谕阿玉奇汗敕书,在《清实录》等有关史籍中不见记载全文,但从有关图理琛出使阿玉奇汗的大量记载中可以找到关于此件敕书的零星记述。

首先,图理琛一行离京时确实携有康熙谕阿玉奇汗的一份敕书。据图理琛自述:"内阁编撰颁发阿玉气(奇)敕书已成,支取驿马护送兵丁,于壬辰年五月二十日自京师起程。"①这里所述的壬辰年即是康熙五十一年(1712),而敕书落款的日期正好与《异域录》所记图理琛一行"自京师起程"的日期相合。当图理琛一行抵俄境楚库柏兴后,向当地俄国官员伊凡萨维奇(即《异域录》中的衣番萨非翘)的部下明确说:我等是"中国至圣大皇帝钦差天使,前往土尔虎(扈)特国阿玉气(奇)汗处颁发谕旨,并赐恩赏"②。图理琛等抵托博尔斯克时也曾发表过同样的言论。乾隆时曾任翰林院编修的祁韵士写道:"(康熙)五十一年土尔屋(扈)特汗阿玉奇使萨木坦等假道俄罗斯达京师,表贡方物,上嘉其诚,且欲悉所部疆域,遣侍读图丽琛等,斋

---

① 图理琛:《异域录》卷上,雍正元年刻本,第5页。
② 图理琛:《异域录》卷上,雍正元年刻本,第9页。

敕往。"①

其次，当图理琛一行于康熙五十三年（1714）抵达伏尔加河流域阿玉奇汗牙帐所在地马努托海会见阿玉奇汗时，面呈了康熙的敕书。图理琛写道："六月初一日至阿玉气（奇）汗驻扎之马努托海地方，阿玉气（奇）遣部下番僧、台吉、宰桑等迎接，导至公署。下午阿玉气（奇）汗差番僧格瓦等前来禀称，明日吉辰恭请大皇帝谕旨。次日臣等捧旨前往，土尔屋（扈）特国台吉、番僧前导，鄂（俄）罗斯国官兵随后，拥护至阿玉气（奇）汗帐前，下马，交付谕旨，阿玉气（奇）汗跪接，北向恭请东土大皇帝万安。"②

另一个当事人，当时由俄国政府指派陪同图理琛一行到阿玉奇汗牙帐的 И. Х. 什尼切尔在回忆录中有如下一段描述："中国的使臣们来到了可汗帐幕前，从木盒里取出一份用金纸书写的国书。他们的总头目殷扎纳拿着国书，用双手举过头顶四分之一俄尺，和自己的其他同事一起，十分肃穆地走进帐幕，一直走到可汗的座位前。可汗坐在高四分之一俄尺，置于波斯地毯上的丝绒座椅里。致辞结束后，殷扎纳双手拥抱了阿玉奇的双膝。阿玉奇汗则把自己的右手放到使臣的肩上，以示感谢，而后均坐了下来。"③这段生动形象的记述，可谓是难得的第一手史料。

再次，图理琛呈交了敕书后，阿玉奇汗曾对图理琛说："上言臣生长外国，觅远天都，窃承皇帝至圣至明，德献宣著，倾就日之诚，欲观天颜而身不能至，展天朝之款，遣使入觐而道路难通，中心怏怏，寤寐不安。近日从鄂（俄）罗斯国察罕汗假道，竭诚遣使请安，以土毛微物虔修进贡。复蒙至圣大皇帝不弃，曲加优赐，深荷宠耀。于以鄂（俄）罗斯国僻远，钦命天使颁发谕旨，举国增辉山川生色，捧读之余，不胜欣跃，五内融化。臣幸属籍中华，得蒙如天大皇帝恩宠，山高海深，天覆地载，惟愿至圣大皇帝万万岁，虔诚祷祝而已，此外更无他语。"④

我们从上述史载中可以看到，图理琛一行远访土尔扈特蒙古时不仅带有康熙的敕书，而且向阿玉奇汗面呈了敕书。之后，这件敕书又为阿玉奇汗所珍藏，并传至后人。1771 年，渥巴锡举族东返时将其带回祖国，一直保存

---

① 祁韵士：《皇朝藩部要略》卷一〇。
② 图理琛：《异域录》卷下，第 76 页。
③ 《十八世纪俄中关系》第 1 卷，莫斯科 1978 年版，第 485 页。
④ 图理琛：《异域录》卷下，第 76—77 页。

在王府,直到"文革"动乱时流散。

1979年夏,辽宁省朝阳地区文联的迟松年同志为了创作以渥巴锡英雄业绩为题材的长篇小说《归魂》(后改名为《希望》),赴新疆巴音郭楞蒙古自治州和静县深入生活,收集资料。此件文献即是在此次采访中偶然所获。据迟松年同志1980年1月6日致马大正同志的信中追述:"'文化大革命'中,红卫兵火烧王爷府,把从伏尔加河流域带回的所有文献大部焚毁。据当地群众说,持续了七天七夜,可谓一场浩劫。当时,为了组织破'四旧',展览留下一些衣服等物作为展览品。以后,几经周折,这些留下来的物品,大部分被外贸部门收购去了,剩下一些无什么价值的破烂,扔在一个仓库里。① 我去和静听说后,到库房转了一圈,满地都是灰尘、脏土、碎纸,从里面找出三件东西,由我开了借条后带回。"1979年秋,迟松年同志自新疆返回辽宁途经北京时曾对马大正同志讲:"库房里翻拣时,几件浅黄色文件引起我的注意,捡起来细看,不认识书写的是什么文字,估计是清代皇帝的东西,想让你们研究历史的看看,也许对我创作有用。"当年冬天马大正同志在收到了迟松年同志寄赠的三件敕书的照片之后,即请汪玉明同志辨认,并据其满文本进行了汉译。②

和静县是渥巴锡之第十二世后裔满都克札布(又称满汉王)的王府所在地,满汉王府自民国初年建成后直至"文革"之前,未遭重大破坏。据满都克札布的女儿满琳同志告诉笔者,在满汉王府的二层,设有经房,里面专门存放珍贵传世之物。当然,她无法忆及众多传世之物的具体内容。从文献的发现过程看,这件敕书确是在"文革"中从满汉王府中流散出来,直至1979年秋为迟松年同志偶然发现。稀世文物,终免一炬,堪为万幸矣!

二

康熙谕阿玉奇汗敕书的内容,清代史籍仅《异域录》中有简略的记述,其

---

① 据1982年6月我们到和静县调查所知,此处为县财政局一个堆放杂物的库房。
② 另外两件敕书分别是《雍正谕土尔扈特汗敕书》(雍正七年五月十八日)和《乾隆谕渥巴锡、策伯克多尔济、舍愣敕书》(乾隆三十六年六月二十日)。1982年春天,三件敕书经辽宁省博物馆和中国历史博物馆专家技术鉴定,确实是清代前期文物。目前三件敕书原件暂存于新疆维吾尔自治区档案馆。

文如下:"大皇帝谕旨问汗无恙,欲将尔侄贝子阿拉布诛儿(尔)发往,使尔团聚,询问鄂(俄)罗国商人哈密萨儿,又将阿拉布诛儿之四人调来,正在料理,恰合朕意,尔竭诚特遣使萨穆坦等请安朝觐,进贡前来,朕甚嘉念,于是特选厄鲁特之舒哥米斯及我等前来颁发谕旨,并赐恩赏。"①

现录《康熙谕阿玉奇汗敕书》满文本的汉译全文。

皇帝敕谕:

谕土尔扈特之阿玉奇,朕统御天下,抚育万邦,从不分内外,一视同仁,断然不二。据尔阿玉奇疏言:圣主向广阔无边之神瞻部洲训谕教化,使不灭之金轮谕训,导致生灵于康乐安泰之境,胜誉如同天雨降下,实不胜欣悦。将万众引向德化,恩赐如沧海之满福,更念流落天涯者,像上天似赐予希望。耳闻君之圣躬,君之谕训,如日之无玷。德威齐树,八宝俱全天赋东土文殊舍利活佛,秉公不偏,端坐金刚宝座,治理广域使寰宇共乐升平。敬尊万灵之释迦牟尼佛法,广行边陲之地。今微贱之躯善在,更敬仰文殊猞舍利喀巴之教。今遣使之原委,在于卫藏地方,有达赖喇嘛之弟子,倘若有欲行善事者彼处亦可行善。今为万物生灵怀仁德之菩萨,扶世为君,并以如来之十戒,引导教诲。今小的为主上之万寿,不时诵经,祈祷上三宝,祝祐圣躬康豫。扶持黄教,统一道德,向如沧海清明圣主,遣使启奏。所差遣之使,乃吾心腹小役,圣主若有密旨,请赐口谕。吾将圣主之敕训,同日月之永恒,借鉴不绝等语。

尔阿玉奇,一向恭顺,进贡请安,输诚已久。然被策妄阿喇布坦阻截数载,未能相通。今又一心一意,自俄罗斯地方,遣尔心腹差役萨穆坦等为使,特向朕躬请安贡物,朕甚嘉奖。故朕心宠眷,施以殊恩,赏赐铸金银制五十两圆筒奶茶壶一具,五十两银制盆一具,酒杯一个,镂空雕花马鞍一个,各色绸缎三十四,布二百匹,茶叶四篓。赏多尔济拉布坦、沙克多尔扎布绸缎各二十四,布各百匹,茶叶各四篓。尔所差遣之使者萨穆坦、车臣、鄂木布、丹津等,也足赏银两,绸缎、布匹、茶叶等有差。

再之,尔弟之子阿拉布珠尔,与其母同赴藏期间,策妄阿拉布坦与尔相猜交恶,道路被阻,不得返回,而困于嘉峪关之外,嗣后向

 图理琛:《异域录》卷下,第53—54页。

朕叩乞而来。朕好生天下众生，故授封小子阿拉布珠尔为贝子，安置在党色尔腾地方，年赏赐俸银、绸缎，使之生计有着，以致富裕矣。朕軫念尔自效顺以来，频行请安，一向化之举，亦念小子阿拉布珠尔与伊父及尔分散年久，用何计遣送之处，与俄罗斯商买头目哈密萨尔相询，哈密萨尔亦允送至时，朕正欲降旨接回阿拉布珠尔之随从，同俄罗斯一起遣往之际，适值尔差使者萨穆坦等前来。正合朕意矣。因此，特令侍读学士衔殷札纳、郎中纳彦、主事衔图理琛、护军校亚图、五品官拿那等，手持敕书，会同阿拉布珠尔及其随从等人一并遣往。

康熙五十一年五月二十日①

我们将图理琛的记述和敕书全文加以对照，可知《异域录》中所载仅是一个摘抄件。敕书的全文包括两部分内容：一为有关萨穆坦使团活动的追述；二为关于阿拉布珠尔的遣返问题和决定派遣图理琛一行出访。

土尔扈特蒙古自远徙伏尔加河流域后，与祖国的联系交往一直没有中断，在一个多世纪的频繁交往中，阿拉布珠尔一行赴藏礼佛和萨穆坦使团入京觐见是其中重要的两次。

17世纪30年代，土尔扈特蒙古广大群众在和鄂尔勒克率领下远徙伏尔加河流域后，仍与祖国保持着政治、经济、宗教等多渠道的联系。早在顺治三年（1646），和鄂尔勒克之子书库尔岱青和罗卜藏诺颜即随青海和硕特部首领顾实汗，向清朝政府表贡"附名以达"。②顺治十二年（1655），书库尔岱青直接"遣使锡喇布鄂木布奉表贡"。③顺治十四年（1657），罗卜藏诺颜及其子多尔济，遣使沙克锡布特向清廷"贡驼马二百余，复携马千，乞市归化城，许之"④。清政府为了照顾土尔扈特的宗教信仰和生活习俗，还特许他们到青海和西藏"熬茶礼佛"。土尔扈特蒙古与祖国亲人虽远隔万水千山，但这种政治、经济和宗教的联系一直未中断。当噶尔丹的割据活动失败后，阿玉奇汗的侄子阿拉布珠尔于康熙三十七年（1698）陪同其母亲、姊妹一起率五千余人赴西藏朝拜达赖喇嘛，此举得到清政府的准许与优待。阿拉布

---

① 汪玉明同志据满文汉译，刊出时又经肖夫同志审校。
② 祁韵士：《皇朝藩部要略》卷九，第3页。
③ 祁韵士：《皇朝藩部要略》卷九，第5页。
④ 祁韵士：《皇朝藩部要略》卷九，第6页。

珠尔在西藏留居五年,返回时到达北京。据俄国档案所载,阿拉布珠尔曾带有阿玉奇汗的特殊使命,觐见了康熙。① 康熙四十八年(1709),阿玉奇汗遣使额尔罕格素尔(即《异域录》中的厄里克格孙)前往北京,受到康熙的亲切接待。② 阿拉布珠尔和额尔罕格素尔所负使命是什么?史载不详。而且不久阿玉奇汗与策妄阿拉布坦之间发生了散札布事件,关系恶化。③ 阿拉布珠尔一行也因"策妄阿拉布坦阑之,不得归"。④ 阿拉布珠尔"以准噶尔道梗,留嘉峪关外,遣使至京师,请内属"⑤。阿拉布珠尔的安置和遣返问题也由此产生。由于通道梗阻,土尔扈特蒙古遣使清廷的活动被迫中断一段时间,阿玉奇汗的近侍与图理琛谈及此事时曾说:"因南路不通,所以数年相隔,未曾遣使。"⑥

18世纪以来,土尔扈特蒙古与祖国的联系不仅没有中断,而且有所发展。康熙年间萨穆坦使团入京觐见和图理琛使团出访阿玉奇汗,雍正年间满使团出访策凌敦杜克,乾隆年间吹扎布使团的入觐,是几次具有深远影响的政治事件。

萨穆坦使团是阿玉奇汗为恢复与祖国联系,冲破人为阻隔的一次成功的尝试。

康熙四十八年(1709),阿玉奇汗派遣喇嘛萨穆坦·库柳科夫为使臣回国,萨穆坦一行八人,因南路断绝,取道西伯利亚、库伦、张家口这条新开辟的商路,踏上回归故土的征途。萨穆坦一行约在5月以前起程,同年11月1日到达托博尔斯克。⑦ 但在托博尔斯克被俄国当局扣留,并严加看守,⑧直到1710年6月萨穆坦一行才得以继续踏上旅程,并于1711年底或1712年

① 《十八世纪俄中关系》第1卷,第630页。
② 《十八世纪俄中关系》第1卷,第534页。
③ 若松宽:《策妄阿拉布坦的上台》,载《史林》第48卷6号。
④ 何秋涛:《朔方备乘》卷三八《土尔扈特归附始末》。
⑤ 祁韵士:《皇朝藩部要略》卷一〇,第27页。
⑥ 图理琛:《异域录》卷下,第40页。
⑦ 《十八世纪俄中关系》第1卷,第53—54页。
⑧ 宋嗣喜:《试谈阿玉奇汗同祖国关系》,载《中国蒙古史学会论文选集(1980年)》,内蒙古人民出版社1980年版,第296—298页。

春到达北京,①受到清朝的礼待。就这一方面情况而言,敕书补充了史载的不足。敕书在追述萨穆坦使团活动时写道:康熙让萨穆坦使团带回赏赐阿玉奇汗的礼品计有"铸金银制五十两圆筒奶茶壶一具,五十两银制盆一具,酒杯一个,镂空雕花马鞍一个,各色绸缎三十匹,布二百匹,茶四篓。赏多尔济拉布坦、沙克多尔扎布绸缎各二十匹,布各百匹,茶叶四篓"。对萨穆坦等人"足赏银两、绸缎、布尺、茶叶等"。

萨穆坦使团公开的使命,据加斯东·加恩所述,是要"索回那个差不多成了囚犯的王子"②,也就是说,是为了同清廷商议阿拉布珠尔的返回问题,但敕书中的一段话引人深思。阿玉奇汗在奏书中写道:"所差遣之使,乃吾心腹小役,圣主若有密旨,请赐口谕",也就是告诉康熙萨穆坦为自己可以授以机密的亲信。显然,当时康熙与阿玉奇汗之间急于对话的绝不仅是阿拉布珠尔的遣返问题。对此,中外史家曾做过这种种探测,由于史料所限,至今尚未找到圆满的答案。但纵观当时形势,康熙与阿玉奇汗之间急于磋商的机密不外乎下述两个方面:第一,如何联合对付日益强大,并威胁各自安全的准噶尔部首领策妄阿拉尔坦;第二则是探求土尔扈特蒙古重返故土的可能性。事态的发展使康熙觉得萨穆坦尚不足以传达自己的意图,便以最快的速度组建了出访阿玉奇汗的使团,并在萨穆坦的陪同下于1712年5月20日起程,开始了史诗式的远行。

图理琛一行远访土尔扈特蒙古,激起了阿玉奇汗和广大土尔扈特人民强烈的恋乡的民族感情。阿玉奇汗曾对图理琛说:"满洲、蒙古大率相类,想起初必系同源。"③还说:蒙古"衣服帽式,略与中国同,其俄罗斯乃衣服、语言不同之国,难以相比"④,而且"公开声称厌恶俄国"。加斯东·加恩有一段分析很是耐人寻味。他写道:"后来事件的发展也提供了证明:中国浪子土尔扈特人的归来一事,最初提出于1714年,后来由于中国对厄鲁特人的征伐而拖延下来,直到18世纪中叶厄鲁特人被乾隆灭亡后才能真正实现,

---

①② 加斯东·加恩著,江载华、郑永泰译:《彼得大帝时期的俄中关系(1689—1730年)》,商务印书馆1980年版,第112页。

③ 图理琛:《异域录》卷下,第55页。

④ 图理琛:《异域录》卷下,第62页。

⑤ 内达金著,马汝珩译:《土尔扈特蒙古西迁及其重返祖国》,载《新疆大学学报》1981年第2期。

而这时距离第一次提出这个问题已有 60 年了。我们设想一下,土尔扈特人若不是由于中国甘言许诺因而长久以来怀有重归故土的想法,怎么可能在 1775 年(应为 1771 年)突然决定离开他们已经生活了一个世纪的国土,同时又冒着旅途上的种种危险,而且前途未卜,就回到故土去呢?"①正是这种持续的互访,为渥巴锡的东返从精神上、思想上准备了条件。

因此,我们可以认为图理琛使团的出访是 18 世纪 70 年代土尔扈特蒙古重返祖国的重要精神奠基石之一,而萨穆坦使团则是这次历史事件的直接前奏。敕书的文物价值是不言而喻的,而它的史料价值即在于此。

通过对《康熙谕阿玉奇汗敕书》的初步分析,还有两点启示不能不述。

第一,土尔扈特蒙古留居伏尔加河流域长达一个半世纪,纵观其间他们与祖国多渠道的密切交往,绝不是一时政治上的权宜之计,而是基于中华民族所固有的强烈的民族内聚力,正是这种根植于全民族心灵深处,虽无形却又具有强大韧力的民族意识,才使远离故土的土尔扈特蒙古最终举族回归成为历史的必然。从这一意义上可以进一步认识 1771 年渥巴锡举族东返的深刻历史原因。土尔扈特蒙古武装反抗的直接原因是沙皇俄国的民族压迫政策,但起义后采取东返祖国的斗争形式,而且为达此目的,不惜付出巨大的民族牺牲,则是中华民族固有的内聚力在起作用,这正是历史发展的必然性通过偶然性表现了出来。当然,作为满族统治者的康熙、雍正、乾隆三位皇帝,在处理民族关系问题上,能从民族关系长期发展的角度出发,在培植民族的内聚力上,在巩固和发展统一多民族国家上做出了不可磨灭的历史功绩。本文论及的敕书,正是这种历史功绩的见证。

第二,敕书发现的不寻常经历也告诉人们,进一步有计划地收集流散于民间的历史文献、文物是多么的重要。具有重大历史价值的稀世珍品绝对不能毁于我们这一代。联想到 1982 年夏天我们在蒙古族聚居地区纵横五千余公里,进行蒙古族社会历史考察时的所见所闻,深感当前收集、保护历史文献、文物的迫切性。就以渥巴锡后裔满汉王府所在地和静县来说,对满汉王府(包括巴伦台夏季王府)和巴伦台黄庙的文献、文物的散失情况,做一次认真的普查,尽力进行征集,是十分必要的。对有关遗址进行修缮保护也是迫在眉睫。值得庆幸的是,近年来托忒文历史文献的征集与整理正日益

---

① 加斯东·加恩著,江载华、郑永泰译:《彼得大帝时期的俄中关系(1689—1730 年)》,第 117 页。

引起人们的重视,《汗腾格里》杂志 1981 年以来已刊出了八篇托忒文历史文献,①我们衷心期望致力于此的同行取得更大的成绩。

(原载《民族研究》1984 年第 2 期,合作者郭蕴华,执笔人马大正)

---

① 《汗腾格里》系新疆人民出版社用托忒蒙古文印行的刊物。据新疆社会科学院民族研究所巴赫同志提供资料,《汗腾格里》上已刊出的托忒文历史文献为:《卫拉特法典》《有关色特尔加甫的传说》《四卫拉特内乱的传说》(此三篇载 1981 年第 4 期),《蒙古的乌巴什洪台吉故事》《有关和硕特的历史和传说》(此两篇载 1982 年第 1 期),《卡尔梅克诸汗简史》(载 1982 年第 2 期),《祭地文》《和硕特诺颜巴图尔乌巴什著四卫拉特历史》(此两篇载 1982 年第 3 期)。

试论《雍正谕土尔扈特汗敕书》与满泰使团的出使

《雍正谕土尔扈特汗敕书》是雍正七年(1729)清廷给远居伏尔加河畔土尔扈特汗廷的谕旨,这件谕旨的原件和《康熙谕阿玉奇汗敕书》《乾隆谕渥巴锡、策伯克多尔济、舍楞敕书》原藏于和静县土尔扈特汗王府(又称满汉王府),现藏于新疆维吾尔自治区档案馆。上述三件敕书是清朝政府处理国内民族问题的重要文献,也是研究清代民族关系史的珍贵历史资料,其历史价值,近年来已日益引起研究者的重视。本文试对《雍正谕土尔扈特汗敕书》的内容做一介绍,并结合笔者接触到的有关中外历史记载,对雍正年间持此敕书出访土尔扈特汗廷的满泰使团略做评述。

一

《雍正谕土尔扈特汗敕书》有满文和托忒文两种文本。满文本系以宫笔缮写在浅黄缎幅上,宽四十厘米,长二百厘米,缎幅四周有精致细腻的黑色云雷花纹,卷末盖有二十厘米见方的雍正玉玺。缎幅用宣纸裱糊而成,卷的两端装有木制卷轴,轴的一端有骨制别针。托忒文本的型制与满文本相同。这件敕书的内容并不见于《清实录》等清代官书与其他汉文文献。同样,对持此敕书出使土尔扈特的满泰使团在清代汉文史籍中也鲜有记述。因此,多年来对雍正帝的这件敕书无人问津,对满泰使团的出使活动自然也很少有人去做专题研究。这里,为了对这一历史事件进一步开展研究,今将《雍正谕土尔扈特汗敕书》满文本的汉译文录之如下:

奉天承运,皇帝制曰:土尔扈特汗安否?前阿玉奇汗仰慕吾圣祖皇父仁化,笃意遣使取道俄罗斯之路,上书请安,呈进方物。圣祖皇父,明鉴嘉许,特加施恩,遣使致意。彼时,阿玉奇汗曾欲假道俄罗斯再遣使臣，或为准噶尔所困，道路梗阻，或向俄罗斯假道未果，实难逆料。

尔等土尔扈特部，虽远居边陲，然向行善事，人怀忠心，以诚远来，笃请圣安，圣祖皇父业已明鉴。尔纳扎尔玛穆特之子阿拉布珠尔，随同其母来藏叩拜，返回时为策妄阿拉布坦所阻，慈念悯其不得返归，封为贝子，业已另行安置，施恩养育。又库莽喇嘛之众弟子为唐古特所截留而不得归返，皆施恩收容养育。自准噶尔俘获之土尔扈特人等，亦皆令归各部，施恩养育。

悉闻阿玉奇汗已殁，朕嘉许其恭顺之举，待以仁德。今朕居龙位，念阿玉奇汗素以忠诚之心，请安于圣祖皇父，故命原副都统满泰、原副都统达布什、原副都统阿思海为使节，前往慰谕土尔扈特汗。余言由使臣面叙。特谕。

雍正七年五月十八日①

这篇根据满文译出的《雍正谕土尔扈特汗敕书》汉译全文，以前并不见于国内汉文文献，在我国乃是第一次披露。但在俄文历史资料中却早已公布，1882年由喀山大学印刷所出版的尼古拉·班蒂什－卡缅斯基编著《俄中两国外交文献汇编(1619—1792年)》一书中已将其俄文译文全部收录。尼古拉·班蒂什－卡缅斯基的著作在国内虽然早已引起研究者的注意，并利用它作为研究中俄关系史的基本史料，②但对该书所收敕书的俄译文从未披露全貌，直到1982年该书汉译本出版后，敕书俄译的汉译文才在国内公之于众，不过也未见研究者有所使用。为了便于读者对照参考，今将《俄中两国外交文献汇编(1619—1792年)》一书所收俄译文录之如下：

奉天承运皇帝诏曰：尔土尔扈特汗，安否？已故阿玉奇汗竭诚希望得到先帝的恩典，曾遣使假道俄罗斯奉表入觐，并进贡方物。先帝皇恩浩荡，谕令收纳贡物，并曾派使往阿玉奇处宣告圣安，以示恩待。虽然土尔扈特人距离我们甚远，可是，为表示好意和爱好和平，仍从如此遥远之地方遣使入觐请安。先帝仁慈，为表示对尔等之好意，接纳了纳扎尔玛木特之子，多尔济纳扎尔之弟阿喇布朱尔。该阿喇布朱尔本系偕同其母前去朝拜达赖喇嘛，然从该处返

---

① 本敕书汉译文系由汪玉明同志依满文移译。此次刊出时，又请沈微同志审校。
② 陈复光：《有清一代之中俄关系》，崇文印书馆1947年版。

回时,策妄阿拉布坦珲台吉不予放行,先帝降恩,接纳了他母子二人,赐他贝子这一显贵爵位,并赐给俸银。

郭莽喇嘛也曾前去朝拜达赖喇嘛,唐古特人不放彼等回去,加以扣留,于是博格德汗将彼等召集起来,予以恩养。其后,又曾从准噶尔人处将被他们俘获过并散住在各地的土尔扈特人集合在一起,施以皇恩,也予以供养。虽然阿玉奇已逝世,但我们出于对我国怀有好感之尔国人民的善意,不会废止以前所施予的恩典。现因朕已即位,尚记着阿玉奇过去热诚遣使入觐先帝之事,为此,朕特垂恩,遣使向尔土尔扈特汗问候,钦此。雍正七年五月。①

尼古拉·班蒂什-卡缅斯基对敕书的俄译,是根据满文本还是托忒文本,已无从考稽,但就其与上引满文本的汉译文相对照来看,无论基本内容上,还是段落顺序上均大体相符,只是在个别字句中,因译者所依据的满文与俄文底本不同,在翻译方法与措辞用字上稍有繁简的差异。然而值得注意的是,依据满文译出的敕书,最后有"余言由使臣面叙"一句,而俄译文则无此句的记载。这种现象的产生是何种原因?是译者根据的底本不同,还是因俄译者的漏译,笔者难以做出判断,不过它却说明了敕书的两种译文存在差异。

从整个敕书的内容来看,主要包含如下两层意思:第一,追述康熙末年清廷派遣图理琛使团出使土尔扈特汗廷的往事以及重申对阿拉布珠尔(即俄译中的阿喇布珠尔)等人安置措施;第二,雍正帝即位后,为了表彰已故阿玉奇汗对清廷之和好与敬慕,特派使臣向土尔扈特新汗慰问,以示关怀与友好。如果仅从字面意思来看,敕书的内容多为旧事重提与礼仪辞令,并没有什么值得重视之处,但若从当时雍正帝处理与西北准噶尔政权关系的背景来考察,这篇敕书便显示出它历史的重要性,而满泰使团的出使活动则成为清朝前期我国民族关系史上不可轻视的历史事件。因此,有必要对满泰使团的出使始末做一概括介绍。

---

① 尼古拉·班蒂什-卡缅斯基编著,中国人民大学俄语教研室译:《俄中两国外交文献汇编(1619—1792年)》,商务印书馆1982年版,第212页。

二

在清朝前期,清政府派往土尔扈特汗廷的使团前后共有三次。第一次是在康熙五十一年(1712)由康熙帝派出的闻名中外的图理琛使团;第二次则是雍正帝于雍正七年(1729)派出的满泰使团;雍正九年(1731),清廷又第三次派出了以班第、赖保为首的使团,①不过第三次的出使因俄国的阻挠而未能成行。

应该指出,满泰使团的出使是随同清廷派往俄国祝贺新沙皇即位的托时使团而去伏尔加河流域土尔扈特汗廷的。关于托时使团的出使俄国,中外学者已做了不少有益的研究,②本文不多做赘述,这里仅就满泰使团的出使经过,略加陈述。

前已述及,满泰使团出访土尔扈特是随同托时使团一同前往俄国的,根据满文档案记载,早在雍正七年五月六日(1729年6月2日)清政府理藩院给俄国萨纳特衙门(枢密院)的咨文中就通知俄国:"今值尔汗承继皇位喜庆之日,我国特派使臣前往致贺。随同我使臣一同前去者,尚有我前往土尔扈特地方之官员。"③紧接着,清政府于雍正七年五月十八日(1729年6月14日)给俄萨纳特衙门咨文中申述了清廷出使土尔扈特的缘由:"据闻阿玉奇汗已故,由其子继承汗位。土尔扈特本是恭顺之部落,与尔国亦甚友好。我大圣主格外施恩,特遣大臣前往存问,并降旨令伊等与派往尔国之使臣一同

---

① 中国第一历史档案馆编:《清代中俄关系档案史料选编》第一编下册,中华书局1981年版,第545—546页。

② 关于托时使团出使的经过,请参阅陈复光:《十八世纪初叶清廷进攻准噶尔期间第一次到俄属及俄京的中国使节》,载《云南大学学报》1957年第3期;吴相湘:《帝俄侵略中国史》,台北1954年版,第13页;曼考尔:《1729—1731年中国派往俄国的第一个使团》,载《东亚地区研讨会有关中国纪要》,哈佛大学1955年第9号,第75—110页;吉田金一:《雍正年间清朝派往俄国的两次使团》,载《川越高等学校图书馆纪要》1964年第2集;野见山温:《清雍正朝对俄遣使考》,载《俄清外交之研究》,东京酒井书店1977年版,第103—147页。

③ 《理藩院为遣使往贺俄皇继位等事致俄萨纳特衙门咨文》(雍正七年五月六日),载《清代中俄关系档案史料选编》第一编下册,第526页。

前往。"①咨文中要求俄国在清朝使臣进入俄国境内后,"驿站、盘费、随护官兵各项如何办理之处,务请预为酌定"②。雍正八年(1730)初,清政府在接到俄国表示同意的复文后,再次给萨纳特衙门的咨文中明确提出:"准此,今特派我国原侍郎托时、原副都统广西、原护军参领宰三为使,前往参加尔国君继位典礼。同时派原副都统满泰、原副都统达布西、原副都统阿斯海等大臣,假道贵国前往土尔扈特汗处。随同伊等前往之随从跟役四十八人,共五十四人。"③可以看出,使团在出国之前,清政府与俄国政府已进行了沟通,并基本上组成了使团的成员。

关于满泰使团的成员,在我国文献中仅如上引满文档案的记录,但在俄国文献中则记录得较为具体,今将尼古拉·班蒂什－卡缅斯基在其著作中有关托时与满泰两个使团成员构成情况录之如下:

(1)前往俄国朝廷的人员(即托时使团):①理藩院的第三号要员阿思哈尼昂邦托时;②梅勒章京广西;③首席扎兰章京宰三;④顾问丹津温布——策凌(皇族);⑤将军章京吴乃盖;⑥他们的随从人员二十名。

(2)前往卡尔梅克汗处的人员(即满泰使团):①梅勒章京满泰;②梅勒章京布达西④;③梅勒章京阿斯海;④坦斯里公格齐旺;⑤梅勒章京顾鲁扎布;⑥他们的随从人员二十八名。⑤

俄文资料中记载的满泰使团成员比上引满文档案所记多两人,即除满泰、布达西、阿斯海之外,还有坦斯里公格齐旺与顾鲁扎布。而其随行人员为二十八人,也比托时使团多八人(托时使团为二十人)。可见满泰使团的规模要比托时使团略大一些。

关于托时与满泰使团由北京出发的具体时间,在笔者接触到的中外文献中目前尚未有明确的记载。不过根据日本学者的研究,1729 年 10 月 31 日,俄国九等文官伊凡·格拉祖诺夫受命接待清朝使团,于同年 12 月 16 日

①② 《理藩院为派使往贺俄皇即位及派大臣前往土尔扈特事致俄萨纳特衙门咨文》(雍正七年五月十八日),载《清代中俄关系档案史料选编》第一编下册,第 528 页。

③ 《理藩院为告知赴俄使臣及去土尔扈特大臣情形事复俄萨纳特衙门咨文》(雍正八年正月十五日),载《清代中俄关系档案史料选编》第一编下册,第 531 页。

④ 布达西出使后,行至色楞格后病故。见《清代中俄关系档案史料选编》第一编下册,第 534 页。

⑤ 尼古拉·班蒂什－卡缅斯基编著,中国人民大学俄语教研室译:《俄中两国外交文献汇编(1619—1792 年)》,第 194—195 页。

由莫斯科出发,翌年(1730年3月3日)到达色楞格斯克。但清朝使团于前一年(1729年8月11日)抵达恰克图,在那里等待已有半年之久。① 可见,清朝使团从北京出发的时间可能在雍正七年(1729)下半年。

根据俄国档案资料记载,满泰使团随同托时使团一同去莫斯科觐见俄国女皇后,于1731年3月8日从莫斯科出发,托时使团由俄国政府派出的德米特里·别雷大尉和奥库尼科夫中尉护送至托博尔斯克,等候满泰使团从伏尔加河流域回来一同回国;而满泰使团则由俄国外务委员会秘书瓦西里·巴库宁护送去土尔扈特汗廷访问。②

满泰使团一行于雍正九年三月三十日(1731年4月6日)③抵达俄国与土尔扈特汗国的交界处萨拉托夫,"在该处等候土尔扈特之人来迎"④。雍正九年四月二十三日(1731年5月28日),已故土尔扈特阿玉奇汗的未亡人达尔玛巴拉及新汗车凌端多布(阿玉奇之子)特派宰桑刚达什、扎布二人前往萨拉托夫,"请博克德汗之安,并向大臣等问好!"⑤四月二十九日(6月3日),达尔玛巴拉与车凌端多布汗又派达木巴达尔札与阿尔达拉鄂尔布以及先前派来的宰桑刚达什、扎布等人前来迎接使团,时因连日阴雨,使团于五月八日(6月12日)在俄国萨拉托夫军政长官并兼任土尔扈特事务管理局长官的别克列米舍夫中校陪同下才抵达车凌端多布驻地附近。达尔玛巴拉与车凌端多布得知清朝使臣到达后,欣喜异常。她(他)们命宰桑登精向使臣转告说:"今博格达汗敕书达于本处,犹如从天而降,四邻之人既经获悉,亦显本部颇有光彩。"⑥他们表示出尊崇清朝政府的真实情感与热情迎候使臣的心意。根据土尔扈特人的历法与习惯,他们以五月十一日(6月15

---

① 吉田金一:《雍正年间清朝派往俄国的两次使团》,载《川越高等学校图书馆纪要》第2集,第3页。

② 尼古拉·班蒂什-卡缅斯基编著,中国人民大学俄语教研室译:《俄中两国外交文献汇编(1619—1792年)》,第210—211页。

③ 这里的日期是根据《清代中俄关系档案史料选编》一书(见该书第一编下册,第556页),但《俄中两国外交文献汇编(1619—1792年)》中记为3月26日。关于满泰使团在土尔扈特出使活动的日期,在上述中俄两种资料的记述中大都相близ,本文主要从《清代中俄关系档案史料选编》所记。

④⑤ 中国第一历史档案馆编:《清代中俄关系档案史料选编》第一编下册,第556页。

⑥ 中国第一历史档案馆编:《清代中俄关系档案史料选编》第一编下册,第557页。

日)为吉日,确定这一天土尔扈特汗国的首脑们迎接敕书与使团。

据中俄两国档案的记述,汗国迎接使团的场面是非常隆重、热烈的。先由使团成员格齐旺、顾鲁扎布把使团带给汗国的礼物"送往陈设"。尔后,汗国的台吉、宰桑们来到使团住处迎接清朝使臣,使团在台吉、宰桑的热烈簇拥下被迎到了土尔扈特汗廷的所在地。清朝使臣"恭举敕书进蒙古包,由土尔扈特汗车凌端多布跪接"①了敕书。接着,使团代表雍正皇帝向车凌端多布汗、达尔玛巴拉、多尔济阿拉布坦②等问候,然后汗国的首脑们也共同"恭请大博格德汗之安"③。达尔玛巴拉对清朝赠送的礼品十分赞赏,她说:"我四邻之国一经知悉大博格德汗远道赍赏种种未闻之物,非但纷纷赞叹,亦将为我车凌端多布之最佳标志。"④这反映出汗国首脑们在接受祖国中央政府礼品后的欢快心情与自豪感。在迎接敕书的仪式举行后,汗国的首脑们又为使团举行了宴会。席间,达尔玛巴拉在询问雍正皇帝的年龄后说,"祝愿博格德汗万岁"⑤。宴会的气氛十分和谐与热烈。

五月二十二日(6月26日),土尔扈特汗车凌端多布向使团呈交了给雍正皇帝的奏书,并向使臣赠送了礼品,⑥尔后,"又设宴款待,至晚方散"⑦。至此,满泰使团便结束了在汗国的出访活动。五月二十六日(6月30日),使团回到萨拉托夫,取道喀山到达托博尔斯克,同早在那里等候的托时使团会合,然后一道返回祖国。

从满泰使团出使的经过来看,其活动多为公开礼仪上的交往。但应该指出的是,使团在土尔扈特汗廷期间也有与车凌端多布私下会谈的举动,据满文档案《满泰等奏奉派前往土尔扈特经过情形析》(雍正十年三月五日)中载:"十三日(1731年6月17日)我等前往车凌端多布汗之室内,告知口头转告之言。车凌端多布称:我前所闻俱为属实等语。"⑧这里,使团向车凌端多布告知的转告之言是什么?而车凌端多布所称其"所闻俱为属实"之事又是什么?应该说,这是揭开满泰使团出使目的的关键。

———————————

①③④⑤ 中国第一历史档案馆编:《清代中俄关系档案史料选编》第一编下册,第557页。

② 多尔济阿拉布坦为阿玉奇汗之姊,和硕特部首领鄂齐尔图车臣汗之妻。噶尔丹攻杀鄂齐尔图车臣汗后,多尔济阿拉布坦逃往伏尔加河土尔扈特汗廷。

⑥⑦ 中国第一历史档案馆编:《清代中俄关系档案史料选编》第一编下册,第559页。

⑧ 中国第一历史档案馆编:《清代中俄关系档案史料选编》第一编下册,第558页。

三

外交是内政的延续,是为内政服务的。这就是说,一个国家的外交活动往往是受其本国内部的政治和经济制度、政策与需要制约的。上述雍正年间托时使团使俄与满泰使团出访土尔扈特都是清政府为解决它与西北准噶尔民族政权关系的内政而采取的外交步骤。

建立于我国新疆北部的准噶尔民族政权,自噶尔丹执政时起,一直是清政府统治的严重威胁。康熙在位时,为了排除准噶尔的侵扰进而统一西北边陲,三次亲征漠北。噶尔丹失败后,我国西北地区仍为噶尔丹之侄策妄阿拉布坦所统治。策妄阿拉布坦执政准噶尔部期间,对清政府时战时和,康熙末年,他派兵攻哈密,扰西藏,造成西北地区和西藏地区的巨大动乱。雍正即位后,通过恰克图条约在北部虽然解决了与俄国的关系问题,但准噶尔民族政权仍不断与清政府发生摩擦。时策妄阿拉布坦之子噶尔丹策零继为准部领袖,他一如其父之所作所为,对内发展生产,实行地方割据,对外实行扩张,侵扰邻部民族。雍正七年(1729),清政府因噶尔丹策零屡次骚扰喀尔喀蒙古,且藏匿青海反清头目罗卜藏丹津,正拟发兵两路征讨,而噶尔丹策零也积极遣兵备战,以图一举吞并喀尔喀,双方都磨刀霍霍,军事冲突大有一触即发之势。

可以看出,清朝前期雄踞西北的准噶尔统治势力,一直是清朝西北边防的严重威胁,成为清朝统一西北地区的巨大阻力。统一西北边疆是清政府的既定国策,也是康熙留下的未竟之业,作为继承康熙事业的雍正皇帝,对日益扩展而步步进逼的准噶尔统治势力,自然不能漠然视之。他在军事上积极备战,准备进攻准噶尔统治势力的同时,在外交上也采取措施,派出使团去俄国与远居伏尔加河的土尔扈特汗廷进行斡旋与折冲,以期在对准噶尔作战中能够得到配合或支援,托时使团与满泰使团的出使正是在上述历史背景下进行的。关于这一点,有些国外学者的分析还是中肯的。罗斯托夫斯基说:"中国迫切希望彻底消除准噶尔人的威胁,希望取得俄国人的配合。为此目的,1730年第一次派往欧洲的外交使团,以祝贺彼得大帝二世继承帝位的正式借口来到莫斯科。"苏联汉学家齐赫文斯基也说:"对准噶

---

① 《俄国与亚洲》第三章,纽约1939年版。

尔汗国作战的重重困难,迫使清廷重新寻求在伏尔加河流域游牧的喀尔木克人(即土尔扈特人)的支持。清廷为此决定向沙皇派出使团,其使命在于获准而进入喀尔木克人居住的草原。"①

在前文已经谈到,雍正皇帝给土尔扈特汗的敕书中最后有"余言由使臣面叙"一句,这说明在敕书内容之外还有与汗国首脑们私下会谈之语。根据满文档案的记载,在雍正九年五月十二日(1731年6月15日)使团还没有离开汗廷时,车凌车端多布汗就向使团提出:"据敕书所云,大臣尚有口头转告之言"②的询问。第二天(雍正九年五月十三日,1731年6月16日)使团便"前往车凌端多布汗之室内,告知口头转告之言"③。档案资料中没有透露"口头转告之言"的具体内容和会谈的细节,不过根据同一档案所记,同年五月二十三日(6月26日),车凌端多布向使团呈交给清朝的复文后,他向使团说:"使臣等所告准噶尔人自噶尔丹至策(妄)阿拉布坦、噶尔丹策零等之所作所为,与我所闻相同,其事属实。博格德汗倘派大军进剿,我必获悉其信;倘有准噶尔人败北而窜入我处,我将收留之后,再行奏闻。"④由此可见,满泰使团向车凌端多布"口头转告之言",主要有两个方面的内容:第一,告知准噶尔政权自噶尔丹至策妄阿拉布坦父子对邻部扩张与反清的事实;第二,清军进攻准噶尔时,希望能够得到土尔扈特的支援与配合。应该说,这也就是清政府派出满泰使团的主要目的。

关于使团向车凌端多布口头转告的内容,在俄国尼古拉·班蒂什-卡缅斯基的著作中也有相应的记述。该书在介绍敕书的内容之后紧接着就指出:"中国使臣还曾向策楞敦多布(即车凌端多布)口头提到下列问题……准噶尔人假意同博格德汗讲和的问题;迄今尚未交出叛贼罗卜藏丹津的问题;不愿将准噶尔人分散安置到各地去的问题;准噶尔领主拒不臣服博格德汗的问题等(当时博格德汗为使准噶尔臣服,已派人数众多的军队攻打准噶尔人,同时希望他们卡尔梅克人把准噶尔逃民扣留起来,而最好将他们的头领送往北京,并能经常侦察准噶尔的一切活动)。"⑤可见,俄国著作较诸满

---

① 《中国近代史》,莫斯科1972年版,第61—62页。

②③④ 中国第一历史档案馆编:《清代中俄关系档案史料选编》第一编下册,第558页。

⑤ 尼古拉·班蒂什-卡缅斯基编著,中国人民大学俄语教研室译:《俄中两国外交文献汇编(1619—1792年)》,第212—213页。

文档案的记载更为详细与具体。之所以如此,并不是偶然。俄国政府一直在关注满泰使团对土尔扈特的出使,并设法要弄清使团出使的意图。早在使团抵达托博尔斯克时,负责接待使团的俄国官员伊万·格拉祖诺夫就本着俄国政府的指示:"必须阻留住与该使团同行的前往卡尔梅克领主处的那些使臣,要设法探听到派遣他们的原因。"①以后,满泰使团在俄国外务委员会秘书瓦西里·巴库宁护送下向土尔扈特汗廷进发时,瓦西里·巴库宁就受到俄国政府的指示:"要细心地注意中国使臣将向卡尔梅克人提出些什么建议。"②然而,清政府准备以武力解决准噶尔问题的意图对俄国并不隐讳,托时使团在觐见俄国女皇时所呈交的理藩院致俄国枢密院的公函中,就明确提出了清政府对准噶尔作战的意图,并期望得到俄国的配合。③ 至于使团向车凌端多布转达口头之言时,似乎对俄方也未加回避。如前所述,车凌端多布向使团询问"口头转告之言"时,曾提出"倘有不使俄罗斯得知之言,可否著此中校退避",但使团却回答说:"我朝圣主即天,敕书如日;光天化日之下,何需瞒人?"④看来,使团与汗国首脑私下会晤也没有完全对俄方保密。当然,这并不是说所有场合对俄方都是公开的。据别克列米舍夫透露,他"在给外务委员会的报告中请求原谅自己",因为他"未能看出卡尔梅克汗是否交给了中国使臣致博格德汗的任何其他内容的信函,因为卡尔梅克的宰桑们同中国使臣经常秘密会晤"⑤。满泰使团与土尔扈特首脑密谈何事,史料中没有明确记录。但从别克列米舍夫得到的消息中可以大致了解一些内情。别克列米舍夫曾探听到:"中国人曾暗中劝诱住在该地的已故珲台吉的儿子,即勇敢、刚毅但受其兄噶尔丹策零欺侮的罗卜藏苏努接受博格德汗的庇护,说博格德汗能使他得到他亡父的全部兀鲁思。"⑥罗卜藏苏努系策妄阿拉布坦次子,其父在世时,因倾向与清朝"和好相处",遭到其父之打击,

---

① 尼古拉·班蒂什-卡缅斯基编著,中国人民大学俄语教研室译:《俄中两国外交文献汇编(1619—1792年)》,第194页。

② 尼古拉·班蒂什-卡缅斯基编著,中国人民大学俄语教研室译:《俄中两国外交文献汇编(1619—1792年)》,第211页。

③ 尼古拉·班蒂什-卡缅斯基编著,中国人民大学俄语教研室译:《俄中两国外交文献汇编(1619—1792年)》,第206—207页。

④ 中国第一历史档案馆编:《清代中俄关系档案史料选编》第一编下册,第558页。

⑤⑥ 尼古拉·班蒂什-卡缅斯基编著,中国人民大学俄语教研室译:《俄中两国外交文献汇编(1619—1792年)》,第213页。

"将其囚禁"①,其母、弟也为噶尔丹策零所杀害,后逃往土尔扈特汗廷避难。别克列米舍夫探听的上述消息,并非捕风捉影,而确是事实。因为当时在清政府急于应付准噶尔势力威胁的情况下,争取与噶尔丹策零相敌对的罗卜藏苏努,将其作为联合力量乃属情理之中。果然,雍正十年三月十二日(1732年4月6日),清政府理藩院给俄国萨纳特衙门的咨文中向俄国政府公开说明了此事。②看来,满泰使团出使土尔扈特的目的,除上述动员土尔扈特配合对准噶尔作战的主要意图之外,劝说罗卜藏苏努返归清廷并与之联合共同对付噶尔丹策零的势力,也是其出使的任务之一。

非常明显,满泰使团出使的目的,主要是为了雍正皇帝解决国内西北准噶尔割据势力在外交上所进行的折冲活动,它与18年前康熙帝派出的图理琛使团的目的一样,都是针对国内准噶尔民族政权势力的强大而采取的外交措施。正如有的学者所说:"雍正此次派赴土尔扈特使团的任务,也如康熙给图理琛报聘阿玉奇的任务,主要在羁縻土尔扈特,使其在军事进行期间,牵制准噶尔部。"③如果说,两者有所差别的话,那就是图理琛使团出使的目的比较隐蔽;而满泰使团出使的目的,特别对俄国来说,则较为公开。也正因如此,当俄国完全了解到清朝出使的目的后,特别是当清朝于雍正十年(1732)第二次派出以赖保为首的使团前往土尔扈特汗廷时,④俄国外务委员会便立即命令管理中国边界事务的伊尔库茨克副省长若洛鲍夫和布霍利茨上校,"绝对不准新派往见卡尔梅克汗的中国使臣进入俄国"⑤。俄国政府之所以对中国新派的使团严加拒绝,不是没有原因的。其一,在俄国看来,活跃于我国西北的强大准噶尔势力,是它在西伯利亚地区的一个重要屏障。一旦这一屏障被清政府摧毁,其西伯利亚的边陲必然与国势强盛的清王朝接壤,这不能不使它感到威胁。其二,清朝使团来土尔扈特访问,除了

---

①② 中国第一历史档案馆编:《清代中俄关系档案史料选编》第一编下册,第561页。

③ 陈复光:《十八世纪初叶清廷进攻准噶尔期间第一次到俄属及俄京的中国使节》,载《云南大学学报》1957年第3期。

④ 据满文档案载:"此次派我大臣来(赖)保等前往土尔扈特部,乃为议讨我叛部准噶尔之事务。"可见,这次来保出使的目的,非常明确,就是为联合土尔扈特共同进攻准噶尔。详见《清代中俄关系档案史料选编》第一编下册,第561页。

⑤ 尼古拉·班蒂什-卡缅斯基编著,中国人民大学俄语教研室译:《俄中两国外交文献汇编(1619—1792年)》,第219页。

联合其军事力量的目的之外,也很难排除"诱导他们回到故土"①的可能性。因为俄国政府已经探知前次图理琛使团来访时,就"要卡尔梅克人放弃阿斯特拉罕游牧区,迁到珲台吉游牧的草原上去"②。清政府上述两点意图,无论哪点得以实现,都对俄国政府极为不利。明乎此,就不难理解俄国政府为何始终关注满泰使团出使的意图和拒绝赖保使团出使的原因了。

在满泰使团对土尔扈特的出使中,俄国尽管设置了一些障碍,但这次出使进一步加强了土尔扈特与清政府的联系,赢得了土尔扈特人对清政府的好感。正如法国学者加斯东·加恩所说:"在1730年时,喀尔木克人陷于孤立,土尔扈特人对中国怀有好感,蒙古人已是臣服了,中国可以说是控制了介于它和俄国之间的所有民族。同时借助于尼布楚条约,它已经遏止俄国进逼黑龙江流域;借助于恰克图条约,它又使俄国人远离北京,并用条约阻止俄国进展,因此,我们也可以说中国战胜了俄国……总之,中国的政策是完全成功了。"③喀尔木克人指准噶尔人,蒙古人指喀尔喀蒙古人。应该承认,在康雍乾时期,清政府的对俄政策以及对国内西北各族所采取的措施,基本上是成功的,而其中对远居伏尔加河的土尔扈特人的争取效果尤为显著。应该看到,清政府对土尔扈特人的一系列争取工作的成功,不仅有利于孤立与打击准噶尔贵族集团中的敌对势力,而且对于激发土尔扈特人对故土的向往和爱国主义热情有不可低估的作用。雍正年间满泰使团的出使活动,乃是清政府实施上述目的的重要一环,因此,我们对满泰使团出使的意义应给予充分的肯定。

(原载《民族研究》1988年第1期,合作者马汝珩,执笔人马大正)

---

①③ 加斯东·加恩著,江载华、郑永泰译:《彼得大帝时期的俄中关系史(1689—1730年)》,商务印书馆1980年版,第293页。

② 尼古拉·班蒂什-卡缅斯基编著,中国人民大学俄语教研室译:《俄中两国外交文献汇编(1619—1792年)》,第199页。

东归精神永存
——土尔扈特蒙古万里东归的当代启示

一、难忘的历史场景

乾隆三十六年(1771)夏秋之际,在远离大清帝国政治中心的伊犁河流域察林河畔和有夏都之称的承德,发生了两件轰动一时且具有深远历史影响的大事:一件是东归的土尔扈特人在伊犁河流域与清军相遇,完成了艰难的东归征程;另一件是在木兰围场,渥巴锡等土尔扈特东归首领觐见了乾隆皇帝。

乾隆三十六年五月二十六日(1771年7月8日),东归故土的土尔扈特蒙古前锋部队在策伯克多尔济率领下,于西陲边地的伊犁河流域察林河畔与前来相迎的清军相遇。六月五日(7月16日)这天,清军总管伊昌阿、硕通在伊犁河畔会见了刚刚抵达的渥巴锡、舍楞以及土尔扈特的东归主力部队和家属。

让我们把历史的镜头推向230年前的察林河畔。在伏尔加河流域生活了一个半世纪的土尔扈特人为了返回故土,经过长途跋涉,艰苦奋斗,几乎丧失了所有的牲畜,当他们回到祖国怀抱时,很多人衣不遮体,靴鞋俱无。时虽夏季,但西陲晨夕的凉风依然袭人,形容枯槁、疲惫不堪的土尔扈特人仍处于饥寒交迫之中。据清方档案对回归到察林河畔土尔扈特人的描述:"其投来者,皆为老弱孤独,妇女幼儿甚众,摇晃行走而来。至其游牧处观之,则饥馑疲惫者甚多……频频叩首痛哭求乞。看来已是甚为窘迫。"
而策伯克多尔济所率之近百人,"马驼混骑,驼上亦有双人骑者,马驼膘瘦,

---

① 中国第一历史档案馆藏:《满文土尔扈特档》,乾隆三十六年六月二十三日折。

多露疲惫不堪之貌"①。舒赫德在给乾隆帝的奏报中也说:"目睹其穷困情况,实堪悯恻"②,"其幼孩有无一丝一寸缕者"③。

但是,刚从异国他乡归来的土尔扈特首领与清朝官员初次会见时的情景是十分令人感动的。据伊昌阿和硕通在向清朝政府报告中描述:"渥巴锡派人来报,言已得暇。故我二人率领随从三十余人,前往渥巴锡住地观看,北面一个蒙古包,前面支起凉棚,渥巴锡坐在正中,巴木巴尔坐在一旁,我等到近前下马之后,渥巴锡、巴木巴尔同时离座而立,我等走进凉棚,伊等即跪下请大圣皇帝万安,继而便问将军大臣之安,我等走至跟前行抱见之礼,按其厄鲁特之例,坐于两边。"伊昌阿会见渥巴锡时提出:"观尔等到达之情,已真是疲惫穷困之极,大皇帝所居甚远,此地一切事宜,均由将军、参赞大臣承担办理,尔等若不将此等情由亲往乞述于将军、参赞大臣,我等岂有将尔等何项难处提出呈文,并将所报酌情办理之理乎?况且适才我将军、参赞大臣尚与我咨文前来,初三日与策伯克多尔济会面,暂且留下。俟尔等抵达商办,指定良牧居之,办理完毕,将自愿前往京师朝觐大圣皇帝之清明台吉头人,均返遣其游牧收拾启程,由此看来,若尔等越早前往,则对尔等之众越发裨益。"④也就是说,他们希望渥巴锡早日到伊犁与参赞大臣舒赫德会见。渥巴锡在当天即派舍楞通知伊昌阿等,表示可以随时动身前往伊犁会见舒赫德。舍楞转述渥巴锡之言:"我等起程之时,择吉日往此而来,沿途仍遭如此穷困,今我等之众均至这般极地,又择什么吉日?我等今日即刻起程前往,此去之时,巴木巴尔、舍楞与我等三人同往。"⑤次日,即六日起程奔赴伊犁。在伊犁期间,舒赫德向渥巴锡反复申述了乾隆帝的旨意:"闻厄鲁特等,受朕重恩,带领妻子远来投顺,甚属可悯,理宜急加抚绥,遣大头人来京入觐,但念尔等均未出痘,京城暑热,甚不相宜,避暑山庄凉爽,如九月中旬可到彼处,即带领前来,否则俟明年临幸时,再来入觐。朕务于车凌、车凌乌巴什一例施恩。"⑥舒赫德还将专门从北京"六百里加急驰递"的《乾隆谕渥巴锡、策伯克多尔济、舍楞敕书》交给渥巴锡等人。

---

① 中国第一历史档案馆藏:《满文土尔扈特档》,乾隆三十六年六月十八日折。
② 《清高宗实录》卷八八九,乾隆三十六年七月丁巳。
③ 《清高宗实录》卷八八九,乾隆三十六年七月辛酉。
④⑥ 中国第一历史档案馆藏:《满文月折档》,乾隆三十六年六月二十五日折。
⑤ 中国第一历史档案馆藏:《满文月折档》,乾隆三十六年七月一日折,第8件。

乾隆三十六年九月八日(1771年10月15日)傍晚,渥巴锡于当日抵承德后即赶赴木兰围场伊绵峪觐见乾隆帝,进献礼品,乾隆帝以蒙古语垂询渥巴锡,在蒙古包里以茶食招待了他们。次日,即九月九日,乾隆帝在伊绵峪围猎营地设盛宴,参加筵宴的大臣权贵、内外蒙古王公和卫拉特诸部首领有86人。渥巴锡等东归首领在苍山滴翠、枫林似火的伊绵峪参加规模盛大的一年一度的围猎,正好与先期来归的杜尔伯特部车凌乌巴什以围班扈跸行围,舍楞与车凌乌巴什是老相识,二人在围场相见,"握手欢语移时,誓世为天朝臣仆"①。十天之后,乾隆帝又在承德避暑山庄澹泊敬诚殿(俗称楠木殿)接见渥巴锡一行,之后又在四知书屋和卷阿胜境召见渥巴锡并与之长谈,渥巴锡向乾隆帝面述悲壮的东归征程和祖辈的光荣历史。

　　东归故土的土尔扈特蒙古,是我国蒙古族卫拉特四部之一,17世纪30年代,为开拓新的游牧地,在其首领和鄂尔勒克率领下远徙额济勒河(今伏尔加河)流域,经历了七世八代的汗王统治,1771年1月在渥巴锡领导下破釜沉舟、义无反顾地举族东归,离开了生活近一个半世纪的伏尔加河流域游牧地,历尽艰辛付出了巨大的民族牺牲,回到被他们称之为"太阳升起的地方"。这场横跨欧亚大陆、震撼中外的历史话剧在血与火的搏击中启开序幕,在理想与信念、生与死的冲突中落下帷幕,但是它却给人们留下了无穷的思索,令后人惊叹、深思。正如一位外国学者所指出:"土尔扈特人的悲壮之举不是消失在历史上的传奇交界地区的一个孤立事件,而是人类永恒地追求自由与和平的一个真实范例,是值得我们传诵的一篇伟大的叙事史诗。"②当我们在探究土尔扈特人伟大壮举的时刻,首先看到的是深深埋藏在这个飘落异域民族中的思乡情结。

二、剪不断的思乡情结

　　土尔扈特部西迁伏尔加河流域后,在长达140余年的漫长岁月中,他们虽远离家乡亲人,但与故土的联系却持续连绵,对清朝中央政府也"进贡请

---

① 祁韵士:《皇朝藩部要略》卷一四。
② W.L.芮弗著,凌颂纯、王嘉琳译:《土尔扈特——长篇历史小说》作者前言,新疆人民出版社1988年版。

安,输诚已久"①。

17世纪20年代以来,卫拉特蒙古诸部内乱频仍,社会动荡,民不聊生。土尔扈特部首领和鄂尔勒克为了求得部族的安定生活,于明崇祯元年(1628)率领土尔扈特部以及部分和硕特、杜尔伯特牧民约五万帐,远徙伏尔加河下游游牧。然而,千山万水割不断他们与卫拉特各部之间长期形成的民族情谊。和鄂尔勒克虽然远离了故土,但依然与卫拉特各部保持密切联系。明崇祯十三年(1640),和鄂尔勒克带领儿子书库尔岱青等长途跋涉返回塔尔巴哈台,参加了准噶尔部首领巴图尔珲台吉主持召开的卫拉特、喀尔喀各部王公会议。在这次会议上,各部首领共同制定了著名的《蒙古卫拉特法典》,调整了蒙古各部的关系。和鄂尔勒克还与准噶尔部建立起通婚关系,他把自己女儿嫁给巴图尔珲台吉为妻,从而进一步加强了土尔扈特部与其他卫拉特各部的政治联系。所以当清顺治元年(1644)俄国使者克列皮可夫到巴图尔珲台吉处,劝诱巴图尔珲台吉出兵与俄国共同攻打土尔扈特部时,遭到了巴图尔珲台吉的严词拒绝,挫败了俄国政府挑拨两部关系的阴谋。

和鄂尔勒克战死于阿斯特拉罕城下后,他的儿子书库尔岱青继任土尔扈特部首领。在书库尔岱青及其子朋楚克执政时期,由于新兴的清王朝在全国的统治已经确立,国内政局渐趋稳定,为远离故土的土尔扈特部与祖国沟通创造了有利条件,土尔扈特部得以从多方面与祖国建立了联系。

书库尔岱青执政初期,首先便与刚刚建立起全国统治的清朝建立了关系,承认清朝作为祖国当时合法的中央政府。顺治三年(1646),书库尔岱青与其弟罗卜藏诺颜随青海和硕特部首领顾实汗,向清政府进表贡"附名以达"。顺治七年(1650),书库尔岱青遣使"贡马",清政府赐使者以"宴赍"。顺治八年(1651),土尔扈特博地苏克等"贡马",清廷赐他以银币等物。顺治十二年(1655),书库尔岱青"遣使锡喇布鄂木布奉表贡"。翌年,和鄂尔勒克的另一个儿子伊勒登,也遣使锡喇尼和硕齐向清政府入贡。顺治十四年(1657),罗卜藏诺颜及其子多尔济遣使沙克锡布特、达尔汉乌巴化、阿巴赖三人向清廷"贡驼马二百余,复携马千,乞市归化城",得到了清政府的同意。从上述内容可以看出,土尔扈特与清政府的不断联系,不仅加强了双方关系,而且使这个远离祖国的游牧部落在政治和经济方面都得到了清朝中

---

① 《康熙谕阿玉奇汗敕书》。

央政府的支持。

土尔扈特的首领们还与西藏地方建立了联系。西藏是中国喇嘛教(藏传佛教)的圣地,到西藏"熬茶礼佛"是笃信喇嘛教的土尔扈特王公贵族最虔诚的愿望,同时也是取得喇嘛教神权对他们支持的机会。当土尔扈特与清政府建立政治联系后,便在清政府的支持下与西藏地方建立了联系。清政府为照顾土尔扈特部的风俗习惯和宗教信仰,给土尔扈特王公进藏礼佛提供了种种方便。书库尔岱青曾进藏熬茶礼佛,谒达赖喇嘛,前后在西藏留居长达十年之久。

土尔扈特与准噶尔的关系是比较复杂的,双方继续着通婚的关系,朋楚克娶巴图尔珲台吉之女为妻,且朋楚克之子阿玉奇自幼生活在准噶尔部,为巴图尔珲台吉所抚养,但双方时有冲突发生,顺治二年(1645)夏,书库尔岱青在进藏礼佛的归途中,遭到了准噶尔人的袭击。顺治十七年(1660),书库尔岱青之弟罗卜藏诺颜在与准噶尔的战争中战死。康熙元年(1662),书库尔岱青和朋楚克出兵袭击准噶尔人。17世纪60年代,朋楚克曾同准噶尔人及和硕特人发生冲突。由此可见,双方虽然继续维持着通婚关系,但却为不断发生的争端所干扰。

可以看出,在这一阶段中土尔扈特与祖国的联系是通过多种渠道进行的,其关系的发展,除与准噶尔部有些纠葛外,总的来说是健康正常的。应该说,土尔扈特与清政府的这种多方面联系,正是维系土尔扈特与祖国关系的重要纽带。

17世纪70年代至18世纪20年代,是阿玉奇汗统治土尔扈特部时期。

阿玉奇汗是土尔扈特蒙古历史上一个出色的人物,他一生活动的重要业绩之一,就是将其前辈与祖国建立起的多种渠道联系推向了一个新的发展阶段,使土尔扈特蒙古在伏尔加河下游建立的封建汗国得到进一步巩固和发展。

阿玉奇汗十分重视与卫拉特蒙古各部的关系,他执政时期继续奉行与卫拉特部联姻的方针。阿玉奇汗的妹妹多尔济喇布坦嫁给和硕特部著名首领鄂齐尔图汗。准噶尔部首领策妄阿拉布坦乞婚阿玉奇,阿玉奇又以女妻之。阿玉奇还将另一女嫁于喀尔喀墨尔根汗额列克。

阿玉奇为了取得西藏喇嘛教神权的支持,继承其先辈与西藏地方联系的方针,与西藏达赖喇嘛进行交往。康熙二十九年(1690),达赖喇嘛赐给他汗的封号，"并送去了这一封号的大印"①。康熙三十七年（1698），阿玉奇侄子阿拉布珠尔陪同其母、姐妹一起率五千余人赴西藏谒达赖喇嘛，此举得到了清政府的准许，并受到了清政府的优待。

阿玉奇深知得到祖国中央政府支持的重要性。他为维持和发展与清政府的关系更是做了不懈的努力。据记载，阿玉奇汗执政后，土尔扈特蒙古对清政府"表贡不绝"，其贡道"皆由哈萨克经准噶尔地，达嘉峪关"后，到达内地。康熙三十五年（1696），昭莫多战役后，清政府为防止准噶尔首领噶尔丹残余势力奔窜伊犁，康熙命策妄阿拉布坦在阿尔泰山一线防堵，而阿玉奇汗发兵一千，与策妄阿拉布坦的军队"会集于尔台（阿尔泰）以内土鲁图地方驻扎"。康熙三十六年（1697），阿玉奇遣使和硕齐等随同策妄阿拉布坦贡使"入贡庆捷"，祝贺清朝平定噶尔丹割据势力的胜利。阿玉奇汗在维护国家统一、协助清政府击败噶尔丹割据势力的过程中，是有贡献的。康熙三十八年（1699），阿玉奇又派遣使者额尔罕格素尔前往北京，受到康熙的亲切接待。

正当土尔扈特蒙古与清政府的关系顺利发展之时，准噶尔首领策妄阿拉布坦自恃势力强盛，对卫拉特蒙古其他各部推行同室操戈的政策，洗劫了自北京返回伏尔加河途经准噶尔地区的额尔罕格素尔使团，使者惨遭杀害。不久，阿玉奇汗与策妄阿拉布坦之间又发生了散札布事件，双方关系急剧恶化，并由此使阿拉布珠尔一行因"策妄阿拉布坦阑之，不得归"②。由于策妄阿拉布坦割据准噶尔部，通道梗阻，土尔扈特蒙古遣使清廷的活动被迫中断，正如后来阿玉奇汗的一位近侍对图理琛所说："因南路不通，所以数年相隔，未曾遣使。"③

但是，策妄阿拉布坦在新疆的割据，可以影响土尔扈特与清政府的交往关系于一时，终究减弱不了土尔扈特部长期形成的对祖国的向心力。18世纪以来，土尔扈特蒙古与清政府的关系不仅没有长期中断，相反，在阿玉奇汗与康熙帝的努力下有了较大的发展。萨穆坦出使清廷就是阿玉奇汗为冲破人为阻隔，恢复与祖国关系的一次成功的尝试。

18世纪20年代至50年代，即车凌端多布、敦罗卜旺布、敦罗布喇什统

---

① 诺夫列托夫：《卡尔梅克人》，彼得堡1884年版，第10页。
② 何秋涛：《朔方备乘》卷三八《土尔扈特归附始末》。
③ 图理琛：《异域录》卷下。

治时期。这一时期土尔扈特蒙古与祖国的多渠道联系,出现了更多的困难。传统的南路通道由于准噶尔部噶尔丹策零与清政府时战时和,仍处于梗阻状态,同时,在阿玉奇汗逝世后,沙俄政府对土尔扈特蒙古的控制日益加强,通过北路假道俄国的路途也受到阻挠。尽管如此,在土尔扈特与清政府的努力下,双方的联系并没有中断,仍保持着与前一阶段一样的稳定状态。

雍正八年(1730),新任土尔扈特首领的车凌端多布遣"那木卡格龙(隆)、达尔罕格楚尔前来,向博格德汗请安,呈递奏文及进献礼品",并"往西藏谒见达赖喇嘛"。① 关于这次土尔扈特来使,因尚未见详细记载,难以说出具体情形。

雍正九年(1731),阿玉奇汗的侄子乌巴什多尔济遣使阿尔巴尔图、沙喇布丹津等返国,"奏请往谒达赖喇嘛",时值西藏阿尔布巴之乱初定,达赖喇嘛徙噶达,清政府为安全计,"诏守汛者,勿遣赴唐古特,以其臣噶达,优以粮糗"②,使土尔扈特使安全返归。

20多年后,敦罗布喇什继任土尔扈特部落首领后,"欲遣使赴藏熬茶,行做善事"③,派出以吹扎布为首的使团,假道俄国,克服重重困难,历时三年,于乾隆二十一年(1756)抵达北京,向清政府上表进贡。清政府根据吹扎布请求,特派麒麟保护送,于"七月初起程赴藏",并谕麒麟保自西藏返回时,"即带领土尔扈特使臣,由张家口外,前赴热河入觐"④。九月间,乾隆皇帝在避暑山庄五次赐宴吹布扎。吹扎布向乾隆皇帝进献了敦罗布喇什的礼品。⑤ 会见时,吹扎布向乾隆皇帝述说了布尔扈特蒙古早年西迁的原委,以及在伏尔加河游牧时受到沙皇俄国压迫的困境,他说:"俄罗斯尝与雪西洋(瑞典)及西费雅斯科(土耳其)战,土尔扈特以兵助之,厥后稍就弱,俄罗斯因谓为其属。"这说明土尔扈特是力量削弱之后,才被沙皇俄国控制的。吹扎布说:土尔扈特对于沙皇俄国是"附之,非降之也",说明土尔扈特并未完

---

① 《满泰等奏奉派前往土尔扈特经过情形折》(雍正十年三月五日),载《清代中俄关系档案史料选编》第一编下册,中华书局1981年版,第557页。
② 祁韵士:《皇朝藩部要略》卷一一。
③ 中国第一历史档案馆藏:《满文土尔扈特档》,乾隆三十六年六月二十一日折。
④ 《清高宗实录》卷五一七,乾隆二十一年七月戊子。
⑤ 贡品中有一件黑绒银花的弓袋和箭束至今仍保存在中国历史博物馆。弓箭和箭袋上附有当年收藏时缮写的羊皮条,上写"土尔扈特台吉敦多布达什恭进撒袋一副"。

全臣服于沙皇俄国。他还特别强调:"非大皇帝有命,安肯为人臣仆?"[1]当吹扎布得知哈萨克阿布赉的贡使即将抵京的消息后,即向乾隆皇帝请求:"哈萨克为天朝臣仆,若谕令由所部纳贡,无行道虑。"也就是说,如果允许土尔扈特贡使经由哈萨克到内地进贡,那么不仅道路方便,而且可以不再借道俄罗斯,以避免沙俄的刁难阻挠。为了让清政府更多地了解情况,吹扎布还将土尔扈特在伏尔加河流域"所属疆域"绘就后献给乾隆皇帝。吹扎布使团的来访,加强了土尔扈特蒙古与清政府的政治联系,双方关系得到了进一步的发展,所以在这次使团来访的15年后(乾隆三十六年),当沙皇俄国妄图完全控制土尔扈特部的紧急时刻,土尔扈特首领及人民心中多年蕴藏的对故土的向往,顿时爆发出来,化作反抗强暴的巨大力量。土尔扈特人民在其首领渥巴锡的率领下,冲破沙俄阻拦与路途艰险,终于胜利地返回了自己的故乡。世界上任何事件发生的原因总是多方面的,土尔扈特人深沉的思乡情结如果没有得到当时清朝政府的积极反响,历史的进程也许又会是另一种模样。康熙、雍正、乾隆三朝对土尔扈特人正确政策的深远影响,同样也是土尔扈特人回归故土不容忽视的重要原因之一。

三、清政府对土尔扈特人的关注

康熙、雍正、乾隆三朝,清朝中央政府始终视客居异乡的土尔扈特人为臣属,对来朝的土尔扈特使节优礼有加,对到故乡熬茶礼佛的土尔扈特贵族和普通百姓多方关照。为增进彼此关系,清廷还多次派遣专使,远访生活在伏尔加河流域的土尔扈特人,其中最具影响的是康熙时的图理琛使团和雍正时的满泰使团。

康熙四十八年(1709),阿玉奇汗派遣萨穆坦为使臣回国,萨穆坦一行八人,因南路断绝,取道西伯利亚,经喀尔喀蒙古库伦,一路历尽艰辛,经过两年多时间,于康熙五十年(1711)六月才到达北京,向清廷"表贡方物"。康熙帝对萨穆坦使团来朝甚为欢迎,所谓"上嘉其诚",对使团颇为优待,对萨穆坦等人赏银两、绸缎、布匹、茶叶等。[2] 萨穆坦使团的公开使命,据法国学

---

① 祁韵士:《皇朝藩部要略》卷一三。
② 《康熙谕阿玉奇汗敕书》。

者加斯东·加恩说:"是要索回那个差不多成了囚犯的王子。"①也就是说,是为了同清政府商议阿拉布珠尔的返回问题。但在《康熙谕阿玉奇汗敕书》中有段文字颇引人思索。阿玉奇在奏书中写道:"所差遣之使,乃吾心腹小役,圣祖若有密旨,请赐口谕。"这是告诉康熙帝,萨穆坦是自己可以授以机密的亲信。显然,当时康熙帝与阿玉奇汗之间急于对话的不仅是阿拉布珠尔的遣返问题。对此,中外的学者曾做过种种猜测,由于史料所限,至今仍未能得出明确的答案。但从当时的形势来看,康熙帝与阿玉奇汗之间急于磋商的机密不外乎下述两个方面:第一,如何联合对付日益强大并威胁各自安全的策妄阿拉布坦;第二,探求土尔扈特蒙古重返故土的可能性。如果上述推测可以成立的话,那么就不难理解,为什么康熙帝于萨穆坦来朝的第二年(康熙五十一年)就破格地派出使团去土尔扈特部做了回访。

清政府派出的使团,由太子侍读殷扎纳、理藩院郎中纳颜、内阁侍读图理琛及卫拉特人舒歌、米斯等五人组成,同行的有随从武官和二十二名仆役以及阿拉布珠尔的四名人员,共三十四人,这就是驰名中外的"图理琛使团"。②

使团于康熙五十一年(1712)五月二十四日由北启程,至康熙五十三年(1714)五月才渡过伏尔加河进入土尔扈特游牧地。六月一日到阿玉奇汗牙帐所在地马努托海附近。次日,阿玉奇汗举行了隆重的欢迎仪式。阿玉奇汗在会见使团时谈到与祖国联系中的困难处境时指出:"遣使往来人数众多,恐彼惮烦,断绝道途,我遂无路请安进贡矣。此等情由,烦天使留意奏闻。"这番话,一方面表现出他渴望与祖国建立联系的迫切心情,另一方面说明他对沙俄政府故意阻挠使团行程以致耽误时日的做法十分不满。阿玉奇汗还十分关心与西藏的关系,他让使团询问:"达赖喇嘛可遣使来否?"并称由于道路不通,不能去西藏,"一切药物,甚是难得",他希望使团能留意转为奏闻,请求清政府给予支援。

图理琛一行被阿玉奇汗"留旬余,筵宴不绝"③。他们在阿玉奇汗处停

   加斯东·加恩著,江载华、郑永泰译:《彼得大帝时期的俄中关系史(1689—1730年)》,商务印书馆1980年版,第112页。

②   图理琛,满族,姓阿颜觉罗。他并非使团首脑,因其出使回国后撰写《异域录》一书而驰名中外,故后人将这个使团称之为图理琛使团。

③   图理琛:《异域录》卷下。

留的14天中,除阿玉奇一再宴请外,阿玉奇的妹妹和硕特部首领鄂齐尔图汗的遗孀多尔济拉布坦、阿玉奇汗的长子沙克都尔扎布等土尔扈特王公贵族,都以盛宴招待来自祖国的亲人,并馈赠礼品。六月十四日,阿玉奇汗派属部各首领率兵护送使团渡过伏尔加河,才依依惜别。

应该看到,图理琛使团出访土尔扈特部,在清代前期的民族关系史上产生了深远的影响。它不仅给远在伏尔加河流域的土尔扈特蒙古带去了祖国的亲切慰问和关怀,进一步增强了清政府与土尔扈特的政治联系,同时也更加激起阿玉奇汗及其部众的思乡之情。法国学者加斯东·加恩有段分析很是耐人寻味,他说:"后来事件的发展也提供了证明:中国浪子土尔扈特人的归来一事,最初提出于1714年,后来由于中国对厄鲁特人的征伐而拖延下来,直到18世纪中叶厄鲁特人被乾隆灭亡后才能真正实现,而这时距离提出这个问题已有60年了。我们设想一下,土尔扈特若不是由于中国甘言许诺因而长久怀有重归故土的想法,怎么可能在1775年(应为1771年)突然决定离开他们已经生活了一个世纪的国土,同时又冒着旅途上的种种危险,而且前途未卜,就回到故土去呢?"①加斯东·加恩的这段论述虽说是分析推论,但也不是全无道理。

雍正八年(1730),雍正帝派出满泰为首的使团②出访伏尔加河流域的土尔扈特部,进行慰问。满泰使团一行于雍正九年(1731)二月三日抵萨拉托夫。土尔扈特首领、阿玉奇之子车凌端多布派遣宰桑刚达什、扎布专程迎接来自祖国的亲人。同年五月七日,满泰一行到达土尔扈特游牧地。五月十一日,阿玉奇汗遗孀可敦达尔玛巴拉和车凌端多布举行盛典,会见满泰使团。俄国档案文献中记录了这次会见的具体情节:车凌端多布在自己的母亲达尔玛巴拉及尚固尔喇嘛(首要神职人员)伴同下极其亲切和尊敬地接见了他们。汗本人和他母亲及尚固尔喇嘛不止一次地不仅向使臣,而且向他们全体人员赠送了礼品。汗跪接博格德汗的使臣交给他的谕旨。 早在图

---

① 加斯东·加恩著,江载华、郑永泰译:《彼得大帝时期的俄中关系史(1689—1730年)》,第117页。

② 满泰,时为副都统,清代史籍无传。陈复光的《有清一代之中俄关系》一书,据俄文记载转译为满达伊,并为一些著述和论文所沿用。

③ 尼古拉·班蒂什-卡缅斯基编著,中国人民大学俄语考研室译:《俄中两国外交文献汇编(1619—1792年)》,商务印书馆1982年版,第212页。

理琛使团来土尔扈特部访问时,车凌端多布就参加了会见。据《异域录》卷下载:"阿玉奇汗季子车领敦多布奏曰:'我年童稚,恭请至圣大皇帝万安,进鸟枪一杆,鸟枪已交付我使者,我无言可奏,但愿如天大皇帝万万年,临御天下,我在此朝暮于佛前洁诚祷祝,烦天使奏闻。'"如果帕拉斯所记他生于1701年是实,①那么,当时车凌端多布已是一个初识时务的贵胄少年了。从车凌端多布与图理琛使团的谈话可以看出,他对祖国的感情是何等真挚动人!他那远离祖国、寄人篱下,而始终认为是清朝臣属的心情,溢于言表。在这次与清朝使团会见时,车凌端多布也向使团表示,愿为清朝统一边疆事业效力,他说:"使臣等所告准噶尔人自噶尔丹至策旺(妄)阿拉布坦、噶尔丹策零之所作所为,与我所闻相同,其事属实。博格德汗倘派大军进剿,我必获悉其信;倘有准噶尔人败北而窜入我处,我将收留之后,再行奏闻。"②车凌端多布明确表明在与准噶尔贵族割据势力斗争中站在清朝中央政府一边的立场。阿玉奇汗的未亡人达尔玛巴拉更是向使团表示"可蒙博格德汗之恩,趁老妪身死之前,亲往谒见达赖喇嘛"的意愿。满泰使团于五月二十四日启程回国。

四、土尔扈特人东归缘由的追寻

任何一次历史事件的发生都有它的动因,1771年渥巴锡汗领导下的土尔扈特人举族东归,其直接原因是俄国沙皇政府的高压政策和与此形成鲜明对比的清朝政府对土尔扈特人的礼待,而深层缘由则是根植于几代土尔扈特人内心的深深的乡情。

17世纪30年代土尔扈特蒙古迁牧于伏尔加河流域下游后,一直认为"自己有权在草原上放牧,在河流中航行,因为土地和水是佛祖的"③。他们虽然在那里经历了一个多世纪的生息繁衍,但始终保持着自己民族固有的政治体制,固有的经济、文化、语言、宗教信仰和风俗习惯。这些势必与俄国

---

① 帕拉斯:《蒙古民族历史资料集成》,彼得堡1776年版,第86页。
② 《满泰等奏奉派前往土尔扈特经过情形折》(雍正十年三月五日),载《清代中俄关系档案史料选编》第一编下册,第558页。
③ 帕里莫夫:《留居俄国境内时期的卡尔梅克民族史纲》,阿斯特拉罕1922年版,第7页。

沙皇政府力图控制和奴役土尔扈特的图谋发生越来越尖锐的冲突,在阿玉奇汗统治时期,土尔扈特势力强盛,沙皇彼得一世在军事上对阿玉奇汗有所倚重,但就在此时,控制与反控制、奴役与反奴役的斗争仍贯穿于双方关系全局之中。据加斯东·加恩统计,1673—1710年,俄国与阿玉奇汗"连续立了六个条约",力图以一个又一个条约迫使土尔扈特人就范。但阿玉奇汗明确向俄国政府宣告,"他是他们的同盟者,而不是臣属"①,并"公开声称厌恶俄国"②。

阿玉奇汗逝世后,俄国沙皇政府通过承认车凌端多布汗王地位,"取得了任命汗王的权利"③。自此以后,土尔扈特每次汗权更迭,都要征得俄国沙皇政府的确认。到18世纪40年代敦罗布喇什继位后,俄国沙皇政府更蛮横地要求敦罗布喇什交出自己的儿子作为人质,并决定以后的汗都要遵守这个制度。敦罗布喇什被迫交出次子萨赖以充人质,而萨赖于乾隆九年(1744)在阿斯特拉罕死于幽禁之中。萨赖的悲惨遭遇,在敦罗布喇什家族中留下了深刻的仇恨,更构成土尔扈特与俄国关系的难以愈合的伤疤。20年后,当俄国沙皇当局要求萨赖之弟渥巴锡交出"一个儿子作人质,同时还决定把他们最高门第的三百个青年带走"④时,新仇旧恨使渥巴锡再也无法忍受。而哥萨克移民的大量迁入和东正教的无孔不入的渗透,也使广大土尔扈特民众中流传着"土尔扈特人的末日到了"的哀叹!

在俄国政府不断加强对土尔扈特政治、经济控制和民族歧视的形势下,富有反抗传统的土尔扈特人不愿屈从于俄国政府的臣属地位而任其宰制,又难以抵制俄国政治控制而维持其原有的独立地位。他们只有拿起武器发动武装起义,然后返归自己的故土,这是当时条件下彻底摆脱俄国奴役的最为可行的道路,而这条道路也是他们世代向往的共同愿望。

与沙皇俄国政府高压政策形成鲜明对比的是土尔扈特人深切感知到自己祖辈故土统治者的清朝政府的关怀与礼待。

清朝作为统一多民族的封建国家,对边疆地区少数民族的统治主要采

---

① 霍渥斯:《蒙古史》第1卷,伦敦1876版,第566页。
② 内达金著,马汝珩译:《土尔扈特西迁及其重返祖国》,载《新疆大学学报》1981年第2期。
③ 诺伏列托夫:《卡尔梅克人》,第28—29页。
④ 霍渥斯:《蒙古史》第1卷,第575页。

取"恩威并施""剿抚并用"的方针,即一方面对少数民族割据势力与反清力量,实行武力镇压与军事统治;另一方面,对其上层人物则施以怀柔、拉拢措施。这个方针是在清朝开国之初既定的基本国策,早在太祖努尔哈赤时代就采取了"顺者以德服,逆者以兵临"①的政策,皇太极时也实行"慑之以兵,怀之以德"的措施。乾隆皇帝把这个政策说得非常明白:"天朝之于外藩,恭顺则爱育之,鸱张则剿灭之。"②清政府正是利用这一民族统治政策,解决了与其北部和西部蒙古族的关系问题。皇太极时期臣服了漠南蒙古,康熙时收抚了喀尔喀蒙古,雍正、乾隆两朝与卫拉特蒙古准噶尔部贵族割据势力进行了多次战争,终于于乾隆二十二年(1757)平定了阿睦尔撒纳叛乱,安定了西北边陲的政局,完成了多民族国家的统一。尽管清政府统治者执行这一政策时,带有明显的民族压迫和阶级压迫性质,但从当时国家日益走向统一的历史趋势来说,这一政策无疑是适宜的,是取得成功的。应该看到,清政府在对远离祖国的土尔扈特蒙古关系的处理上,正是其民族统治政策中的"恩"和"抚"方面的具体体现。如前所述,清政府对每次来朝的土尔扈特使者,无不热情接待,恩赏有加。特别是图理琛使团代表清政府远道去伏尔加河流域探望,带给了土尔扈特人民以祖国的关怀与温暖,这就不能不激起土尔扈特人民对祖国的向往和怀念。渥巴锡的率部返回祖国正是这一政策的结果,而这也并非当时清朝统治者主观上所能料到的。乾隆皇帝对土尔扈特部"弃俄罗斯,举属内附",就感到"始念所不及",因为在乾隆皇帝看来,土尔扈特并非"借招致而来"。他只好用封建观念加以解释说:"兹土尔扈特之归顺,实则天与人归,有不期然而是期然者。"③实际上,这是清政府民族政策吸引下土尔扈特人民多年向往故土的爱国主义行动的体现。

进一步了解土尔扈特人一个多世纪与祖辈故土的政治、经济、文化、宗教多渠道交往中所表达出来的浓浓乡情,更有助于加深人们对东归深层原因的认识。

纵观留居伏尔加河时期土尔扈特蒙古与祖国关系,大体经历初创、发展和持续三个历史阶段。

---

① 《清太祖实录》卷一。
② 《清高宗实录》卷一〇二三,乾隆十一年十二月乙卯。
③ 乾隆:《土尔扈特渥巴锡等伊绵峪朝谒,诗以纪事》,载《高宗诗文十全集》卷九,商务印书馆《丛书集成初编》本。

当我们回顾土尔扈特蒙古与祖国关系发展的历程之后,可以发现如下一个不容忽视的事实:土尔扈特西迁后,虽然远离故土,寄居异乡,但他们依然千方百计地与祖国进行各个方面的接触,与清朝政府建立起紧密的政治联系。这种联系如一条无形的但具有强大吸引力的纽带,紧紧地维系着双方,以至于最后使这个远离母亲的游子又重新投归祖国的怀抱。这种历史现象看似有偶然性,但"在每一个领域内,都有这种偶然性中为自己开辟道路的内在的必然性和规律性"①。也就是说,土尔扈特蒙古与祖国联系的建立和发展,是具有深刻的历史原因的。

土尔扈特蒙古作为我国多民族国家的成员,他们与卫拉特蒙古各部以及其他民族在开拓祖国西北边疆的战斗中,早已建立了密不可分的联系。尽管他们之间也发生过矛盾和冲突,但这并不是他们关系的主流。至于土尔扈特与祖国中央政府的关系,更是源远流长。从元、明时期起,包括土尔扈特在内的卫拉特蒙古各部早就归附于当时中央政府的管辖,和中原地区的各族人民,进行了长期的经济、文化交流和彼此的友好往来,日益形成了对祖国中央政府的亲和力和向心力。这种力量植根于土尔扈特人民心中,形成了他们热爱自己的家乡、民族和国家的思想感情。正是在这种爱国主义思想的推动下,土尔扈特蒙古西迁到伏尔加河流域后,不仅与祖国各方面建立起紧密的联系,而且时时眷恋着祖国的故土与亲人。他们西迁不久后,就几次想重返故土,只是由于路途遥远,旅程艰辛,而未能如愿。据俄国档案记载,阿玉奇汗曾"两次蓄意出走中国",而他的后人"敦罗卜旺布和敦罗布喇什也有此意图"②。所以,乾隆三十六年(1771),渥巴锡率其所部离开伏尔加河流域重返祖国,正是土尔扈特人民为反抗沙俄民族压迫而采取的伟大的爱国主义行动。

综上所述,可以看出土尔扈特蒙古与祖辈故土一个半世纪的交往联系,是我国各民族之间长期形成的巨大的凝聚力和向心力的体现,而土尔扈特重返祖国的伟大的爱国主义壮举,正是这种凝聚力和向心力作用的结果。对清朝前期土尔扈特蒙古与祖国关系的全面阐述,有助于我们更好地理解,中华民族构成紧密的整体与我国统一多民族国家的形成和发展绝不是偶然

---

① 恩格斯:《家庭、私有制和国家的起源》,载《马克思恩格斯选集》第4卷,第171页。

② 诺伏列托夫:《卡尔梅克人》,第40页。

的,而是我们各民族经过长期历史发展的必然结果。

五、东归的当代启示

回顾土尔扈特蒙古与祖邦故土交往的历史,让今人感慨深思之细节甚多。康熙五十三年(1714),由康熙皇帝派遣的图理琛使团到土尔扈特探望时,阿玉奇汗向使团询问故乡政治、经济等各方面情况,表示出对故乡的极大关心,他向来自故土亲人倾诉:"满洲蒙古大率相类,想初必系同源",蒙古"衣服帽式略与中国相同,其俄罗斯乃衣服、语言不同之国,难以相比"①。这一席出自肺腑的言辞,表露出土尔扈特人与祖邦故土息息相关的真挚情感。由此引发人们可以进一步思考的一个重大命题,即文化认同是国家认同的基础。

文化具有超时空的稳定性和极强的凝聚力,一个民族的文化模式一旦形成必然会持久地支配每个社会成员的思想和行动。在人类历史进程中,同一民族通常都具有共同的精神结构、价值系统、心理特征和行为模式,人们正是在这种共同的文化背景中获得归属感和认同感。因此,文化认同始终是维系社会秩序的"黏合剂",是培育社会成员国家统一意识的深层基础。国家统一固然取决于强大的政治、经济、军事实力,但文化认同却是物质力量无法替代的"软实力",是一种更为基础性、稳定性、深层次的战略要素。

文化认同在促进、推动国家认同上具有特殊的功能。

其一,文化认同标识民族特性,塑造认同心理。文化是一个民族和国家区别于其他民族和国家的基本特质和身份象征。在一定民族地域内形成和发展起来的共同文化传统,塑造了该民族成员的共同个性、行为模式、心理倾向和精神结构,并表现为一定的民族心理。中华文化是中华民族身份认同的基本依据,"崇尚统一"是这个文化价值体系中最显著的特征之一。数千年来,国家统一一直被视为国家的最高政治目标和民族的最高利益,一切政治活动通常都以国家统一为核心价值和行为准则。这种民族心理沉积于中国社会和价值系统的最深部,主导着中国的政治法律制度、经济生活方式和主流价值观念。中国历史上虽然有分有合,但不论是分裂时期还是统一时期,中华民族都有一个共同的思想意识,这就是国家统一的意识。中华文化这种强烈的国家认同意识,为遏制分裂倾向、凝聚统一意志、消除政治歧

---

① 图理琛:《异域录》卷下。

见提供了最坚固的精神堤防。

其二,文化认同规范社会行为,培育统一意识。在社会通行的准则规范和行为模式中,通常总是潜隐着一整套价值观念体系,这一系统始终居于民族文化体系的核心部位,自觉或不自觉地支配着人们的思想和行为。每个民族成员都生活在特定的文化背景之中,世代相传同一文化传统,个人的价值观就是在这种文化传统的耳濡目染中构建起来的。不仅如此,人们在文化的内化过程中,还会把民族共同的价值观转化为自己的内在信念,从而使个体在特定的民族文化传统中获得认同感和依赖感。"大一统"是中华文化的主流意识之一,是中华世代相承的基本社会理念和普遍的价值取向。正是这种追求统一的价值取向,使得中华民族文化认同始终如一,从未导致文明断层的历史悲剧。在中国历史进程中,统一的文化理念主导着统一的实践,"大一统"的政治实践反过来又强化着人们追求统一的信念,因此,历代统治者无不高度重视"大一统"政治秩序的巩固与维护,无不致力于探索天下分合聚散的规律与对策。在这种文化背景下,军事战略最重要的价值取向就是维护国家统一,文化认同不仅为维护国家统一提供了强有力的精神支撑,而且为军事等物质力量发挥作用奠定了坚实平台。

其三,文化认同凝聚民族精神,强化统一意识。中华文化的价值意识具有强烈的感情色彩,内聚性、亲合性和排异性的特征十分明显。这一特性决定了处于国家存亡、民族兴衰的关键时刻,它都能够激发民众强大的国家意识和民族精神。"天下兴亡,匹夫有责",这正是中华民族大多数成员所认同的道德规范。民族精神是民族文化的精华,也是国家认同心理的深层源泉,爱国主义就是这一精神的集中反映。中国之所以历经治乱分合而始终以统一为主流,正是得益于以国家统一为核心价值追求的民族精神。数千年来,无论是高明的统治者,还是普通的老百姓,人们普遍认为唯有实现"大一统",国家才能获得最大的安全,民族才能得到应有的尊严,天下才可能实现长治久安。正因为如此,中国历史上虽然多次出现过分裂局面,但是在古代典籍中几乎找不到任何一个主张分裂分治的学派,反而都把"天下一统"作为政治斗争的原则与旨归。尤其是每次统一战争爆发前,社会上总会出现一股势不可挡的统一潮流,每当国家遭受外族入侵的时刻,社会内部总会产生一种捐弃前嫌、同仇敌忾的强大意志。中华文化所拥有的这种统一意志,为维护国家统一奠定了坚韧无比的精神国防,离开了这种精神支撑,政治、军事上的统一是难以持久的。

文化认同的上述功能,在由多民族构成的国家显得尤为重要。中国是一个多民族的大国,文化认同始终是政治家维护国家统一的战略主题。《周易》早就有"观乎人文以化成天下"的认知,南朝萧统提出过"文化内辑,武功外悠"的治国方略,龚自珍发出了"灭人之国者,必先去其史"的警告,都体现了中国政治注重"文化立国"的历史传统,正是这种以文化认同作为民族认同、国家认同和政治认同基础的价值取向,为中国数千年来的政治统一奠定了坚实的信念和基础。纵观历史,当统一成为共识然而阻力重重之时,文化认同的力量更能显示出"硬实力"不可替代的特殊作用。

总之,从土尔扈特蒙古人东归祖邦的历史案例中可深深体味到文化认同的深邃内涵及其在促进和推动国家认同上具有的特殊功能。这是东归精神的可贵历史遗产。

六、弘扬东归精神是我们的历史责任

土尔扈特蒙古人东归壮举所反映的东归精神的内涵,简言之如下:一是对奴役的反抗、对自由的追求;二是以对祖邦故土朴素的爱为核心积聚而成的对中华文明的文化认同,并升华为对中华故土的政治认同、国家认同。

东归精神实际上是中华民族可贵精神的组成部分。民族精神是一个民族赖以生存和发展的精神支柱。一个民族的精神力量,可以在长期的历史进程中不断显露,但在紧要关头、重大事件中,更容易瞬间爆发。一个民族的精神世界,可以在平时的生产、生活中逐步成长,但更能在生与死、血与火的熔炉中显现本色。一个民族的精神取向,可以从英雄人物、典型代表那里找到答案,但更应在广大群众的普遍行为和社会实践中得到张扬。

强化东归历史的研究与普及是弘扬东归精神的必要之举,在当前新疆历史已成为意识形态领域反分裂斗争中重要战场之一的情况下,更具有重要的现实意义。

面对新疆分裂、暴力恐怖势力在历史领域的挑战,我们应在正确阐明新疆历史上打一场主动仗。为此,我们应以我为主,发掘有利于"五观"(马克思主义祖国观、民族观、宗教观、历史观和文化观)教育的生动历史素材,利用扎实的研究成果,展开有力的普及教育和宣传。在此基础上进一步开展"四个认同"教育,即对祖国的认同、对中华民族的认同、对中华文化的认同、对中国特色社会主义道路的认同。

所谓以我为主,是指在新疆历史的研究和普及上抓住五大问题不放:①历朝历代对新疆的治理;②新疆是各民族共同生活的大家园;③多种宗教在碰撞中并存;④多元文化共存、交融与互补;⑤屯垦戍边的历史与现实证明其是治理新疆的有效之策。以此为重点,主动出击,先声夺人,深化研究,普及知识,教育群众。

所谓发掘生动历史素材,是指要将新疆历史上有利于弘扬中华民族爱国主义精神、灿烂文明的事和人进行充分研究、大力普及。其中,新疆各族人民(包括上层贵族)为保卫新疆和开发新疆所创立的丰功伟业,汉族和其他少数民族历史上的友好关系均应成为研究和普及的重点。1771年土尔扈特蒙古举族东归祖邦故土的壮举理所当然成为今天研究和普及的一项重中之重的内容。

为此,笔者建言有三。

一是继续下大力气发掘研究的新资料,有关土尔扈特蒙古的满文、藏文和俄文档案,应当是发掘的重点。

二是开拓研究新视野,强化普及性历史读物的出版。就研究而言,17—18世纪土尔扈特蒙古历史变迁仍应是研究重点,同时还应将研究视野扩大至19—20世纪的土尔扈特蒙古历史的研究,除了政治史外,我们还应从经济史、文化史、社会史等多角度对土尔扈特蒙古历史进行全方位的研究;就普及而言,应在充分依托研究成果的基础上,组织力量编写通俗小册子、连环画册以及电子读物。

三是采取有力举措,让学术研究成果走向群众。巴音郭楞蒙古自治州、博尔塔拉蒙古自治州党委和政府,结合本地特点,弘扬土尔扈特人"东归"、察哈尔蒙古人"西迁"的爱国主义精神,创办"东归节""西迁节",是一项值得特别予以赞扬的让学术走向大众、让大众了解学术的好举措,应将此项活动持之以恒地办下去,办得有声有色,并力争列入非物质文化遗产名录,使其真正成为群众的节日。

(原载《西出阳关觅知音——新疆研究十四讲》,上海辞书出版社2013年版)

20世纪初芬兰探险家马达汉访查卫拉特蒙古述略

一、马达汉进入卫拉特人游牧地

卫拉特蒙古是我国蒙古族的一支,历史悠久,在各个历史时期有不同的称谓。元代称斡亦剌惕,明代称瓦剌,清代称卫拉特,亦称厄鲁特、额鲁特,或漠西蒙古、西蒙古。国外则称之为卡尔梅克。

综观元代以来,卫拉特蒙古历史发展的进程,大体上可做如下划分:首先,元明时期的斡亦剌惕和瓦剌是卫拉特蒙古历史发展的先世期。其次,明清之际至清代前期,亦即公元17—18世纪,是卫拉特蒙古历史发展由兴盛到危机的过渡时期。这一时期卫拉特蒙古各部,特别是统治天山南北的准噶尔部,统治青藏高原的和硕特部,远徙伏尔加河流域的土尔扈特部,是当时活跃于西北和北方的三支重要的政治力量,它们之间相互联系又各自沿着自己的发展轨迹,写下了历史上值得大书特书的篇章。再次,清中叶以降及至民国时期,是卫拉特蒙古历史发展的稳定时期。最后,中华人民共和国建立以后,卫拉特蒙古和各族人民一起进入了社会主义发展的崭新阶段。

清中叶以后,作为与清政府相对抗政治势力的卫拉特蒙古已不复存在,但在盟旗制度下,卫拉特蒙古仍在发展,他们生息繁衍,发展生产,并与各族人民一起在开发边疆、保卫边疆的实践中,做出了自己的贡献。

18世纪中叶以来,生活于新疆的卫拉特蒙古游牧地基本上延续至今。其分布大致如下:

居住在新疆的卫拉特蒙古属土尔扈特部人数最多,是乾隆三十六年(1771)随渥巴锡回归故土的部众。渥巴锡所属称旧土尔扈特,时设四盟,各立盟长。南路在裕勒都斯草原,其政治中心先在焉耆,后迁到和静,今天巴音郭楞蒙古自治州的卫拉特蒙古大多为其部后裔。北路在和布克赛尔,策伯克多尔济为盟长,今天和布克赛尔蒙古自治县的卫拉特蒙古大多为其所部后裔。西路在精河,默们图为盟长,今天精河县的卫拉特蒙古大多为其部后裔。东路在库尔喀拉乌苏,巴木巴尔为盟长,今天乌苏市的卫拉特蒙古大多为其部后裔。

居住在新疆的和硕特部,主要是随渥巴锡东归的恭格部,他们一直游牧于博斯腾湖畔,今天和硕县的卫拉特蒙古大多为其部后裔。

18世纪中叶以后,居住在新疆的准噶尔部众均属厄鲁特营管辖。清代厄鲁特营的准噶尔人来源于以下四个方面:一是阿睦尔撒纳叛乱时投附的准噶尔人,其中以准噶尔二十一昂吉之一的达什达瓦部属人数最众。其迁驻伊犁是乾隆二十九年(1764)。除达什达瓦部外,也有少数原系居住于北京的准噶尔官员。二是乾隆二十五年(1760)后陆续脱离哈萨克、布鲁特地区的准噶尔人。三是乾隆三十六年(1771)随土尔扈特渥巴锡东返的卫拉特沙毕纳尔。四是在对阿睦尔撒纳战争中免受兵灾与瘟疫的准噶尔人。

1906—1908年骑马跨越亚洲、实现对中国的考察,是芬兰探险家马达汉生命中的华彩乐章。马达汉中国考察的重点是新疆。1906年8月24日,马达汉通过伊尔克什坦进入新疆,1907年10月30日离开哈密向甘肃安西进发,在长达14个月的时间里,他在新疆的考察进程大体可分为三个阶段。

第一阶段(1906年8月至1907年4月):马达汉主要在南疆地区考察了喀什噶尔(今喀什)、和阗(今和田)、叶尔羌(今莎车)、阿克苏。

第二阶段(1907年4月至1907年7月):马达汉翻越木扎尔特冰川,进入特克斯河谷,考察了沙图(今昭苏)、固尔扎(今伊宁),进入巴音布鲁克草原,访查了土尔扈特人游牧地,经喀喇沙尔(今焉耆),翻越天山,到达乌鲁木齐。

第三阶段(1907年7月至1907年10月):马达汉考察了乌鲁木齐、奇台、吐鲁番、巴里坤、哈密之后,沿丝绸之路故道进入河西走廊。

从马达汉整个新疆考察的行程看,进入特克斯河谷直到走出巴音布鲁克草原,均是生活在新疆的卫拉特蒙古的游牧地。特克斯河谷、昭苏、伊犁是厄鲁特营所辖卫拉特准噶尔人的游牧地,而巴音布鲁克草原则是渥巴锡直系后裔所在的南路土尔扈特部的游牧地。

二、马达汉交往的卫拉特人

马达汉在新疆考察期间,每到一地就广泛结识各级地方官吏,了解政治、军事、经济、民政、社会、历史等方面情况,马达汉还特别注意考察所经地区少数民族社情民风,专程拜访民族首领或头人,了解少数民族历史和现状。马达汉对卫拉特人游牧地历时四个月的访查也不例外。

马达汉日记中留下记述较多的曾与之交往的卫拉特人有纳生巴图兄弟一家、努木嘎、昭苏圣佑寺主持喇嘛、南路土尔扈特汗王之母。

纳生巴图是马达汉在沙图(今昭苏)认识的卫拉特人。1907年4月5日马达汉首遇沙图"卡伦(哨所)的司令官"纳生巴图及其弟弟,"他弟弟是这里的下级军官。他们俩长得都很俊,修长的个"①,他们互赠了礼物,几天后的4月7日,在特克斯河谷一个叫作"哈尔干特的卡尔梅克营地",马达汉应邀造访了纳生巴图的家——大蒙古包。马达汉在日记中详尽记述了这次难忘的见面:纳生巴图的"毡包搭建在丘陵地的南坡两座小山丘之间,毡包附近的牧场上,八百头牛马和几十只骆驼,证明主人是很富有的。在他的宽大的毡房周围散布着许多小的蒙古包。这都是他的臣民、牧民和其他人住的"。

马达汉被邀请进入主人的大帐篷里。"我走进营帐",马达汉在日记中这样记述。"见了女主人,两个女儿站在右边毡包的后壁前。"马达汉受到了盛情款待。"晚上,我十分愉快地躺下睡觉……我睡在舒适的毡包里,感觉十分美好。夜,温暖而宁静,我认为这是冬季到来后我度过的最暖和的一个夜晚。"②"第二天早晨,我怀着感激的心情告别我的友好的主人和他的家人。"③5月10日,马达汉"在卡尔梅克人头领纳生巴图家再次过了一夜"④。次日,马达汉参观了纳生巴图的马群,大体有一千五百匹之多。早年曾担任过沙皇副御马官的马达汉,对马匹有特殊的感情,在他的日记中,对此次参观留下了生动记述:"现在阳光明媚,不同毛色的马群点点洒洒地分布在缓

---

① 马达汉著,王家骥译:《马达汉西域考察日记》,中国民族摄影艺术出版社2004年版,第168页。
② 马达汉著,王家骥译:《马达汉西域考察日记》,第170页。
③ 王家骥译:《马达汉回忆录》,第27页。
④ 王家骥译:《马达汉回忆录》,第30页。

缓起伏的绿茵场上。这真是一幅瑰丽的画卷。牝马和小马驹成群地围在种马旁边。我骑马在马群里转了两个小时。这里的牝马有400—500匹,我认为,对于任何一个牧马人来说,这些马谁都愿意买,她们是多么俊美啊!这些牝马沉静而壮实,脖子线条很美,脑袋也许稍微重了点儿,但不乏良种马的气势。尾巴根高高崛起,肚腹长得很好,肌腱壮得无可挑剔。膝盖和肩部还有改进的余地。我看着这么多的牝巴和谐相处,令人欣赏不已。"①

5月29日,纳生巴图还在"喀拉苏柯尔克孜营地"专门为马达汉组织了一次士兵操练,对此,马达汉在日记中写道:"远远看上去,队伍很好看,他们带着三面大红旗,上面绣着几个白色的汉字。就近看,士兵根本没有一点儿军人的威严。士兵的年龄参差不齐。马匹很瘦小,喂养得很差,但由于训练的关系,一点儿也不娇惯,完全适应当地的水土环境,是一个良种。中国式的马鞍,分量很重,但很好。马刺主要是吉尔吉斯的。行李放在一个大背包里('库尔逊'),挂在马鞍后面……表明士兵特征的,除了枪而外,唯一的标志是一件围裙式的马褂,上面绣着一个方块汉字(兵),外加彩色镶边。他们的装备是小型一发子弹装的毛瑟卡宾枪。其中部分枪上装了打猎用的木架子。枪支保养得极差,不太好使。子弹装在一个或两个皮囊里,拴在束腰的皮带上。纳生巴图让我检阅士兵步行和骑马进行长矛操练。操练情况跟我看到的中国军队的操练一个样。士兵们一手举矛向前,一手托把在后(有时候左右手交换),他们用矛向前刺时,嘴里大喊一声'杀',以此增加力量。骑马4人捉对进行同样的刺杀动作。由于缺少弹药,不能进行射击,但我看到两名士兵进行瞄准时的姿势十分别扭。"②次日,纳生巴图告别马达汉返回沙图。

马达汉对纳生巴图身份的记述是"沙图卡伦的头头"③。相关汉文史籍中尚未查到纳生巴图的记载。从沙图的辖区看,其仍属厄鲁特营左翼上三旗管辖。左翼上三旗即镶黄旗、正黄旗、正白旗。其辖区主要在昭苏县境内的特克斯河以西、察林河、大小霍诺海等地。厄鲁特营是乾隆二十七年(1762)设立的"总统伊犁等处将军"(简称伊犁将军)下辖满营、索伦营、察哈尔营、锡伯营、厄鲁特营之一,五营分驻伊犁河两岸及其附近地区,作为伊

---

① 马达汉著,王家骥译:《马达汉西域考察日记》,第192页。
② 马达汉著,王家骥译:《马达汉西域考察日记》,第204—205页。
③ 阿拉腾奥其尔译:《马达汉穿越新疆至北京的军事考察报告(1906—1908)》,第26页。

犁屏障。厄鲁特营具有驻守卡伦、台站、巡查边防的职能。纳生巴图应是厄鲁特营的一位负责沙图卡伦的官员。

努木嘎是卫拉特老猎人,因陪同马达汉狩猎,两人结下了友情,马达汉在日记、回忆录中多次提到与努木嘎共猎的美好时光。1907年4月5日,沙图努木嘎首次陪同马达汉狩猎,猎得一只七枝鹿角的马鹿,马达汉大喜过望,称其为"一个出名的卡尔梅克老猎手"①,并相约马达汉自固尔扎返特克斯河沙图时再相见。5月12日,当马达汉返回特克斯河谷时,"努木嘎确实在规定的时间、规定的地点等着我"②,之后努木嘎一直陪同马达汉边行边猎,一路走到巴音布鲁克草原。1907年6月28日,马达汉将出发去喀喇沙尔,"努木嘎则与我告别,出发回家到特克斯河谷。努木嘎负责把我自深秋以来猎得的所有动物头颅带到固尔扎。然后由俄国领事通过纳德加公司送到赫尔辛基。当老头拆去他那小小的帐篷并上马准备回特克斯河谷时,我感到一种依依不舍的感情油然而生。这个老练的猎手,以他丰富的经历和仔细周详的考虑,成为我在深山老林的狩猎路上一位不可替代的伴侣。"③

另一位与马达汉交往的是昭苏圣佑寺(沙图库热喇嘛寺)的主持,马达汉于1907年4月8日和5月10日两度造访圣佑寺,受到了一位60余岁主持喇嘛和他助手的友好接待,他们互赠了礼品,马达汉还为喇嘛们照了相。马达汉在日记中对圣佑寺的建庙历史记述如下:"库热喇嘛寺(圣佑庙)是十年前卡尔梅克人集资建造的。听住持说,原有的古寺叫素摩寺,三十年前被俄国科尔帕科夫斯基将军烧毁了。"④让人们感兴趣的是马达汉在日记中对圣佑寺的建筑群和大殿的描述:"寺庙的建筑结构与经常看到庙宇一样:主楼加上两侧较矮的角楼。寺庙后面有一座角楼模样的建筑物。寺庙前面有一座牌楼,大门对着外院开,而外院也有一座牌楼,与前者相对应。外院的前面竖了两根高高的旗杆,旗杆一半的地方都有一个四方的木斗。这两个旗斗是为过往神仙拴马用的。所有建筑物中,都有典型的中国面砖天花板,还有漂亮的向上翘起的屋角和装饰华丽的檩条。许多房子的飞檐上都挂有生铁铸就的风铃,固定在铃舌上的薄铁片在微风中不断晃动,发出一种

---

① 马达汉著,王家骥译:《马达汉西域考察日记》,第167页。
② 王家骥译:《马达汉回忆录》,第30页。
③ 马达汉著,王家骥译:《马达汉西域考察日记》,第235页。
④ 马达汉著,王家骥译:《马达汉西域考察日记》,第171页。

柔和幽雅的叮咚声。主建筑物构成了一座高大的四方寺庙。"

"走进喇嘛寺,从大门开始有两排红漆圆木廊柱一直通到佛坛,佛坛上站立着十来个菩萨,个个披着已经陈旧了的淡红色袈裟,只能看到部分脸面。佛坛上方挂了一些花花绿绿的旌旗状的画,佛坛前面供奉着盛满米和水的盅碗和金属盆,盆里冒着火苗。引人注目的是,佛坛前和右边还摆放着钹、鼓和大小不同的喇叭,有的喇叭特别大。佛坛左边稍远一点儿的地方,则放着一把为寺院住持准备的大座椅,上面铺着毡毯。椅子上放着喇嘛们的僧帽、袈裟、佛杖(锡杖)等诸如之类的东西。两侧墙面上都挂了一排花花绿绿的大幅彩画。尽管如此,寺庙大厅依然给人们留下了凄凉、呆板的印象,没有富丽堂皇的感觉。"①1982年和2007年,笔者有幸两次造访昭苏圣佑寺,1982年看到的圣佑寺是"文革"后刚复建的大殿堂,里面空空荡荡。25年后的2007年重访圣佑寺,圣佑寺正在重修,除了建筑群外的脚手架,什么也没看到。笔者认为马达汉百年前对圣佑寺建筑群和大殿内景的传神记述,对今天圣佑寺的整修和保护十分具有参考价值。

马达汉在访查中结识的地位最显贵的人应是南路土尔扈特部的汗王的母亲。当时主政南路土尔扈特部汗王是渥巴锡后裔,第十一世卓里克图汗布彦蒙克。光绪三十三年(1907),清廷颁赏布彦蒙克三眼花翎,次年为乾清门御前行走。1907年6月,汗王正在北京,由他母亲代理政务,6月17日马达汉会见了汗王的母亲。

是日下午,马达汉被领进一个高大的红布顶子毡房。"一位35—40岁的标致的卡尔梅克妇女,在毡房里迎着我向前跨了两步。毡包中央放着一个高而窄的木桶,里面盛着'库米西亚',一种马奶经过发酵的起泡沫的饮料。靠壁的一张精雕细刻的绿色镀金桌子上摆满了供奉'布尔汗'(蒙古语佛像之意)的银杯和其他物品,佛像被安置在桌子上方的框架之中。右边是一张高高的架着绣龙帐幔的床。床前的地上放了两个硬垫子叠起来的座位,座位前面放两张小凳子作为桌子。一个座位由王母坐着,她以半欧洲人和半东方人的姿态斜侧着身子;另一个座位被一条翘嘴巴的京巴狗占有。女主人请我在大门左边的一个位子上就座,然后用高贵的银杯请我喝放了

---

① 马达汉著,王家骥译:《马达汉西域考察日记》,第171—172页;王家骥译:《马达汉回忆录》,第27—28页。

盐的奶茶。"①经过一番寒暄,马达汉转达了兰司铁博士对汗王的问候后,向王母赠送了一块手表,另外给她外出的女儿、儿子每人一架望远镜。马达汉还表示,为汗王准备了一支来复枪,在去北京的路上遇到汗王时会送给他。会见时,马达汉还为汗王母照了相,为我们留下了难得的历史瞬间。② 在南路土尔扈特部访查中,马达汉了解了游牧于此的土尔扈特蒙古现状。土尔扈特部的这块游牧地共有100帐,散布在半平方俄里的三角形草原上,小珠勒都斯河贯穿其中。河的两岸都有高山,卫拉特人称呼的卡尔萨拉乌拉山脉从东北走向西南,其中达吉特达坂从东偏东北走向西偏西南,巴音布鲁克乌拉则从东走向西。巴音布鲁克山是东西走向的,是一座从小珠勒都斯山分出来的山丘。卫拉特人祈祷的地方就在巴音布鲁克最高的山冈上,人们远远可以看到那里竖着许多旗杆和飘着的彩带。在这里喇嘛寺管辖的毡包共有20帐。每座喇嘛寺包括两个毡包,前帐做大厅,后帐做佛宫。最重要的喇嘛寺都经过装饰,像汗王廷帐那样,用红布盖顶。喇嘛寺是土尔扈特人最神圣的地方,约有100名喇嘛在这里供职。从神圣的殿堂里发出的神秘而感人的乐声远远地传入草原上的每座毡包之内,表明喇嘛寺在向佛祈祷,保佑汗王和他的族人平安。

马达汉在访查时,对18世纪土尔扈特人东归的历史也进行了追寻。马达汉曾向土尔扈特老人、官员、喇嘛询问关于土尔扈特人祖先东归的历史,但得到的回答,大都是"听说过土尔扈特人从俄国伏尔加河畔逃亡的事,但不知道逃亡的原因、时间和历程"③,"只有一丁点模糊的概念,就是说他的百姓曾经在那里住过"④,"讲不出详细的情节"⑤。尽管如此,马达汉还是对18世纪土尔扈特东归的历史有了一个比较符合历史实际的认识,马达汉在回忆录中做了如下概括:17世纪30年代,土尔扈特人"最终在俄国的伏尔加河下游草原找到了安顿之地。尽管这支部族处在基督徒和伊斯兰教徒的包围之中,但他们坚持信奉佛教并崇拜达赖喇嘛。出于对西藏的忠诚加上俄国实行

---

① 马达汉著,王家骥译:《马达汉西域考察日记》,第224—225页。
② 马达汉著,王家骥译:《马达汉西域考察日记》,第225—226页,刊有汗王母在大蒙古包的照片。
③ 马达汉著,王家骥译:《马达汉西域考察日记》,第226页。
④ 马达汉著,王家骥译:《马达汉西域考察日记》,第228页。
⑤ 马达汉著,王家骥译:《马达汉西域考察日记》,第233页。

的压制政府,土尔扈特人于1771年开始出发,带着他们大量的牛马牧群,进行了逃亡中国的旅程。大部分逃亡者倒在了长途跋涉之中,一部分原因是精疲力竭而死,另一部分原因是在与追赶的哥萨克兵战斗中丧命的。幸存者散居在中国的不同地方,其中裕勒都斯谷地是其定居点之一。"①

三、马达汉对卫拉特人风俗习惯的记录

卫拉特蒙古的风俗习惯和独具特色的文化生活,是在特定的地理环境和社会经济条件下,在长期的社会历史发展过程中形成的,是卫拉特蒙古民族文化的重要组成部分。马达汉在访查中对卫拉特人的风俗习惯进行了细致的观察,并在其日记中做了传神的记录,为今天人们从侧面认识20世纪初卫拉特人风俗习惯,留下了宝贵资料。若再配上马达汉现场拍摄的照片,则实是珍稀的人类学、民族学文献。

关于蒙古包内部陈设、喇嘛庙建筑群和庙堂大殿的记述,前文已有摘引,兹从服饰、饮食、舞蹈、宗教活动几个方面,再做摘引。

(一) 关于服饰

马达汉走进纳生巴图的营帐,"女主人身穿缎带镶边的玄色服装。这种服饰我在沿路已经注意到是卡尔梅克妇女爱穿的,只是女主人的服装是我迄今看到的最整洁的一款。她的两个女儿分别穿绿色和黑色宽绰的袍裙,两人都有一颗镶银边的宝石,从头发上或从帽顶垂下来挂在前额。她们头戴尖顶珊瑚状圆帽,帽顶饰有传统的中国式顶尖,也是珊瑚石做的。妈妈的头饰是披在胸前的两缕蓬松的头发,发端各挂着一个下垂的车铃似的金属装饰品,几乎触及地面。她的裙子镶着花边,前后都分成两半,这一半裙角稍稍盖住另一半裙角。裙下方有一大串钥匙丁零作响,这串钥匙也是挂着的,几乎垂到地面。姑娘浓密的发辫梳得松松地垂在两肩。她们仨人脚上都穿着新奇的卡尔梅克皮靴……显得十分精巧。她们的每个手指上几乎都戴着闪闪发光的银戒指,还有银色的手镯,从而增加了服装的华贵色彩,但未必有多少风采。"②

---

① 王家骥译:《马达汉回忆录》,第31页。
② 马达汉著,王家骥译:《马达汉西域考察日记》,第169—170页。

(二) 关于饮食

在纳生巴图的家宴上,"在神坛跟前放了一张矮矮的长凳,长凳上铺了一块地毯;在矮长凳前放了一张更加矮的桌子,桌子上已摆满了招待用的茶点。几张较小的桌子,在矮桌外侧围成一个半圆形,这些小桌上摆了一些略为差一些的招待食品。经过一番谦让之后,我被安排在尊贵席上,我的左边地毯上坐着主人,右边是我的翻译和两个卡尔梅克人,妇女们站在旁边看着,同样聚集在门口的一帮卡尔梅克人也站在那里旁观。我受到了盛情款待,放在我面前的有通常的欧式茶水,也有卡尔梅克茶水,里面加了盐、黄油和牛奶。招待喝卡尔梅克茶的器皿是一种周边镶银的大铜碗,茶水微温。此外,还有淌着油的卡尔梅克薄煎饼、俄国饼干和一种姜汁糕点以及碎糖块。喝完茶,一头活的绵羊被拖了进来。主人十分隆重地宣布,这是为欢迎我而将被宰杀的羊。所有的礼仪都十分隆重地站着进行。主人把我的厨师叫进来,请他按照我最喜欢的菜式烹制羊肉。在毡包中央火塘上的一口大锅是用来为他的家人煮羊肉的,先吃肉,后喝汤。在煮羊肉的时候,有一位卡梅克人在做所谓'lapsa',这是一种用面粉和水掺揉的细面条,等到羊肉都从锅里捞出后,把面条全甩到锅里。"①"他们的食物是牛奶、艾然和茶水,有时候茶水里加了面粉和肉,只要有储存,总是兑在一起喝。卡尔梅克人吃东西不挑三拣四,他们能够统统吃下去。主要是在晚上睡觉之前吃。他们的食欲很旺盛。卡尔梅克人可以喝无数杯茶和艾然,并且我想一顿饭可以吃掉一整只小羊羔。锅子,吃过饭后并不马上刷,而是在下次放到火上再煮之前再涮的。当锅子冲洗干净后,用碗尽量把水舀掉,肉汤里从不加蔬菜,也很少用面粉。"②

(三) 关于舞蹈

1907年5月29日,在参观完纳生巴图组织的士兵操练后,马达汉在日记中记述了卫拉特人舞蹈的场景。"饭后,卡尔梅克人表演舞蹈和音乐。舞蹈动作十分别扭,就是耸动肩膀和胳膊,同时转前转后,上身基本保持不动。大概是因为他们脚上穿了大皮鞋的缘故,很难做灵活的舞蹈动作,所以他们

---

① 马达汉著,王家骥译:《马达汉西域考察日记》,第170页。
② 马达汉著,王家骥译:《马达汉西域考察日记》,第233页。

只是小心地移动双腿。他们真的只是在原地做一些小小的旋转动作。他们弹奏的弦乐,就是柯尔克孜人的'冬不拉'……最好的卡尔梅克人乐手都只用一种变化不多的简单谐音来娱乐自己。他们唱歌只用一种单音调,六七个不同音乐天赋的男子汉一起合唱。歌声开始时没有尖锐的高音,但单调的曲调愈来愈高,到最后四分之一时,同时用咿呀的假声唱上去。"①

(四)关于宗教活动

马达汉在昭苏圣佑寺看到一次宗教活动。"年老的喇嘛都没有到场。只有三位喇嘛坐在靠近大门的椅子上,他们身披黄色袈裟,头戴头盔状的黄色僧帽——一种两端高高耸起的布帽。他们不时地站起来,庄严地穿过廊柱向佛坛走去。一顶黄颜色的类似鸡冠和头盔的中间形状的高帽子,似乎在法事活动中起着关键作用。一会儿戴上头,一会摘下来,叠起来平放在胸前。只有一位年纪最大的喇嘛跪拜时额头碰地。廊柱之间的长凳上坐了三十来个小喇嘛,每排位子的首座坐着一个年长的喇嘛,此人看来是在领唱,如果把念佛可以说成唱歌的话,就可以这么讲。念佛的声音大部分时间里是低沉的,但有时候变得十分高亢嘹亮,这时候每个人都竭力提高嗓子唱。个别曲调听起来有点像希腊东正教的祷告声。坐在小喇嘛行列中,一个年长的喇嘛进行贡粮仪式,十分引人注目。接着鼓声大作,鼓手擂起两只大鼓,其他乐手铿锵击钹和吹起了喇叭。喇叭吹出的乐曲,十分美妙洪亮,音调很长。气氛逐渐平静下来,法事也就完了……在法事中间休息的时候,两个年老的服务人员给大家分发拳头大小的馒头,俩人一个。过了一会儿,他们抬来了两大桶茶水,分别倒到喇嘛们从衣服里掏出来的木碗中。喇嘛们的木碗碗口镶着银边。"②

从上述记述中,我们看到的是一幅多么生动的卫拉特人风情画!这必将在当代卫拉特人中,在今天亲历过卫拉特人生活的人们中引起强烈的共鸣!

马达汉在特克斯河谷和巴音布鲁克草原访查时也不忘对卫拉特人进行人类学测量。尽管马达汉承认,"通常都是在完成各省省会城市和主要路段的考察任务之后,才开始做这些工作的",而且"做人类学测量和搜集许多民

---

① 马达汉著,王家骥译:《马达汉西域考察日记》,第205页。
② 马达汉著,王家骥译:《马达汉西域考察日记》,第172—173页。

族学实物,主要是为了当着我旅伴们的面,进而当着中国当局的面,为自己的工作增添一点学术色彩"。①

四、马达汉对卫拉特游牧地的军事考察

马达汉中国之行首先是一次肩负特殊使命的军事考察,据马达汉自述,他的目的如下:沿路收集情报和军事统计资料,特别是长城外各省的情报和军事统计资料;查清中国政府最近几年所推行的新政对地方有何影响;了解国防基础以及军队的整编及训练情况;调查所经各省汉人移民的情况和中央政府对地方行政制度进行的改革;了解当地百姓的情绪,他们对朝廷政策的态度,一些地区或当地部族的自治运动、达赖喇嘛在这一运动中的地位和作用,老百姓对俄国和日本的看法以及日本对中国政府的一切措施有何种影响;勘察通向喀什噶尔,乃至通向兰州和北京的道路,尤其要查明骑兵队及由三个兵种组成的独立部队进军兰州的条件。②

马达汉在尽最大努力完成上述各项指令,在卫拉特人游牧地的考察中,他对土尔扈特人的军事编制和调动以及军事地形研判两个方面进行了认真的观察与思考,并提出了有理有据的分析。

马达汉调查了特克斯河谷草原和沙图边防卡伦的屯兵制度。在苏尔尕苏木大约有1 500帐牧民,分为5个辖区。平时每个辖区都需派出24名17—30岁的骑马兵丁。纳生巴图是120人的边防连指挥官,他的助手有2名较年轻的军官、4名较年长的军官和12名年轻的下级军官。指挥官的工资是每月25卢布,士兵3卢布50戈比。纳生巴图作为辖区法官每月职务津贴为20卢布。士兵满40岁才可以退役。士兵的大部分时间都待在家里,只有需要时才召集在一起。每年规定进行一个月的超强度训练。打靶练习用的是从枪口装弹药的旧式统枪。使用毛瑟枪的子弹非常有限,每个士兵的皮革子弹盒里最多只有10发,枪保养得很差,子弹盒已用得很旧。纳生巴图说,每个士兵已打过1 000发子弹。士兵私下讲,他们谁也没有打

---

① 阿拉腾奥其尔译:《马达汉穿越新疆至北京的军事考察报告(1906—1908)》,第26—27页。

② 阿拉腾奥其尔译:《马达汉穿越新疆至北京的军事考察报告(1906—1908)》,第14页。

过300发以上。如此看来,打靶训练并不认真。除了每年一次超强度训练外,其余时间都是用空弹壳练习打靶。部分弹药和子弹看来被用来打猎或作为别的临时用途了。每当发生战争时,卫拉特人有义务应召骑马入伍。如家里只有一个男丁,可以免征入伍。没有预备役军官,军事装备则由惠远城提供。① 对于生活在巴音布鲁克草原的土尔扈特人的战争动员能力,马达汉也进行了调研。在19世纪60年代回民暴动时,土尔扈特部应召入伍的兵丁约300人(另有一说为8 000人,显然是大大夸大了),和硕特部200人。他们都参加了收复焉耆府的战斗。此后,再没有人服过役。这些部族人民认为,战争爆发时,中国官方招募他们的人入伍,完全是理所当然的事。②

在马达汉撰写的《军事报告书》中对新疆的山川、地形、地貌做了详情的记述,还对驻防兵力的人数、装备、补给系统、兵员素质等方面进行了考察,十分翔实,且笔触所及,绝无空谈,均落实到俄军一旦实施军事行动,进军新疆的实际需要。俄军总参谋部给马达汉下达"特殊的任务",其要求如下:绘制喀什噶尔经乌鲁岭至乌什以及沿托什干河的道路;考察托什干河从其出山源头至叶尔羌河汇合处沿线,可否作为未来的防线之用;编制绿洲要塞阿克苏的军事统计资料;考察从阿克苏翻越木扎尔特山口到伊犁的路线;考察裕勒都斯盆地;侦察兰州城作为军事基地的筹建情况。③ 显然,从特克斯河谷到巴音布鲁克草原的天山通道,是马达汉军事考察的重点任务之一。因此,我们在《军事报告书》中可以读到大量对天山腹地的地形、地貌、海拔、气象、水源等数据的详尽记录。

五、简短的结语

马达汉是一个复杂的历史人物。20世纪初,他受俄军参谋部派遣来到中国,在新疆进行间谍考察,充当了沙皇俄国侵略中国的马前卒。但是,马达汉在为时两年的考察中,又有效地进行了历史学、人类学、民族学、社会学的考察,留下了大量科考资料、照片、实物。所有这些在今天都成了不可再

---

① 马达汉著,王家骥译:《马达汉西域考察日记》,第206—207页。
② 马达汉著,王家骥译:《马达汉西域考察日记》,第242—243页。
③ 阿拉腾奥其尔译:《马达汉穿越新疆至北京的军事考察报告(1906—1908)》,第14—15页。

生的历史遗产,对我们了解和研究晚清时期的历史,特别是20世纪初新疆的历史、社会、人文、地理和中外关系等方面,均有重要的历史价值。同时,马达汉的日记、回忆录、军事调查报告书、照片和实物涉及卫拉特蒙古社会方方面面,也都成了今天我们研究20世纪卫拉特蒙古的难得的第一手资料。

如同马达汉的考察具有军事间谍和科学考察的双重性一样,马达汉作为一位历史人物,同样也具有两重性和复杂性。他作为俄国军官为俄国利益尽责尽力,但作为一个民族主义者,他对于受到列强欺压的中国又寄予同情和希望。马达汉在伊犁考察期间,对俄国在中国的霸道行为进行抨击,在1907年4月20日的日记中写道:"中国的领土上驻扎着这样一支配备大炮的俄国军队,实属特殊。不可想象,现在正处于民族觉醒时期的中国对于伤害其主权的行为究竟能容忍多久!"马达汉在同一天的日记中又写道:"固尔扎的俄国领事馆在其没完没了的中俄商务和刑事纠纷中也有一项令人生厌的任务,就是保护那些无赖的利益,而且仅仅是为了维护俄国的尊严。"①

马达汉对中国抱有良好的感情,他在回忆录中写道:"中国需要一个坚定的中央政府,一支强大的国防力量,一个现代化的行政和技术队伍以及新的公路和铁路通道,但首先需要的是和平。"②马达汉当时将希望寄托于实施新政后的清王朝,他在《军事报告书》的总结中如此评议:"现在可以有把握地说,改革已经深深扎根,想把它斩草除根已不可能,焕然一新、正在苏醒的中国,现在已不是不可实现的梦,也不是遥遥无期的可能,而是实实在在的事实。"③显然,马达汉没有认识到腐朽的清帝国已经走到了生命的尽头,清末新政挽救不了清帝国的命运。3年后,建立了268年的清帝国在辛亥革命的烈火中崩溃了。

如果从19世纪算起,新疆考察已经跨入第三个一百年——21世纪,为了更好地承前启后,马达汉的新疆考察作为外国探险家新疆考察的有机组成是不应该被忽视的。

(原载《西部蒙古论坛》2008年第1期)

---

① 马达汉著,王家骥译:《马达汉西域考察日记》,第178—179页。
② 王家骥译:《马达汉回忆录》,第8页。
③ 阿尔腾奥其尔译:《马达汉穿越新疆至北京的军事考察报告(1906—1908)》,第126页。

人 论

RENLUN

顾实汗生平略述

17世纪三四十年代，正是明末清初我国阶级关系与民族关系发生巨大变化的时期。汉族农民军与腐朽的明朝封建势力在中原地区进行着殊死的大搏斗，而崛起于东北一隅的满洲贵族势力以锐不可当之势长驱入关，与农民起义军和明朝封建势力形成逐鹿中原之势。它们以各自阶级的民族的斗争需要，迅速调整自己的力量，阶级关系与民族关系呈现出前所未有的错综复杂局面。在这风云变幻的年代里，我国西北地区的民族关系也在急剧地发生着变化。崛起于天山北路的厄鲁特蒙古游牧民族，不仅使它的近邻维吾尔、哈萨克等民族受到威胁，而且它的势力扩展到甘肃、青海与西藏，使西北地区的民族关系进入了一个新的历史阶段。在上述地区民族关系变化过程中，厄鲁特蒙古著名领袖顾实汗是一个极其重要的人物，在17世纪前半期蒙藏关系史上占有不可忽视的历史地位。近几十年来，在中外有关西北民族史和西藏史的论著中，对顾实汗的历史事迹已有一些阐述，但对他一生的活动，还很少做系统、全面的论述。我们仅就所能接触到的资料，对顾实汗的一生略做介绍与评述。

一

顾实汗（又作固始汗，1582—1655），本名图鲁拜琥，是我国厄鲁特蒙古和硕特部著名领袖。中外文献大都记载他出身的和硕特部是元太祖成吉思汗之弟哈布图哈萨尔的后裔，顾实汗是哈布图哈萨尔的第十九世

---

① 祁韵士：《外藩蒙古回部王公表传》卷八一《青海厄鲁特部总传》，载《国朝耆献类征初编》卷首九三；张穆：《蒙古游牧记》卷一二《青海额鲁特蒙古游牧所在》；霍渥斯：《蒙古史》第1卷，伦敦1876年版，第500页。

孙。① 其祖父博贝密尔咱,父哈尼诺颜洪果尔世为卫拉特汗,顾实汗是哈尼诺颜洪果尔的第四子。② 顾实汗少年时期就以勇武而著名,据《青海史》记载:明万历二十二年(1594),当时他只有13岁,便统率军队击败俄伽浩特③的4万士兵,④因而"威名大震,所向无敌"⑤。

明万历三十四年(1606),顾实汗25岁时,其生母阿海哈敦去世,他"为作超荐,广济贫乏"⑥,因而博得部众的拥戴。就在这一年,厄鲁特蒙古与喀尔喀蒙古发生了一场战争。这场战争给双方人民带来极大灾难,据《续藏史鉴》记载:"战祸最劣(烈),民受荼毒,二部行道几为阻滞。"⑦在这紧要时刻,

---

① 松巴堪布著,杨和瑨译注:《青海史》,印第安纳大学1967年版,第70页;王树枬:《新疆图志》卷一六《藩部一》。

② 关于顾实汗在其兄弟中排列次序,文献上记载不一。汉文资料多记顾实汗排行第四,如祁韵士《外藩蒙古回部王公表传》载:"哈尼诺颜洪果尔有子六:长哈纳克土谢图、次拜布噶斯、次昆都仑乌巴什、次图鲁拜琥、次色稜哈坦巴图尔、布雅鄂特欢"(《国朝耆献类征初编》卷九三《青海厄鲁特部总传》);张穆《蒙古游牧记》亦载:"(哈尼诺颜洪果尔)有子六,图鲁拜琥其第四子也"(卷一二《青海额鲁特蒙古游牧所在》)。但在民族文字史料记载中与上引汉文资料有些不同。蒙古文史籍《青史》中载:拉尼诺颜(即哈尼诺颜洪果尔)的长妃生二子阿毛海·班图、哈斯嘎·土谢图(即哈纳克·土谢图),小妃生子五人巴博ящ·巴图尔(即拜巴噶斯)、土米·卫成、昆都仑、土尔克齐、多罗·固什列·格根汗(即顾实汗)(谢再善译注:《蒙古青史译著稿》,西北民族学院研究室1980年铅印本,第96页);而《青海史》中载:哈尼诺颜洪果尔与其妃阿海哈敦生五子,"即所谓'智勇双全的五虎',图鲁拜琥是五虎中的老三"。可见,民族文字的记载亦不一致。据日本学者山口瑞凤的研究,哈尼诺颜洪果尔之长子哈纳克·土谢图为其第一夫人所生,其余五子(包括图鲁拜琥)皆为第二夫人所生,图鲁拜琥在阿海哈敦所生五子中排行第三,总的排行居四(山口瑞凤:《顾实汗控制西藏的经过》,载《岩井博士古稀纪念典籍论集》,开明堂1963年版,第763—764页)。笔者从山口瑞凤之说。

③ 俄伽一词,解释不一。意大利学者杜齐认为:"俄伽即察哈尔,蒙古人称林丹汗为'秃头'"(《西藏画卷》第1卷,罗马1949年版,第698页)。此说恐误。据杨和瑨解释:"俄伽系指穆斯林而言"(《青海史》,第70页)。按"俄伽"为藏语白头之意,而"浩特"系蒙古语城市之意,俄伽浩特可解释为指"头缠白布信仰伊斯兰教的部众"。

④ 松巴堪布著,杨和瑨译注:《青海史》,第34页。

⑤ 刘立千译:《续藏史鉴》,华西大学华西边疆研究所1946年版,第74页。

⑥ 善慧法日著,刘立千译,王沂暖校:《宗教流派镜史》,西北民族学院研究室1980年铅印本,第223页。

⑦ 刘立千译:《续藏史鉴》,第74页。

顾实汗不畏艰险,大胆地来到喀尔喀,通过巧妙而高超的调解活动,平息了战争,给两部人民带来了和平。① 代表西藏佛教格鲁派(即黄教)与蒙古诸部联系的东科尔呼图克图与喀尔喀首领们对顾实汗的调停活动"极为推重"②,赠给他以"大国师"的称号,③从此,图鲁拜琥便以"顾实汗"(顾实为国师之音转)闻名于世。

关于顾实汗明万历三十四年(1606)到其进据青海前夕的明崇祯九年、清崇德元年(1636)这一时期的活动,国内历史文献中记载甚少,我们从俄文档案和西方著述中可以看出他活动的大致轨迹。在俄国档案文献中,第一次出现有关顾实汗的记录是在1630年,据同年12月6日乌法地方官的报告,拜巴噶斯的弟弟顾实台什(即顾实汗)的使者在这一年的8月2日以前曾到乌法,这说明顾实汗此时已同沙俄地方当局有了接触。当时顾实汗率其所部同杜尔伯特首领达赖台什共同游牧于恩巴河和喀拉库木河一带。④ 据日本学者若松宽的推断,杜尔伯特部的达赖台什与和硕特部的顾实汗、昆都仑乌巴什当时之所以到喀拉库木河一带游牧,与明天启五年(1625)准噶尔部的内乱有关。⑤ 这次内乱是准噶尔部贵族楚琥尔和拜巴珠争夺牧产引起的。事情虽然发生在准噶尔部,但却波及厄鲁特各部,发展成为整个厄鲁特蒙古的大内乱。 达赖台什、土尔扈特部长和鄂尔勒克支持拜巴珠台吉而反对楚琥尔,罕德尔台吉和土尔扈特的墨尔根德穆尼则支持楚琥尔。双方经过长期的厮杀,楚琥尔与墨尔根德穆尼联军虽然取得胜利,但其部民也伤亡惨重。1630年,达赖台什和顾实汗正是由于这场内战而转移到喀拉库木河一带的。

1632—1634年,顾实汗的游牧地区转向了额尔齐斯河支流托波尔河流域。这时同他一起游牧的除杜尔伯特部达赖台什之外,还有已被俄国灭亡

---

① 松巴堪布著,杨和珺译注:《青海史》,第35页。
② 刘立千译:《续藏史鉴》,第74页。
③ 松巴堪布著,杨和珺译注:《青海史》,第35页;达斯:《关于西藏宗教与历史的文献》,德里1970年版,第163页;纳楚克道尔济:《喀尔喀史》,乌兰巴托1963年版,第33页。
④ 若松宽:《俄国史料中所见顾实汗的事迹》,载《史林》第59卷第6号,第44、46页。
⑤ 若松宽:《俄国史料中所见顾实汗的事迹》,载《史林》第59卷第6号,第47页。
⑥ 若松宽:《哈喇忽喇的一生》,载《东洋史研究》第22卷第4号。

的西比尔汗国库程汗的后代。据托波尔斯克贵族米哈伊·乌沙科夫的报告:在额尔齐斯河上游右岸雅梅什盐湖地区,有很多顾实汗的兀鲁思,并有"二千多武装士兵在雅梅什湖宿营"①。明崇祯七年(1634)冬,顾实汗率其所部参加了达赖台什和准噶尔部首领巴图尔珲台吉共同发动的远征哈萨克的军事行动。在这次征战中,厄鲁特蒙古联军取得了胜利,俘虏了哈萨克苏丹伊希姆汗的儿子扬吉尔。②

顾实汗在托波尔河的游牧活动,势必引起俄国地方当局的注视,因而不可避免地与之发生矛盾与纠葛,这主要反映在双方要求释放被对方扣押人员的交涉上。明崇祯七年(1634),顾实汗掠去一些塔拉与秋明地区的俄国纳税属民,俄国塔拉当局则扣押了顾实汗派往塔拉的使者卡茨③。卡茨原是布哈拉伊玛穆库里派往顾实汗处的商队领队。卡茨被俄国当局扣押,致使布哈拉与顾实汗发生了冲突。为此,顾实汗坚决要求俄国地方当局释放卡茨,双方几经交涉,俄国塔拉当局终于释放了卡茨,而顾实汗放回一名俄方俘虏,他提出其余俄国俘虏必须由俄国掳去的曾和他一起游牧的库程汗的两个孙子——阿布赖和塔阿乌嘎来交换,并声称:"俄国如不交还就难以得到持久和平。"④关于交涉的结局,史料中未见记载,但可以看出顾实汗为维护本民族利益,与俄国扩张势力进行了毫不妥协的斗争。

应该指出,顾实汗在上述地区游牧时期,正是厄鲁特蒙古兵戈扰攘的动乱年代。自17世纪20年代以来,厄鲁特蒙古各部不断同喀尔喀蒙古及哈萨克诸部发生军事冲突。据俄文档案资料记载,明天启元年(1621),以准噶尔部长哈喇忽喇为首的厄鲁特各部的首领们,因受喀尔喀蒙古阿勒坦汗⑤的压力,"他们会合在鄂毕河并在那里修了城堡,因为阿勒坦汗打败了他们,俘走了哈喇忽喇的妻妾、儿女,阿勒坦汗还征服了哈萨克,把哈萨克人逐出了

---

① 若松宽:《俄国史料中所见顾实汗的事迹》,载《史林》第59卷第6号,第50页。
② 霍渥斯:《蒙古史》第1卷,第618页。
③ 此处卡茨可能是人名,也可能是信仰伊斯兰教民族的一种官名或者藏语中对居住在克什米尔、阿富汗一带人的泛称。
④ 若松宽:《俄国史料中所见顾实汗的事迹》,载《史林》第59卷第6号,第62—63页。
⑤ 阿勒坦汗是俄国人对我国喀尔喀蒙古札萨克图汗所属和托辉特部王公硕垒乌巴什及其子俄木布额尔德尼、孙额璘沁罗卜藏台吉的称呼。这里指的是第一代阿勒坦汗硕垒乌巴什。

他们原游牧的诺盖草原"①。两年后,即天启三年(1623),哈喇忽喇又与阿勒坦汗②发生了战争,厄鲁特各部首领在这次战争中"一致抵抗过阿勒坦汗及其同盟者"③,但惨败的结局给各部带来严重的损害。

与阿勒坦汗的这次大规模战争刚刚结束,天启五年(1625),在厄鲁特内部又爆发了前面所说的那场大内乱。这场内乱"使卫拉特领地的内部形势大大地复杂起来"④,它不仅给各部牧民带来巨大灾难,而且造成各部首领间的严重分裂,厄鲁特四部联盟的矛盾更加尖锐化,土尔扈特部部长和鄂尔勒克因受准噶尔部巴图尔珲台吉(哈喇忽喇之子)的排挤,于崇祯元年(1628)率其部众迁往伏尔加河下游。此后不久,顾实汗与巴图尔珲台吉的关系也日趋紧张,"以致发生武装冲突"⑤。尽管"这场冲突很快以和解告终"⑥,但长期的内乱与外患严重地危害着厄鲁特各部牧民的和平游牧生活。作为和硕特部首领的顾实汗,为维护部族的生存,摆脱战乱不息的处境,转移牧地以别图发展便成为最理想的出路。而恰在此时,顾实汗接到了西藏黄教代表请他进军青海的要求,这正好为其部民迁徙提供了有利时机。从此以后,这位游牧民族领袖便以黄教护法者的姿态,走向统一青藏高原的政治舞台。

二

顾实汗登上统治青藏高原的政治舞台,看起来有些偶然,但实际上是有其深刻的政治与历史背景的,如恩格斯所说:"恰巧某个伟大人物在一定时间出现于某一国家,这当然纯粹是一种偶然现象。但是,如果我们把这个人除掉,那就会需要有另外一个人来代替他,并且这个代替者是会出现的——

---

① 《俄蒙关系史料(1607—1636)》,莫斯科1959年版,第113页。

② 这个阿勒坦汗已是硕垒乌巴什之子俄木布额尔德尼,见《外藩蒙古回部王公表传》卷六一《喀尔喀札萨克图汗部总传》。据若松宽考证:俄木布额尔德尼"是在1623年其父死后成为汗的,他与卫拉特继续了七年多战争,到1629年双方才媾和"。见《阿勒坦汗传考证》,载《内田吟风博士颂寿纪念东洋史论集》,京都1978年版,第532页。

③④ 兹拉特金:《准噶尔汗国史》,莫斯科1964年版,第144页。

⑤ 加班沙拉勃:《关于卫拉特人的故事》,转引自《准噶尔汗国史》,第169页。

⑥ 兹拉特金:《准噶尔汗国史》,第169页。

或好或坏,但是随着时间的推移总是会出现的。"①顾实汗正是顺应当时青藏地区政治斗争形势的需要而出现的。

顾实汗进据青藏地区的前夕,正是西藏的黄教与其他喇嘛教派系激烈斗争时期。15世纪初,宗喀巴在改革西藏喇嘛教基础上创立黄教之后,黄教在西藏地区得到迅速发展,特别是甘丹、哲蚌、色拉以及扎什伦布等黄教寺院建立后,②黄教已逐步形成庞大的寺院集团,其势力已远及阿里、康区、安多等地。16世纪末,蒙古土默特首领俺答汗进据青海皈依黄教后,青海地区的黄教在他的倡导与支持下也得到了很快的传播。黄教势力的膨胀与扩大,势必影响其他教派属区封建势力的利益,因而引起了其他教派的敌视与打击。明万历四十六年(1618),信奉噶玛噶举派③的辛夏巴家族在后藏建立第悉藏巴④政权后,黄教与喇嘛教其他教派的斗争更趋激化。

在卫藏地区,当时执政的第悉藏巴噶玛·丹迥旺波联合西藏的反黄教势力,极力排斥、打击黄教势力。据当时曾在尼泊尔、西藏地区活动的西方耶稣会传教士记载,第悉藏巴"放弃佛教——即喇嘛教,他企图灭教而虐待群众"⑤。不仅如此,第悉藏巴还以当时统治青海的蒙古首领却图汗为奥援,作为他在青海地区的反黄教的支持力量。却图汗本为喀尔喀蒙古的一个王公,据《青海史》记述,明崇祯七年(1634)他在喀尔喀发动一场内战之后,"被喀尔喀人民所驱逐,来到青海地方,征服了土默特的火落赤部及其人民"⑥。却图汗也是个噶玛噶举派信徒,"他到青海后,就和前藏的噶玛噶举

---

① 《恩格斯致符·博尔吉乌斯》(1894年1月25日),载《马克思恩格斯选集》第4卷,第506—507页。

② 甘丹寺建于1409年,哲蚌寺建于1416年,色拉寺建于1418年,以上三寺皆在拉萨附近;扎什伦布寺建于1447—1455年间,位于后藏日喀则。

③ 噶玛噶举是西藏佛教噶举派的一个支派,创始于塔波拉结及门弟子都松钦巴,"这一派是西藏佛教各派中采取活佛转世相承最早而又传承最久的一派。它先后建立好几个活佛转世系统,其中最著名的是黑帽系和红帽系"。参阅王森:《关于西藏佛教史的十篇资料》,中国科学院民族研究所1964年铅印稿,第134—135页;又见善慧法日著,刘立千译,王沂暖校:《宗教流派镜史》,第58—59页。

④ 第悉,亦即第巴,原义为部落长,即掌握地方政权者,第悉藏巴即汉文文献中的藏巴汗。

⑤ 矢泽利彦编译:《耶稣会士中国书信集》第5集《纪行篇》,平凡社1970年版,第268页。

⑥ 松巴堪布著,杨和瑨译注:《青海史》,第33页。

派有联系",他与噶玛红帽系结合在一起,"杀死大批在青海地区的黄教僧人,或把他们监禁起来"①。而当时统治康区的白利土司顿月多吉则是个苯教信徒,他敌视佛教,尤其仇恨黄教,摧毁了"在康区的大部分萨迦、格鲁、宁玛三派的寺院"②。第悉藏巴噶玛·丹迥旺波同却图汗与白利土司在一致反对黄教的基础上结成同盟,"立誓要摧毁色拉、哲蚌、甘丹三大寺,消灭格鲁派"③。班禅罗桑却吉坚赞、第巴索南饶丹等黄教的代表人物决定派人到厄鲁特蒙古处,请求他们出兵援助。

厄鲁特各部首领们得悉西藏黄教的请援后,决定出兵。受准噶尔部排挤而早有另寻牧地打算的顾实汗,鉴于青海地区土肥草美,又接到黄教寺院代表的请求,遂向各部首领明确提出:"我愿去西藏的卫地。"④顾实汗的行动得到原来与他有矛盾的巴图尔珲台吉的支持,因为顾实汗率部向青海转移,不仅可以减少厄鲁特各部争夺牧场的矛盾,而且能共同向外扩张势力。所以在后来进军青海的行动中,巴图尔珲台吉成了顾实汗有力的同盟者。

明崇祯八年(1635),却图汗应第悉藏巴噶玛·丹迥旺波的请求,派其子阿尔萨兰率军一万进入西藏。顾实汗得知消息后,乔装成香客带领少数随从先去西藏了解形势。行至通天河上游时,恰遇向西藏进军的阿尔萨兰。顾实汗向阿尔萨兰"说明不能侵害格鲁派的原因"⑤,阿尔萨兰听从了顾实汗的规劝,到达拉萨后完全背离其父的意图,他向达赖五世磕头,到哲蚌寺听达赖喇嘛讲经,并"下令不许伤害格鲁派"⑥。阿尔萨兰"不仅不支持藏巴汗,反而到羊卓雍一带进攻藏巴汗的军队"⑦。第悉藏巴闻讯后立即率军进抵藏北,顾实汗恐后路被截击,遂从原路返回。

非常明显,阿尔萨兰进藏后的行动,必然引起第悉藏巴及噶玛噶举派的强烈反对,他们写信告知却图汗,说明阿尔萨兰进藏后的所作所为。却图汗回信第悉藏巴,并令其部下设计杀害阿尔萨兰,阿尔萨兰遂被其部将岱青谋杀。

阿尔萨兰之死,对富有政治斗争经验的顾实汗来说,不能不引起高度的警觉。顾实汗决定采取先发制人的战略,立即向青海却图汗发动进攻。由

---

①②③⑤⑦⑧　东嘎·洛桑赤列著,陈庆英译:《论西藏政教合一制度》,载《西藏民族学院学报》1981年第4期。

④　松巴堪布著,杨和瑨译注:《青海史》,第34页。

⑥　夏格巴:《西藏政治史》,耶鲁大学1969年版,第104页。

于兵力缺少,顾实汗和准噶尔部的巴图尔珲台吉结成同盟,在明崇祯九年、清崇德元年(1636)秋冬之间,顾实汗统率厄鲁特蒙古联军从塔尔巴哈台经伊犁和塔里木盆地后,于翌年到达青海境内。顾实汗以兵力万余与却图汗三万军队①进行了一场激烈的战争。双方先在青海峡谷地区打了一些仗,又在两山之间打了一次大仗。顾实汗以少胜多,大破却图汗军,鲜血染遍了两山之间,以后这两山便以大小乌兰和硕而闻名,②这就是青海史上有名的血山之战。顾实汗之子达赖台吉率军追杀却图汗的残兵,并将却图汗捕杀。③

这次血山战役之后,顾实汗的部众陆续移牧于青海境内。为了酬谢这次进军青海的同盟者,顾实汗赠予巴图尔珲台吉很多礼物,并将自己的女儿阿敏达兰嫁给巴图尔珲台吉,④然后将巴图尔珲台吉及其部众送归准噶尔。

崇德三年(1638),顾实汗以香客身份到拉萨,在拉萨大昭寺,达赖五世为他举行了隆重的法会,并授予他"丹津却吉甲波"(佛教护法王)的称号。⑤在这次与达赖五世、班禅四世等人的会晤中,顾实汗就当时国内特别是青藏地区的政治形势与他们商议了对策,并决定派出代表与清政权建立联系,以取得清政权对黄教僧俗势力的支持。此时顾实汗的战略目标是先以武力灭康区的白利土司,然后再进后藏,歼灭第悉藏巴的势力。⑥ 以后的事实表明,顾实汗统一青藏高原的历史进程正是按上述步骤进行的。

却图汗的被消灭,引起白利土司对黄教僧俗集团的更大仇恨,崇德四年(1639),白利土司写信给第悉藏巴,约他于次年共同举兵。但这封信在被黄

① 关于顾实汗与却图汗在这次战争中参加的兵力,记载不一。有的说顾实汗以一万对却图汗三万兵力(松巴堪布著,杨和珍译注:《青海史》,第37页;东嘎·洛桑赤列著,陈庆英译:《论西藏政教合一制度》,载《西藏民族学院学报》1981年第4期;谢再善译注:《蒙古青史译注稿》,第98页);有的说却图汗的兵力为四万(刘立千译:《续藏史鉴》,第75页;达斯:《关于西藏的宗教与历史的文献》,第164页)。

② 据杨和珍解释,乌兰和硕是由蒙古语而来,其原义为"红岬",见《青海史》,第72页。按,两山之间谓之岬。

③⑤ 松巴堪布著,杨和珍译注:《青海史》,第37页。

④ 松巴堪布著,杨和珍译注:《青海史》,第37页。但东嘎·洛桑赤列认为顾实汗把自己的女儿阿敏达兰嫁给了巴图尔珲台吉的儿子(东嘎·洛桑赤列著,陈庆英译:《论西藏政教合一制度》,载《西藏民族学院学报》1981年第4期)。

⑥ 牙含章:《达赖喇嘛传》,生活·读书·新知三联书店1963年版,第20页;王尧:《第巴·桑结嘉错杂考》,载《清史研究集》第1辑,第188—189页。

教喇嘛截获后送交了顾实汗。早已有所准备的顾实汗,见信后立即做出反应,就在这一年五月,顾实汗率军来到康区,并写信给达赖五世,告知在征服白利土司后将向后藏进军的计划。顾实汗很快就征服了白利土司的一些小部落,差不多经过一年的战斗,于崇德五年(1640)才把白利土司顿月多吉擒获,同年冬将其处死。顾实汗消灭白利土司后,释放了被白利土司囚禁的萨迦派、格鲁派、噶玛噶举派喇嘛僧人,使顾实汗得到了喇嘛教各派僧人的崇敬。

康区的白利土司被消灭后,后藏的第悉藏巴便成了顾实汗进攻的最后目标。崇德六年(1641),顾实汗佯装从康区返回青海地区,其军队先向青海方向进发,让第悉藏巴听到他率军返回青海的消息,"然后乘藏巴汗听到这个消息后放松戒备的时机,突然引兵到达卫地"①,发动攻势。缺少戒备的第悉藏巴军队,很快便遭失败,顾实汗军"就像老鹰追捕小鸟那样"②,把第悉藏巴的军队全部击溃,噶玛·丹迥旺波被俘。崇德七年(1642),这个辛夏巴家族的统治者——第悉藏巴,据传被顾实汗"用牛皮缝裹投入日喀则附近的雅鲁藏布江中"③。

第悉藏巴的败亡,标志着西藏黄教势力在顾实汗的支持下取得了巨大胜利,但是西藏的统治权却落入和硕特蒙古的掌握之中。此后,顾实汗便以黄教护法王的身份成为青藏地区的最高统治者。

三

顾实汗进据西藏后,采取了一系列措施以加强对西藏地区的统治。他命其长子达延驻守拉萨,而令其余诸子驻牧青海,征康区赋税以养青海部众。顾实汗对在拉萨建立的地方政权严格控制,凡参加这个政权的西藏高级官员都由他任命。但顾实汗深深懂得黄教在西藏与青海藏族地区的势力与影响,要加强和硕特蒙古对青藏地区的控制,就必须利用达赖喇嘛宗教领袖的地位,以资号召,从而对藏族人民进行有效的统治。因此,他下令"将前

---

①③ 东嘎·洛桑赤列著,陈庆英译:《论西藏政教合一制度》,《西藏民族学院学报》1981年第4期。

② 松巴堪布著,杨和璿译注:《青海史》,第39页。

后藏的税收献给五世达赖作为黄教寺院宗教活动费用"①,而西藏地方的日常行政事务则由顾实汗任命的第巴索南绕丹(亦称索南群培)来执行,但实际上第巴索南绕丹是受顾实汗控制的,卫藏地区的政令均由顾实汗盖印发布,第巴索南绕丹只是副署盖印而已。这里应该指出,第巴索南绕丹是当时西藏政治舞台上的一个重要角色,擅用计谋,深谙世故,既是对第悉藏巴斗争中的一个重要人物,又是请顾实汗进西藏的策划人之一。②可见,顾实汗以索南绕丹充任第巴,也是借助西藏人之力统治西藏。

"法律是统治阶级的意志的体现"。③ 顾实汗建立西藏地方政权后,还命索南绕丹对第悉藏巴时的法律加以删改,"制定了十三法律,并加了不同的解释说明"④,以巩固和硕特蒙古贵族与黄教僧侣集团上层势力的既得利益。与此同时,顾实汗在保留原来萨迦派执掌西藏地方政府时期设置的十三种官职名称的基础上,又新建立了噶伦、达本等官职,健全了西藏地方政权的行政机构。

顾实汗也深知掌握军权对巩固其统治地位的重要性。因此,他直接控制全部军队,"留了八个旗的蒙古军,经常驻扎在前藏"⑤。应该指出,顾实汗统治初期的西藏政局并不稳定,第悉藏巴的追随者以及噶玛噶举派信徒,不断掀起反抗顾实汗的叛乱,就在第悉藏巴被处死的1642年,藏巴汗的拥护者发动了一场大规模军事进攻,班禅险些被俘,达赖喇嘛派驻后藏的代表,也被迫弃江孜逃命,叛军统帅肖喀巴率军包围了精奇。对此,顾实汗派兵严厉镇压。紧接着,他又派兵镇压工布地区的叛乱,然后"蒙古军队从工布进击,戡平一切反叛"⑥。

顺治二年(1645),顾实汗赠给曾任后藏扎什伦布寺座主的罗桑主持却

---

①② 王森:《关于西藏佛教史的十篇资料》,第237页。

③ 列宁:《社会民主党在俄国革命中的土地纲领》(1905年7月18日),载《列宁全集》第15卷,第146页。

④ 东嘎·洛桑赤列著,陈庆英译:《论西藏政教合一制度》,载《西藏民族学院学报》1981年第4期。

⑤ 王森:《关于西藏佛教史的十篇资料》,第234页。

⑥ 杜齐著,李有义、邓锐龄译:《西藏中世史》,中国社会科学院民族研究所1980年铅印本,第122页。此书系杜齐《西藏画卷》第1卷,第3—80页的中译文。

吉坚赞(1567—1662)以"班禅博克多"①的称号。罗桑却吉坚赞生于后藏,是黄教中颇有影响的人物,是黄教集团实际上的主持人。他于 1600 年曾任扎什伦布寺座主,1617 年任哲蚌、色拉两个大寺的座主,与索南绕丹策划请求顾实汗进藏援助。顾实汗控制全藏后,遂请罗桑却吉坚赞主持扎什伦布寺,并划后藏部分地区归他管辖。罗桑却吉坚赞圆寂后,扎什伦布寺也采用转世制度,从此西藏黄教中又建立了一个班禅活佛系统。② 这在西藏的政治、宗教历史上是一件具有深远影响的事件。

　　顾实汗在政治上是一位颇有远见的少数民族领袖,他从明清之际国内纷纭复杂的政治形势中认识到明王朝行将没落与新兴满洲贵族势力的锐不可当,因而在进据青海之初,他就同满洲贵族在东北建立的清政权建立了联系。早在清崇德元年(1636),顾实汗便"遣其头目库鲁克来贡马匹、白狐皮、獭喜兽、绒毯等物",因路途遥远,于第二年十月才到达盛京,③祁韵士认为:这是"厄鲁特通贡我朝之始"④。崇德二年(1637),顾实汗进据青海后,如前所述,他与班禅、达赖等西藏僧俗的头面人物共议派出以伊拉古克三为首的代表团去盛京,以加强与清王朝的政治联系。这个代表团于崇德七年(1642)十月到达盛京,受到皇太极的隆重接待,"上亲率诸王贝勒大臣,出怀远门迎之"⑤。在盛京期间,代表团又受到优异待遇,皇太极"赐大宴于崇政殿,仍命八旗诸王贝勒各具宴每五日一宴之,凡八阅月",皇太极赐给"伊拉古克三胡土克图喇嘛及偕来喇嘛等银器、缎、朝衣等物有差"。 皇太极为了进一步笼络顾实汗这一青藏地区的实际统治势力,并想借助达赖、班禅宗教上的影响,遂遣使察干格隆、巴喇衮噶尔格隆等随同伊拉古克三赴藏。在致顾实汗的谕旨中曰:"朕闻有违道悖法而行者,尔已惩创之矣,朕思自古圣王致治,佛法未尝断绝,今欲于图白忒部落敦礼高僧,故遣使与伊拉古克三胡土克图偕行,不分服色红黄,随行谘访,以宏佛教,以护国祚,尔其知

---

① 班禅,意为大班第达·博克多,是蒙古人对睿智英武人物的尊称(王森:《关于西藏佛教史的十篇资料》,第 236 页)。
② 妙舟:《蒙藏佛教史》上册,上海佛学书局版,第 162 页。
③ 《清太宗实录》卷三九,崇德二年十月丙午。
④ 祁韵士:《皇朝藩部要略》卷九《厄鲁特要略一》。
⑤ 《清太宗实录》卷六三,崇德七年十月己亥。
⑥ 《清太宗实录》卷六四,崇德八年四月丁酉。

之",并赠以"甲胄全副"。① 很明显,谕旨中清廷对顾实汗经略青藏地区的事业实际上表示了支持。顺治二年(1645),顾实汗派其"佐理藏事"②的第六子多尔济达赖巴图尔台吉到北京,向顺治帝上书,表示对清政府的要求"无不奉命"③。自此之后,顾实汗和达赖五世几乎每年都遣使北京,贡使不绝。④

顾实汗在自己的政治实践中还极力促成达赖五世与清政府联系的加强。崇德八年(1643),他向清政府遣使奏言:"达赖喇嘛功德甚大,请延至京师,令其讽诵经文,以资福佐。"⑤顺治九年(1652)年正月,顾实汗再次"以劝导达赖喇嘛来朝,奉表奏闻"⑥。同年十一月,达赖五世率领班禅和顾实汗的代表来到北京,受到顺治帝的隆重接待,顺治帝特于安定门外修西黄寺供达赖居住。因达赖喇嘛水土不服,顺治十年(1653)返回西藏时,清政府派和硕承泽亲王硕塞等率八旗官兵,送达赖一行至代噶。与此同时,清政府派出礼部尚书觉罗郎球、理藩院侍郎席达礼等亦赶到代噶,赍送金册、金印,封达赖五世为"西天大善自在佛所领天下释教普通瓦亦喇坦达赖喇嘛"。册文、印文均以满、蒙古、藏、汉四种文字写成。从此,清朝中央政府正式确认了达赖喇嘛在蒙藏地区的宗教领袖地位。⑦

清政府在册封达赖五世的同时,又派使臣去西藏,给顾实汗赍送金册、

---

① 《清太宗实录》卷六四,崇德八年四月丁酉。在致顾实汗谕旨的同时,皇太极还谕书第悉藏巴,其文曰:"闻尔为厄鲁特部落贝勒所败,未详其实,因遣一函相询,自此以后,修好勿绝……"两相对照,孰亲孰疏,显而易见。其实,此时第悉藏巴不仅为顾实汗所败,而且已被顾实汗所杀。

② 祁韵士:《皇朝藩部要略》卷九《厄鲁特要略一》。

③ 中国第一历史档案馆藏:《蒙文老档》(顺治二年)敕谕档蒙字第2号,第0038—0039号。此件据成崇德同志汉译稿,又见《清世祖实录》卷二二,顺治二年十月壬辰。

④ 据《清世祖实录》载,顺治三年至顺治十一年间,除顺治七年不见遣使记载外,到北京的使者史籍有名的计有:顺治三年的班第达赖喇嘛、达尔罕喇嘛(卷二七,第23页);顺治四年的卫征噶布楚(卷三四,第1页);顺治六年的墨尔根和硕齐(卷四六,第25页);顺治九年的坤都伦吴拔石(卷六五,第3页);顺治十年的且巴温布(卷七三,第2页)。顺治五年和顺治八年有遣使至北京的记载,但不见姓名。

⑤ 《清太宗实录》卷六四,崇德八年四月丁酉。

⑥ 《清世祖实录》卷六二,顺治九年正月癸酉。

⑦ 关于清政府敕封达赖五世,王森的《关于西藏佛教史的十篇资料》第239—343页有十分精辟的分析,可供参阅。

金印,封他为"遵行文义敏慧顾实汗"。金册、金印以汉、满、蒙古三种文字写成,册文云:

> 帝王经纶大业,务安劝庶邦,使德教加于四海。庶邦君长,能度势审时,归诚向化,朝廷必加旌异,以示怀柔。尔厄鲁特部落顾实汗,尊德乐善,秉义行仁,惠泽克敷,被于一境;殚乃精诚,倾心恭顺,朕甚嘉焉。兹以金册、印封(尔)为:遵行文义敏慧顾实汗。尔当益矢忠诚,广宣声教,作朕屏辅,辑乃封圻,如此则带砺山河,永膺嘉祉,钦哉。①

从册文可以看出,在清朝开国之初,中央政府还未能直接统治青藏地区时,将"能度势审时,归诚向化"的顾实汗作为"庶邦君长"以统治青藏,是十分必要的,册文实际上是清政府对顾实汗在西藏建立的政权的正式册封。从此,顾实汗作为清政府的代表统治着整个青藏高原。

顺治十一年(1654),顾实汗病故于拉萨。顺治帝在给理藩院的谕旨中指出,顾实汗"克尽克诚,常来贡献,深为可嘉,予发典,以酬其忠"②,并专门"遣官致祭"③。顾实汗死后第四年,顺治十五年(1658),顾实汗的长子达延汗从青海到拉萨嗣汗位。顾实汗家族历经顺治、康熙两朝一直统治着青藏地区,直到雍正初年和乾隆中期,统治青海与西藏的和硕特蒙古势力才最后为清朝中央政府所代替。

顾实汗一生做了许多事,至少有三件事值得提出并予以肯定。第一,他统一了青藏高原,使明末以来青藏地区的战乱割据状态逐渐走向安定统一的局面,为清朝政府进一步实现对青藏地区的统一奠定了良好基础;第二,他对青海与西藏的统一加强了西北各民族间的关系,尤其是蒙古族和藏族的关系,使蒙古族和藏族之间的政治、经济与文化联系进一步加强,这对青藏地区的发展,无疑有着促进作用;第三,他加强了蒙藏地区与清朝中央政府的政治联系,特别是他使西藏地方政府在明末清初几十年战乱之后又和中央政府建立了政治隶属关系,在发展统一的多民族国家的事业中是有功绩的。

---

① 《清世祖实录》卷七四,顺治十年四月丁巳。按,祁韵士的《皇朝藩部要略》卷九和魏源的《圣武记》卷三作"遵文行义敏意固始汗",此处从《清世祖实录》所载。

② 《清世祖实录》卷九七,顺治十三年正月庚辰。

③ 祁韵士:《皇朝藩部要略》卷九《厄鲁特要略一》。

清初，我国作为多民族国家，日益走向统一与发展，这是我国历史发展的必然趋势，在这一历史进程中，顾实汗不愧是一个有作为的少数民族政治领袖。他一生的政治生涯，在客观上促进了国家统一，增强了民族间的联系，在祖国的多民族国家发展的历史上做出了贡献。这就是顾实汗的历史功绩，也是我们肯定他历史地位的主要依据。①

（原载《民族研究》1983年第2期，合作者马汝珩，执笔人马汝珩）

---

① 本文写作过程中，承日本京都府立大学文学部若松宽教授赠送杨和瑨译注的《青海史》等资料，谨致谢意。

厄鲁特蒙古喇嘛僧咱雅班第达评述

在厄鲁特蒙古史的研究中,和硕特部的喇嘛僧咱雅班第达是一个不容忽视的历史人物。他一生不仅致力于喇嘛教的传播,而且积极地参与蒙古族各部的政治活动,在17世纪厄鲁特民族发展史上起着显著的作用。但在中外文献中,关于他的生平鲜有记述。1959年蒙古人民共和国以蒙古文出版的《咱雅班第达传》①,为我们研究他的生平事迹提供了可贵的资料。本文拟以这本传记为基础,结合中外文献资料,对咱雅班第达一生的活动略加评述。

一、咱雅班第达出家为僧的缘起及其西藏游学的经过

咱雅班第达(1599—1662),原名纳姆哈嘉木措,生于厄鲁特蒙古和硕特部古鲁青鄂拓克的桑噶斯家族。② 据《咱雅班第达传》记载:他祖父是都尔木·卫拉特颇有名望的洪果·扎雅齐③。洪果·扎雅齐的长子是和硕特著

---

① 《咱雅班第达传》是咱雅班第达的学生拉德纳巴德拉撰写。据苏联学者兹拉特金说,苏联科学院亚洲民族研究所有这个传记的托忒文影印本(《准噶尔汗国史》,莫斯科1964年版,第11页)。1959年蒙古人民共和国据国家图书馆所藏抄本整理后,以蒙古文出版。这本传记的前言作者仁钦·德日鲍夫说:"这本传记最初是用藏文写成,以后由藏文译成托忒文,最后又从托忒文译成蒙古文。"中国人民大学清史研究所成崇德同志已将本书从蒙古文译成汉文。

② 若松宽:《蒙古喇嘛教历史上的两个弘法者——内齐陀音与咱雅班第达》,载《史林》第56卷第1号,第92页。

③ 洪果·扎雅齐即汉文文献中的哈尼诺颜洪果尔。

名首领拜巴噶斯,"拜巴噶斯有子八,法师咱雅班第达排行第五"①。实际上咱雅第达并非拜巴噶斯的亲生子,而是他16岁出家时被巴拜巴噶斯所认的一个义子。②

咱雅班第达出家当喇嘛僧,应该同喇嘛教传入厄鲁特蒙古是有密切关系的。喇嘛教早在元朝就与我国蒙古族发生了接触,到明代以后,喇嘛教在蒙古族地区逐渐传播开来。自万历四年(1576),蒙古土默特部首领俺答汗在青海会见西藏喇嘛教黄教领袖索南嘉措并皈依黄教以后,黄教在俺答汗的倡导下,在蒙古族地区的传播得以迅速发展。然而,地处西北一隅的厄鲁特各部,由于"同西藏没有直接联系,以及跟东蒙古执政者不和"③,黄教直到17世纪初才开始传入。

据加班沙拉勃的《关于卫拉特人的故事》一书记载:一个土尔扈特的王公最先在厄鲁特各部发起信奉喇嘛教。他大约在万历三十八年(1610),向和硕特部首领拜巴噶斯以及其他王公,"提出信奉喇嘛教的有关建议",拜巴噶斯虽然想接受建议,但因"与西藏没有直接接触"④而未能付诸实现。黄教正式传入厄鲁特蒙古是在万历四十三年(1615),⑤由满珠习礼呼图克图即察纲诺们汗⑥引进的。根据加班沙拉勃的记载:察纲诺们汗以达赖喇嘛代表的身份来到厄鲁特蒙古,劝说当时作为厄鲁特四部联盟丘尔干(盟主)的和硕特部长拜巴噶斯皈依黄教,拜巴噶斯多次听他说教之后,他"本人曾决

① 拉德纳巴德拉:《咱雅班第达传》,第4页。

② 兹拉特金:《准噶尔汗国史》,第156页;若松宽:《卡尔梅克接受喇嘛教的历史侧面》,载《东洋史研究》第25卷第1号,第100页。

③④ 兹拉特金:《准噶尔汗国史》,第155页。

⑤ 日本学者若松宽考证:咱雅班第达从满珠习礼呼图克受戒为僧是1615年(《卡尔梅克接受喇嘛教的历史侧面》,载《东洋史研究》第25卷第1号,第97页;《西宁东科尔呼图克图的事迹》,载《三田村博士古稀纪念东洋史论丛》,第237页)。

⑥ 若松宽考证:到厄鲁特蒙古传播黄教的满珠习礼呼图克图,即东科尔呼图克图三世甲巴嘉措(1588—1639),亦称东科尔·满珠习礼呼图克图(《西宁东科尔呼图克图的事迹》,载《三田村博士古稀纪念东洋史论丛》,第327页)。满珠习礼呼图克图又被称为察纲诺们汗。若松宽引证帕拉斯的说法,满珠习礼呼图克图以曰经而使厄鲁特蒙古改宗黄教,因而把他称之为察纲诺们汗(《卡尔梅克接受喇嘛教的历史侧面》,载《东洋史研究》,第25卷,第1号,第97—98页)。但这个察纲诺们汗,与雍正年间在青海建立察汉诺们旗的先世活佛察汉诺们汗并非一人(若松宽:《察汉诺们汗的事迹》,载《京都府立大学学术报告》,第1页)。

心脱离尘世,出家当朵内(贵族喇嘛)"。但厄鲁特王公们针对拜巴噶斯所处丘尔干首领的地位,对他提出"我们若离开你,我们的土地、牧场就难以维持",没有同意拜巴噶斯出家。为此王公们求助察纲诺们汗,"请他说明,让拜巴噶斯一人当喇嘛好,还是让每个诺颜各出一子当喇嘛好,更有利于教务"。察纲诺们汗回答:"众人积德比一人积德好。"①于是,准噶尔的哈喇忽喇、楚琥尔乌巴什、杜尔伯特的达赖台吉、土尔扈特的和鄂尔勒克、和硕特的昆都仑乌巴什等首领各献出一子当喇嘛。作为厄鲁特诸部最高首领的拜巴噶斯,由于当时还没有亲生儿子,便把和硕特诺颜巴巴汗的儿子咱雅班第达认为义子,献出当喇嘛。这就是咱雅班第达出家当喇嘛的缘起,也是黄教传入厄鲁特蒙古的滥觞。

咱雅班第达被献出当喇嘛时,刚满16岁。就在这一年——万历四十三年(1615),他"拜满珠习礼呼图克图为师,受了沙弥戒"②。万历四十四年(1616),他经过青海湖踏上去西藏游学的道路,翌年抵达西藏。

关于咱雅班第达在西藏学经期间活动,文献上记载甚少,我们只能从《咱雅班第达传》的片段记载中看出大致轮廓。他到达西藏后,便"与第巴③相交",进入"佛教寺院学校居住",学习经典,他"初诵经修法"时,就因"卓识超群"而为众人所惊叹。他精通显宗,曾在大昭寺获得拉让巴格西学位。④崇祯八年(1635),咱雅班第达在接受达赖喇嘛的比丘戒之后,成为"里塘寺中十格隆之一,得到吉本、阿巴两个喇嘛称号"⑤,咱雅班第达与达赖五世关系密切,"凡诵经皆在达赖喇嘛面前,整整二十二年"。崇祯十一年(1638),达赖五世与班禅四世命咱雅班第达离开西藏返回厄鲁特蒙古传

---

① 加班沙拉勒:《关于卫拉特人的故事》,第12页,转引自兹拉特金:《准噶尔汗国史》,第156页;若松宽:《卡尔梅克接受喇嘛教的历史侧面》,载《东洋史研究》第25卷第1号,第99—100页。

② 拉德纳巴德拉:《咱雅班第达传》,第4页。

③ 第巴亦作第悉,原义为部落长、头人,即达赖、班禅属下的执事官。

④ 拉德纳巴德拉:《咱雅班第达传》,第5页。按,格西原为藏语"格威喜联"的简称,意译为"善知识"。格西在西藏已成为学衔,按格鲁派的学制循序修学五大论典之后,即可取得。并按卒业成绩的优劣,分为四等:一等为拉让巴格西,二等为曹然格西,三等为林瑟格西,四等为日让巴格西。参阅任继愈主编:《宗教辞典》,上海辞书出版社1981年版,第863页。

⑤⑥ 拉德纳巴德拉:《咱雅班第达传》,第5页。

教,这时,他已是一名年近四旬的熟谙经典、满腹学识的喇嘛僧了。

应该指出,出身于和硕特贵族的咱雅班第达,此时被达赖与班禅送回厄鲁特传教,并非偶然的举动,而是有其深刻的政治背景的。咱雅班第达在西藏学经22年,正是黄教与其他喇嘛教派斗争的激烈时期,信奉噶玛噶举派的藏巴汗噶玛·丹迥旺波与统治青海的喀尔喀蒙古首领却图汗,以及康区的苯教信徒白利土司顿月多结成黄教同盟,"立誓要摧毁色拉、哲蚌、甘丹三大寺,消灭格鲁派"①。西藏的黄教在以藏巴汗为首的反黄教势力的迫害下危在旦夕,黄教寺院的代表们不得不派人去厄鲁特蒙古请求援助。清崇德二年(1637),和硕特部首领顾实汗联合准噶尔部首领巴图尔珲台吉共同出兵青海,击败了却图汗之后,第二年顾实汗来到拉萨,会见了达赖五世与班禅四世,顾实汗被授予"丹津却吉甲波"(意为佛教护法王)的称号。② 在这次顾实汗与达赖五世、班禅四世的会晤中,是否谈到有关咱雅班第达返回厄鲁特的事,史料中未见明确记载。不过根据《咱雅班第达传》中的一段记述,多少可以看出一些事情的本质:"两法师发慈悲,命咱雅第达返回厄鲁特地方生根,为济佛教与众生。并称赞他说'你是很年轻的喇嘛',将手中玛瑙珍珠赐予他。咱雅班第达说:'达赖为我蒙古民族,讲习经典,弘扬佛教'"③。

如果我们拨开这一宗教语言对话的迷雾,联系当时青藏地区的政治形势,不难看出,西藏黄教的领袖们为巩固顾实汗在青海地区取得护教斗争的胜利,并进一步在厄鲁特蒙古发展黄教势力,选择与和硕特贵族有亲密关系的咱雅班第达返回厄鲁特传教,在当时来说是十分必要且有深远意义的。

二、咱雅班第达的宗教活动及其在文化上的贡献

自清崇德四年(1639)咱雅班第达回到厄鲁特蒙古,到他在清康熙元年(1662)圆寂,④在23年的喇嘛僧的生涯中,他奔波于厄鲁特、喀尔喀蒙古诸

---

① 东嘎·洛桑赤列著,陈庆英译:《论西藏政教合一制度》,载《西藏民族学院学报》1981年第4期,第24页。

② 夏格巴:《西藏政治史》,耶鲁大学1969年版,第105页。

③ 拉德纳巴德拉:《咱雅班第达传》,第5页。

④ 拉德纳巴德拉:《咱雅班第达传》第33页载:1662年咱雅班第达第三次去西藏途中,8月22日在哈其尔图商都地方病逝,同年10月,其遗体送至拉萨大昭寺。

部,往来于西藏、蒙古之间,积极从事黄教的传播与教务活动。

第一,讲经传教、弘扬佛法。这是咱雅第达宗教活动的重要内容。他在清崇德六年(1641)间,先后到喀尔喀蒙古札萨克图、土谢图和车臣等部传播黄教,"以神圣教义满足他们的要求,成为七旗三大汗①的喇嘛"②。咱雅班第达曾向札萨克图汗说,他是受达赖喇嘛之命"游遍七旗"宣扬众人佛教的,并劝说札萨克图汗"要虔诚敬佛,尤其要敬重宗喀巴",教导吃斋诵经。札萨克汗对咱雅班第达十分敬重,每日献给他三只整羊,最后又奉献给他三十五匹驿马,称他为"拉让巴咱雅班第达"。③

咱雅班第达不仅到喀尔喀蒙古各部宣扬佛法,而且多次奔走于厄鲁特蒙古各部首领之间,为他们"祈福、诵经、弘扬积善之源"④。咱雅班第达甚至不辞劳苦、远途跋涉到伏尔加河下游土尔扈特部去宣传教义。顺治二年(1645),在为土尔扈特首领书库尔岱青之子举行葬礼时,咱雅班第达向该部王公与僧俗群众"讲诵经典,广行妙法",受到当地王公贵族的尊重,据说仅这次收到的布施就有二万匹马之多。⑤ 17世纪40年代末咱雅班第达还颁布决定:"凡是看到祭坟者,要向他索取马、羊,并向巫师、巫婆索取马、羊,用狗屎熏巫师、巫婆"⑥,反对萨满巫师和萨满教仪式。

由于咱雅班第达的奔走传教,黄教在厄鲁特蒙古地区得到了推广。《咱雅班第达传》的作者拉德纳巴德拉说:咱雅班第达的弘扬佛法,"犹如久旱之地遇甘露滋润,积善种子深入人心"⑦,这话虽然有些夸张,但对当时以黄教为思想统治工具的蒙古王公和思想迷信的群众来说,在一定程度上还是符合事实的。

第二,咱雅班第达在奔走传教的同时,还为各部王公主持葬礼、举办法事。清崇德四年(1639)秋,他刚从西藏回到塔尔巴哈台和硕特首领鄂齐尔图营地时,适逢和硕特部的另一首领阿巴赖的母亲岱苏哈敦去世。咱雅班

---

① 关于七旗三大汗,据张穆《蒙古游牧记》载:"达延车臣汗,太祖十五世孙也……独其季坲森札赉尔珲台吉留故土,号所部曰喀尔喀,析众万余为七旗,授子七人领之,分左右翼,有三汗,曰土谢图汗,曰车臣汗,曰札萨克图汗。"

②③⑦ 拉德纳巴德拉:《咱雅班第达传》,第7页。

④ 拉德纳巴德拉:《咱雅班第达传》,第24页。

⑤ 拉德纳巴德拉:《咱雅班第达传》,第9页。

⑥ 拉德纳巴德拉:《咱雅班第达传》,第14页。

第达便以喇嘛僧的身份,为她主持了葬礼,"为其超度灵魂、诵经"①。清崇德八年(1643),他又受和硕特部首领昆都仑乌巴什的邀请,去为该部一个贵族岱青和硕齐"殡葬建塔"②。特别是在清顺治十年(1653)秋,准噶尔部著名领袖巴图尔珲台吉死后,咱雅班第达应巴图尔珲台吉子女的邀请,至准噶尔部参加隆重的葬礼,为巴图尔珲台吉"诵经,使他得以超度,并主持其遗体的火化,将其骨灰保存在'奔巴'(瓶)中"③,为这位厄鲁特民族领袖做了四十九天的法事。与此同时,他还给巴图尔珲台吉的遗孀受戒,"讲诵经典和世俗道理"④,因而颇受巴图尔珲台吉继承人僧格的敬重,并给僧格做了灌顶仪式。⑤有关这方面的记述,在《咱雅班第达传》中屡见不鲜,应该说,为蒙古各部王公门们举办法事是咱雅班第达宗教活动的重要方面。

第三,收集布施,捐献给达赖喇嘛金库,是咱雅班第达从事宗教活动的重要内容。顺治四年(1647),鄂齐尔图车臣汗曾问咱雅班第达:"你为什么到处奔走呢?"咱雅班第达回答说:"一方面为传布神圣的佛教,另一方面是收集礼品和捐献,以便酬谢在我求学时期曾给予我巨大恩惠的达赖喇嘛金库。"⑥咱雅班第达每次讲经与主持法事之后,都得到施主们的大量布施,而他往往把这些布施献给西藏的达赖喇嘛。顺治八年(1651),他到拉萨大昭寺时,就向达赖五世奉献了白银五万两。第二年他又向扎什伦布寺奉献了白银二万五千两。⑦ 西藏各寺院的僧侣,对咱雅班第达的捐献行动,非常称赞,"大家都说他布施得很好"⑧。

咱雅班第达极从事宗教活动的同时,为厄鲁特蒙古文化事业也做出了重大贡献。他于顺治元年(1644)着手翻译著名藏族文献《玛尼全集》(又名《玛尼噶奔》《十万宝颂》)。⑨ 为了更有利于传播西藏的宗教和文化,咱雅班第达于顺治五年(1648),在回鹘式蒙古文的基础上,吸取厄鲁特人民日常方言,创制了厄鲁特民族自己的文字——托忒文,又称卫拉特文。据《西域图志》记载:托忒文"共十五个字头,每一字头凡七音……其法直下,右行,用

---

① 拉德纳巴德拉:《咱雅班第达传》,第5页。
② 拉德纳巴德拉:《咱雅班第达传》,第7页。
③ 巴德利:《俄国·蒙古·中国》第2卷,伦敦1919年版,第127页。
④⑤ 拉德纳巴德拉:《咱雅班第达传》,第23页。
⑥ 拉德纳巴德拉:《咱雅班第达传》,第12页。
⑦⑧ 拉德纳巴德拉:《咱雅班第达传》,第19页。
⑨ 拉德纳巴德拉:《咱雅班第达传》,第8页。

木笔书。"①这种文字密切了书面语言与口头语言之间的关系,它能比较清楚地表达厄鲁特方言,使文字更接近于口语,因此,厄鲁特人民把这种新创的文字称为托忒,即清楚、明了之意。托忒文至今仍在我国新疆地区蒙古族中通用。应该指出,咱雅班第达创制的托忒文在沟通蒙藏文化、保留厄鲁特民族历史文献方面起了显著的作用。

顺治七年(1650),咱雅班第达为和硕特、土尔扈特、杜尔伯特、准噶尔等部首领用托忒文翻译了《金光明经》《金刚经》等典籍。② 据统计,1650—1662年,咱雅班第达用托忒文翻译了170余种藏文著作。③ 这些著作大部分为宗教典籍,也有一部分是伦理、历史、文学、医学等著作,如《明鉴》《贤劫经》等。他还用托忒文记录了厄鲁特蒙古著名英雄史诗《江格尔》。

值得一提的是,咱雅班第达还把著名的藏族医书《居悉》(又称《四部医典》),由藏文译成托忒文。《居悉》是公元8世纪著名藏医学家妥宁玛·云旦贡布总结民间藏医的经验,并吸取印度、尼泊尔和汉族地区医学的经验,经几十年努力编著而成。《居悉》在明万历元年(1573)第一次刻印成书。④ 该书共分四部,即《札居》《协居》《门阿居》《钦玛居》,论述了基础理论、生理和解剖、诊断疾病的方法、治疗疾病原则、预防和治病以及药物等方面的内容。⑤《居悉》的翻译对于蒙古族地区医学医术的发展有着重要意义。

三、咱雅班第达的政治活动

咱雅班第达一生奔波于蒙古族各部,不仅为传播黄教进行了不懈的努力,而且他在调整蒙古各部关系、促进厄鲁特蒙古内部团结方面也做出了重大贡献。

咱雅班第达生活的年代,特别是他游学西藏期间,正是明清之际我国内外形势发生巨大变化的时期。在国内,中原地区早已燃起农民起义的燎原

---

① 《西域图志》卷四七《杂录一》。

② 拉德纳巴德拉:《咱雅班第达传》,第14页。

③ 策·达木丁苏荣:《蒙古古代文学一百篇》第3册,内蒙古人民出版社1980年蒙古文版,第1077—1079页。

④ 西藏自治区藏医院:《藏医学〈四部医典〉浅析》,载《西藏研究》1981年创刊号。

⑤ 赵璞珊、蔡景峰:《藏族医学的源流与特点》,载《新医药杂志》1978年第7期。

大火,腐朽的明王朝已处于风雨飘摇之中;而崛起于东北地区的满洲贵族势力,进据辽沈建立起后金地方政权。为实现入主中原取代明朝建立全国统治的方针,满洲贵族进攻漠南蒙古察哈尔等部,林丹汗走死青海,漠南蒙古各部相继归附后金。1636年,他们共奉皇太极为"博格达·彻辰汗"。新兴满洲贵族的强大势力也影响到漠北喀尔喀蒙古与漠西厄鲁特蒙古,他们先后与清朝的地方政权建立了联系。在国际上,除了当时西方殖民势力侵扰我国东南沿海外,沙皇俄国扩张势力对我国西北边陲的觊觎已成为我国喀尔喀蒙古与厄鲁特蒙古各部的严重威胁。它不断以武力扩张和政治诱骗等为手段,对各部首领进行威逼利诱,妄图使之臣服,以达到分裂我国民族、蚕食我国边疆领土的侵略目的。

然而,在上述国内外形势下的蒙古各部,正处在兵戈扰攘的动乱年代。自17世纪20年代初,厄鲁特蒙古与喀尔喀蒙古的阿勒坦汗不断发生冲突。明天启三年(1623),双方发生了一场大规模的战争,以厄鲁特人的惨败而告终。而厄鲁特蒙古内部因争夺牧场和人畜也经常出现纷争,特别是准噶尔部首领巴图尔珲台吉势力强大后,"恃其强,侮诸卫拉特"①,更加使厄鲁特内部矛盾尖锐化。土尔扈特部与和硕特部因受准噶尔部排挤,先后离开原来牧地,前者迁牧于伏尔加河下游,后者转移到青海,造成厄鲁特联盟的严重分裂。

在沙俄扩张势力步步紧逼、厄鲁特内部纷争不已的形势下,以准噶尔部巴图尔珲台吉为首的厄鲁特各部首领,不能不为改善各部关系、加强内部团结、巩固封建秩序以及共同抵御外来侵略威胁而采取措施。因此,清崇德五年(1640),在巴图尔珲台吉的倡导下,在塔尔巴哈台召开了厄鲁特蒙古和喀尔蒙古各部的王公会议。刚刚从西藏回来不久的咱雅班第达便积极参与了这次会议。

关于这次会议,《咱雅班第达传》中所记甚为寥寥,只有"七旗,四卫拉特在那里举行会盟,蒙古札萨图汗、卫拉特两台吉(即和硕特的鄂齐尔图汗和准噶尔的巴图尔珲台吉)为首参加"②两句记述。这两句记述既未指明会

---

① 张穆:《蒙古游牧记》卷一四《额鲁特蒙古新旧土尔扈特部总叙》。
② 拉德纳巴德拉:《咱雅班第达传》,第7页。

议的时间、地点,①更未说明除札萨克图汗和卫拉特两台吉以外的参加者是谁。但据戈尔斯通斯基《一六四〇年蒙古卫拉特法典》一书所记:"于英雄铁龙年(一六四〇年)仲秋(八月)第五吉日,以额尔德尼札萨克图汗为首我等四十四领主……商议大纲,写下了伟大的法典。"②从法典上的署名中可以看到,除了上述的巴图尔珲台吉、鄂齐尔图汗和札萨克图汗之外,参加会议的还有厄鲁特蒙古的昆都仑乌巴什、顾实汗、和鄂尔勒克、书库尔岱青和喀尔喀蒙古的土谢图汗、车臣汗等著名首领,没有出现咱雅班第达的名字。但这并不意味着咱雅班第达没有参加会议的实际工作,我们仅从法典中把喇嘛教以法律形式规定为蒙古族各部共同信仰的宗教这一点,就可看出负有传播喇嘛教使命的咱雅班第达对这次会议所产生的巨大影响。

　　这次会议通过法典的制定,给当时蒙古族各部带来了有益的影响,它不仅缓和了厄鲁特各部的矛盾,同时也调整了厄鲁特与喀尔喀之间的关系,使蒙古族各部组成了更为广泛的同盟,从而增强了共同抵御外敌入侵的能力。巴图尔珲台吉主持下的这次会议,之所以能取得上述成就,应该说,是同咱雅班第达的努力协助分不开的。正如一位日本学者指出:"巴图尔珲台吉所以能完成此举,是由咱雅班第达背后领导所赐予的,而以后巴图尔珲台吉推行法典所制定的路线过程中,依赖咱雅班第达做出贡献的事例也是不少。"③

　　历史事实表明,1640年会议以后,咱雅班第达为解决各部纠纷,增强各部团结,维护会议制定的方针,积极而热情地投身于调解各部纷争的政治活动中。

　　厄鲁特蒙古诸部之间的关系经过1640年的会议虽有所缓和,但各部首领之间的矛盾、冲突仍有发生。咱雅班第达直接参与调解的重大冲突有两次。一次是调解1646—1647年巴图尔珲台吉与昆都仑乌巴什之间的武装冲突。昆都仑乌巴什是和硕特部拜巴噶斯的弟弟、顾实汗之兄、厄鲁特蒙

---

①　关于会议召开的地点,参阅罗致平、白翠琴《试论卫拉特法典》一文注释中的考证,载《民族研究》1981年第2期,第9页。

②　戈尔斯通斯基:《一六四〇年蒙古卫拉特法典》,彼得堡1880年版,第35—36页。

③　若松宽:《僧格统治时期准噶尔汗国的内乱》,载《游牧社会史探究》第42册,第3—4页。

古著名首领之一。1646年春,昆都仑乌巴什向巴图尔珲台吉和鄂齐尔图汗出兵,双方先在伊犁东南的乌哈尔里,后在古尔班鄂博发生激战,昆都仑乌巴什战败,"人畜遭灾,大量死亡"①。咱雅班第达直接参加了双方的调解工作,经过他努力斡旋,1647年夏在伊犁西北名为吹的地方实现了和解,昆都仑乌巴什承认了巴图尔珲台吉和鄂齐尔图汗的盟主地位。②

另一次是调解1659—1661年鄂齐尔图汗、僧格与阿巴赖的战争。阿巴赖是鄂齐尔图汗的弟弟,"性好争吵,他和他的兄弟长期不和"③。阿巴赖与鄂齐尔图汗的矛盾是有其深刻政治原因的,它反映了顺治十年(1653)巴图尔珲台吉逝世后准噶尔部上层贵族争夺领导权的激烈斗争。巴图尔珲台吉晚年将自己的一半属民给了儿子僧格,其余一部分给其他诸子,因而造成僧格与其兄弟们特别是其兄车臣台吉和卓特巴巴图尔的不满。为改变现状,他们寻求支持,到顺治十四年(1657),准噶尔部上层贵族已分裂成两个对立的集团。以僧格为一方,得到已故的巴图尔珲台吉的忠实合作者鄂齐尔图汗的全力支持;对立的另一方以车臣台吉、卓特巴巴图尔为首,他们的支持者是因争夺其父拜巴噶斯遗产而与其兄鄂齐尔图汗对立的阿巴赖台吉。双方矛盾日益激化,咱雅班第达派人去劝说阿巴赖无效,双方于1657年夏,在额敏河畔对峙。后经鄂齐尔图汗之子噶尔达玛的居间调停,才免于一战。但到顺治十六年(1659),双方终于爆发了战争。僧格在其叔父楚琥尔乌巴什和鄂齐尔图汗的支持下,一举击败了车臣台吉和卓特巴巴图尔。顺治十七年(1660)夏,在咱雅班第达的参与下,车臣台吉和卓特巴巴图尔管辖的塔尔海哈喇呼济尔的地方举行了蒙古王公的会盟。④ 咱雅班第达力图通过这次会盟解决双方纠纷,以确认僧格与鄂尔图汗的既得利益。

然而,僧格在军事上的胜利,激怒了阿巴赖台吉,双方矛盾又趋激化。咱雅班第达奔走于阿巴赖和鄂齐尔图汗之间,极力劝说双方罢兵议和,但由于阿巴赖的反对,咱雅班第达的调解未能奏效。顺治十八年(1661),双方战争再起,鄂齐尔图汗在僧格与辉特部的索尔多台吉的支持下,击败了阿巴赖

---

① 拉德纳巴德拉:《咱雅班第达传》,第10—11页。
② 拉德纳巴德拉:《咱雅班第达传》,第11页。
③ 霍渥斯:《蒙古史》第1卷,伦敦1876年版,第502页。
④ 拉德纳巴德拉:《咱雅班第达传》,第44页。

军,阿巴赖被困"阿巴赖寺"①中。阿巴赖被困将近一个半月,这期间"由于疾病,人、畜大批死亡而损失惨重"②,遂派人向鄂齐尔图汗求和,鄂齐尔图汗、僧格联军进驻"阿巴赖寺"。胜利者在"阿巴赖寺"庆功,并举行盟会。在讨论如何处置阿巴赖时,胜利的一方意见不一。据《咱雅班第达传》记述:"鄂齐尔图车汗在那里举行盟会,讨论如何处置阿巴赖,是否给他营地,如果给怎么给?讨论中,以僧格为首的其他部落诺颜们提出,给或不给,由汗决定,由汗和自己内部的人商议,有人提出要归自己所属,有的人提出要给他一小部分的营地,有的人提出还要战取其他地方,各种意见纷纭。"③鄂齐尔图汗派人邀请咱雅班第达参加会商,主持公断。咱雅班第达来到"阿巴赖寺",提出对阿巴赖处置的主张:"应将阿巴赖的兀鲁斯交还他本人,至少不能使他受苦。"④咱雅班第达的意见,得到了各部王公的同意,"终于克服分歧,一致决定原封不动地归还他的全部领地、归还从他那里夺得的全部财产和所有俘虏"⑤。至此,这场为时数年的厄鲁特内乱结束。

通过上述两次调解过程可以看出,咱雅班第达为贯彻1640年会议决议,不辞劳苦地奔波于厄鲁特各地,积极从事调解活动,竭力维护各部团结,力求制止武装冲突,在维护厄鲁特民族团结的历史上起着显著的作用。《准噶尔汗国史》一书的作者说:"要说准噶尔汗国在巴图尔珲台吉死后,没有在封建执政者彼此普遍混战的情况下完全崩溃,这在较大程序上还是应该归功于咱雅班第达个人的努力与影响。"⑥应该说,这段评语是符合事实的。

四、结语

纵观咱雅班第达的一生,他不仅是一位热心弘扬佛教的宗教家和对本民族文化做出贡献的学者,而且是活跃于17世纪中叶厄鲁特蒙古历史舞台上的一位政治活动家。以巴图尔珲台吉为首的厄鲁特各部首领们,在1640

---

① 阿巴赖寺是阿巴赖在额尔齐斯河上游修建的寺院,"这座城在俄国文件中以阿巴赖希特著称,并在1657年受过咱雅班第达的圣洁化仪式"。见兹拉特金:《准噶尔汗国史》,第213页。

②⑤ 兹拉特金:《准噶尔汗国史》,第213页。

③ 拉德纳巴德拉:《咱雅班第达传》,第28—29页。

④ 拉德纳巴德拉:《咱雅班第达传》,第29页。

⑥ 兹拉特金:《准噶尔汗国史》,第212页。

年会议以后,竭力维护厄鲁特内部团结,增强了抵御外侮的能力,使厄鲁特各部由分散逐渐走向统一,奠定了以准噶尔为核心的强大的民族政权的基础,这在清初我国多民族国家由分散日益走向统一的历史过程中,是有一定进步作用的。显而易见,作为喇嘛僧的咱雅班第达,在上述的历史进程中起着积极的促进作用。他一生的活动,并没有只停留于法坛之间,主持法事,诵经说教,更没有仅仅埋头书案,从事于典籍的译述,而是迈出寺院,奔走于内乱战火之中,斡旋于各部首领牙帐之间,为厄鲁特各部的安定团结做出了不懈的努力,在厄鲁特民族发展史上做出了贡献,这是应该予以肯定的。

然而,咱雅班第达也同一切历史人物一样,存在着历史的局限性。尽管他在厄鲁特民族走向统一的历史进程中做出了自己的努力,但他对当时全国日益走向统一的趋势并不理解。这主要表现在他对当时已经取得全国统治地位的清王朝的态度上。顺治九年(1652),咱雅班第达第二次游历西藏返回厄鲁特途中,经过青海时,和硕特部首领达赖珲台吉(顾实汗之子)向他介绍清朝顺治皇帝"对传播蒙古学字、蒙古教义将起好作用",他回答:"那个汗是傲慢的。"后来咱雅班第达又对人们说:"汗是不信奉这些的。"[1]这表示出他对清政府的疑虑。咱雅班第达对清政府的态度和对中央政府的政治倾向性,如果和他同时代的达赖五世与顾实汗等人相比,不能不说是稍逊一筹的。

(原载《新疆大学学报》1982年第3期,合作者马汝珩,执笔人马汝珩)

---

[1] 拉德纳巴德拉:《咱雅班第达传》,第20页。

论罗卜藏丹津叛乱与清政府的善后措施

雍正元年（1723），在我国西北部青海地区爆发了以和硕特蒙古贵族罗卜藏丹津为首的反清武装叛乱。这次叛乱规模不大且历时较短，但它却造成了青海地区的混乱，危及甘肃、西藏和新疆等地区的安宁。对此，清政府采取果断措施，基本上安定了青海地区的社会秩序。这件事在清代历史上算不得重大政治事件，但它在青海地方史上留下了深远的影响，在我国多民族国家进一步统一与发展过程中也有着重要历史意义。本文仅就笔者所能接触到的资料，对这次叛乱发生的历史背景、叛乱经过以及清政府平叛后的善后措施等方面，做些粗略的考察和初步的研究。

一

罗卜藏丹津是我国厄鲁特蒙古和硕特部的一个贵族，是顾实汗之孙。其父达什巴图尔是顾实汗的第十子，①"以英勇台吉而闻名"②于世。康熙三十六年（1697），达什巴图尔曾偕青海"诸台吉入觐"，翌年即康熙三十七年（1698）被清政府封为和硕亲王，③此后一直与清政府保持朝贡关系。罗卜藏丹津正是在上述关系基础上承袭其父的亲王爵位④，而成为青海和硕特贵族中门第显赫的人物，并于康熙五十九年（1720）作为青海和硕特贵族代表，

---

①③ 《外藩蒙古回部王公表传》卷八一《青海厄鲁特部总传》，载《国朝耆献类征初编》卷首九三。

② 霍渥斯：《蒙古史》第1卷，伦敦1876年版，第523页。

④ 关于罗卜藏丹津承袭亲王爵位的时间，说法不一。《清圣祖实录》卷二七〇载为1714年；《西宁府新志》卷二〇《武备》则载为1702年。恐后者有误。

"率所属兵"参加了清军"护送达赖喇嘛入藏"①的军事行动。那么,作为和硕特亲王的罗卜藏丹津为何在雍正刚刚即位之初就突然发动叛乱呢?表面看来事出偶然,其实是有其特定的历史背景和深远历史根源的。这里有必要回顾一下和硕特蒙古进据青海、控制西藏的简要经过及其与清政府、与西藏之间的复杂关系。

和硕特部本为厄鲁特蒙古的四部之一,原游牧于新疆乌鲁木齐地区,因与游牧于伊犁地区的准噶尔部有矛盾,于明末清初之际,除部分仍"留旧牧"外,大部分向东南方向转移。部长拜巴噶斯率领部众"袭据西套"②,而顾实汗(拜巴噶斯之弟)则率其余部众,于明崇祯十年、清崇德二年(1637)进入青海,击杀了当时统治青海的喀尔喀蒙古却图汗,"尽得青海诸地"③。明崇祯十五年、清崇德七年(1642),顾实汗又率兵进攻卫藏,杀死藏王藏巴汗,占领西藏。④ 于是,"青海沿边,直抵西藏,皆为其所有"⑤,使青藏地区尽为和硕特蒙古贵族所控制。

顾实汗控制青藏地区后,命其长子鄂齐尔汗·达延进驻拉萨,统辖西藏,在青海则分其部众为左右两翼,由其"子十人领之"⑥。顾实汗在世时,一直与清朝政府保持朝贡关系。早在崇德二年(1637),他便"遣使通贡",表示臣服于当时还在关外的清朝地方政权。崇德七年(1642),他又"偕达赖喇嘛等,奉表贡"。清顺治九年(1652),顾实汗"导达赖喇嘛入观","贡驼马方物",第二年,清政府封他为"遵行文义敏慧顾实汗"⑦,赐金册印。

---

① 《外藩蒙古回部王公表传》卷八一《青海厄鲁特部总传》,载《国朝耆献类征初编》卷首九三。

② 祁韵士:《皇朝藩部要略》卷九《厄鲁特要略一》。

③ 法尊:《西藏民族政教史》卷五第五节《政治之变迁》。另据刘立千《续藏史鉴》载:"丁丑岁正月(1637)兵临青海,却图有兵四万不能敌,败死,王遂收复其地"(见华西大学华西边疆研究所版,第75页)。

④ 关于顾实汗进据西藏之经过,参见刘立千译:《续藏史鉴》,第75页;日本学者山口瑞凤《顾实汗控制西藏的经过》一文记事甚详,可参阅《岩井博士古稀纪念典籍论集》,开明堂1963年版,第741—773页。

⑤ 《西宁府新志》卷二〇《武备》。

⑥ 张穆:《蒙古游牧记》卷一四《青海厄鲁特蒙古游牧所在》。

⑦ 《外藩蒙古回部王公表传》卷八一《青海厄鲁特部总传》,载《国朝耆献类征初编》卷首九三。

但自从顾实汗于顺治十一年(1654)死后,青海和硕特各部便失去了统一的约束力,其留在青海境内的诸子,相互割据,"向属番取贡",肆意攘夺,①且"频犯内地"②,成为清政府西北地区的边患。康熙十三年(1674),陕西提督王辅臣响应吴三桂作乱,起兵平凉反清,青海蒙古各部"乘隙犯河西"③。康熙十六年(1677),噶尔丹起兵,"袭西套,戕鄂齐尔图,破其部"④,西套和硕特蒙古部众"或奔达赖喇嘛,或被噶尔丹掠去"⑤,而青海和硕特各部因惧"噶尔丹暴掠,并挈庐幕,避居大草滩"⑥。直到康熙三十六年(1697),清廷平定噶尔丹乱后,才致力于青海地区的招抚工作。就在这一年,康熙皇帝命额驸阿喇布坦以及西宁喇嘛商南多尔济等去招抚青海和硕特蒙古诸台吉,于察罕托罗海会盟,同时把当时顾实汗诸子中仅存的幼子达什巴图尔诏至北京,封他为和硕亲王。这样,青海和硕特蒙古作为清朝的"外藩"大体上又与清朝中央政府恢复了朝贡关系。然而清政府当时并没有对青海地区进行进一步的统治,更没有使之直接控制于中央政府之下,只是采取羁縻措施,即所谓"向虽修贡,未隶臣属"⑦。尽管清政府表面上招抚了青海和硕特各部,但实际上在青海蒙古各部中仍然潜存着割据势力,也就是说,清朝中央政府统一国家的方针与青海地方割据势力之间的矛盾并没有得到解决。这就给青海地区埋下了叛乱的种子,而罗卜藏丹津的叛乱正是上述矛盾在特定历史条件下所引发的。

应该指出的是,从康熙末年到罗卜藏丹津发动叛乱的雍正初年,就整个西北地区的政治形势来说,破坏国家统一、危害清朝统治安全的主要威胁,还不在于青海,而是来自新疆和西藏。准噶尔部的策妄阿拉布坦自从占据伊犁地区后,一面向清政府"请安纳贡"表示愿为清廷"效力尽瘁",⑧另一方面又不断发展其势力。到了康熙末年,策妄阿拉布坦由于"部众繁滋,渐骄横"⑨。康熙五十三年(1714),"以兵二千,掠哈密",不久又把兵锋指向觊觎已久的西藏。应该指出,策妄阿拉布坦进攻西藏,固然是向外扩张的野心所促使,但也与当时西藏政局的变化有着密切关系。

西藏地区自从被和硕特蒙古贵族控制以后,顾实汗的后代一直与清朝

---

①②③④⑤⑥⑦　祁韵士:《皇朝藩部要略》卷九《厄鲁特要略一》。
⑧　《清圣祖实录》卷一八二,康熙三十六年闰三月壬辰。
⑨　《西陲总统事略》卷一《初定伊犁事》。
⑩　祁韵士:《皇朝藩部要略》卷一〇《厄鲁特要略二》。

中央政府保持着臣属关系,"其子达彦罕(即鄂齐尔汗·达延)、孙达赖罕,皆敬服中国"①。尤其是达赖罕的儿子拉藏汗,据西方史学家说,他"和满洲人十分友好,实际上几乎就是满洲人的工具"②。拉藏汗的亲清态度引起了与代表西藏地方割据势力的桑结嘉措的矛盾与斗争。桑结嘉措本为达赖五世委任的第巴,与准噶尔割据势力也有着密切关系。为了摆脱清政府与和硕特的控制,康熙二十一年(1682),达赖五世圆寂后,桑结嘉措匿丧不报清朝中央政府,"伪言达赖入定,居高阁不见人,凡事传达赖命行之"③,并私立一个"沾染了各种恶习,以致完全堕落和不可救药"④的年轻喇嘛仓央嘉措为达赖六世,以便背后任意操纵。康熙四十四年(1705),桑结嘉措"谋毒拉藏汗不遂,欲以兵逐之"⑤。拉藏汗在青海蒙古骑兵支持下,"执第巴而杀之",并向清政府"陈奏假达赖喇嘛情由"。⑥ 清政府以拉藏汗杀第巴有功,封他为"翊法恭顺汗",令其管理西藏事务,又命他把仓央嘉措送至北京处理,仓央嘉措在赴京途中死于青海。

尽管如此,西藏的局势并未得以稳定下来,桑结嘉措的属下利用青海与西藏真假达赖"争议未决"⑦的时机,勾结准噶尔部策妄阿拉布坦的兵力,因而使准噶尔军于康熙五十六年(1717)侵入西藏。准噶尔军进入西藏后,围攻拉萨,杀死拉藏汗,大肆焚掠,西藏地方陷入混乱。清政府为了维护国家统一与安定西藏地方,康熙五十九年(1720)派军驱逐准噶尔军队。⑧ 同年命罗卜藏丹津等青海台吉随从将军延信护送达赖喇嘛(噶桑嘉措)进藏举行坐床大典,西藏地方暂时安定下来。

清政府为了减少和硕特蒙古与西藏地方势力的矛盾,进一步安定西藏地方秩序,遂以康济鼐等西藏官员抗击准噶尔入侵有功,"封康济鼐、阿尔布

---

① 《卫藏通志》卷一三《纪略上》。
② 霍渥斯:《蒙古史》第1卷,第643页。
③⑤ 魏源:《圣武记》卷五《国朝抚绥西藏记上》。
④ 德斯得利:《西藏纪事》,伦敦1932年版,第150页。
⑥ 《清圣祖实录》卷二二七,康熙四十五年十一月丁亥。
⑦ 拉藏汗执送仓央嘉措后,于藏中立伊喜嘉措为达赖。但"青海诸蒙古,复不信之"(魏源:《圣武记》卷五《国朝抚绥西藏记上》),而另立里塘之噶桑嘉措为达赖。清政府为缓和青、藏双方争执,命噶桑嘉措暂住西宁塔尔寺,"赐以达赖喇嘛名号,给与印册,俾其主持黄教"(《卫藏通志》卷一三《纪略上》)。
⑧ 伯代煦:《十八世纪前期的汉藏关系》,莱登1972年版,第68页。

巴固山贝子,隆布鼐辅国公,理前藏务;颇罗鼐札萨克一等台吉,理后藏,各授噶卜伦"①,组成西藏地方政府,和硕特蒙古对西藏的统治从此宣告结束。

罗卜藏丹津原本为当时青海和硕特蒙古贵族中唯一的亲王,爵高位崇,一直怀有"阴觊复先人霸业,总长诸部"②的政治野心,对和硕特贵族统治下的西藏,早已垂涎三尺,正如当时年羹尧奏折中所说:"希冀藏王,已非一日。"③早在清政府命他随军护送达赖入藏前夕,罗卜藏丹津就煽惑察罕丹津与之结盟,"谋兴兵,袭诸台吉"④,已暴露出妄图叛乱的端倪。因此,当西藏乱事平定之后,清政府对西藏采取上述措施时,必然引起他对清政府的强烈不满。在怀有政治野心的罗卜藏丹津看来,他作为和硕特贵族中最高的领袖,西藏乱事平复之后,理应由他接替拉藏汗统治西藏,正如察罕丹津揭露他发动叛乱意图时所说:"意欲独有西招(即西藏),青海之地。"⑤然而,事与愿违,清政府既没有让他接替拉藏汗统治西藏,更没有授予他更多的权势。他只得到了加俸银二百两、缎五匹的微薄赏赐,与之相反,清政府加封了原为郡王的察罕丹津(顾实汗曾孙)为亲王,封原为贝子的额尔德尼额尔克托克托鼐为郡王,并命他与察罕丹津共同"领青海右翼"⑦。可以看出,清政府的这些措施不仅使罗卜藏丹津在西藏没有捞到任何权势,在青海由于察罕等人的晋升还使其权势受到钳制和削弱。一位日本史学家在谈到罗卜藏丹津叛乱原因时说:"居于当时和硕特部最高地位的罗卜藏丹津,在拉藏汗的世系覆灭时,曾协助清朝,致力于恢复西藏的秩序,当然是寄予很大期望的。可是出乎意料的是,清朝不承认和硕特血统的王位继承,而让给西藏贵族康济鼐,因此,感到茫然若失,万分不悦。"⑧应该说,这

---

① 《外藩蒙古回部王公表传》卷九一《西藏总传记》,载《国朝耆献类征初编》卷首一〇三。
② 魏源:《圣武记》卷三《雍正两征厄鲁特记》。
③ 年羹尧:《奏复西海等处军务情形折》(雍正元年四月十八日),载《年羹尧奏折》专辑(上),第3页。
④ 《外藩蒙古回部王公表传》卷八二《扎萨克和硕亲王察罕丹津列传》,载《国朝耆献类征初编》卷首九四。
⑤ 《平定准噶尔方略》前编卷一二。
⑥ 《平定准噶尔方略》前编卷一一。
⑦ 祁韵士:《皇朝藩部要略》卷一一《厄鲁特要略三》。
⑧ 佐藤长:《论罗卜藏丹津的叛乱》,载《史林》第55卷第6号,第24页。

段分析是符合实际的。

非常明显,罗卜藏丹津的叛乱并非事出无因的偶然事件,而是清政府与青海地方割据势力矛盾的结果。西藏乱事的平定虽然使清政府与准噶尔、西藏割据势力的矛盾暂时得到缓和,但清政府在加强对青藏地区管辖时,又不能不引起青海割据势力的反抗,而素有割据青藏野心的罗卜藏丹津乘康熙皇帝逝世与雍正皇帝继位不久的空隙发动叛乱,便不难理解了。

二

1723年,正是清朝皇帝康熙皇帝逝世的第二年——雍正元年,镇守西宁节制各路进西藏清军的皇十四子允禵回京奔丧,罗卜藏丹津便乘机发难,"阴约策旺阿拉布坦援己"①,公开发动了武装叛乱。

这次叛乱是从1723年7月罗卜藏丹津胁迫各台吉于察罕托罗海会盟开始的。罗卜藏丹津自称"达赖浑台吉",强令青海诸台吉"呼旧日名

---

① 《外藩蒙古回部王公表传》卷八一《青海厄鲁特部总传》,载《国朝耆献类征初编》卷首九三。关于罗卜藏丹津与策妄阿拉布坦勾结事,说法不一,肖一山《清代通史》载:"又阴约准部策妄阿拉布坦为后援,于是青准之联合成"(上册,第703页);苏联学者兹拉特金在其所著《蒙古近现代史纲》中也说:"罗卜藏丹津与卫拉特汗策妄阿拉布坦缔结秘密联盟……策妄阿拉布坦派遣策卜登扎布率领军队前来援助起义者"(第74—75页)。汉文史籍中并无具体记载,只是兵部侍郎常寿的奏折中说:"至问遣往准噶尔处使人音信,据云:准噶尔以青海人等不足凭信。又云:准噶尔兵丁,已至噶斯门前,九月内可至青海等语"(《清世宗实录》卷一〇)。但据当时川陕总督年羹尧的奏折来看,准噶尔出兵之事,恐为谣传。他说:"数日以来,口外盛传谆(准)噶儿(尔)兵马已到,此无影之谈,而罗卜藏丹尽(津)以暂固众心,恐将力远避之计"〔《附奏派遣通事送书事宜》(无年月),载《年羹尧奏折》专辑(上),第57页〕。又说:"今年春间,罗卜藏丹尽(津)遣人至侧亡(策妄)家,约伊发兵,同扰内地。侧亡(策妄)云:'小孩子家知道什么也,也不曾经过中国的兵马利害。我因为发兵到哈密,走了一走,惹得他多少兵马,在我周围住着十来年,不肯歇。你要动兵,凭着你罢,等你得了大地方,大城池,到那时候,我自有话说,我是不动的了'等语,此一段话,几处探明相同,亦可知侧亡(策妄)遣使息兵之意"〔《附奏探访西宁策妄滋事片》(无年月),载《年羹尧奏折》专辑(上),第50—51页〕。这是年羹尧在西宁"竭力探访"来的情报,当属可信。可见,罗卜藏丹津派人去准噶尔求援是实,但准噶尔发兵助乱,未必是真。

号,一律不许呼王、贝勒、贝子、公封号",①正式宣布反清割据。罗卜藏丹津的叛乱虽然得到某些封建王公和宗教上层分子的支持,但同时遭到更多蒙古王公贵族的反对。郡王额尔德尼额尔克托克托鼐与亲王察罕丹津因拒绝参加叛乱,"不入伊党",先后遭到罗卜藏丹津的袭击。额尔德尼额尔克托克托鼐"属下人等尽被抢掳",率妻子"投至甘州"②报警;亲王察罕丹津在"与罗卜藏丹津相持"③不敌之后,"率妻子及所属百四十余人,至河州老鸦关外"④向清政府求援。与此同时,额尔德尼额尔克托克托鼐侄噶尔丹达什、子阿喇卜济索诺木达什等,也在抗击叛军之后投归了清朝。⑤

清政府闻变后,一面命川陕总督年羹尧办理平叛军务,"预先筹度"⑥;一面命兵部侍郎常寿去罗卜藏丹津驻地沙拉图,宣布清廷谕旨,令其"罢兵和睦"⑦。罗卜藏丹津非但不听清廷的劝解,反而拘禁常寿,"与同党阿(吹)拉克诺木齐、阿尔布坦温布、藏巴扎布等益肆猖狂"⑧。

雍正元年(1723)十月,叛军首先向西宁周围的南川申中堡、西川镇海堡和北川新城等处发动进攻。⑨据年羹尧奏折中反映:"其围南川、西川、北川也,每处有贼二三千人,以势驱逐附近番子,攻城放火,烧毁民间积聚草谷,抢掠财物,其未受蹂躏者,西宁城外十余里耳"⑩,可见西宁的四周已遍地燃起叛乱的烈火。

不仅如此,西宁附近喇嘛教寺院,在罗卜藏丹津的煽惑之下,亦多起而叛乱,"西宁数百里之内,一切有名寺院喇嘛皆披甲执械,率其佃户僧俗人等,攻城打仗,抢掳焚烧,无所不至"⑪。喇嘛寺院的叛乱,首先是由塔尔寺发动的。据记载:"初青海有大喇嘛察罕诺们汗者,自藏分支,住持塔尔寺,为黄教之宗,番夷信响,丹津以术诱煽使从己。大喇嘛既从,于是远近风靡,游牧番子、喇嘛等二十余万,同时骚动,犯西宁,掠牛马,抗官兵"⑫。接着,

---

①⑦ 《清世宗实录》卷一〇,雍正元年八月庚午。
②④⑤⑨ 《平定准噶尔方略》前编卷一一。
③⑥ 《平定准噶尔方略》前编卷一二。
⑧ 《西宁府新志》卷二〇《武备》。
⑩⑪ 年羹尧:《附奏查访西宁近日民情片》(无年月),载《年羹尧奏折》专辑(上),第49页。
⑫魏源:《圣武记》卷三《雍正两征厄鲁特记》。

位于西宁东北一百三十里的郭隆寺,①"聚众番土一万余人,抗拒官兵"②;而大通卫城东的郭莽寺,③也发动了叛乱,喇嘛薛禅兰占巴"率同族僧众,援助蒙兵……乘机抢掠财物"④。一时青海各地,变乱四起。

　　清政府为了迅速扑灭叛乱的逆焰,决定立即派军镇压。清廷命年羹尧为抚远大将军,征调川陕官兵进驻西宁,指挥平叛大军,又命四川提督岳钟琪为奋威将军,参赞军务。年羹尧为防止叛军内犯,分兵于永昌布隆吉河防守,复于巴塘、里塘、黄胜关等处驻兵,以截断叛军入藏之路;又命富宁安等"屯吐鲁番及噶斯泊,截其通准夷之路"⑤,防止其与准噶尔勾结。清军布置就绪后,便分兵进攻西宁周围各处叛军,"溃其党羽"⑥,罗卜藏丹津率军西逃。于是镇海、申中、南川、西川、北川等地尽为清军所收复。接着,雍正二年(1724)初,清军又先后平定了塔尔寺、郭隆寺等处的喇嘛叛乱。清军在进剿喇嘛寺院叛乱中,攻打郭隆寺的战役最为激烈。郭隆寺本为章嘉胡土克图呼毕尔汗住持的寺院,其属下喇嘛"素与罗卜藏丹津、阿尔布坦温布等和好"⑦,因而在抵抗中表现得十分勇猛。清军在岳钟琪指挥下,"直前奋战,斩贼数千,据其三岭,毁其十寨"⑧,其余喇嘛千余人,皆逃入山洞内,清军"复聚薪纵火,贼俱熏死"⑨。这次战役,清军"以兵三千,破贼万余"⑩,打得异常艰苦,所以年羹尧说:"自三藩平定以来,未有如此大战者。"⑪

　　在结束西宁周围的战斗后,清军的平叛战争便进入专力征讨罗卜藏丹津叛军的阶段。

----

①　郭隆寺亦作格开寺,"雍正元年随青海谋逆,被官兵焚毁,雍正十年春,奏旨重建,赐额佑宁寺"(《西宁府新志》卷一五《祠祀·番寺》)。

②　年羹尧:《附奏征剿西海番众土民片》(无年月),载《年羹尧奏折》专辑(上),第52—53页。

③　郭莽寺位大通卫城东七十里,"雍正元年随青海谋逆,被官兵焚毁,雍正十年,奉旨重建,赐额广惠寺"(《西宁府新志》卷一五《祠祀·番寺》)。

④　韩儒林:《青海佑宁寺及其名僧》,载《边政公论》第3卷第1期,第47页。

⑤⑥　魏源:《圣武记》卷三《雍正两征厄鲁特记》。

⑦⑧⑨　《清世宗实录》卷一五,雍正二年正月甲午。

⑩　《岳钟琪行略》,青海省图书馆藏抄本。

⑪　年羹尧:《附奏征剿西海番众土民片》(无年月),载《年羹尧奏折》专辑(上),第53页。

年羹尧采取岳钟琪"乘春草未生""捣其不备"①的作战方针,②于雍正二年(1724)二月八日,兵分三路进剿:总兵吴正安率兵出北路,总兵黄嘉林、副将宋可进率兵出中路,而岳钟琪与侍卫达鼐则率兵由南路,追贼人,③于伊克哈尔吉擒获叛军头目阿尔布坦温布。二十日,清军探知罗卜藏丹津逃往乌兰穆和尔,岳钟琪率军"拔营夜行","至其处,贼尚卧,马未勒衔,惊不知所为,各鸟兽窜,生擒藏巴扎布,并获罗卜藏丹津母阿尔太哈(屯)与其妹阿宝"。④清军又于乌兰白克地方获叛军头目吹拉克诺木齐等,只有叛军首领罗卜藏丹津"衣番妇衣",携其妻妾,走噶尔顺,⑤逃入准噶尔,为策妄阿拉布坦所收容。⑥

在这次战役中,清军取得胜利是十分神速的。据清朝官书记载:"计师行深入,自雍正二年二月八日至二十有二日,仅旬有五,成功之速,为史册所未有。"⑦雍正也把这次战役的胜利看作"十年以来",从所未立的"奇功"。⑧

击溃罗卜藏丹津叛军后,平叛战争进入扫尾阶段。岳钟琪又率军围剿凉州、庄浪(甘肃境内)一带蒙古与番族的叛乱,清军"四面合围,十路并进"⑨,未

---

① 魏源:《圣武记》卷三《雍正两征厄鲁特记》。
② 岳钟琪进剿罗卜藏丹津叛军的作战方针,据《岳钟琪行略》载:"青海大将军已奉旨,命公统领马步兵一万七千,于青草发生时出口。公曰:'青海之众不下十万,以兵万千当之,不及十分之一;且口外地势衍旷,无住牧定所,贼人并集一处,何难与决死战。若散而诱我,反四面受敌非策也。某请选精兵五千,马倍之,二月初旬即发,庶合攻其无备之旨。'大将军奏其言,世宗壮之。"
③ 《平定准噶尔方略》前编卷一三。
④ 《岳钟琪行略》,但据《清世宗实录》卷一七载:"擒获罗卜藏丹津之母阿尔太喀屯,及其妹夫克勒克济农、藏巴吉查等。"与《钟岳琪行略》所记不同。
⑤ 《岳钟琪行略》。
⑥ 关于策妄阿拉布坦收留罗卜藏丹津一事,年羹尧有一段分析可供参考:"策妄之容留罗卜藏丹尽(津)也,非有意于西藏,即或垂涎西藏,亦非目今之事,盖一则护其同类,再则借此以煖(暖)西海之心,其意之善恶,此时尚未能定也"(雍正三年二月七日年羹尧奏。中国第一历史档案馆藏:《朱批奏折·民族事务类》蒙古107,四全宗,107卷3号)。1755年,清军征讨达瓦齐时,罗卜藏丹津为清军所获,押送北京,得清廷赦免,留住京师。其子巴郎和察罕额布根固参加平叛有功,赏给蒙古正黄旗,授蓝翎侍卫(《清高宗实录》卷四八九及《西域同文志》卷一七〇)。
⑦ 《平定准噶尔方略》前编卷一二。
⑧ 《年羹尧奏折》专辑(上),第53页。
⑨ 年羹尧:《附奏调集汉士兵丁名数片》(无年月),载《年羹尧奏折》专辑(上),第57页;《附奏凉州、庄浪番族悖逆片》(无年月),载《年羹尧奏折》专辑(上),第55页。

及月余,即镇压下去,至此,青海境内的叛乱全部肃清。

罗卜藏丹津叛乱,从雍正元年(1723)察罕托罗海会盟起,至翌年三月,前后仅有七八个月时间,便被清军轻而易举地平定下去,其失败之快,正如当时一个青海人以形象的语言所描述的那样:"当老鹰赶小鸡似地把(他们)驱散之际,蒙古军的首领(罗卜藏丹津)就逃往北方,士兵们也都逃奔他乡。"①罗卜藏丹津有如此惨败的结局并不偶然。

清代前期正是我国多民族国家从割据日益走向统一的时期,经过康熙一朝的不断努力,削平三藩、收复台湾、平定噶尔丹、抵制策妄阿拉布坦对西藏的扩张,使统一多民族国家逐步走上巩固与发展阶段。这些措施不仅适应当时历史发展趋势,也符合各族人民的根本利益,因而它在清代前期历史上是有着进步作用的。显而易见,罗卜藏丹津的反清绝不是什么"青海蒙古人的起义"②,而是割据势力与清朝中央政府的对抗,是一场青海地方割据势力反抗国家统一的叛乱。这种叛乱不仅违背当时的历史潮流,而且违背各族人民的根本意愿。

正因如此,叛乱刚一发动便遭到察罕丹津等人的抵制与反对。叛乱发动后,随着平叛战争的节节胜利与叛军的步步失败,一些抱观望态度的王公们纷纷投归清朝。《御制平定青海文》中写道:"以雍正元年十月,师始出塞,自冬涉春,屡败其众,凡同叛之部,戈铤所指,应时摧败,招降数十万众,又降其贝勒、贝子、公、台吉等二十余人。"③这个记载未免有些炫耀与夸大,但在叛乱过程中投归清军的记录,确实是屡见不鲜的。④ 这说明罗卜藏丹津

① 松巴堪布:《青海史》,转引自佐藤长:《论罗卜藏丹津叛乱》,载《史林》第55卷第6号,第19页。

② 兹拉特金:《蒙古近现代史纲》,莫斯科1957年版,第74页。

③ 祁韵士:《皇朝藩部要略》卷一一《厄鲁特要略二》。

④ 罗卜藏丹津发动叛乱不久,察罕丹津属下的额尔克扎尔瑚齐、阿勒达尔和硕齐、拉木布等率其属众千余户降清。与此同时,丹衷桑噶隆、色布腾达什等"以七百余户相继来归"(《外藩蒙古回部王公表传》卷八二《扎萨克和硕亲王察罕丹津列传》,载《国朝耆献类征初编》卷首九四)。原住于西川口外的青海准噶尔贵族色布腾扎勒,闻清军将至,遂"率户二千余迎降",且说服"从逆之贝勒罗卜藏察罕,辅国公车凌、台吉诺尔布等,悔罪内附"(《外藩蒙古回部王公表传》卷八三《扎萨克多罗郡王色布腾扎勒列传》),接着又有诺尔格隆、诺尔布、台吉根吉等"乞降","且请从剿贼自赎"(祁韵士:《皇朝藩部要略》卷一一《厄鲁特要略三》)。

的叛乱,是不得人心的。"在任何战争中,胜利属于谁的问题归根结底是由那些在战场上流血的群众的情绪决定的"。① 罗卜藏丹津发动的是不义之战,必然引起人们的不满,士气普遍低落。尤其在兵败穷蹙之际,"其部落人人抱怨"②。据记载:罗卜藏丹津为"恐有意外之变",对其部属"凡三人放一头目,昼夜稽查,防逃散耳",③可见其最后的失败是不难想象的。

三

罗卜藏丹津叛乱平定后,清政府为了巩固平叛的成果,加强中央政府对青海地方的管辖,立即采纳了年羹尧提出的善后措施,④对青海地区的政治、经济、宗教等方面进行了大刀阔斧的整顿。

从罗卜藏丹津叛乱事件中,清政府深深感到加强中央集权与进一步强化对青海地方统治的必要性,因此,整顿青海地区的各项善后措施都是环绕着这一根本目的出发的。

首先,对青海地区的蒙古族各部,根据"宜分别游牧居住"⑤原则,仿内蒙古,"编置佐领,以札萨克领之"⑥,将青海蒙古各部编为二十九旗。每百户编一佐领,不满百户编为半佐领,数个佐领编为一旗(札萨克)。每旗旗长由其部落首领(台吉)担任,每札萨克"俱设协领、副协领、参领各一员",⑦其一札萨克有十佐领以上者,"添设副协领一员,佐领两员"⑧。在所编二十九旗中,除和硕特二十一旗外,游牧于青海的其他蒙古各部,也"照青海例,编旗分为佐领"⑨,计有绰罗斯两旗、土尔扈特四旗、辉特一旗、喀尔喀一旗,⑩但这八旗"不许青海占为属下"。各旗划定地界,不得私占牧地与私自往来。为了进一步控制、羁縻青海蒙古王公贵族,清政府在大加封赏平叛有功的蒙古王公的同时,还规定了会盟与朝贡制度。各旗每年会盟一次,由西宁办事

---

① 《列宁全集》第31卷,第117页。

②③ 年羹尧:《附奏亏空钱粮人员解住片》(无年月),载《年羹尧奏折》专辑(上),第43页。

④ 年羹尧在雍正二年五月十一日上奏《青海善后事宜十三条》和《禁约青海十二事》,立即得到了批复,几乎没有做重大改动就付诸实施。这一奏折全文载于《清世宗实录》卷二〇;《平定准噶尔方略》前编卷一四;《年羹尧奏折》专辑(下),第863页。

⑤⑦⑧⑨ 《清世宗实录》卷二〇,雍正二年五月戊辰。

⑥⑩ 张穆:《蒙古游牧记》卷一二《青海额鲁特蒙古游牧所在》。

大臣监督主持,"奏选老成恭顺之人委充盟长",各旗"不准妄自私推"。① 对朝贡也做了明确规定:"自雍正三年起,于诸王、台吉内,派定人数,令其自备马驼,由边外赴京,请安进贡。"②青海诸王、贝勒分为三班,"三年一次,九年一周"。③

另外,对"北沿甘凉,西接回部,南界川滇"④的西番人也加强了管辖。这些西番人自明朝以来,"或为喇嘛耕地,或为青海属人,交纳租税",因而形成"惟知有蒙古,而不知有厅卫营伍官员"⑤的局面。为加强统治,对西番人也采取"添设卫所"的措施。选番人中"心服之头目"授以土司千户、百户和土司巡检等职,受附近道厅、卫所管辖。

所有上述这些措施,其目的十分明显,即"分青海之势",以分而治之的手段加强中央对地方的统治。

其次,清政府在经济上也采取措施,发展农业生产,安定人民生活。对西宁周边可耕之地,⑥实行开垦屯种。征调直隶、山西、河南、山东、陕西五省"军罪人犯",发往大通、布隆吉尔等处,"令其开垦"⑦。同时还招募西宁一带农民与驻军家属,于西宁周围进行耕种,由地方官给予牛具籽种,三年后,征收赋税。

对青海地区与内地之间的贸易往来也做了明确规定。即"其与内地之人,互相交易之处",定为每年二月、八月两次,于西宁西川边外的那拉萨拉地方,"指定为集",进行贸易。对蒙古族生活必需用品,诸如茶、布、面等物,则规定一年四季交易,以满足广大蒙古族人民生活上之需求。这些措施的实行,不仅有利于青海地区经济的发展,同时也促进各族人民之间经济联系的加强,对多民族国家的统一和发展无疑是有着促进作用的。

再次,喇嘛教寺院积极参加叛乱是这次叛乱的特点,也是清军平叛的重要对象之一。有鉴于此,清政府在平定叛乱后,不能不对喇嘛教寺院进行大力的整顿。

明末清初以来,随着喇嘛教传播日广,喇嘛教寺院的修建也日益增多。在康熙年间,喇嘛教寺院就达到"数千余所",以致"西海境内尽衣赭衣,鲜事生产者几万户"。⑧ 当时将军郎谈就提出禁约喇嘛教特权,任意修建的喇

---

①②③⑤⑥⑦ 《清世宗实录》卷二〇,雍正二年五月戊辰。
④ 魏源:《圣武记》卷三《雍正两征厄鲁特记》。
⑧ 《西宁府新志》卷二四《艺文》。

嘛教寺院,"宜悉毁之"①。到这次叛乱前夕,喇嘛教寺院的势力更加膨胀起来,据年羹尧奏文中说:"查西宁各庙喇嘛,多者二三千,少者五六百,遂成藏污纳垢之地,番民纳喇嘛租税,与纳贡无异,而喇嘛复私藏盔甲器械"②,竟至参加叛乱。针对这种情况,清廷对叛乱据点之一的塔尔寺,除已处死的几个大喇嘛外,选留"老成者"喇嘛三百名,给予执照,其分遣散;并规定"寺庙之房,不得过二百间,喇嘛多者三百人,少者十数人"③,寺院每年由政府稽查两次。而且由"首领喇嘛,出具甘结"④,以示忠诚;同时规定寺庙不能直接向属民征收租粮、衣服、银两。清政府通过上述措施,将一度作为地方割据势力重要支柱的喇嘛教寺院直接置于政府控制之下。

当然,应该看到,对喇嘛寺院的整顿并不意味着清政府要改变其"兴黄教以安蒙古"的基本政策。早在平叛战争激烈进行,清军围剿郭隆寺叛乱喇嘛时,就发现置放章嘉呼图克图遗骸的喇嘛木塔,"为达克巴呼图克图剥去银皮,塔已破坏",年羹尧即令"将老喇嘛骨殖移来,暂厝西宁城外庙内,将来为之制塔掩藏,安放塔尔寺"。当年羹尧将此事上奏后,雍正当即肯定此事"甚要紧",并批曰:"老喇嘛前一背(辈)遗身,亦在此寺内,亦可请来一处安放好"。⑤ 实际上,喇嘛寺院的特权并未废除,到雍正十年(1732),郭隆寺、郭莽寺奉旨相继修复,前者赐名为佑宁寺,后者赐名广惠寺。而塔尔寺更是发展成房宇七千间、喇嘛三千余的庞大寺院。显然,清政府利用神权麻痹群众的宗教统治政策并没有改变,它所要打击和限制的只是喇嘛寺院中的异己势力而已。

清政府在推行上述善后措施的同时,还对青海地区的行政建制进行了重大的改革。雍正三年(1725),清廷改西宁卫为西宁府,下设两县、一卫,即西宁县、碾伯县、大通卫,⑥任命副都统达鼐为首任"办理青海蒙古番子事务大臣"⑦(简称西宁办事大臣),管理青海一切政务。从此,青海地区完全在中央政府的直接统治之下。

---

① 《西宁府新志》卷二四《艺文》。
②③④ 《清世宗实录》卷二〇,雍正二年五月戊辰。
⑤ 中国第一历史档案馆藏:《朱批奏折·民族事务类》蒙古109,四全宗,109卷13号。
⑥ 《西宁府新志》卷三《地理》及卷二一《纲领下》。
⑦ 《西宁府新志》卷二四《官师志》。

上述一系列措施的推行,在青海地区产生了深远的影响。清政府对青海的统治大大加强了,蒙古王公的封建特权虽未丧失,喇嘛教寺院的宗教权威仍然保留,但它们已不再作为独立的政治势力而存在,蒙古王公束缚于旗制之内,喇嘛寺院已成为清政府统治蒙藏人民的工具。恩格斯在论述欧洲封建王权的进步作用时说:"在这种普遍的混乱状态中,王权是进步的因素,这一点是十分清楚的。王权在混乱中代表着秩序,代表着正在形成的民族而与分裂成叛乱的各附庸国状态对抗。"①清朝中央政府对青海直接统治的确立,对我国多民族国家进一步统一和发展,无疑是有着重要意义的。历史再一次证明,国家的统一有利于民族的发展,而民族的发展又有利于国家的统一。

(原载《新疆大学学报》1980年第3期,合作者马汝珩,执笔人马大正)

---

① 《马克思恩格斯全集》第21卷,第453页。

噶尔丹的政治和军事实践

在清代前期的历史上,卫拉特蒙古准噶尔部首领噶尔丹一直是颇有争议的人物。多少年来,中外学者对他的评价众说纷纭,或褒之为草原英雄、悲剧帝王,与康熙皇帝、彼得大帝齐名的一代英主,或贬之为野心家、叛乱头目、国家分裂的罪魁。由于有关噶尔丹的汉文史料需待鉴别,托忒文、俄文特别是藏文史料还待发掘,对噶尔丹进行全面评述尚有许多困难,本文只是依据笔者研究卫拉特蒙古历史时所积累的资料,对噶尔丹一生的政治、外交和军事实践进行力所能及的探讨。

一、政坛上崭露头角

噶尔丹生于顺治元年(1644),为准噶尔部著名首领巴图尔珲台吉第六子。青年时即赴西藏"投达赖喇嘛,习沙门法"①,颇得达赖五世器重,曾授予呼图克图尊号。但噶尔丹并未潜心于佛门之道,而是"不甚爱梵书,惟取短枪摩弄"②,并与当时西藏的实权人物第巴桑结嘉措相交甚密。在西藏期间,噶尔丹也未脱离卫拉特蒙古的政治生活,不时返回准噶尔参与其兄僧格的政治、外交活动。据俄国档案记载,1668年4月6日,噶尔丹在僧格驻地自己的帐内,设宴招待了正在准噶尔访问的俄国使者伯林,并不顾当时僧格要求俄国归还属民捷列乌特人的强硬立场,向伯林表示:我们"卡尔梅克人和台吉们在任何地方都不要发动对皇上陛下的战争。没有什么必要保护我

---

① 《亲征平定朔漠方略》卷一,第10页。
② 梁份:《秦边纪略》,青海人民出版社1987年版,第419页。

们那些已经迁往皇上陛下那边去的捷列乌特人"①。

康熙十年(1671),准噶尔部首领僧格在内讧中被杀,消息很快传到西藏,噶尔丹在西藏僧俗上层全力支持下,日夜兼程返回准噶尔,临行"达赖喇嘛多秘语,膜拜别"②。噶尔丹在僧格旧部和卫拉特蒙古著名首领楚琥尔乌巴什、鄂齐尔图车臣汗的支持下,投入了这场上层统治集团的权力争斗。噶尔丹在准噶尔部众中有很大的号召力,一则史料曾生动记述:"嘎尔旦(噶尔丹)益集合烬余,故部落闻嘎尔旦归,稍稍集聚千余骑。欲进,众曰:'兵寡地除,姑少留,俟畔。'嘎尔旦曰:'进!汝等视吾枪所向。'众皆曰:'者。'华语诺也。"③噶尔丹率部与车臣、卓特巴巴图尔联军激战于阿尔泰山地区,其同父兄车臣"率万骑接战,三分其军,驰向东,尘翳障天日。嘎尔旦独当先,跃马挺枪,最深入,斩杀百十骑,溃其军,身不著一矢"④。车臣、卓特巴巴图尔联军不敌,退守"金岭口,岭高,转石如雨下。嘎尔旦命更番仰攻,众莫敢往。嘎尔旦立斩宰僧数人,徇于军。身率二十骑先登,呼声振天地。遇七清汗(车臣),入其车,手缚之,左右皆走散,莫敢当,皆大惊异以为神,弃弓矢,下马趋拜降"⑤。车臣兵败被杀,卓特巴巴图尔携幼弟达哩及残部逃青海⑥。噶尔丹"遂为所部长"⑦,成了准噶尔政坛的风云人物。

俄国政府对噶尔丹上台十分重视。1668 年,俄国使臣伯林回国后立即将噶尔丹的谈话做了详报,引起俄国西伯利亚当局的极大兴趣,在"一直是个多事的邻居"中⑧,竟出现了这么一个难得人物。刚执掌政权的噶尔丹也急于改善外部环境,缓和与俄国的关系。1671 年夏天,噶尔丹上台不久,即派信使把他已经控制准噶尔部局势的情况,通过克拉斯诺亚尔斯克将军苏马洛科夫转告俄国当局。同年 10 月,噶尔丹无视僧格在 1670 年对俄国人斯基宾发出必须交回准噶尔部属民,否则将扣留即将从北京回国的俄使阿勃林的警告,热忱接待并派专使护送阿勃林至托波尔斯克。

① 兹拉特金:《准噶尔汗国史》,莫斯科 1964 年版,第 220 页。
②③④⑤　梁份:《秦边纪略》,第 420 页。
⑥ 张穆:《蒙古游牧记》卷一二《青海绰罗斯》。
⑦ 祁韵士:《皇朝藩部要略》卷九《厄鲁特要略》。
⑧ 巴德利:《俄国·蒙古·中国》第 2 卷,伦敦 1919 年版,第 122 页。

二、"近攻计"战绩显赫

噶尔丹在军事上击败了政敌车臣、卓特巴巴图尔的势力,承袭为准噶尔部大汗。执掌最高统治权后,噶尔丹即召集谋臣,商议巩固权力、扩大势力的方略。梁份《秦边纪略》的中有一段详细生动的记载,"是时诸夏有滇、黔变,秦、蜀间蜂起,嘎尔旦谋所向。达赖喇嘛使高僧语之曰:'非时!非时!不可为。'嘎尔旦乃止,其谋臣曰:'立国有根本,攻取有先后,不可紊也。李克用之先世,发迹金山,根本不立,遂不能成大事,我太祖初兴,灭国四十,奄有四万,然后促夏执金,混为一尊。'嘎尔旦善其言,乃为'近攻计'。"① 我们从噶尔丹以后的政治、军事实践中可以看到,所谓"近攻计"的具体步骤是先统一天山北路之卫拉特蒙古诸部,进而出兵天山南路,统治回疆,以确立准噶尔在天山南北广大地区的有效统治。

康熙十二年(1673),噶尔丹借口其从兄弟巴噶班第与僧格有隙,发兵讨伐巴噶班第及其父楚琥尔乌巴什,但出师不利,兵败受挫,求庇于鄂齐尔图车臣汗。不久,噶尔丹又与鄂齐尔图车臣汗反目为仇,康熙十四年(1675),鄂齐尔图车臣汗与楚琥尔乌巴什联兵进攻噶尔丹,但以失败告终。次年,噶尔丹主动出击,擒获楚琥尔乌巴什,杀其子巴噶班第,迫使巴噶班第之子憨都逃往额济纳河,"与野兽同群"②。接着又于康熙十六年(1677)正月二十日,噶尔丹"自斋尔的特莫火拉地方向鄂齐尔图车臣汗发起攻击"③,"戕鄂齐尔图,破其部"。鄂齐尔图车臣汗的一部分部众为噶尔丹所并,一部分逃到青海、甘肃交界处,其妻多尔济拉布坦则率少数随众逃往伏尔加河畔的土尔扈特汗国。噶尔丹实现了"胁诸卫拉特奉其令"的目标。

康熙十八年(1679)七月,噶尔丹领兵三万,"将侵吐鲁番,渐次内移,往后西套,前哨已至哈密"⑤,迫使吐鲁番、哈密臣服,准噶尔势力已伸展至甘

---

① 梁份:《秦边纪略》,第 421 页。
② 《清圣祖实录》卷八五,康熙十八年十月壬申。
③ 拉德纳巴德拉著,成崇德译:《咱雅班第达传》。
④ 祁韵士:《皇朝藩部要略》卷九《厄鲁特要略一》。
⑤ 《清圣祖实录》卷八二,康熙十八年七月甲辰。

州一带,"驻屯在甘州附近撒里维吾尔族地方的军队征收硫黄、倭铅等贡赋"①。同年,以"西域既定,诸国咸愿奉为汗,嘎尔旦乃请命达赖喇嘛,始行,卜先克兔汗"②。达赖喇嘛五世应噶尔丹之求,赠"博硕克图汗"号,噶尔丹成为自也先称汗后两个多世纪以来绰罗斯家族自称汗的唯一一封建主。

噶尔丹近攻计的第二个战略步骤是征服天山南路的回疆地区。此时,统治天山南路的察合台后王势力已衰,维吾尔族的封建势力——和卓势力日益强大,和卓势力分成了白山派和黑山派,彼此有利害冲突,严重对立。黑山派在察合台后王伊思玛业勒的支持下,把白山派首领和卓伊达雅图勒拉(即阿帕克和卓)驱逐出喀什噶尔,和卓伊达雅图勒拉无处存身,在中亚一带浪迹近10年,由克什米尔辗转进入西藏,找到了达赖五世,不久和卓伊达雅图勒拉拿着达赖五世的信件投身噶尔丹麾下。达赖五世给噶尔丹的信中这样写道:"你亲自领兵,收复暴君统治的那些城池,让阿帕克和卓登上王位,然后你再返回原地。"③

康熙十九年(1680),噶尔丹派出12万准噶尔骑兵,经阿克苏、乌什等地向喀什噶尔、叶尔羌进军,准噶尔铁骑在当地白山派教徒的响应下,横扫南疆,将察合台后王伊思玛业勒及其家属囚禁于伊犁,扶植和卓伊达雅图勒拉为王,称阿帕克和卓(意为世界之王)。自此以后,准噶尔贵族统治南疆达80余年之久。

噶尔丹在天山南路的统治确立前,即着手加强军事集权统治体制。1677—1678年,噶尔丹发布了一项敕令,不允许准噶尔各爱玛克居民自由迁徙,要求所属官员不延误税赋征收,④并采取一系列保证兵源、改善作战装备的措施,史载:"作小连环锁甲,轻便如衣。射可穿,则杀工匠,又使回教火器,教战,先鸟炮,次射,次击刺。令甲士持鸟炮短枪,腰弓矢佩刀。橐驼驮大炮,出师则三分国中人相更番,远近闻之咸慑服。"⑤准噶尔骑兵的战斗力大大增强。与此同时,还采取一些发展生产的措施,噶尔丹"乃招徕归附,礼

---

① 佐口透:《俄罗斯与亚细亚草原》,吉川弘文馆1966年版,第111页。
② 梁份:《秦边纪略》,第422页。
③ 《大霍加传》,载《新疆宗教研究资料》第12辑,第16页。
④ 戈尔斯通斯基:《一六四〇年蒙古卫拉法典》,圣彼得堡1880年版,第50—60页。
⑤ 梁份:《秦边纪略》,第421页。

谋臣,相土宜,课耕牧,修明法令,信赏罚,治战攻器械"①,一时准噶尔"资用报备,不取给远方"②。

在南疆地区,噶尔丹扶植阿帕克和卓"使总理回地各城,为准噶尔办理回务"③,而阿帕克和卓每年向准噶尔贵族上缴大量贡赋,噶尔丹为缓和维吾尔人与准噶尔贵族统治的矛盾,曾发布第二项补充敕令,规定:"霍屯人的村落应由霍屯人自己的法庭来裁决,共同的(人民的)诉讼,应由这里的高等法庭来处理。"④同时禁止南疆地区的奴隶买卖,准噶尔贵族还对代理人实行"人质制",当时的维吾尔封建主为和卓家族,他们都有亲属作为人质在伊犁生活,准噶尔贵族允许作为人质的维吾尔贵族数年更移一次,在伊犁也只是限定其在一定范围内生活,并不任意伤害。

噶尔丹在南疆的统治具有明显的民族压迫性质,对此,清代人苏尔德在《新疆回部志》卷四做过中肯评述:"回部旧受额勒特统辖,各项赋税虽有定额,但其数颇重,回人艰于定纳,凡贩运各货以及金银布帛,多于额外越例抽收。又派在喀什噶尔、叶尔羌、阿克苏、和阗加大城办事之额勒特等将回人之银钱、粮马、妇女、鸟枪等项,恣意取掳回,回众不堪其扰,如居水火,故多奔走逃避,未获宁处。"

康熙二十年(1681)之后,噶尔丹又连年向西扩张,1682—1683 年,噶尔丹率骑兵进攻哈萨克的头克汗(又称梯亚甫迦汗,1680—1718 年任部落首领,其父杨吉尔汗曾于 1643 年大败巴图尔珲台吉),头克汗用计诱噶尔丹军入城,待雪夜哈萨克援军一到,内外夹击,准噶尔骑兵猝不及防,马匹陷入雪坑,死伤过半。噶尔丹虽"丧师返国,未尝挫锐气,益征兵训练如初",并遣使警击,"汝不来降,则自今以往,岁用兵,夏蹂汝耕,秋烧汝稼,今我年未四十,迨至于发白齿落而后止"⑤。次年,噶尔丹再发兵,攻下塔什干、赛里木等城市,擒获头克汗之子作为人质,押往西藏,"以畀达赖喇嘛"⑥。之后,准噶尔兵锋直抵黑海沿岸的诺盖人部族聚居区——"美人国"⑦。1683—1685 年,

---

① ② 梁份:《秦边纪略》,第 420 页。
③ 椿园七十一:《西域记》卷六《布拉敦霍集占叛亡纪略》。
④ 戈尔斯通斯基:《一六四〇年蒙古卫拉特法典》,第 60 页。
⑤ 梁份:《秦边纪略》,第 422 页。
⑥ 《清圣祖实录》卷一八八,康熙三十七年四月癸亥。
⑦ 和田清:《明末清初蒙古族的西征(噶尔丹)》,载《东洋学》1921 年第 1 期。

噶尔丹与费尔干纳的布鲁特人、乌兹别克人进行战争。1683 年秋在远征布鲁特人时,其部队到了帕米尔的穆尔加布河,甚至远征到了萨雷阔里山。不久,准噶尔骑兵又占领了费尔干纳。

到 17 世纪 70 年代末,噶尔丹"近攻计"的战略目标均已实施,西征也取得了可喜的战绩。此时,噶尔丹已将准噶尔的政治中心转移到了伊犁河谷,冬营地则有额尔齐斯河(也尔的石河)、博尔塔拉等地①。此时准噶尔的统辖地域,北起鄂木河,沿额尔齐斯河溯流而上,抵阿尔泰山,西抵巴尔喀什湖以南哈萨克人的游牧地,东达鄂毕河。准噶尔还统治了天山南路的南疆地区,并将自己的势力扩展到撒马尔罕、布哈拉、乌尔根齐地区,1691 年,噶尔丹还派人到西伯利亚叶尼塞河流域的图巴河沿岸图巴族聚居区活动。②

噶尔丹在实施"近攻计"并取得节节胜利的同时,展开了积极的对俄外交活动。噶尔丹对沙俄既表示友好和接近,也不时借贡民问题作为要挟筹码,以便从沙俄处获取更多的支持。当时双方人员往来频繁,据一位西方学者统计,1674—1681 年,除 1680 年外,噶尔丹每年均遣人前往俄国。③ 1672 年,沙俄政府借护送僧格派往莫斯科交涉的代表涅乌芦思返回准噶尔部之机,派遣卡尔瓦茨基到噶尔丹牙帐活动。噶尔丹接见了卡尔瓦茨基,要求他转告沙俄当局不要阻拦噶尔丹的代表,并遣送他们去莫斯科,同时还要求沙皇"把过去几年从各卫拉特王公处迁往俄国境内的臣民予以送还"④。

1672 年 1 月,噶尔丹遣人护送阿勃林到托波尔斯克的代表抵莫斯科,受到沙俄政府的礼遇,他们随身携带了噶尔丹致沙皇的两封信,噶尔丹在信中表示愿意为沙皇服务,还表示,对俄国人向自己的属民征收实物税一事,"他

---

① 成崇德译注《咱雅班第达传》载 1676—1687 年噶尔丹的冬营地如下:1676 年(龙年)是额尔齐斯河沙拉伯勒,1677 年(蛇年)是额尔齐斯河,1679 年(羊年)是额尔齐斯河,1680 年(猴年)是博尔塔拉,1681 年(鸡年)是博尔塔拉,1682 年(狗年)是伊犁,1686 年(虎年)是博尔塔拉,1687 年(兔年)是额尔齐斯河,1689 年(蛇年)是额尔齐斯河,1687 年、1683 年、1688 年冬营地未载(载《清代蒙古高僧传译辑》,全国图书馆文献缩微复制中心 1990 年版,第 51—52 页)。

② 梁赞诺夫斯基:《蒙古习惯法研究》,第 16 页。

③ 加斯东·加恩著,江载华、郑永泰译:《彼得大帝时期的俄中关系史(1689—1730 年)》,商务印书馆 1980 年版,第 132 页。

④ 兹拉特金:《准噶尔汗国史》,第 244 页。

目前并不为此事苦恼"①。1673年以后,俄国当局宣布"拒绝收容从卫拉特王公处逃出的人众"②,还假惺惺表示同意准噶尔牧民可以利用被沙俄侵占的"南西伯利亚草原上的牧场"③。1678年,沙俄的一个代表对噶尔丹说,侵犯卫拉特兀鲁思的"那些坏蛋已被惩处"④,而同年,噶尔丹的代表则向托波尔斯克将军明确声称,"希望保持边境邻邦的同盟,希望边境不发生争端"⑤。

经过近10年的交往,从沙俄方面而言,自17世纪以来,沙皇俄国在东侵西伯利亚的过程中,分三路侵入我国北部边陲。西路,以托波尔斯克为基地,溯额尔齐斯河而上,侵入我国准噶尔部游牧地区;中路,以叶尼塞斯河而上,侵入贝加尔湖和喀尔喀蒙古地区;东路,以雅库茨克为基地,溯勒拿河而上,侵入我国东北的黑龙江流域。沙皇俄国对中国的侵略具有极其野蛮和极其狡诈的两重性。在东路,沙俄殖民者组织土匪式的殖民军,对我国黑龙江流域各族人民进行血腥的屠杀和野蛮的掠夺,而在中路和西路,沙俄主要是派殖民官吏对世居当地的中国少数民族诸部落交替使用政治诱骗和武装蚕食的两面手法。但它们的侵略活动一直遭到准噶尔人民的反抗。多少年来,关于向准噶尔部属民征收实物税权益的争执,更使沙俄无计可施。而现在作为准噶尔部首领的噶尔丹已表示不再坚持其父兄原来的立场,因此,在对待噶尔丹的政策上,沙俄尽量在贸易、礼仪等方面予以满足,以扩大对准噶尔部的渗透。而从噶尔丹方面言之,其当时正处于扩张事业的顺利上升阶段。自1671年以来,噶尔丹剪除政敌,兼并扩张,接连获胜,踌躇满志。噶尔丹是一个"有大志,好立奇功"⑥的一部之长,为了实现其称霸西北的方略,他"试图采取吸引俄国人的政策"。在噶尔丹看来,"和俄国结盟才有可能征服蒙古"⑦,因而采取了"北通好于俄罗斯"的方针,这时的准噶尔、俄关系正如一位苏联史学家所说:"如果说僧格认为归还克什提姆,取得向他们征收实物税的权利是他对外政策的主要目标,并且为此不惜造成与俄国的

---

① 兹拉特金:《准噶尔汗国史》,第245页。
②③ 兹拉特金:《蒙古近现代史纲》,莫斯科1957年版,第39—40页。
④⑤ 兹拉特金:《准噶尔汗国史》,第247—248页。
⑥ 梁份:《秦边纪略》,第419页。
⑦ 古朗:《17—18世纪的中亚——卡尔梅克帝国还是满洲帝国?》,巴黎-里昂1912年版,第53页。

紧张关系,那么,噶尔丹准备牺牲克什提姆和实物税,只求巩固与俄国的友好关系,而且以后还力求与这个国家结成军事同盟。"①沙俄想利用噶尔丹实现其侵略我国西北地区的野心,而噶尔丹则想利用沙俄力量来牵制清政府,实现其一统蒙古的政治图谋,这就是双方互相接近进而勾结的共同政治基础。无怪一位俄国汉学家把噶尔丹称为俄国的"天然同盟者",并承认沙俄与噶尔丹"久已建立了友好关系"②。

三、"东进政策"的受挫与破产

噶尔丹执政后向外扩展第一步是实施"近攻计"。其实,始终牵于噶尔丹心际的则是对外扩展战略的第二步,即实施"东进政策"。噶尔丹"东进政策"的核心是与已定鼎中原的清政府争夺对青海和硕特与漠北喀尔喀的控制权,实现其一统蒙古、建立大蒙古帝国的伟业。这一政治战略,在蒙古民族中有着深厚的传统。自元亡以降,多少蒙古族政治家、军事家花费了毕生精力未达此目标而遗恨终生。噶尔丹作为一个有政治抱负又有军事才能的卫拉特蒙古政治家,他确实向往缔造一个如其光荣先辈成吉思汗那样的不依附于任何政治势力的蒙古帝国。

"近攻计"的顺利实施为"东进政策"的付诸行动准备了条件。但"东进政策"实施的结果必然是与强大的清王朝发生正面冲突,只是这一悲剧性结果的出现,还有一个渐进演变的过程。

噶尔丹时期准噶尔与清政府之间的关系演变大体上可以以康熙二十七年(1688)噶尔丹进军喀尔喀蒙古为界,划分为前后两个阶段:1671—1687年,双方关系以友好发展为主;1688—1697年,双方关系则以军事冲突为主。

康熙十年(1671)正月,噶尔丹继僧格成为准噶尔首领后,即向清政府上疏,要求承认其继僧格之位的合法性,这一要求得到了清政府的确认。之后,噶尔丹几乎每年遣使进贡,并上奏汗国内重大事宜。康熙十六年

---

① 兹拉特金:《准噶尔汗国史》,第249页。据巴德利解释,克什提姆意为接受统治并纳贡的人,是为贡民,参阅《俄国·蒙古·中国》第2卷,第178页。

② 瓦·巴·瓦西里耶夫:《中国的发现》,圣彼得堡1900年版,第169页。转引自中国社会科学院近代史研究所编:《沙俄侵华史》第1卷,人民出版社1976年版,第190页。

(1677),噶尔丹攻杀鄂齐尔图车臣汗后,遣使献俘及"以阵获弓矢等物来献",康熙皇帝拒受献物,但对每年常贡之物照例收纳。① 康熙十八年(1679),噶尔丹又遣使禀告已接受达赖喇嘛所授之博硕克图汗号,请求承认,并进贡锁之甲、鸟枪、马、驼、貂皮等物,②清政府接受其进贡方物,但不承认其汗号,拒绝授予汗印。不过,清政府在事实上默认了噶尔丹是卫拉特诸部首领。当时清政府正忙于讨伐"三藩",因此,对远处西北的噶尔丹,只求其表面上的臣服,并无更多政治上的要求。

康熙二十一年(1682),清政府平定"三藩",为庆武功,派遣内大臣祁他特赴噶尔丹处赏赍。祁他特一行于同年冬抵噶尔丹牙帐。首次会见时,"及交敕书,噶尔丹俯身两手受之,其衣服等物,则彼左右之人受之,其器用币帛等物,并骆驼牵入,一一展视受之"③。噶尔丹在会见时特别询问平定"三藩"的情况,祁他特告之,"比年曾有寇窃发,我皇上仁慈,恐用兵扰民,故渐次收复者有之,剿灭者有之,今已尽皆底定矣"④。祁他特一行在噶尔丹处逗留一个月,于次年正月二十七日起程,噶尔丹"贡马四百匹,骆驼六十头,貂皮三百张,银鼠二百只,猞猁皮三张,抄狐皮一百张,黄狐皮二十张,活雕一只,贴金牛皮五张,厄鲁特鸟枪四杆",另派贵族四人随清使至朝廷谢恩。⑤

由于准噶尔与清政府间以互遣贡使为主要内容的政治关系得到正常发展,双方的贸易交往也不断增加。准噶尔的商队一般是随贡使同行,多在每年春季、秋季。当时准噶尔牧民所用的棉絮、棉线以及台吉、宰桑用的绸缎、丝绣等物,均需向中原地区购买,准噶尔贵族对中原所产之奢侈品十分倾慕。梁份《秦边纪略》卷六《噶尔旦传》中有一段生动记述:"又与以织金大蟒,立蟒刺绣诸彩色。噶尔旦皆罗列露文绣于外,引各台吉及各夷来视之。""诸彝咸艳慕之,徘徊不能去云"。因此,噶尔丹派往内地的商队日益频繁,人数也与日俱增,清政府面对蜂拥而至的商队,为加强管理,改变了对噶尔丹"所遣之使不限人数,一概俱准放入边关"的常例。1682年规定"嗣后尔处所遣贡使,有印验者,限二百名以内,放入边关,其余俱令在张家口、归化

---

① 《清圣祖实录》卷六七,康熙十六年五月庚辰。
② 《清圣祖实录》卷八四,康熙十八年九月戊戌。
③ 《亲征平定朔漠方略》卷二,第24—25页。
④⑤ 《清圣祖实录》卷一一一,康熙二十二年七月戊戌。

城等处贸易",凡"沿途抢掠,殃民作乱,即依本朝律例,伤人者,以伤人之罪罪之,盗劫人财物者,以盗劫之罪罪之"①。康熙二十五年(1686)进一步规定:"厄鲁特部落,如噶尔丹等四大台吉,应令来京互市,其余小台吉,俱于张家口互市,著为定例。"②贡使人数的限定,使噶尔丹无法向其属下分配名额,所以他一再向清政府诉苦:"顷奉明旨,限贸易人毋得过二百名,我兄弟台吉等不知其故,以为出自我意,不容彼贸易,皆与我不和。"③康熙二十四年(1685),噶尔丹在一次覆奏中,要求清廷取消二百人的限令,他说:"自古以来,四厄鲁特贸易,向有旧制,我等来使废也"④,并威胁说:"四厄鲁特与汉人贸易之事,如仍复旧制,则事皆归好矣。"⑤

清政府对准噶尔贡使和商队的限制,是双方关系恶化的一个契机,但由友好发展演变成军事冲突的根本原由,则是噶尔丹旨在统一蒙古,建立一个不依附于清王朝的大蒙古帝国的政治方略。

早在康熙十七年(1678)三月,噶尔丹为实施其"东进政策",即准备进军青海,理由是和硕特是卫拉特蒙古一部,理应归他统辖。清政府得知消息后,即命甘肃提督张勇等整饬军队严加防范,同时敕谕噶尔丹,要他"坚立信誓,不许骚扰人民"⑥。此时,噶尔丹毕竟羽毛未丰,他从清廷的强烈反应中清楚地看到,青海和硕特与清政府关系相当密切,甚至在很大程度上存在着依附关系,他若贸然进军,清政府决不会袖手旁观,而一旦与清政府正面交锋,显然是力所不敌,遂"行十一日,撤兵归",也就是说主动改变了进军青海的计划。

实施"东进政策"是噶尔丹既定的战略方针,为此,他开始全面调整与俄国的关系,以谋求俄国的支持,增强与清廷抗衡的实力,康熙二十二年(1683),噶尔丹派出两名使者,带了一个由七十人组成的商队,携带致沙皇的信件抵达伊尔库茨克,"他们宣称他们的主子已经听到俄国与中国在黑龙

---

① 《清圣祖实录》卷一一二,康熙二十二年九月癸未。
② 《清圣祖实录》卷一二七,康熙二十五年八月癸卯。
③ 《亲征平定朔漠方略》卷五,第8页。
④ 《清圣祖实录》卷一二一,康熙二十四年七月壬午。
⑤ 《亲征平定朔漠方略》卷四,第5页。
⑥ 《清圣祖实录》卷七二,康熙十七年闰三月庚申。

江流域发生摩擦的消息,特地派他们到莫斯科来"①。这个使团活动的细枝末节,还待史料的发掘,但作为一位老谋深算的政治家,噶尔丹在特定历史背景下,选择了一个合适的借口,表达了自己对俄国的支持。所谓特定历史背景,一是指噶尔丹进军青海战略行动的中止;二是指清政府刚宣布限制准噶尔贡使入京人数。所谓合适的借口,是指此时清俄雅克萨之战正处方兴未艾之势。因此,我们可以将这个使团的活动视为噶尔丹为调整对俄关系的重要政治步骤,而在打击喀尔喀蒙古封建主这一点上,准噶尔贵族与俄国殖民者找到了利益的交汇点。

噶尔丹要实施"东进政策",当然要打击与清政府保持臣附与友好关系的喀尔喀蒙古封建主。而此时喀尔喀蒙古封建主对俄国侵略者的强硬立场,也使参加中俄尼布楚谈判的俄国代表费多尔·阿列克谢维奇·戈洛文将其视为眼中钉,为了使俄国在未来的中俄谈判中处于有利地位,必须打击抗俄最坚决的土谢图汗。因此,1686年以来戈洛文极力"希望与博硕克图汗对向蒙古人武装进攻一事取得一致意见"②,"戈洛文在外务衙门的报告中提出建立俄国——厄鲁特联盟的想法"③。有了俄国全权大使的支持,噶尔丹认为实施梦寐以求的"东进政策"的时机已趋成熟,既有西藏僧俗上层的庇护,又得到俄国势力的支持,是实现建立统一大蒙古帝国的最好时机。

康熙二十七年(1688),噶尔丹借口声讨两年前喀尔喀蒙古诸部的枯冷白齐尔盟会上哲布尊丹巴·呼图克图不尊敬达赖喇嘛使者之举,率军三万,越过杭爱山,大举进攻喀尔喀蒙古游牧地区。由于有噶尔丹派遣的千余名喇嘛作为内应,土谢图汗仓促迎战,初战即失利,噶尔丹的骑兵乘势击溃车臣汗和札萨克图汗两部,大肆掠夺土谢图汗和哲布尊丹巴·呼图克图的牧地,致使喀尔喀蒙古诸部蒙受空前浩劫,举部内迁,"溃卒布满山谷,行五昼夜不绝"④。

噶尔丹进攻喀尔喀蒙古,产生了极严重后果。首先,噶尔丹出兵是从背

---

① 加斯东·加恩著,江载华、郑永泰译:《彼得大帝时期的俄中关系史(1689—1730年)》,第132页。这一代表团是1684年11月到达伊尔库茨克的,噶尔丹的信件以藏文书写,在当地无法翻译,因此,不得不依靠两个使者梅尔冈科西尤切伊和梅尔冈巴汉口述,他们还带去了一些丝绸礼品。
② 《十七世纪俄中关系》第2卷,第621页。
③ 《十七世纪俄中关系》第2卷,第18页。
④ 张鹏翮:《奉使俄罗斯日记》。

后向正在抗击俄国侵略的蒙古人民猛砍一刀,使他们陷入腹背受敌、两线作战的不利地位。其次,噶尔丹占领漠北后,参加尼布楚谈判的清朝使团不得不中途撤回,影响了清政府在谈判中的地位,使清廷做出在谈判中对俄国进行重大让步的决策。

自此之后,噶尔丹与清政府的关系进入了以战为主的痛苦发展阶段。

噶尔丹进军喀尔喀蒙古初战获胜,声势大振,但即在此时,准噶尔内部发生了严重分裂。一直与噶尔丹同牧的僧格之子策妄阿拉布坦、索诺木阿拉布坦、丹津鄂木布均已成年,噶尔丹视他们为准噶尔汗位的潜在争夺者,噶尔丹与亲信奈冲鄂木布合谋,毒杀索诺木阿拉布坦,又试图谋杀策妄阿拉布坦。1688年冬,策妄阿拉布坦率部众五千人逃往额琳哈毕尔噶(今新疆沙湾县境),不久又徙牧至噶尔丹的冬营地——博尔塔拉。噶尔丹率兵追击,在乌兰乌苏被策妄阿拉布坦全歼。① 同年十一月,楚琥尔乌巴什之子额琳臣也率"子弟台吉十余人,弓箭手三百余人,计一千余口,来投皇上"。这两件事使噶尔丹兵员锐减,又失去了根据地,剩下的只有冒险进入漠南蒙古,劫掠驼马牛羊,以图发展。康熙二十九年(1690)六月,准噶尔骑兵由克鲁伦河经乌尔扎河、喀尔喀河南下,进入科尔沁草原、锡林郭勒草原、乌珠穆沁盆地,摆出与清军决战的架势。

噶尔丹在后援断绝、兵员锐减情况下,犯了孤军深入的兵家大忌。噶尔丹决策失误固然有种种原因,但戈洛文的空口许诺和唆使确实起了极恶劣的影响。1689年底,噶尔丹的使者达尔罕宰桑对戈洛文说:"他奉命携函来见全权大使请求军援,并面请各位大使从边境城市派遣沙皇陛下军队以及大使现在率领的军队去打蒙古领主。卡尔梅克博硕克图汗希望沙皇陛下军队与他的兵力会合,共同打击上述蒙古人,将其彻底歼灭。"作为交换条件,噶尔丹在给达尔罕的训令中说:"阿尔巴津(即雅克萨)建寨地区原本是蒙古的,不是博格德汗的,统辖蒙古人和这个地区的是他——博硕克图汗,倘若沙皇陛下有意在这里重建城堡,博硕克图汗愿将这片土地让给陛下。"② 为此,戈洛文向达尔罕保证:"如果他们博硕克图汗向敌对的蒙古人发动军事进攻,则沙皇陛下可根据博硕图汗的进攻形势,从色楞格斯克、乌丁斯克、涅尔琴斯克以及其他城市发兵进攻蒙古人。"戈洛文在交由达尔罕带回的致

---

① 成崇德译注:《咱雅班第达传》,载《清代蒙古高僧传译辑》,第56页。
② 《十七世纪中俄关系》第2卷,第36页。

噶尔丹信中更是明确表示:"沙皇陛下官兵永远不会停息干戈。"①康熙二十九年(1690)三月,戈洛文还派出格里戈里·基比列夫到噶尔丹处活动,基比列夫一行陪同达尔罕,于同年七月二十一日抵噶尔丹牙帐。当天噶尔丹即予以接见,在场的还有达赖喇嘛派往准噶尔的代表济隆呼图克图。②

基比列夫的使命有两项:一项是向噶尔丹提出新的政治军事方面要求;另一项是刺探中国边境的军事情势。关于第一项使命,在戈洛文给基比列夫的训令中列了五条,其内容综合起来主要为:要噶尔丹"集中自己全部兵力,前去进攻敌人,悉心进行军事搜索",并及时将军事行动情况告知"全权大使及沙皇陛下所属各城堡",沙俄方面将根据噶尔丹进攻情况,"从色楞格斯克、乌丁斯克、涅尔琴斯克及其他城堡对这些敌对的蒙古人进行军事搜索",至于希望两军会合作战,"由于相距甚远,实不可能";噶尔丹今后应将清政府有关政治、军事方面的建议及时"知照沙皇陛下境内就近城堡";噶尔丹对一切愿意臣服沙皇的蒙古领主、台吉,应"饬令不得刁难,不得禁阻",并对居住在色楞格斯克和乌丁斯克地区已臣属沙皇陛下的蒙古台吉应"饬令所属不得予以凌辱和施加任何暴行"。③关于第二项使命,即刺探军事情报,戈洛文向基比列夫列出一大串项目,诸如:噶尔丹与喀尔喀蒙古发生争端的原因为何,噶尔丹目前驻扎何处,兵力多少,在同噶尔丹会谈中达成了什么协议,等等。④

噶尔丹把基比列夫尊为上宾,基比列夫抵噶尔丹牙帐的第二天,正逢乌尔会河战斗发生,噶尔丹"带上俄国使者去'观战作证'"⑤。基比列夫事后大肆吹嘘噶尔丹的实力,说"卡尔梅克博硕克图汗把中国兵杀得一个不剩"⑥。噶尔丹深知清朝政府是实现自己野心的主要障碍,因此决心进一步投靠沙俄,"准备向俄国做出任何让步,甚至领土的让步"⑦。他甚至向俄国人表示,"只要他们给他两千或三千哥萨克精兵和一些大炮,他就能够破坏中国在长城外的全部边境。"⑧乌尔会河之役后,噶尔丹率军深入乌朱穆沁,

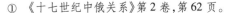

① 《十七世纪中俄关系》第2卷,第62页。
② 兹金特金:《准噶尔汗国史》,第281页。
③ 戈洛文给基比列夫训令全文见《十七世纪俄中关系》第2卷,第626—627页。
④ 《十七世纪俄中关系》第2卷,第628页。
⑤⑥⑦ 兹拉特金:《准噶尔汗国史》,第281—282页。
⑧ 霍渥斯:《蒙古史》第1卷,伦敦1876年版,第628页。

"遂乘胜长驱而南,深入乌兰布通,距京师七百里乃止"①,时"京师戒严",情况危急。②

与噶尔丹对阵的不是弱国庸才,而是国势兴旺的清王朝和雄才大略的康熙帝。康熙帝面对咄咄逼人的准噶尔铁骑,首先在外交方面,对正在进行的中俄尼布楚谈判的方针做了调整,康熙帝指示,俄国"若恳求尼布潮(即尼布楚),可即以额尔古纳为界"③。由于清政府的让步,康熙二十八年七月二十四日(1689年9月7日)签订了中俄《尼布楚尔约》,清政府在外交上赢得了主动,之后尽管戈洛文仍"在厚待这一强大的邻居"④,但再也不敢放手大干。加之俄国政府从尼布楚条约中获得实利,俄国的最高当局远非如前一时期那样,急于与噶尔丹建立联盟,而是采取口头上支持、行动上敷衍的政策,并很快将戈洛文从西伯利亚调回莫斯科。1693年8月,俄国政府还向各关卡监督发出训令,严禁向卡尔梅克人输出军火。⑤

清政府在军事上也做了一系列准备,康熙帝决定亲征。康熙二十九年至康熙三十五年(1690—1696),准噶尔与清军之间有两次大规模战役:一次是康熙二十九年(1690)八月的乌兰布通(今内蒙古自治区克什克腾旗境内)之战;另一次是康熙三十三年(1694)五月的昭莫多(今蒙古国乌兰巴托以南宗莫德)之战。这是两次战略决战,均以噶尔丹的失败而告终。乌兰布通之战使噶尔丹丧失了进攻的锐气,而昭莫多之战使噶尔丹丧失了有生力量,战后噶尔丹率残部流窜于塔米尔河流域一带。

噶尔丹的"东进政策"终以彻底破产告终。

四、噶尔丹的末日

昭莫多之战后,噶尔丹的处境十分困难,即所谓"困穷已极","糇粮庐

---

① 魏源:《圣武记》卷三《康熙亲征准噶尔记》。
② 刘献庭:《广阳杂记》卷一。
③ 《清圣祖实录》卷一四〇,第30页。
④ 加斯东·加恩著,江载华、郑永泰译:《彼得大帝时期的俄中关系史(1689—1730年)》,第26页。
⑤ 加斯东·加恩著,江载华、郑永泰译:《彼得大帝时期的俄中关系史(1689—1730年)》,第132页。

帐皆无,四向已无去路,狼狈不堪,目下掘草根为食"①。康熙三十五年(1696)九月六日,噶尔丹遣其亲信丹济拉率军,欲劫清军在翁金的贮米仓站②,与清军祖良璧部发生激战,兵败而遁。自翁金一役,噶尔丹军再无力与清军正面交锋,而是穷蹙之极,四处流窜,以躲避清军追剿。噶尔丹因连年征战,四处树敌,处境十分艰难。当时噶尔丹面临的情况:一是不能西归伊犁河流域,那里早已为自己的宿敌策妄阿拉布坦所控制;二是不能远投伏尔加河流域的土尔扈特汗国,此时阿玉奇汗已与策妄阿拉布坦结成了反噶尔丹联盟;三是即使"欲北投鄂(俄)罗斯"③,此时沙皇俄国已视噶尔丹为政治包袱而拒于接纳;四是不能退入"回部、青海诸地",因为此时"回部、青海、哈萨克皆隔绝叛去"。④ 唯一可供噶尔丹退却之处是投靠西藏的僧俗上层,因为其长期以来得到西藏实权人物第巴桑结嘉措的支持。

但是西藏地区的政治局势也发生了变化。达赖喇嘛五世早在康熙二十一年(1682)去世,第巴桑结嘉措为集政教大权于一身,秘不发丧十余年。长期以来,他支持噶尔丹的"近攻计",继而支持噶尔丹全力推行"东进政策"。桑结嘉措利用藏传佛教的特殊地位,派遣济隆呼图克图作为自己的代表常驻噶尔丹牙帐,名为调解卫拉特与喀尔喀之争,实际上处处袒护噶尔丹。乌兰布通之战后,济隆呼图克图与噶尔丹共同策划了缓兵之计,使噶尔丹摆脱困境,化险为夷。因此,当清政府从俘虏中得悉噶尔丹欲奔西藏的计划后,于康熙三十五年(1696)九月六日遣使保柱等赴第巴处,痛斥他对达赖喇嘛五世之死秘不发丧,欺骗部众,又唆使噶尔丹兴兵启衅,"其罪甚大"⑤,并严饬第巴桑结嘉措必须遵行下列事项:一是奏明达赖五世去世始末;二是立执济隆呼图克图以治罪;三是解送噶尔丹之女婿青海博硕克图济农之子来京。以上如不遵行,就要发云南、四川、陕西等处之兵,兴师问罪。

噶尔丹面临着清政府咄咄逼人的军事进攻和政治招降的强大压力。

1697年,康熙帝积极进行第三次亲征朔漠的军事准备,为此,康熙帝亲临宁夏,三月兵分两路西进。每路兵三千名,分由费扬古、马思哈统帅。四

---

① 《亲征平定朔漠方略》卷三〇,第8页。
② 《康熙三十五年九月二十八日谕》,载《清代准噶尔史料初编》,第39页。
③ 魏源:《圣武记》卷三《康熙亲征准噶尔记》。
④ 《亲征平定朔漠方略》卷二七,第8—11页。
⑤ 《清圣祖实录》卷一七五,康熙三十五年八月甲午。

月,康熙率大军抵狼居胥山,摆出军事围剿的姿态。此前不久,康熙三十五年(1696)十一月二十七日,康熙帝谕告噶尔丹使人格垒沽英:"尔还语噶尔丹,凡事务必亲面会语,不然,则事无终局。彼如不来,朕必踏雪往讨,断不中止。朕在此地行猎待尔,限尔七十日内还报,如过此期,朕必进兵矣。"①

噶尔丹在政治上、军事上均面临绝境,他的亲信头目如阿喇卜滩、格垒沽英等先后降清,另一个亲信吴尔占扎卜则指噶尔丹"如不降,当另图一策,首鼠两端,而待毙乎"②,而噶尔丹除埋怨"初不欲来克鲁伦地方,为达赖喇嘛煽惑而来,是达赖喇嘛陷我,我又陷尔众人矣"③外,也一筹莫展。当时留在噶尔丹身边的仅有阿拉尔拜、诺颜格隆二人,"余下不及百人,其有余者,人各有马驼二三,而止有一马者为多,无马者近三十人,牛羊则全无,捕兽而食,不获兽则杀马驼以食"④。噶尔丹是不甘心投降的,有一则西方记载这样描述:"(康熙)皇帝后派去了两个准噶尔人,他们也被(噶尔丹)接见了,他们向他报告了帝国的实力以及被俘人员等如何在中国得到了一个舒服的收容所。当然,所有这些话,那个骄傲的首领,是听不进的。据说,他一言不发地中断了接见。很明显,他绝没有泄气。"⑤康熙三十六年(1697)三月初,噶尔丹流窜到阿察阿木塔台地方,"噶尔丹所,有诺颜格隆阿喇儿拜,下有一百余"⑥。噶尔丹还"曾遣人约丹济拉,会于阿察阿木塔台"⑦,据一个卫拉特俘虏口述:"噶尔丹下人,但捕兽为食外,并无余物,视众人形状,窘迫已极,问其马亦甚瘠,膘大者少云。"⑧

但是噶尔丹尚未及与丹济拉会面,于三月十三日"早辰得病,日晚即死,不知何病"⑨。据一个现场见证人杜拉儿口述:"噶尔丹曾云我向以折滚噶尔为良善之国,不意无信如此。怨恨数日,饮食俱废,于十二日头痛,召丹济

---

① 《亲征平定朔漠方略》卷三三,第55页。
② 《亲征平定朔漠方略》卷三九,第46—47页。
③ 《清圣祖实录》卷一七三,康熙三十五年五月癸酉。
④ 《康熙时关于噶尔丹文书》,载《文献丛编》第6辑。
⑤ 冯秉正:《中国编年史》第11卷,第267页。
⑥⑦⑧ 《亲征平定朔漠方略》卷四三,第22、23页。
⑨ 中国第一历史档案馆藏《费扬古奏章》按,噶尔丹去世日期,笔者在《噶尔丹与沙俄》(载《厄鲁特蒙古史论集》)中据《亲征平定朔漠方略》所载认为是闰三月十三日,现据彭普生《噶尔丹之死》(载《明清档案与历史研究》上册)考证并从其说,即噶尔丹死于三月十三日。

拉前去,十三日午前身死"①,随从当天即"夜焚其尸"②。

噶尔丹以悲剧画上了自己政治生命的最后一个句号。

丹济拉、诺颜格隆、丹济拉之婿拉思伦,携噶尔丹尸骸,及噶尔丹之女钟察海,共三百户降清。③ 丹济拉初授散秩大臣,其子多尔济塞卜腾授一等侍卫④,钟察海与其弟塞卜腾巴儿珠尔则安排在北京居住,并授塞卜腾巴儿珠尔为一等侍卫,给之妻室,而以钟察海婚配二等侍卫沙克都尔。⑤

噶尔丹在政治上不是庸才,军事上也颇有建树,他以数十年戎马生涯,东征西伐,战绩显赫;他纵横捭阖,深谋老练,一时成为我国北方草原上叱咤风云的人物,他领导下的准噶尔汗国也成了17世纪下半叶我国政治舞台上的强大力量。噶尔丹还忠于自己的政治思想和原则,直至身临绝境,不求瓦全,宁可玉碎,不接受清王朝的招降,体现了一个政治家的可贵气节。从这一意义上说,噶尔丹不愧是蒙古族一个有影响的历史人物。

噶尔丹失败了,彻底地失败了。这固然与噶尔丹在政治上树敌过多,军事上孤军深入等一系列决策上的失误以及与其争斗的对手康熙皇帝和清王朝过于强大有关,但最可悲的是噶尔丹与俄国政治、外交交往的失败。噶尔丹本想借俄国力量达到自己与清王朝抗争的目的,但却被俄国利用,反成了俄国与清朝政府讨价还价的筹码。最终被俄国抛弃时,噶尔丹已与清军正面相撞,势不可收,成为过河卒子,无路可退。当然,从根本上说,噶尔丹的失败是因为他的行动违背了我国多民族国家走向统一与巩固的历史潮流,到头来不免走上覆灭的道路。从这一意义上说,噶尔丹又是一个悲剧性的历史人物。

(原载《边疆与民族——历史断面研考》,黑龙江教育出版社1993年版)

----

① 《亲征平定朔漠方略》卷四三,第65、66页。
② 中国第一历史档案馆藏:《宫中档》。
③ 庄吉发:《清代准噶尔史料初编》,第27页。
④ 《亲征平定朔漠方略》卷四六,第3页。
⑤ 《亲征平定朔漠方略》卷四八,第34页。

论准噶尔贵族对南疆的统治

17世纪至18世纪,准噶尔部贵族对维吾尔族聚居的南疆地区统治了近八十年。这一段历史,无论是研究新疆地区史,还是研究维吾尔史、准噶尔史,都是不可忽视的一页。本文试图就准噶尔部贵族在南疆统治的确立、准噶尔部贵族对维吾尔族人民的统治以及维吾尔族人民反抗准噶尔贵族统治的斗争等问题进行初步探讨,以就教于史学界前辈和同辈。

一

17世纪80年代准噶尔贵族进军南疆之前,广大的维吾尔族人是在察哈台汗后裔建立的叶尔羌汗国的统治之下。17世纪中叶,在著名的叶尔羌汗王阿布杜·拉西德之孙阿布杜拉汗的努力下,叶尔羌汗国与初立的清政府建立了政治、经济的联系。清顺治三年(1646),"叶尔羌、和阗、阿克苏各有元裔汗酋表贡"。① 同年,吐鲁番"'苏勒擅'(苏丹)阿布勒·阿哈默特·阿济汗遣都督玛萨朗琥伯峰等奉表贡"②。顺治四年(1647),"哈密卫辉和尔都督……愿效忠天朝"③。从此,叶尔羌汗国的人不断到兰州、北京等地通商。到顺治十三年(1656)阿布杜拉汗主动派遣由三百人组成的一个使团,携带大量名贵珍品,进关入贡。清朝政府同意三十人入京,余留肃州,并规定"自此以后,著五年一次进贡,贡使入关,不得超过百人……进京人数,止

---

① 魏源:《圣武记》卷一二。
② 和宁:《回疆通志》卷三《吐鲁番回部总传》。
③ 祁韵士:《皇朝藩部要略》卷一五《回部要略一》。

许三十人,余留住甘肃"①。但是,这种与中原地区加强政治、经济联系的趋势,不久便为叶尔羌汗国内部的纷争所打乱进而中止。

叶尔羌汗国内部由于伊斯兰教白山派与黑山派之争引起的统治集团各派系的权力斗争由来已久。16世纪中叶伊斯兰教的苏菲派②利用叶尔羌汗国阿布杜·拉西德汗对宗教的宽容,加强在这一地区的活动。17世纪初,其首领玛哈图末·阿杂木(又叫和卓阿哈玛特·卡山尼)的第七子伊萨克瓦里从布哈拉进入叶尔羌传教,受到叶尔羌汗国穆罕默德汗(1593—1611)的积极支持。不久,阿杂木的长子和卓卡兰(又称穆罕默德·伊敏)也从中亚到喀什噶尔聚众传教。双方都希望扩大势力范围,彼此争权夺利,终于酿成了教派间的斗争。

白山派又称"白山宗""白帽回",主要活动于以喀什噶尔为中心的维吾尔族地区;黑山派又称"黑山宗""黑帽回",主要活动于今阿图什、乌什以及伊萨克湖周围和纳林河一带的柯尔克孜地区。这两派虽在佩戴上有所区别,宗教观点并没有多大不同。由于白山派、黑山派分别得到叶尔羌汗国统治集团内部各个相互对立的派别的支持,它们的斗争实际上反映了叶尔羌汗国统治集团内部争权夺利的派系斗争。

矛盾之激化是在17世纪中叶以后开始的。1667年,和卓穆罕默德·玉素甫与和卓伊达雅图勒拉③支持当时叶尔羌王阿布杜拉之子尧乐巴斯汗,把阿布杜拉赶出叶尔羌,大肆屠杀支持阿布杜拉的黑山派群众。尧乐巴斯汗上台后,在和卓穆罕默德·玉素甫与和卓伊达雅图勒拉的唆使下,改变原来阿布杜拉汗与清政府商定的"五年一次进贡"的规定,把与中原地区发生商业贸易往来的官方"卡尔汪"商队和民间商人,或杀戮,或关入牢笼,断绝了与中原地区的一切政治、经济、文化往来。

尧乐巴斯汗的倒行逆施引起了叶尔羌汗国朝野的强烈不满。1670年,黑山派在叶尔羌、叶城等地维吾尔族人民支持下,推翻了尧乐巴斯汗的统

---

① 祁韵士:《皇朝藩部要略》卷一五《回部要略一》。
② 苏菲派,又称伊禅派。公元10—11世纪产生于今伊拉克境内,后受到逊尼派等的排挤、打击,势力渐移至西察哈台汗国。他们有的热衷于过幽居生活,有的喜好巡游乞讨,有的用各种方式念诵"即克尔"(赞词),无休止地赞念安拉,提倡禁欲主义,常常身穿白色羊毛外套,故被称为苏菲派。
③ 和卓穆罕默德·玉素甫系白山派首领穆罕默德·伊敏之子,伊达雅图勒拉是和卓穆罕默德·玉素甫之子。

治。尧乐巴斯汗、和卓穆罕默德·玉素甫在战争中被杀,和卓伊达雅图勒拉逃往中亚。当年,阿布杜拉汗之弟伊斯迈耳汗(伊斯玛衣拉汗)执政,着手恢复叶尔羌汗国的内部秩序和同清政府的经济交往。康熙十二年(1673),"贡西马四,蒙古马十五,璞玉千斤"①,使中断了几年的交往得到了恢复。

和卓伊达雅图勒拉在中亚等地流浪了近十年,后来由克什米尔"到达西藏,投靠了达赖喇嘛"②,在和卓伊达雅图勒拉的要求下,达赖喇嘛应允给准噶尔部的噶尔丹写信,据《和卓传》记载,达赖喇嘛在信中写道:"和卓阿帕克是一位伟大的人物,他的故乡是叶尔羌和喀什噶尔,他是那个国家的穆斯林的和卓。伊斯迈耳汗强占了他的国家,并把他赶了出来,你应该派支军队收复他的国家,并交还给他。"③伊达雅图勒拉拿着达赖喇嘛的信,到达伊犁,拜倒在噶尔丹的麾下。

噶尔丹自1671年击败政敌、掌握了准噶尔部的统治权后,就走上了穷兵黩武、四处扩张的道路。他在军事上采取先近后远、先弱后强的方针。④

首先,他背信弃义地把矛头指向曾支持他取得政权的叔父楚琥尔乌巴什、岳祖父(一说是岳父)鄂齐尔图汗。康熙十二年(1673),他进攻楚琥尔乌巴什,出师不利,求庇于鄂齐尔图汗。但当他喘过气来后,康熙十五年(1676)又再次进攻楚琥尔乌巴什,擒楚琥尔乌巴什,杀其子巴噶班第。接着又于康熙十六年(1677)挥戈侵袭鄂齐尔图汗,"戕鄂齐尔图,破其部"⑤。1678年噶尔丹又将矛头东向,遣宰桑莽奈至甘肃提督张勇处,无理提出:"我台吉云,西北一带地方,皆得之矣。惟西海旧系我祖与伊祖同夺取

---

① 祁韵士:《皇朝藩部要略》卷一五《回部要略一》。
② 霍渥斯:《蒙古史》第1卷,第623页。
③ 《〈和卓传〉英文摘要》。《和卓传》是维吾尔族人穆罕默德·萨迪克·喀什噶里于1768—1769年在喀什噶尔写成。《和卓传》有两种英译本:一是哈特曼的详细译注本,但全稿未完成;二是罗伯特·沙敖(又译罗伯特·肖)的节译本。另外还有瓦利哈诺夫的片断的译文,罗伯特·沙敖的节译本原属手稿,他死后由伊莱阿斯整理,加了详细注和解说后公开发表。
④ 梁份:《秦边纪略》卷七《嘎尔旦传》记曰:"是时诸夏有滇黔变,秦蜀闻峰起(据《灰画集》所收《秦边纪略》中之《嘎尔旦传》此句为'秦蜀间峰起',当为抄本《西陲今略》误)嘎尔旦谋所向。达赖喇嘛使高僧语之曰……立国有根本,攻取有先后,不可紊也……嘎尔旦善其言,乃为近攻计。"
⑤ 祁韵士:《皇朝藩部要略》卷九《厄鲁特要略一》。

者,今伊等独据之,欲往索取。"① 由于清政府严加防范,噶尔丹无奈,中途率军折回,但是让"驻屯在甘州附近撒里维吾尔族(即裕固族)地方的军队征收硫黄、倭铅等贡赋"②。康熙十八年(1679),噶尔丹又领兵三万,占领了哈密、吐鲁番。同年,噶尔丹"乃请命达赖喇嘛","行博硕克图汗事",③因此,当噶尔丹接到达赖喇嘛的信后,他立即出兵,在伊达雅图勒拉的配合下,康熙十九年(1680)率十二万准噶尔骑兵,经阿克苏、乌什等地向喀什噶尔进军。④ 叶尔羌汗王阿布都拉的儿子巴巴克苏勒坦率军进行顽强抵抗,在战斗中阵亡。准噶尔骑兵攻占喀什噶尔后立即向叶尔羌进军。叶尔羌守军将领伊瓦兹伯克在守城时战死,准噶尔军在当地白山派教徒的配合下,占领了叶尔羌,"轻而易举地征服了布哈拉(即指南疆地区)"⑤,结束了叶尔羌汗国长达一百六十年的统治。⑥

准噶尔军队占领了叶尔羌后,立和卓伊达雅图勒拉为王,称阿帕克和卓(意为世界之王),阿帕克和卓的儿子雅赫雅执掌了喀什噶尔的政权。准噶尔占领者将伊斯迈尔汗及其家族迁到伊犁。自此之后,准噶尔部统治者虽然经历了噶尔丹和策妄阿拉布坦的权力交替,白山派和黑山派在政治舞台上也时盛时衰,但天山南路广大维吾尔族等聚居的南疆地区,一直处在准噶尔部贵族统治之下,长达八十年之久。

二

准噶尔部贵族对维吾尔族的统治,主要通过扶植代理人进行。噶尔丹在军事征服南疆后,一心想征服喀尔喀蒙古地区,因此在南疆地区并不直接

① 《亲征平定朔漠方略》卷一,康熙十八年八月己丑。
② 佐口透:《俄罗斯与亚细亚草原》,吉川弘文馆1966年版,第111页。
③ 梁份:《秦边纪略》卷七。
④ 关于噶尔丹进军天山南路南疆地区的年代,说法不一。据日本学者羽田明考订,帕拉斯的1680年说最接近事实,今取此说(《噶尔丹传考证》,载《东方学会创立十五周年东方学会论集》)。又,安瓦尔·巴依图尔同志查阅手抄本维吾尔文《和卓传》和《阿帕克和卓传》,上载出兵年代为1682年。
⑤ 古朗:《17—18世纪的中亚——卡尔梅克帝国还是满洲帝国?》,巴黎-里昂1912年版,第51页。
⑥ 《〈和卓传〉摘要》,第36—37页。

驻扎大量军队,而是扶植阿帕克和卓"使总理回地各城","为准噶尔办理回务"①。阿帕克和卓每年以大量贡赋满足噶尔丹进行扩张战争的需要,贡赋的一部分被送往拉萨,以求得西藏上层集团在政治上、宗教上的支持。②

噶尔丹为了巩固阿帕克和卓的统治地位,笼络维吾尔族人民,曾发布了第二项补充敕令,规定:"霍屯人的村落应由霍屯人自己的法庭来裁决,共同的(人民的)诉讼,应由这里的高等法庭来处理"③,同时还禁止南疆地区奴隶买卖。④ 这项法令虽然对奴隶掠夺起了一定的限制作用,但是准噶尔贵族对天山南路的统治仍然是相当残酷的。

准噶尔贵族为了控制自己扶植的代理人,对代理人实行"人质制"。噶尔丹在征服南疆后,先把伊斯迈尔父子及其一族软禁伊犁,接着又禁锢阿布都里什特。噶尔丹兵败后,和卓玛罕木特因不堪准噶尔凌虐,图谋脱离准噶尔的统治,但不久为策妄阿拉布坦觉察,也被擒解伊犁,囚于地牢,经数年后,始获释放。不过,准噶尔贵族没有让他回叶尔羌,而是仍在伊犁接受严密的监视。⑤ 玛罕木特的儿子布拉尼敦和霍集占也一起作为人质被拘留于伊犁。当时被软禁在伊犁作为"人质"的不仅仅有玛罕木特家族,而且也有黑山派和卓家族。黑山派首领丹尼尔和卓就曾被扣留达七年之久。⑥ 事实

---

① 椿园七十一:《西域记》卷六《布拉敦霍集占叛亡纪略》。
② 阿马赫:《十七世纪汉藏关系》,罗马1972年版,第236页。
③ 戈尔斯通斯基:《一六四〇年蒙古卫拉特法典》,彼得堡1880年版,第60页。田山茂:《清代蒙古社会制度》第317页,关于此内容的译文为:"全布哈拉的霍屯族也可以自己设立独立的法庭,但主要的诉讼条件,则由我们裁判。"
④ 田山茂《清代蒙古社会制度》第324页载第二项补充敕令如下内容:"我们国民间不可买卖别国人为奴隶,如果看见有买卖之事者,可逮捕卖主及买主,而且有予以押收买卖代金的权利。秘密买卖人身者,真相弄清的场合,作为处罚征收代价的两倍,而且释放其奴隶。从前即占有奴隶者则承认其所有,但是决不能不公正地待之。作为战利品的奴隶所有者,同自己的奴隶不能融洽的场合,不把他卖掉,而必须按原来无一物地方逐之"。戈尔斯通斯基《一六四〇年蒙古卫拉特法典》一书所载之第二项补充敕令中,无此内容。
⑤ 清朝史料记载略有出入,《清高宗实录》卷四八七及《回疆通志》卷六均说为策妄阿拉布坦所执;而《圣武记》和《西陲总统事略》等书则说为噶尔丹策零所执。依据史实,前说更为可靠。
⑥ 《艾考赞传》(维吾尔文),第73页。

上南疆诸和卓不是本人就是留下自己的一个儿子在伊犁作为人质。①

准噶尔贵族对人质只是严密监视,一般并不任意杀害,还允许提供"人质"的民族和地区数年替换一次。"人质制"是准噶尔贵族为了保证被征服民族的归服而采取的一项民族压迫政策。准噶尔贵族企图通过这一措施,干预被征服民族的内部事务,征收沉重赋税。"执其酋,收其赋"②是实施人质制的目的所在。

准噶尔贵族对维吾尔族人民的剥削主要是向他们征收沉重的贡赋,强迫他们服各种无偿劳役。"征发期会,惟其所使"③,把各族人民视为他们的阿勒巴图(原意是属民,这里有奴仆的意思)。贡赋的征收主要依据派驻在南疆各城之哈喇罕及当地和卓所造之户口赋役表册,按户索取,④主要由德墨齐负责。

赋税种类繁多。人有人头税,地有地税,园户有果税,商贾牧养人有商牧养税,此外还有金银税、牲口税、贸易税、草木税、水利税等。各项赋税,皆有定额,其数极重,维吾尔族人民往往无法完纳。

据记载,噶尔丹策零时,喀什噶尔地区人户万余口,每年需交纳额征银六万七千腾格(每腾格合银一两)。⑤ 其中,种地之鄂尔托什人需要纳粮四万八百九十八帕特玛(一帕特玛合清官石为四石五斗,后改为三石五斗);棉花一千四百六十三察喇克,共折钱二万一千余腾格;又克色克绰克巴什人(各项谋生人)等纳钱二万六千腾格;商贾牧养人等纳钱二万腾格,皆以本税折纳;贸易回人征税十分之一,外来贸易之人征税二十分之一。此外还有商人金铜税、园户果税。

叶尔羌地区二十七城村,三万户,十万余口,每年需纳额征银十万腾格。

---

① 《安宁史》(维吾尔文),第43页。
② 龚柴:《天山南北路考略》,载《小方壶舆地丛钞》第二帙。
③ 《西域图志》卷三九《风俗》。
④ 《平定准噶尔方略》续编卷三二,第12—13页。据《和卓传》称,准噶尔在各回城派驻哈喇罕十五名,进行征收赋税和监视维吾尔人的活动。
⑤ 《清高宗实录》卷五九二,乾隆二十四年七月庚午兆惠奏。《平定准噶尔方略》前编卷七五,乾隆二十四年七月庚午条则说这是噶尔丹的税收政策,恐误。此处依《清高宗实录》。《维吾尔族史料简编》(下)说:一"帕特玛",等于清官石四斗五升,误。据兆惠奏:"查回人一帕特玛,准官石四石五斗;一噶尔布尔,准五斗;一察拉克,准官秤十觔;一腾格准制钱五十文,值银一两。"

其中,白米二百六十一帕特玛,米五千八百三十九帕特玛,棉花一千七百十五察喇克,红花四百二十八察喇克,共折钱二万七千二百八十腾格有奇;各项匠役纳钱五万四千七百八十腾格有奇;城村酒肆、园林、碾磨、金银税共计一万七千九百腾格有奇。此外还有金税、贸易、缎布、牲只等名目。①

据1732—1733年随乌格柳莫夫前往噶尔丹策零牙帐的沙俄测量师雅可夫·费里佐夫所说,当时六城地区的贡赋,有阿克苏的铜和粗布,库车的铜,叶尔羌、喀什噶尔、和阗的金、棉花,克里雅(于田)的沙金。金的总额为七百两。② 显然,这就是前述的金铜、缎布等税。

另据椿园七十一的记述,准噶尔贵族每当秋成之时,即派人向诸回城征收赋税。"每回男一人,谓之一户,每户于八栅尔一次交布一匹,或羊皮数张,或猞猁狮皮一张,通年计算,逐次索取,所种米谷菽麦,眼同收割,先与平分,而后用十分取一之法,重征粮税。"③《西域图志》则载:"回部当麦谷收获时,苦其钞掠,岁纳十之三四,以为常。"④若按椿园七十一记载,农民每年应当将自己收成的一半以上交给准噶尔贵族。这一记述是否有夸大之处,尚待进一步考订。但即使以《西域图志》所记,维吾尔农民交纳收成的三成到四成作为贡赋显然也是很苛重的。

除正税以外,还有额外抽收、临时酌派等名目。其贩运各货以及金、银、布帛往往多于越例抽收。⑤ 乾隆三十二年(1767),伊犁将军明瑞追述此事时说:"惟厄鲁特时有格讷坦名色,以备差务,每年各城派四五千腾格不等,俱系临时酌派,并无定额。"⑥

繁重的租税以及各种苛捐杂税已经压得维吾尔人民喘不过气来,可是,准噶尔贵族派往各地征税之官吏还常常肆行勒索,横征暴敛,鱼肉人民。他们每到一地,维吾尔族人民必须"日奉以酒肉、妇女,去仍多索赆遗,少不如意,辄纵其从人,恣行抢掠"⑦。有时甚至或三五成群,或数十为伍,到处抢

① 《平定准噶尔方略》卷七七,乾隆七十四年八月辛丑兆惠奏。
② 佐口透:《俄罗斯与亚细亚草原》,第138页。
③ 椿园七十一:《西域记》卷七《杂录》。八栅尔,维吾尔族之集市贸易,七日开市一次。
④ 《西域图志》卷三九《风俗》。
⑤ 苏尔德:《新疆回部志》卷四《赋役》。
⑥ 《平定准噶尔方略》续编卷三二,乾隆三十二年十月甲寅。
⑦ 椿园七十一:《西域记》卷七《杂录》。

夺牲畜,奸淫妇女,掠夺财物。据《和卓传》记载:有一次,策妄阿拉布坦的女儿要和土尔扈特部长的儿子结婚,他邀请丹尼尔和卓为首的维吾尔族达官贵人参加婚礼,丹尼尔和卓等人屈服于准噶尔部贵族淫威,无可奈何来到伊犁。策妄阿拉布坦责令他们交纳印度宝石、珍珠、金刚钻和金项链等珍贵物品作为礼品,否则生命难保。①

准噶尔贵族为了榨取维吾尔族人民的血汗,他还以新钱兑换旧币的办法,牟取巨额财富。"凡台吉新立,则于钱面易名改铸。其法:先铸新钱一万,换易旧钱。新者以一当二,旋换旋铸,旧钱销尽乃已"②。

准噶尔贵族还强迫维吾尔族迁居伊犁,为他们服役,充当农奴,大多数人种田,少数人从事商业及其他劳役。这些人被称为塔里雅沁、伯德尔格、乌沙克。

"塔里雅沁"一作"塔喇沁",系突厥语"塔兰奇"一词之音变,意为"种地人"。③ 他们大都为准噶尔贵族种地或管理园圃。早在巴图尔珲台吉时就已有"塔里雅沁"。崇德八年(1643),到和博克萨里巴图尔珲台吉牙帐活动的俄国人伊林就说,巴图尔珲台吉曾把维吾尔族农民迁到其牙帐周围,迫使其种田。④ 这一方针为其后继者所承袭。

策妄阿拉布坦囚禁和卓玛罕木特于伊犁之阿巴噶斯哈丹部时,就将其部曲一同迁往,令其耕种,⑤以叶尔羌、阿克苏、喀什噶尔、乌什等地的维吾尔族人民最多。除伊犁地区外,额尔齐斯河流域、额敏河流域、乌鲁木齐等地都聚居着不少维吾尔族农奴。乾隆二十六年(1761),清廷大臣阿桂前往伊犁办理屯田时,叶尔羌、喀什噶尔、阿克苏、乌什等地在伊犁种地之回民还有"二三千人"⑥。塔里雅沁的社会地位极为低下,他们没有任意迁徙的自由,"准噶尔旧例,伊犁逃出回人,严拿治罪"⑦。塔里雅沁不但要向准噶尔贵族交纳沉重赋税,服各种劳役,而且要供养被禁锢在伊犁的维吾尔族封建主,如乾隆皇帝所说:"准噶尔昔全盛日,役使若辈如奴佃。令弃故居来伊犁,课

---

① 《〈和卓传〉英文摘要》,第42页。
② 《西域图志》卷三五《钱法》。
③ 苏尔德:《新疆回部志》卷一《城池》。
④ 巴德利:《俄国·蒙古·中国》第2卷,伦敦1919年版,第123页。
⑤ 《西域图志》卷三八《封爵》。
⑥⑦ 《平定准噶尔方略》续编卷一一,乾隆二十六年四月戊寅。

其引水种稻秫。服劳供赋不敢怠,讵知隐恨已有年!"①

伯德尔格,意为商人或贸易人②,他们大都是喀什噶尔、叶尔羌、安集延等地之人。当清军进驻伊犁时,尚有伯德尔格鄂拓克这样的集团存在。伯克阿底斯是伯德尔格的管理者,宰桑玛木特也管理过伯德尔格,他们"素皆贩运为生,绝无产业"③,为准噶尔贵族从事贸易,是准噶尔封建主与周围各族人民进行贸易联系的重要纽带之一。伯德尔格的社会地位如同塔里雅沁一样,同属农奴阶层,被"视如佃仆"④。

乌沙克,意为"勇战人也"⑤,他们是被迁到伊犁的和卓家族的亲兵,平时为和卓家族服役,战时则是他们的卫士。富德在1759年的奏折中曾称:"如乌沙克、伯德尔格等众,俱久住伊犁,为霍集占所亲信。"⑥从上述记载中可以看出,乌沙克是为被囚禁在伊犁的和卓家族服务,并为他们所取信的仆从。因此,其与准噶尔封建主的关系仍然是一种依附关系。

马克思说:"赋税是官僚、军队、教士和宫廷的生活源泉,一句话,它是行政权力整个机构的生活源泉。强有力的政府和繁重的赋税是同一概念。"⑦准噶尔贵族对南疆地区广大维吾尔族人民的统治政策,完全是为维护其残酷统治服务的,它的本质是实施民族压迫和阶级压迫。准噶尔统治者从各族人民身上搜刮来的财富,大部分为伊犁的少数特权人物(包括上层喇嘛)所占有。"达官贵人,夏日食酪浆、酸乳、麦饭,冬日食牛、羊肉、谷饭;贫人但饮乳茶"⑧,贵族们穿的是绫罗锦缎,饰以文绣,而贫苦牧民则御冬无棉,仅能衣羊皮。噶尔丹策零时,在伊犁河两岸建立的固尔扎庙和海努克庙,供养喇嘛六千多人,庙之宏壮,超过漠北蒙古地区的寺庙。每逢"岁首,盛夏,其

① 《西域图志》卷一二《疆域二》。
② 苏尔德:《新疆回部志》卷一《城池》。伯德尔格词源尚待查考,据佐口透说,它是蒙古语"bezirge"、突厥语"bezirgan"的意译,参阅《塔兰其人社会——伊犁河谷地的维吾尔部落史(1766—1860)》,载《史学杂志》1964年第11期。
③ 姚元之:《竹叶亭杂记》卷四。
④ 《平定准噶尔方略》正编卷五五,乾隆二十三年五月己丑。
⑤ 苏尔德:《新疆回部志》卷四《城池》。
⑥ 《清高宗实录》卷五九五,乾隆二十四年八月丁未。
⑦ 《路易·波拿巴的雾月十八日》,载《马克思恩格斯选集》第1卷,第697页。
⑧ 《西域图志》卷三九《风俗》。

膜拜顶礼者远近咸集,往往捐珍宝、施金银以事庄严"①。呻吟在准噶尔贵族统治下的广大维吾尔族人民,承受着沉重的民族压迫和阶级压迫,如史籍所载,他们"不堪其扰,如居水火,故多奔逸逃避,未获宁处"②。维吾尔族人民不甘于为奴,他们对准噶尔贵族的统治进行了长期的反抗和斗争。

三

从准噶尔贵族占领南疆地区以来,维吾尔族人民的反抗斗争一直没有间断,"一切民族压迫都势必引起广大人民群众的反抗,而被压迫民族的一切反抗趋势,都是民族起义"③。维吾尔族人民或是在准噶尔贵族征收贡赋时,"埋藏米谷财物于地下"④,以此来逃避准噶尔贵族的横征暴敛,或是"坚墉曲隧",筑堡以为御,倘见准噶尔税吏来收税,"则人避于上,牲畜匿于下,紧闭其窦而守之。亦有矫健回子转将额鲁特杀死"⑤。不过这些斗争只是零星的,毕竟无法有效地抵制准噶尔部贵族的蹂躏。

当时,维吾尔族人民更多的是通过逃亡、内徙的办法进行消极抵抗。逃亡内地的人户一般均能得到清政府的妥善安置,因此,随着时间的推移,逃亡人数与日俱增。据不完全统计,乾隆二年到乾隆十九年(1737—1754),几乎每年和每月都有准噶尔、维吾尔等族人民逃离准噶尔部统治,投奔清朝,少则数人,多达数十人不等。他们向清政府诉说在准噶尔贵族统治下的深重苦难,同时也带来了大量有关准噶尔部统治集团动乱的情报。如噶尔丹策零死亡的消息,清政府最早即是从自吐鲁番逃出的维吾尔人海底里处获悉的。⑥

但是,不论藏匿财物、拥众自卫,还是弃田远徙、投奔清廷,都不能从根本上摆脱准噶尔贵族统治的桎梏。维吾尔人民在国内各族人民反对准噶尔贵族割据斗争的形势推动下,还不断掀起武装起义。

---

① 松筠:《西陲总统事略》卷一二《厄鲁特旧俗纪闻》。
② 苏尔德:《新疆回部志》卷四《赋役》。
③ 列宁:《论对马克思主义的讽刺和"帝国主义经济主义"》(1916年8月—10月),载《列宁全集》第23卷,第55页。
④⑤ 椿园七十一:《西域记》卷七《杂录》。
⑥ 中国第一历史档案馆藏:《朱批奏折·民族事务类》蒙古108,四全宗,108卷9号。《太子少保川陕总督领侍卫内大臣承恩公庆复奏》,乾隆十年二月二十三日。

早在1690年,正当噶尔丹率军大举向内蒙古乌珠穆沁地区进犯时,叶尔羌地区就爆发了由黑山派首领舒艾尤布和卓领导的起义。起义群众从叶城出发,向叶尔羌挺进,喀什噶尔地区各族人民也奋起响应,起义矛头直指准噶尔贵族在南疆地区的忠实代理人——阿帕克和卓。阿帕克和卓慑于起义声威,逃亡哈密,起义队伍获得很大发展。此时,原叶尔羌汗王伊斯迈耳之弟穆罕默德·阿明也参加了起义。约在1693—1694年,穆罕默德·阿明率领起义队伍向准噶尔贵族的统治中心伊犁进军,在战斗中获胜,"掳去三万卡尔梅克人"①。但是,不久起义队伍中的黑山派与白山派之间又发生纷争,加之准噶尔军队进攻,穆罕默德·阿明在一次兵变中死于喀什噶尔以西一个山谷中,阿帕克和卓在准噶尔军队支持下重返叶尔羌,并用阴谋手段诱杀了起义的另一领导人舒艾尤布,起义遭到失败。

1695年,叶尔羌、叶城地区再次爆发了以黑山派教徒为主的起义,起义队伍进攻叶尔羌。不久,噶尔丹派驻喀什噶尔的军队,在其将领察干塔什领导下发动兵变,并与起义队伍汇合,杀死了阿帕克和卓派驻守喀什噶尔的长子雅哈雅和卓。

此时,噶尔丹已在昭莫多被清军打得大败,广大维吾尔族人民受到鼓舞。哈密的维吾尔族人民在额贝都拉(达尔罕伯克)率领下,首先挣脱了准噶尔贵族的统治,积极参加反对噶尔丹暴政的斗争。康熙三十五年(1696)九月,额贝都拉即"遣人进贡来降""诚心归投"②,并表示"若噶尔丹来,臣等相机,竭力以擒之",③积极参加对噶尔丹势力的军事斗争。康熙三十六年(1697)正月,噶尔丹之子色布腾巴勒珠尔窜到哈密的巴喇恩库儿活动,额贝都拉即遣其长子郭帕伯克"以兵三百擒之"④,同时擒获的还有"其乳父挥特和硕齐等人"⑤。清政府封额贝都拉为"一等札萨克,仍达尔汗号,赐敕印银币,并给红纛"⑥。1698年,清政府在哈密编设旗队,设管旗章京、参领、佐

① 《〈和卓传〉摘要》,第41页。按《〈和卓传〉摘要》中还记述这次进军伊犁的年代,该书编者恩·伊莱阿斯在《〈和卓传〉导言评介》一文中考证,约在回历1105年,即公元1693—1694年,今取此说。

② 《亲征平定朔漠方略》卷二九,康熙三十五年九月丙辰。

③ 《亲征平定朔漠方略》卷三四,康熙三十五年十二月乙未。

④ 和宁:《回疆通志》卷二《额贝都拉传》。

⑤ 《亲征平定朔漠方略》卷三五,康熙三十六年正月戊辰。

⑥ 祁韵士:《皇朝藩部要略》卷一五《回部要略》。

领、骁骑校等各员。自此之后,哈密人民多次抵御准噶尔贵族的军事进攻,成为清政府统一西北地区的前哨基地。

康熙五十九年(1720),邻近哈密的吐鲁番、辟展人民,趁清军征讨策妄阿拉布坦,在当地维吾尔封建主额敏和卓带领下相继脱离准噶尔贵族的统治,"遣使告内附"①。1731年,准噶尔军队大举进攻吐鲁番的鲁克沁等地,额敏和卓率军奋战,准噶尔军队围攻"越四旬余不下,复以木梯三百攻喀喇和卓"②,吐鲁番人民多次击退了准噶尔军队的进攻,保护了吐鲁番人民的生命财产。雍正十年(1732),清政府令额敏和卓率鲁克沁的维吾尔族人众迁居瓜州,并"编旗队,置管旗章京、副管旗章京、参领、佐领、骁骑校各员,如哈密例",并封额敏和卓为札萨克辅国公。③

接连不断的反抗斗争强烈地冲击着准噶尔贵族的统治,南疆地区的民族矛盾和阶级矛盾日趋尖锐。1745年噶尔丹策零死亡,准噶尔贵族内讧加剧,统治者不能继续统治,广大人民也无法忍受其统治,在这样的形势下,南疆地区各城封建主纷纷摆脱准噶尔贵族的统治。乾隆十九年(1754),喀什噶尔统治者玉素甫从伊犁返回喀什噶尔后,立即"把喀什噶尔人民武装起来,并强制三百名卡尔梅克商人皈依伊斯兰教"④,号召维吾尔族人民起义。玉素甫的哥哥叶尔羌的统治者扎干和卓响应起义。因阿克苏的阿尤甫和卓与乌什的希伯克和卓告密,扎干和卓被准噶尔军队诱捕,他的儿子萨迪克从和田调集七千人攻下叶尔羌、喀什噶尔,叶尔羌到和田一线,燃起了反抗的烈火。⑤ 与此同时,厄鲁特人民也源源不断地向内地迁徙,"辄告准噶尔如水火状"⑥,强烈要求清朝出兵安定局势。清政府顺应形势发展的要求,于乾隆二十年(1755)二月分兵两路远征伊犁。

清军的出兵极大鼓舞了广大维吾尔族人民的斗志,斗争迅速发展。他们除了在各地坚持武装斗争外,还积极支持和参加清军的军事行动。如已

---

① 和宁:《回疆通志》卷二《额敏和卓传》。
② 和宁:《回疆通志》卷三《吐鲁番回部总传》。
③ 祁韵士:《皇朝藩部要略》卷一五《回部要略》。
④ 古朗:《17—18世纪的中亚——卡尔梅克帝国还是满洲帝国?》,第115页。
⑤ 霍渥斯:《蒙古史》第1卷,第651—653页。
⑥ 祁韵士:《皇朝藩部要略》卷一二《厄鲁特要略四》。

迁居瓜州的额敏和卓"以兵三百"随大军从征。① 当清军到达伊犁附近时，在伊犁从事贸易的维吾尔人阿卜达莫米木十三宰桑即主动要求"派兵三百名，协力同擒达瓦齐"②。另一个被达瓦齐拘禁在伊犁的喀什噶尔宰桑赛音伊苏卜伯克也到军营呈请"派兵二十名效力"，待事定之后，愿随清军"同往原游牧处，将旧属二万余户携带来降"。③ 清军所至之处，准噶尔与维吾尔族人民纷纷"牵羊携酒，迎叩马前"④。达瓦齐兵败，走库鲁克岭（伊犁之南，阿克苏之北）。定北将军班第檄乌什伯克霍集斯设哨诸岭隘。霍集斯接到檄令后，遂伏兵于林间，派其弟携酒牵马佯为迎接。达瓦齐一至，伏兵骤起，生擒达瓦齐及其子罗卜札，七十余人无一漏网。霍集斯亲率兵二百人押解达瓦齐等于清营。阿睦尔撒纳发动叛乱后，额敏和卓及其子苏赉满，哈密贝子玉素甫均踊跃随军参战，为平叛斗争立下汗马功劳。随着达瓦齐和阿睦尔撒纳的覆亡，准噶尔贵族在南疆的统治终于在全国各族人民共同打击下崩溃了。

综上所述，我们认为：

准噶尔贵族是利用南疆地区维吾尔族封建内讧之机，在阿帕克和卓的配合下，完成了对南疆地区的军事征服。因此，民族内部的动乱为他族入侵开了方便之门，这已是一条为无数历史事实所证实的客观规律。

在准噶尔贵族的统治下，广大维吾尔人民深受民族、阶级的双重压迫，处于社会的最底层。他们不仅要为准噶尔封建主服各种劳役，交纳沉重赋税，还要受维吾尔封建主的剥削和压榨。策妄阿拉布坦和噶尔丹策零时期准噶尔社会一度出现的繁荣，除了与准噶尔部分劳动人民辛勤劳动有关外，在很大程度上是靠榨取维吾尔人民的血汗取得的。

维吾尔族人民对准噶尔贵族统治的反抗，从消极逃亡、零星自卫发展到武装反抗，以至于最后参加了清政府的平叛战争，经历了相当曲折的过程。斗争形式虽然不同，但都在一定程度上打击了准噶尔贵族的统治，它是促使

---

① 和宁：《回疆通志》卷四《额敏和卓传》。按，对额敏和卓的作用，当时大学士傅恒有如下评述："查瓜州缠头，素非强劲，用以冲锋克敌，或非所长，但遇准夷、回众，随时晓谕招降，似为可用，且额敏和卓勇往忠奋，倬带领随营，更觉有益，盖亦应如所议，准其派往矣。"见中国第一历史档案馆藏：《朱批奏折·民族事务类》蒙古108，四全宗，108卷2号，《大学士傅恒奏》。

②③ 《平定准噶尔方略》正编卷一二，乾隆二十年五月壬辰。

④ 《清高宗实录》卷四八九，乾隆二十年五月壬辰。

准噶尔贵族在南疆统治最终崩溃的一个不可忽视的重要因素。

准噶尔贵族在南疆统治的崩溃使新疆历史翻开了新的一页。不过我们应该看到,维吾尔族人民虽然挣脱了准噶尔贵族的压迫,但苦难并未结束,大小和卓叛乱又把维吾尔族人民卷入血与火的旋涡之中达数年之久。随后确立的清政府对南疆的统治,虽然一度使这一地区暂趋安定,经济也得以恢复和发展,但应该看到,清政府统治的桎梏使维吾尔族人民陷入新的苦难深渊。乾隆三十年(1765)爆发的乌什起义,是维吾尔族人民对清朝统治者民族压迫政策的第一次有力抗议,预示着反抗清政府和维吾尔封建主联合统治的斗争时期的开始。

(原载《新疆大学学报》1981年第2期,合作者蔡家艺,执笔人马大正)

在蒙古国感受噶尔丹的影响

1999年8月,笔者应蒙古国科学院之邀赴蒙古国参加蒙古高僧咱雅班第达诞生400周年国际学术讨论会,讨论会在蒙古国西部的乌兰固木召开,会后要赴科布多考察。

此行对笔者有极大的诱惑力和吸引力。

为什么?

笔者研究蒙古历史几十年,遵循"读万卷书,行万里路"的古训,多次到达蒙古族生活聚居的内蒙古自治区。除多次造访呼和浩特外,1980年和2009年,笔者曾有幸领略美丽的呼伦贝尔草原的风采,1989年还到了神秘的阿拉善,两次拜谒成吉思汗陵,留下了难忘的记忆。唯独尚未有机会亲历当年喀尔喀蒙古的游牧地——今天的蒙古国,蒙古国怎么能对笔者没有诱惑力呢?

笔者在研究卫拉特蒙古历史时,准噶尔的噶尔丹、土尔扈特的渥巴锡是笔者最感兴趣并曾着力研究过的历史人物,而噶尔丹的活动与当年的喀尔喀蒙古有着诸多不解之缘,噶尔丹为实现其建立大蒙古国的政治理想,再现其祖先成吉思汗的伟业,曾率准噶尔铁骑,横扫喀尔喀蒙古。而今天在喀尔喀蒙古后裔的生活地蒙古国,他们的学者和民众对当年他们祖先的宿敌却颂扬有加!

此次蒙古国之行,笔者想感受噶尔丹这个历史人物在蒙古国的些许现实影响力。

噶尔丹既是卫拉特蒙古历史上的一个著名人物,也是清代前期历史上一个颇有争议的人物。多少年来中外学者对他的评价众说纷纭,或褒之为草原英雄、悲剧帝王,与康熙皇帝、彼得大帝齐名的一代英主,或贬之为野心家、叛乱者、分裂的罪魁。

噶尔丹生于顺治元年(1644),是准噶尔部著名首领巴图尔珲台吉第六子,早年赴西藏学佛,颇得五世达赖器重,被授予呼图克图尊号。康熙十年(1671),噶尔丹在汗权斗争中获胜,成了准噶尔政坛的风云人物。

对于噶尔丹的历史评价,笔者曾有如下表述:"噶尔丹在政治上不是庸才,军事上也颇有建树,他以数十年戎马生涯,东征西伐,战绩显赫;他纵横捭阖,深谋老练,一时成为我国北方草原上叱咤风云的人物,他领导下的准噶尔汗国也成了17世纪下半叶我国政治舞台上的强大力量。噶尔丹还忠于自己的政治思想和原则,直至身临绝境,不贪瓦全,宁可玉碎,也不接受清王朝的招降,体现了一个政治家的可贵气节。从这一意义上说,噶尔丹不愧是蒙古族一个有影响的历史人物。噶尔丹终以悲剧英雄画出了自己政治生命的最后一个句号。"①

笔者很庆幸"悲剧英雄"这一评价得到了国内各族学者的认同,也得到了广大蒙古族民众的认同。

当参观位于蒙古国乌兰固木市的乌布苏省博物馆和位于科布多市的科布多省博物馆时,笔者看到噶尔丹的巨幅画像,他们都把噶尔丹称之为民族英雄,其地位不在成吉思汗之下。而当年抗击噶尔丹侵扰的喀尔喀蒙古土谢图汗部首领察浑多尔济的事迹却只有只言片语。

对此笔者曾请教与会的蒙古国学者,得到的回答多语焉不详,是讲不明白,还是不想讲明白,笔者认为单纯从学术层面也许找不到答案,若将视野扩大至政治层面,也许就不是问题了。

不管是不是问题,噶尔丹这个颇有争议的历史人物,是以英雄的形象存在于蒙古国学者和民众心目之中的。也正因如此,在蒙古国还存在着与噶尔丹有关的人和地。

关于人。

8月13日,我们一行造访了一个称之为霍屯村的地方,霍屯村地处乌兰固木赴科布多途中,距哈日吉腊疗养地约30公里的哈利忽拉山口附近。"霍屯"一词引起笔者的莫大兴趣。17世纪80年代初,噶尔丹确立了对天山南路的统治后,为缓和当地维吾尔人与准噶尔贵族统治上的矛盾,曾发布敕令,规定:霍屯人的村落应由霍屯人自己的法庭来裁决,共同的人民的诉

---

① 马大正:《马大正文集》,上海辞书出版社2005年版,第142—143页。

讼,应由这里的高等法庭来处理。① 这里提到的霍屯人是指当时生活在天山南路(也就是南疆地区)的维吾尔人(当时称为缠回或塔兰奇人)。在远离新疆的蒙古高原西部竟有霍屯村的存在?

对于这个问题,笔者没有进行研究,一时难以回答。在当时的日记中只留下如下观感。"据当地蒙古人自称,霍屯人是300余年前噶尔丹汗从新疆带来的塔兰奇,在此从事农耕,为噶尔丹作战提供粮食。到村边,有一明显是人工开掘的水沟,水流量不小,当地人说,水沟是噶尔丹时开挖的,为的是发展农耕。在之后参加的民俗歌舞表演和野餐时,我对霍屯人有了更近距离的观察。舞蹈以杜尔伯特、准噶尔民俗为主,舞蹈动作和造型明显与1982年我们在新疆喀什河畔见到的准噶尔舞蹈相似,但有些舞蹈动作,却明显带有维吾尔风格"。

霍屯人信仰伊斯兰教,让人吃惊的是一位当地蒙古老人(应是霍屯人吧)用蒙古语高声念颂《古兰经》,同行的阿拉腾奥其尔告诉笔者,蒙古语中还夹杂着个别维吾尔词汇。

当我们与霍屯人的长者和壮者、男人和女人合影留念时,发现他们在长相上还有些许维吾尔特征。

看来,当地的霍屯人是300年前随噶尔丹迁至此的塔兰奇人后裔的说法,还是有一定历史依据的。

关于地,笔者想记述访查的和未能访查的。

8月14日,我们驱车60余公里到一处当地称为噶尔丹鄂博的地方。鄂博建在一小山坡上,为20世纪90年代重建(原有鄂博在20世纪30年代被拆除),站在鄂博的山坡上眺望四方,一片开阔草场,有山有水,还有一小村庄据说聚居着卫拉特人,传说这里的卫拉特人是当年跟随噶尔丹征战而留下的。附近小山曾是噶尔丹打造兵器之处。看来这里曾是噶尔丹的一处夏牧场,并一直有卫拉特人在此居住。正因为如此,当地群众纪念他们的首领,噶尔丹鄂博也由此产生并延续至今。

从文献上熟悉噶尔丹的笔者,置身于带有生活气息的噶尔丹鄂博前,激动之情溢于言表。我们打开购自科布多市的噶尔丹牌白酒,按蒙古族风俗在鄂博前祭酒,献哈达,绕鄂博转行,遥祭这位300年前的悲剧英雄!

按原计划,在参观噶尔丹鄂博后,下一个参观地是阿察阿木塔台——噶

---

① 戈尔斯通斯基:《一六四〇年蒙古卫拉特法典》,圣彼得堡1880年版,第60页。

尔丹去世之地。到阿察阿木塔台凭吊是笔者此次蒙古国之行最想做的事。

就中外文献记载而言,笔者已十分熟悉噶尔丹人生终点的场景。

康熙三十六年(1697),康熙皇帝积极进行第三次亲征朔漠的军事准备。康熙皇帝认为这应是对噶尔丹的最后打击。为此,康熙皇帝亲临宁夏,预计三月兵分两路西进。每路兵三千名,分由费扬古、马思哈统帅。四月,康熙皇帝率大军抵狼居胥山,摆出军事围剿的态势。此前不久的康熙三十五年(1696)十一月二十七日,康熙皇帝谕告噶尔丹使人格垒沽英:"尔还语噶尔丹,凡事务必亲面会语,不然,则事无终局。彼如不来,朕必踏雪往讨,断不中止。朕在此地行猎待尔,限尔七十日内还报,如过此期,朕必进兵矣。"①

噶尔丹在政治上、军事上均面临绝境,他的亲信头目如阿喇卜滩、格垒沽英等先后降清,另一亲信吴尔占扎卜则指噶尔丹"如不降,当另图一策,首鼠西端,而待毙乎"②,当时留在噶尔丹身边亲信仅有阿拉尔拜、诺颜格隆二人,"余下不及百人,其有余者,人各马驼二三,而止有一马者为多,无马者近三十人,牛羊则全无,捕兽而食,不获兽则杀马驼以食"③。然而,噶尔丹是不甘心投降的。有一则西方记载这样描述:"(康熙皇帝)派去了两个准噶尔人,他们也被(噶尔丹)接见了,他们向他报告了帝国的实力以及被俘人员等如何在中国得到了一个舒服的收容所。当然,所有这些话,那个骄傲的首领是听不进的。据说,他一言不发地中断了接见。很明显,他绝没有泄气。"④

康熙三十六年(1697)三月初,噶尔丹流窜到阿察阿木塔台,当时还有百名残部,噶尔丹还遣人让亲信丹济拉前来会合,据一个卫拉特俘虏口述:"噶尔丹下人,但捕兽为食外,并无余物,视众人形状,窘迫已极,问其马亦甚瘠,膘大者少云。"⑤但是噶尔丹尚未及与丹济拉会面,于三月十三日"早辰得病,日晚即死,不知何病"⑥。据一个现场证人杜拉儿口述:"噶尔丹曾云我向以折滚噶尔为良善之国,不意无信如此。怨恨数日,饮食俱废,于十二日

---

① 《亲征平定朔漠方略》卷三三,第55页。
② 《亲征平定朔漠方略》卷三九,第46—47页。
③ 《康熙时关于噶尔丹文书》,载《文献丛编》第6辑。
④ 冯秉正:《中国编年史》第11卷,第267页。
⑤ 《亲征平定朔漠方略》卷四三,第22—23页。
⑥ 中国第一历史档案馆藏:《费扬古奏章》。

头痛,召丹济拉前去,十三日午前身死",随从当天即"夜焚其尸"。①

噶尔丹终于在阿察阿木塔台画上了自己生命的句号。

当我们一行在噶尔丹鄂博山坡下的草地美美地饱餐羊肉、奶酒,兴奋期待奔赴阿察阿木塔台的时候,突然得到因道路被山洪冲坏无法前往的通知,不啻当头一瓢冷水。无奈中只能自认今生恐无缘亲临阿察阿木塔台了!

其实噶尔丹的影响在蒙古国还在扩大、延伸,2007年出版的《走进蒙古国》一书中,作者孟松林写道:"我们开车到城市(科布多市)中心广场参观。广场宽敞整洁,北面是科布多省政府机关办公楼,西侧矗立着蒙古准格尔汗国——噶尔丹铜像,我问巴雅热这里怎么还立有噶尔丹的铜像?噶尔丹不是打过喀尔喀蒙古人吗?巴雅热说:那是历史。毕竟噶尔丹是蒙古人,这里是噶尔丹的故乡,他是西部蒙古人最为敬佩和崇拜的蒙古民族英雄。这个铜像是在2004年建的,以此纪念噶尔丹诞辰360周年。"②

这让笔者想起在噶尔丹鄂博与蒙古国学者伊希嘉木措对饮之余的恳谈,他感言:"评论历史人物,不能不是英雄就是坏蛋,其实历史上相争的双方,特别是双方的首领人物,都可能是英雄,都可能在历史上占有一席之地!"

当时笔者是认同的,时过近十年忆及此见解,笔者仍然认为此确是中肯之言。

(原载《天山问穹庐》,山东画报出版社2010年版)

---

① 中国第一历史档案馆藏:《宫中档》。
② 孟松林:《走进蒙古国》,内蒙古大学出版社2007年版,第110—111页。

论杜尔伯特三车凌维护国家统一的斗争

乾隆十八年(1753),游牧于我国西北边疆地区的杜尔伯特蒙古族人民,在其部落首领三车凌等人率领下,为反对准噶尔部割据势力、维护国家统一,离开了他们多年游牧的额尔齐斯河流域的丰美牧场,历尽艰辛投归了清朝中央政府。这件事虽是二百多年前的历史,但却是我国民族关系史上的一段佳话,在促进清代统一的多民族国家进一步巩固与发展的过程中有着重要意义。

一

三车凌是我国杜尔伯特部蒙古的三个台吉,①即车凌、车凌乌巴什和车凌蒙克,史称三车凌。三车凌为什么要投归清朝政府呢？这里有必要先概括叙述一下杜尔伯特部的源流,以及它与准噶尔部的关系和投归清朝的历史背景。

杜尔伯特蒙古本为我国厄鲁特蒙古四部之一,"姓绰罗斯"②,和准噶尔部(即绰罗斯)有亲密的血缘关系。据说他们都是元臣孛汗的后裔。③ 关于杜尔伯特部的始祖,据张穆《蒙古游牧记》卷一三载:杜尔伯特"元臣孛汗裔……六传至额森(即也先),生二子:长博罗纳哈勒,为杜尔伯特祖,次额斯

---

① 台吉是蒙古贵族的称号。
② 张穆:《蒙古游牧记》卷一三《额鲁特蒙古乌兰固木杜尔伯特部赛音济雅哈图盟游牧所在》。
③ 《西域图志》卷四七《杂录一》之《准噶尔部·世系》;张穆:《蒙古游牧记》卷一三。

墨特达尔汉诺颜,准噶尔部祖也"①。16世纪末,厄鲁特蒙古四部——和硕特、准噶尔、杜尔伯特、土尔扈特,已形成了松散的部落联盟。他们游牧于天山以北,阿尔泰山以南,巴尔喀什湖以东、以南广大地区。厄鲁特四部"虽各有牧地,而皆以伊犁为会宗处"②。由于准噶尔部占据伊犁地区,"实擅其利,以故最强"③,到了17世纪初,准噶尔部首领哈喇忽喇④的实力逐渐发展起来,已凌驾于当时作为四部联盟盟主的和硕特部首领拜巴噶斯之上。⑤ 特别是到哈喇忽喇儿子巴图尔珲台吉统治准噶尔部时期,"卫拉特联盟这个管理卫拉特社会事务的机关已经开始丧失它的作用,因为哈喇忽喇,特别是巴图尔珲台吉越来越成为大权独揽的执政者,成为准噶尔的实际大汗"⑥。

　　随着准噶尔部势力的不断扩大,厄鲁特联盟内部的矛盾也日益尖锐。游牧于塔尔巴哈台地区的土尔扈特部首领和鄂尔勒克,"与绰罗斯部长巴图尔珲台吉交恶"⑦,率所部五万余帐,于1628年间向西迁徙,到伏尔加河下游游牧。接着,明崇祯九年至崇祯十一年、清崇德元年至崇德三年(1636—

---

①　关于杜尔伯特的始祖,汉文资料与外文著述的记载不同。如霍渥斯的《蒙古史》认为,准噶尔部和杜尔伯特部原为一个部落,"这个部落被名叫翁郭楚和翁郭尔辉的两个兄弟所分割。他们便成为准噶尔和杜尔伯特每个王族的创始人"(第1卷,第295页)。所以,有的研究者认为:"虽然杜尔伯特和准噶尔部都是绰罗斯族,但两者的关系并不清楚",因为"这两兄弟到底是谁的儿子,众说纷纭,莫衷一是"(冈田英弘:《杜尔本·卫拉特之起源》,载《史学杂志》第83编第3号)。其实,如果仔细翻阅一下汉文资料便可发现,翁郭楚是绰罗斯家族的第十一世,为第十世阿勒哈青森之子,翁郭尔辉系绰罗斯家族第十世旁支,阿勒哈青森之弟,翁郭尔辉和翁郭楚显然是同族叔侄关系,并非兄弟辈,而翁郭尔辉也不是杜尔伯特部始祖(《西域图志》卷四七《杂录一》之《准噶尔部·世系》)。这个问题,在《西域图志》卷四七记载得十分明确:"自额森诺颜六世以上无旁支。其第七世旁支博罗纳哈勒,为额斯墨特达尔汗诺颜兄,即都(杜)尔伯特始祖。"可见,杜尔伯特始祖并非翁郭尔辉,而是绰罗斯家族第七世旁支博罗纳哈勒,这是毋庸置疑的。

②③⑦何秋涛:《朔方备乘》卷三八《纪事始末》。

④　哈喇忽喇为绰罗斯家族第十一世翁郭楚之孙,是绰罗斯家族的第十三世(《西域图志》卷四七《杂录一》之《准噶尔部·世系》;巴德利:《俄国·蒙古·中国》第2卷,伦敦1919年版,第30页)。

⑤　若松宽:《卫拉特族的发展》,载《岩波讲座·世界历史》第13卷,东京岩波书店1971年版,第80页。

⑥　兹拉特金:《准噶尔汗国史》,莫斯科1964年版,第123页。

1638),和硕特部首领拜巴噶斯的弟弟图鲁拜琥(即顾实汗),也因与巴图尔珲台吉发生冲突,率其所部离开原来牧地乌鲁木齐地区,向东南转移到青海一带。而杜尔伯特部虽说也受到准噶尔部的控制,但它与准噶尔部因是同族关系,仍然共同游牧于阿尔泰地区。正如有些史书所载:"杜尔伯特部为绰罗斯种。和硕特、土尔扈特或游牧青海,或徙牧俄罗斯,惟杜尔伯特聚牧阿尔台(泰)"①,故"聚牧于阿尔台(泰)者惟准噶尔及杜尔伯特两部"②。

噶尔丹举兵反清后,其侄策妄阿拉布坦离开阿尔泰地区,移至额尔齐斯河流域和"水草丰美、土地平旷"③的博罗塔拉地区游牧,而"杜尔伯特诸台吉从之"④。因此,杜尔伯特部直到三车凌投归清朝之前,一直游牧于额尔齐斯河流域。

由噶尔丹开始的准噶尔上层割据势力,历经康熙、雍正、乾隆三朝,对清朝中央政府时服时叛,割据我国西北边疆地区,不断发动骚扰、叛乱,祸害各族人民,成为国家统一的严重威胁。然而杜尔伯特部首领及其人民,却倾向于国家的统一,与清朝中央政府保持着频繁的朝贡关系。

早在顺治十四年(1657),杜尔伯特部台吉陀音遣使哈什哈等自青海鄂齐尔图处,向清朝政府进贡马匹。⑤ 紧接着第二年,该部首领鄂木布岱青和硕齐之子伊斯札布又遣使至清廷,进贡马匹。⑥ 至康熙年间,杜尔伯特部首领们不仅仍与清朝保持着朝贡关系,⑦而且为了摆脱噶尔丹割据势力的控制,不断投归清朝政府。康熙三十三年(1694),附牧于噶尔丹的杜尔伯特台吉巴拜,因噶尔丹"强取其戚属",而巴拜"索之不获,畏弗敢争"⑧,遂归附了清朝。康熙三十六年(1697),被噶尔丹裹胁的杜尔伯特台吉车凌,"知噶尔

---

① 邓廷桢:《蒙古诸部述略》之《杜尔伯特部》。
② 祁韵士:《皇朝藩部要略》卷九《厄鲁特要略一》。
③ 松筠:《新疆识略》卷四《伊犁舆图》。
④ 张穆:《蒙古游牧记》卷一三。
⑤⑥⑧ 《外藩蒙古回部王公表传》卷九五《杜尔伯特部总传》,载《耆献类征初编》卷首一〇七。
⑦ 据《清史稿》载:"康熙十四年,台吉额勒敦噶木布从鄂齐尔图使入贡。"康熙二十四年,清政府"定四卫拉特贡例,噶尔丹使入关额二百人,余市张家口及归化城,其绰罗斯自贡之耆尔玛岱和硕齐、杜尔伯特台吉阿勒达尔泰什及和硕特、土尔扈特长如之"(《清史稿》卷五二三《藩部六》)。

丹不足恃",率其"臣属二百五十八余户内徙"①,也投奔了清朝政府。

显而易见,在准噶尔部割据势力控制下的杜尔伯特首领和人民,同清朝中央政府保持经常朝贡关系,并不断内徙,这正是对准噶尔割据势力的反对与斗争。应该说,乾隆十八年(1753)三车凌的来归,正是这一斗争的继续与发展。

二

自乾隆十年(1745)噶尔丹策零(策妄阿拉布坦之子)死后,准噶尔部贵族为争夺汗位,展开了"篡夺相寻"②"骨肉相残"③的内讧。乾隆十一年(1746),噶尔丹策零的次子纳木札尔,"以母贵嗣汗位"④,称为阿札汗。⑤ 但这个年仅十三岁的阿札汗,"年幼无知,不理政务,却肆行淫欲"⑥,引起准噶尔许多贵族的反对。乾隆十五年(1750),阿札汗被其姐夫萨克伯勒克"攻而杀之"⑦,立阿札汗之长兄喇嘛达尔札为汗。

喇嘛达尔札是噶尔丹策零之长子。他取得汗位后虽然得到了达赖喇嘛的承认,"授给他以额尔德尼·喇嘛·巴图尔洪台吉的称号"⑧,但因系庶出(婢女所生),不孚众望,"没有得到大部分准噶尔人的同意"⑨,尤其遭到准噶尔部有举足轻重影响的大小策零敦多卜⑩家族的反对。大策零敦多卜孙

---

① 《清史稿》卷五二三《藩部六·杜尔伯特》。

② 《平定准噶尔方略》正编卷一二。

③ 程穆衡:《准噶尔考》卷上。

④ 魏源:《圣武记》卷四《乾隆荡平准部记》。

⑤ 兹拉特金:《蒙古近现代史纲》,莫斯科1957年版,第86页。

⑥ 古朗:《17—18世纪的中亚——卡尔梅克帝国还是满洲帝国?》,巴黎-里昂1912年版,第98页。

⑦ 祁韵士:《皇朝藩部要略》卷一二《厄鲁特要略四》。

⑧⑨ 霍渥斯:《蒙古史》第1卷,伦敦1876年版,第651页。

⑩ 大小策零敦多卜为巴图尔珲台吉之后,为策妄阿拉布坦父子"两世将兵"(魏源:《圣武记》卷四《乾隆荡平准部记》)。据《清史稿》卷五二三《藩部六》载:"准噶尔台吉旧有策凌敦多卜二,大策凌敦多卜善谋,小策凌敦多卜以勇闻,策妄阿喇布坦及子噶尔丹策零倚任之。"

达瓦齐在辉特部①贵族阿睦尔撒纳的支持下,又袭杀了喇嘛达尔札,取得了准噶尔部的汗位。

然而,准噶尔部贵族争夺汗的斗争并没有就此而停止,小策零敦多卜孙讷默库济尔噶勒在一些"势力薄弱的宰桑和诺颜"支持下,被"推举为汗"②,据俄文档案所载:"达瓦齐称汗不久,就同反对的萨拉满吉(即汉文文献中的台吉达什)的儿子讷默库济尔噶勒刀枪相见。"③因而,大小策零敦多卜两个家族之间又出现了混战。

达瓦齐与讷默库济尔噶勒争夺汗位的争斗,必然要波及厄鲁特蒙古各部,"两酋争立,各征兵于诸部"④,与准噶尔部有着亲族关系的杜尔伯特部自然也被卷入这场混战的旋涡。据记载:"大策凌敦多卜孙达瓦齐袭杀噶尔丹策零嗣而自立。小策凌敦多卜孙讷默库济尔噶勒与构兵,各令杜尔伯特族助。"⑤正是在这场混战中,杜尔伯特部人民遭到巨大的灾难。根据俄文档案资料的记录,由于杜尔伯特部"不愿臣服于达瓦齐"⑥,达瓦齐与阿睦尔撒纳请求邻部哈萨克中帐苏丹阿布赉出兵进攻杜尔伯特部。乾隆十八年(1753)夏,阿布赉抽出五千士兵,向杜尔伯特部发动了一次猛烈的袭击,给杜尔伯特造成空前的浩劫。在这次袭击中,哈萨克士兵"粉碎了许多加尔梅克的兀鲁思"⑦,破坏了大片的牧场,并掠去"将近三千名男女和儿童"⑧,而"其余牲畜全由达瓦齐所独占"⑨。

长期以来,杜尔伯特部首领和群众饱尝准噶尔部贵族的排挤、欺凌与控制,又深受准噶尔部统治集团混战之苦,特别是经过了这场战争浩劫之后,他们再也无法忍受下去,迫使他们必须认真考虑生路和前途,并做出抉择。尤其是对早就有"思内附"⑩之心的三车凌来说,在杜尔伯特生死存亡的紧

---

① 辉特部原来属于杜尔伯特部,土尔扈特部西迁后,辉特部遂为厄鲁特四部之一。详见张穆:《蒙古游牧记》卷一一《额鲁特蒙古总叙》。

②⑥⑦ 兹拉特金:《蒙古近现代史纲》,第89页。

③ 兹拉特金:《有关阿睦尔撒纳的俄国档案资料》,载《蒙古民族的语言和历史》,莫斯科1958年版,第293页。

④ 魏源:《圣武记》卷四《乾隆荡平准部记》。

⑤ 《清史稿》卷五二三《藩部六·杜尔伯特》。

⑧⑨ 兹拉特金:《蒙古近现代史纲》,第91页。

⑩ 《外藩蒙古回部王公表传》卷九五《杜尔伯特部总传》,载《耆献类征初编》卷首一○七。

要关头,不能不为维护本部落的生存与准噶尔割据势力做彻底的决裂与坚决的斗争。以车凌为首的杜尔伯特首领们,在召集全族的会议上,明确提出:"依准噶尔,非计也,不如归天朝为永聚计"①,首领们的号召反映了人民的共同愿望,三车凌遂于乾隆十八年(1753)冬,毅然地率其所属三千七百多户②挣脱了准噶尔部割据势力的羁绊,离开了多年游牧的额尔齐斯河,迁入了内地。

杜尔伯特离开额尔齐斯河时,正是隆冬严寒季节,他们扶老携幼,驱赶着成群的牲畜,冒着凛冽刺骨的寒风,而且后面还有达瓦齐派出的追兵,其行进之紧张、艰苦是可想而知的。但他们仅仅以十九天的时间,就由乌兰岭、乌英齐赶到了博东齐部,派出了使者向巴颜珠尔克所驻清军报告了来意。③

清政府定边左副将军成衮札布闻讯后,一面因"虑诈,檄喀尔喀兵备之",一面上奏清廷。乾隆帝得知消息后,明确下达指示说:"车凌来降,非叵测也。"因为乾隆帝对当时准噶尔部内乱情况多少有些了解,在他看来,"达瓦齐与讷默库济尔噶勒构兵,车凌助之,胜负难豫定。幸而从者胜,卒为人役,不若归降之为得计也。"应该说,乾隆帝多少看出了事情的本质。因此,他命成衮札布让杜尔伯特部暂驻乌里雅苏台,然后再"徐议安置事宜"④。

清朝政府对三车凌的投归行动是极为重视的,乾隆帝把解决准噶尔部割据势力一直视为"先朝数十年未竟之绪"⑤。就在准噶尔部内乱时期,三车凌率其所部投归,这对其平定准噶尔部割据势力是十分有利的。因此,当他接到成衮札布报告后,立即派侍郎玉保赍赏物往谕,⑥并命副都御史麒麟保"驰驿前往经理","沿途照料护送"⑦三车凌属下人等。

清政府对杜尔伯特人民的生活和生产做了妥善的安置,命三车凌暂时游牧于札克拜达里克,并接济牛羊数千只,以解决他们生活上的困难。

乾隆十九年(1754),清政府对杜尔伯特"悉编旗分佐领",正式把杜尔

---

①② 张穆:《蒙古游牧记》卷一三。

③④ 祁韵士:《皇朝藩部要略》卷一二《厄鲁特要略四》。

⑤ 昭梿:《啸亭杂录》卷三《西域用兵始末》。

⑥ 《外藩蒙古回部王公表传》卷九五《杜尔伯特部总传》,载《耆献类征初编》卷首一〇七。

⑦ 《清高宗实录》卷四五四,乾隆十九年正月乙丑。

伯特命名为赛因济雅图盟,以车凌为盟长,车凌乌巴什为副盟长。同年五月,乾隆帝在避暑山庄接见了三车凌,并于万树园大摆筵席,"观火戏"①,宴请三车凌及其他蒙古王公,以表示清政府对三车凌投归的重视和欢迎。为了奖励三车凌"率万余众,倾心来归"②的功绩,乾隆帝封车凌为亲王,车凌乌巴什为郡王,车凌蒙克为贝勒,其余大小头目也都被封为贝子、公、台吉等不同爵位。③ 乾隆二十年(1755),清政府又赐车凌亲王双俸,晋封为杜尔伯特汗,赐特古斯库鲁克汗号。车凌乌巴什晋封为和硕亲王,车凌蒙克也被晋封为多罗郡王。④

清政府统一乌梁海后,又迁杜尔伯特于乌兰固木游牧,而使乌梁海游牧于科布多,⑤从此,杜尔伯特部便于乌兰固木一带定居下来。

三

三车凌举部内迁,对当时准噶尔部的割据势力来说,无疑是一个巨大打击,但对长期被准噶尔部割据政权控制并饱尝战乱之苦的新疆各族人民来说,却是一个极大的鼓舞。它代表了各族人民反对割据混战、渴望统一安定的共同愿望,因而这一行动必然在新疆各族人民中间产生强烈的反响。

自从噶尔丹策零死后,由准噶尔部贵族争夺汗位所造成的混战,已使"各部人众,咸失生业"⑥、"不获安生"⑦,新疆各族人民不断逃离准噶尔部,奔往内地,投归清朝政府。乾隆十年至乾隆十八年(1748—1753)三车凌投归的前夕,据不完全统计,各族人民逃往内地者不下数十起。但这些逃来

---

① ⑦ 祁韵士:《皇朝藩部要略》卷一二《厄鲁特要略四》。
② 张穆:《蒙古游牧记》卷一三。
③ 《清高宗实录》卷四六四,乾隆十九年五月庚寅。
④ 祁韵士:《皇朝藩部要略》卷一二《厄鲁特要略四》;《西域图志》卷三七《封爵一》。
⑤ 《清史稿》卷五二三《藩部六》。
⑥ 《外藩蒙古回部王公表传》卷九五《杜尔伯特总传》,载《耆献类征初编》卷首一〇七。
⑧ 关于此间新疆各族人民逃往内地事件的记载,详见《清高宗实录》卷二六四、卷三八一、卷四四一,《平定准噶尔方略》前编卷二五、卷四九至卷五四,《史料旬刊》第26期等。

者,除了乾隆十五年(1750)小策零敦多卜之子达什达瓦部下宰桑萨拉尔"率所属来降"①外,其余多为单身来投者,或仅携眷属者,人数不多,影响甚小。但像三车凌这样大规模举部内迁,在厄鲁特蒙古各部历史上还是空前的。这不仅反映出厄鲁特各部人民要求统一的强烈愿望,也标志着准噶尔部割据政权瓦解倾覆的危机。正如一位日本史学家对当时准噶尔部形势所描述的那样:"屈服于绰罗斯部洪台吉统治约有一个世纪的杜尔伯特、和硕特、辉特各部,现在也显示出叛离的形势,准噶尔汗的国家和统一正面临着瓦解的危机。"②这种估计是有一定道理的。

应该指出,三车凌部投归清朝,确实对准噶尔部割据政权起到了巨大的瓦解作用,为厄鲁特各部人民维护国家统一、反对割据的斗争树立了良好的榜样。如《西域图志》一书所说:"都(杜)尔伯特台吉策(车)凌,首先内附,特封汗号,为闻风归来诸部倡"③,事实上也确实如此。在这以后,厄鲁特各部大小首领,接踵效仿率其部属脱离准噶尔部割据政权,要求内附,投归清朝中央政府。

乾隆十九年(1754),即三车凌部内迁的第二年,车凌的从子刚多尔济,"自准噶尔挈户千余来归"④,被清政府封为多罗贝勒。与此同时,辉特部台吉阿睦尔撒纳与达瓦齐火并失败后,联合杜尔伯特台吉讷默库、和硕特台吉班珠尔,"共率所部兵二千、口二万东奔,叩关内附"⑤。阿睦尔撒纳和讷默库的投清,虽然别有居心,不久又叛离而去,但当时以二万余众投归清廷,对达瓦齐的割据势力不能不产生巨大的瓦解作用。

班珠尔长子、车凌之婿达玛璘,原游牧于塔尔巴哈台,因不堪准噶尔部内乱之苦,率其族属奔赴额琳哈毕尔噶山⑥游牧。乾隆二十年(1755),闻清军征讨达瓦齐,遂由额琳哈毕尔噶山"间道至乌里雅苏台,携户六十余,请内徙隶车凌牧"⑦,清政府封达玛璘为一等台吉。

① 《平定准噶尔方略》前编卷五二。
② 若松宽:《卫拉特族的发展》,载《岩波讲座·世界历史》第13卷,第101页。
③ 《西域图志》卷三七《封爵一》。
④ 《外藩蒙古回部王公表传》卷九七《札萨克多罗贝勒刚多尔济列传》,载《耆献类征初编》卷首一〇九。
⑤ 魏源:《圣武记》卷四《乾隆荡平准部记》。
⑥ 额琳哈毕尔噶山在伊犁东北四百余里(张穆:《蒙古游牧记》卷一三)。
⑦ 张穆:《蒙古游牧记》卷一三。

乾隆二十一年（1756），原于伊犁河西沙拉伯勒游牧的杜尔伯特部首领伯什阿噶什，因"达瓦齐虐其众"，于清军抵达伊犁时，"献籍三千余户降"①。继之，伯什阿噶什的养子博东齐与其属下宰桑诺斯海，也率其属众投归了清朝。②

阿睦尔撒纳公开发动叛乱后，小策零敦多卜之子达什达瓦③部，为了反抗阿睦尔撒纳的兼并，在达什达瓦妻子率领下，从阿睦尔撒纳控制的伊犁地区逃脱出来，到巴里坤迎接西征的清军。清军平定阿睦尔撒纳叛乱后，达什达瓦部被迁往热河定居。

乾隆帝平定达瓦齐之后，在谈到他这次出兵的用意时说："前因准噶尔夷部数年以来，篡夺频仍，所属诸部，率众内响，接踵而至。朕为天下共主，既不忍拒而不纳，将为之经理游牧，即因其地处之，为长久计。而两朝未竟之绪，亦乘此事机，一劳永逸，此用兵之本意也。"④这里固然可以看出作为最高封建统治者的乾隆帝，从封建大一统思想出发，在完成"武功"之后所表现出的踌躇满志的心情，也说明了清政府平定达瓦齐割据政权，正是利用了准噶尔"所属诸部，率众内响"的"有利事机"。由此可以看出，在杜尔伯特三车凌带动下的厄鲁特蒙古各部的纷纷内附，对清政府完成统一西北边疆的事业确实起着积极的作用。

四

我国统一多民族国家的形成和发展，是由各族人民共同推动的，清代统一多民族国家进一步巩固与发展，也是在各族人民共同努力下取得的。以三车凌为首的杜尔伯特部蒙古人民，为维护国家统一、反对分裂割据进行了不懈的斗争，在清代前期的历史上做出了贡献。

三车凌投归清朝不久，杜尔伯特内部便出现了一股分裂的逆流，发生了以巴朗为首的叛逃事件。巴朗是车凌蒙克的次子，"久蓄叛志"，在随他父亲

---

① 《清史稿》卷五二三《藩部六》。
② 祁韵士：《皇朝藩部要略》卷一三《厄鲁特要略五》。
③ 达什达瓦于乾隆十五年（1750），因参与准噶尔部贵族内讧，为喇嘛达尔札所杀（魏源：《圣武记》卷四《乾隆荡平准部记》）。
④ 祁韵士：《皇朝藩部要略》卷一二《厄鲁特要略四》。

内迁的路上,就想"窜归准噶尔"①。乾隆十九年(1754),车凌蒙克去热河朝觐时,巴朗"诡称疾,不之从"②,乘车凌蒙克"方赴热河未回"之机,巴朗"即背父潜逃"③,从其长兄齐默克的部属中拉走了二百多人。同时,与车凌同族的台吉蒙克特穆尔也跟随巴朗一起叛逃而去。④

巴朗和蒙克特穆尔的叛逃,虽说在规模与影响上不算很大,但引起了清廷的关注。乾隆帝认为,"伊等甫经投顺,复又逃亡,情殊可恶"⑤,立即传命"速派弁堵截各卡路径,即时擒获"⑥。巴朗的归而复叛,在乾隆帝看来,是对他作为"天下共主"的封建帝王无上权威的一种莫大的亵渎与挑战,自然使得他很恼火。

然而,巴朗叛逃事件,对当时反对割据、要求安定统一的大多数杜尔伯特首领和人民来说,确实是不得人心的,因而必然遭到人们的强烈反对。蒙克特穆尔有个名叫翁郭尔的属下,"闻其主有叛志,力沮之"。蒙克特穆尔不但不听翁郭尔的劝告,反而强逼翁郭尔与他同逃,翁郭尔坚决不从,蒙克特穆尔竟"刃伤之"。但是,负了伤的翁郭尔,仍然勇敢地"裹创往追窜党"⑦,擒获了同蒙克特穆尔一起叛逃的密什尔。翁郭尔的英勇行动代表了大多数杜尔伯特人民的共同意志,在反对割据与维护国家统一的斗争中立下了功绩。

在这次反对巴朗的斗争中,杜尔伯特汗车凌的族弟色布腾等也都参加了追捕逃人的行动。在清军的追捕下,一些受巴朗煽惑出走的杜尔伯特人民,"先后脱归"⑧,而巴朗和蒙克特穆尔最后也被拿获归案。

以三车凌为首的杜尔伯特人民,在与内部割据势力斗争的同时,还积极参加了征讨达瓦齐割据势力和阿睦尔撒纳叛乱的斗争。

乾隆二十年(1755),清军分兵两路征讨达瓦齐。清政府以三车凌"皆

①⑦⑧　祁韵士:《皇朝藩部要略》卷一二《厄鲁特要略四》。

②　《外藩蒙古回部王公表传》卷九七《札萨克多罗郡王车凌蒙克列传》,载《耆献类征初编》卷首一〇九。

③　《清高宗实录》卷四六七。

④　蒙克特穆尔与车凌同族,为额布根台吉之兄,其叛逃情况,据《札萨克一等台吉额布根列传》载:"额布根,杜尔伯特人……乾隆十八年,额布根昆弟从三车来归。十九年额布根入觐,蒙古特穆尔留视牧。……额布根将归牧,蒙克特穆尔从车凌蒙克子巴朗叛遁"(《外藩蒙古回部王公表传》卷九九,载《耆献类征初编》卷首一一〇)。

⑤⑥　《清高宗实录》卷四六七,乾隆十九年六月戊辰。

熟悉彼地情形,洞悉军务"①,任命三车凌为参赞大臣,从其部属中调选士兵两千人,"咸从大军征达瓦齐"②。车凌及其族弟色布腾参加了由定北将军班第、定边左副将军阿睦尔撒纳统率的北路军;车凌乌巴什和车凌蒙克参加了由定西将军永常、定边右副将军萨拉尔统率的西路军。在清军两路进剿之下,准噶尔军纷纷投降,清军势如破竹,直抵伊犁。

在进剿达瓦齐的战斗中,三车凌表现得异常英勇。当达瓦齐逃离伊犁,"由格登挈千余骑,踰窜库鲁克岭"③时,分道追击的清军,"皆以马疲返"④。但车凌乌巴什偕其部下玛什巴图,率领骑兵八百紧紧尾追;⑤车凌蒙克也率其士兵,"驻防伊犁"⑥,以防敌军之窜扰;而色布腾则负责由乌鲁木齐至博罗塔拉一带的"邮务"⑦。达瓦齐正是在各路清军追击与三车凌军队的有力配合下,于南疆乌什被维吾尔族伯克霍集斯所擒获的。

曾参加清军平定达瓦齐的阿睦尔撒纳,为了实现成为"四部总台吉,专制西域"⑧的野心,进占伊犁后,又发动了叛乱;而这时,与阿睦尔撒纳一起投清的杜尔伯特台吉讷默库,也扯起了叛旗。杜尔伯特的首领和人民在平定阿睦尔撒纳和讷默库叛乱的战争中,又继续参加了新的战斗。

车凌的族弟色布腾积极请战,要求率兵征讨叛军,清政府"以色布腾与阿睦尔撒纳夙怨,且悉厄鲁特情"⑨,命色布腾为参赞大臣,率其所部士兵,"赴乌里雅苏台,偕驻防大臣筹军务"⑩。但不久,色布腾因病死于平叛的征途中。

杜尔伯特的首领们在平定讷默库的叛乱中,表现得更为积极。讷默库本为车凌乌巴什的从子,但他又是阿睦尔撒纳的妻弟,同一直怀有割据准噶尔部野心的阿睦尔撒纳有着密切的关系,早就"隐有叛志"⑪,想投奔阿睦尔撒纳。车凌的从子刚多尔济等台吉发现后,极力劝阻,讷默库非但不听,反

----

① 程穆衡:《准噶尔考》上卷。
②⑥⑦ 祁韵士:《皇朝藩部要略》卷一二《厄鲁特要略四》。
③④⑤ 《外藩蒙古回部王公表传》卷九六《札萨克和硕亲王车凌乌巴什列传》,载《国朝耆献类征初编》卷首一〇八。
⑧ 魏源:《圣武记》卷四《乾隆荡平准部记》。
⑨⑩ 《外藩蒙古回部王公表传》卷九七《郡王品级札萨克多罗贝勒色布腾列传》,载《国朝耆献类征初编》卷首一〇九。
⑪ 《外藩蒙古回部王公表传》卷九五《杜尔伯特部总传》,载《国朝耆献类征初编》卷首一〇七。

而率众"劫驿站,戕守汛弁,夺运粮商民驼物"①,公开发动了叛乱。杜尔伯特汗车凌与车凌乌巴什配合驻防乌里雅苏台办事大臣阿兰泰,"以兵擒讷默库及其孥"②,平定了叛乱。

此后,三车凌及其部众,一直守卫着我国西北边疆地区,同其他各族人民一道,为维护国家的统一和边境的安宁进行了多次的斗争,并在开发祖国西北地区过程中做出了自己的贡献。

　　　路左倾诚候属车,未归怜远自员渠。
　　　识时称杰惟嘉尔,敷德宾遐有何予。
　　　锡爵都教加衮服,赐飧还拟赋嘉鱼。
　　　一家中外欢言畅,底事周官藉象胥。③

这是乾隆帝在承德避暑山庄接见杜尔伯特三车凌时所写的诗句。这首诗与乾隆帝许多诗一样,诗意不浓,境界不高,表现出一个以"天下共主"自居的富贵天子一贯舞文弄墨、附庸风雅的特点。不过,他把三车凌为维护国家统一而"倾城""来归"的义举,视为"识时称杰",多少说出了事情的本质。当然,作为封建帝王的乾隆帝如此称颂三车凌的行动,完全是为了实现其封建大一统事业,从维护封建统治的最高利益出发的。我们今天对三车凌的评价与清朝统治者的出发点有根本上的不同。

我国自古以来就是"一个由多数民族结合而成的拥有广大人口的国家",多民族国家的日益走向统一,是我国历史发展的主流与本质,而清代前期统一多民族国家的进一步巩固与发展,正是我国多民族国家历史发展的必然趋势。

清朝统治者经过康熙、雍正、乾隆三朝的不断努力,在国家统一方面,虽然削平了三藩,统一了台湾,平定了噶尔丹势力,巩固了喀尔喀蒙古与西藏的隶属关系,但准噶尔部的割据势力一直盘踞于西北一隅长达一个世纪之久。它不时作乱边疆,为害各族人民,严重地破坏国家的统一与各族人民的安全,同时又有沙俄侵略势力从旁插手,使问题更加复杂与严重。毫无疑问,清政府出兵平定准噶尔部上层贵族割据势力,完成了对西北边疆地区的

---

① 《外藩蒙古回部王公表传》卷九五《杜尔伯特部总传》,载《国朝耆献类征初编》卷首一〇七。
② 《清史稿》卷二五三《藩部六》。
③ 《御制诗文十全集》卷三《至避暑山庄日,都尔伯特台吉策凌等接见》。

统一,最后奠定了国家的疆域版图,这不仅顺应了历史发展的趋势,也符合各族人民的共同愿望。非常明显,杜尔伯特三车凌正是在我国统一多民族国家进一步走向巩固与发展的历史潮流中,顺应了形势发展的要求,挺身而出,毅然地与准噶尔上层贵族割据势力决裂,投身于清政府统一西北的事业,积极地为国家的统一,与割据势力做不懈的斗争。他们在促进我国统一多民族国家历史发展中的作用是应该予以充分肯定的,而他们为维护国家统一而斗争的业绩更是值得颂扬的。

(原载《清史研究集》第1辑,中国人民大学出版社1980年版,合作者马汝珩,执笔人马大正)

渥巴锡论
——兼论清朝政府的民族统治政策

渥巴锡(1742—1775)是17世纪下半叶土尔扈特蒙古的著名领袖,其一生政治活动可从1771年胜利领导土尔扈特蒙古东返祖邦为界,分为前后两个时期。前期,为了摆脱沙皇俄国的民族压迫,他领导土尔扈特人民发动反抗俄国政府的武装起义,并率其部众毅然离开寄居了一个半世纪的伏尔加河流域,经过长途跋涉,冲破艰难险阻,付出了巨大民族牺牲,终于回到了向往已久的祖邦故土;后期,面对回归故土后诸多急需解决的问题,他从民族安定大局出发,采取了有效措施,终于使土尔扈特部众回国之后得以安然度过困境,走上了重新发展的道路。

本文将依据中外史载和中国第一历史档案馆所藏汉、满文档案,对渥巴锡一生的政治活动进行综述与评价,并对清朝政府的民族统治政策略做论述。

一

1761年1月21日,敦罗布喇什逝世,渥巴锡承袭汗位,成为土尔扈特汗国汗王。19岁的渥巴锡是阿玉奇汗的曾孙、敦罗布喇什之幼子。当时在年轻的汗王渥巴锡面前的并不是可以坐享其成的太平盛世,而是面临俄国政府加紧控制所造成的整个部落的动荡与民族危机的加剧。

俄国女沙皇叶卡捷琳娜二世在封建贵族和大商人支持下,对全国农民加紧压迫剥削。同时,对土尔扈特汗国也实施高压政策,力图达到完全控制

---

① 诺伏列托夫:《卡尔梅克人》,彼得堡1884年版,第33页。

整个部落,变"土尔扈特为己属"之目的。①

通过改组扎尔固来限制汗权,是俄国政府加强控制土尔扈特蒙古的重要步骤。按土尔扈特蒙古的习惯,每一任汗王亲自物色人选,设立扎尔固,作为自己行使权力的执行机构。扎尔固"一般设在汗的宫廷内,汗的最好和最信任的宰桑,乘坐特殊的马车来出席,他们中往往有一二位汗所信赖的大喇嘛。按照他们古老的习惯,一般不超过八人","对所有卡尔梅克人的统治都取决于这个扎尔固,在那里起草汗给卡尔梅克各领主的有关公众事务的命令,草稿传给可汗核准,然后誊写清楚,盖上汗印。汗印是由最好的和最信任的宰桑保管"②。扎尔固以1640年《蒙古卫拉特法典》为处事依据,"扎尔固的一切决定只有经过汗的批准才能在法律上生效"③。但是,俄国为了限制汗的权力,1762年8月12日在正式承认渥巴锡为土尔扈特蒙古汗的同时,颁布了改组扎尔固条例。根据条例规定:"扎尔固由代表全体卡尔梅克厄鲁斯的诺颜组成,而不是只是一个可汗的扎尔固。扎尔固的组成必须经俄国政府批准,扎尔固内的一切事务现在应该按照多数来表决,并且当汗自己不同意时,也不能用自己的权力独自取消已经做出的决议,而后者提请沙皇撤销或改变它。"④更有甚者,"俄国政府还在帮助土尔扈特人处理案件的名义下,指派一名俄国军官参加扎尔固"。经过改组,俄国政府在政治上主宰了土尔扈特蒙古诸部,作为土尔扈特蒙古汗王的渥巴锡,对于汗权的旁落和权力中心的转移,当然有切肤之痛。

沙皇俄国还在推行改革的幌子下,妄图扶植已经东正教化了的土尔扈特蒙古贵族敦杜克夫家族。敦杜克夫家族的主要成员是敦罗卜旺布后妻贾恩和她所生的儿子道迪比和阿沙莱。敦罗卜旺布死后,他们长期生活在彼得堡,接受了东正教的洗礼,贾恩教名为维拉,道迪比和阿沙莱分别改名为阿列克塞和约纳,改姓为敦杜克夫,俄国政府"让敦杜克夫重建土尔扈特部

---

① 何秋涛:《朔方备乘》卷三八《土尔扈特归附始末》。

② 俄国对外政策档案馆藏:《卡尔梅克卷宗(1630—1736年)》,第119/1号,第139、140张。转引自兹拉特金:《准噶尔汗国史》,莫斯科1964年版,第421页。

③ 苏联科学院等编:《卡尔梅克苏维埃社会主义自治共和国史纲》,莫斯科1967年版,第181页。

④ 苏联科学院等编:《卡尔梅克苏维埃社会主义自治共和国史纲》,第182页。

⑤ 帕里莫夫:《留居俄国境内时期的卡尔梅克民族史纲》,阿斯特拉罕1922年版,第64页。

政权"①,这一计划不仅激怒了以渥巴锡为首的土尔扈特蒙古的统治集团,也严重损害了土尔扈特人民的民族自尊心与宗教感情,俄国当局只好暂时收回命令。

如果说改组扎尔固和扶植敦杜克夫家族,主要是为了加强对以渥巴锡为首的土尔扈特蒙古王公贵族的控制,那么俄国政府向伏尔加河流域的移民和对土尔扈特蒙古无休止的征兵,则直接影响到土尔扈特蒙古广大人民的正常生活。

土尔扈特部众初到伏尔加河流域时,这一带本是地广人稀、野草丛生的"俄国瓯脱地"。到18世纪,随着农奴制在俄国的发展,许多农民因不堪农奴制压榨,逃亡到伏尔加河流域垦荒。沙皇政府为了防止移民流徙,开始建立察里津防线,为稳定这条防线,1731—1732年,沙俄政府又鼓励成千上万的顿河两岸哥萨克举家迁徙到伊罗夫河和伏尔加河流域之间居住,并为此建立了伏尔加河的哥萨克军队。② 自18世纪40年代以后,由于移民仍纷至沓来,俄国的居民点也渐渐增多,哥萨克人居民点在土尔扈特人传统游牧区的激增,"引起了卡尔梅克人的怨恨",土尔扈特人民与哥萨克移民"经常发生公开的冲突,而且日益频繁"。③ 1765年9月20日,渥巴锡对"俄国人肆无忌惮地掠夺卡尔梅克人牧畜,甚至人"的强盗行径,向阿斯特拉罕省长别克托夫一再提出抗议,强烈要求俄国当局采取措施,制止使"卡尔梅克游牧区受到侵害"和继续增设移民点。④ 然而得到的回答却是:"俄国移民是根据政府指令迁入的,因此是无法避免的。"⑤沙俄的移民政策给土尔扈特的经济带来了严重的后果,连苏联史学家们也不能不承认,由于沙俄向土尔扈特地区移民,"使卡尔梅克游牧区的土地逐渐缩小,这一政策打击了那些拥有成千上万马群、牧群和人口众多的兀鲁斯的大封建主的经济利益",同时也"加剧了卡尔梅克居民生活条件的恶化"。⑥

与此同时,沙俄政府对土尔扈特无休止的征兵,也给土尔扈特民族带来

---

① 巴克曼:《土尔扈特自俄返华记》,载《东方文化》第2卷,香港1955年英文版,第55页。

② 苏联科学院等编:《卡尔梅克苏维埃社会主义自治共和国史纲》,第196页。

③ 苏联科学院等编:《卡尔梅克苏维埃社会主义自治共和国史纲》,第198页。

④⑥ 苏联科学院等编:《卡尔梅克苏维埃社会主义自治共和国史纲》,第202页。

⑤ 苏联科学院等编:《卡尔梅克苏维埃社会主义自治共和国史纲》,第201页。

巨大的灾难。1762年叶卡捷琳娜登上沙皇宝座,忠实推行彼得一世争夺世界霸权的侵略政策,据统计,1767—1797年,俄国共征兵32次,人数超过125万,①土尔扈特人英勇善战,娴于骑术,自然是俄国政府征调的主要对象。1765年后,俄国政府"屡征土尔扈特兵与邻国战"②,他们"拣土尔扈特人众当其前锋","损伤土尔扈特人众数万,归来者十之一二"③。俄国政府这一措施,包藏着险恶用心,即对土尔扈特人"暗行歼灭"④,可怕的灭族之灾,不仅使渥巴锡忧心如焚,也使全部落"苦于征役"⑤"人人忧惧"⑥,一些饱经风霜的土尔扈特老人发出叹息:"土尔扈特人的末日来到了!"⑦

非常清楚,在俄国政府民族压迫政策统治下,可供土尔扈特人民选择的道路有如下几条:一是屈服于沙皇统治,完全听命于俄国,永远做沙皇的奴隶,而这对酷爱自由、富有革命传统的蒙古民族来说是无法接受的;二是拿起武器,以武装反抗来争取民族独立,而这在当时沙俄统治力量于伏尔加河流域占优势的情况下,又是难以实现的;三是发动武装起义,彻底摆脱沙俄控制,重返自己的祖邦,这条道路也是土尔扈特人民多年来向往的。

早在土尔扈特迁到伏尔加河下游不久,就几次想重返祖国故土,只是由于路途遥远、旅程艰难而未能付诸行动。⑧但他们依然与卫拉特各部及清朝中央政府保持着密切的联系,不断派人回国,探望亲人,"奉表入贡",并到青海、西藏"熬茶礼佛"。1714年,土尔扈特还举部盛情接待来自祖国的亲人——图理琛一行,所有这一切在土尔扈特人民记忆中不能不留下深刻的印象。他们把东方的祖邦视为理想之地。每当在异邦身处逆境时,他们便自然而然地产生重返祖邦的思想。据沙俄档案记载:阿玉奇汗曾"两次蓄意出走而去中国",而"敦罗卜旺布和敦罗布喇什也有此意图"。⑨在沙俄控制

---

① 苏联科学院历史研究所主编:《苏联史纲(18世纪后半期)》,莫斯科1956年版,第310页。

②⑥ 何秋涛:《朔方备乘》卷三八《土尔扈特归附始末》。

③④ 椿园七十一:《西域总志》卷二《土尔扈特投诚纪略》。

⑤ 魏源:《圣武记》卷四《乾隆新疆后事记》。

⑦ 古朗:《17—18世纪的中亚——卡尔梅克帝国还是满洲帝国?》,巴黎-里昂1912年版,第133页。

⑧ 兹拉特金:《准噶尔汗国史》,第202—203页。

⑨ 诺伏列托夫:《卡尔梅克人》,第40页。

空前加强而形成民族危机的情况下,渥巴锡东返祖邦的思想不能不变得更加迫切与渴望。尤其当他接到沙俄政府要他交出一个儿子和三百个贵族子弟作为人质的命令时,新仇旧恨①使他再也无法忍受沙俄政府的"征兵求质之烦"②。所有这一切终于使渥巴锡做出了历史性的抉择:武装反抗,东返祖邦,以求生存!

渥巴锡至迟在1767年初已开始酝酿东返的大胆计划。③ 正如渥巴锡自述:"自古以来,土尔扈特人没有像今天这样负担过如此沉重的捐税,所有的人为此感到动荡不安,这就是为什么不愿再受俄国的统治,而希望看到自己的遵守共同法规的同胞和自己原来的故乡。"④

制定周密的东返计划是实现武装起义、重返祖邦的首要任务,要完成这一任务,必须防止内部敌人的告密,避开沙俄当局的严密监视。年轻的渥巴锡出色地完成了任务。他不仅战胜了内奸的多次告密,而且运用巧妙的手段麻痹住沙俄当局,顺利地完成了起义的准备工作。

居住在伏尔加河流域以土尔扈特为主体的卫拉特蒙古王公贵族(包括和硕特、杜尔伯特一些家族),在沙俄控制日益加剧的情况下,其内部早已发生了分化。如前所述,以敦杜克夫家族为代表的极少数封建王公,已完全东正教化,俯首听命于沙俄政府的指挥;还有一部分王公贵族,他们或者不是渥巴锡家庭的嫡系、亲信,或者是在争夺汗权的斗争中与渥巴锡家庭发生过矛盾冲突,因而他们支持沙俄政府所采取的限制渥巴锡权力的措施,和硕特部的扎木杨就是这部分王公贵族中的代表人物。⑤ 因此,东返计划一开始酝酿,扎木杨即屡次写信给沙俄阿斯特拉罕省长别克托夫,密告渥巴锡"已决

---

① 霍渥斯:《蒙古史》第1卷,伦敦1876年版,第575页。又据诺伏列托夫:《卡尔梅克人》,第28—30页载,1741年沙俄乘敦罗布喇什执政初政局不稳之机,取得敦罗布喇什交出亲生子萨赖(渥巴锡之兄)作为人质的保证。1744年萨赖死于囚禁生活之中。

② 《江苏布政使吴坛奏》(乾隆三十六年十月三日),载中国第一历史档案馆藏:《朱批奏折·民族事务类》,四全宗,179卷8号。

③ 诺伏列托夫:《卡尔梅克人》,第39—40页。

④ 帕里莫夫:《留居俄国境内时期的卡尔梅克民族史纲》,第71页。

⑤ 扎木杨是居住在伏尔加河流域的和硕特部领主,他与渥巴锡父亲敦罗布喇什互娶对方姊妹而联姻。扎木杨在其妻达那拉(即敦罗布喇什之姊妹)死后,歧视达那拉所生之子色克色那,色克色那向自己表兄渥巴锡寻求支持。因此,扎木杨心怀不满。参阅诺伏列托夫:《卡尔梅克人》,第39—40页。

定尽快渡过伏尔加河去中国"①。然而,扎木杨与渥巴锡的矛盾早已为人所共知,这一切并未引起沙俄最高当局的注意。尽管别克托夫狡诈多谋,疑心重重,可是由于他此时已被解除主管土尔扈特部的职务而不能直接过问,当时主管土尔扈特部事务的基申斯科夫又是一个刚愎自用、狂妄自大的军人,与别克托夫一向不和,根本不相信别克托夫所得到的情报,认为他是故意夸大事态,制造混乱。基申斯科夫更不相信渥巴锡敢于组织全部族东返,他曾用轻蔑的口吻对渥巴锡说:"你必须明白,你只是一头用链子拴着的熊,赶你到哪里就到哪里,而不能想到哪里就到哪里。"②

基申斯科夫骄横的态度以及他与别克托夫的矛盾,恰好为聪明的年轻首领渥巴锡所利用。渥巴锡一方面与基申斯科夫周旋,同时又极力向沙俄政府诉说,尽人皆知,他和扎木杨不和,所以扎木杨如此中伤他。③ 另一方面,渥巴锡于1768—1769年,应沙俄政府之命,亲率两万士兵奔赴高加索,"参加与土耳其的战争"④,借以麻痹沙俄当局。渥巴锡运用了一些巧妙计谋,致使沙皇政府于1770年8月3日的诏令中做出"对他们所持的一切猜疑都要归罪于扎木杨领主玩弄权术"⑤的结论。利用敌人营垒内部的矛盾,击败扎木杨的破坏,使渥巴锡为组织起义赢得了充分的准备时间。

如果说制定周密的计划、挫败内奸的破坏是实现起义、东返祖邦的首要任务,那么组成强有力的领导核心则是完成东返计划的必要前提。渥巴锡团结了一批土尔扈特贵族,策伯克多尔济、舍楞是其中的突出代表,他们成为筹划、组织武装起义进程中仅次于渥巴锡的重要领导人。

策伯克多尔济出身于土尔扈特名门望族,是敦罗卜旺布之孙,论辈分虽是渥巴锡的堂侄,但比渥巴锡年长,且富有计谋。因此,当渥巴锡承袭汗位后,策伯克多尔济出于对汗权的觊觎,跑到彼得堡活动,希望在那里得到俄国政府的支持,成为土尔扈特蒙古的统治者。但俄国政府在力图抬出敦杜

---

① 诺伏列托夫:《卡尔梅克人》,第41页。扎木杨于1767年2月28日,1768年11月6日、12月2日,1769年2月3日、3月31日,前后五次写信给阿斯特拉罕省长别克托夫告密,参阅诺伏列托夫:《卡尔梅克人》,第40—42页。

② 霍渥斯:《蒙古史》第1卷,第574页。

③ 诺伏列托夫:《卡尔梅克人》,第41页。

④ 诺伏列托夫:《卡尔梅克人》,第41页。斯文·赫定在《热河·皇帝城》一书中说是三万人。

⑤ 诺伏列托夫:《卡尔梅克人》,第57页。

克夫家族取代渥巴锡的图谋受挫后,转而采取在表面上支持渥巴锡,实际上通过改组扎尔固来限制汗权的对策。因此,俄国政府对在彼得堡活动的策伯克多尔济说:"要他满足于从前得到的厄鲁思,如果追求权力,以后会把他安置在督办所辖的扎尔固。"①1765年5月8日,策伯克多尔济成为改组后的扎尔固成员,名列八名成员之首。② 但是策伯克多尔济不甘心充当俄国政府控制奴役土尔扈特蒙古的代理人,因在俄国政府那里无所获,敦杜克夫家族虽是近亲,鉴于权力上的矛盾也不能依附,在土尔扈特蒙古各种政治势力中唯有渥巴锡最孚众望。这一切终于使策伯克多尔济选择了渥巴锡作为自己政治上的盟友。策伯克多尔济在民族矛盾激化的关键时刻,从民族大义出发,抛弃个人恩怨,和渥巴锡一起共同在组织、领导起义的过程中发挥了重大的作用。

另一个重要领导人是舍楞(又写作舍棱),他是和鄂尔勒克叔父卫衮察布察齐之六世孙。舍楞先世早年未随土尔扈特大部西迁,而是"独附牧伊犁境,为准噶尔属台吉"③。舍楞参与了阿睦尔撒纳叛乱,失败后又用计诱杀了清军副都统唐喀禄,旋投奔土尔扈特汗国。当舍楞率部到伏尔加河游牧后,痛切地"发现伏尔加的土尔扈特人已经在俄国统治之下",因此"使之大失所望,他们感到普遍的不满"。④ 正是基于对俄国统治政策的不满,舍楞和渥巴锡在政治上找到了共同语言,终为成为渥巴锡的得力助手。

在渥巴锡的领导下,土尔扈特人民武装起义、东返祖邦的计划经过近四年的准备,到1770年已就绪。这一年秋天,渥巴锡从高加索前线回来后,随即与亲信王公越过伏尔加河左岸,在维特梁卡(阿斯特拉罕省叶诺塔耶夫斯克以北处)召开了一次绝密会议,为了防止计划泄漏出去,参加会议的除渥巴锡和策伯克多尔济外,仅有舍楞、巴木巴尔(渥巴锡族弟)、达什敦多克⑤和大喇嘛罗卜藏丹增等四人,"没有通知其他任何一个贵族"⑥。会上,经过

———————

① 诺伏列托夫:《卡尔梅克人》,第38页。
② 苏联科学院等编:《卡尔梅克苏维埃社会主义自治共和国史纲》,第214页。
③ 祁韵士:《外藩蒙古回部王公表传》卷一五〇《扎隆克多罗弼哩克图郡王舍楞列传》。
④ 巴克曼:《土尔扈特自俄返华记》,载《东方文化》1955年第2卷。
⑤ 巴克曼:《土尔扈特自俄返华记》,载《东方文化》1955年第2卷,第99页。但据诺伏列托夫:《卡尔梅克人》一书记载,达什敦多克作达什巴图尔,参见第42页。
⑥ 巴克曼:《土尔扈特自俄返华记》,载《东方文化》1955年第2卷,第99页。

庄严宣誓,"通过明确决议,离开俄国"①,返归祖国,并"决定在下一年——虎年,即西历一七七一年开始行动"②。以渥巴锡为首的参加这次秘密会议的六名上层贵族,形成了实际的领导核心,在以后领导起义与东返祖邦的斗争中起了巨大作用。

1770年冬天,为了使东返计划顺利实施,渥巴锡在政治上制造假象,继续麻痹俄国政府。12月26日,渥巴锡给正在叶诺塔耶夫斯克过冬的基申斯科夫写信,告知自己将"从住地出发去集结军队,因为与俄国敌对的哈萨克人要袭击卡尔梅克人"③。对此,基申斯拉夫虽心存疑虑,但还是做了错误的判断。这从他在1771年1月3日下达给常驻渥巴锡牙帐的杜丁大尉的第四号命令中可以看出,"他以为督办自己要与哈萨克人发生争执,才筹集军队,为此他责成大尉设法劝阻,并要杜丁注意观察集结军队的目的何在"。与此同时,基申斯科夫"又派出百人长纳巴托夫、一名通译及十五名哥萨克前往协助杜丁"④,但是,为时已晚。

"伟大的革命斗争,会造就伟大人物,使过去不可能发挥的天才发挥出来"⑤。如果说,渥巴锡在组织起义、计划东返阶段中表现出杰出的组织才能与斗争策略,那么在起义发动之后,踏上返归祖邦的伟大征程中,激烈而残酷的军事斗争则使这位年轻的土尔扈特首领经受了巨大的考验,表现出军事上的智慧与魄力。

在起义之初,渥巴锡采取乘敌不备、先发制人的方针发动起义,给敌人以闪电一击,然后以最快速度抢渡乌拉尔河,迅速摆脱敌人,在当时力量对比为敌强我弱的条件下,这一战略思想和行动无疑是正确的。正是在渥巴锡这一战略思想指导下,在袭击俄国驻军杜丁大尉兵营与歼灭基申斯科夫的增援部队的同时,渥巴锡把三万三千多户近十七万人的东返队伍,组成三路大军,浩浩荡荡地踏上东返祖邦的征程。据俄国史学家的记载:巴木巴尔和舍楞率领精锐部队为开路前锋,"目的是要他们扫清障碍,渡过雅伊克河,赶走雅伊克河岸的哥萨克。其余领主在队伍的两侧行进,而中间行进的是

① 巴克曼:《土尔扈特自俄返华记》,载《东方文化》1955年第2卷,第99页。
② 德昆西:《鞑靼人的反叛》,第12页。
③④ 诺伏列托夫:《卡尔梅克人》,第44页。
⑤ 列宁:《悼念雅·米·斯维尔德洛夫》(1919年3月18日),载《列宁全集》第29卷,第71页。

率领两万人之众的督办和策伯克多尔济"①。经过十余天的急行军,巴木巴尔和舍楞率领的先头部队摧毁乌拉尔河(雅依克河)流域的俄军要塞之后,整个东进队伍穿过冰封的乌拉尔河,迅速地进入了大雪覆盖的哈萨克草原,②把尾追的俄军远远地抛在后面,取得了预期的效果。

但是,东返的征程并不是一条畅通无阻的坦途,在沙俄军队截击、尾追的形势下,东归的土尔扈特队伍渡过乌拉尔河以后,进入了艰苦斗争阶段。沙俄政府在得到土尔扈特人武装起义的消息后,立即下令将基申斯科夫押解回彼得堡,并急令奥伦堡总督莱英斯多尔普和军团指挥达维多夫少将出兵截击,③接着又派出特鲁本堡将军率领由哥萨克和巴什基尔人组成的骑兵团紧紧尾追。与此同时,在沙俄政府唆使下,哈萨克小账首领努尔阿里汗联合巴什基尔人也不断发动袭击,给艰苦行军中的土尔扈特人造成巨大损失,④而长途行军中无法避免的严寒与酷暑,还有泥泞难行的黄水草滩和滴水不见的茫茫戈壁,更给土尔扈特人带来前所未有的困难,致使疫病流行,人口锐减,牲畜死亡。

然而,渥巴锡并没有被重重困难所吓倒,他在与敌人的作战中表现出机智勇敢的优秀品质。当东进队伍渡过乌拉尔河来到伊什姆河附近的木哥扎雷山口的奥琴峡谷——一个东进必经的险要山口时,这一山口的通路已被哥萨克人占领。如果不歼灭这支哥萨克守军,攻战山口,整个队伍则无法继续前进。在这千钧一发之际,渥巴锡显示出了勇敢与机智。他亲自派出一支强有力的精悍队伍,由山涧峡谷悄悄迂回到哥萨克人后面包抄,哥萨克守军在土尔扈特人的前后夹攻下,全部被歼,从而打通了东进的道路。

渥巴锡不仅在强攻战斗中表现出大智大勇,而且当军事上陷入敌人重重包围的危急境地时,他以机智灵活的战略战术,变被动为主动,使整个东进队伍化险为夷,转危为安。这在冲破哈萨克人包围的战斗中表现得尤为明显。土尔扈特队伍行军到姆英塔湖时,陷入了哈萨克小帐努尔阿里汗与中帐阿布赉苏丹的五万联军的重围,通往准噶尔的道路被切断。渥巴锡冷静地分析了形势,迅速派出使者与哈萨克人谈判,并同意送还在押的一千名

① 诺伏列托夫:《卡尔梅克人》,第48页。
② 霍渥斯:《蒙古史》第1卷,第576页。
③ 诺伏列托夫:《卡尔梅克人》,第49页。
④ 霍渥斯:《蒙古史》第1卷,第577页。

俘虏,从而争得了三天的喘息时机。渥巴锡亲率主力奇袭哈萨克联军,成功地突出重围,继续向巴尔喀什湖挺进。① 1771 年 7 月 8 日,策伯克多尔济率领的前锋部队在伊犁河流域的察林河畔与前来相迎的清军相遇。六月五日(阴历),清军总管伊昌阿、硕通在伊犁河畔会见了刚抵达的渥巴锡和舍楞,以及土尔扈特部的主力和大队家属。② 渥巴锡完成了领导土尔扈特武装反抗沙俄、东返祖邦的壮举。

可以看出,渥巴锡作为土尔扈特部的最高首领,在反抗沙俄压迫与重返祖国这一伟大历史事件中,始终站在斗争的第一线,渥巴锡不愧是我国蒙古族杰出的领袖与民族英雄。

二

返归祖邦后的渥巴锡仍面临重重困难和众多亟待解决的问题。

首先,土尔扈特蒙古部众经过长途跋涉和残酷斗争,损失惨重,处境艰难。来自察林河畔清军的现场记述:"其投来者内,皆为老弱孤独,妇女幼儿甚众,摇晃行走而来。至其游牧处观之,则饥馑疲惫者甚多。……看来已是甚为窘迫。"③而"策伯克多尔济所率近百人,马驼混骑,驼上亦有双人骑者,马驼膘疲,多露疲惫不堪之貌"④。乾隆帝在读过这些报告后,尚且发出"惟此七万余众,冻馁瘠之形,时悬于目而恻于心"的感叹。⑤ 作为土尔扈特蒙古首领的渥巴锡,对自己的同胞、自己的部众、自己生死与共的战友所处的困境,当然更有切肤之痛。因此,怎样尽快让归国部众摆脱困境,渡过难关,早日安顿游牧,重建生活,是需要解决的首要问题。

其次,如何消除清政府的疑虑,是渥巴锡面临的又一难题。从土尔扈特蒙古的首领与部众方面而言,由于长期身居异国,土尔扈特备受"俄国民族

---

① 苏联科学院等编:《卡尔梅克苏维埃社会主义自治共和国史纲》,第 218 页。
② 中国第一历史档案馆藏:《满文月折档》,乾隆三十四年至乾隆三十七年,乾隆三十六年六月二十五日折。
③ 中国第一历史档案馆藏:《满文月折档》,乾隆三十六年六月二十日折。
④ 中国第一历史档案馆藏:《满文月折档》,乾隆三十六年六月十八日折。
⑤ 乾隆:《优恤土尔扈特部众记》(碑文)。

压迫政策的欺凌,加之,百余年来土尔扈特向清政府进贡请安,输诚已久"①,对祖邦故土充满着深厚情意,将其视之为理想之邦。渥巴锡说得很明白:"自古以来,土尔扈特人没有像今天这样负担过如此沉重的捐税,所有的人为此感到动荡不安,这就是为什么不愿再受俄国的统治,而希望看到自己的遵守共同法规的人和自己原来的故乡,才迁出俄国来放牧。"②此时此刻,他们将自己生存的希望寄托于清政府,在当时的历史条件下也在情理之中。

从清政府方面而言,情况则复杂很多。一方面,清政府得悉土尔扈特回归消息后,在如何对待土尔扈特回归这一问题上廷臣们虽有争议,但乾隆帝在综合分析了舒赫德上奏的大量材料后,对土尔扈特蒙古东返的原因与真实意图做出了判断。他认为,土尔扈特之所以离开生活了一个半世纪的伏尔加河流域,是因为"俄国征调师旅不息,近且征其子入质,而俄罗斯又属别教,非黄教,故与合族台吉密谋,挈全部投中国兴黄教之地"。从当时土尔扈特的实际处境来看,他认为"彼即背弃俄罗斯,岂敢与我为难",因而他指出:"其归顺之事十有八九,诡计之伏十之一耳。"③所以他指示群臣不必多加疑虑。关于如何对待舍楞等人,在乾隆帝的思想中也有个变化过程。最初,他判断舍楞等人获罪不敢回来。当确知归来人中有舍楞等后,乾隆帝提出:"若舍楞、劳章札布等前来,则酌情安置伊等属众,将伊等安抚诱来。"④这里乾隆帝所说的"安抚诱来",即以招抚手段先把舍楞等人诱来,至于来了以后怎样处置,是罚是赏并未说明,但就其一个"诱"字来看,可以看出他对舍楞等人表露出极大的不信任。当清政府逐渐弄清舍楞的政治态度后,乾隆帝便改变了初衷,认为对舍楞等人"不需如此办理"。因为在他看来,"此次伊等前来者,并非我以武力索取,仍是彼等自愿亲自乞来,反而将其治罪之理乎?"⑤因而,他决定"往咎概不介意,前罪一律宽宥,还特加恩赐,照

---

① 《康熙谕阿玉奇汗敕书》,转引自《〈康熙谕阿玉奇汗敕书〉试析》,载《民族研究》1984年第2期。

② 1771年4月渥巴锡致哈萨克汗的信,见帕里莫夫:《留居俄国境内时期的卡尔梅克民族史纲》,阿斯特拉罕1922年版,第71页。

③ 乾隆:《土尔扈特全部归顺记》(碑文)。

④⑤ 中国第一历史档案馆藏:《满文土尔扈特档》,乾隆三十六年四月十一日折,第二件。

杜尔伯特之例,接济产业,分定游牧,伊之所属部众,仍归伊管辖"①,确定了对舍楞等人的基本政策。与此同时,清政府还调集大量物资,准备对部众进行赈济。但是,另一方面,清政府对土尔扈特之回归仍心存疑虑,这是因为乾隆帝对自己的决断尚有一个实践检验的过程。更主要的是,由于清政府与准噶尔部长期时战时和,对以多年努力才最后铲平准噶尔贵族割据势力的清政府来说,有一种本能的忧虑,担心返归的土尔扈特人众在重返故地后割据自立,破坏刚刚获得的西北边疆地区的统一与安宁。消除清政府这个心病,是土尔扈特部众能否获得妥善安置的重要前提。

再次,渥巴锡还面临来自土尔扈特蒙古领导集团内部矛盾的干扰,其表现则是策伯克多尔济的争权和舍楞的离心。为争夺土尔扈特蒙古的汗权,策伯克多尔济与渥巴锡本来就存在矛盾,只是在民族矛盾尖锐并上升为主要矛盾时,渥巴锡和策伯克多尔济才团结一致,共同对敌。东返胜利后,形势发生变化,潜在的矛盾又趋显现。汗权之争则以争东返领导之功的形式表现出来,即如清政府所描述的:"策伯克多尔济却以此归顺者,皆出自伊意而为者,故不可封渥巴锡为汗,而应封伊为汗,颇露争执之貌。"②在东返中曾起过重要作用的大喇嘛罗卜藏丹增又凡事均与策伯克多尔济"商议而行,竟然不可相离"③。至于舍楞,由于受到清政府的宽宥,感恩戴德,"合掌叩首"④。及至受封为青色特奇勒图新土尔扈特部弼哩克图郡王,任盟长后,更是欢喜万分地说:"我之愿望,亦是此也"⑤,满足于一己之得、一隅之安。原先团结一致的领导核心,此时已不复存在,致使渥巴锡面对坚持推行"众建以分其势"之策的清政府,政治上完全陷于被动。

显然,上述问题是否妥善解决是关系到土尔扈特数万部众能否生存、发展的性命攸关的大事,也是评价渥巴锡后期政治活动功过的主要依据。

自乾隆三十六年(1771)六月五日在伊犁河畔渥巴锡与清军总管伊昌阿等会见,直至乾隆三十九年(1774)十二月八日病逝,在三年半时间里,渥巴

---

①② 中国第一历史档案馆藏:《满文土尔扈特档》,乾隆三十六年四月十一日折,第二件。

③ 中国第一历史档案馆藏:《满文土尔扈特档》,乾隆三十六年八月十一日折,第三件。

④ 中国第一历史档案馆藏:《满文月折档》,乾隆三十六年六月二十五日折。

⑤ 中国第一历史档案馆藏:《满文土尔扈特档》,乾隆三十六年九月二十五日折,第五件。

锡为土尔扈特蒙古在故土重新生活,做了三件大事。

第一件事,他果断决策了承德之行。

六月五日伊昌阿会见渥巴锡时①即提出,"观尔等前后到达之情,已真是疲惫穷困之极,大皇帝所居甚远,此地一切事宜,均由将军、参赞大臣承担办理,尔等若不将此等情由亲往乞述于将军、参赞大臣,我等岂有将尔等何项难处提出呈文,并将所报酌情办理之理乎?况且适才我将军、参赞大臣尚与我咨文前来,初三日与策伯克多尔济会面,暂且留下。俟尔等抵达商办,指定良牧居之,办理完毕,将自愿前往京师朝觐大圣皇帝之清明台吉头人,均返遣其游牧收拾启程,由此看来,若尔等越早前往,则对尔等之众越发裨益。"②也就是说,他们希望渥巴锡早日到伊犁与舒赫德会见。渥巴锡在当天即派舍楞通知伊昌阿等,表示可以随时动身前往伊犁会见舒赫德,舍楞转述渥巴锡之言:"我等起程之时,择吉日往此而来,沿途仍遭如此穷困,今我等之众均至这般极地,又择什么吉日?我等今日即刻起程前往,此去之时,巴木巴尔、舍楞与我等三人同往。"③次日,即六日起程奔赴伊犁,十三日抵达伊犁会见舒赫德。④ 在伊犁期间,舒赫德向渥巴锡反复申述了乾隆帝的旨意:"闻厄鲁特等,受朕重恩,带领妻子远来投顺,甚属可悯,理宜急加抚绥,遣大头人来京入觐,但念尔等均未出痘,京城暑热,甚不相宜,避暑山庄凉爽,如九月中旬可到彼处,即带领前来,否则俟明年临幸时,再来入觐。朕务与车凌、车凌乌巴什一例施恩。"⑤舒赫德还交于渥巴锡等谕旨,内云:"当尔等来朝时,定赏衔品,重施厚恩,尔等蒙受存留之。"⑥渥巴锡等一行于六月二十五日在舒赫德陪同下离开伊犁,取道乌鲁木齐、巴里坤,经兰州、凉州、

---

① 关于初次会见的情景,伊昌阿、硕通有一番生动的描述,录下,以资备阅:"渥巴锡派人来告,言已得暇,故我二人率领随从之十余人,前往渥巴锡往地观看。北面一个蒙古包,前面支起凉棚,渥巴锡坐在正中,巴木巴尔坐在一旁,我等到近前下马之后,巴木巴尔同时离座而立,我等走近凉棚,伊等即跪下请大圣皇帝万安,继而便问将军大臣之安,我等走至跟前行抱见之礼,按其厄鲁特之例,坐于西边"(中国第一历史档案馆藏:《满文月折档》,乾隆三十六年六月二十五日折)。

②③ 中国第一历史档案馆藏:《满文月折档》,乾隆三十六年六月二十五日折。

④ 中国第一历史档案馆藏:《满文土尔扈特档》,乾隆三十六年七月一日折,第八件。

⑤ 《清高宗实录》卷八八七,乾隆三十六年六月丁亥。

⑥ 《乾隆谕渥巴锡、策伯克多尔济、舍楞谕旨》,原件原藏新疆维吾尔自治区和静县渥巴锡王府,现存新疆维吾尔自治区档案馆。

大同、宣化,过怀安,进张家口直奔承德。

　　清政府为了在承德接待渥巴锡,事前做了精心的准备。乾隆帝指令沿途官员对过境的渥巴锡一行,要设宴招待,宴会必须大方、丰盛、热情,而且对渥巴锡所用马匹、牲畜,"务饬多备,不致耽误伊等上路"①。可见,乾隆帝对渥巴锡一行来承德是何等的重视。也正因为如此,沿途一些地方官吏因玩忽职守、接待不周而多被革职。如总兵恒德、山西按察使德文、口北道明琦、知府博尔敦、怀安知县何燧等。甚至连山西巡抚鄂宝、直隶总督杨廷璋等地方大吏也因没有对"异域来归"的渥巴锡一行盛情接待而受到申斥。②不仅如此,为了慰问土尔扈特蒙古首领沿途的辛劳,乾隆帝两次遣专人送荷包、褂子,"权且分赏来朝之众",并谕告"待伊等抵达避暑山庄后,仍赐宴恩赏多样朝物"。③

　　渥巴锡一行到达承德后,清政府对他们的活动安排、接待规格以及封赐恩赏等方面,都参照了乾隆十九年(1754)对三车凌的旧例。经过精心安排和反复部署,清政府对土尔扈特部实施的收抚政策更加充实与完善,我们可从渥巴锡在承德的活动中看得非常清楚。

　　乾隆三十六年(1771)九月上旬,渥巴锡一行在额驸色布腾巴勒珠尔陪同下,如期抵达木兰围场的伊绵峪。④ 渥巴锡在承德的活动以九月十六日为界可分为前后两段:九月八日至九月十六日在木兰围场,九月十七日至九月三十日在避暑山庄。

　　九月八日傍晚,渥巴锡在木兰围场伊绵峪觐见了乾隆帝,乾隆帝在行帷

---

① 中国第一历史档案馆藏:《满文土尔扈特档》,乾隆三十六年七月五日折。
② 《清高宗实录》卷八九二,乾隆三十六年九月己亥。
③ 中国第一历史档案馆藏:《满文土尔扈特档》,乾隆三十六年七月九日折。
④ 渥巴锡抵达木兰围场的日期,目前尚未见到记载。八月上旬清政府曾估计渥巴锡可于九月二、三日抵承德(中国第一历史档案馆藏:《满文土尔扈特档》,乾隆三十六年八月十日折,第六件)。到八月十七日,乾隆谕色布腾巴勒珠尔,定九月八日在木兰围场伊绵峪接见渥巴锡,故务必在此之前赶到(中国第一历史档案馆藏:《满文土尔扈特档》,乾隆三十六年八月十七日折)。事实上,九月八日如期接见,因此,渥巴锡抵达时间不会晚于九月七日。另,渥巴锡一行离开伊犁时是由舒赫德陪同,后因安置土尔扈特部众的事务繁重,七月中旬,当舒赫德行至巴里坤以西木垒时,接到了乾隆令其返回伊犁主持安置工作的谕旨,而渥巴锡即由赶来迎接的色布腾巴勒珠尔陪同赶赴承德(中国第一历史档案馆:《满文土尔扈特档》,乾隆三十六年七月二十二日折,第三件)。

中亲自"以蒙古语垂询渥巴锡"①,了解土尔扈特部的历史及其自俄返华的情况。在这次觐见中,渥巴锡、策伯克多尔济等首领向乾隆帝进献了礼品。②据乾隆帝自撰的诗文和清政府档案记载,他们除了向乾隆帝进献"七宝刀""银鞘刀"外,还进献弓箭、腰刀、手枪、钟表等物多件,③表明他们投归清朝的诚意。

第三天即九月九日,乾隆帝在伊绵峪围猎营地举行盛大宴会,款待渥巴锡等人。参加筵宴的大臣、内外蒙古王公以及卫拉特诸部首领几近百人,其规模之隆盛可想而知。

渥巴锡等在木兰围场期间,乾隆帝还让他们在苍山滴翠、枫林似火的伊绵峪中参加一年一度的规模盛大的围猎。伊绵峪(伊绵,汉语会归之意)是过去卫拉特、哈萨克、布鲁特等族使臣朝谒乾隆帝的地方,这次渥巴锡等来到这里向他朝谒并参加围猎,乾隆帝十分高兴。他曾写诗抒怀说:"……类已全归众蒙古,峪徵嘉兆信伊绵,无心望蜀犹初志,天与钦承益巩虔"④,表现出志得意满的心情。在这次围猎中,正好先期来归的杜尔伯特部车凌乌巴什以围班扈跸行围,与舍楞相遇,他们是老相识,二人在围场相见,大喜过望,百感交集,"握手欢语移时,誓世为天朝臣仆"⑤,一时传佳话。

渥巴锡等随着乾隆帝行围三天,至九月十三日即按原计划随同乾隆帝经博尔城行宫、中关行宫于九月十七日抵避暑山庄。

按清政府预定"于(九月十七)日抵达避暑山庄时,乃即传谕伊等受封之"⑥,因此,当抵达山庄后,随即颁布封爵谕旨,⑦对来归的土尔扈特蒙古大

---

①⑤ 祁韵士:《皇朝藩部要略》卷一四《厄鲁特要略六》。

② 《清高宗实录》卷八九二,乾隆三十六年九月乙巳。

③ 《高宗诗文十全集》卷九;中国第一历史档案馆藏:《满文土尔扈特档》,乾隆三十六年九月八日折,第三件。

④ 《高宗诗文十全集》卷九。

⑥ 中国第一历史档案馆藏:《满文土尔扈特档》,乾隆三十六年九月十五日折,第六件。乾隆《木兰旋跸至避暑山庄,即事有作》一诗的夹注中曰:"土尔扈特台吉渥巴锡等,于木兰入觐后,即令其随至山庄,将行宴赉,是日先加封爵,并不见其秩,予以章服有差。"《高宗诗文十全集》卷九。

⑦ 《清高宗实录》卷八九二,乾隆三十六年九月十四日。事实上封爵名册早在八月间即开始酝酿,封爵时参照了杜尔伯特封爵之例,并考虑到首领人物在东返中的作用,所率部众的多寡,以及在土尔扈特部中政治地位的高低等方面因素,几经修改才确定下来,即如《清高宗实录》所载,为正式颁布之定本。

小首领均予封爵。渥巴锡封为乌讷恩素珠克图旧土尔扈特部卓里克图汗,其他首领也分别授爵。曾参加渥巴锡1770年秋在维特梁卡(在阿斯特拉罕省叶诺塔耶夫斯克以北)召开重要会议(决定举部东返)的成员策伯克多尔济、舍楞、巴木巴尔①分别被封为乌讷恩素珠克图旧土尔扈特部布延图亲王、青色特奇勒图新土尔扈特部弼哩克图郡王、毕锡呼勒图郡王,均为封爵之首。经渥巴锡推荐,另一个参加维特梁卡会议并在东返过程中起了重要作用的达什敦多克,被封为一等台吉。其他重要首领也都依次加封,如封恭格为巴图色特奇勒图和硕特部土谢图贝勒,默们图为济尔哈朗贝勒,沙喇扣肯为乌察喇勒图贝子,奇布腾为伊特格勒贝子,雅兰丕勒为阿穆尔聆贵贝子。

　　九月十八日,即渥巴锡抵达山庄的次日,乾隆帝在澹泊敬诚殿(俗称楠木殿)接见渥巴锡一行。之后,其又在四知书屋和卷阿胜境个别召见渥巴锡,并与之长谈,渥巴锡向乾隆帝面诉了他们悲壮的东返过程和祖辈的光荣历史。渥巴锡在避暑山庄住了近半个月,参加了清政府举行的所有盛典,"赐宴万树园及溥仁寺,命设灯宴,观火戏"②。九月二十日正值普陀宗乘之庙落成典礼,渥巴锡等与喀尔喀、内蒙古、青海、新疆等地少数民族王公贵族一起瞻礼参加盛大法会。乾隆帝还亲自撰写了《土尔扈特全部归顺记》和《优恤土尔扈特部众记》两篇碑文,以满、汉、蒙古、藏四体文字镌刻在两块巨型石碑上,是乾隆帝对土尔扈特实行收抚政策的历史见证。

　　在山庄活动中,体现出清政府收抚政策的另一项重要内容则是对土尔扈特王公们实行厚赏。赏赉本是清政府对少数民族进行统治的一项传统政策,对土尔扈特蒙古也不例外。从上述《优恤土尔扈特部众记》碑文中可以看到,清政府在土尔扈特部众返归后,就立即从新疆、甘肃、陕西、宁夏及内蒙古等地调拨大量物资供给来归的土尔扈特人众,计有牛羊二十余万头,米麦四万多石,茶两万余封,羊裘五万多件,棉布六万多匹,棉花近六万斤以及大量毡庐等,这些物资对饥困交加的土尔扈特人民来说,犹如雪中送炭,使土尔扈特人民渡过了难关。但清政府对土尔扈特王公的赏赉则是在避暑山庄集中进行的。据档案上记录,清政府在一次赏银中,就赏给渥巴锡五千

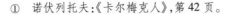

①　诺伏列托夫:《卡尔梅克人》,第42页。
②　祁韵士:《外藩蒙古回部王公表传》卷一〇二《土尔扈特部总传》。

两、策伯克多尔济四千两、舍楞三千两。① 而且每次宴筵必有赏赐，赏物名目繁多，渥巴锡的赏物又比参加宴筵的各少数民族王公更为优厚，列为首位，② 这说明在执行收抚政策中，乾隆帝十分注意拉拢其民族首领。

渥巴锡等在承德的活动到了九月三十日已近尾声，他们先后启程离开承德。至此，渥巴锡承德之行圆满结束。

现就实现承德之行双方意图和通过此行渥巴锡达到的目的再略做分析。

就清政府方面而言，安排承德入觐，厚赏土尔扈特蒙古众首领，以表达乾隆帝出自封建大一统的万众归一的欢欣之情，固然是一个很重要的原因，但更重要的是清政府将渥巴锡等是否愿意入觐承德，作为对其归国之举是否忠诚的一次考验。当时，卫拉特蒙古诸部重要首领远道来归，入觐承德已有先例。乾隆十八年（1753）冬，杜尔伯特部三车凌（车凌、车凌乌巴什、车凌蒙克）率所属三千七百余户内归，清政府即于次年安排承德入觐，厚加封赏。乾隆十九年（1754）冬，辉特部阿睦尔撒纳、杜尔伯特部纳默库、和硕特部班珠尔率所部两万余人"款关内附"，同样也安排承德入觐，厚加封赏。但次年阿睦尔撒纳策划叛乱时，就拒绝入觐承德。历史事实，乾隆帝记忆犹新。

就渥巴锡和土尔扈特蒙古诸首领方面而言，归国之初面临诸多困难，但从当时全局形势出发，要使处于困境的数万部众得以安生，唯有指望清政府"早指良牧而居，则我之属下可获蒙受恩泽，得以生活"③。因此，他们的当务之急是消除清政府的疑虑，渥巴锡在与策伯克多尔济、舍楞、巴木巴尔商议后，一致决定，将数万部众交于清朝官员照料，渥巴锡亲率领导东返斗争的主要首领策伯克多尔济、舍楞、默们图、劳章扎布、沙喇扣肯、雅兰丕勒等十二台吉，土尔扈特扎尔固成员大喇嘛罗卜藏丹增、达什敦多克、甘珠克图、查干曼济、津巴（策伯克多尔济亦为扎尔固成员），以及所属宰桑十三人，喇

① 中国第一历史档案馆藏：《满文土尔扈特档》，乾隆三十六年九月（下），三全宗，一六九八，二号。

② 中国第一历史档案馆藏：《满文土尔扈特档》，乾隆三十六年九月（下），三全宗，一六九六，一号。

③ 中国第一历史档案馆藏：《满文月折档》，乾隆三十六年六月二十五日折。

嘛七人,随从二十人,入觐承德。① 应该说,渥巴锡决策承德之行,在很大程度上解除了清政府的不安和疑虑,在承德封赏王公的同时,乾隆帝对数万土尔扈特部众的赈济也是及时和慷慨的。这在《优恤土尔扈特部众记》碑文中已有所述。需要指出的,通过承德之行,渥巴锡更确切地了解了清政府"众建以分其势"的政治意图,即所谓渥巴锡、策伯克多尔济、舍楞断不能"共处一地,务必另择较远之所分住之,方裨益于事","在放盟长、协理将军时,伊等三人,朕亦个别放之"②。对此,渥巴锡曾表示过异议和不满,提出自己仍是统辖土尔扈特蒙古的汗。但在当时的形势下,渥巴锡想与清政府抗衡,显然是力不能及的,加上自己的主要伙伴舍楞、策伯克多尔济在清政府的厚赏面前志得意满,对渥巴锡的离心倾向与日俱增。舍楞在离开承德前夕说:"吾为有咎于大皇帝之人,惧罪逃离国土,投奔俄罗斯,原非与旧土尔扈特等共处",此次"蒙皇恩殊深,均出乎意料",而"无法报答于万一,殊为感激"。③策伯克多尔济自被"封其为亲王,多加赏赉后,伊尚感悦备至,毫无胸怀异心之状"④。渥巴锡当然不可能获得他们的支持,不可能从清政府处争得更多的自主权利。渥巴锡清醒地认识到严酷的现实,放弃了对全部土尔扈特部众的统辖权,而将自己的主要精力放在协助清政府安置部众,以期让自己的部众尽快走上重建生活的道路。

土尔扈特部众的安置直接关系着数万人的安全越冬和当地社会秩序的安定。因此,无论是渥巴锡还是清政府,在实现承德入觐之后,均视此为第一要务。

回归之初,对于如何安置土尔扈特部众,清政府有一个总体设想,乾隆帝曾指出:"土尔扈特、绰罗斯等,理宜指地令居,若指与伊犁之沙喇伯勒等处,附近西边,易于逃窜;乌鲁木齐一带又距哈密、巴里坤卡路甚近,朕意令

---

① 中国第一历史档案馆藏:《满文月折档》,乾隆三十六年八月十二日之附件(《前往京师朝觐圣明之台吉等名单》《同渥巴锡一起前来朝觐之新归顺土尔扈特台吉之人名单》)。

② 中国第一历史档案馆藏:《满文土尔扈特档》,乾隆三十六年九月十一日折,第二件。

③ 中国第一历史档案馆藏:《满文土尔扈特档》,乾隆三十六年十月十一日折,第二件。

④ 中国第一历史档案馆藏:《满文土尔扈特档》,乾隆三十六年九月二十八日折,第四件。

居住塔尔巴哈台东、科布多西之额尔济斯、博罗塔拉、额密勒、斋尔等处方妥。"①考虑到承德入觐后,时已近深秋,西陲之地,早已冰封雪飘,因此,清政府在七月间即提出如下安置方针:"为使厄鲁特等免遭损失,既先不分别指地遣往,暂住斋尔越冬,待明年春季再行前往。"②不过通过在承德对土尔扈特众首领的了解,乾隆帝最后决定"指地安置伊等,务以间隔而住之"的原则,③并立刻实施。在乾隆三十六年(1771)秋冬即据分封情况进行安置。

乾隆三十六年(1771)十月初,舍楞在清官员吉福、阿育锡陪同下,"率其属众,移驻科布多、阿尔泰一带,以耕牧为业","择地越冬,来年进住水草丰美、亦耕亦牧之处"④,并"施恩舍楞为正式盟长,沙喇扣肯副之,以便严加约束其属下"⑤。次年四月,"舍楞被安置在阿尔泰乌拉台地方,与杜尔伯特同居之"⑥。

乾隆三十六年(1771)十二月,策伯克多尔济"移驻和布克赛尔,以为该处水草俱佳,殊甚感激",俟其弟奇哩布"病愈,即迁入和布克赛尔"。⑦

到乾隆三十七年(1772)春,安置情况大体是"今和硕特游牧民移居裕勒都斯,郡王巴木巴尔游牧移居济尔噶朗,贝勒默们图游牧移居精河,渥巴锡游牧移居斋尔等地,策伯克多尔济游牧移居和布克赛尔"⑧。

由于东返征程损失过重,元气大伤,安居之初,仍困难迭生,特别是渥巴锡所属部众。据返归之初清政府的实地调查,渥巴锡所属部众有 8 251 户 35 909 人⑨,加上附牧于渥巴锡的其他旧土尔扈特部众,人数不下 4 万余众。占了东返部众的大多数。他们暂居于斋尔地区,仍遇到极大的困难。

其一,疫病流行。乾隆三十六年(1771)秋冬以来,天花在渥巴锡所属部

---

① 《清高宗实录》卷八八七,乾隆三十六年六月十八日,第 11 页。
② 中国第一历史档案馆藏:《满文土尔扈特档》,乾隆三十六年七月二十二日折。
③ 中国第一历史档案馆藏:《满文土尔扈特档》,乾隆三十六年九月十日折,第一件。
④ 中国第一历史档案馆藏:《满文土尔扈特档》,乾隆三十六年十月九日折,第三件。
⑤ 中国第一历史档案馆藏:《满文土尔扈特档》,乾隆三十六年十月十日折,第一件。
⑥ 中国第一历史档案馆藏:《满文土尔扈特档》,乾隆三十六年四月十一日折。
⑦ 中国第一历史档案馆藏:《满文土尔扈特档》,乾隆三十六年十二月三日折,第一件。
⑧ 中国第一历史档案馆藏:《满文月折档》,乾隆三十七年二月二十九日折。
⑨ 《土尔扈特蒙古东返人、户数考析》,载《厄鲁特蒙古史论集》,青海人民出版社 1984 年版,第 226—235 页。

众中流行,几个月时间里,出痘而伤亡者"已达三千三百九十余人"①。在这场肆虐的天灾中,渥巴锡也遭遇了巨大的不幸,他的妻子、儿子、母亲以及幼子相继在乾隆三十六年(1771)正月十日、十一月五日和十二月下旬"出痘病殁"。②

其二,务农不善,土尔扈特回归之初,清政府在慷慨赈济同时,出于自私的政治考虑,认为"倘使伊等只从事繁衍牲只并行狩猎,则其力未免逐渐强大,一旦强大,绝非好事",因而提出:"寻其多加务农,尚裨益于事。"③由于土尔扈特世代放牧,不谙农务,清政府尽管大力发放种子,资助耕畜,传授技术,仍收效甚微。加上疫病侵袭,他们竟达生计不敷的境地。清政府在一则报告中说:"去岁(乾隆三十七年)土尔扈特、和硕特游牧中,除土尔扈特贝勒默们图之游牧外,其余游牧所种谷物俱皆欠收。"④

为摆脱困境,渥巴锡多次力求移地放牧,终于获准,几经协商,渥巴锡选定了气候适宜、水草丰美的珠裕都斯草原作为新的游牧地,并派人会同清廷官员一起踏勘,认为该处"冬夏牧场,可耕之地,足够种植放牧"。⑤ 乾隆三十八年(1773)七、八月之交,渥巴锡率领部众分六队在"厄鲁特兰翎伊斯麻里及熟悉道路之回子噶杂那奇伯克买麻特克里木"的向导下,向裕勒都斯草原移牧,至此,土尔扈特牧地基本确定,一直沿袭至今。

尚需说明,德国学者海西希教授在论及土尔扈特回国后处境时,曾引过一则土尔扈特谚语:我们疯狂般追求的是两件东西——衣服和火炕,但我们所得到的却是岩石和沙砾(讽喻中国方面拨给土尔扈特民族的是不毛之地)。⑥ 且不论此则谚语来源如何,仅就土尔扈特当时所获之游牧地而言,无论是裕勒都斯草原、博斯腾湖畔,还是和布克赛尔、精河、乌苏等,都是水草丰美的优良牧场。1982年夏天,笔者有幸亲历上述诸地考察,身临其境,果然名不虚传。正因如此,土尔扈特蒙古自此之后,生活日趋安定,人口繁衍,牧业发展,在故土开始了新的游牧生活。

---

① 中国第一历史档案馆藏:《满文土尔扈特档》,乾隆三十六年十二月二十八日折。
② 中国第一历史档案馆藏:《满文土尔扈特档》,乾隆三十六年十二月三日、十二月十日、十二月二十八日折,第一件。
③ 中国第一历史档案馆藏:《满文土尔扈特档》,乾隆三十六年九月十日折,第一件。
④ 中国第一历史档案馆藏:《满文月折档》,乾隆三十八年二月二十二日折。
⑤ 中国第一历史档案馆藏:《满文月析档》,乾隆三十八年七月五日折,第二件。
⑥ 海西希著,田中克彦译:《蒙古的历史与文化》,岩波书店1967年版,第85页。

游牧之初,渥巴锡针对部属偷盗时有发生,甚至发生"纠合数人,乘夜抢掠","打伤多人,掠去什物"的抢劫事件。① 为保护部内安定,维护地方秩序,经过反复酝酿,渥巴锡于乾隆三十九年(1774)正月颁行防盗法纪六条在部内施行。其内容在《清实录》和有关汉文史籍中均未记述,今从《满文月折档》乾隆三十九(1774)年正月四日伊勒图奏之附件发现相关内容,可分为如下两个方面:②

第一,健全管理体制,明确管理职责。宰桑管辖之人中,十户设大甲长一、小甲长一管辖,统一放牧,有作盗者,甲长责罚"作盗者骆驼一峰","若庇护贼徒,按其情之轻重治罪甲长",与作盗者"均分赃物者,则治同罪"。

第二,奖惩分明,杜绝偷盗。奖励检举作盗之人,若受到刁难,"按伊之自愿,移居其他是易吉地游牧","若有擒拿作盗者,则将贼徒之财产、牲畜,全部赏给擒获盗贼之人"。宰桑凡对属下作盗者知而不报,"罢去宰桑之职,没收其村俗,交与他人,尚鞭笞三十、枷号三十日"。

管理有效,奖惩分明,这有力地控制了偷盗事件的蔓延,保证了游牧生活的安定。而且渥巴锡制定的防盗法纪,也影响了其他部落管理上的完善。游牧于博斯腾湖畔的和硕特部布彦楚克不久也制定了法纪十条,并颁布施行,③内容基本上与渥巴锡防盗法纪六条相同,只是扩大了甲长的权限,并增加了制止逃亡的条例。

渥巴锡在困难重重的情况下,终于使土尔扈特部众在回国之后得以安然渡过困境,走上重新发展的道路,这是渥巴锡一生中不可低估的重要功绩。

乾隆三十九年十二月八日(1775年1月9日),渥巴锡因病逝世,终年33岁,④弥留之际留下遗言:"前我思念大皇帝、达赖喇嘛,自额济尔归附前来,令游牧亦善,大圣皇帝仁慈养育之德,乘我命在叩谢,我躬去世之后,大圣皇帝恩典,将军必仁慈养育我之村俗。尔等只有严加约束村俗,安分度

---

① 中国第一历史档案馆藏:《满文月折档》,乾隆三十九年正月四日折。
② 法纪内容均引自《满文月折档》乾隆三十九年正月四日伊勒图奏文附件,不一一注明。
③ 布彦楚克的十条法纪民,同样未见于《清实录》和其他汉文史籍的记载,见中国第一历史档案馆藏:《满文月折档》,乾隆三十九年正月二十七日。
④ 第一历史档案馆藏:《满文月折档》,乾隆四十年二月十一日。

日,勤奋耕田,繁衍牲畜,勿生事端,致盼致祷。"①伊勒图在乾隆四十年(1775)正月七日得到渥巴锡之妻丧报后立刻转报清廷。乾隆帝闻讯后,即派"乾清门侍卫鄂兰、驰驿前往游牧处奠祭,仍拨哈喇沙尔库银一千两,办理丧事,并将渥巴锡之爵,令伊长子策凌那木札勒承袭"②。

伊勒图随即派出参翼长格灵德为专使抵达渥巴锡游牧地,向渥巴锡之妻慰问,并明确表示"将军仍按汗在世时同样办理,喀屯可以宽怀"③。同年三月五日,鄂兰一行抵达渥巴锡牧地,向渥巴锡之妻慰问并宣读谕旨:"渥巴锡自归顺以来,一切甚为恭顺,惊悉伊病故之噩耗,殊为恻怜,今按律例,汗之封号,令策凌纳木札勒承袭。"④清政府的隆重慰问,当然不能成为我们今天评价渥巴锡一生功绩的全部依据。

渥巴锡是生活在18世纪中叶的蒙古封建王公,纵观其短暂的一生,前期完成摆脱俄国的民族压迫和率部胜利东返祖邦故土的壮举,后期则是在当时历史条件许可的情况下,顺利地完成了使自己部众在故土开始新的游牧生活的重任。可以看出,渥巴锡的一生始终为了本民族的生存和发展而努力。为此目的,在组织领导东返斗争时,渥巴锡不畏强暴,大智大勇;回国后安置部众时,他又能审时度势,忍辱负重,终于完成了历史赋予他的使命。试想:如果回国后,渥巴锡仍坚持要当全土尔扈特之汗,统辖回归之全部土尔扈特蒙古,必将激化与清政府的矛盾,这对当时处于困境的土尔扈特数万部众来说,后果不堪设想。渥巴锡对自己的人民、自己的故土充满着深挚的爱恋。因此,当个人利益与民族利益发生冲突时,他能顾全大局,这是难能可贵的。"判断历史的功绩,不是根据历史活动家没有提供现代所要求的东西,而是根据他们比他们的前辈提供了新的东西"⑤。渥巴锡只能完成18世纪历史条件允许他完成的功绩,正是在这一点上,渥巴锡不仅超过了他的前辈,而且与他的同辈相比也稍胜一筹。土尔扈特人民自此之后与新疆各族人民一起,为开发边疆、保卫边疆做出了自己的贡献。

---

① 中国第一历史档案馆藏:《满文月折档》,乾隆四十年二月十一日折。遗言系渥巴锡之妻派往伊勒图处之侍卫蒙库济尔噶尔所述。
② 《清高宗实录》卷九七三,乾隆三十九年十二月二十七日,第19—20页。
③ 中国第一历史档案馆藏:《满文月折档》,乾隆四十年二月二十日折。
④ 中国第一历史档案馆藏:《满文月折档》,乾隆四十年四月二日折。
⑤ 列宁:《评经济浪漫主义》,载《列宁全集》第2卷,人民出版社1955年版,第150页。

从中华民族历史发展的全局看,土尔扈特人民创造的历史功绩是其光辉的一页。他们反抗强暴、热爱故土的英勇事迹,充分反映了中华民族固有的凝聚力和强烈的向心力,反映了我们祖国各族人民的爱国主义传统,反映了我们统一多民族国家内各民族间互相依存、共同发展的密切关系。正是在这样的历史大前提下,渥巴锡无愧于中华民族民族英雄的光荣称号!

三

清政府对土尔扈特蒙古实施的收抚政策是清政府民族统治政策的一个重要方面,乾隆帝在廷臣众说纷纭的议论中,能够根据得到的情报,对土尔扈特返归的原因、意图做出符合实际的分析判断,进而制定了收抚土尔扈特蒙古的方针,这在当时来说,确实是难能可贵的。事实证明,通过渥巴锡入觐承德,清政府在执行收抚政策中也取得了良好效果。

第一,封爵、厚赏、礼待确实起到了笼络土尔扈特蒙古王公的作用。一度曾参加过阿睦尔撒纳叛乱而对清政府抱有敌意的舍楞,在离开承德前夕说:"吾为有咎于大皇帝之人,惧罪逃离国土,投奔俄罗斯,原非与旧土尔扈特等共处,此次尔等共议返回故土,分享皇恩",而他这次来到承德之后,"蒙皇恩殊深,均出乎意料",因而使他感到"无法报答于万一,殊为感激;"① 对清政府将任命他为盟长,并与渥巴锡等分牧,更使他"欣喜万分",连说:"我之愿望,亦是此也。"② 另一重要首领策伯克多尔济在一开始虽然与渥巴锡有争功之隙,但自被"封其为亲王,多加赏赉后",他也"感悦备至,毫无胸怀异心之状"。③ 渥巴锡尽管对清政府的设盟措施抱有保留态度,但在他返归牧地后,为了安置部众越冬,仍主动与舒赫德联系公务。上述几个主要首领的政治态度,说明了清政府收抚政策的成功实施。

第二,渥巴锡入觐承德使得清政府熟悉了土尔扈特蒙古的历史和政治

---

① 中国第一历史档案馆藏:《满文土尔扈特档》,乾隆三十六年十月一日折,第二件。

② 中国第一历史档案馆藏:《满文土尔扈特档》,乾隆三十六年九月二十五日折,第五件。

③ 中国第一历史档案馆藏:《满文土尔扈特档》,乾隆三十六年九月二十八日折,第四件。

现状。清朝统治者懂得,要实现对边疆少数民族的统治,必须了解当地各族的历史与现状,曾做过边疆大吏的松筠就说过这个道理,他认为要统治边疆各族,"首在熟悉'夷'情,然非特知其长技,察其习尚已也,其部落之强弱,形势之夷险,以及承袭之世次,官制之维系,尤必固知之,而后足以得其心,以制其命"①。通过渥巴锡在承德的入觐活动,清政府对土尔扈特蒙古的历史和王公世系有了较为清楚的了解,《土尔扈特部纪略》即是在这次调查的基础上写成的。乾隆帝在这篇《土尔扈特部纪略》中,纠正了自己过去对土尔扈特世系记载的错误,正如他在文中所说:"土尔扈特之初来也,益尝咏之诗载之记,皆以为始自阿玉奇,溯而上之,荒略弗可考,此亦述向之所闻者而书之,而不知其更有所祖,非始自阿玉奇,兹以其麇至,乃得一一详征其实为之重记,何必隐约弗明以讳吾前言之未精核哉!"故其所记土尔扈特王公世系,至今看来仍是精确可靠的。更重要的是,通过与渥巴锡等土尔扈特蒙古首领的谈话,清政府掌握了土尔扈特部王公们的政治关系和基于不同政治处境而产生的不同政治要求。诸如,渥巴锡与策伯克多尔济、舍楞等权力再分配上存在着矛盾,渥巴锡对设盟持有异议,等等。这一切对于清政府进一步完善收抚政策无疑是必不可少的。

  清王朝作为统一多民族的封建国家,在边疆地区少数民族的统治上,主要采取"恩威并施""剿抚并用"的方针:一方面,对少数民族割据势力与反清力量实行武力镇压与军事统治;另一方面,对其上层人物则施之以怀柔、拉拢措施,正如乾隆帝自己所说,"天朝之于外藩,恭顺则爱育之,鸱张则剿灭之"。这是清朝政府民族统治政策的基本原则,而清政府对远道来归的土尔扈特王公所实行的措施,也正是其民族统治政策中"恩""抚"方面的具体体现。但就清政府对土尔扈特蒙古的具体政策来说,其又可分为收和抚两个方面,关于收的方面,最早于乾隆三十六年(1771)三月至五月间就已决策,但在抚的方面,即如何安置、管理土尔扈特部众,可以说直到渥巴锡来承德后才得以贯彻和完善。因此,抚的措施要比收的措施更为复杂、细致,但其核心不外乎优待上层,安置部众,从而达到统治整个土尔扈特部族的根本目的。

  为了达到上述目的,清政府对土尔扈特部的统治采取了如下几项措施:

---

① 松筠:《新疆识略》卷一二。
② 《清高宗实录》卷一〇二三,乾隆四十一年十二月乙卯。

第一,众封以分其势。这是清政府对待少数民族特别是对待蒙古的一项传统的统治政策,这项政策主要反映在乾隆帝对土尔扈特蒙古各部牧场的安置上。从现有档案资料来看,他多次命舒赫德对土尔扈特各部"指地安置,务以间隔而住之"①,且明确指令:"务使渥巴锡、策伯克多尔济、巴木巴尔、舍楞、默们图、恭格等人,予以分别远隔,指地而牧",并要他把上述六人"俱委任为盟长"。② 清政府在大量赈济土尔扈特蒙古部众的同时,还把"塔尔巴哈台东、科布多西之额尔齐斯、博罗塔拉、额密勒、斋尔等处"③划为牧场。乾隆三十八年(1773)和乾隆四十年(1775),清廷又对土尔扈特各部的牧场做了调整。

渥巴锡所领之地,称旧土尔扈特部,划分为南、北、东、西四路,分设四盟,各立盟长,颁发官印。南路在喀喇沙尔城(今焉耆回族自治县)北裕勒都斯草原,置四旗,渥巴锡为盟长;北路在和布克赛尔,置三旗,策伯克多尔济为盟长;西路在精河县一带,置一旗,默们图为盟长;东路在库尔喀喇乌苏(今乌苏)一带,置两旗,巴木巴尔为盟长。

舍楞所领之地称新土尔扈特部,划牧于科布多、阿勒泰地区,置两旗,舍楞任盟长。

和硕特恭格部,游牧博斯腾湖畔(今和硕一带),置四旗,设巴图色特奇勒图盟,恭格为盟长。

上述分牧新疆各族的土尔扈特各盟,由哈拉沙尔办事大臣、塔尔巴哈台领队大臣、库尔喀喇乌苏领队大臣分别管辖而由伊犁将军总理其事。十分明显,清政府通过分配牧地、委托官职,使各部相互牵制,彼此制约,以分化、削弱土尔扈特整个部族的势力,从而达到分而治之的目的。

第二,兴黄教而安蒙古。扶持喇嘛教是有清一代统治蒙古族和藏族的又一项重要政策。清人陈康祺曾说:"本朝龙兴之初,喇嘛教效顺最早,而其术盛行东土又夙为蒙古诸部所崇信,故优礼彼教政,以羁縻外藩。"④乾隆帝对喇嘛教在维护清政府封建统治中的作用也看得非常清楚,他说:"兴黄教,

---

① 中国第一历史档案馆藏:《满文土尔扈特档》,乾隆三十六年九月十日折,第十四件。
② 中国第一历史档案馆藏:《满文土尔扈特档》,乾隆三十六年九月二十五日折,第二件。
③ 《清高宗实录》卷八八七,乾隆三十六年六月丁亥。
④ 陈康祺:《郎潜纪闻》卷一,光绪六年版。

即所以安众蒙古,所系非小,不可不保护之"①,何况土尔扈特蒙古东返重要原因之一即是"俄罗斯风气迥殊"而"慕我国家尊崇黄教"②。所以,乾隆帝在承德充分尊重随从渥巴锡前来的土尔扈特大喇嘛罗卜藏丹增宗教上的地位。③ 在规模宏大、仿西藏布达拉宫而建的普陀宗乘之庙落成时,"以其素重黄教,命往瞻礼",使崇信黄教的渥巴锡等土尔扈特蒙古王公首领"益深感悦"④。不仅如此,乾隆帝还在乾隆三十七年(1772)二月谕令舒赫德,"要极力赞助"渥巴锡的游牧地"修筑寺院",并指出,此举在当时"益发重要,如早日竣工,可收定其心"。⑤ 同年七月,清廷又特准"将土尔扈特渥巴锡、舍楞等赴藏礼拜达赖喇嘛所派之人,官为办理,派员护送"⑥。按规定少数民族王公赴藏礼佛本是"理宜自备资斧前往"⑦的,但对土尔扈特蒙古却给予这样破格的优待,充分说明清政府利用喇嘛教安抚土尔扈特蒙古的真实用意。

第三,因其俗而统驭之。因俗而治,本是清政府对少数民族统治的重要手段之一,上述兴黄教也正是"因其教,不易其俗"⑧政策的重要内容。但清政府对土尔扈特实行因俗而治政策的内容,不仅体现在兴黄教,还在于在保持和利用其民族社会习俗与社会制度的条件下,通过其民族上层去控制部众,如清政府保留渥巴锡汗号,就是这一政策的体现。渥巴锡是土尔扈特部众望所归的首领,而汗王的尊号又是自阿玉奇以来土尔扈特部的一项传统政治制度,为了照顾土尔扈特部原有制度的习俗,渥巴锡回归后,清政府并未取消其汗号,封他为卓哩克图汗,这点,正如昭梿所说:"列圣柔远绥邦,抚安华夏,皆得操纵之道。喀尔喀四部落及杜尔伯特、土尔扈特等归降时,皆不去其汗名。"⑨在治理土尔扈特内部事务时,清政府也充分考虑土尔扈特原有的法度习俗,而不轻易更动。为此,乾隆帝指令舒赫德:"日后伊部众若有盗贼之案,渥巴锡等可沿用其旧法处治,往后天长日久,伊等即熟悉内地

---

① 乾隆:《喇嘛说》。
② 祁韵士:《外藩蒙古回部王公表传》卷一〇二《土尔扈特部总传》。
③ 罗卜藏丹增即西方史籍中所载东返途中起重要作用的洛桑丹增大喇嘛。
④ 乾隆:《普陀宗乘庙落成,拈香得句》,载《高宗诗文十全集》卷九。
⑤ 中国第一历史档案馆藏:《满文土尔扈特档》,乾隆三十七年二月二十七日折,第二件。
⑥⑦ 《清高宗实录》卷九一三,乾隆三十七年七月己未。
⑧ 乾隆:《普乐寺碑记》(碑文)。
⑨ 昭梿:《啸亭续录》卷二。

之法度,至此始可沿用内地之法惩处案件。"①这种因俗而治的政策,应该说是清政府民族统治政策的重要方面,在民族地区取得了一定的成效。

（原载《边疆与民族——历史断面研考》,黑龙江教育出版社1993年版）

---

① 中国第一历史档案馆藏:《满文土尔扈特档》,乾隆三十六年十月二日折。

清末土尔扈特蒙古郡王帕勒塔述论

近十余年来,经过中国蒙古史学家的共同努力,卫拉特蒙古史研究特别是17—18世纪的卫拉特蒙古史研究取得了长足的发展。基于此,在历次蒙古史和卫拉特蒙古史学术讨论会上,笔者曾吁请学者们将研究视点移向17世纪以前和19世纪以后的卫拉特蒙古史研究。20世纪80年代中期在检阅清末期刊篇目时,笔者偶尔发现了1904年《东方杂志》上刊有《蒙古土尔扈特郡王呈外务部代奏因时变法请假出洋游历折》和《蒙古土尔扈特郡王整顿政治条陈》两则材料,这对研究卫拉特蒙古史多年的笔者而言,是有很大吸引力的。因此,当笔者和马汝珩教授在完成了《漂落异域的民族——17至18世纪的土尔扈特蒙古》一书后,即开始了19世纪以来卫拉特蒙古史的资料收集工作。只是其他研究项目接踵而来,资料收集工作时续时断。现据已收集的资料,草成本文,以图填补近代土尔扈特蒙古历史上一个小小的研究空白。

一、帕勒塔家世与他的改革主张

上述两则奏折均系新疆东路土尔扈特郡王帕勒塔所奏。在《清德宗实录》光绪三十年(1904)二月丁丑条中有如下记载:"本日政务处奏,旧土尔扈特郡王帕勒塔,筹拟蒙古新政事宜十二条代奏一折,着政务处、外务部议奏。"①成书于稍后的《清史稿》也记有帕勒塔请求出洋考察一事,其文如下:"清末,袭郡王者帕勒塔赏请出洋。"②

---

① 《清德宗实录》卷五二七,第11页。
② 《清史稿》卷五二三,第14499页。

帕勒塔,新疆东路旧土尔扈特札萨克多罗毕锡呼勒图郡王,号葆真。①其传承如下。②

一世:巴木巴尔,乾隆三十六年(1771)授札萨克一等台吉,赐号毕锡呼勒图王,乾隆三十九年(1774)卒。

二世:车凌德勒克,初授一等台吉,乾隆三十九年(1774)袭,乾隆四十年(1775)授东路(库尔喀喇乌苏土尔扈特)盟长,赐印,乾隆四十八年(1783)诏世袭罔替,乾隆五十六年(1791)病罢。

三世:巴特玛乌巴锡,乾隆五十七年(1792)袭。

四世:那木札勒车登,嘉庆二十二年(1817)袭,道光二十五年(1845)卒。

五世:巴图,道光二十五年(1845)袭,同治十三年(1874)卒。

六世:巴雅尔,光绪元年(1875)袭。

七世:帕勒塔,光绪二十四年(1898)袭。

美国学者波尔曼西诺夫据1973年10在台北访问帕勒塔长子敏珠多尔济所记述的帕勒塔传承为"巴木巴尔→巴德玛乌巴锡→车凌德勒克→巴图→巴雅尔→帕勒塔",显然是有误,我们仍应以清代文献记载为准。但波尔曼西诺夫对帕勒塔兄弟与子女的记载可引述如下:帕勒塔有弟铁木耳金(？—1912),长子敏珠多尔济(1903—1975)、次子策登道尔济(1914—？)、长女尼尔吉玛(1907—1983)、次女色尔卓(1913—1930)。③

从系谱传承可知,帕勒塔出身于土尔扈特蒙古显贵名门。其祖先巴木巴尔是乾隆三十六年(1771)与渥巴锡共同率领土尔扈特蒙古近17万人东归故土的著名首领之一。清朝政府封爵东路旧土尔扈特札萨克多罗毕锡呼勒图郡王,让其出任盟长。其父巴雅尔于光绪元年(1875)承袭。帕勒塔出生于光绪八年(1882),光绪二十四年(1898)袭爵,时年16岁。④ 光绪二十九年(1903),清廷赏其乾清门行走,光绪三十一年(1905),赏戴三眼花翎,⑤

---

① 《最近官绅履历会录》,民国九年铅印本,第74页。
② 据《清史稿》《新疆图志》记述综合,并参阅高文德、蔡志纯《蒙古世系》(中国社会科学出版社1979年版)考订补充。
③ 《国际中国边疆学术会议论文集》,台北1985年版,第1018页。
④ 据德国旅行家赫尔曼·康斯登记载,帕勒塔的母亲是汉人。波尔曼西诺夫:《帕勒塔亲王》,载《国际中国边疆学术会议论文集》,第1020页。
⑤ 《新疆图志》卷一九《土尔扈特和硕特爵号世次表》。

成了居留北京的年轻蒙古王公。

有清一代,盟旗制度下的蒙古札萨克王公,在政治上、经济上均得到清廷十分优厚的待遇。其中一项即是清朝政府制定的"朝觐"制度,亦称"年班"和"围班"制度。围班制度即木兰行围制度,至乾隆朝后期已逐渐衰落。年班制度是清政府规定的蒙古族和西北地区其他少数民族上层王公贵族每逢年节来京朝见皇帝的一种制度,年班制经久未衰,直至清末依然实行。参加年班的蒙古王公,分批于每年旧历新年入京觐见皇帝,参加御宴,受领赏赉。按律土尔扈特蒙古王公被编入外札萨克年班之第一班中。除此之外,还有部分蒙古王公及其子弟在宫廷入值当差,常年驻京。有的人还受任例由清室亲贵充任的御前大臣、领侍卫内大臣、八旗都统等显赫官职。年班晋京、入值当差,既可经常出入宫廷,又可享受京城奢华生活,因此到清朝末年,常驻京城的蒙古王公逐渐增加,成为一个特殊的权贵集团。帕勒塔即是这一集团中的年轻成员,他往来于新疆、京城之间,可视为是清末走出新疆的土尔扈特蒙古王公第一人。

20世纪初时逢清廷推行新政,在北京的一些蒙古王公也愤于义和团运动失败后"帝后蒙尘"之辱,萌发兴学练兵、以图自强的决心。他们希冀清政府实施新政,通过君主立宪走改良之路,由开明专制发展到君主立宪的日本维新式道路。于是,日本的现状成为一些蒙古王公的关注热点。光绪二十九年(1903)冬,驻京蒙古王公头面人物之一、卓索图盟喀喇沁右旗世袭札萨克多罗都棱郡王兼卓索图盟盟长贡桑诺尔布,通过日本驻清朝公使内田康哉介绍,和御前大臣、喀尔喀亲王那彦图的长子祺诚武、肃亲王善耆的长子宪章等人,各带仆人"未得清政府的许可,由天津私搭日本邮船东渡。此行除了参观正在神户开幕的博览会外,并与日本朝野名流接触频繁,特别是和陆军参谋本部次长福岛安正中将建立了密切的关系"①。在当时清王朝高级统治集团成员中,如皇室亲贵、尚书、督抚、驻外使臣,都有一些人主张"变更政体,实行立宪",提出出洋游历考察动议。光绪三十一年(1905)底,清政府派五大臣赴欧美、日本考察政治。次年,五大臣回国奏请"仿行宪政"。出洋考察,革新政治,推行新政,在当时一些封建王公中成为时尚。显然,这一切对于光绪二十九年(1903)"值年班来京"、年少气盛的帕勒塔具有极大的吸

---

① 吴恩和、邢复礼:《喀喇沁亲王贡桑诺尔布》,载《内蒙古文史资料》第32辑,内蒙古人民出版社1988年版,第5页。

引力。在这股时潮的影响下,他于光绪三十年(1904)提出了《蒙古土尔扈特郡王呈外务部代奏因时变法请假出洋游历折》和《蒙古土尔扈特郡王整顿政治条陈》。

帕勒塔痛心于内忧外患,在《蒙古土尔扈特郡王呈外务部代奏因时变法请假出洋游历折》中疾呼:"近数十年,彼俄人大有觊觎而未割者,视如囊中之物,设一旦割去,奴隶视之,蹂践听之,已有印度、波兰、安南等代表也。"而当前"内外蒙古全部政治相沿至今,泄沓如故。上至王公不知时局艰难,粉饰太平,徒以旦夕歌舞为乐,下至黎庶不知自势难立,徒以饱食终日,为事日穷日危。"所以当此大清帝国大厦将倾之时,"若不及时图治,数年之后更不堪设想"。而"昔者蒙古尚能为天下,今者不能为身家,推其致弱之由,非蒙古之无智也,实无以开其智也",因此"亟筹自励之余,必以开蒙古民智为先"。为此帕勒塔提出:"赏假一年,赴欧美二洲各国悉心考查政治,并著蒙文书籍,俟游学旋毕后,请旨为使游说各部落,悔改苛政,发愤自励,群力维新,思图报效。但求有利于国,稍补于时,而舍效行西法一途,更无致富强之策。"①

帕勒塔本着"误国家者一私字,祸天下者一例字"的认识,"不拘旧例,妄拟条陈",提出"举筹蒙古政治十二条"。②《蒙古土尔扈特郡王整顿政治条陈》仅见于《东方杂志》所刊,已不易查找,今录全文如下:③

第一条　蒙古各部落设大学堂,习洋文一分、汉文一分、蒙文一分;中学堂,习汉、蒙文各一分;小学堂仅学蒙文一分。按蒙古各部落大小酌量分设。至大学堂应兼学体操法。即王公子弟亦均令一律入学堂。惟经费均在本地筹措,无用国家款项。其学堂一切事宜归各盟长管理。

第二条　蒙古各部落民人二十岁以上四十岁以下都入兵册,每人应二十年兵差。按五人抽一充常备兵四年,四年期满接充后备兵十六年。二十年兵差应完将册名注销,除在常备以外,须各务其业,即王公子弟均著一律充当兵差,其一切事宜归盟长管理。

---

① 以上引文均见《东方杂志》第1卷第4期。
② 《蒙古土尔扈特郡王呈外务部代奏因时变法请假出洋游历折》,载《东方杂志》第1卷第4期。
③ 《东方杂志》第1卷第4期(1904年6月8日)。

第三条　蒙古各部落地方寥廓,必须按该部落地段尽力开垦,若遇地广人稀之段,准招汉民耕种,照章完税,其开垦一切事宜归盟长管理。

第四条　蒙古各部落准其蒙汉来往通商,其各部落盟长应如何纳税俟奏准后再议。

第五条　蒙古各部落查有五金矿产,准蒙古富商开采,如汉富商在该部落禀称开采者,其矿课矿租均归该部落盟长收纳。

第六条　蒙古各部落宜分设工艺局,先制皮革、毹氆毡、布匹、绒毛毡、毡毯等物,售出价值除该留各项经费外,按年查核余利归公。

第七条　蒙古各部落宜分设报馆,须归官办,就大学堂地方开设,至报文用蒙、汉两文,汉文不用文法,只用白话,令阅者晓畅为要。

第八条　蒙古各部落自来牧养牲畜,拟按各部落养畜数目设局派员收税,归各部落盟长查核,照季呈缴归公开销。

第九条　蒙古各部落所设新政,须派汉员,公正廉明,通达时务,有省分道府州县等官,每盟拟设二员以备参谋顾问,如充当三年卓有成效者,准其请旨奖励。

第十条　蒙古各部落盟长向来归理藩院奏请旨简放,拟请嗣后由各部落公举文理通达讲求时务之王公拟实正陪,奏明恭请特旨领放充当盟长,以期办事得力。

第十一条　蒙古各部落民间子弟除孤子不令当喇嘛外,其愿当喇嘛者限兄弟二三准其一人,兄弟五人准其二人,如兄弟过五人者不准加充喇嘛。

第十二条　蒙古各部落所拟举等开浚利源各条,除学堂练兵等项经费外,如有余款,各部落盟长造具清册咨部查核,报效国家而充库帑。

上述十二项条陈的内容包括了政治、经济、文化、宗教各个方面,反映了当时希冀依靠清政府进行自救的一部分封建贵族上层的政治主张,这些主张也明显地受到维新变法思潮和政见的影响。这在当时蒙古封建王公中是不多见的。

帕勒塔考察欧美的计划未能实施,转而准备东渡日本。据芬兰著名阿尔泰学家兰古斯塔夫·约翰·司铁记述,1905年帕勒塔曾对其说:"他不打算待在北京,而想到日本旅行,进军事学校或大学学习。"①光绪三十二年三月十四日(1906年4月7日),帕勒塔由天津大沽口搭上日轮横滨丸开始东渡日本的航程。② 帕勒塔抵神户后改乘火车于4月16日到东京,受到日本官方礼待。福岛安正将军会见帕勒塔并陪同观赏樱花会。③ 帕勒塔在留日期间,曾入日本振武学校学习军事,④于1909年3月回到阔别三载的北京。⑤

二、从保皇到投靠北洋政府

1909年的中国,正处于大革命的前夜。

人民群众自发反抗斗争遍及全国各地,资产阶级革命派已从舆论宣传发展到发动武装斗争。1908年钦廉上思之役、河口之役、安庆之役,虽均遭清政府镇压,但武装推翻腐朽清王朝的星星之火已点燃,清王朝统治陷入四面楚歌的绝境。清廷为摆脱危机,企图通过立宪来缓和国内民族矛盾和阶级矛盾,1906年宣布"预备仿行宪政",1907年下令在中央设资政院,1908年颁布了"各省谘议局章程"和"宪法大纲",规定九年内完成"立宪"准备工作,1909年各省谘议局也分别开会议政。各种政治势力以及他们的代表人物纷纷出现在当时的中国政治大舞台上。帕勒塔回国后即受到清政府器

---

① 古斯塔夫·约翰·兰司铁:《1898—1912年七次东方旅行记》,美国蒙古学会1978年版,第152页。

② 日本外务省外交史料馆:《藏日本外务省人事门·皇室及礼仪类·访问接等宴会项》,《关于土尔扈特王帕勒塔游历本邦(日本)之件》第1件《大清国公使杨枢致日本外务臣蔬信爵西园寺公望函》(光绪三十二年三月十三日)。

③ 日本外务省外交史料馆藏:《日本外务省人事部门·皇室及礼仪类·访问接待宴会项》,《关于土尔扈特王帕勒塔游历本邦(日本)之件》第3件《日本驻大清国公使内田康哉致外务大臣西园寺公望函》(明治三十九年四月六日),及第9件、第10件。

④ 《最近官绅履历会录》,第74页。

⑤ 帕勒塔在日本的生活,除前引述的藏于日本的档案外,还未见到其他记载。1993年11月下旬,笔者在访问东京时曾有幸到外交史料馆查阅上述档案,该档案题为《关于土尔扈特王帕勒塔游历本邦(日本)之件》,共收录了10件文献,时间是1906年4月至1909年3月。其主要是清、日政府关于帕勒塔出访日本与回国的外交信件,对帕勒塔在日本的三年游历生活,并未记述。

重,很快就任"陆军贵胄学堂蒙旗监学",专司训练禁卫军。大臣载涛专门奏请"赏给藩属郡王(帕勒塔)爵章"。① 作为驻京蒙古王公的一员,如一位西方学者所言:"帕勒塔无疑是杰出的知名人士,是当时蒙古王公中受到最好教育的王爷"②,他当然不甘于政治上默默无闻而沉溺酒色之中。综合各种史料可知,辛亥革命前夕居留北京的蒙古王公中的头面人物如下:在清廷御前大臣中有喀尔喀赛音诺颜部札萨克亲王那彦图、内蒙古科尔沁辅国公博迪苏;在八旗都统、副都统中有科尔沁札萨克亲王阿穆尔灵圭、土默特札萨克贝子棍布札布、科尔沁辅国公达赉、喀尔喀亲王那彦图之子祺诚武;在资政院钦定议员中有喀喇沁札萨克郡王贡桑诺尔、喀尔喀车臣汗部郡王多尔济帕拉穆;其他还有科尔沁札萨克宾图郡王棍楚克苏隆、巴林札萨克郡王札噶尔、奈曼札萨克郡王苏珠克图巴图尔,等等。这些蒙古王公中,那彦图是清朝前期平定准噶尔时著名将帅、超勇襄亲王策凌之后,还兼任着领侍卫内大臣和列清朝八旗之首的镶黄旗满洲都统等显职;阿穆尔灵圭是僧格林沁的曾孙,博迪苏也是僧格林沁的裔孙,身为镶白旗汉军都统的阿穆尔灵圭,还受命为总司稽察守卫事宜王大臣,掌管整顿整个宫廷的侍卫,博迪苏也兼任领侍卫大臣、八旗都统等职。贡桑诺尔布则是以"兴业变革"闻名的蒙古王公。③

辛亥革命前夕活跃在北京政治舞台上的蒙古王公,有的是清廷世勋功臣之后,跻身于统治集团核心,有的是少年得志、正欲在政坛一展雄心的人物。但他们都是蒙古封建贵族阶级的上层人物,其政治命运与清廷休戚相关,政治立场是反对革命,力图想通过清廷推行"新政"以"变革图强"。因此,在清王朝行将灭亡的历史转折关头,他们必然是反对共和,反对革命。

1911年10月10日,武昌起义爆发,革命烈火迅速燃遍大江南北,清王朝的倾覆已成定局。在北京的蒙古王公为保护自身的封建特权,也积极展开了政治活动。在那彦图、贡桑诺尔布、博迪苏等首倡下,他们于12月24

---

① 《宣统政纪》卷四九,宣统三年正月戊寅,第12页。
② 波尔曼西诺夫:《帕勒塔亲王》,载《国际中国边疆学术会议论文集》,第1022页。
③ 《宣统政纪》《东方杂志》;吴恩和、邢复礼:《喀喇沁亲王贡桑诺尔布》,载《内蒙古文史资料》第32辑;祺克泰、孟允升:《蒙古亲王那彦图的政治活动及生活纪略》,载《文史资料选辑》第99辑。

日成立了"蒙古王公联合会",又称"旅京蒙古联合会""蒙古联合会""蒙古同乡联合会"①,设总会于京师,还计划在蒙古各地设立分会。该会章程提出:"本会以开通蒙古风气,改良政治,保存权利,联络全体,互相辑睦为宗旨"(第一章第一条);规定"本会以蒙古汗、亲王、郡王、贝勒、贝子、公、札萨克、议员及现有职任之台吉、他(塔)布囊、旗员等为会员"(第二章第二条)。② 从章程内容可以看出,这是一个蒙古显贵旨在"保存权利",也即是保护自身封建特权的政治小团体。联合会成立后第三天,即宣统三年十一月七日(1911年12月26日),联合会以全体蒙古王公名义,向清廷内阁总理大臣袁世凯呈递信函,内称:"代表等世居朔漠,久濯王灵,于大皇帝无二心,于强邻无异志";恭维袁世凯是当今"分崩云扰"之际"只手擎天"的"再造中国四万万生灵者",因此,希冀袁世凯"详示就里,以释群疑";然后,这些驻京王公代表即将"此意通告内外各蒙藩,俾识德意,咸生爱戴";通览全文,中心主旨即是面对革命剧变"痛心疾首,期复旧观"。③ 他们还联名提出意见书,维护"君主立宪",保护盟旗制度,要求清廷"亟图整顿",否则"局势甚为可危"。④

与此同时,驻京蒙古王公以蒙古10盟(部)135旗的名义,由外藩世爵中地位最高的科尔沁图什图业、达尔罕、卓里克图三亲王及喀尔喀三汗并赛音诺颜亲王等联合署名,致电参加南北议和的民军代表伍廷芳,攻击以孙中心为代表的革命党人是"狭隘民族主义",表示反对共和,拥戴清室。稍后,蒙古王公又给伍廷芳发了一封长达千余言的信函,指责民军方面不允议和罢兵,"必欲去此有名无实之君主",以"致兵联祸结,陷万民于水深火热之中",乃是"以共和为美名,日行专制之实际,较之旧政府且变本加厉";他们声称:"满蒙藏回土宇辽阔,几占全国之大半,其人民习惯只知有君主不知何谓共和,更深惧君子少数专制之共和。"信末威胁:"如诸君子持己见,骛虚名,速实祸,以促全国之亡,则我蒙古最后之主张未便为诸君子宣布。"⑤ 在

---

① 渤海寿臣辑:《辛亥革命始末记》第11册《要件》;郭孝成:《蒙古独立记》,载《辛亥革命》第7册,第209页。

② 渤海寿臣辑:《辛亥革命始末记》第8册《各省》。

③ 《蒙古代表那彦图等致内阁袁世凯函》(宣统三年十一月七日),军机处函件档,载《辛亥革命》第7册,第299—301页。

④ 卢明辉:《清代蒙古史》,天津古籍出版社1990年版,第369—370页。

⑤ 渤海寿臣辑:《辛亥革命始末记》第11册《要件》。

上述分别致送南北双方函电信件上署名的王公,都是蒙古各盟旗中的显赫人物,但若稍加留意就可发现,其中不少蒙古王公实际并不在北京。如科尔沁亲王阿穆尔灵圭正在东北;鄂尔多斯贝子绷楚克车林在库伦蒙古办事大臣任上;喀尔喀蒙古车臣汗阿克旺那林、赛音诺颜亲王那木囊苏伦、土谢图汗部亲王杭达多尔济等正忙于参与库伦"独立"闹剧。显然,函电信件的真正始作俑者是那彦图、贡桑诺尔布、博迪苏等驻京蒙古王公中的头面人物。在这些函电信件中均署上大名的帕勒塔,在驻京蒙古王公中是一个政治上十分活跃的人物,但毕竟年轻且资历浅,还不能跻身于这一特殊政治群体中的领导层,而只是他们中间的一个积极参与者。也正因如此,正面记述帕勒塔这一时期的政治主张和活动的史料不是很详细,我们只能从驻京蒙古王公总体政治活动的蛛丝马迹中钩稽其活动的轨迹。

帕勒塔与其他驻京蒙古王公一起,除以"蒙古王公联合会"名义致函袁世凯和伍廷芳,表述自己政治主张,以期扩大政治影响外,还与那彦图、贡桑诺尔布一起多次参加隆裕太后主持的宫廷御前会议,扮演了死心保皇、反对共和的政治角色。

1911年12月下旬至1912年1月底,隆裕太后曾先后召集多次御前会议,随着革命形势的发展,御前会议讨论的重点问题依次有三个。1911年12月下旬主要讨论是否同意由国会公决国体问题;1912年1月17日至23日主要讨论是否同意共和、清帝退位;1912年1月26日以后主要讨论是否接受清帝退位的优待条件。

1911年12月28日,隆裕太后召开御前会议,宣布同意召集临时国会,通过国会投票决定国体。① 但此议遭到不少皇族亲贵和蒙古王公的反对,"终因有在京蒙古王公中数人多不谓然,未能定议"②。

1912年1月1日,"中华民国"在南京宣告成立,孙中山就任临时大总统。袁世凯在得到南京方面让予大总统职位和优待清室及满蒙贵族等承诺后,力促召开御前会议,迫清帝退位。1月17日至23日,隆裕太后又召集御前会议,参加者有皇族近支、蒙古王公及袁世凯内阁主要成员。出席御前会议的蒙古王公有那彦图、贡桑诺尔布、棍楚克苏隆、博迪苏和帕勒塔。 在与

---

① 《关于南北议和的清方档案》,载《辛亥革命》第8册。
② 渤海寿臣辑:《辛亥革命始末记》第11册《要件》。
③ 溥伟:《让国御前会议日记》,载《辛亥革命》第8册,第112页。

会的14人中,"惟有四人有言,余皆缄口"①,4人中即有那彦图,他力劝隆裕太后切勿听信庆亲王奕劻接受共和的主张,态度极为激烈。②在会上"清太后伏案啜泣,满座无声,忽有一个列席的蒙古王公,慨然起而反对,和奕劻争论"③,在赵尔巽全宗档案中也记述了这次御前会议上的"退位之争","嗣因蒙古王公反对甚力,未得解决"④。1月18日,御前会议继续召开,会上"奕劻仍执前议,并将密定优待条件提出,蒙古王公反对更烈……仍无结果而散"⑤。1月19日的会上,当袁世凯内阁代表提出在天津另组一临时内阁,更遭到了"满蒙的王公亲贵一致反对"⑥,只得作罢。1月23日,御前会议仍然争执不休,"皇太后一味痛哭,然无以应对国务大臣,赖亲贵力争,未准共和之议"⑦,1月24日,有人致函赵尔巽称:"奸贼袁世凯竟吓逼两宫及各亲贵允认共和,仅以蒙古王公与各路军将反对,尚未宣布逊位诏旨"⑧。

此时驻京蒙古王公反对任何共和之议,且态度坚决。帕勒塔在历次御前会议上到底说了些什么?那个起身与奕劻争论的蒙古王公是否是帕勒塔,终因史载不详,不可妄加推测,但帕勒塔还是为后人留下了一则表明自己政治立场的绝好的文字记载。当时报纸曾有一篇题为《帕邸不认共和之声》一则报道,文如下:

> 京函云,现蒙古各王公之反对共和已纪各报,兹闻其反对最力者,除喀尔喀亲王那彦图外,以旧土尔扈特帕勒塔为尤甚。昨曾与庆邸等声称,以蒙古自有历史从来臣服中国,惟与清廷有血统之关系,故二百数十年来,列为藩属,相亲相爱。今一旦撤销清廷,是蒙古与中国已断绝关系,将来驱逐中原,尚不识鹿死谁手云云。庆邸等竟无以驳之。按帕邸雄才大略,为蒙古中之佼佼者,曾留学日本陆军大学,极有军事上知识。现亦为各蒙王所推崇。今其言如此,恐中国之战事未能遽定也。⑨

---

① ② 溥伟:《让国御前会议日记》,载《辛亥革命》第8册,第114页。
③ 李剑农:《戊戌以后三十年中国政治史》,中华书局1965年版,第133—134页。
④ 中国第一历史档案馆编:《清代档案史料丛编》第8辑,中华书局1982年版,第133页。
⑤ ⑥ 李剑农:《戊戌以后三十年中国政治史》,第134页。
⑦ 中国第一历史档案馆编:《清代档案史料丛编》第8辑,第136页。
⑧ 中国第一历史档案馆编:《清代档案史料丛编》第8辑,第138页。
⑨ 渤海寿臣辑:《辛亥革命始末记》第11册《要件》。

一个驻京蒙古王公向记者发表谈话,并见诸报载,这在驻京蒙古王公中是空前绝后的惊人之举。我们从中不仅可以看到帕勒塔顽固保皇的政治立场,也充分显示其在政坛上活动的能量。

驻京蒙古王公们与皇族"宗社党"一起在推迟清帝退位时间上是起了作用的。帕勒塔在这股逆流中是一个不大不小的积极参与者和推波助澜者。也许正是帕勒塔对清室的忠诚,气息奄奄的清政府于宣统三年十二月四日(1912年1月22日)还任命"旧土尔扈特多罗郡王帕勒塔署科布多办事大臣"①。只是帕勒塔还未以封疆大吏之尊走马上任,北京的政治形势就发生了突变。

1912年1月26日,"宗社党"头目良弼被革命党炸伤身亡。袁世凯也策动北洋军阀实力派段祺瑞、姜桂题等46名清军主要将领致电清廷,要求"立定共和政权"②,催逼清帝退位,清王朝覆亡命运已无可挽回。驻京蒙古王公急忙转舵,在1月29日的御前会议上,蒙古王公们一改反对共和的顽固立场,表示:"若以中国国体而论,本宜于君主,而不宜于民主。惟今日全国人心既皆坚持共和,且各亲贵亦多赞成此事,我辈又何所用其反对。今惟全听御前会议如何解决,如决定办共和,我蒙古自无不加入大共和国家。"③他们还于2月1日复电孙中山、伍廷芳称:"合五大民族组织共和政体,使全国人民得享自由幸福,规划之宏,寰烁今古,此本无所用其反对。惟以蒙古制度、风俗、语言、文字,向与内地不同,又以地居全国大半,民风强悍,逼处强邻,危险实多",而"自民军起事以来,南北阻绝,谣诼繁兴,传闻各异,处此惊疑之地,自难免误会之端",④将以往反对共和的立场,以"误会"一词而开脱。他们进而声称驻京蒙古联合会是蒙古王公的全权代表,要求南方民军"如有应商事件尽可直接通电,无须另举代表南行,以免稽延时日"⑤。言下之意是告诉革命党,如果要他们拥护共和,就得保留原有封建特权。

当然,驻京蒙古王公们清楚,与南方革命军讨价还价只是问题的一个方面,更重要的是修补他们与袁世凯在迫清帝逊位上的步调不一致之处。2月6日,在袁世凯邀集的皇族近支、蒙古王公、军政大员会议上,蒙古王公表示:"某等对于君主、共和并无成见,只要双方和平了结,则为我五大族之幸福。况朝廷已欲颁诏共和,某等敬谨遵旨,决不反对。"⑥2月9日,即清帝正

---

① 《宣统政纪》卷六九,第4页。
② 《关于南北议和的清方档案》,载《辛亥革命》第8辑,第14—15页。
③④⑤⑥ 渤海寿臣辑:《辛亥革命始末记》第11册《要件》。

式颁诏退位前三天,蒙古王公联合会又通电南京政府孙中山、黄兴并全国各省督抚,吹捧袁世凯"于大局一事始终甘心孤诣,竭力维持……厥功至伟,且政治经验至富,军队尤极推崇",声称:"同人佥谓统一政府临时大总统……以冀收建设之功,兼保和平之局。"① 这份通电不啻是驻京蒙古王公投靠袁世凯的公开宣言书。昨日还是清廷显贵的驻京蒙古王公们,转眼成了北洋军阀政府的座上宾。

  保皇最烈的阿穆尔灵圭仍保留"专办蒙旗事宜"职衔,并于1912年10月代表北洋政府出席在长春召开的内蒙古哲里木盟十旗王公会议。② 那彦图于1912年6月受任乌里雅苏台将军。他们二人还出任大总统翊卫处正翊卫使和都翊卫使。据民国四年(1915)二月二日订《设立翊卫处办法》规定,这是一个沿袭清代旧例笼络蒙古王公的机构。1914年9月9日,那彦图出任大总统直辖的将军府绥威将军。③ 另一个驻京蒙古王公中的头面人物贡桑诺尔布当上了蒙藏事务局总裁。

  帕勒塔也在受封晋爵之列。1912年10月9日,北洋政府大总统明令颁布嘉奖,全文如下:

> 前奉大总统令,现在边事未靖,凡效忠民国实赞共和之蒙古各札萨克王公等均属有功大局,允宜各照原有封爵加进一位,汗亲王等无爵可进者,封其子孙一人,以昭荣典等因。兹准新疆都督电开土尔扈特东部落正盟长、郡王帕勒塔现任阿尔泰办事长官,子名永昌,副盟长贝子德恩沁阿抹什,均深明大义,赞助共和,应如何奖励之处,祈核办等语。查汗亲王之子例授头等台吉,贝子进一位例封贝勒。该郡王帕勒塔前以有功大局,业奉大总统令进封亲王,其子永昌例授为头等台吉,由头等台吉进封一位应封辅国公,德恩沁阿抹什原爵贝子进封一位应封贝勒。④

  在上述嘉奖令颁发之前,1912年5月17日北洋政府已正式任命帕勒塔

---

① 渤海寿臣辑:《辛亥革命始末记》第11册《要件》。
② 《东方杂志》第8卷第11号,第9卷第6号。
③ 郭卿友主编:《中华民国时期军政职官志》,甘肃人民出版社1990年版,第61页。
④ 《政府公报》第164期第6册,第349—350页。

"由科布多办事大臣调充阿尔泰办事长官"①,他也旋即以边疆大臣身份走马上任,在正逢边事纷争的中国西部边陲开始其政治生涯的新阶段。

帕勒塔一生政治生涯大体上可分为两个阶段。1898年袭爵至1912年,为其参政的第一阶段;1912年出任阿尔泰办事长官至1920年病逝北京,为其参政的第二阶段。② 就帕勒塔政治生涯第一阶段15年间的活动而言,又可就其政治活动重点,以1909年自日本游历回国为界,分为前后两个时期。

1898—1908年,帕勒塔作为走出新疆的蒙古王公,深受19世纪末维新思潮影响,看到了清王朝面临的危机,力图依靠清廷推行变法,以图自救而达自强,1904年提出的《蒙古土尔扈特郡王整顿政治条陈》是帕勒塔政治改革主张的集中反映,而在日本的三载游历考察,更加深了他依靠王室进行改革的信念。在辛亥革命前夕中国社会大变动中,帕勒塔的这种认识显然已经落伍,但在封建王公特别是在蒙古王公中,帕勒塔仍是一位识时势、有政见的佼佼者。

1909年帕勒塔自日本归国,定居北京后,正准备在清廷的支持下一展自己政治抱负时,面临的却是革命浪潮汹涌澎湃、清王朝倾覆在即的局面,出于切身阶级利益的考虑,帕勒塔不愿意也不可能接受一个新政权取代清王朝的局面出现。所以,1909—1912年初,他的政治活动重点是通过保皇保护蒙古王公特权。为此,帕勒塔与驻京蒙古王公几个头面人物一起,周旋于当时三大政治势力之间,即气息奄奄的清廷、充满生机的革命军、野心勃勃的袁世凯之间。但他们的政治倾向是明显的,对清廷充满依恋之情,且因在维持清室帝位上与袁世凯有分歧,双方时有摩擦;他们对革命军则是充满敌视与疑惧。随着政治形势的变化,保皇已不可能,于是改换门庭,由清廷重臣变为袁石凯政府新贵,与此同时,蒙古王公们还争得了一个《关于满蒙回

---

① 《政府公报》第19期第1册,第34页。
② 这一阶段中,帕勒塔1912年5月17日至1914年9月在阿尔泰办事长官司任上,1914年1月因病卸任后,闲居北京与各种政治势力多有接触,与当时驻北京的外国使节,特别是日本驻华使节联系相当密切,对此当另文专论。

藏各族待遇之条件》①,达到了保存蒙古王公特权的根本目的。从这一角度看,帕勒塔在政治斗争中不是一个庸才。

(原载《庆祝王锺翰先生八十寿辰学术论文集》,辽宁大学出版社1993年版)

---

① 《关于满蒙回藏各族待遇之条件》全文如下:"今因满蒙回藏各民族赞成共和,中华民国所以待遇者如左:一、与汉人平等。二、保护其原有之私产。三、王公世爵概仍其旧。四、王公中有生计过艰者,设法代筹生计。五、先筹八旗生计,于未筹定之前,八旗兵弁俸饷仍旧支放。六、从前营业居住等限制一律解除,各州县听其自由入籍。七、满蒙回藏原有之宗教,听其自由信仰,以上条件列于正式公文,由两代表照会各国驻北京公使,转达各该政府。"(宣统三年十二月十五日,1912年2月12日)见《宣统政纪》卷七〇,第15页。

民国初年土尔扈特蒙古亲王帕勒塔述论

清朝末年，土尔扈特蒙古帕勒塔郡王是驻京蒙古王公中活跃的一员。进入民国后，帕勒塔为北洋政府所器重，加官晋爵。北洋政府大总统袁世凯于1912年10月9日颁令嘉奖帕勒塔"以有功大局，业奉大总统令进封亲王"①。在此之前，1912年5月17日，袁世凯已正式任命帕勒塔"由科布多办事大臣充调阿尔泰办事长官"，并兼督办西北防守职权。②同年6月10日，帕勒塔以边疆大吏身份走马上任，到任视事。③至1914年1月9日，袁世凯鉴于帕勒塔"久驻边防，因劳致疾，应给假三个月，准其来京，调治所有"。④同年3月14日，帕勒塔入京医治喘疾，10月7日，袁石凯批准其辞职，并免去督办西北防守事宜。⑤帕勒塔实际主政阿尔泰一年又七个月，是他民国初年政治活动的主要方面，本文即以此为主线，对帕勒塔主政阿尔泰期间的内政与外交试做分析。

一、民国初年的阿尔泰

阿尔泰地处我国西北边陲，水草丰美，土地肥沃，宜耕宜牧，矿藏丰富，尤以盛产金矿驰名中外。18世纪中叶，清政府统一新疆后，这一地区归乌里雅苏台定边左副将军属下的科布多参赞大臣管辖。这里"南控赫色勒巴斯淖尔，即布伦托海，东达新疆玛纳斯，又玛呢图噶图勒干、昌吉斯台各卡伦

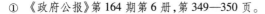

① 《政府公报》第164期第6册，第349—350页。
② 《政府公报》第19期第1册，第341页。
③ 《政府公报》第80期第3册，第388页。
④ 《政府公报》第602期第22册，第143页。
⑤ 张大军：《新疆风暴七十年》第2册，第651页。

均在左右,辅车相依,且拒俄斋桑斯科之上游,险固形便,实为漠北襟要"①,具有重要的战略地位。光绪三十年(1904),清政府派未赴任的成都将军长庚到阿尔泰地区考察,长庚考察后奏报清政府阿尔泰山为西北边疆要地,中外之大防,应行设官经理。清政府认为长庚所提固疆域、重巡防、辑哈部各条,不失为有用之策,便命时任科布多参赞大臣的瑞洵会同悉心统筹。瑞洵对长庚提出"拟以科布多参赞大臣移驻阿尔泰山或布伦托海"②,"拟将参赞大臣移驻额尔齐斯"等主张,不甚赞同,而提出阿尔泰地区"未便仍由科布多参赞遥领,致有鞭长不及之虑","科布多治所本不当冲,已成后路,无须多置官长。惟帮办仍需秉承参赞,似不如将参赞移节驻扎,更为相宜,第事权尚宜加重,方足以资统率,而备非常。布伦托海地属中权,并宜增设一官,督办兵屯,俾脉络贯通,联为一气"。③清政府综合了长庚和瑞洵的意见,于光绪三十年(1904)四月,决定废除科布多参赞大臣一职,设立阿尔泰办事大臣,赏热河兵备道锡恒副都统衔,出任首任阿尔泰办事大臣。"驻扎阿尔泰山管理该处蒙(古)哈(萨克)事务"④,治所设在承化寺(今阿勒泰市)。所辖范围据光绪三十二年十二月(1907年1月)科布多参赞大臣联魁上奏:"请将科布多所属迤西附近阿勒泰之乌梁海七旗,新土尔扈特二旗,霍硕特一旗,共计三部落十旗,暨昌吉斯台等西八卡伦,并布伦托海屯田,一并归阿尔泰管理,以专责成。"⑤光绪三十三年(1907)三月,清政府又决定,所有旧土尔扈特蒙古官兵,均归锡恒节制,以增加恰勒奇荄等处的设防。阿尔泰办事大臣的设置,对维护清政府在这一地区的主权起到了重要作用。辛亥革命后,阿尔泰办事大臣改为阿尔泰办事长官。

沙俄对阿尔泰地区早有觊觎之心。20世纪初,沙俄积极向阿尔泰扩张势力,大批俄国商人深入牧区。他们往往"先将货物作价赊与蒙哈,然后收取皮毛以为偿,是皮毛未离牛羊之身,而已为俄人之皮,俄人之毛矣"⑥。辛亥革命后,沙俄加快了侵略阿尔泰的步伐。

---

①③ 瑞洵:《散木居奏稿》卷二〇。
② 《清德宗实录》卷五二四,光绪二十九年十二月壬子。
④ 《清德宗实录》卷五二九,光绪三十年四月辛酉。
⑤ 《理藩部念奏遵议科布多划疆分治折》(光绪三十二年十二月二十五日),载《谕折汇存》光绪三十三年正月。
⑥ 杨增新:《补过斋文牍》甲集上《呈明阿尔泰航业应从缓办文》(民国四年四月十五日)。

库伦政权在沙俄支持下于1912年8月20日派兵攻陷科布多,并继续向西推进,占据了阿尔泰东境萨克赛等地。新疆当局在杨增新调度下,组织部队进入阿尔泰地区,一部分驻扎承化寺及附近地区,其余则分扎在通往科布多的要冲地点察罕通古和布尔根河。阿尔泰地区成为战事的前线。

1913年7月,沙俄指挥库伦政权军队分三路西进。一路由乌梁海进攻布尔根河,另两路分别由包庆墩、五云集夹攻察罕通古,结果遭到援科布多部队痛击,以损兵300余人、战马500余匹的惨败而告终。但阿尔泰地区仍战云密布,危机四伏。

二、收效有限的内政举措

帕勒塔走马上任之时,正是阿尔泰地区局势日趋恶化之日。面对此形势,帕勒塔曾致电当时中央政府痛陈利害:"阿尔泰据西北上游,屏障甘新,保障东南,为边疆基本重地。东邻乌科,西连伊塔,内乱外患在在堪虞。得则与西北共存,失则与中国俱亡。自上年乌科先后失守,阿为外蒙侵略,首当其冲,财政竭蹶,流守两难。迭蒙实力维持,始获安全,迩来压雪融化,间道分歧,喀匪号数万,专趋西犯,楚歌四面,一夕数惊,外人复多方煽惑,边民则自相纷扰,兵单饷绌,粮秣均无,祸机险象,岌岌可危。"①

帕勒塔主政后,面对阿尔泰地区危急局势,在内政方面做了三件事。

第一,健全长官公署机构。

阿尔泰办事长官,综理辖区内的军政、民政、司法、外交等事宜。长官公署下设秘书厅、外交局、民政局(下辖哈巴河、布尔津、布伦托海各民政分局)、农牧局、警察局(下辖布尔津巡察分局)。将负责办理军政事务的营务处,改为军政处,后又一度改为参谋处(1913年又恢复为军政处)。

为照料来阿尔泰参战部队,成立了援军支应处,派王宝铭为处长筹备支应事宜。后勤保障量过巨,赴阿尔泰援军也缺乏统一指挥。因后勤供应不济,曾发生伊犁援军威胁欲杀帕勒塔事件。

第二,整饬军队。

民国初年,阿尔泰驻军仍沿袭光绪三十一年(1905)常备军编制,仅有马

---

① 原电文刊民国二年七月二日上海《民立报》;张大军:《新疆风暴七十年》第2册,第1128页。

队一标,炮兵一队。帕勒塔时扩大到骑兵二团,每团下辖三营,每营四连;步兵一营,下辖四连(三连和四连并未成立),每连三排;炮兵二营,每营三连,每连三排(第一营和第二营之第三连未及成立)。①

第三,筹措军饷和赈济款项。

阿尔泰地处边陲,经济落后,又面临外有外敌入侵、内有重兵驻扎的现状,财政十分困难。帕勒塔曾多次向北京政府要求增加军饷和赈济边民款项。据已见到的资料,在一年多时间里就有八次之多,计为:帕勒塔报告行军经费开支案;民国四年(1915)六月十六日,陆军部呈稽阿尔泰办事长官帕勒塔列报行军经费各案;民国四年(1915)九月二十九日,批令陆军部呈为续核前阿尔泰办事长官帕勒塔开报行军经费;关于帕勒塔对塔城军队援阿蒙兵垫支各款;阿尔泰哈萨克公微斯罕报效驼羊;帕勒塔援科驼队被劫请恤案;乌梁海要求练兵及请求保护;阿尔泰告警呼吁拨款案。②

帕勒塔在上述电文中痛陈阿尔泰地区形势之严峻,因而"筹兵筹饷万不可稍缓。然而两者之中,尤以筹粮为最要最难问题";为此呈请"迅指拨西北防守专款二百万两",以应解阿尔泰之危局。"倘呼吁无灵,惟有束手待毙而已"。③

从总体上看,帕勒塔在内政方面的措施收效不大,综其原因:一是当时北京政府自顾不暇,无力支应,呼吁拨款,始终石沉大海;二是帕勒塔在任毕竟只有一年半有余,穷于应付军情,难以有所建树。当然,更为深层的原因则是边吏的相互牵制和地方官员的腐败。时任塔尔巴哈台参赞的毕桂芳,因与"帕(勒塔)亲王有隙",运粮食迟迟不发,对此阿尔泰商民发电指出:"夫帕王系因上年援军到阿,毕(桂芳)参赞种种漠视军务……令阿山糜烂,以泄个人之忿,独不念及人民生命财产,国家存亡,殊非商等愚料所及,人心大为不平。"④地方官员虚兵冒饷,自便私图,积重难返。据统计,民国元年至民国三年(1912—1914)阿尔泰陆军支出预算分别为 190 958 元、411

---

① 张大军:《新疆风暴七十年》第 2 册,第 1110—1112 页。
② 张大军:《新疆风暴七十年》第 2 册,第 1115—1126 页。
③ 民国二年上海《民立报》载帕勒塔电《阿尔泰告警呼吁拨款案》;张大军:《新疆风暴七十年》第 2 册,第 1128—1129 页。
④ 民国二年五月二日,上海《民立报》载《阿尔泰商民呼吁阿山绝粮》;张大军:《新疆风暴七十年》第 2 册,第 1126 页。

560元、298 951元。而民国三年(1914)阿尔泰驻兵常额为255名,支出如此庞大预算数额,可知其中虚兵冒饷问题的严重性。①

三、对俄交涉的失误

在处理对俄交涉方面,帕勒塔做了以下两件事。第一,在维护额尔齐斯河航行权上决策失误。中国阿尔泰地区的额尔齐斯河是俄国境内额尔齐斯河的上游,攫取额尔齐斯河航行权是沙俄染指阿尔泰地区的一个重要步骤。早在1900年9月,沙俄就派配有大炮的轮船,越界开入中国所属额尔齐斯河,直驶至哈巴河口,之后又多次派船闯入这条中国内河,进行非法测量活动。

1912年5月,俄国驻华公使库明斯基向即将离京赴阿尔泰办事长官任的帕勒塔提出:准许俄国"在阿境额尔齐斯河行船通商"的要求。帕勒塔路经俄国鄂木斯克省时,该省长官也提出同样要求。1913年夏,俄新任驻阿尔泰领事又向帕勒塔重申前请,"力恳准俄遣派极小商轮至额尔齐斯河一带测量水势",并要求准许俄国在"交界处阿拉克别克暨中国哈巴河口、布尔津河口之处,各设商栈"。② 对于俄方要求,上任伊始的帕勒塔认为:"额尔齐斯河为中亚屈指大河,其源在俄,下流归我,若不及早开放,恐难遏其垂涎野心。"④他擅自允许俄船行驶阿尔泰境内的额尔齐斯河及其支流布尔津河,并在布尔津河口指定地段给俄国修建货栈,建筑码头。不久,帕勒塔准许俄国在阿尔泰设立邮局,从承化寺到吉木乃,俄国共设了八个邮站。⑤

显然,帕勒塔的申述理由是可笑的,帕勒塔的同意没有经过中央政府的批准,是非法的。但这一失误却造成了严重后果,随着额尔齐斯河和布尔津河的开放,俄国免税商品源源进入阿尔泰,出现了俄国商人垄断阿尔泰市场的局面,尤为严重的是,俄国移民随之进入阿尔泰,强占土地耕种,霸占草湖渠水,成为当地一大公害。

第二,主持签订《阿科临时停战条约》。

1913年7月,中国军队在察罕通古重创进犯之库伦政权军队后,帕勒塔

---

① 张大军:《新疆风暴七十年》第2册,第1113页。
②④ 《阿尔泰办事长官帕勒塔致大总统、国务院、外交部、交通部、蒙藏局电》(1913年6月7日),转引自《沙俄侵华史》第4卷下册,第916页。
⑤ 杨增新:《补过斋文牍续编》卷一一《电交通部请将吉木乃邮权收回文》。

向外交部建议在阿尔泰就近与俄国进行停战谈判,此议得到北京政府的同意。7月28日,中国外交部照会驻京俄使,表示愿意与俄国谈判阿尔泰停战问题。8月间,中俄双方在阿尔泰正式谈判,中国代表是阿尔泰办事长官帕勒塔,俄国代表是阿尔泰领事库孜敏斯基。

1913年10月,中俄双方拟定了一个临时条约草案,共六条:①

第一条 阿、新军队与喀尔喀军队自此条约签字后,各守现驻地点,均不得前进,互相攻击,静候《中俄协约》之成立。

第二条 《中俄协约》未经成立以前,阿尔泰与科布多疆界暂以阿尔泰山最高分水界为界,但自江个什阿噶什起以布尔根河为界。至济尔噶郎河口,即济尔噶尔噶河入布尔根河之处,再向东南经陶甘策凯至哈尔根图阿满止为界线。

第三条 乌梁海、哈萨克人民,无论《中俄协定》成立与否,自此条约签字后,满八个月内任其随便迁移,中国官与喀尔喀官,均不得阻止,俟八个月限满之后,其在阿尔泰分水界以北者,归科布多管辖。

第四条 阿、科两属,自此条约签字之日起,应开通商路,听商人自由贸易,凡商人生命财产,经过各该管境内者,彼此应实力保护,并负其责任。

第五条 阿尔泰军队在《中俄协约》未经成立以前,再不加兵,喀尔喀亦不得加增兵力,将来应练军队之多寡,悉遵中国政府之政策办理。

第六条 此条约自签字日起,共同信守,俟《中俄协约》成立之日失其效力。

该项草案最大弊端有二:一是第二条规定《中俄协约》未成立以前,科多布、阿尔泰两地之分界线,易遭失地之危险;二是第三条规定八个月内任乌梁海、哈萨克人自由迁移,八个月后在阿尔泰北者归科布多管辖。这二条正好符合俄国扩大侵入阿尔泰地区的要求,即俄国企图通过这一协定,实现把阿尔泰所属阿尔泰山以北、布尔根河以东地区及其居民划归库伦政权管辖

---

① 曾问吾:《中国经营西域史》,第523—524页;杨增新:《补过斋文牍》戊集四《训令张团长准帕亲王电与俄领议临时条约六条如何划分界密为调查电复文》(民国二年十月十六日),第2—4页。

的目的。帕勒塔将草案通过杨增新报送北京政府审批,中国政府认为,作为停战条约,不应在停战条款之外涉及划界等问题,明确表示异议。所以尽管之后俄国领事多次亲自到长官公署催促,帕勒塔"未敢擅自订议"。①

1913年11月5日,中俄两国交换了《中俄声明文件》和声明另件,在声明另件第四款中对外蒙古和阿尔泰的地位和分界做了原则规定:"外蒙古自治区域应以前清驻扎库伦办事大臣、乌里雅苏台将军及科布多参赞大臣所管辖之境为限。惟现在因无蒙古详细地图,而该各处行政区域又未划清界限,是以确定外蒙古疆域及科布多、阿尔泰划界之处,应按照申明文件第五款所载,日后商定。"②据此,帕勒塔向俄方表示:有关外蒙古问题《中俄声明文件》业已签字,中俄阿尔泰临时停战条约"似可停议"。③ 但俄国领事却坚持"斯案曾经彼此呈准开议在前,似未便遽尔取消"。④双方继续谈判,于12月21日签订了《阿尔泰、科布多中蒙军队驻扎界线临时停战条约》(以下简称《阿科临时停战条约》)三款:⑤

第一条　中国军队与喀尔喀军队,自此约有效力期内,均以阿尔泰最高分水界,自森彼得堡条约第八条内载之奎屯山起,东至江哩什,顺布尔根河至济尔喀朗河口,再东南经察罕通古之西北陶甘策凯至喀尔根图阿满止为界。彼此不得越过界线,更不得彼此开仗,但驻察罕通古一带中国军队,于此条约签字后三个月内,退至新疆元湖地方。再此条约至指双方驻军地点而定,与科阿疆界问题绝无干涉。

第二条　所有停战期间内,阿尔泰除有步兵一营,骑兵六营,炮兵两营,炮十四尊,机关枪队一连,机关枪四尊,暂不加增,喀尔喀军队在科布多地方,亦不得逾以上所列数目。

第三条　以上所定各条,由签字之日起即有效力,倘欲全行更改抑或有修正之处,自修约签字之日起,应俟八月后再行商议

---

① 外交部文书科编:《阿尔泰双方停战案》,载《外交部交涉节要》1913年12月。
② 王铁崖:《中外旧约章汇编》第2册,生活·读书·新知三联书店1959年版,第948—949页。
③④ 《国务院转发帕长电》(1913年12月9日),转引自孙福坤:《蒙古简史新编》,第105页。
⑤ 外交部文书科编:《阿尔泰双方停战案》,载《外交部交涉节要》1914年1月。

改定。

显然,经中方谈判代表帕勒塔力争,这个临时停战条约删去了前次草约中关于科布多阿尔泰划界、哈萨克人等随便迁移和自由通商等规定,并在约文第一款中明确指出:"此约至指双方驻军地点而定,与科、阿疆界问题绝无干涉。"比起前一个临时停战草约,它使中国蒙受的损失要少些,但条约中仍将阿尔泰山以北乌梁海游牧地和布尔根河以东新土尔扈特游牧地划在外蒙古驻军界线之内。

同时,条约规定,"驻察罕通古一带中国军队,于此条约签字后三个月内,退回新疆元湖地方",但并未规定库伦蒙兵"现在驻扎地点,既无退兵明文,又无撤回期限",为此,杨增新曾明确提出:"务请大总统饬令外交部与俄使严重交涉,限三个月内将阿属乌梁海、布尔根等处蒙古军队悉数撤退,彼此实行退兵。至察罕通古我军退回之后,蒙古亦不得在该处驻兵,实为至要。"①

1914年4月19日,新上任阿尔泰办事长官刘长炳鉴于该条约所定停战界线多在阿尔泰境内,"若以建属阿尔泰辖境长为停战界线,受人干涉,不惟军政上大有障碍,于人民住牧亦影响无穷",要求政府根据规定,在该约八个月期满时,"将条约修正或取消"②。同年6月29日,中国外交部通知俄国驻华代办格拉维,《阿科临时停战条约》期满后不再续订,但阿尔泰山以北的乌梁海牧地,并没有随该约的废除而归还阿尔泰管辖。

四、帕勒塔主政阿尔泰功过试评

纵观帕勒塔出任边疆大吏、主政阿尔泰一年又七个月的对内对外政绩:他主观上确想有所作为,如他声言"帕勒塔一身不足惜,其如糜烂大局何!"③但内政上收效甚微,原因前已简述,在对俄交涉上更是接连失误。究其失误原因,大体可从主客观两方面来分析。

---

① 杨增新:《补过斋文牍》戊集四《电呈帕亲王所订停战条约无乌梁海各处蒙兵撤退明文请饬部交涉文》(民国二年十二月二十五日),第21—22页。
② 《刘长炳咨蒙藏事务局文》(1914年4月19日)。
③ 民国二年上海《民立报》载《帕勒塔电令阿尔泰告别呼吁拨款案》;张大军:《新疆风暴七十年》第2册,第1129页。

帕勒塔对俄交涉始终受到多方面的制约,其一是自身军事实力的制约,其二是当时北洋政府的制约。北洋政府在俄国的压力下,在1912年冬,以大总统令的形式,向新疆援科布多部队下达"不得以任何理由向前推进的命令"①。从主观方面看,帕勒塔尽管游历日本三年,但对国际交涉还是缺少经验,在订立临时条款草约六条中,包括了以阿尔泰最高分水岭及经陶甘策凯等处为界等内容;当时主政新疆的杨增新,即于民国二年十二月(1914年1月)电复帕勒塔,请其声明划界一事,应于停战撤兵后另行会勘办理,此草约专为停战撤兵,不得与阿科界址牵混,②但为时已晚,新蒙边界日后无穷纷争,皆肇因于此矣! 当然,帕勒塔犯此大误,跟他在北京期间与俄国使馆交往甚密,因而对俄国奸诈的外交缺乏必要的警惕有关。我们在检阅俄国外交文件中发现如下一则材料,1912年4月4日,俄国驻北京代办致外交大臣紧急报告中提到,他已在"帕勒塔郡王协助下得到了蒙古王公联合会在北京起草的蒙古管理章程"③。此时离北洋政府5月17日任命帕勒塔为阿尔泰办事长官不到一个半月。同时帕勒塔与新疆的天兴行关系密切,正是通过天兴行资本家伊斯哈克的三弟依布拉音,"同帝俄驻塔城领事馆建立了关系"④。据包尔汉回忆:"依布拉音(当时住在塔城)同帕勒塔是好朋友。他俩最初是经济上的结合,依布拉音结识这样一个蒙古贵族,对土产收购、洋货行销都有好处;帕勒塔有这样一个洋商作朋友,不只是得到一些小惠,而且在当年的新疆也可以增加自己的声势。"⑤

所以包尔汉在自己的回忆录中称:"帕勒塔曾留学日本,同帝俄有联系"⑥,看来不是空穴来风。但是,那种认为俄国"收买诱骗时任阿勒泰办事长官的土尔扈特亲王帕勒塔背叛祖国,令他宣布阿勒泰'独立'"的说法,⑦

---

① 陈春华编译:《俄国外交文书选译——关于蒙古问题》,黑龙江教育出版社1991年版,第132页。
② 杨增新:《补过斋文牍》戊集四,第2页。
③ 陈春华编译:《俄国外交文书选译——关于蒙古问题》,第24页。
④⑤ 包尔汉:《新疆五十年》,文史资料出版社1984年版,第32页。
⑥ 包尔汉:《新疆五十年》,第78页。
⑦ 白振声等主编:《新疆现代政治社会史略》,中国社会科学出版社1992年版,第54页。关于这个问题,包尔汉在《新疆五十年》第32—33页说得比较客观:"帝俄当年是企图以帕勒塔为傀儡,逐渐控制、最后吞并阿尔泰的。""帕勒塔早已去世,他的直系亲属也大都在早年移居国外,有关资料只有留得以后进一步发掘了。"

甚至认为,"1913年10月,俄国胁迫帕勒塔盗用'阿尔泰办事长官'的名义,先后与沙俄签订所谓'临时条约'和所谓'中俄军事停战条约'。这两个丧权辱国的条约,激起全国上下一致反对,北京政府撤销叛国分子帕勒塔的职务"①更是难以成立的。

与帕勒塔同时代的一位西方旅行家评论"帕勒塔王无疑是一位杰出的知名人士,是他同时代中受过最好教育的蒙古亲王之一"②。但他毕竟是一个生活在清末民初的蒙古封建王公,他的思想和活动无不被深深地打上了时代和阶级的烙印。他主政阿尔泰,有过也有功,其最大的历史功绩是抵御了俄国支持下的外蒙古军事入侵,守卫了阿尔泰地区的领土,假如阿尔泰失守,外蒙古"自治"领土将更为扩大,后果不堪设想!帕勒塔与杨增新竭力抵抗、守土卫疆之功不可没。

1914年初,帕勒塔回北京治病,住在位于西城太平桥一号的帕王府里,一面治病调养,一面参与政务,过着隐而不退的生活。帕勒塔享陆军上将衔,任北京政府临事参议院议员。③ 1917年,他又出任大总统直辖机关将军府襄威将军。④ 1920年3月,帕勒塔自日本就医返回北京,⑤4月病逝于北京。⑥

(原载《海峡两岸中国少数民族研究与教学研讨会论文集》,台湾中国边政协会1996年版)

---

① 新疆社会科学院历史研究所编:《新疆地方历史资料选辑》序言,人民出版社1987年版,第14页。
② 古斯塔夫·约翰·兰司铁:《1898—1912年七次东方旅行记》,美国蒙古学会1978年版,第1022页。
③ 郭卿友主编:《中华民国时期军政职官志》,甘肃人民出版社1990年版,第227页。
④ 郭卿友主编:《中华民国时期军政职官志》,第67页。
⑤ 《政府公报》第1477期第154册。
⑥ 《政府公报》第1491期第155册。

考 论

KAOLUN

新疆和布克赛尔准噶尔遗址考

今天在和布克赛尔蒙古自治县居住的虽然大部分是土尔扈特部策伯克多尔济一支的后代,但是,卫拉特蒙古的先祖很早就在此生活、栖息。和布克赛尔是因境内的和布克河、赛尔山而得名。和布克蒙古语意为梅花鹿,相传很早以前在这儿的森林里生活着大批的梅花鹿;赛尔蒙古语意为马背。300余年前的明末清初之际,这一带曾是准噶尔部巴图尔珲台吉的势力范围。因此,当从牧民中听到县城东南约5公里有一处传说中为巴图尔珲台吉时代的古城遗址时,我们即怀着极大的兴趣驱车前往。

1982年8月5日,是一个万里无云的晴好天气。遗址离城不远,因无正规路,我们乘坐的丰田面包车底盘太低,一路颇费周折。

遗址坐落在两山之间开阔的平地上,水源充足,牧草茂盛。南靠阿特尔克山,山坡尚有一片柳树林,北临赛凌诺普山。遗址长宽约500米,大体上呈正方形。城墙尚清晰可辨,地基最宽处约8米,一般也有3—4米宽。城墙最高处约5.7米,一般也有2米左右,顶宽约4.5米。城墙体内外侧用大土坯,砌起墙体为土夯成,杂以石块、芦苇和柳条。遗址中部有3米高的土墙两垛,很像是喇嘛庙的遗址,离土墙不远处,还有佛塔塔座遗址。据另一侧更为翔实的记载,"城墙北、西、南面各有一城门,东侧没有门。城内有八处宫殿、寺庙、塔及房屋等砖瓦建筑物毁塌后遗留的残迹。古城正中一个大土包上房屋遗址面积最大,大概为王府所在地。其西北130米处也有房屋遗址一处,面积较大,约是寺庙所在地。"记述者是和布克赛尔蒙古自治县区划办的工作人员,也许他的实地考察更细、更实,所以录下备忘。从当时的目测来看,笔者实在看不出还有三处城门及八处建筑物遗留的痕迹。但

---

① 尹立东,齐清顺:《杜尔本厄鲁特森木古城考》,载《西域研究》1994年第3期。

古遗址宏伟的气势,确实在让我们这些从事卫拉特蒙古史研究的人震惊!

我们行走在松软的草地上踏访遗址,只见地面上残留大量刻有兽面、花卉的青砖和瓦当碎片,纹刻精致,还间有琉璃瓦残片在草丛中向我们这些不速之客招手。据陪同我们的蒙古族牧民告知,1952年夏,佛塔塔座中曾发现一石匣,里面放有好几种文字的资料,可惜至今已散失殆尽。这一遗址是我们考察中所见规模最大、残留遗物较多的一处。

巴图尔珲台吉时代的遗址,汉文史载甚少,民间传说是否可靠,是一个未解之谜。通过此次踏勘,我们兴趣倍增。有意翻检史册,以期钩沉点滴。笔者从巴图尔珲台吉时曾到过准噶尔部活动的一些俄国人的报告里,找到了片段记载。

其一,1640年,托博尔斯克将军派往巴图尔珲台吉处的使者缅希·列麦佐夫写道:"珲台吉在蒙古边境的基布克赛尔(即和布克赛尔)天然界区建造了一座石城从事耕耘,并要在这座小城里居住。"①

其二,1641年,俄国使者芦卡·涅乌斯特罗耶夫报告说,他8月5日来到珲台吉的牧区,"珲台吉当时不在兀鲁思,他在城中自己家里,从事耕耘"②。

其三,1643年,俄国使者伊利英写道:"霍博克萨里系由三五个小镇构成,但这里的所谓小镇仅指一两幢砖房,通常只是一座喇嘛庙。几个小镇很分散,彼此相距都是一日路程,中央的那个镇当时还在兴建中,所有小镇大概都位于霍博克河河谷。巴图尔决定在这里建立一个定居点。"③

其四,1654年出使清廷的巴伊科夫在赴北京途中,曾途经巴图尔珲台吉游牧地,巴伊科夫在出使报告中有如下一段记述:"从卡拉-库奇尔河走一日到达山区(指萨乌鲁山脉),山顶覆盖着积雪。据卡尔梅克人说:那里的积雪永不消融。从这个山区到达珲台吉的小城是三日的路程。这座小城据说是土城,城中有两座石筑的佛寺,在这座小城里住的是喇嘛和种田的布哈

---

① 苏联科学院档案馆,第21卷第4号第11册,第38张。转引自兹拉特金:《准噶尔汗国史》,莫斯科1964年版,第166—167页。

② 中央国家古代文书档案库,西伯利亚衙门卷宗,第455、659张。转引自兹拉特金:《准噶尔汗国史》,第179页。

③ 巴德利著,吴持哲、吴有刚译:《俄国·蒙古·中国》下卷第1册,商务印书馆1981年版,第1126页。

拉人。"①

　　成书于乾隆二十七年(1762)的《新疆图志》卷二也如是记载:"曰纳林和博克,在哲克得里克西北八十里,旧为布库努特鄂特克游牧之所。曰格尔鄂尔格,在纳林和博克东,旧谓酋长所居。曰鄂尔格,疑当时部酋首建庭于此。曰克特和博克,在纳林和博克东南二十里,西三里许,多古庙,为准噶尔境内旧迹,在唐为拔悉蜜与葛逻禄杂居之地。"据尹立东文考释,纳林和博克,即今之那仁和布克牧场驻地,格尔鄂尔格,蒙古语意为王府居住地,即现在的和布克赛尔镇,克特和博克,意为有庙宇的和博克,"西三里许,多古庙,为准噶尔境内旧迹",即今之古城遗址。

　　从上述中、俄记载中可以知道,巴图尔珲台吉确实是在和布克赛尔地建造了居民点,居民点里还建有喇嘛庙。中国人民大学清史研究所成崇德教授曾告诉笔者,他在检阅中国第一历史档案馆所藏蒙古文档案时看到,巴图尔珲台吉曾上书清廷要求派遣工匠从事建筑工作,无论从时间上,还是从遗址残留的青砖、瓦当残片中都可得到印证。

　　和布克赛尔的准噶尔遗址确实曾有过辉煌,1640年巴图尔珲台吉邀集卫拉特蒙古、喀尔喀蒙古诸部王公在此集会,制定了著名的《蒙古卫拉特法典》。

　　当时几乎所有卫拉特四部的主要首领,喀尔喀蒙古三汗中的两汗,都参与了法典的制定和署名,这说明法典具有广泛的代表性和权威性。《蒙古卫拉特法典》是卫拉特和喀尔喀的诺颜们为解决他们当时面临的各种社会矛盾而制定的。它在卫拉特人中长期有效实施,在喀尔喀人中也曾实施过一段时间。《蒙古卫拉特法典》在一定时期内、一定程度上缓和了卫拉特与喀尔喀之间的矛盾,又将信奉格鲁教派用法律形式固定下来,从而密切了与西藏格鲁教派上层达赖、班禅的联系。从这个意义上说,法典的制定和实施对卫拉特的发展起着不可低估的作用。

　　同时,法典在草原游牧民族法制史、蒙古法制史,特别是卫拉特法制史上的地位不容忽视。还应注意,《蒙古卫拉特法典》是迄今为止研究卫拉特宗教信仰、社会组织、政治经济制度、生产、生活、婚姻、家庭、道德、风尚、习俗等方面最可贵的第一手史料。

　　350年前,显赫的卫拉特和喀尔喀王公贵族齐集和布塞尔,除制定了

---

① 《十七世纪俄中关系》第1卷,莫斯科1969年版,第173页。

众所周知的著名的《蒙古卫拉特法典》外,种种迹象表明,他们还讨论并决策过其他一些重大而紧迫的问题,从事后历史发展进程可以确认的至少有如下三件大事:

其一,这次会议的召开时间正是青海和硕特部顾实汗进军西藏前夕,从事后顾实汗进军,卫拉特、喀尔喀诸部均持支持态度的实际看,王公们在集会时曾就进军西藏的问题进行过讨论,并具备达成某些谅解和协议的可能性。

其二,法典中虽然没有与兴起于东北的清政权的关系的条文,但从会后一系列事件看,与会的蒙古首领们确定了对清友好的方针。参加这次会议的卫拉特诺颜中有不少人加入了清顺治三年(1646)以顾实汗为首的向清政府通好的行列。他们是顾实汗、昆都仑乌巴什、鄂齐尔图、巴图尔珲台吉、墨尔根岱青、楚琥尔、书库尔岱青,是17世纪中期卫拉特蒙古的著名首领。

其三,在《清世祖实录》顺治四年(1647)十一月丁巳条下有这样一条记载:"上御太和殿,赐厄鲁特部落喇木占霸胡图克图,单储特霸达尔汉绰尔济称……等宴。"考"喇木占霸"为藏文拉然巴(兰占巴)的蒙古文译称,就我们所知,在17世纪40年代,卫拉特中具有喇木占霸学位的胡图克图只有咱雅班第达一人,"单储特霸"现在通译作"商卓特巴",商卓特巴在西藏寺庙制度中为庶务或管仓人,但在蒙古寺庙制度中,他是一寺的总庶务长。在《咱雅班第达传》中多次提到咱雅班第达库伦的商卓特巴是绰尔齐。绰尔齐可以说是咱雅班第达的亲信,咱雅班第达派他到清廷通好,是符合当时形势和卫拉特诺颜总的行动方针的。 这种与清友好方针的实施,为卫拉特自身的发展创造了一个有利的外部环境。卫拉特各部正是充分利用了这一条件,取得了令人瞩目的发展。

遥想当年这里曾诵声四起,幛帐林立,权贵云集。但时过境迁,康熙十年(1671)噶尔丹称汗后,准噶尔汗国的统治中心迁移到了伊犁河谷。从此,和布克赛尔的汗帐再未发展,乾隆二十二年(1757)准噶尔贵族在与清政府的战争中遭到灭顶之灾,一度辉煌的旧王庭终于成了任人凭吊的古遗址。

1995年7月26日,当笔者再访古遗址时,遗址洼地已成沼泽,高耸的墙面已不可接近,我们只能在城墙上远眺遗址的肃杀景色,不过记忆中13年前初访时的喜悦和兴奋之情仍在心际闪现,让笔者回忆起当年参观古遗址

---

① 马大正、成崇德主编:《卫拉特蒙古史纲》,新疆人民出版社2006年版,第74页。

后在不远的团结公社采风的情景。

据同行的向导介绍,和布克赛尔的蒙古人,在服饰上是保留卫拉特蒙古风格较纯的,正好我们途经的团结公社是卫拉特蒙古聚居点。我们下车寻访,群众听到要为他们照相,兴高采烈,热情非凡,一会儿盛装的卫拉特蒙古男女老幼就出现在我们面前,随着不断的照相机的咔嚓之声,一张又一张珍贵的民俗资料永远留在了人间。我们的车在卫拉特蒙古乡亲们的欢呼声中徐徐驶向和布克赛尔镇。

(原载《天山问穹庐》,山东画报出版社1997年版)

补记:

2012年7月22日,笔者参加在新疆维吾尔自治区和布克赛尔蒙古自治县召开的第七届全国卫拉特蒙古历史文化学术研讨会,第三次造访准噶尔遗址,此时距1982年8月首访已过去了整整30年。

遗址于2004年被正式命名为"准噶尔古城",由和布克赛尔蒙古自治县人民政府立碑保护。古城遗址得到了很好的保护,我们步行在遗址城墙,眺望遗址全貌,遗址仍旧,但30年间世事沧桑,令人唏嘘!

土尔扈特蒙古系谱考述

近年来,随着我国史学界对蒙古史研究的深入,土尔扈特蒙古的历史也引起了人们的极大兴趣,并从各方面进行了研究与探讨。有些史学工作者对土尔扈特部的世系做了考订,取得了有益的成果。① 但就整个土尔扈特部的系谱来看,仍有值得进一步探讨之处。本文拟就土尔扈特蒙古系谱中几个遗缺之处,略做考订、补遗,并对所涉及人物的历史活动,稍做评述。

一、土尔扈特蒙古系谱之纵横观

土尔扈特蒙古是我国厄鲁特蒙古四部之一,其部族活动于我国西北边疆地区及国外伏尔加河流域,经数百年繁衍流传,其系谱支系繁多、头绪纷杂。但若纵观其系谱,尚可理清土尔扈特蒙古部落繁衍的大致轮廓,白翁罕至民国年间的满楚克扎布,共经历了二十四世、二十七传。依其变迁发展,上述系谱又可分为上、中、下三段。自翁罕至贝果鄂尔勒克为上段,这一段因时代久远,史载不详,事迹亦难以考订;自贝果鄂尔勒克至渥巴锡为中段,这一段因其分布地区不同又可分为青海系、额济纳系和伏尔加系;自渥巴锡至满楚克扎布为下段,这一段除青海系、额济纳系外,伏尔加系的土尔扈特蒙古大部在渥巴锡率领下返归祖国,发展成旧、新土尔扈特系,余下一部分

---

① 近年来发表有关土尔扈特蒙古世系的著作与文章,如高文德、蔡志纯:《蒙古世系》,中国社会科学出版社 1979 年版,第 94—97 页;周轩:《关于土尔扈特蒙古部落世系的初探》,载《社会科学战线丛刊》1980 年第 2 辑;冯锡时:《我国厄鲁特蒙古土尔扈特部世系考订》,载《新疆大学学报》1980 年第 2 期;巴·乌云:《青海蒙古部落袭位表》,载《青海民族学院学报》1979 年第 2 期。

则一直留居伏尔加河流域。

但根据土尔扈特蒙古民族的历史发展与分布变迁,土尔扈特蒙古又可分为五大系统,即旧土尔扈特系、新土尔扈特系、青海土尔扈特系、额济纳土尔扈特系、伏尔加土尔扈特系。在这五大系统之中,翁罕至渥巴锡的系谱演变,因当时土尔扈特蒙古远离祖国,国内史籍记载寥寥,遗缺错乱之处较多。

对于土尔扈特蒙古系谱,早在18世纪70年代,渥巴锡率部自伏尔加河流域返归祖国之初,清政府就对渥巴锡的先世做过调查。乾隆皇帝在其《土尔扈特部全部归顺记》一文中说:"土尔扈特者,准噶尔四卫拉特之一,其详已见于准噶尔全部纪略之文,溯厥始,率亦荒略弗可考。"因而在渥巴锡来承德朝觐时,乾隆皇帝亲自向渥巴锡"询所部颠末"①,详细询问了土尔扈特部蒙古的世系,写出《土尔扈特部纪略》一文,以纠正前者关于土尔扈特世系记述上的错误与疏略。但在乾隆皇帝的有关著述中依然自相矛盾,前后不一。如在《土尔扈特部全部归顺记》中,虽然正确地指出阿玉奇汗四世至渥巴锡,可是在《伊犁将军奏土尔扈特汗渥巴锡率全部归顺,诗以志事》中,却认为"渥巴锡为土尔扈特汗阿玉奇之孙"②。也就是三世而至渥巴锡,由此清代一些学者的著述也各执一词。③ 近年来,国内研究者对此做了考订,肯定了四世说的正确性。④ 西方的一些著作,如帕拉斯《蒙古民族历史资料集成》、霍渥斯《蒙古史》以及诺伏列托夫《卡尔梅克人》等,对土尔扈特部系谱也做了考订,有的还列有系谱简表。但就土尔扈特部系谱整体而言,仍有不少地方有待研究者的补充与考订,有些还涉及土尔扈特历史史实的阐述与订补。梁启超在谈到谱牒学研究对象时说:"方志,一方之史也;族谱家谱,一族一家之史也;年谱,一人之史也,三者皆为国史取材之资。"⑤对系谱的考订补

---

① 祁韵士:《外藩蒙古回部王公表传》卷一〇一《土尔扈特部总传》。
② 彭元瑞:《高宗诗文十全集》卷九,载《丛书集成初编》。
③ 持四世说的有何秋涛:《朔方备乘》卷三八《土尔扈特归附始末》;张穆:《蒙古游牧记》卷一四《额鲁特蒙古新旧土尔扈特部总叙》;祁韵士:《外藩蒙古回部王公表传》卷一〇一《土尔扈特部总传》。持三世说的有傅恒:《西域图志》卷三七;魏源:《圣武记》卷四《乾隆新疆后事记》;等等。
④ 周轩:《关于土尔扈特蒙古部落世系的初探》,载《社会科学战线丛刊》1980年第2辑;冯锡时:《我国厄鲁特蒙古土尔扈特部世系考订》,载《新疆大学学报》1980年第2期。
⑤ 梁启超:《中国近三百年学术史》,商务印书馆1943年重庆版,第324页。

缺将有助于有关历史事件与历史人物的研究。何况,土尔扈特部系谱中有些缺漏人物的历史活动,对于阐述土尔扈特部在伏尔加河流域生活的历史,更有着颇为重要的意义。这里,依据我们所见到的中外资料,仅就翁罕至渥巴锡之间系谱中的几点缺遗,略做考述。

二、自翁罕至贝果鄂尔勒克之间为八传

从史料记载来看,一般认为翁罕(亦作旺罕)为土尔扈特部之始祖,而贝果鄂尔勒克是17世纪初率领土尔扈特部西迁伏尔加河的和鄂尔勒克之祖父。那么,自翁罕至贝果鄂尔勒克之间经过几传呢?对贝果鄂尔勒克之先世,乾隆皇帝认为:"溯而上之,实远不可征。"①在清代的一些著述中一般认为自翁罕至贝果鄂尔勒克为七传。如:

何秋涛《朔方备乘》中记载:"土尔扈特之始祖曰翁罕,六传至玛哈齐蒙克。子二,长曰贝果鄂尔勒克,次曰翁贵。"②

张穆《蒙古游牧记》中也明确记载:"土尔扈特部始祖元臣翁罕,姓不著,又传至贝果鄂尔勒克。"③

但在《西域图志》中,则"以奇旺为第一世",贝果鄂尔勒克为第五世。④这样,问题便复杂起来,使后人莫衷一是。虽然有的同志正确地指出自翁罕至贝果鄂尔勒克为八传,但遗憾的是,没能列出二传、三传的人名,⑤问题仍然未得到解决。

近阅祁韵士的《外藩蒙古回部王公表传》,发现在该书《土尔扈特部总传》中明确记载着自翁罕至贝果鄂尔勒克为八传,且列有具体人名。今录之如下:

土尔扈特部,分牧而居。……其始祖曰翁罕,翁罕子阿尔萨兰,阿尔萨兰子阿穆瑚朗,阿穆瑚朗子克依邦,克依邦子素赛。素

---

① 乾隆:《土尔扈特部纪略》,载彭元瑞编《高宗诗文十全集》卷一一。
② 何秋涛:《朔方备乘》卷三八《土尔扈特归附始末》。
③ 张穆:《蒙古游牧记》卷一四《额鲁特蒙古新旧土尔扈特部总叙》。
④ 《西域图志》卷四七《杂录一》。
⑤ 冯锡时:《我国厄鲁特蒙古土尔扈特部世系考订》,载《新疆大学学报》1980年第2期,第81页。

赛子巴雅尔,巴雅尔子玛哈齐蒙克。玛哈齐蒙克子二:长贝果鄂尔勒克,次翁贵。①

这是我们见到的关于贝果鄂尔勒克先世系谱最详尽的记载。按《外藩蒙古回部王公表传》一书作者祁韵士,乾隆时中进士,授官翰林院编修,是当时研究我国西北史地的著名学者。他所撰修的这部《外藩蒙古回部王公表传》,是以《清实录》及库贮红本等档案资料为依据,仿《史记》纪传体例,各按部落立传。而他对各部王公支系流源,"则核以理藩院所存世谱"②。可见,祁韵士关于土尔扈特系谱的记述,是在充分利用清政府档案资料基础上,经过精细考订而写成的,故其所记当可相信。

不仅如此,祁韵士所持的八传说,我们还可以从托忒文资料《虔诚的旧土尔扈特北部王公札萨克台吉源流名册》中找到相应的佐证。其文记曰:"旺罕子阿尔萨兰,阿尔萨兰子阿穆珊朗,阿穆珊朗子奇旺,奇旺子素赛,素赛子巴雅尔,巴雅尔子蒙克,蒙克子贝果鄂尔勒克。"③

如将上述记载与祁韵士《外藩蒙古回部王公表传》相对照,虽然翁罕与旺罕、奇旺与克依邦、玛哈齐蒙克与蒙克在名称上不尽相同,但若参照《西域图志》和加班沙拉勃《关于卫拉特人的故事》来看,翁罕即旺罕,亦作王罕,克依邦即奇旺,玛哈齐蒙克即蒙克,只是音译的不同。不过上述两种著作与祁韵士《外藩蒙古回部王公表传》中所记最大的不同,即皆以奇旺为土尔扈特的第一世,而把贝果鄂尔勒克作为第五世。④ 加班沙拉勃在其著述中虽然也承认翁罕是土尔扈特部的始祖,说:"土尔扈特系出自王罕是蒙古书里写着的。"⑤但他与《西域图志》一样,未能列出奇旺以上的世系。

然而在祁韵士《外藩蒙古回部王公表传》和上面所引托忒文资料中,不

---

① 祁韵士:《外藩蒙古回部王公表传》卷一〇一。按《外藩蒙古回部王公表传》国内常见的多为《国朝耆献类征》本,但该版本对有关土尔扈特部的卷一〇一至卷一〇五,缺而未收,这里采用的是乾隆六十年殿刻满汉合壁本中之汉本刻本。

② 李兆洛:《皇朝藩部要略》序,载《皇朝藩部要略》道光十九年,筱渌山房本。

③ 据那克同志译稿。按《虔诚的旧土尔扈特北部王公札萨克台吉源流名册》,原收入《圣者宗喀巴宗教的施主土尔扈特家系档案》油印本中。原件已于"文革"中散失,现只存有内蒙古师范学院1956年的油印本。

④ 《西域图志》卷四七《杂录一》;加班沙拉勃:《关于卫拉特人的故事》,转引自冈田英弘:《四卫拉特的起源》,载《史学杂志》第83编6号。

⑤ 冈田英弘:《四卫拉特的起源》,载《史学杂志》第83编6号。

仅列出了翁罕以下至奇旺之间的世系,而且两者所记二传阿尔萨兰、三传阿穆瑚朗,名称完全一致,故祁韵士《外藩蒙古回部王公表传》所记八传说,是较为可信的。综上所述,翁罕至贝果鄂尔勒克的八世系谱,当如下所示:翁罕(旺罕、王罕)—阿尔萨兰—阿穆瑚朗—克依邦(奇旺)—素赛(苏赍)—巴雅尔—玛哈齐蒙克(蒙克)—贝果鄂尔勒克、翁贵。

三、阿玉奇汗有八个儿子及其活动事迹

阿玉奇汗是土尔扈特部西迁伏尔加河流域时期的一位著名首领。国内的史籍都称其有八个儿子。较早的如乾隆皇帝的记述:"阿玉奇有子八人,其六皆无子嗣"①,以记述系谱翔实著称的《外藩蒙古回部王公表传》也说他有"子八"人,并指出"阿玉奇子,自沙克都尔扎布、衮扎布外",②还有一个第三子叫散扎布。③ 其余各子的名字,则鲜见于史。近年国内一些有关论述也未能钩沉补缺,超出前人的记述。

前已述及,渥巴锡来承德朝觐时,乾隆皇帝亲自向渥巴锡询问土尔扈特部系谱后,"御制土尔扈特部纪略,记其始祖所自出,并证前之失精核而未实者"④。其实,清政府调查土尔扈特系谱并非始自渥巴锡至承德之时,早在渥巴锡返抵伊犁河畔之初,就已经做了调查,并记录在案。这份调查材料在清代并未引起人们的重视,或是置于案卷之中而从来无人问津。这份材料是夹藏在清政府满文土尔扈特档案之中的。在我国第一历史档案馆收藏的乾隆三十六年八月十日福隆安折中,有四个附件:一为图理琛所记之俄罗斯地名清单;二为土尔扈特阿玉奇汗游牧之地;三为赴承德瞻仰之土尔扈特部首领名册;四为土尔扈特部系谱。这份系谱中,明确记载了阿玉奇汗八子的名字。今将其录之如下:"阿玉奇汗有八子,长沙克都尔扎布,次有衮扎布、车楞敦噜布、桑扎布拉布坦、衮都鲁克、噶尔丹、丹津、巴朗车凌。"⑤

---

① 乾隆:《土尔扈特部纪略》,载《高宗诗文十全集》卷一一。
② 祁韵士:《外藩蒙古回部王公表传》卷一〇三《扎萨克卓哩克图汗渥巴锡列传》。
③④ 祁韵士:《外藩蒙古回部王公表传》卷一〇一《土尔扈特部总传》。
⑤ 中国第一历史档案馆藏:《满文土尔扈特档》,乾隆三十六年八月(上),三全宗,一六九五,一号。这里引用的系据中国社会科学院民族研究所和新疆社会科学院民族研究所为编写《准噶尔史略》一书,组织专人翻译的满文土尔扈特档之汉文译稿本。此件原档附有汉译文,笔者引用时,又请汪玉明同志据满文原档做了校核。

另外，在前面提到的托忒文资料中也具体记述了阿玉奇汗八子的名字，兹录如下："朋楚克的长子阿玉奇汗有八个儿子。长子曰沙克都尔扎布，二子曰衮扎布，三子曰散扎布，无嗣，四子曰阿喇布坦，无嗣，五子曰衮德勒克图，有子曰帮巴尔，六子曰策凌敦噜卜，无嗣，七子曰噶勒丹丹津，无嗣，幼子曰巴朗车凌，无嗣。"①

如将上述两则资料加以对比，便可发现衮都鲁克与衮德勒克图、策楞敦噜布与策凌敦噜卜，除在译音上稍有差别外，还有两处不同：一是前者桑扎布拉布坦是一个人，后者散扎布、阿喇布坦为两个人；二是前者的噶尔丹、丹津是两个人，后者噶尔丹丹津为一个人。从中外史籍的记载中，我们可以查到阿玉奇确有一个儿子叫散扎布，而不称桑扎布拉布坦，这可从祁韵士的《外藩蒙古回部王公表传》、何秋涛的《朔方备乘》、霍渥斯的《蒙古史》、加斯东·加恩的《彼得大帝时的俄中关系（1689—1730 年）》以及诺伏列托夫的《卡尔梅克人》等著述中得到证实。据此可将桑扎布拉布坦视为两个人，即散扎布和阿喇布坦。至于噶尔丹丹津是一个人还是两个人，尚无确切资料可以厘定。但多数史籍皆记阿玉奇只有八子，这里姑且以托忒文资料的记载为准，将噶尔丹丹津视为一个人。

此外，还有一点应该指出，根据上引托忒文资料的记载，阿玉奇的八子中，除长子、次子有后代外，其第五子衮德勒克图也有子嗣，并非如乾隆皇帝所说："其六皆无子嗣。"

在一些外文资料中，关于阿玉奇儿子的数目和名字的记载，更为混乱。今将我们所见到的几则录之如下，以供参考。

帕拉斯《蒙古民族历史资料集成》载阿玉奇的儿子有沙克都尔扎布、阿拉布坦、散扎布、散德扎布、彭塔克、噶尔丹扎布、洛桑扎布、衮扎布、星桑散、贡德累克、策凌敦罗布（1701 年生）、噶尔丹丹津（1711 年生）、巴伦格（1721 年死），合计有十三子。

霍渥斯《蒙古史》载："阿玉奇和他的三个妻子生下了八个儿子和五个女儿。"③但在他所列的系谱表中却只有六个人名，即沙克都尔扎布、阿拉布

---

① 那克译稿，《虔诚的旧土尔扈特北部王公札萨克台吉源流名册》。
② 帕拉斯《蒙古民族历史资料集成》第 86 页附页，法兰克福莱比锡 1779 年版原文系德文，本文所引资料系由罗致平教授提供。
③ 霍渥斯：《蒙古史》第 1 卷，伦敦 1876 年版，第 576 页。

坦、散扎布、衮扎布、贡德累克、策凌敦杜克。①

诺伏列托夫《卡尔梅克人》一书中载:"关于阿玉奇汗八个儿子的人数,意见不一,一些人认为他有八个儿子,另一些人的意见则比这个数目多一些或少一些。实际上他有十个儿子(当然算的是早已露头角的成人):沙克都尔扎布、阿拉布坦、沙布达尔、散扎布、衮扎布、策凌舒嫩罗乌赞格、贡杰伦格、策凌敦多克、噶尔丹丹津、巴伦格。"②

在上面所引三种资料的记载中,共同出现的人名有:沙克都尔扎布、阿拉布坦、散扎布、衮扎布、贡德累克(贡杰伦格)、策凌敦罗布(策凌敦杜克、策凌敦多克)。噶尔丹丹津和巴伦格除霍渥斯著作中未录外,其余两种资料的记载是相同的。因此,外文著述中共同记载有八人,即沙克都尔扎布、阿拉布坦、散扎布、衮扎布、贡德累克、策凌敦噜布、噶尔丹丹津、巴伦格。

如果把上述外文著述中的八人再与满文档案和托忒文资料相对照,便可发现,除贡德累克与衮都鲁克、巴伦格与巴朗车凌的译名稍有差异外,其余都是一致的。因此,我们可以初步认为,阿玉奇汗至少有八子,他们名字和顺序是沙克都尔扎布、阿拉布坦、散扎布、衮扎布、衮都鲁克、车楞敦噜布、噶尔丹丹津、巴朗车凌。

关于阿玉奇八个儿子的事迹,在史籍中记载不详,但并非毫无记录。现将有史可查的散扎布、沙克都尔扎布和车楞敦噜布三人的一些活动事迹,略加叙述。我们从中不仅可以看出阿玉奇汗时期土尔扈特部与准噶尔部策妄阿拉布坦的关系变化,也反映出阿玉奇汗死后土尔扈特贵族争夺汗位的斗争以及沙俄政府利用内争混乱时机,加强控制土尔扈特部的过程。

散扎布③是阿玉奇的第三子,他于1701—1702年率属户迁往策妄阿拉布坦处。关于这一历史事件,在《外藩蒙古回部王公表传》卷一○一《土尔扈特部总传》中有较详尽的记载:策妄阿拉布坦"乞婚阿玉奇,阿玉奇以女妻之,其第三子散扎布率属户万五千余从往……盖自噶勒丹既灭,策妄阿喇布坦谋并诸卫拉特族,留散扎布不遣,阿玉奇索其子,乃逐散扎布归额济勒,仍留从户不之给,分隶准噶尔鄂拓克,阿玉奇固索不获,因构难。"④这里是说,

---

① 霍渥斯:《蒙古史》第1卷,第589页。
② 诺伏列托夫:《卡尔梅克人》,彼得堡1884年版,第14页。
③ 散扎布又作桑扎布、三扎布或三济扎布。
④ 《皇朝藩部要略》卷一○、《朔方备乘》卷三八均有类似记载。

散扎布是参加其姊或妹与策妄阿拉布坦的婚庆而率属户前往准噶尔的。

但这与清代文献中对散扎布迁徙原因的记载并不一致。就我们所知，至少有上述两种不同的说法：其一，据被清军鞫讯的土尔扈特人曼济说："我本土尔扈特人，我阿玉奇汗之子三济扎卜，当年与父有隙，率一万人，投策妄阿喇布坦。策妄阿喇布坦擒三济扎卜送还土尔扈特，留我等万人，分给所属宰桑等。"①这里把散扎布迁徙的原因归之为"与父有隙"。其二，认为策妄阿喇布坦"离间伊之妻父土尔扈特之阿玉奇汗与其子三济扎卜，诱三济扎卜携带万余户，至伊住牧之处，因而强占入己"②。这里又把散扎布的迁徙说成是受策妄阿拉布坦的引诱。

不管是那种原因，总之，散扎布确实率属户到了准噶尔部，而且其属户万余人被策妄阿拉布坦所强占，这是毫无疑问的事实。然而，这一事件的发生，不仅引起了阿玉奇与策妄阿拉布坦之间关系的恶化，致使通道梗阻而中断了土尔扈特部与清政府"表贡不绝"的联系达十余年之久，同时更加增强了策妄阿拉布坦统治下的准噶尔部割据势力。正如日本学者若松宽所说："策妄阿喇布坦由于将其得到的土尔扈特部的一万人，分给了所属的统治阶级宰桑们，因而就有可能要求他们效忠于准噶尔王。至此，策妄阿喇布坦作为准噶尔王的地位也就名实相符了。"③因此，他认为这一事件"起了扩大策妄的王权的作用"④。关于这一看法，我们认为是合乎事实的。

沙克都尔扎布是阿玉奇的长子，曾被阿玉奇汗指定为汗位的合法继承人。据记载："阿玉奇把执政的大事交给了沙克都尔扎布，并在生前将汗印传授给他。可是，命运的安排却出乎人意料，沙克都尔扎布比他父早去世两年。"⑤沙克都尔扎布于1722年2月先于他父亲去世，因此，他没能继承汗位。

由于沙克都尔扎布早逝，其汗位便由沙克都尔扎布生前指定的自己的

---

① 《平定准噶尔方略》前编卷二，康熙五十四年五月壬子。
② 《平定准噶尔方略》前编卷一八，雍正七年二月癸书已。
③ 若松宽：《策妄阿喇布坦的上台》，载《史林》第48卷6号，第74页。
④ 若松宽：《策妄阿喇布坦的上台》，载《史林》第48卷6号，第70页。
⑤ 诺伏列托夫：《卡尔梅克人》，第14页。
⑥ 苏联科学院等编：《卡尔梅克苏维埃社会主义自治共和国史纲》，莫斯科1967年版，第185页。按何秋涛：《朔方备乘》卷三八《土尔扈特归附始末》，"阿玉奇卒，子沙克都尔札布嗣，沙克都尔札布卒，子敦鲁布拉什嗣"，与事实不符。

长子达桑格继承。达桑格继承汗位并不为年迈的阿玉奇汗所赞同。阿玉奇在弥留之际指定车楞敦噜布(沙克都尔扎布之弟)为汗位继承人,但车楞敦噜布并未得到土尔扈特上层的一致支持。因此,当阿玉奇于1724年2月19日逝世后,①土尔扈特部贵族为取得汗位的继承权展开了激烈的斗争。当时,卷入这一争夺汗位旋涡的主要有以下四人,沙克都尔扎布的两个儿子达桑格和巴克沙多尔济、沙克都尔扎尔之弟衮扎布的儿子敦多克奥木巴(汉文称敦罗卜旺布)以及阿玉奇之子车楞敦噜布,"他们各自都有雄厚的党羽"②,而且"由于互相争执,造成了很长时间的混乱"③。

上层贵族的纷争,为沙俄政府控制土尔扈特部提供了有利的时机。沙俄政府为了进一步奴役土尔扈特部,早在彼得一世时便图谋对土尔扈特汗位继承问题加以控制。就在阿玉奇汗逝世不久,沙俄政府在给阿斯特拉罕省长的训令中写道:"力求避免领主们完全按自己意愿选择汗",并授意土尔扈特贵族立阿玉奇汗的外甥道尔济·纳扎洛夫为汗,但遭到贵族们的冷遇,而道尔济·纳扎洛夫也"深知各派势力的利害",④于1724年9月放弃了汗位的继承,沙俄政府又转而承认阿玉奇生前指定的汗位继承人车楞敦噜布。1724年9月19日,车楞敦噜布在萨拉托夫宣誓就任,在汗王的人选上沙俄政府虽做了让步,但从此沙俄政府对土尔扈特部"取得了任命汗的权利"⑤。这是对土尔扈特部政治地位有重大影响的一个变化,此后,土尔扈特部汗位的交替,都要得到沙俄政府的确认。

车楞敦噜布又写作车领敦多布、策凌敦杜克、车凌端多布等,据外文资料记载,他执政期间的1730年,清政府与沙俄赠给他"汗"号,但由于他"性格柔弱、无能,又引起了蒙古王公之间的内部纷争"⑥。关于车楞敦噜布的事迹,在我国文献《异域录》中有片段的记录,该书作者图理琛在伏尔加河流域访问时曾与他会晤过。《异域录》中写道:"阿玉奇汗季子车领敦多布奏曰:'我年童稚,恭请至圣大皇帝万安,进鸟枪一杆,鸟枪已交付我使者,我无

---

① 苏联科学院等编:《卡尔梅克苏维埃社会主义自治共和国史纲》,第187页。
②④⑤ 诺伏列托夫:《卡尔梅克人》,第17页。
③ 古朗:《17—18世纪的中亚——卡尔梅克帝国还是满洲帝国?》,巴黎-里昂1912年版,第44页。
⑥ 内达金著,满铁经济调查会译:《西蒙古族及满洲族》上卷,大连1936年日译版。中译文题为《土尔扈特蒙古西迁及其重返祖国》,马汝珩译,载《新疆大学学报》1981年第2期,第125页。

言可奏,但愿如天大皇帝万万年,临御天下,我在此朝暮于佛前洁诚祷祝,烦天使奏闻。"①如果帕拉斯所记他生于1701年是实,②那么,车楞敦噜布与图理琛会见时已是一个初识时务的少年了。可惜车楞敦噜布的事迹在此后的清代记载中很少提及,难怪俞正燮在《书西域见闻录后》中感叹地写道:"其人尤可念惜,其后未有闻也。"③车楞敦噜布统治土尔扈特部时期,"可以明显看出两个特点:治理软弱无力,领主之间不断发生内讧"④。1735年,敦罗卜旺布取代车楞敦噜布,成为土尔扈特部的汗王。

四、渥巴锡仲兄萨赖的悲惨命运

渥巴锡是否有兄弟,清代史籍一般均略而不载,唯《外藩蒙古回部王公表传》中明确记载:"敦罗布喇什子四,长巴克克库,次萨赖、次扣库,皆早死,无嗣,渥巴锡其季也。"⑤类似的记载,我们还见到两则。其一,托忒文资料《虔诚的旧土尔扈特北部王公札萨克台吉源流名册》载:"沙克都尔扎布的五儿子敦罗卜喇什汗有四个儿子,长子巴克克库,无子,二子萨赖,无子,三子扣库,幼子渥巴锡汗。"⑥其二,帕拉斯《蒙古民族历史资料集成》中的土尔扈特部系谱表也载:敦杜克达什(敦罗布喇什)有两个儿子,一个是萨赖,一个是渥巴锡。⑦这里虽然只记述了两个人,但萨赖是渥巴锡之兄长这一点与《外藩蒙古回部王公表传》的记载是一致的。

萨赖是渥巴锡之仲兄,关于他的事迹在中国史料中记载不详。其实萨赖是第一个作为人质且孤独地死于沙俄囚禁生活之中的土尔扈特贵族。沙俄政府想通过人质从政治上进一步控制土尔扈特部的图谋由来已久,但长期以来"毫无结果"⑧。然而在敦罗布喇什继承汗位后,沙俄政府利用旧新汗位交替时期的动乱,实现了取得人质的图谋。沙俄当局要敦罗布喇什交

① 图理琛:《异域录》下卷。
②⑦帕拉斯:《蒙古民族历史资料集成》,第86页附页。
③ 俞正燮:《癸巳存稿》卷六,商务印书馆1957年版。
④ 诺伏列托夫:《卡尔梅克人》,第17页。
⑤ 祁韵士:《外藩蒙古回部王公表传》卷一〇三《扎萨克卓哩克图汗渥巴锡列传》。
⑥ 那克同志译稿,《虔诚的旧土尔扈特北部王公札萨克台吉源流名册》。
⑧ 诺伏列托夫:《卡尔梅克人》,第29页。

出他儿子作为人质,"并决定,以后的汗都要遵守这个制度"①。同时还要求敦罗布喇什向沙俄政府做出保证:"(向沙俄政府)忠诚效劳,不同外国及异族交往,不派使团,如有使团见他,则报请宫廷决断。"②敦罗布喇布无奈,不得不把自己的第二个儿子萨赖送至阿斯特拉罕,以充人质。从此以后,"俄国政府采取强硬的政策来限制汗的权利"③,因而使土尔扈特部在伏尔加流域的政治地位进一步恶化。

敦罗布喇什不甘忍受如此的屈辱,他几次致信沙俄女皇要求释放萨赖。他在1743年9月6日的信中写道:萨赖"年幼孤身,而以前几个汗从来不曾交过人质",此举"是自己的耻辱"④。但他得到的答复却是:"(沙俄)政府既已确定向卡尔梅克汗要人质的制度,就认定无须再加以改变了。"⑤结果,萨赖于1744年作为沙俄的人质死于阿斯特拉罕。⑥

沙俄政府加强控制土尔扈特部的"新政策引起了台吉的抱怨情绪"⑦。而萨赖的死也在一定程度上促使敦罗布喇什对俄态度由忍让向对抗转化。当时正逢敦罗布喇什所属的和硕特部贵族翁其克想带领自己的两个儿子以及七名宰桑接受东正教洗礼,敦罗布喇布不顾沙俄强加于土尔扈特部的"一切愿受洗礼的人不受汗的势力的约束"的规定,⑧下令将翁其克的妻女及财产扣留,并向沙皇当局声明:"对已受洗礼者,我们不予干涉,而对那些想去洗礼者,我们得知后,可加以阻拦,或将其打死,我们不能因此受到惩处,因为他们还在我们管辖之下。"⑨

在沙皇政府的奴役日益加剧的情况下,敦罗布喇什和土尔扈特部蒙古人民更加思念祖国故土。乾隆二十一年(1756),敦罗布喇什派出的吹扎布使团抵达北京,这是冲破沙俄政府力图切断土尔扈特部与祖国政治、经济联系的一个勇敢的举动。清政府十分重视吹扎布使团的到来,乾隆皇帝在承德行宫"召见于行幄……赐吹扎布宴"⑩。

---

① 诺伏列托夫:《卡尔梅克人》,第28—29页。
② 诺伏列托夫:《卡尔梅克人》,第29页。
③⑦ 苏联科学院等编:《卡尔梅克苏维埃社会主义自治共和国史纲》,第195页。
④⑤ 诺伏列托夫:《卡尔梅克人》,第30页。
⑥ 帕拉斯:《蒙古民族历史资料集成》,第86页附页。
⑧⑨ 诺伏列托夫:《卡尔梅克人》,第31页。
⑩ 中国第一历史档案馆藏:《汉文起居注》,全宗乙,119号,乾隆二十一年九月十二日丁丑。

萨赖的悲惨遭遇在敦罗布喇什家族中留下了深深的伤痕,二十多年后,当沙俄政府要渥巴锡交出"一个儿子作为人质,同时还决定把他们最高门第的三百个青年当兵"①时,新仇旧恨使渥巴锡无法再忍受,这成为促使渥巴锡决心武装反抗沙俄统治,"挈全部归顺"②清政府而东返祖国的重要因素。

(原载《民族研究》1982 年第 1 期,合作者马汝珩,执笔人马大正)

---

① 霍渥斯:《蒙古史》第 1 卷,第 575 页。
② 邓廷桢:《蒙古诸部述略》。

土尔扈特蒙古东返始于何时考

土尔扈特蒙古武装起义、东返祖邦始于何时,中外史载颇不一致。起义始于何时的记述,按公历言,大体上有两种说法:

第一种是乾隆三十五年十月(1770年12月)说。此说首创于椿园七十一之《西域闻见录》。该书卷六《土尔扈特投诚纪略》载:"时乾隆三十五年,天气温和,十月中旬,河水不冻,乌(渥)巴锡不能待河北人户,遂杀鄂(俄)罗斯匠役千人及贸易人等,携所部之土尔扈特、霍(和)硕特、都(杜)尔伯特、额鲁特人众四十六万余户,于十月二十三日起程。"按十月二十三日,即公历1770年12月9日。附和此说者有何秋涛①和王大枢②。

第二种是乾隆三十五年十一月(1771年1月)说。此说以乾隆为代表。他在《土尔扈特全部归顺记》碑文中述:"自去岁十一月启行由额济勒历哈萨克,绕巴勒喀什诺尔戈壁。于今岁六月杪,始至伊犁之沙拉伯勒界,凡八阅月,历万有余里。"附和此说者有祁韵士③和魏源④等。

---

① 何秋涛《朔方备乘》卷三八《土尔扈特归附始末》载:"乌巴锡乃集大小宰桑,谕以逃走伊犁之利,众喜,皆为远行之计,时三十五年十月也。"

② 王大枢《西征录》卷三《土尔扈特投顺叙略》载:"时乾隆三十五年河水不冻,乌巴锡遂不待北岸,径杀鄂罗斯兵民商近千余人,携所部额鲁特四十六万户。囊载牲畜于十月二十三日拔幕起行。"

③ 祁韵士《西陲要略》卷四《土尔扈特源流》载:"以三十五年冬,自额济勒启行,历哈萨克,绕巴勒喀什淖尔戈壁,于次年六月始至伊犁之沙拉伯勒界,凡八阅月,历历余里。"祁韵士的《皇朝藩部要略》和《外藩蒙古回部王公表传》之《土尔扈特部总传》均未述及起义的时间。

④ 魏源《圣武记》卷四《乾隆新疆后事记》载:"自十一月至六月始及伊犁卡伦,仅存七万余。"

第二种说法在具体日子上又有三种不同记述。

一是乾隆三十五年十一月二十日(1771年1月5日)。目前所见最早提出此说法的人是俄国学者诺伏列托夫,他在《卡尔梅克人》一书中据俄国档案记述写道:"卡尔梅克民族的暴动发生在1771年1月5日(按卡尔梅克历法为1月1日——兔月),一开始就袭击杜丁大尉营地。"①自此以后,苏联史学家均持此说②,不少西方史学家也采纳此说③。

二是乾隆三十五年十一月二十六日(1771年1月11日)。托忒文资料《卡尔梅克诸汗简史》中载:"渥巴锡急切地于铁兔年一月十一日放弃了额济勒河西岸的同胞,带着佛像、佛经、贵重财产,赶着所有牲畜,带领臣民妇幼,与策伯克多尔济、舍楞及其王公,一起向佛爷叩头祈祷早日平安到达,朝着准噶尔故土出发了。"英国学者霍渥斯赞同此说。④

三是乾隆三十五年十二月二日(1771年1月17日)。此说出自清代档案,乾隆三十六年(1771)五月二日伊勒图奏报中引述了俄国铿格尔图拉使者额勒费来文称:"于去年十二月,此等厄鲁特由我处反叛而出。"⑤同年八月十二日,色布腾巴勒珠尔在陪同渥巴锡一路赴京途中的奏折中说得更为具体:"去年,渥巴锡在额济尔度夏,至秋渡河去巩喀尔等候额墨根乌巴什、默们图等到齐,于十二月初二,从额济尔起兵,率全部落,扬言去抢掠哈萨克,约定相会之处,渥巴锡等同心协力投奔这里。"⑥

纵观有关起义日期的记述,后人附和,见仁见智,毋庸推究,但对各说首

---

① 诺伏列托夫:《卡尔梅克人》,彼得堡1884年版,第45、47页。

② 较有代表性的如帕里莫夫:《留居俄国境内时期的卡尔梅克民族史纲》,阿斯特拉罕1922年版,第76页;苏联科学院等编:《卡尔梅克苏维埃社会主义自治共和国史纲》,莫斯科1967年版,第216页。

③ 较有代表性的如德昆赛:《鞑靼人的反叛》,波士顿1898年版,第25页;古朗:《17—18世纪的中亚——卡尔梅克帝国还是满洲帝国?》,巴黎-里昂1912年版,第134页;斯文·赫定:《热河·皇帝城》,伦敦1932年版,第38页。

④ 霍渥斯:《蒙古史》第1卷,伦敦版1876年该书载:"他们用了8天时间,安全地越过了伏尔加河及雅依克河之间的草原。"据俄国档案载,土尔扈特抢渡雅依克河时间系1771年1月18日至21日,由此前推8天,起义当在1月11日左右。

⑤ 中国第一历史档案馆藏:《满文月折档》,乾隆三十六年五月二日伊勒图奏。

⑥ 中国第一历史档案馆藏:《满文月折档》,乾隆三十六年八月十二日色布腾巴勒珠尔奏。

创之家需要做考析。

1770年12月说,首源于椿园七十一,椿园七十一为乾隆时进士,系为土尔扈特蒙古东返之同时代人,又曾任职于新疆镇迪道,留居新疆多年,所著《西域闻见录》之《土尔扈特投诚纪略》记述土尔扈特蒙古西迁和东返的进程颇详,历来为中外学者重视,伯希和在《卡尔梅克历史评注》中曾列有专章,对此文进行翻译与注释。但经近年研究者潜心考究,椿园七十一记述之误比比皆是,诸如东返的人户数、东返路线以及对东返原因的评述,均与历史事实大相径庭。虽不能由此断言其所述之首义日期肯定有误,但在尚未找到一则有力旁证之前,椿园七十一的论述不能轻信。因此,将1771年1月说作为考析的重点,亦属情理之中。

1月说中之1月11日说,系托忒文资料《卡尔梅克诸汗简史》中所记。此书18世纪末流传于伏尔加河流域土尔扈特人中,1860年俄国学者雷特金出版了该著作的俄译文,之后俄国蒙古史学家波兹德涅耶夫在《阿斯特拉罕卡尔梅克人的古代文献》中全文刊载了托忒文本。但1884年诺伏列托夫在《卡尔梅克人》一书中认为此说所据不足,指出:"不知为什么许多著述都说卡尔梅克人是在1月11日走的,可是在当时的官方文献中,出走的日子明确指出是在1月5日。"①诺伏列托夫的著作出版后,俄国和西方史学家著述中持此说者几乎绝迹。

俄国档案中还有一则记载,值得注意。1月11日,阿斯特拉罕省办公厅发出通知,"如遇到卡尔梅克人动乱,或是遇到他们和哈萨克人一起袭击俄罗斯人住地,为防卫城市及其他要地,应发给人们枪支弹药"②。很明显,如果起义始于1月11日,在当时的通讯条件下,远离起义地的阿斯特拉罕省办公厅是不可能于当天发出这一通知的。这一记载为否定1月11日说提供了有价值的旁证。

1月5日说和1月17日说,则分别源于俄、清档案所载。

俄国和清政府的有关档案是研究土尔扈特蒙古史,特别是东返事件的最重要资料之一。但对其所载也应做具体分析。在记述土尔扈特蒙古东返首义日期上,下述数端值得注意:

第一,土尔扈特蒙古武装起义、东返祖邦之举,极大地震动了俄国朝野。

----

① 诺伏列托夫:《卡尔梅克人》,第47页。
② 诺伏列托夫:《卡尔梅克人》,第54页。

叶卡捷琳娜女皇得到报告后大为震怒。"因为她的大臣们竟漫不经心到让整个部落在她信任的奴仆的鼻尖下举行暴动，逃出了神圣的俄罗斯国境，从而使罗曼诺夫家族和头戴彼得大帝王冠的守护神鹰蒙受了永不磨灭的耻辱"。① 俄国政府更为不安的是起义打乱了沙皇在伏尔加河流域的统治秩序，伏尔加河沿岸的俄国官吏"束手无策，交通被切断"，"一个个吓得呆若木鸡，谁也不知道，卡尔梅克人又会去何处"。② 为了维护自身的统治利益，当时的军情是逐日上报，留至今日的档案记载十分具体。1月5日这一起义首发之日，即记述在阿斯拉罕城卡尔梅克管理局档案库案卷1771年3907号上。而就目前所见，俄国档案对首义日期的记载是一致的。相比之下，清代档案的两则记述，或是源于传报，或是出自渥巴锡等人在赴承德途中谈话的述报。显然，其准确性是不及记于事件发生当时当地之俄国档案的。就如土尔扈特蒙古返抵祖国的时间，清方记述肯定要比俄国记述更为可信一样。

值得注意的是，据载乾隆皇帝于乾隆三十六年（1771）九月八日在木兰围场伊绵峪接见了渥巴锡一行，之后直至九月三十日渥巴锡离承德之前，乾隆皇帝多次召见渥巴锡等人，并与之长谈，了解土尔扈特蒙古的历史与现状。因此，乾隆皇帝在《土尔扈特全部归顺记》中并未采纳色布腾勒珠尔等人于五月至八月间奏报中的说法，实际上乾隆皇帝也否定了1月17日（即阴历十二月二日）之说。

第二，俄国档案中还有一则地方当局的报告值得注意。库拉金斯卡亚城堡统领伊凡·库拉金报告："1月19日，（土尔扈特）队伍铺天盖地而来，淹没了草原，他们在汗的兄弟舍楞和巴木巴尔两个儿子率领下，手持许多大大小小的旗帜，在白天一点多钟时抢走了所有牲畜，而后袭击了城堡，双方用枪炮射击了整整一天，哥萨克把全部弹药都打完了。"③ 显然，如果起义爆发于1月17日，8万之众用两天时间是绝对到不了乌拉尔河畔的库拉金斯一线的。

第三，在俄国档案中，土尔扈特蒙古首义于1月5日，并不是一个孤立的日子，我们可以查到起义前后，直至抢渡乌拉尔河这一起义突袭阶段的详

---

① 斯文·赫定：《热河·皇帝城》，第39页。
② 诺伏列托夫：《卡尔梅克人》，第55页。
③ 诺伏列托夫：《卡尔梅克人》，第48—49页。

细日程,时间表如下:

1月4日,渥巴锡、策伯克多尔济等人在伏尔加河东岸雷恩沙漠别尔图向土尔扈特蒙古军民进行起义动员。

1月5日,宰桑桑杰策凌奉渥巴锡之命,袭击杜丁大尉营地,这是公开起义的信号。

1月18日,土尔扈特蒙古东返队伍抵达乌拉尔河西岸。

1月19日至20日,土尔扈特蒙古袭击乌拉尔河西岸的库拉金斯卡亚、卡尔梅科夫、索罗奇科夫等城堡和红雅尔、科捷利内、哈里基诺夫等哨所,并开始渡河。

1月21日,东返队伍抢渡乌拉尔河成功,土尔扈特蒙古军民直插哈萨克草原,向恩巴河挺进。

综上所述,我认为1771年1月5日是土尔扈特蒙古首义的准确日期。

补记:

《土尔扈特蒙古东返始于何时》在1985年第1期《新疆社会科学》刊发后,得到学界同人重视,此文结论我们用于《漂落异域的民族——17至18世纪的土尔扈特蒙古》(中国社会科学出版社1991年版)一书,土尔扈特蒙古东返之日为1771年1月5日之说更为人们所认同。

近年,中国人民大学清史研究所郭成康教授在撰写《清史编年》时,对土尔扈特东返首义之日进行了再考证,对1月5日说提出了质疑,现将其引述如下:"俄方与土尔扈特领袖有关起兵日期的差异在于俄方档案当以俄历记载事件,而俄历又与公历不完全一致。18世纪俄历日期换算成公历要加11个昼夜(《苏联大百科全书》,莫斯科1970年俄文版,第199页)。如果确系如此,俄历1771年1月5日应为公历1771年1月16日,即农历乾隆三十五年十二月一日。俄文档案记载,此日清晨土尔扈特人起兵,突袭当地俄驻军,接着分兵袭击俄国城镇,渥巴锡带头烧毁这些木制宫殿,然后开始东归,这样看来,渥巴锡等人所记与俄方档案所记相差一天是可以理解的。故采渥巴锡之说。"土尔扈特蒙古东返首义的日期应是公元1771年1月17日,农历乾隆三十五年十二月一日甲戌。①

---

① 中国人民大学清史研究所编:《清史编年》第6卷,中国人民大学出版社2000年版,第115页。

对此,笔者愿补记以下三点:

第一,应该承认,当年笔者在写作《土尔扈特蒙古东返始于何时》时,只注意了公历与农历的差异,而忽略了公历与俄历的差异。实际上在俄国十月革命前的著作中,作者通常使用的是俄历,诺伏列托夫《卡尔梅克人》出版于1884年,他在书中引用的俄国档案的日期应是俄历,而非公历,这确实是笔者研究中的疏漏。

第二,为保存当时研究时的思路,本选集收入《土尔扈特蒙古东返始于何时》时笔者未做更改,只是撰补记,为了让读者能更好了解研究深化的轨迹,确乎研究深化未有尽期,同时对本集所收有关文章中提到的土尔扈特东返首义的日期,笔者也未做更动,务请读者注意。

第三,笔者个人对郭成康教授表示敬意和谢意,他研究中一丝不苟的精神让人钦佩,他的研究纠正了笔者研究中一个不应有的疏忽,实是一件大好事。

本文首发于《新疆社会科学》1985年第1期,题名为《土尔扈特蒙古东返始于何时》,2002年收入《跬步集——新疆史探微》(兰州大学出版社2003年版)时将题名改为《土尔扈特蒙古东返始于何时考》,并写了补记。

土尔扈特蒙古东返路线考述
——一条鲜为人知的哈萨克草原通道

一、问题的提出

近十余年来,随着中亚诸民族史研究的深入,特别是对发生于 18 世纪 70 年代游牧于伏尔加河流域的蒙古族土尔扈特部在异域生活这段历史的揭示,在一个半世纪的时间里,土尔扈特部西迁与东归走的是一条什么通道,这条通道的走向以及与传统意义上的丝绸之路的关系,就成为历史学家关注的热点。

数万乃至十数万土尔扈特人众,无论是西迁还是东归,走的不是传统意义上的丝绸之路,而一条鲜为人知的哈萨克草原的神秘通道。著名的哈萨克草原属于欧亚大草原的一部分,其北面连接西伯利亚低地,南面抵达沙漠地带,覆盖了今天哈萨克斯坦北纬 47°度以北的广阔的中部、北部地区。

二、西迁与东归的路线

土尔扈特蒙古原本游牧于我国新疆塔城西北的雅尔地区。土尔扈特蒙古西迁经过了缓慢而复杂的过程。从托忒文文献《四卫拉特史》的记载看,土尔扈特西迁始于 1628 年,但若详阅国外有关文献(特别是俄国文献)便可看出,包括土尔扈特部在内的卫拉特蒙古各部在 16 世纪末和 17 世纪初即已开始向西伯利亚地区迁移,当时的迁徙活动是小股的或临时的。到了 17 世纪 20 年代,由于卫拉特蒙古对外受到来自北方沙俄势力的挤压,内部又爆发了各部落间的大动乱,土尔扈特部在首领和鄂尔勒克率领下,离开了原来的牧地,经过哈萨克草原,越过乌拉尔河,来到了当时俄国势力尚未到达的,被称之为"瓯脱"地的伏尔加河下游各支流沿岸,开始了新的"创业史"。由于史载不详,土尔扈特蒙古西迁的具体路线很难确定,但可以肯定的是他们走的不是传统意义上的丝绸之路的任何一条路线,而是穿越了哈萨克草原中的神秘通道。

关于1771年土尔扈特东归,经过学者们多年潜心研究,已有可能勾画出一条穿越哈萨克草原的相对准确的路线走向。

土尔扈特汗国在伏尔加河流域的牙帐所在地是马奴托海。"马奴托海"意为"马奴的草牧场",地点大致在阿斯特拉罕以北的伏尔加格勒到里亚尔之间的伏尔加河西岸一带。① 1771年1月5日②,正是隆冬季节,成千上万的土尔扈特人在渥巴锡的领导下,踏上了东归的征程,彻底离开了他们寄居将近一个半世纪的他乡异域。东归之初,渥巴锡将33 000余户近17万人的东返队伍,组成三路大军,直逼乌拉尔河沿河防线的各个据点。据俄国档案记载,1月19日和1月20日,土尔扈特东进队伍"烧毁了雅依克河(乌拉尔河)上城镇库拉金斯卡亚、卡尔梅科夫、英达尔山区和索罗奇科夫等"③,并在雅依克城至卡尔梅科夫之间一些地区突破了防线上的哥萨克据点。土尔扈特东返队伍,仅以三天时间,于1月21日全部渡过乌拉尔河,进入了大雪覆盖的哈萨克草原,向恩巴河挺进。"伏尔加河卡尔梅克汗国已渡过雅依克河,攻克之处南至泽列诺夫斯基,而北至何处,尚不清楚。1月19日,队伍铺天盖地而来,淹没了草原。他们在汗的兄弟舍楞和巴木巴尔两个儿子的率领下,手持大大小小的旗子,在白天一点多钟时抢走了所有的牲畜,尔后袭击了城堡,双方用枪射击了整整一天,哥萨克把全部弹药都打完了。……泽列诺夫斯基前哨被攻克,牲畜全部被赶走,格列宾希科夫前哨遭到了洗劫,所有的人不是被杀死,就是被烧死,尸体被扔进地窖。"④俄国库拉金城堡长官伊凡·库拉金在1月25日给俄国政府的报告中这样描述土尔扈特队伍抢渡雅依克河的激烈场面。

---

① 周祚绍:《图理琛出使路线探实》,载《山东大学文科论文集刊》1984年第1期。
② 1月5日系俄历,公历应是1月17日,参阅本书《土尔扈特蒙古东返始于何时考》。
③ 诺伏列托夫:《卡尔梅克人》,圣彼得堡1884年版,第48页。
④ 诺伏列托夫:《卡尔梅克人》,第48—49页。本书的时间均系俄历,不是公历,特说明。

由于冬季的严寒和饲料的缺乏,进入哈萨克草原的土尔扈特人虽一度摆脱了沙俄军队的堵截,也只能在恩巴河一带暂避风寒,在严寒与饥饿中熬过了2月和3月,他们决定于4月初继续踏上回归故土的征程。

但在此时,土尔扈特人又遇到了哈萨克小帐的袭击。努尔阿里汗的哈萨克小帐游牧地西邻土尔扈特牧地,双方为牧地时有冲突。当土尔扈特东归队伍进入哈萨克草原后,努尔阿里汗成了土尔扈特人东归途中的危险敌人。4月上旬,在恩巴河畔,土尔扈特人两次遭到由雅曼·卡拉率领的哈萨克小帐骑兵的攻击,小帐的进攻被击败。损失惨重的土尔扈特人踏着开始融化的积雪继续前进,迅速越过图尔盖河向东挺进。

被攫取财物和复仇心理迷住心窍的努尔阿里汗,率领军队向土尔扈特东归队伍穷追不舍,不时发动小股袭击,并在努拉河与哈萨克中帐阿布赉汗军队会合,哈萨克小帐和中帐联军在希林——希利克河附近与土尔扈特人发生激战。土尔扈特人再次突围,向东到莫尼泰河(又译作姆英塔河)后,稍事休整。可就在此时,他们又陷入了努尔阿里汗和阿布赉汗的五万军队重围之中。① 渥巴锡在回国后一次谈话中也提到了这次战斗,他说:"至莫英塔河,哈萨克阿布赉率兵向我等攻战。"②在重兵围困之际,渥巴锡施行缓兵之计,派出使者与对手谈判,同意送还在押的一千名俘虏,以此换取停火三天的休整机会,在第三天傍晚土尔扈特突然猛攻哈萨克联军,终于突出重围。

莫尼泰河在巴尔喀什湖西北,土尔扈特人突围后,按常规应沿巴尔喀什湖北缘东行,舍楞提出"从伊辛诺尔、库泽斯、喀喇塔拉、额尔克布奇,经塔尔巴哈台往此前来"③,即指他们所熟悉的传统通道的走向。但为了摆脱哈萨克中帐的袭击,渥巴锡决定东返队伍折向南面,绕巴尔喀什湖西南戈壁逾楚河(吹河)、塔拉斯河,一路沿沙喇伯勒(在伊犁河西,伊塞克湖北)抵伊犁河流域。④ 也就是说,土尔扈特东返队伍离开莫尼泰河后,没有走巴尔喀什湖北缘那条自然条件较好的传统的神秘草原道路,即跨爱古斯河进入塔尔巴

---

① 苏联科学院等编:《卡尔梅克苏维埃社会主义自治共和国史纲》,莫斯科1966年版,第217页。
② 中国第一历史档案馆藏:《满文月折档》,乾隆三十六年正月二十五日折。
③ 中国第一历史档案馆:《满文月折档》,乾隆三十六年八月十二日折。
④ 中国第一历史档案馆:《满文月折档》,乾隆三十六年六月十八日折。

哈台,而是选择了实际上不便行进的巴尔喀什湖西南沙砾地区的道路。自然条件极端恶劣致使东返队伍在这一路段遭到了巨大损失。

乾隆三十六年五月二十六日(1771 年 7 月 8 日),策伯克多尔济率领前锋部队在伊犁河流域的察林河畔与前来相迎的清军相遇。

乾隆三十六年六月六日(1771 年 7 月 17 日),清军总管伊昌阿、硕通在伊犁河畔会见刚抵达的渥巴锡、舍楞以及土尔扈特部的主力和家属。①

至此,历时 8 个月、历程万里的东返征程,以土尔扈特人的胜利抵达而结束。英勇的土尔扈特人民为实现这一崇高目标,做出了巨大的民族牺牲。

三、哈萨克草原的神秘通道

土尔扈特人走的不是传统意义上的丝绸之路的任何一条路线。

丝绸之路是一条以中国的长安(西安)为起点,经过陇西高原、河西走廊和天山南北,进而联结中亚、南亚和欧洲的陆路交通通道。

丝绸之路是一条十分古老的通道,它的出现可以追溯到张骞通西域以前,但是最初出现的丝绸之路由于种种原因没有得到畅通和繁荣。因此,古代文献对当时丝绸之路所经过的地点和具体路线的记述大都语焉不详,记载不明。张骞通西域后,汉朝政府在西域地区采取了各种有力措施,并和帕米尔以西各国建立了友好关系,才使得这条横贯亚洲的通道获得了大规模的发展,出现了空前的繁荣和畅通,历千年而不衰,在中西关系史上占据了突出的地位。

众所周知,最初给这条路命名的人是德国著名的地理学家李希霍芬,他把自公元前 114 年至公元 127 年间连接中国与河中以及印度的丝绸贸易的西域道路称为 Seidenstrassen。丝绸之路(Silk Road)无非是其英译名称罢了。然而,随着中西关系史研究的发展,有关丝绸之路的概念也逐渐延伸。把李希霍芬所说中国至河中地区的道路进一步扩展到遥远的叙利亚的则是德国东方史学家赫尔曼。这一主张得到了以格鲁塞为首的许多东方学者的支持,自 19 世纪初,众多的中亚探险家多次使用丝绸之路的名称。②

---

① 中国第一历史档案馆藏:《满文月折档》,乾隆三十六年六月二十五日折。
② 长泽和俊著,钟美珠译:《丝绸之路史研究》,天津古籍出版社 1990 年版,第 2 页。

根据地理上和政治上的状况，我们可以把整个丝绸之路从东向西划分为东段、中段和西段。从长安出发，经陇西高原、河西走廊到玉门关、阳关，是丝绸之路的东段；从玉门关、阳关以西到帕米尔和巴尔喀什湖以东以南地区，是丝绸之路的中段；由此以西，南到印度，西达欧洲，是丝绸之路的西段。丝绸之路中段，主要在新疆境内，故亦可称之为新疆段。这段丝绸之路，在汉代主要有南北两道。以后在北路又开辟一道，称新北道。隋唐时期把这三条路线依次称南道、中道（汉代称北道）、北道（即新北道）。

南道，是指昆仑山（又称西域南山）北麓和塔克拉玛干沙漠南缘之间的东西通道。这条通道东自阳关，西至帕米尔，中间由东往西，主要为西出阳关后，经白龙堆沙漠南缘到鄯善（即楼兰，与今日鄯善不是一地），向西南到且末（今且末南），往西到精绝（今民丰以北，尼雅河下游，现已沦为沙漠）、扜弥（今于阗东）、于阗（今和田）。由于阗向西就是葱岭。由南道登葱岭有两个岔道：一路是经皮山（今皮山一带）、莎车（今莎车，又称叶尔羌）、无雷（今塔什库尔干塔吉克自治县北一带）过葱岭；一路由于阗向西南经子合（今叶城以南）到揭盘陀（今塔什库尔干塔吉克自治县）过葱岭。

中道，从玉门关西行，沿天山南麓和塔克拉玛干沙漠北缘直达葱岭。中间从东往西主要为西出玉门关，经哈顺沙漠南缘，首先到达吐鲁番，今天吐鲁番以南的高昌古城和西北的交河古城，都是丝绸之路中道上重要的交通点。由吐鲁番沿天山南麓向西南经危须（今和硕县）、焉耆、渠犁（今库尔勒、尉犁县）到达龟兹（今库车）。由龟兹往西，中道又分两个岔道。一条由龟兹西行，过姑墨（今阿克苏）、温宿（今乌什）、出拨达岭（今别叠里山口）到乌孙首府赤谷城。沿纳林河向西到塔拉斯河中游的郅支城（今哈萨克斯坦共和国江布尔）。另一路岔道是由龟兹西南行到疏勒（今喀什噶尔）、越葱岭上捐毒（今乌恰县一带）、休循（今帕米尔北阿赖谷地地带）到大宛。

北道，由玉门关西北行，过莫贺延碛沙漠北缘经伊吾（今哈密）、蒲类（今巴里坤），到北庭（今吉木萨尔）。由北庭向西过轮台，至弓月城（今霍城一带），渡伊犁河西至碎叶（今吉尔吉斯斯坦共和国托克马克）。

此外，在宋、辽、金、元时期，从中原到西域又开辟了一条更北一些的交通路线。它东边出居庸关向西北到和林（今哈拉和林），过杭爱山、越金山（今阿尔泰山）向南到别什八里，与丝绸之路中段北道相接。可以说，这条路线是丝绸之路的一条重要的辅助线或支线，人们又称之为草原路。

显然，从土尔扈特人西迁和东归的历程看，哈萨克草原确实有一条鲜为人知但实际存在的神秘通道。这条通道由东向西大体上是由新疆的塔尔巴哈台地区,经爱古斯河、帖萨克河、图尔盖河、伊尔吉兹河,越穆戈鲁扎尔山,渡恩巴河、乌拉尔河,进入伏尔加河流域。

这条通道是草原游牧民族开拓的,本文对土尔扈特东返路线的研究也仅仅是标明这条通道的存在和勾画出一个大致的走向。可以肯定的是,这条草原通道与传统丝绸之路诸道不是一回事。

对这条神秘的哈萨克草原通道史籍记载甚少,研究之作更少。读南京大学刘迎胜教授《丝路文化·草原卷》(浙江人民出版社1995年版)也未涉及上述草原通道情况。

为了深化丝绸之路研究,除了对传统意义上的丝绸之路各条路进行点、线、面的综合性和立体化研究之外,我们有必要拓宽视野和思路,对中亚草原通道开展深入研究,这是一项十分有意义的工作。

(原载《西域考察与研究续编》,新疆人民出版社1998年版)

土尔扈特蒙古东返人、户数考

关于土尔扈特蒙古东返祖国前后的人数和户数,中外史载颇为纷繁。

西方关于土尔扈特东返人数、户数最早的记载出自法国传教士钱德明。18世纪70年代,钱德明居留北京,土尔扈特蒙古东返祖邦不久后,钱德明在为自己所翻译的《土尔扈特全部归顺记》满文碑所写的按语中,有如下一段:"在八个月的行程中,他们竟然能保存下五万余个家庭,到达伊犁。按当时的数目计算,这五万余个家庭大约共有三十万人口。"①19世纪下半叶英国史学家霍渥斯认为:"渥巴锡带领七万户人开始了他的远征。"②到20世纪初,法国学者古朗在《17—18世纪的中亚——卡尔梅克帝国还是满洲帝国?》一书中提出了两个数字,一是"45万人中,仅仅剩下了28万人",另一是,"出发时有33万人口,抵达时是16.9万人口"。瑞典探险家斯文·赫定在20世纪30年代出版的《热河·皇帝城》一书中发展了霍渥斯的说法:"出发时,土尔扈特部落共有7万帐,男女老幼共计40万人,其中三分之二不是死于饥寒,就是亡命刀下。"20世纪60年代西德学者海西希则认为:"(土尔扈特)在渥巴锡的指挥下仅有3.3万户家族成功地逃出了伏尔加河流域。总之,土尔扈特人进入中国境内,到达他们未来的居住地伊犁地区时,只剩下不过8.5万人。"③

近两个世纪,西方学者关于土尔扈特东返人数和户数的记述十分混乱,几乎一家一说,究其原因,是他们没能重视和利用有关这一历史事件的当事

---

① 《北京传教士关于中国历史、科学、艺术、风俗、习惯录》第1卷,巴黎1776年版,第402页。
② 霍渥斯:《蒙古史》第1卷,伦敦1876年版,第575页。
③ 海西希著,田中克彦译:《蒙古的历史和文化》,岩波书店1967年版,第32页。

双方——清、俄政府的有关记载,特别是档案资料。

那么,再看清、俄双方的有关记载。有清一代的记载,大体上有两种说法。一种是以乾隆皇帝在《优恤土尔扈特部众记》碑文所述为代表,其文曰:"方其渡额济勒而来也,户凡三万三千有奇,口十六万九千有奇,其至伊犁者,仅以半计……惟此七万余众冻馁尩瘠之形,时悬于目而恻于心。"①持此说者如下:其一是祁韵士,"汗渥巴锡及其台吉策伯克多尔济,并舍棱(楞)等,率其部众三万余户来归"②;其二是傅恒,"按土尔扈特渥巴锡等,以其部众三万余户,行经万有余里……"③;其三是魏源,土尔扈特"自十一月至六月始及伊犁卡伦,仅存七万余口"④。这一种说法可概言之为3万余户说。

另一种说法以椿园七十一为代表。他在《西域闻见录》中记述:渥巴锡"携所部之土尔扈特、霍(和)硕特、怀(辉)特、都(杜)尔伯特、额鲁特人众四十六万余户,于十月二十三日起程……至他木哈犹有男妇大小人口二十七至二十八万"⑤。持此说的还有王大枢,他记曰:渥巴锡"携所部额鲁特等四十六万户,束载牲畜于十月二十三日拔幕起行……(至他木哈)是时乌(渥)巴锡众已折半,然犹有二十七万至二十八万人"⑥。何秋涛在提及人数户数时,则将"四十六万户"改为"四十万余部众东走"⑦。这一种说法大体上可概言之为46万户说。

在俄国,对土尔扈特蒙古东返时人数、户数的记述是比较一致的。早在1835年,著名诗人普希金在《普加乔夫起义中》中写道:土尔扈特"在人不知鬼不觉的情况下游牧到雅依克河畔,突然急转直下以3万帐的人众横渡雅依克河越过吉尔吉斯草原,而跨入先祖的疆界"⑧。19世纪30年代列夫申利用奥伦堡边疆委员会档案馆和莫斯科外交部档案馆的档案文献写成的《吉尔吉斯——哈萨克汗帐及各草原的述叙》一书中认为:"1月5日,3万个帐篷的人马出发了。"渥巴锡"带到中国的卡尔梅克人还不到离开俄国的

---

① 彭元瑞编:《高宗诗文十全集》卷一,载《丛书集成初编》。
② 祁韵士:《皇朝藩部要略》卷一四。
③ 傅恒:《西域图志》卷三七。
④ 魏源:《圣武记》卷四。
⑤ 椿园七十一:《西域闻见录》卷六。
⑥ 王大枢:《西征录》卷三。
⑦ 何秋涛:《朔方备乘》卷三八。
⑧ 《普希金全集》第4卷,第139页。

一半,其余全部都损失在路上了"①。19世纪80年代,诺伏列托夫在查阅了阿斯特拉罕省档案馆有关档案资料后写成《卡尔梅克人》一书,更精确地提出"去中国的有30 090帐","渡过伊犁河进入中国辖境的卡尔梅克人,为数不多(据供有15 000帐)"。之后一个世纪以来,一些著作均持此说,比较主要的如帕里莫夫认为:"跟随总督渥巴锡走的有30 909帐。"②他还引用了当时随渥巴锡东返后又逃回俄境的阿拉斯兰的供词:"跟随渥巴锡走的卡尔梅克人,只有三分之一的人勉强到达中国境内。"③而内达金提供的数字是:"游牧于伏尔加河左岸的三万三千帐牧民,十六万九千的蒙古人,越过乌拉尔河向巴尔喀什湖进发了","安全到达中国的不超过七万人"。④

纵观清、俄双方记载,可以看到,第一,46万户说首源椿园七十一。椿园七十一是乾隆时进士,曾任职新疆镇迪道,留居新疆多年,他的《西域闻见录》中《土尔扈特投诚纪略》记述了土尔扈特西迁、东返过程,但不乏失实和荒诞之处,对他所提出的人户数我们未找到有力佐证。第二,清、俄双方的官方记载是较为接近的。清代的三万余众说首创于乾隆皇帝。除魏源是道光、咸丰时期著名学者,他的记述是仿前说外,其余几家,傅恒是乾隆时期大学士,而祁韵士则是乾隆时期进士,官至翰林院编修。此二人或是清代统治集团的核心要员,或是熟悉官方档案的史官,他们的记述应该比后代或私家记述更接近事实。因此,有必要对乾隆皇帝提出的人数和户数进一步做一番考析。

首先,弄清土尔扈特蒙古东返的人数和户数对清政府是至关重要的。这是因为当清政府在乾隆皇帝的主持下确定了土尔扈特蒙古的收抚政策后,随即面临对土尔扈特人民和土尔扈特领袖人物进行赈济、安置和封赏的任务,而土尔扈特各部人数户数的多寡,是清政府赈济、安置和封赏的重要依据之一;另一方面,清政府虽然坚持对土尔扈特部实行收抚政策,但对来归的土尔扈特部始终保持内紧外松的政策姿态。当时清政府在边疆地区频

---

① 列夫申:《吉尔吉斯——哈萨克汗帐及各草原的述叙》,新疆社会科学院民族研究所油印译稿本,第143、146页。

② 帕里莫夫:《留居俄国境内时期的卡尔梅克民族史纲》,阿斯特拉罕1922年版,第76页。

③ 帕里莫夫:《留居俄国境内时期的卡尔梅克民族史纲》,第78页。

④ 马汝珩译:《土尔扈特蒙古西迁及其重返祖国》,载《新疆大学学报》1981年第2期。

繁调遣兵力，固然主要是为了防范俄国政府借土尔扈特问题无理纠缠，但也包括有防止土尔扈特部滋事的因素。乾隆皇帝曾发出指令：若土尔扈特部众"有他变，即照朕之旨意，随机应变，勿得手软，以致迟误大事"①。也就是说，只要土尔扈特部发生不利于清政府的事态，当地官员有便宜行事的特权，为了"防变"，准确弄清土尔扈特部的人数、户数成了当务之急。

其次，清政府对土尔扈特部东返时人数、户数的了解是有一个逐渐落实的过程的。目前我们所见到的最早一件记载土尔扈特部东返消息的奏折是乾隆三十六年（1771）三月二十二日，据车布腾札布奏，俄罗斯铿格尔图拉地区克伊那鲁等派俄使呈递文书中称："……去年十二月，此厄鲁特又叛俄，抢掠我二台站逃返，逃亡者约十万余人。"②乾隆三十六年（1771）五月二十六日，策伯克多尔济率领土尔扈特的前锋部队在伊犁河流域的察林河畔与前来迎候的清军相遇，六月六日，清军总管伊昌阿、硕通在伊犁河畔会见了刚抵达的渥巴锡和舍楞，以及土尔扈特部东返队伍和大队家属。③ 在这一年六月份的奏稿中，我们查阅到提及土尔扈特东返人数户数的有三则：一是六月十六日伊勒图、舒赫德奏稿中说，五月二十二日参赞大臣安泰据哈萨克的阿布赉、阿布尔比孜提供的情报，东返土尔扈特部"男女共计八九万户"④；二是六月二十三日钦差御前大臣额驸色布腾巴勒珠尔在奏稿中报告："渥巴锡等率领八九万户投诚"⑤；三是六月二十四日，色布腾巴珠尔在奏稿中报告："原奏投诚之九万户，今遣人前来。"⑥这三则报告，第一则是土尔扈特部返抵前来自哈萨克的传报，第二、三则是土尔扈特部刚抵达伊犁河流域时清政府的现场报告，不可能十分精确，是可以理解的。直到七月十九日，舒赫德在奏报中还是报告"伊等男女，几及十万"⑦这么一个概数。因此，清政府

---

① 中国第一历史档案馆藏：《满文土尔扈特档》，乾隆三十六年三月，三全宗，一六九三，六号之一。

② 中国第一历史档案馆藏：《满文土尔扈特档》，乾隆三十六年三月，三全宗，一六九七，六号之一。

③ 中国第一历史档案馆藏：《满文月折档》，乾隆三十四年至乾隆三十七年零选本，乾隆三十六年六月十五日。

④ 中国第一历史档案馆藏：《满文月折档》，乾隆三十四年至乾隆三十七年零选本，乾隆三十六年六月二十五日。

⑤⑥ 《清高宗实录》卷八八九。

⑦ 《清高宗实录》卷八八七。

对东返的土尔扈特部的人数和户数做详尽的调查统计是势在必行的。

清政府怎样进行人数和户数调查统计,史载不详,但我们在满文土尔扈特档乾隆三十六年(1711)九月十二日奏稿的附件中发现一份用汉文书写的《重定报封土尔扈特、和硕特台吉等部落名称及汗王、贝勒、贝子、公爵台吉名单》,在这份名单上共开列了包括渥巴锡、策伯克多尔济、舍楞在内的43个土尔扈特部大小领袖的人名;他们各自部落离开伏尔加河时的人数和户数;返抵伊犁时的人数和户数;清政府的封赏安排。综合所记人数和户数可知,离开伏尔加河流域时为 33 361 户 168 080 人;返归祖国后为 15 793 户 66 073 人。① 乾隆皇帝正是在掌握了这一调查数字的基础上,于这一年"季秋月中浣"撰写了《优恤土尔扈特部众记》碑文,指出:"方其渡额济勒而来也,户凡三万三千有奇,口十六万九千有奇,其至伊犁者,仅以半计。"法国著名汉学家伯希和在评述乾隆皇帝所说的土尔扈特部人数户数之准确性时说:"乾隆完全有理由很确实地报道土尔扈特的人数,肯定他不会乐于将其少报。"② 由此看来,乾隆皇帝既未少报,也并未夸大,只是将统计数字的尾数省略了而已。

俄国政府的档案记载很值得我们重视。土尔扈特蒙古数万部众举族起义、东返祖国,引起俄国朝野的极大震动。因此,俄国政府对尚留居伏尔加河流域的土尔扈特蒙古进行深入调查,当然包括东返的土尔扈特部人数和户数。今天我们看到的俄国档案文献的有关记载正是当时调查的记录,它所提供的东返的土尔扈特部众为 3 万余户,与清政府实地调查的数字不谋而合,绝非偶然。

我们再提供一则托忒文资料,作为乾隆皇帝所说的人数和户数的又一佐证。在西蒙古研究中,托忒文资料值得重视,但又很少为人们所利用。19世纪俄国学者雷特金在留居伏尔加河流域的土尔扈特人中收集到一份题为《卡尔梅克诸汗简史》的手抄本,雷特金将抄本进行译注予以刊布,之后波兹德涅耶夫又将抄本原文刊布在《阿斯特拉罕卡尔梅克人的古代文献》一书中。《卡尔梅克诸汗简史》记述了留居伏尔加河流域的卡尔梅克人自准噶尔西迁到大部分人众东返的历史。对东返前后的人户数,该书写道:"由俄罗

---

① 中国第一历史档案馆藏:《满文土尔扈特档》,乾隆三十六年九月(上),三全宗,一六九六,一号。

② 伯希和:《卡梅克历史译注》,巴黎1960年版,第38页。

斯出来的三万三千户,十六万九千口人,只剩下七万人。"①

据此,可以认为,椿园七十一提出的46万户说,至少在未找到更为可靠的佐证之前,是不足为信的。而乾隆皇帝提供的土尔扈特的人数和户数,在众多的说法中是比较接近实际的。

兹根据中国第一历史档案馆藏《满文土尔扈特档》及《清高宗实录》中有关记载,综合成东返祖国前后土尔扈特诸部落人数户数简表,供研究者参考(表1)。

表1　东返祖国前后土尔扈特诸部落人数和户数简表

部落首领名称	离开时人户数		返归祖国时人户数		封爵	备注
	户数/户	人数/人	户数/户	人数/人		
旧土尔扈特部渥巴锡	2万余	11万余	8 251	35 909	乌讷恩素珠克图旧土尔扈特部卓里克图汗	据帕拉斯载,1767年报俄国政府的户数为24 799户
旧土尔扈特部策伯克多尔济	4 000余	21 000余	2 151	9 565	乌讷恩素珠克图旧土尔扈特部布延图亲王	据帕拉斯载,1767年报俄国政府的户数为2 089户
旧土尔扈特部巴木巴尔	2 000余	5 000余	852	3 307	毕锡呼勒图郡王	据帕拉斯载,1767年报俄国政府的户数为2 642户
旧土尔扈特部默们图	1 000余	4 000余	462	2 018	济尔哈朗贝勒	—
旧土尔扈特部旺丹	1 000余	4 000余	615	2 029	鄂勒哲依贝子	—
旧土尔扈特部沙喇扣肯	400余	2 000余	98	282	乌察喇勒图贝子	—

---

① 诺尔博译:《卡尔梅克诸汗简史》,汉译稿本。

续表

部落首领名称	离开时人户数		返归祖国时人户数		封爵	备注
	户数/户	人数/人	户数/户	人数/人		
旧土尔扈特部奇布腾	800余	4 000余	559	2 191	伊特格勒贝子	—
旧土尔扈特部额默根乌巴什	400余	2 000余	200	842	巴雅尔图贝子	—
旧土尔扈特部拜济瑚	600余	2 000余	131	620	辅国公	—
旧土尔扈特部伯尔哈什哈	—	—	108	467	一等台吉	巴木巴尔之子
旧土尔扈特部达木拜札勒桑	—	—	—	—	一等台吉	—
旧土尔扈特部阿喇克巴	140余	700余	107	311	闲散一等台吉	—
旧土尔扈特部策登	—	—	70	211	闲散一等台吉	—
旧土尔扈特部博罗	—	—	53	202	闲散一等台吉	—
旧土尔扈特部玉增	—	—	40	144	二等台吉	—
新土尔扈特部舍楞	500余	2 100余	139	595	青色特奇勒图新土尔扈特部弼里克图郡王	—
新土尔扈特部劳章札布	100余	400余	78	350	赴热河途中病故	—
新土尔扈特部德勒德什	23	150余	9	29	闲散一等台吉	—
新土尔扈特部诺尔布策楞	100余	500余	67	183	二等台吉	—
新土尔扈特部乌梁海	78	400余	44	180	二等台吉	—

续表

部落首领名称	离开时人户数		返归祖国时人户数		封爵	备注
	户数/户	人数/人	户数/户	人数/人		
新土尔扈特部额林沁达瓦	40	200	23	96	三等台吉	—
新土尔扈特部札纳木	—	—	5	33	四等台吉	—
和硕特部恭格	1 000 余	5 000 余	762	3 158	巴图色特奇勒图和硕特部土谢图贝勒	根敦诺尔布之兄
和硕特部雅兰丕勒	300 余	1 000 余	244	1 161	阿穆尔聆贵贝子	据帕拉斯载，1767 年报俄国政府之人户数为 220 户；渥巴锡之岳父
和硕特部诺海	250—260	1 400 余	104	460	一等台吉	—
和硕特部博克班	150 余	450 余	77	286	闲散二等台吉	—
和硕特部蒙衮	100 余	500 余	74	276	闲散一等台吉	—
和硕特部巴雅尔拉瑚	100 余	500 余	60	274	闲散一等台吉	—
和硕特部业林	60	200	14	13	闲散一等台吉	根敦诺尔布之子
和硕特部腾特克	—	—	—	—	闲散一等台吉	
和硕特部洛布藏	—	—	40	125	二等台吉	—
和硕特部巴特玛	—	—	34	156	二等台吉	—

续表

部落首领名称	离开时人户数		返归祖国时人户数		封爵	备注
	户数/户	人数/人	户数/户	人数/人		
和硕特部札克锡克	100	500	41	149	二等台吉	—
和硕特部诺木珲	—	—	21	73	三等台吉	—
和硕特部舍楞	—	—	21	103	四等台吉	业林之长子
和硕特部图古斯蒙库	—	—	19	95	四等台吉	业林之次子
和硕特部巴布勒达克	—	—	16	58	四等台吉	—
和硕特部诺音格勒	—	—	10	48	四等台吉	—
和硕特部巴图尔	—	—	9	41	四等台吉	—
和硕特部图古勒	—	—	4	38	四等台吉	—
和硕特部罗布藏	—	—	7	30	四等台吉	—
和硕特部楚鲁木	—	—	17	—	四等台吉	—
和硕特部札林	—	—	3	12	四等台吉	—
绰罗斯部三达克	20	80	11	42	三等台吉	—
绰罗斯部恳泽	—	—	—	—	四等台吉	三达克之子
总计	33 361	168 080	15 793	66 073		

（原载《历史档案》1983年第1期，题名为《土尔扈特蒙古东返人户数考析》。2002年收入《跬步集——新疆史探微》时，增补了"东返祖国前后土尔扈特诸部落人数户数简表"，并将题名改为《土尔扈特蒙古东返人、户数考》）

土尔扈特蒙古大喇嘛罗卜藏丹增史事述补

1770年秋天,土尔扈特蒙古首领渥巴锡在伏尔加河东岸维特梁卡召开秘密会议,决定于次年初举族起义,重返祖邦。参加会议的只有六人,即渥巴锡、策伯克多尔济、舍楞、巴木巴尔、罗卜藏丹增和宰桑达什敦多克。

罗卜藏丹增(又名洛桑丹增)系土尔扈特大喇嘛,扎尔固的成员之一。在领导起义中功绩卓著。可当土尔扈特蒙古东返祖邦后,在《清实录》和众多清代汉文史籍中却不见其人其事的点滴记述。这让人不免产生疑问,此人是出自西方史家之杜撰,还是在东返征途中已牺牲疆场? 其实不然,在中国第一历史档案馆收藏的清代专档的《满文土尔扈特档》中保留有关于其人的记述,使人们得以将其回归祖邦后的活动勾画出一个大致的轮廓。

土尔扈特蒙古回国初,罗卜藏丹增并未引起清廷的重视,乾隆皇帝只是指令舒赫德将其"酌情考虑,就近安置"①。后来当了解到罗卜藏丹增是土尔扈特著名大喇嘛,在东返过程中,"对一切事务,皆相助策伯克多尔济,为其出谋划策"②,"策伯克多尔济一切之事均与喇嘛罗卜藏丹增商议而行,竟然不可相离"③,乾隆皇帝即改变初衷,指令舒赫德晓谕:"大皇帝念尔为著名大喇嘛,特准予入觐。"

不过,清廷对回归喇嘛僧的戒心比对土尔扈特的政治首领们更大,在上述准罗卜藏丹增入觐的奏折中,还有一段记述:"从前准噶尔在伊犁闹事时,

---

① 中国第一历史档案馆藏:《满文土尔扈特档》,乾隆三十六年六月二十五日折。
② 中国第一历史档案馆藏:《满文土尔扈特档》,乾隆三十六年九月十一日折。
③ 中国第一历史档案馆藏:《满文土尔扈特档》,乾隆三十六年八月十一日折。
④ 中国第一历史档案馆藏:《满文土尔扈特档》,乾隆三十六年七月七日折。

皆因喇嘛等从中挑唆,厄鲁特人偏听其言而造成者也。看来罗卜藏丹增尚为彼地之一大喇嘛,倘使留住彼处,则久后妄行挑唆厄鲁特,于事叵测,殊不利于事也,因将其解内后往为安。"①

罗卜藏丹增随同渥巴锡抵达承德避暑山庄后,颇受礼待。乾隆皇帝充分尊重其宗教地位,在规模宏大、仿西藏布达拉宫而建的普陀宗乘之庙落成时,"以其素重黄教,命往瞻礼",使崇信藏传佛教的渥巴锡等"益深感悦"②。在封赏时,对罗卜藏丹增按四等台吉例,赏银二百两以示嘉奖。③ 但清廷出于其控制土尔扈特蒙古的政治考虑,将罗卜藏丹增完全排除在政治领袖之外,令其"仅在寺内诵经"。④

在渥巴锡一行入觐活动即将结束时,罗卜藏丹增提出"愿随章嘉呼图克图",不再返回土尔扈特游牧,得到清廷准许,"将令罗卜藏丹增随居章嘉呼图克图之处"⑤,并特准罗卜藏丹增留其徒沙喇布喇嘛随从,还允其从留居伊犁之属户中"遴选数户,解至京城,俾合罗卜藏丹增而居之"⑥,至此,罗卜藏丹增真正遁入佛门,不再过问世俗凡事。而其属下,"伊之正式喇嘛,列入伊犁喇嘛之内,将其余徒众,均行编入伊犁厄鲁特昂吉佐领,并由硕通管辖之"⑦。

罗卜藏丹增所主持的昂嘉恩喇嘛庙是土尔扈特蒙古最古老的喇嘛庙之一,距今已有300余年历史,在19世末巴伦台黄庙建成之前,一直是土尔扈特蒙古中影响最大的喇嘛庙。巴伦台黄庙修成以后,昂嘉恩喇嘛庙归属黄庙管辖。1982年夏天,笔者参加新疆蒙古族社会历史调查时,在天山北麓巩乃斯河谷,意外发现了昂嘉恩喇嘛庙的遗址,并拜访了年已64岁的第19世昂嘉恩喇嘛罗卜藏阿鲁克,他为我们提供了一份藏文的昂嘉恩喇嘛的转世系谱,其转世如下:

一世罗卜藏达尔加

二世罗卜藏葛鲁克

三世罗卜藏楚里腾

---

① 中国第一历史档案馆藏:《满文土尔扈特档》,乾隆三十六年七月七日折。
② 《高宗诗文十全集》卷九。
③④ 中国第一历史档案馆藏:《满文土尔扈特档》,乾隆三十六年九月十六日折。
⑤ 中国第一历史档案馆藏:《满文土尔扈特档》,乾隆三十六年九月二十七日折。
⑥⑦ 中国第一历史档案馆藏:《满文土尔扈特档》,乾隆三十六年九月二十八折。

四世罗卜藏根敦

五世罗卜藏丹波尔

六世罗卜藏达姆拉

七世罗卜藏丹增

八世罗卜藏席里甫

九世罗卜藏丹杜甫

十世罗卜藏宗格日南

十一世罗卜藏嘉木祥

十二世罗卜藏勒克西

十三世罗卜藏桑布腾

十四世罗卜藏道布登

十五世罗卜藏丹布勒特

十六世罗卜藏特木格特

十七世罗卜藏丹德尔

十八世罗卜藏才布克

十九世罗卜藏阿鲁克

由此可知,罗卜藏丹增为第七世昂嘉恩喇嘛。①

据《土尔扈特地区佛法传布及其来源福利普显史》记述,土尔扈特蒙古游牧于伏尔加河流域时,一个名为罗卜藏达尔加的喇嘛到西藏哲蚌寺,共芒札仓的主持堪布嘉木祥协巴活佛为其受戒,在获得昂嘉恩的法号以后,返回伏尔加河流域,建立了以他的法号昂嘉恩为名字的喇嘛庙,这是当时游牧在伏尔加河流域的土尔扈特人的第一座喇嘛庙。渥巴锡率部东返祖邦后,昂嘉恩喇嘛庙最初冬天在焉耆的乌腾比尔,即现在的和静县乌拉斯泰农场的果尼哈尔(牧民冬牧场),夏天在伊犁草原乌拉斯泰的阿策。后来由于战乱,喇嘛庙搬到额热尼哈比尔(现在的白杨沟)。三区革命时搬到巩乃斯附近的一座小山上,还盖了木头房子。十年动乱中又遭破坏。1985 年,和静县人民政府和巴音布鲁克区政府批准在阿尔先沟重修昂嘉恩喇嘛庙。第 19 世

---

① 《新疆蒙古族社会历史、宗教调查资料汇编》,载《新疆宗教研究资料》1984 年第 9 辑。

昂嘉恩喇嘛罗卜藏阿鲁克已于1984年去世。①

（原载《民族史论丛》第1辑，中华书局1987年版）

补记：

本文发表后，被史坛同行赞之为"严谨求实的治学精神"的体现（赵其昌《横越欧亚大回归》序言），也为纪实体小说《横越欧亚大回归》的写作提供了资料。《横越欧亚大回归》是一部近26万字的作品，由朱传雄、杨仕合著，是有关土尔扈特人回归题材文学作品中较成功的一部，1992年在解放军文艺出版社出版。

---

① 唐世民：《昂嘉恩喇嘛庙》，载《新疆地方志通讯》1986年2期；《巴州巩乃斯乡调查资料集》，载《新疆宗教研究资料》第14辑。

新疆和硕特蒙古札萨克印考

一

1982年夏天,我们在新疆进行蒙古族社会历史考察时,于巴音郭楞蒙古自治州和硕县发现两颗和硕特蒙古札萨克印。这是继发现新疆土尔扈特、和硕特部九颗银印后,又一次有价值的发现。本文试对札萨克印与受印人的政绩略做考释与陈述。

两颗印皆为银质、正方形,边宽10.6厘米,厚3.1厘米,印背有小型虎纽,纽高6.5厘米。印文系满文和蒙古文合璧,译成汉文:一颗是"巴图色特奇勒图和硕特部盟长之印",边款镌有满文和汉文合璧"乾隆肆拾年玖月日""礼部造""乾字伍百肆拾伍号"字样;另一颗是"管理和硕特部中旗札萨克之印",边款镌有满文和汉文合璧"乾隆肆拾年玖月日""礼部造""乾字伍百拾柒号"字样。①

显然,这两颗印均是授予随同渥巴锡东返的和硕特部首领的。

18世纪70年代,和硕特蒙古恭格、雅兰丕勒诸部随同土尔扈特蒙古,在渥巴锡领导下胜利返回祖邦后,清政府对他们进行赈济、安置和封赏,至乾隆四十年(1775),回归诸部游牧地大致如下:

和硕特部"游牧南路土尔扈特部之西"②,设巴图色特奇勒图盟,恭格为

---

① 满文印文系汪玉明同志汉译,蒙古文印文系由道布同志汉译。
② 张穆:《蒙古游牧记》卷一四。

— 359 —

盟长,置三旗①。"游牧四至,东至乌沙克他尔为界,西至小裕勒都斯为界,南至开都河为界,北至插汉通格卡伦"。②

对旧、新土尔扈特诸部也做了安置。渥巴锡所领之地称旧土尔扈特,划分南、北、东、西四路,各立盟长,颁发官印。南路在喀喇沙尔城(今焉耆)北裕勒都斯草原,置四旗,渥巴锡为盟长;北路在和布克赛尔,置三旗,策伯克多尔济为盟长;西路在精河县一带,置一旗,默们图为盟长;东路在库尔喀喇乌苏一带,置两旗,巴木巴尔为盟长。

舍楞所领之地称新土尔扈特,划牧于科布多、阿勒泰地区,置两旗,舍楞任盟长。

乾隆四十年(1775),清政府为加强对新设诸盟的管理,由礼部"铸造印信"予以颁发。③ 其中"乌讷恩苏诛克图旧土尔扈特部卓里克图汗之印""乌讷恩苏诛克图旧土尔扈特北部盟长之印""乌讷恩苏诛克图旧土尔扈特南部盟长之印""管理旧土尔扈特部南右旗札萨克之印""管理旧土尔扈特部南左旗札萨克之印""管理旧土尔扈特部东左旗札萨克之印""管理和硕特部左旗札萨克之印"等八颗银印,以及另一颗乾隆五十年(1785)颁发的"旧土尔扈特部落统辖北部右翼旗札萨克之印",均已有专文介绍。④ 此后发现的两颗和硕特部札萨克印,即与上述八颗乾隆四十年(1775)银印同时颁发。

东返之和硕特部,据返归之初清政府官员实地调查统计,共有大小首领21人,其中统属部众在200人以上者有恭格、雅兰丕勒、诺海、巴雅尔拉瑚、博克班、蒙衮。⑤ 他们皆系和硕特部著名首领固始汗之兄昆都仑乌巴什之后

---

① 马汝珩、马大正:《厄鲁特蒙古史论集》,青海人民出版社,1984年版,第223页误为四旗,应予更正。

② 《哈喇沙尔事宜》卷上《疆域》,载《中国民族史地资料丛刊之十一》。

③ 中国第一历史档案馆藏:《满文月折档》,乾隆四十年八月二十六日折。

④ 张平一、蒋其祥:《热爱祖国、反抗沙俄压迫的土尔扈特蒙古及其历史文物》,载《文物》1975年第7期;蒋其祥:《新发现的旧土尔扈特北右旗札萨克之印》,载《考古与文物》1983年第1期。

⑤ 中国第一历史档案馆藏:《满文土尔扈特档》,乾隆三十六年九月十二日折附件,《重定报封土尔扈特、和硕特台吉等部落名称及汗王、贝勒、贝子、公爵、台吉名单》。并可参见《厄鲁特蒙古史论集》第234—235页表格所列。

裔,为弄清他们之间的亲缘关系,特制图1如下。①

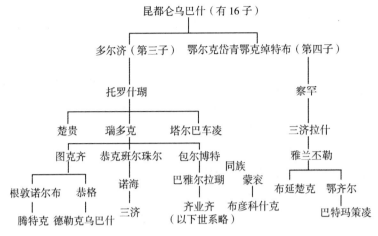

图 1　和硕特部亲缘关系图

恭格、雅兰丕勒、诺海、巴雅尔拉瑚等均随渥巴锡参加了乾隆三十六年(1771)九月的承德入觐,恭格受封为"巴图色特奇勒图和硕特部土谢图贝勒"②,统辖巴图色特奇勒图和硕特盟。乾隆三十八年(1773),恭格病逝,"子德勒克乌巴什袭,授盟长,辖所部众。四十八年诏世袭罔替,五十六年,德勒克乌巴什卒,弟腾特克袭,嘉庆二年卒,以绝嗣停袭"③。据此可知,乾隆四十年(1775)颁发的"巴图色特奇勒图和硕特部盟长之印",系授予恭格之子德勒克乌巴什。

巴图色特奇勒图和硕特盟,下设三旗。中路中旗由雅兰丕勒领牧,中路右旗由诺海领牧,中路左旗由巴雅尔拉瑚领牧。授予中路左旗巴雅尔拉瑚之札萨克印前已发现。"管理和硕特部中旗札萨克之印"则系授予雅兰丕勒之子布延楚克。如史料记载,子布延楚克札萨克贝子,"四十年诏授副盟长,辖中路旗务,札萨克印,世袭"④。

---

① 据《西域图志》《皇朝藩部要略》《外藩蒙古回部王公表传》《蒙古游牧记》等制成。
② 《清高宗实录》卷八九二,乾隆三十六年九月十四日。
③ 张穆:《蒙古游牧记》卷一四。
④ 和瑛:《回疆通志》卷六《雅尔丕勒列传》。

二

恭格和德勒克乌巴什、雅兰丕勒和布延楚克在东返斗争前后的活动,史载甚少,现据零星记述,试做补缺。

恭格一支在伏尔加河流域游牧时归属渥巴锡,1767 年其父图克齐下辖 921 户。① 东返之初恭格亦辖有 762 户。也许正因为恭格所属部众居回归和硕特部诸首领之冠,才得以荣任盟长之职。

据帕拉斯记述,雅兰丕勒是渥巴锡的岳父和忠实的支持者。② 东返前夕,在渥巴锡与告密者和硕特部扎木扬的斗争中,雅兰丕勒无疑是站在渥巴锡一边的。东返之初,他有部众千余人,是和硕特部中仅次于恭格的重要首领。承德入觐时受封为固山贝子,号阿穆尔聆贵,授札萨克。但在入觐活动结束前,雅兰丕勒"恳求脱离红尘,皈依佛法,愿随章嘉呼图克图作喇嘛",乾隆帝"以为可也",旋"将伊一起领至章嘉呼图克图处,削发为僧"。③ 自此之后,雅兰丕勒遁入空门,再未返回游牧地,其部由布延楚克治理。

布延楚克治盟,有一条值得记述的政绩。

东归游牧之初,因生计困难,管理不善,土尔扈特和硕特诸部内一度盗贼滋生,地方不宁。为解决这一问题,渥巴锡于乾隆三十九年(1774)正月颁行了防盗法纪六条。附牧于渥巴锡的和硕特部,为"杜绝生事"④,在布延楚克的主持下也确定了防盗法纪十条,综其内容,可分如下两大类:⑤

第一,完善管理,明确职责。

法纪开宗明义规定:"游牧之事,由贝子布延楚克、札萨克一等台吉诺海、承办贝勒德勒克乌巴什事之宰桑诺尔布、沙拉布等共同商议办理,统辖约束属下种地等事宜。"为便于管理,在"该管宰桑、昂吉之人中,十户设大甲长一员,小甲长一员,择其贤者管理之。此十户人众,逐水草而游牧时,悉有

---

① 霍渥斯:《蒙古史》第 1 卷,伦敦 1876 年版,第 579 页。
② 帕拉斯:《蒙古民族历史资料集》,法兰克福-莱比锡 1779 年版,第 86 页附页。
③ 中国第一历史档案馆藏:《满文土尔扈特档》,乾隆三十六年十月一日折,第一件。
④ 中国第一历史档案馆藏:《满文月折档》,乾隆三十九年正月二十七日折。
⑤ 防盗法纪十条内容均见中国第一历史档案馆藏:《满文月折档》,乾隆三十九年正月二十七日折。

甲长随行并居一处",不可任意居住其他村落,当"作盗行凶,谋害伤人者"畏罪潜逃时,则"由贝勒德勒克乌巴什、贝子布延楚克、札萨克台吉诺海等",立赏查缉。法纪还规定了甲长对所属的其他管理权限:"凡宰桑各自所属甲长管辖人内,若有死亡、出生、休妻、娶妻等项,则甲长传闻宰桑,注销或增添名册之处,立即呈报前来,不予重视,同样论罪。"

第二,奖惩分明,杜绝偷盗。

法纪的奖惩重点不是惩治盗贼本身,而是在于奖励告发、惩罚包庇。从指导思想上看,这是积极进攻而非消极防御。鼓励告发盗贼,"同居一村庄之人中,知其作盗者,不管是谁,只要出首告发,酌情给予赏赐;若均分赃物者,从重治罚,由分赃者赔偿"。对于甲长、宰桑也有具体规定:"甲长知而出首(即告发),由贼徒罚取骆驼一峰",若知而"庇护不发","则严惩甲长";宰桑若知而不报,"则革除宰桑之职,抽出其村俗,分给其他宰桑。尚要枷号一月、鞭笞五十",如果"宰桑等能严加约束各自属下,竟无偷盗之情,俱勤奋于农事,不妄宰牲畜,用心繁殖者,则记录在案,予以嘉奖"。

布延楚克主持制订的防盗法纪十条与渥巴锡制定的防盗法纪六条内容相比,扩大了甲长的管理权限,并增加了制止逃亡的规定。

自此之后,东返的土尔扈特、和硕特两部所属万余户,游牧于裕勒都斯草原、博斯腾湖畔,每年"春三月入山居住,九月出山,在哈喇沙尔附近草地支架蒙古房居住",劳动生产,繁衍生息,直至今日。

(原载《蒙古史研究》第1辑,内蒙古人民出版社1985年版)

补记:

2008年5月,笔者在给道尔基等著《清代土尔扈特部与和硕特部印章研究》(新疆人民出版社2009年版)一书序言中指出:该专著是对卫拉特蒙古历史文物收集与研究的一次有益探索。纵观全书,有如下三点值得予以重视。

第一,东归故土的土尔扈特与和硕特留存的文物并不多,其中,清政府颁布的封印是十分重要的一部分。作者将现收藏于乌鲁木齐市、巴音郭楞蒙古自治州、伊犁哈萨克自治州、昌吉回族自治州等地的银章、银印计十五

---

① 《哈喇沙尔事宜》卷上《疆域》。

枚,尽行收集,制成印章的照片和文字拓片,可谓集清代土尔扈特、和硕特现存印玺之大成,十分难得。

第二,作者的工作并不仅限于收集、展示,而是进一步从两个层面展开了研究和探索。一是对印玺的研究,作者具有民族语言的优势,对印玺的文字进行了拉丁文转写,并做了汉译,为众多研究者提供了方便。二是对土尔扈特东归史、卫拉特蒙古历史进行了阐述,同时又结合中国第一历史档案馆的相关档案,对照文物实物从文字学、历史学的角度进行考证和研究,进而为清朝新疆吏治制度与官员身份研究提供了科学依据。

第三,作者充分注意到当前卫拉特蒙古历史、文化研究群体的特点,将此著作用蒙古文、汉文两种文字出版,既反映了文物资料本身的特点,也考虑到所面对的读者人群需求。从研究者素质要求的角度出发,当前有意致力于卫拉特蒙古历史研究的年轻学者,应加强掌握托忒文能力的训练,并将其视为当务之急。

研 论
YANLUN

历史研究的资料收集与视点选择
——以 18 世纪土尔扈特人东归故土为例

历史研究的资料收集与视点选择,是一个很大的题目,为了能够更明晰地阐释这个命题,我们不妨以 18 世纪土尔扈特人东归故土这样一个历史事件作为对象来展开思路。

关于土尔扈特人东归故土这个历史事件,一般的读者也许不很熟悉,但以这一事件为主题的歌剧和影视作品,人们或许有一定印象。20 世纪 70 年代末 80 年代初有一出歌剧叫《启明星》,当时在北京民族文化宫上演了五六场,主演是著名歌唱家吴雁泽。这是以土尔扈特为背景,而且是从正面谈土尔扈特回归的历史歌剧。编剧在创作时因不太了解历史,曾把渥巴锡设计成一个年长的老者,又编了一段他的女儿的爱情故事作为该剧的很重要的一条线索,其实渥巴锡回来时还不到 30 岁,怎么能有一个 20 岁的女儿呢?险些闹出大笑话。这是 20 世纪 70 年代末的事。前几年有一部电影叫《东归英雄传》,只是把土尔扈特回归这个历史事件作为一个大背景,实际上并没有谈到回归本身的事情,所有情节都是杜撰而成,但拍得很精致。2008 年隆重献映的电视连续剧《东归英雄》是近年这一题材的力作。从这些文艺作品中,我们可以看到土尔扈特回归这个历史事件,确实是一个激动人心、非常吸引人的题材。另外,作为旅游景点必去之处的承德外八庙有一个非常大的碑,就是纪念土尔特扈特回归的碑;在避暑山庄里还有一座楠木殿,乾隆皇帝在此接见过东归回来的渥巴锡。近年来,特别是 20 世纪 80 年代以来,土尔扈特回归这一历史事件越来越多地引起了除研究者之外的更广泛的读者群体的关注。

一、230余年前发生在伊犁河流域难忘的一幕

1771年1月,在俄国的伏尔加河流域生活了将近一个半世纪的土尔扈特人焚烧了自己的帐篷,开始了东归的历史性征程。东归的队伍经过7个月的艰苦跋涉终于到达了伊犁河流域的察林河。察林河当时在清朝国土的版图里。在察林河畔,东归的先头部队与清政府的边防巡逻部队相逢,几天后的阴历七月十六日,清朝巡逻队的总管与东归回来的大部队和主要人物渥巴锡在察林河畔会面,并安排归来的首领们到承德觐见乾隆皇帝。同年的九月八日(10月15日),在承德的木兰围场乾隆皇帝接见了渥巴锡。渥巴锡在承德活动了半个月,接受了皇帝的封赏,非常圆满地返回新疆。这个事件最初在清朝的史料里仅有零散的记载。当时西方学者们对这一事件评价很高,他们的有关作品里,把这个事件称之为土尔扈特人寻找太阳升起的地方,要回归到其祖先曾生活过的地方。有一个美国学者这样说:土尔扈特人的悲壮之举不是消失在历史上的传奇交界地区的一个孤独事件,而是人类永恒地追求自由与和平的一个真实范例,是值得我们传诵的伟大的叙事史诗。

我们暂且不说这一壮举的爱国主义因素,单就其事件本身也足以令人震撼:一个十几万人的部落,在伏尔加河流域生活了一个半世纪,在那儿安家立业,繁衍生息。十几万人突然浩浩荡荡、义无反顾向东挺进,回到他们祖先曾经生活的地方。万里征程,历经艰难险阻,将近17万人的东归部落到了目的地只剩下6万多人,10万余人死在东归途中。这6万多人后来在新疆被安置下来。从18世纪下半叶到19世纪、20世纪,他们是现在生活在新疆的蒙古族的主体部分。他们为开发新疆、保卫新疆做了很多事情。直到现在,当年回归者的后代仍然生活在新疆维吾尔自治区的巴音郭楞蒙古自治州、和布克塞尔蒙古自治县及乌苏、精河、伊宁、昭苏、尼勒克等地。

这一历史事件,给我们提出了很多的问题。比如,这些土尔扈特人在历史上的族别归属是怎样的?他们跟蒙古族是什么关系?这些土尔扈特人是什么时候、什么原因从原来生活的新疆北部地区迁徙到那么遥远的伏尔加河流域,并在那儿生活了一个半世纪?他们在伏尔加河流域的一个半世纪是怎么生活的?他们跟俄国的关系怎样?他们在伏尔加河流域建立了什么性质的政权或统治实体?他们后来为什么破釜沉舟地回来了,且冒了那么

大的风险,做了那么大的牺牲回来了,回归的过程和路线又是怎样的?面对这么大一个队伍,当时清政府的反应是什么?做了什么样的决策?怎样安置这些回来的土尔扈特人?这个安置本身对于这些回来的土尔扈特人是弊还是利,或者说清朝政府当时的举措对于我们这样一个统一的多民族国家的巩固和发展是起推动作用还是阻碍作用?所有这些问题很明显地摆在我们面前,回答这些问题的过程实际上就是我们研究这些问题的过程。随着研究的深入,这些问题会一个个找到答案。230多年前在伊犁河流域发生的这个事件给我们留下了这么多问题,我们研究历史或对历史有兴趣的人有责任来破解这些历史之谜。

二、土尔扈特人历史简况

土尔扈特是中国蒙古族的一个组成部分。中国的蒙古族是一个历史非常悠久的民族,中国蒙古族曾经建立了元朝,统治了整个中国,到了清朝,当时的蒙古族主要分为三个部分:一部分生活在内蒙古地区,被称为漠南蒙古;一部分生活在现在的蒙古国,被称为漠北蒙古;一部分是漠西蒙古,自称卫拉特蒙古。卫拉特蒙古与土尔扈特蒙古有直接关系,卫拉特蒙古在清朝初年分为四部,即和硕特部、准噶尔部、杜尔伯特部和土尔扈特部。土尔扈特部原来生活在新疆北部,17世纪20年代中国大地群雄涌起,生活在西北地区的卫拉特蒙古的内部斗争很激烈,四部之间为争夺牧场而征战不息。当时土尔扈特部的很多牧区被准噶尔部占去,为了寻找新的牧地,土尔扈特部决定往西迁徙。他们沿着祖先经常走的路西行至伏尔加河。当时的伏尔加河流域还是一个无人管理的地方,17世纪20年代末土尔扈特部落在那里住了下来,并按他们游牧民族的习惯建立了自己的汗庭,发展了自己的游牧经济。

1630年前后一直到1770年前的100多年时间里,土尔扈特人在伏尔加河流域也曾有过闻名于世的时候,其中,最著名的汗王就是阿玉奇汗。他在位的时间是1669—1724年,是土尔扈特汗国最兴盛的时期,也是汗国政局相对稳定的时期。但阿玉奇汗之后土尔扈特内部争夺汗权的斗争持续不断,汗王不断更换。这个时候土尔扈特因俄罗斯的东进所面临的压力也越来越大。

18世纪60年代初,渥巴锡继位时,土尔扈特面临的形势更为严峻:一是俄国哥萨克移民越来越多;二是来自俄国的政治压力越来越大,这个政治压力主要体现在俄国要求土尔扈特最高决策层的组成要接受俄国的控制;三是俄国要求土尔扈特每年提供兵源,参加俄国与土耳其的战争;四是政治经济军事控制之外的文化上的控制,土尔扈特信奉藏传佛教,而此时俄国东正教的渗透越来越强烈。18世纪60年代中期以后,从王廷中人到普通老百姓,都觉得在俄国生活的日子越来越艰难。我们从当时俄国的史料里以及渥巴锡回来以后和清朝皇帝谈话的记录来看,1667年以后,土尔扈特的领袖们就开始商量办法。当时他们有几种选择,其中一个是公开对抗,可是土尔扈特人在力量上又敌不过俄国,全盘接受俄国的控制他们又不乐意。唯一的办法就是离开,因为有走的可能,有想要去的地方,即回到他们祖先曾经生活过的地方,与他们同宗同教的地方。当时又是康乾盛世时期,从清朝来说,对于这些远离故土的人,清廷采取的是友好宽松的政策。这些远离故土的人觉得现在的统治者会善待他们,也就是说他们有地方可去,而这个地方对他们又有一定的吸引力。如果没有这样一个历史背景,那么土尔扈特人可能就成为俄国的臣民或者进行坚决的反抗。

这个群体正好有这个选择,而这个选择的实现既受到主观因素的影响又有当时的客观条件的作用。所谓主观因素,就是他们觉得东方是自己祖先生活过的地方,是太阳升起的地方,是自己的故乡,与这个地方同宗同教很亲切;客观条件是土尔扈特首领感觉清政府对他们很体恤。清朝皇帝曾两次派使团专程看望伏尔加河流域的土尔扈特人,这在18世纪是一件破天荒的大事。1714年前后有个很有名的图理琛使团,图理琛并不是这个使团的负责人,但他回国后写了一本书,叫《异域录》,他因写这本书而流芳百世。图理琛使团见了当时土尔扈特兴盛时期的汗王阿玉奇汗。到18世纪30年代雍正皇帝统治时期,清廷也派了一个使团,这个使团叫满泰使团,他们也到了土尔扈特人的汗庭,那时汗王已不是阿玉奇,是阿玉奇的后代。以后土尔扈特使团也不断去往北京。另外,土尔扈特人信仰藏传佛教,他们有一个传统就是到西藏去礼佛,史料上记载为熬茶礼佛。土尔扈特的贵族们派使团到西藏去礼佛,首先要经过清朝政府的安排,所以他们与清朝政府的关系十分密切。正是因为有这样一个客观因素,1667年,当时的土尔扈特首领们决定东归。经过几年的准备,他们终于在1771年1月份开始行动。跟着渥巴锡回来的有16万多人,走的路线基本上是一条草原丝绸之路。乾隆皇帝把回来的这些人一部分安置在今天巴音郭楞蒙古自治州,那是一个草场丰美的地方,也就是著名的巴音布鲁克草原。还有一部分被安置在乌苏,这里是从乌鲁木齐到伊犁的中间站,是个交通枢纽。第三部分被安置在乌苏西边的精河,第四部分被安置在今和布克赛尔蒙古自治县。这个分布格局一直延续至今。现在新疆蒙古族的主体部分就是当年回归的土尔扈特人。

三、东归研究的资料收集与视点选择

先介绍一下笔者研究土尔扈特历史的经历。这是 30 多年前的事。1975 年我们接受了一个国家分配下来的任务,任务的主题是通过研究准噶尔问题来说明西北巴尔喀什湖以东以南地区在历史上是中国的领土。笔者参加了这个课题组。研究准噶尔离不开卫拉特,必然涉及土尔扈特,所以在研究准噶尔历史的过程中,笔者开始了对土尔扈特历史问题的研究。从 20 世纪 70 年代末到现在,笔者写了不少文章,围绕着土尔扈特历史主要写了四本书。第一本叫作《卫拉特蒙古史入门》,1989 年出版,这本书讲了三个问题:卫拉特蒙古的历史梗概、研究卫拉特蒙古的基本史料和卫拉特史研究的进展。卫拉特蒙古研究和土尔扈特研究在国内出现高潮是 20 世纪 80 年代。第二本书是《飘落异域的民族——17 至 18 世纪的土尔扈特蒙古》,是一本研究土尔扈特西迁到回归整个历史过程的学术著作。第三本是《天山问穹庐》。所谓"读万卷书,行万里路",中国的古训是很有道理的,特别是对我们要研究的这个问题。土尔扈特蒙古现在还生活在我国新疆,当时这些历史事件的大部分发生地还在我国国内,去那些跟历史事件有关系的地方考察是研究过程中不可缺少的一环。从 1981 年开始,笔者去了新疆 40 余次。20 世纪 80 年代至 90 年代初,笔者去新疆主要是为了新疆蒙古族历史的研究,1982 年我们对新疆蒙古族进行了中华人民共和国成立以来最系统的一次社会历史调查。笔者以 1982 年调查为基础结合以后若干次到新疆对土尔扈特蒙古补充调查的经历写了《天山问穹庐》,这是一本游记,媒体称之为学术游记,1997 年出版。2010 年,山东画报出版社又出版了这本书的增补修订本。第四本是《卫拉特蒙古史纲》,2006 年由新疆人民出版社出版,这本书是在 20 世纪 80 年代末至 90 年代出版的《卫拉特蒙古简史》上、下册的基础上编修整理而成的。

下面就围绕土尔扈特东归特定的历史事件,从历史研究的角度谈谈笔者个人的一些体会,且主要从资料收集的角度和研究视角选择的角度,谈谈在研究中的想法。

首先是关于资料的收集。资料工作是研究工作的基础,在研究土尔扈特回归这个历史事件上,资料的收集重点在于以下几个方面:

第一类资料是政府的档案文献。土尔扈特事件发生时涉及的政府是清朝和俄国,所以清朝和俄国18世纪的档案文献是我们资料收集中最重要的一部分,我们之所以在研究上有所得,主要还是依靠其他学者还没有使用过的文献——清朝的满文档案。如果没有清朝的满文档案,我们对土尔扈特回归的整个过程,包括清朝政府决策的过程可能都无从说起。同样,土尔扈特人在俄国生活了那么长时间,俄国的档案也留下了大量有关土尔扈特的记载,特别是他们生活在俄国那段时间和东归及东归后俄国政府的反映,俄国情报是怎样说的,俄国政府又是怎样部署的,这些重要内容在清朝档案里不可能有,但在俄国档案里记载得非常详细。

收藏在第一历史档案馆里的有关满文档案,我们从20世纪70年代以来就进行了整理并把它们译成了汉文。我们再把翻译出来的有价值的东西摘编出来,这成了我们的优势。中国第一历史档案馆藏的关于土尔扈特的满文档案数量非常大,清朝时专门把有关土尔扈特的档案立了一个专档,叫《土尔扈特档》。我们从中摘其要旨编成《满文土尔扈特档案译编》一书。这本书为我们提供了翔实丰富的、有价值的第一手资料,使我们有可能把土尔扈特回归的历史做了一个全景式的研究。比如,我们当时想弄清土尔扈特到底回来了多少人,清朝的汉文史料记载得含含糊糊且很混乱。但在中国第一历史档案馆收藏的满文《土尔扈特档》中发现了几件奏折,当时土尔扈特回来以后,清政府派人对土尔扈特部落进行了调查,目的有两个,一个是想了解到底有多少人,另一个是清朝政府要封赏这些回来的首领们,封赏的标准之一就是看其部下有多少人,对此满文档案记载得非常详细。结合俄国档案里记载的1770年前后生活在伏尔加河流域的人数进行对比,再把调查的数字全部加起来,我们得出土尔扈特部离开伏尔加河流域时有16.8万多人、回来后仅剩6万多人的结论,这个数字被学术界所认可。如果没有这些档案,我们就很难得出这样一个结论。

再如清朝政府的决策过程。我们看了满文档案,就能了解清朝政府的最高决策层对土尔扈特回归事件的整个决策过程。这是一个非常复杂的过程。时间虽然不太长,从他们得到这批人回来的消息到最后决定对这些人的安排,大约只有两三个月的时间,也就是在1771年的3月和4月,这是清朝最高决策层对土尔扈特回归进行决策的重要时期。土尔扈特回来走了七八个月,清朝政府的接待是很不错的。这个决策过程并不像乾隆皇帝碑文中所说那样简单。乾隆皇帝开始听说有这么一批人回来,他是很害怕的,他刚取得对准噶尔战争的胜利,西域刚刚统一。但在看到问题的实质后,他一锤定音,当时大臣中也有各种说法,乾隆皇帝的决策在客观上对统一多民族国家的发展起到了良好的作用。他认为:首先,这批人不是他们做工作让回来的,根据中国的传统,清廷没有理由拒绝这些自愿回来的人;其次,这些人是和俄国闹翻了回来的,没有退路了,回来后不会兴风作浪;再次,这些人并不是俄国的臣民,俄国来交涉时不用理会,对回归的土尔扈特人清廷要好好接待,好好安排,让其回来后有一个好归宿。但乾隆皇帝也不糊涂,对这些回来的人必须分而治之,在政治上不能让他们结为一体进而有一个总的首领,在宗教上不能让他们有一个总的宗教领袖,否则,一旦有事,首领和宗教领袖号召力是极强的。这些史实在《清实录》里没有反映,唯有满文档案记载得非常具体,这在当时都是绝密件。所以清政府对待这一事件是有两面性的,公开的一面是封赏优厚、礼仪周全,该怎么安排就怎么安排。整个事件的决策过程反映了封建统治阶级的本质,但从另一个角度看,乾隆皇帝的这个决策在客观上确实有利于我们统一多民族国家的发展。如果没有满文档案,我们对这个历史事件就不会认识得这样深刻,对清朝的统治集团特别是乾隆皇帝在这个问题上的决策过程就不可能像现在这样了解得这么细致。

第二类资料就是当事人和同时代人记载的有关资料。所谓当事人如我们刚才提到的图理琛。图理琛当时到了土尔扈特部落,看到了阿玉奇汗的有关记载。关于阿玉奇汗是怎么记载的,阿玉奇汗对他说了些什么,在《异域录》里都有,再加上清朝档案里对图理琛和阿玉奇汗会见的记载,以及俄国档案的内容,把这些相关资料的记载对应起来,基本上可以得到比较客观的历史事实。因此,当事人和同时代人的记载是我们查寻资料很重要的一个方面。

第三类资料是少数民族自己的文字资料。我们研究的对象是少数民族,我国大多数少数民族都有自己的语言文字。因此,我们必须尽量挖掘和搜集卫拉特人用本民族语言记载的东西。卫拉特人使用的是托忒蒙古文,他们没有成本成册的著作,大部分为手抄本,这正是我们以往研究中所缺少的,也显得更加珍贵,我们要尽量利用。同一个事从几个角度看,我们可以选取一个我们认为最接近历史事实的结论,或把几种认识对比以后,综合出一个我们认为比较接近历史事实的结论。

第四类资料是实地调查的资料。没有实地调查就形成不了感性认识,没有感性认识,理性认识也不会完善。比如一个德国学者的著作里称,土尔扈特人回来以后什么也没得到,得到的只是一片荒寂的土地。但从清朝的史料看,清政府给他们安置的是新疆自然条件较好的地方,是一个非常适合放牧的地方。1982年,我们去那里考察,发现那儿确实是一个好地方。巴音布鲁克草原的草被当地人称为是酥油草,油亮油亮的,像地毯一样,和呼伦贝尔草原的草完全不同,呼伦贝尔的草是比较高的草,"风吹草低见牛羊"的草。这些地方直到现在还是新疆的好地方。尽管清政府在政治上对其加以控制,但在生活安置上给他们提供的条件是很优越的。

我们在考察中也有意外收获。土尔扈特有一个有名的喇嘛,他生活在17世纪,在土尔扈特史上是一个政治上十分活跃的喇嘛,这个喇嘛叫咱雅班第达。他有传记,分为不同的版本,蒙古国给他出过两个版本,分别是20世纪50年代和60年代出版的。我们在新疆调研中听说新疆有手抄本,就从伊宁追踪到昭苏再到特克斯,转了一大圈,并没有找到,但也有所得。1982年,在巴音布鲁克草原一个仙境般美丽的地方巩乃斯,我们找到了一个喇嘛庙遗址。这个庙在"文革"时被毁,我们去时还没修复。当时有一位守庙的老喇嘛,听我们介绍情况后,主动拿出一份他收藏的资料,这是一份罗卜藏丹增活佛系统的史料,是藏传佛教中一个较小的活佛系统。这份史料用藏文书写,主要讲述罗卜藏丹增活佛系统是怎样转世的,他让我们带回去拍照,用后还给他。回到北京后,我们请人将藏文译成了汉文。罗卜藏丹增是这个活佛系统中的第七世。我们在看满文档案时也注意到一个叫罗卜藏丹增的大喇嘛,这个人在东归中起了很大的作用。俄国档案里、俄国情报里也有个罗卜藏丹增,这个人是当时土尔扈特东归最高决策集团七人成员中的一位。把三个罗卜藏丹增的记载合在一起,这个人的来龙去脉就很清楚了。笔者写了一篇三千多字的小文章,对这个曾经在历史上起过重要作用的、以后又只见其名不知其事的历史人物的主要事迹进行了叙述。当时我们看清朝满文档案时发现,清朝政府很重视这个人,想把他留在北京,避免他以他的威望和能力成为回归最大的、统一的宗教领袖。清廷给他在北京提供了非常好的安置条件。这反映出历史上的一个大背景。

寻找史料过程时还要具备慧眼且十分细心。这就要懂历史。如果不懂历史即使好东西到你身边你也不知道。如康熙、雍正、乾隆三朝皇帝给土尔扈特的敕书,这些都是一级文物,是用满文和蒙古文写就的。这些宝贝一直收藏在新疆和静县的土尔扈特王爷府里,作为镇宅之宝。"文革"中,一些有价值的文物被烧毁或丢失,最后剩下的被放在一个库房里。20世纪70年代末,辽宁有一个作家要写一部土尔扈特东归的小说,取名《归魂》,他到新疆后在仓库里找到了一件东西,上面有字,看后觉得是宝贝,把翻拍的照片给了笔者,笔者拿照片找人翻译后才知道是三件文物,即康熙皇帝给土尔扈特汗的敕书、雍正皇帝给土尔扈特汗的敕书、乾隆皇帝给渥巴锡等东归领袖的敕书。最后一件是渥巴锡到了伊犁河流域时乾隆皇帝为了安定他们的心而颁发的。这三件敕书,后来进了新疆维吾尔自治区档案馆。搜集资料很有乐趣但也需要下苦功夫,搜集资料时还存在鉴别的问题。鉴别资料本身就是研究的开始,有些考证性的文章就是资料鉴别的成果。如土尔扈特回归的人数、回归的时间,根据史料的记载,至少有五六种。最后笔者考证出来是1771年1月5日,为学术界所接受。但智者千虑必有一失,笔者在考证中忽略了俄国的俄历和公元纪年的差别。俄历1月5日对应的公历应是1771年1月16日。这个日子和当时清朝政府的记载以及渥巴锡回来后和清朝政府所说的时间只差一天。后来又有学者进行进一步考证,指出清俄档案记载误差一天,是时差造成的,实际上清俄档案记载是一致的。

从选择研究的视角看,微观研究应是我们研究的入门之选,起步时不宜研究太大的题目,不好把握。如果没有微观研究作为基础,宏观研究就是虚的。就土尔扈特回归这个事件而言,我们必须要有大量的微观研究,这个微观研究可以是人物研究,可以是事件研究,也可以是很多细小问题的研究。只有在大量微观研究的基础上才能考虑一些大的问题,所以宏观研究是研究升华的开端。在选题或写文章时,一般应掌握这样一个分寸:分者为文,合者为书。写的文章应该有一个灵魂,当写了若干篇文章后,对他们稍做加工和整合就是一本主题鲜明的书。切忌写了很多文章,却一盘散沙,没有形成研究的拳头。如笔者1991年写的《漂落异域的民族——17至18世纪的土尔扈特蒙古》,实际上就是在20世纪80年代撰写的20多篇文章的基础上加工补充完成的。因此,没有深入的研究基础,是很难完成一部高质量的学术著作的。如在土尔扈特回归事件上,宏观问题是什么?这个事件发生的大背景是怎样的?清朝政府、俄国政府的政策是什么?回归事件本身的原因、影响等。如果连微观研究都没弄明白就去论"大事",就难免炒别人的冷饭,是经不起时间考验的。做研究的人追求的是社会效益,是自己写的东西经过五年、十年后,有人还想把它找出来看一看,看完后觉得有所得,这才是一个研究者追求的最完美的境界。如果研究者的研究没有新意就经不起时间的考验。《漂落异域的民族——17 至 18 世纪的土尔扈特蒙古》出版近 20 年,现在研究这个问题的人要是还想再看一看这本书,便是笔者可以聊以自慰的地方。同时,如果没有微观研究的基础,就很难实事求是地恢复历史事件的本来面目,只有恢复历史事件的本来面目我们才可能有条件来评论历史。实事求是是我们研究的最基本点。

(原载《敦煌与丝路文化学术讲座》第 2 辑,北京图书馆出版社 2005 年版)

清代满文档案的整理与新疆研究的深化

由中国第一历史档案馆满文处与新疆和布克赛尔蒙古自治县史志办合作的《清代东归和布克赛尔土尔扈特蒙古满文档案全译》由新疆人民出版社正式出版，这是继 2004 年《清代西迁新疆察哈尔蒙古满文档案全译》出版以来又一册以地区为主题的有关清代新疆满文档案的译编著作。这本书从中国第一历史档案馆所藏 18 万余件军机处满文录副奏折中挑选有关和布克赛尔土尔扈特奏折及其附件共计 764 件，其中正件 714 件，附件 50 件，起止时间为乾隆三十六年（1771）三月至光绪三十二年（1906）十月。译编者经过近三年的编选和翻译，形成了一部近 60 万字的专题档案汇集，相信这本书的出版会对卫拉特蒙古历史和文化、新疆地方史、中国边疆史研究的深化起到重要的推动作用。

笔者在此向这本书的译编者、出版者表示由衷敬意之余，还想就清代满文档案对清代新疆历史研究深化的作用以及有关新疆清代满文档案的进一步整理和汉译表达些许陋见，愿与同人共思。

一

清代满文档案有重要的史料价值，用于研究将大大深化历史的研究，这越来越成为研究者的共识。

对此，笔者想讲一下自己研究生涯的亲身感受。20 世纪 70 年代中期，作为中国科学院民族研究所的一个普通研究人员，笔者有幸参与外交部交办的一个研究项目——准噶尔问题研究，在著名史学家翁独健教授的指导下，我们很快确定要写一部经得起时间检验的学术著作——《准噶尔史略》。基于此，翁独健教授要求我们从积累资料和掌握前人研究成果入手。在资料收集方面,我们组织了专门力量对当时尚无人顾及的、收藏于中国第一历史档案馆的清代满文档案进行挑选和汉译。由于指导思想明确,组织得力,1976—1982年,我们汉译了一批军机处的满文档案,其中包括一批满文的土尔扈特专档。在完成了《准噶尔史略》噶尔丹时期一章的撰写工作后,笔者的研究重点转移到了土尔扈特史研究。土尔扈特蒙古历史中最震撼人心的事件是1771年渥巴锡率部东归,但汉文档案、文献以及当事人对土尔扈特东归的原因、进程及清政府决策接纳东归土尔扈特人的全过程多语焉不详,难以探察复杂历史的全貌。俄文档案和相关俄文资料为上述研究的深入提供了可能性。笔者读到的满文土尔扈特档记载十分翔实,也正是在这样的资料的基础上,1984年笔者执笔撰写了《渥巴锡承德之行与清政府的民族统治政策》,此文之后成为与马汝珩教授合著的《漂落异域的民族——17至18世纪的土尔扈特蒙古》①重要章节的内容。坦率地说,没有满文档案的史料基础,上述问题要实现研究上的突破是不可能的,1987年笔者和《准噶尔史略》研究群体的另外两位同行白翠琴和蔡家艺,在由郭基南、肖夫、汪玉明三位先生汉译的军机处的土尔扈特档和月折档中选了145件,编成《满文土尔扈特档案译编》,以中国社会科学院民族研究所民族史研究室和中国第一历史档案馆合编的形式,由民族出版社正式出版,所收档案起止时间是乾隆三十六年至乾隆四十年(1771—1775),主要反映了土尔扈特部众东归到达伊犁地界,伊犁将军委派官兵迎接、查看人口户数、调拨接济物品、分编旗佐、指地安置,以及土尔扈特渥巴锡汗等东归领袖人物赴热河觐见乾隆帝和接受赏赐等情况。这是一部土尔扈特历史汉译满文档案的专题性资料集,其史料价值至今仍为研究者所重视。

二

20世纪80年代以来,清代满文档案的整理和汉译工作成绩令世人瞩目。

什么是清代满文档案?知名满文专家、《清代东归和布克赛尔土尔扈特蒙古满文档案全译》的译编者吴元丰先生曾说:"满文档案是清朝各级官署及官员在处理公务过程中以满文书写的公文或记录的总称。这些满文档案

---

① 中国社会科学出版社于1991年出版,2003年修订再版。

遭逢诸多人为或自然灾害,历经沧桑,虽然没有全部保存下来,但存世数量仍很巨大。迄今保存下来的主要有内阁、军机处、宫中、内务府、宗人府、理藩院、八旗都统衙门、盛京内务府等中央国家机构,以及黑龙江将军、吉林将军、盛京将军、宁古塔副都统、阿拉楚喀副都统、珲春副都统、归化城副都统、呼伦贝尔总管、布特哈总管等地方衙门的满文档案,数量巨大,种类繁多,形制各异,内容丰富,是研究清代通史、民族史、地方史、八旗制度、满语文等方面的第一手资料,具有珍贵的学术研究价值。"①

据吴元丰先生统计,自1981年中华书局出版《清代中俄关系档案史料选编》第一编以来,截至2011年底,广西师范大学出版社共出版《清代新疆满文档案汇编》44部,700册。②

众所周知,近代以来国内通晓满文者极其有限,能够直接利用满文档案开展学术研究者近些年来虽有增加,但总体上仍是寥寥。上述满文档案的汉译和出版,对于深化清代历史研究不啻是极大好事。

由于对清代满文档案重要价值和满文档案汉译工作的艰难与紧迫有了深切体验,1987年当笔者从中国社会科学院民族研究所调至中国边疆史地研究中心主持工作,有了更广阔的研究空间和学术活动舞台之后,为了推动清代满文档案的整理和汉译工作,笔者在力所能及的情况下,做了如下五项工作:

第一,作为中国边疆史地研究中心主任,笔者策划、组织了《清代西迁新疆察哈尔蒙古满文档案全译》,该书收录的档案选自军机处的满文录副奏折、月折档、上谕档、议复档,共计1 483件(包括附件558件),起止时间为乾隆二十五年至宣统三年(1760—1911),共90万字,精装,16开本,1册,2004年5月由新疆人民出版社出版。

第二,作为中国边疆史地研究中心主任,笔者会同中国第一历史档案馆满文部和中国人民大学清史研究所,组织编选和汉译《清代边疆满文档案目录》,经过五年时间的努力,编译了军机处满文月折包有关边疆史料目录12余万条,计900余万字,精装,16开本,12册,1999年4月由广西师范大学出版社出版。本目录作为一部大型专题档案史料工具书,为国内外学者查阅和利用有关档案提供了极大的便利。

①② 吴元丰:《近百年来满文档案编译出版综述——以中国大陆为中心》,载《满语研究》2011年第2期。

第三,作为"东北边疆历史与现状系列研究工作"专家委员会主任,笔者决策作为"东北边疆历史与现状系列研究工作"的档案文献整理项目,整理出版了《珲春副都统衙门档》,由中国第一历史档案馆、中国边疆史地研究中心、吉林省延吉档案馆合编。珲春地处中国吉林省东部,东南与俄罗斯接壤,西南与朝鲜交界,地理位置十分重要,有清一代先后设立协领和副都统管理当地军政事务。该书收录中国第一历史档案馆和吉林省延吉档案馆保存的珲春协领及副都统衙门档案,共计37 488 件,其中1/3 是满文,其余是汉文,起止时间为乾隆二年至宣统三年(1737—1911),2006 年12 月由广西师范大学出版社出版,精装,16 开本,238 册。

第四,作为"新疆历史与现状系列研究项目"专家委员会成员,笔者参与决策作为"新疆历史与现状系列研究项目"档案文献整理项目,整理出版了《清代新疆满文档案汇编》,由中国第一历史档案馆、中国边疆史地研究中心合编,精装,16 开本,283 册,2011 年底由广西师范大学出版社出版。

第五,在可能的条件下,笔者为汉译满文档案汇集撰写序文,以资鼓励和推动,近30 年间撰写了如下序文、代前言:1988 年为《满文土尔扈特档案译编》撰写《土尔扈特蒙古历史述略》(合著);1998 年为《雍正朝满文朱批奏折全译》撰写序文;1999 年为《清代边疆满文档案目录》撰写序文(合著);2004 年为《清代西迁新疆察哈尔蒙古满文档案全译》撰写序文;2011 年为郭美兰《明清档案与史地探微》撰写序言,此文后以《郭美兰:清代边疆满文档案的整理者和研究者》为题在2012 年第1 期《西部蒙古论坛》上刊出;2013 年为《清代东归和布克赛尔土尔扈特满文档案全译》撰写代前言《清代满文档案的整理与新疆研究的深化》。上述拙文表达了如下两个主题:阐述满文档案不可替代的史料价值;呼吁满文档案影印出版和有选择汉译的必要性。

三

为了使清代新疆满文档案的影印和汉译工作更加系统、规范地展开,我们需要有切实的计划、必要的人力和财力作为保障。

满文档案影印工作量极大,将满文档案进行汉译并形成规模更是需要几代学人的努力。千里之行,始于足下,这里笔者仅就清代有关新疆满文档案的整理和汉译提出如下建议:

一是工作底本的选择。可将已正式出版的《清代新疆满文档案汇编》作为工作底本进行分类整理、汉译。清朝前期对新疆采用军府制,设伊犁将军,统辖天山南北地区军政事务。在各重镇要地分设都统、参赞大臣、办事大臣等员,分管各地区军政事务。这些官员一般都从中央各部院及京城八旗官员内选派,而且多为满洲或蒙古官员,按规定多用满文缮折具奏,主要反映新疆设行省前的职官、军务、民政、司法、财政、农业、牧业、矿产、贸易、文化、宗教、地理、交通、民俗、藩属国及部藩关系、外交等诸多方面,有学者曾预言,一旦这些满文档案得到开发和利用,清代新疆史有重写的可能。

二是整理方式的选取。近30年来满文档案整理和汉译,已探索出如下三种整理方式,即单纯汉译文的编辑出版、满文原件与汉译文的合集出版、单纯满文原件的编辑出版,实践发现,以满文档案原件与汉译文合集出版的形式,最受研究者的欢迎与认同。当然,单纯汉译文的编辑形式也是一种重要方式。

三是整理汉译切入点的选择。可考虑以事件为主题编辑汉译专题性汇编,巴音郭楞蒙古自治州对东归土尔扈特满文档案进行译编的设想,酝酿多年,可作为首批选题组织力量早日启动,争取三年时间完成,与已出版的《满文土尔扈特档案译编》《清代东归和布克赛尔土尔扈特满文档案全译》《清代西迁新疆察哈尔蒙古满文档案全译》形成新疆蒙古族历史档案集系列。我们还应创造条件、细心筹划对已确定为工作底本的《清代新疆满文档案汇编》分类别、分年代、设立专题开展汉译工作。

四是协调各方力量,有序推进。满文档案整理与汉译是一项费时、费力的工作,从组织的角度而言应包括学术的指导、行政的保障和财力的支持,而且要有深化学术研究和惠及下一代的战略眼光、勇气和耐力。我们期待着决策部门的支持,果能如此,学者之幸、学术之福矣!

(原载《清代东归和布克赛尔土尔扈特蒙古满文档案全译》,为该书代前言,新疆人民出版社2013年版)

一部有创意的卫拉特蒙古历史研究之作
——荐《准噶尔蒙古与清朝关系史研究（1672—1697）》

2014年岁末，黑龙教授的《准噶尔蒙古与清朝关系史研究（1672—1697）》由上海古籍出版社出版。该书的主题是一个笔者十分感兴趣的历史研究课题，在细读之后，所感、所思甚多，草成此文，寄望于作者，就教于读者，望能对卫拉特蒙古历史研究的深化有所裨益！

一、阅读中之所感

卫拉特蒙古历史是笔者步入研究工作岗位后涉猎的第一个研究课题，时在1975年。近半个世纪笔者个人的研究领域不断拓展，但对卫拉特蒙古历史的研究从未间断。17—18世纪卫拉特蒙古政治史一直是笔者研究的重点，学术界所熟知的《准噶尔史略》和《卫拉特蒙古史纲》两书中涉及准噶尔和土尔扈特的章节均是由笔者执笔；这一时期准噶尔蒙古的噶尔丹和土尔扈特蒙古的渥巴锡则是笔者着力最多的历史人物，曾撰写了《噶尔丹与沙俄》（载《西北史地》1981年第2期）、《论噶尔丹的政治和军事活动》（载《民族研究》1991年第2期）、《渥巴锡论——兼论清政府的民族统治政策》（马大正：《边疆与民族——历史断面研考》，黑龙江教育出版社1993年版）等论文，令人欣慰的是上述拙著、拙文至今仍为研究者所关注和引用。

由于有了上述研究经历，在阅读该书时，笔者不时随手对阅当年自己著作中的相关段落与论述，备觉亲切，几十年来写作时的甘苦与今日阅读中的惊喜相互交织，常有穿越时空的感觉，也不时为后人超越前人而兴奋。黑龙确实有很多考释和阐论在继承的基础上超越了笔者，代有新人，实在让人高兴！此为笔者阅读该书所感之一。

与黑龙从相识到学术上交往,以及对其治学生涯的近距离观察,使笔者对作者今日的成功感悟多多。黑龙的导师齐木德道尔吉教授、成崇德教授都是令人尊敬的蒙古文、汉文兼通的蒙古史、清史专家,也是笔者治学生涯中的老友,在他们的指导下,黑龙完成了博士论文《噶尔丹统治时期的准噶尔与清朝关系研究》、博士后出站报告《清代准噶尔与北部疆域形成研究》,笔者还有幸成为他博士后出站报告的导师和他博士后出站报告的评审组组长。2005年,笔者和成崇德教授将《卫拉特蒙古简史》上、下册整编为《卫拉特蒙古史纲》时,邀请黑龙担任该书的副主编,并承担对该书大事记、世系表的统编修正工作,进行译名对照的补充修正。21世纪伊始,有几年时间我们同在国家清史编纂委员会工作,于是笔者有了近距离观察、感知、评议黑龙治学态度和能力的机会。笔者对他的印象是基本功扎实、治学严谨、思辨清晰、汉文蒙古文满文兼通。总之,他是一位处事低调、踏踏实实埋首做学问也善于做学问的青年学子。笔者始终看好黑龙的博士论文和博士后出站报告,曾一再希望他能静下心将其进一步修改,整合成书,早日面世与学术界共享。记得在他离京赴大连民族大学就职前,笔者还寄言黑龙:尽管到了新的工作岗位,研究工作重点不可避免地会有所调整,也一定不要放弃书稿的修改。上述记忆,在阅读该书时不时闪现,这是笔者阅读该书所感之二。

二、阅读中之所思

有所感的同时,该书在探索和研究17世纪最后25年准噶尔蒙古与清朝关系中学术上的建树,是笔者思考的重点,且每每为作者引用一些笔者未曾见过的稀见史料,以及对康熙帝与噶尔丹汗在政治、军事战线上频频交手,斗智斗勇的精到考释,分析中的神来之笔而叫绝!该书在学术创新上有四点值得一提:

第一,史料利用的多样性为研究的创新提供了扎实基础。

卫拉特蒙古的史料繁杂、分散,涉及文种、语种众多。经过20世纪80年代以来诸多研究者的努力,诸如《清实录》《亲征平定朔漠方略》《平定准噶尔方略》等大量汉文文献,部分汉、满文档案,托忒文文献和俄、英文资料用之于研究。但随着研究的深入,研究者日益真切地认识到欲使卫拉特蒙古历史研究有新的突破,发掘新史料是根本之途。黑龙抱定"甘坐十年冷板凳"的精神,发挥自己蒙古文、汉文、满文兼通的优势,在研究中着力发掘、利用新史料,特别是蒙古文档案和托忒文文献,成为该书的一大亮点。

据该书"主要参考文献·史料"类所列,诸如中国第一历史档案馆藏蒙古文老档、蒙古堂档,《清内秘书院蒙古文档案汇编》,收藏于中国台北的《康熙起居注册》(三十五年部分,满汉两种),《卫拉特蒙古法典》等托忒文文献,以及藏文史籍《五世达赖喇嘛传》汉译稿等珍贵民族文字档案和史籍,都是作者研究中利用的主要史料来源。正因为有了新的史料来源作为支撑,噶尔丹早年在西藏的活动,噶尔丹与五世达赖喇嘛的关系,1677—1679年噶尔丹与康熙帝的往来书信,1682年清廷奇塔特使团出使准噶尔、访问噶尔丹等重大历史事件的面貌才得以翔实地展现出来,弥补了当年笔者主要依据《秦边纪略》等汉文史籍和《清实录》等汉文文献记载所造成的语焉不详或记述有误的讹差。如1682年以内大臣奇塔特为首的清帝国的使团首次访问了准噶尔汗国,将清朝和准噶尔关系推向高峰,在《准噶尔史略》(人民出版社1985年版)一书第94—95页中对此历史事件的叙述,主要是对《清实录》和《亲征平定朔漠方略》的记载进行了综合,文字不足400字。但该书因为利用了蒙古堂档的记载,又有作者所撰《奇塔特出使准噶尔部初探》的专题研究成果作为基础,对这一重要历史事件的叙述,竟用了近八千字的篇幅,将清朝和准噶尔关系史上这件大事的缘由、始末以及噶尔丹与康熙皇帝两人的远谋与近略等做了鲜活的描述和中肯的评析,对阅读者而言,实是一大享受。

第二,思辨严密,善于考释,面对历史陈说之不确,敢于纠正。

人们在研究清朝和准噶尔关系史时已经发现所依据的史料几乎全是清朝和准噶尔相斗中的胜利一方清朝的记载,第三方俄国的记载不多,另一方准噶尔的记载几乎为零。基于此,在研究中对于清方的记述要持特别慎重的态度,作者不仅注意到,还用之于研究实践之中。试举两例。

其一,对乌兰布通之战中清军大败噶尔丹之说进行了深入再探究。当年笔者在撰写《准噶尔史略》涉及此段历史时,在认真研读了《亲征平定朔漠方略》有关记载后,对乌兰布通之战清军大败噶尔丹之说有疑惑,下笔时如是表述:乌兰布通大战,清军前线最高指挥官抚远大将军和硕裕亲王福全,听信噶尔丹之言,在清军优于噶军四五倍的有利形势下,下令各路领军诸王大臣禁止出击,贻误战机,以致噶尔丹漏网脱逃,使乌兰布通大捷的战果功亏一篑。乌兰布通战役虽然未取得预期的战果,但毕竟打掉了噶尔丹军的锐气,使内蒙古汛界以内的安宁得到了保证。① 上述表述虽然留有余地,但对乌兰布通之战仍是定位于"大捷"。现在看来,这显然不符合历史的真实。而该书用近万字的篇幅,在充分吸纳前人研究成果的基础上,缜密研考了汉、蒙古文相关档案,对乌兰布通战役做了全景式的描述与评析,作者的结论是:"总体衡量此战,清军的损失要比噶尔丹大得多。"同时,作者对清军大败噶尔丹之说流行已久的原因做了令人信服的分析,归之为"清代著述的影响""著名史家的影响",特别是"魏源《圣武记》关于乌兰布通之战的记述,却未加怀疑地转录马思喀《塞北纪程》的文字",从而使魏源在这个问题上背离了自己曾尖锐地指出的清代史书对清军"言胜不言败,书功不书罪"弊病的正确主张。②

其二,对围绕噶尔丹之死种种历史谜团的考释。一代枭雄噶尔丹的最后时光以及死因和死于何地构成噶尔丹之死的历史谜团。笔者在《噶尔丹的政治和军事实践》一文中以"噶尔丹的末日"为题做了比《准噶尔史略》更为详尽的记述:笔者认为噶尔丹死期是康熙三十六年(1697)三月十三③,死地是阿察阿木塔台地方(今蒙古国境内),死因是病死,这三个重要节点叙述无误,但是缺少更丰富的史料支撑和更翔实的分析。黑龙在充分吸纳齐木德道尔吉研究成果的基础上,结合自己对相关汉、蒙古文史料的研析,对噶尔丹死期、死地、死因做了更为翔实的考释,特别是对康熙皇帝编造"仰药自尽",众臣编造"闰三月十三死亡"的死因和死期进行了清晰的综述与分析,作者从政治上着眼指出,"经过篡改,康熙帝三征噶尔丹以辉煌的胜利而画上了句号,他们着实可以庆祝一番了"。这样的叙述更接近历史的真实。

第三,作者在总结前人研究成果的基础上,对清朝和准噶尔关系史上的一些重大问题,进行了更全面的阐论,这说明作者不仅精于微观的考释,也善于宏观的阐论。这一方面可圈可点之处颇多,试举如下两例。

其一,对清朝和准噶尔贸易关系性质的分析。

---

① 《准噶尔史略》编写组:《准噶尔史略》,人民出版社1985年版,第110页。

② 黑龙:《准噶尔蒙古与清朝关系史研究(1672—1697)》,上海古籍出版社2014年版,第154、155页。

③ 此处改正了《准噶尔史略》第119页记噶尔丹死于"康熙三十六年闰三月十三日"之误。

④ 黑龙:《准噶尔蒙古与清朝关系史研究(1672—1697)》,第227页。

从留存的大量史料看,无论是 1672—1697 年噶尔丹时期,还是 18 世纪中叶的策妄阿拉布坦、噶尔丹策零、达瓦齐诸汗时期,清朝和准噶尔几乎都是战争不断。但事实上,双方是战与和交织,且和平交往中贸易关系持续不断,形成了互补互存的客观实际。作者认识到正确阐论的重要性,指出清朝和准噶尔关系的性质,"这是一个很少有人甚至无人触及的重要学术命题。它关系到怎样揭示清准关系的建立演变过程",认为"清准之间的贸易往来正是明末兴起的那种不以称臣纳贡为绝对前提的新型互市贸易",①并分析了清代著述把双方互市贸易改写成朝贡贸易的深刻的历史、社会、政治原因。

其二,作者对噶尔丹的评价更人性化。

笔者在《噶尔丹的政治和军事实践》一文中曾对噶尔丹一生做如下总评:噶尔丹在政治上不是庸才,军事上也颇有建树,他以十年戎马生涯,东征西伐,战绩显赫;他纵横捭阖,深谋老练,一时成为我国北方草原上叱咤风云的人物,他领导下的准噶尔汗国也成了 17 世纪下半叶我国政治舞台上的强大力量。噶尔丹还忠于自己的政治思想和原则,直至身临绝境,不求瓦全,宁可玉碎,不接受清王朝的招降,体现了一个政治家的可贵气节。从这一意义上说,噶尔丹不愧是蒙古族一个有影响的历史人物。噶尔丹失败了,彻底地失败了。这固然与噶尔丹在政治上树敌过多,军事上孤军深入等一系列决策上的失误以及与其争斗的对手康熙皇帝和清王朝过于强大有关,但最可悲的是噶尔丹与俄国政治、外交交往的失败。噶尔丹本想借俄国力量达到自己与清王朝抗争的目的,但却被俄国利用,反成了俄国与清朝政府讨价还价的筹码。最终被俄国抛弃时,噶尔丹已与清军正面相撞,势不可收,成为过河卒子,无路可退。当然,从根本上说,噶尔丹的失败是因为他的行动违背了我国多民族国家走向统一与巩固的历史潮流,到头来不免走上覆灭的道路。从这一意义上说,噶尔丹又是一个悲剧性的历史人物。噶尔丹不是叛乱头目,而是一位悲剧英雄的论断,得到了学界赞同,也为广大蒙古族民众所认可。而该书对噶尔丹的总评虽没有如上述评议般理性和全面,但指出噶尔丹"出身高贵,宗教地位显赫,特殊的身份、地位和非凡的早期经历,对他的学识能力、政治抱负以及性格特征的形成均产生了重要影响",噶尔丹"身上具有活佛的端庄慈悲的气质和沉默寡语的性格",最后引述了

---

① 黑龙:《准噶尔蒙古与清朝关系史研究(1672—1697)》,第 101—103 页。

"投附清朝的准噶尔大臣丹巴哈什哈向康熙帝说:'噶尔丹本有才能,且得人心。'"①作者对噶尔丹的总体评价思路是清晰的,作为悲剧英雄的噶尔丹已多维地呈现在读者面前!

第四,深化个案的专题研究是著书立说的基础。

任何一本成功的专著,都是或大或小的作者个案专题研究成果的汇聚与提升,黑龙的著作也不例外。2013年8月由民族出版社出版的《满蒙关系史论考》,是作者的论文结集,所收16篇论文中,诸如《噶尔丹执政初期准噶尔与清朝关系的新发展》《奇塔特出使准噶尔部初探》《乌兰布通之战再考》《康熙帝首次亲征噶尔丹与昭莫多之战》《康熙帝第二次亲征噶尔丹述论》《康熙帝第三次亲征噶尔丹史实考》等13篇论文,是《准噶尔蒙古与清朝关系史研究(1672—1697)》一书章、节、专题的基础。围绕一个大的研究方向,扎实发掘史料,潜心个案专题研究,分则成文,合则成书,这是一条符合学术规律的成功的研究之途。黑龙是如此实践的,该书即是成功的一例,启迪的价值亦在于此矣。

三、所感所思后的寄望

笔者虚长黑龙若干岁,又曾忝列黑龙博士后的指导老师,坦言读后所感所思后,再提三点寄望。

寄望之一:《准噶尔蒙古与清朝关系史研究(1672—1697)》一书若要再版,一定要补充主题索引和图例,按国际惯例,前者是一部学术专著不可缺少的组成部分,后者可包括示意图和插图。示意图中应有双方战图、贸易路线图等,插图则可或多或少选用,以增添学术专著的可读性。

寄望之二:发挥汉文、蒙古文、满文兼通的优势,进一步发掘和利用新史料,同时深入研读已译成汉文的藏文史料和《俄蒙关系历史档案文献集》等俄文档案,延伸准噶尔蒙古与清朝关系史的研究时段,直至1757年。人们有理由期待黑龙的新著面世。

寄望之三:黑龙教授目前正肩负主持《卫拉特蒙古通史》纂修的重任,这是一部以新生代蒙古族学者为主要纂修力量的卫拉特蒙古历史集大成之

---

① 黑龙:《准噶尔蒙古与清朝关系史研究(1672—1697)》,第228—230页。

作,也将是一部卫拉特蒙古历史研究的承前启后之作,黑龙之责重矣,我们有理由相信,黑龙教授将不负众之所望!

(原载《中国边疆史地研究》2016年第1期)

准噶尔史研究的新开拓
——读李秀梅博士著《清朝统一准噶尔史实研究——以高层决策为中心》

清代准噶尔研究是国内外史学研究的一个大课题,自清代至今,中外研究成果颇为丰富,或从准噶尔史角度研究,或从清史角度研究,或从民族关系史角度研究,但从清朝统治的高层决策角度进行系统研究的文章和著述尚属鲜见,近年来也有一些论文研究了清朝对准噶尔的军事战略或政策。李秀梅博士《清朝统一准噶尔史实研究——以高层决策为中心》,是准噶尔史研究领域的又一新成果。在这本专著中,著者从一个全新的角度诠释了准噶尔归属清朝的过程,是对准噶尔史研究的一个新开拓。

关于清朝与准噶尔之间的战争,传统研究是以战争过程和战争关系为重点内容。正如著者所说:"对清朝统一准噶尔的历史,过去大都从民族关系史或军事史的角度研究,所以研究具体战役的较多。因为起初就从军事战略的角度去研究,导致了这一课题被定性为民族关系史中的战争史。""对这个内容的研究,在1989年之前,受国际形势、中苏关系和封建王朝正统思想残余的影响,多站在中央王朝的角度,从维护祖国统一的主观立场出发,对清朝统一准噶尔的过程更侧重于其平定叛乱、反对分裂、维护统一的意义,缺乏更深入地研究统一过程中的主体思维活动过程"。① "清朝统一准噶尔的历史,以往有许多学者进行了研究,但是,或概括地描述,或侧重于某一时段,或某些人物,对整个统一过程,特别是统一过程中清朝上层的决策还没有做过深入细致的研究。1949年以前,国内外对这一历史内容的研究是分散的,不成体系的,并且是作为其他学科的子项而进行的,资料整理相

---

① 李秀梅:《清朝统一准噶尔史实研究——以高层决策为中心》绪论,民族出版社2007年版,第2页。

对要多一些。新中国成立到十一届三中全会之前,由于准噶尔历史所涉及的民族关系史的研究尚未系统展开,所以研究成果仍然是单一的,但已明显侧重于理论,用以论代史的方式研究,在研究中较多突出应用性的成果较多"。①

以笔者对准噶尔史研究的了解,早期准噶尔研究主要集中在挖掘资料上,以对语言资料的占有为研究成果,20世纪80年代前后是研究的一个高峰期,20世纪90年代趋于回落。现在,"清朝统一准噶尔的过程作为清代边疆民族史的一个研究子项,随着边疆民族史研究的发展而走向了一个新的阶段,出现了成批的学术著作,从宏观上概述了清朝对西北的统一,从而为研究清朝统一准噶尔的高层决策提供了基础"。②

李秀梅博士选择这个课题进行再研究,不是一种简单的重复研究,而是另辟蹊径,以高层决策为切入点,在史料、内容、方法、重点上进行新的探索,从而显现出自己的特点,归纳起来有以下四个方面。

一、对传统史料的再挖掘和新运用

著者在"绪论"中说:"本书以清代官修史籍《清实录》《钦定平定朔漠方略》《钦定平定准噶尔方略》为主要史料和基本线索,从浩繁的史籍和复杂的历史现象中梳理出清朝统一准噶尔的高层战略决策过程,并对决策中的具体史实和细节,以《圣训》《朱批奏折》《宫中档》《起居注》等史籍和档案为辅助材料。"③众所周知,后世修前史多少都会依照统治者的政治需要对前史进行一些修改,这样就会产生一些违背历史原貌的史料,清代史籍也不例外。但据著者说,之所以仍然以官修清代史籍为基本素材,是因为:不管这个史料的篡改程度如何,它都是当事人说的,而违背事实的那些内容即被篡改过的部分恰恰说明了事情的原貌,反映了高层的一些真实意图,所以还是力图用最原始的官方正版史料。著者在书中论及具体事件时曾说道:"清朝对准噶尔问题的决策,是在交通不发达的清代,依据边界将领报来的有限情报和信息来做出的。这些信息来自草原各部游牧民和途经的路人,且不

① 李秀梅:《清朝统一准噶尔史实研究——以高层决策为中心》绪论,第3页。
② 李秀梅:《清朝统一准噶尔史实研究——以高层决策为中心》绪论,第3—4页。
③ 李秀梅:《清朝统一准噶尔史实研究——以高层决策为中心》绪论,第1页。

论事件真实与否,中间还要经过语种的转译,加上地方官员上报时的解释和建议、朝臣上奏时的解释和建议,最后皇帝得到的信息与当时事件的真相的差距就无法预测了。这些史料也可能不限于保存至今的史籍和档案记载,即使保存下来了,历朝修史中的粉饰,要考证清楚是要大费周折的。皇帝的决断既然源自他本人所获得的信息,那么考证清楚皇帝当时情况下得到的是什么样的信息,才能弄清他的决策依据。至于在决策前先调查研究,弄清事情真相,再决策,那是康熙帝的事。今天,我们研究康熙帝的决策过程,只要弄清当时康熙帝本人得到的确凿信息与他依据这个信息所做出的决策,就可以分析出哪些是康熙帝自己的本来决断,哪些是为政治统治需要而做出的策略性的决断。"①

著者对基本史料的挖掘很细致。与研究这个课题的同人相比,在史料挖掘上,著者的确没有语言、文字、族别等方面的优势,但著者史学研究基本功扎实,能在同人已经引用过无数次的清代官方史料中,再发掘出关键史料,从而对以往的结论进行全新的诠释。例如,康熙帝对准噶尔问题行"柔远之道"的说教;②"三藩"削平后康熙帝军事战略意图由沙俄转向准噶尔的历史背景;③昭莫多战役过程中康熙帝与周边各方信使往来的交涉过程;④康熙帝对宗教上层人士的利用;⑤"哈密冲突"的影响;⑥关于策妄阿拉布坦时期准噶尔进攻哈密和西藏的分析;⑦等等。

另外,著者对新史料的运用也很到位。例如,陈廷敬的《北征大捷功成振旅凯歌》,⑧康熙帝对修长城的认识,⑨康熙帝出征心态的挖掘,⑩等等。

---

① 李秀梅:《清朝统一准噶尔史实研究——以高层决策为中心》,12—13 页。
② 李秀梅:《清朝统一准噶尔史实研究——以高层决策为中心》,第 14 页。
③ 李秀梅:《清朝统一准噶尔史实研究——以高层决策为中心》,第 15 页。
④ 李秀梅:《清朝统一准噶尔史实研究——以高层决策为中心》,第 61 页。
⑤ 李秀梅:《清朝统一准噶尔史实研究——以高层决策为中心》,第 85 页。
⑥ 李秀梅:《清朝统一准噶尔史实研究——以高层决策为中心》,第 83 页。
⑦ 李秀梅:《清朝统一准噶尔史实研究——以高层决策为中心》,第 86、92、98、99 页。
⑧ 李秀梅:《清朝统一准噶尔史实研究——以高层决策为中心》,第 43 页。
⑨ 李秀梅:《清朝统一准噶尔史实研究——以高层决策为中心》,第 69、71 页。
⑩ 李秀梅:《清朝统一准噶尔史实研究——以高层决策为中心》,第 43—44 页。

二、全书结构严密,整体布局一气呵成

著者阐述的是两大政治势力长达一个世纪漫长曲折的发展过程,这两大政治势力本身都处在以一个民族为主的各部族不断发展、变化、重组过程中,同时各自形成了统一的政权并不断地发展与变动。这类似于研究太阳系中两大星球的碰撞关系,就必须随时考虑银河系的变化,考虑银河系与太阳系的变动状况,考虑两大星球有无公转与自转,在转动过程中与其他星球的关系的变化,等等。这种跨度对一篇博士论文来说,首先要解决的就是以什么逻辑、何种思维进行整体布局的问题,通俗地说就是怎么下笔。著者通过分析史料、分析基本史实,以康熙帝亲政后开始关注日益强大的准噶尔部,直至乾隆帝完成对准噶尔游牧地的收服为研究范围,这些史料提供了这样的新信息:传统研究中的百年历史关系只有17年的军事史。全文将清朝康熙、雍正、乾隆三帝与噶尔丹、策妄阿拉布坦、罗卜藏丹津、噶尔丹策零、达瓦齐、阿睦尔撒纳六人之事划分为六章,对这些"高层"决策、战战和和的变化过程内容安排得当,布局工整,结构合理,脉络清晰。

著者从浩瀚的中外史料中创造了说明这一发展变化过程的新的框架,是一个新的尝试。这个筛选过程,也是一个研究过程。筛取的史料必须能够客观地反映这个历史进程中统治阶层的思维活动变化情况,并要能说明影响到什么程度。这个变化过程的最终决策在于"高层",著者对"高层"做了特别界定。就史料选取的布局来说,著者是站在世界历史的高度,站在世界范围内各民族、各部族、各政权相互影响的角度来安排思路的,百年历史中的"和和打打"是一气呵成的,主线鲜明,冲突有因,消战有果,统治高层的思维对历史事件进程的影响清晰明了,虽是鸿篇大论却给人以完整感。著者对史料的驾驭能力反映了她所具备的思维能力和理论水平。对这100年的历史,著者并不是单纯地仅仅讲述战争时期,对和平相处时期的高层思维也以浓重的笔墨进行了阐述与分析。

把历史按照某类事物来认识,就能发现历史发展的深层规律,即所谓的知识的价值在于系统性,而这个系统性是在科学的基础上实现的。著者也正是在科学地分析事实的基础上,认识到存在于历史中的事物发展规律,得出了不同于以往的结论。

三、史料取舍得当,论述简洁清晰

在任何一部对清朝与准噶尔关系的研究著述或篇章中,我们都能看到对战争过程的详细论述和烦琐的史料引用,史学研究的一个传统特点是从过程中发掘新材料、新结论,而著者独辟蹊径,从战争前寻找开战的原因,从战争结局中印证战争的得失,这种思维方式让这部书在传统战争题材研究领域中展现出一抹葱绿,流露出一些新观点。比如,乌兰布通战役、昭莫多战役、和通淖尔战役、额尔德尼昭战役是清朝与准噶尔冲突中四个关键的战役,其过程被无数学者渲染,但著者一笔带过,且没有丢掉任何一项有用的内容。对其他一些战役,比如喀喇乌苏河战役过程的处理也是如此。①

对于双方和平相处时期的历史,著者只是分析和平环境来临的多方背景因素、和平被打破的原因即收笔,没有一丝赘言,全篇清爽利落,简洁有力。例如,康熙帝与策妄阿拉布坦20年和平相处时期的研究,著者只用了4 000多字;②乾隆帝即位后与准噶尔保持了18年的和平局面,著者只用了1 000多字。

著者在史料的取舍、运用上信手拈来,运用自如。著者在这个课题的研究上,对这个历史过程的基本史实掌握比较全面,所以在资料的取舍、运用上非常自如。在对这些史料所反映的历史事实的分析上,著者不是止步于一般的阐述,而是通过历史发展中史料的前后对照、原意剖析,得出自己的观点。例如,"和"的问题,台湾问题,哈密问题,对雍正帝的心态分析,等等。

四、研究方法的多样性和广泛性

著者在研究方法上,除传统史学方法外,还引入了战略学、决策学、管理学的理念,有很多精辟结论。

比如,著者认为"清朝统一准噶尔过程中的高层决策,始终贯穿着'和'

---

① 李秀梅:《清朝统一准噶尔史实研究——以高层决策为中心》,第94—95页。
② 李秀梅:《清朝统一准噶尔史实研究——以高层决策为中心》,第72—81页。
③ 李秀梅:《清朝统一准噶尔史实研究——以高层决策为中心》,第141—143页。

的主导思想,是以柔远之术使准噶尔归顺"①。"把清朝统一准噶尔的战争放到军事政治学的领域考察,放到中国古代军事史的进程中考察,从'军事是政治的继续'的意义上研究这场战争,那么,这个统一过程就变成了清廷统治政治策略的一个组成部分"②。之前在她的开题报告中,曾有一章专门论述战术与政治关系的,笔者印象很深,希望在该书的修改版本中能增添进去。

著者对康熙、雍正、乾隆三帝决策的经验、教训的分析很有特色。在阐述问题中,在每章的结尾,著者都用高层的自述来点明当初决策的意图,非常具有史学的信服力。例如,康熙帝给即将出使准噶尔的奇塔特关于"礼貌、和蔼接待之"的真实意图是"和则可以识其心志";③关于清朝不设北部边防的真实原因,康熙帝自己说是柔远之术;④关于康熙帝出动大兵与策妄阿拉布坦抢夺达赖喇嘛的真实目的,康熙帝自己说是为了笼络住全西域、全蒙古人;⑤关于康熙朝与准噶尔哈密之战的因果到乾隆帝时才得以解密,即"计袭哈密,入西藏";⑥雍正帝行事诡秘,乾隆帝年轻好胜,真实意图只有在他们事后的表白中才能看到,才是原始档案。⑦

纵观全书,我们可从三个层面认识到著者的独到之处:从宏观上讲,选题好,切入点好,主题思想有突破。著者把清朝和准噶尔的冲突放到清朝统一的国际、国内大背景下分析,得出清廷"和"的主导思想。全文将三帝六人之事分为六章一气呵成,脉络清晰,思维顺畅。从中观意义上讲,著者在分析高层决策时,引入了战略学、决策学、管理学的理念,开阔了这个课题的研究思维,尽管这仍是对传统史料的分析,但得出了全新的结论,这些论点是客观的,是有史实依据的。例如,关于乌兰布通战役结果的分析,康熙帝与噶尔丹之间"和"中见"打","打"中促"和"的过程,康熙帝与策妄阿拉布坦关于西藏问题的前前后后,雍正帝在准噶尔问题交涉中的心态,乾隆帝把怀柔手段用于解决准噶尔以至西域问题中。从微观上讲,著者对史料的挖掘

---

① 李秀梅:《清朝统一准噶尔史实研究——以高层决策为中心》,第 194 页。
② 李秀梅:《清朝统一准噶尔史实研究——以高层决策为中心》摘要,第 3 页。
③ 李秀梅:《清朝统一准噶尔史实研究——以高层决策为中心》,第 14 页。
④ 李秀梅:《清朝统一准噶尔史实研究——以高层决策为中心》,第 69—71 页。
⑤ 李秀梅:《清朝统一准噶尔史实研究——以高层决策为中心》,第 87—88 页。
⑥⑦ 李秀梅:《清朝统一准噶尔史实研究——以高层决策为中心》,第 98—100 页。

与分析层层深入,从多学科角度综合研究,最终得出新的结论。例如,关于康熙帝晚年决策的失误,准噶尔的"计入哈密",雍正帝出兵的借口,雍正帝西域用兵战术,乾隆帝智取准噶尔等事件的结论都令人耳目一新。

此外,该书之"绪论""引子""结束语""后记"为点睛之笔,尤应予以重视。

就这个史学课题的研究本身而言,还有待深化之处。

首先是史料的发掘,这也是著者清楚表明却没有做到的,这里提出来希望同人予以关注。虽然著者明白本课题的研究在资料发掘上有待档案资料的问世,同时也需要托忒文、满文、蒙古文以及俄文资料,还有藏文资料,也了解"现在有相当多的档案材料已经整理并汉译出版,在一定程度上弥补了以前语言文字材料上的缺陷"①,但著者在该书中对此利用得还很不够,想必是因为时间的因素。

其次,在这样一个涉及面极广的历史事件中,影响高层决策的因素至少应该是双方高层互动的结果,除非著者一定要站在其中一方的立场上去说这个事件,而不是把自己置于事外或者一个客观的位置上。著者明白地表述道:"清朝统一准噶尔的高层决策过程是清朝和准噶尔双方高层主观思维活动和现实碰撞的有机过程","这里不仅需要作为记载清廷政治活动的满文材料,还要求有记载准噶尔政权高层活动的蒙文材料和其他文字材料。"②但是该书著者在引用史料上始终站在清廷的位置上,运用时光隧道想象当初的清廷历史环境,把清代官修资料的记载当作当时高层收到的信息来感悟,以此判断、分析高层决策的情景。这是一种模拟的主观真实情景,它不同于凡事都有依据的客观实在,在这种环境中深入分析事件,得出的结论会是多元的,所以,在对史料史实做分析时,著者有意设定了一个自我位置,在大客观、小主观的意义上追求结论的相对唯一性,追求结论的"自我圆满"性。著者的立意只是一种方位的确定,是站在清代社会思维定式上分析清代史籍,并不是站在清廷的立场上,所以得出的结论就不同于以往。从不同的方位、不同的立场对最终决策进行分析就会得出不同的评判结论。在清朝统一准噶尔的高层决策这一课题的研究中,著者选取了这样一种方位,得出了这样的结论,这些基本上是按中原文化的思维模式进行的,因为清代自康熙帝以后中原文化是逐渐占据主流地位的。如果易位思考,这个决策

---

①② 李秀梅:《清朝统一准噶尔史实研究——以高层决策为中心》绪论,第5页。

对历史过程的影响又会是怎么样呢？我们期待学术界新的成果的问世。

最后,对于该书著者的了解,远在接到书稿之前。著者生于新疆,长于新疆,从读大学起就开始了新疆中亚史的学习和研究,大学毕业后又一直从事政治理论经典著作辅导教学工作,具备史、论的扎实功底。著者研究这个课题,堪称具有得天独厚的优势。因此,当著者请笔者为即将出版的《清朝统一准噶尔史实研究——以高层决策为中心》一书作序时,笔者欣然应允,也真切希望同人可以通过该书领略到战争史研究的另一种思维。

著者在研究这一涉及军事、政治、民族关系、民族政治等学科的历史事件时,找到了问题的关键点,从而在理解与实践的结合层次上达到了统一,给予我们以相当大的收益。该书提供给读者的,不仅是有机选取出的一组史实,更有这些史实提供给我们的理论符号,还有今天我们仍然能从中得到的收益。清朝统一的过程经历了一个世纪,是人类历史发展中的伟业,在这个过程中,清朝从准噶尔手里收回了青海、西藏、新疆,最终完成了入主中原后的大一统任务。① 同样,清朝与准噶尔的关系也需要从民族政治学的角度去认识。② 很多东西是需要经过深层次、多方位的思考才能得出结论的。该书阐述的是史中事,论的已是史外物。所以,该书对该课题的研究虽有很多创新和突破(在论上尤其如此),但还有更多的内容只是提出了论点而没有展开论述,或者提出了问题而没有去解决。这些也是我们今后研究中需要关注的问题。

毫无疑问,若能从多角度的史实阐明主旨,该书会比现在更加完善。但作为一篇毕业论文,著者在有限的时间里为今后对这个课题的深入研究开了一个好头。

(原为《清朝统一准噶尔史实研究——以高层决策为中心》序文,后刊于《中国边疆史地研究》2008年第1期)

---

① 李秀梅:《清朝统一准噶尔史实研究——以高层决策为中心》,第109、194页。
② 李秀梅:《清朝统一准噶尔史实研究——以高层决策为中心》引子,第4—5页。

苏联史学界利用俄国档案资料研究准噶尔历史情况简述

苏联史学界对准噶尔历史的研究由来已久。早在帝俄时代,一些汉学家就十分注意收集有关准噶尔的历史史料。1750 年,第一代俄国汉学家罗索兴(1707—1761)将《亲征平定朔漠方略》一书部分由满文译成俄文,题名为《中国康熙皇帝征服大鞑靼境内喀尔喀蒙古和厄鲁特蒙古五卷史》。① 自此之后,二百余年来,在俄罗斯的土地上,虽经历了几个完全不同的历史阶段,但对准噶尔历史的研究一直没有间断,且有所发展。系统地利用俄国档案文献研究准噶尔历史,并开始有计划地出版档案文献汇编,是苏联史学界深入研究准噶尔历史的重要标志之一。

俄国档案资料中保存有大量的有关准噶尔的档案。这是因为:第一,俄国政府早在 17 世纪向东扩张过程中,就与居住在中国西部的准噶尔部发生多种性质的交往;第二,厄鲁特蒙古的土尔扈特部 17 世纪 20 年代至 30 年代以后在伏尔加河流域生活了一个半世纪之久,1771 年渥巴锡率部东返时,在伏尔加河流域留下了一部分土尔扈特和杜尔伯特人,这些部族的后裔,至今仍留居于此。由于这两个特殊的历史原因,二百余年来,有关准噶尔、土尔扈特的档案一直为苏俄的史学家所关注。他们对档案进行整理,并利用于研究之中。为叙述方便,笔者试以十月社会主义革命为界,分为两个时期对此加以简介和评述。

---

① 罗索兴于 1729 年作为俄国东正教驻北京第二届传道团(1729—1735)的随团学生前往北京,在北京期间,他学习满文、汉文,1745 年被任命为俄罗斯科学院的汉、满文教师。他的《亲征平定朔漠方略》译稿一直没有公开出版,手稿的微缩胶卷今收藏于俄罗斯科学院东方学研究所图书馆。罗索兴还将《异域录》的满文本译成俄文,题为《1714 年出使伏尔加河卡尔梅克汗阿玉奇宫廷之中国使臣在俄国概述》。

一

早在 18 世纪上半期,著名的西伯利亚史学家米勒就搜集并刊布了有关准噶尔历史的俄国档案,他是"这一事业的先驱者"①。米勒(1705—1785),德国人,生于威特伐里亚。1725 年俄罗斯学院成立时,他就担任历史、地理、拉丁文方面的助理,参加过白令海峡的第二次探险队,在西伯利亚居留了十年(1733—1743)。他在《西伯利亚史》②一书中首次广泛地利用从西伯利亚城镇档案中复制的许多文献,为研究准噶尔与俄罗斯的关系、准噶尔与喀尔喀阿勒坦汗的关系提供了宝贵的资料。米勒的功绩在于他的著作中所使用的许多文件的原件已失传,他的复制使这些文件得以流传至今。《西伯利亚史》中对俄国与准噶尔交往的历史概述到 1660 年。

米勒之后不久,尼古拉·班蒂什-卡缅斯基于 1792 年完成的《俄中两国外交文件汇编(1619—1792 年)》一书至今仍为学术界所关注。尼古拉·班蒂什-卡缅斯基(1737—1814),1745—1754 年在基辅神学院学习,1755—1762 年在莫斯科大学任教,1763—1814 年任职于外交部莫斯科档案总馆,1800 年起担任档案馆馆长。他于 1776 年开始这本书的研究与编纂,以俄国外务衙门和外交委员会的"中国案卷"全宗(即现在的中央国家古代文书档案库·全宗 62·俄中关系)的文件为基础,对 17 世纪至 18 世纪俄国与清帝国(包括准噶尔)政治、经济交往做了详尽的叙述。但此书编成后,未能获准出版,直到 1882 年才印行了 500 册,离此书完成时间已近 100 年。法国学者加斯东·加恩在 21 世纪初认为,这本书"在当时是一本惊人的著作,在今天对于认真整理外交部的档案的人来说,仍然是一本非常有价值的著作"③。

---

① В. Л. 科特维奇:《有关十七至十八世纪与卫拉特人交往的俄国档案文献》,载《俄国科学院通报》1919 年第 2 分册,第 1071 页。

② 《西伯利亚史》全名《西伯利亚王国及其内部所发生的各种事件的记述——从开初(尤其是从被俄罗斯大国征服时起)到现在》,1750 年初版。德文的《俄罗斯历史全集》第 6 卷收入 1—5 章,第 8 卷收入 6—10 章。十月革命后再版,第 1 卷出版于 1937 年,第 2 卷出版于 1941 年。

③ 加斯东·加恩著,江载华、郑永泰译:《彼得大帝时期的俄中关系史(1689—1730 年)》,商务印书馆 1980 年版,第 383 页。

19世纪以来,档案编纂和利用档案进行研究均有所进展。

在档案编纂方面,首先要提的是《俄罗斯帝国诏令大全》和《国家外交委员会所藏国书与条约汇编》的刊印问世,这两种文件汇编收录了很多沙皇给卫拉特王公的国书与卫拉特王公的誓书,还包括了大量有关俄国政府与土尔扈特历代汗王关系的文献材料。

除上述大型官方文书汇集外,在编纂刊印档案资料方面,值得一提的有 Н. И. 维谢洛夫斯基的工作。Н. И. 维谢洛夫斯基是俄国科学院通讯院士,1892—1912年间任彼得堡大学东方语言系汉、满、蒙古语教师。1887年,他根据外交部莫斯科档案总馆的档案,编撰了翁科夫斯基大尉1722—1724年赴准噶尔汗策妄阿拉布坦的旅记。① 这是研究18世纪前期俄国与准噶尔关系以及准噶尔社会生活的第一手资料。Н. И. 维谢洛夫斯基还根据外交部莫斯科档案总馆的档案,选编了关于17世纪初土尔扈特部向伏尔加河迁徙的文献。从资料中可以看出,至少在1612—1613年,土尔扈特的一些部落就已向恩巴河和雅克河迁徙了。②

当时已有一些研究者开始利用档案资料进行准噶尔历史的专题研究和专著撰述。

С. М. 索洛维耶夫在自己的15卷本《俄国通史》中,利用了许多俄国与蒙古诸部交往的档案。诺伏列托夫根据阿斯特拉罕卡尔梅克管理局的档案,撰写了一部全面论述卡尔梅克人历史的著作《卡尔梅克人》(彼得堡1884年版)。这本书是俄国学者系统研究土尔扈特部历史的第一部专著,一直受到国际上土尔扈特史研究者的重视。К. 科斯坚科夫《游牧于阿斯特拉罕省的卡尔梅克人的历史资料与统计资料》(彼得堡1870年版)也是一部利用阿特拉罕卡尔梅克管理局档案写成的专著。阿斯特拉罕卡尔梅克管理局档案在1918年1月苏联国内战争时遭到严重破坏,因此这两部著述更显其资料上的宝贵。

---

① 《赴见准噶尔珲台吉策妄阿喇布坦的炮兵上尉伊凡·翁科夫斯基及其1722—1724年沿途日志》,载《俄国皇家地理学会丛刊·民族学类》第10卷第2期,彼得堡1877年版。

② 《去伏尔加河途中的先遣卡尔梅克人》,载《帝俄考古学会东方部丛刊》第Ⅲ卷,第365—370页;又见《俄国与波斯之间使节与商业往来的古文献》第2卷,第171—175、259—260页。

А. И. 列夫申的《吉尔吉斯-哈萨克汗帐与草原记述》(彼得堡 1832 年版)一书,论及了哈萨克与准噶尔的交往关系。全书分为三部分:第一部分是地理资料;第二部分是专论吉尔吉斯-哈萨克人的历史资料,主要利用了奥伦堡边区委员会档案馆与外交部莫斯科档案总馆的档案文献而写成;第三部分是关于吉尔吉斯-哈萨克民族的人种志和统计资料。

俄国档案也吸引了一些西方学者。法国学者加斯东·加恩的《彼得大帝时期的俄中关系史(1689—1730 年)》①和巴德利的《俄国·蒙古·中国》(伦敦 1919 年版)均利用了俄国外交部和司法部档案馆中的大量文献,为研究俄国对准噶尔的侵略活动提供了资料。

一个多世纪来,俄国学者对有关准噶尔历史的俄国档案文献的整理、汇集和研究是卓有成效的。但也正如 В. Л. 科特维奇在回顾这一阶段时所指出:"在总结刊印和利用俄国关于与卫拉特交往的文献方面所做的一切时,必须指出以下几点:①刊印和利用的档案文献数量极为有限。②刊印带有偶然性。至今尚未提出系统刊涉及卫拉特人与整个蒙古人的文献;这方面的文献只是随着西伯利亚资料而附带刊出。同时,官方出版物的编辑只是力图找出和刊布最重要的文献;从古文献研究委员会同各学术团体与私人这方面来看,也是倾向于采用挑选的方法,而且刊印的一般都是恰好落到他们手上的资料。③刊印的资料涉及各个时期,大部分资料之间没有联系,因而没有提供俄国与卫拉特关系清晰的图景。④所刊印的文献主要取自米勒卷袋,人们对其可靠性是有所怀疑的,在刊印前与中央各档案馆的文献进行核对的种种意图和设想并没有实现。⑤刊印者一般极少去查对中央各档案馆的文献,而且甚至到现在,存放在那里的大部分文献几乎仍然没有人去动过。"② В. Л. 科特维奇之所以能做出恰评,是他深入调查研究的结果。

二

俄国十月社会主义革命后不久,蒙古史学者 В. Л. 科特维奇发表了《有

---

① 巴黎 1912 年版,中译本见商务印书馆 1980 年版。1914 年,此书在上海出版了谢尔顿·瑞其的英译本,题为《葛斯顿·加恩著的早期俄中关系史》,商务印书馆 1961 年出版了据此英译本翻译的中译本《早期中俄关系史(1689—1730)》。

② В. Л. 科特维奇:《有关十七至十八世纪与卫拉特人交往的俄国档案文献》,载《俄国科学院通报》1919 年第 2 分册,第 1079 页。

关十七至十八世纪与卫拉特人交往的俄国档案文献》①。这是一篇总结性的学术论文。他于1916—1922年在亚洲博物馆②任研究员,在亚洲博物馆期间,他编写了亚洲博物馆收藏的满文、蒙古文及卡尔梅克文的书目,在研究俄国档案文献和编年史资料方面也做了大量工作。1918年夏,他对莫斯科各档案馆所藏档案文献进行检阅,还查阅了保存在外交部档案馆内部分关于卫拉特事务的文献,从中摘录了有关卫拉特与俄国交往的大量文献资料,次年夏天又进行补充调查,上述论文即是在此基础上写成的。

该论文分为三部分:第一部分论述俄国和中国对准噶尔历史研究概况以及托忒文、维吾尔文、满文、汉文和俄文有关资料介绍;第二部分介绍了俄国学者对俄国档案中有关准噶尔与俄国关系历史的整理和研究以及俄国档案资料的收藏演变情况;第三部分简述了俄国档案中所保存的有关卫拉特的准噶尔领主的文献资料情况。В. Л.科特维奇对俄国档案中有关俄国与准噶尔关系资料的熟悉程度,在当时是首屈一指的,虽然他的论述"主要具有史料学的性质"③,但它仍不失为对俄国档案中有关准噶尔与俄国关系文献整理和研究的一次总结性的研究。

此后不久,帕里莫夫于1922年发表了《留居俄国境内时期的卡尔梅克民族史纲》,1926—1932年期间他又发表了《伏尔加河沿岸卡尔梅克历史初探》,这两部书是"广泛地引用了当地档案文献"④的研究土尔扈特历史的学术著作。它们"在以后20世纪20—30年代的卡尔梅克历史学家中占有显著的地位"。⑤但是帕里莫夫研究成果中的某些论点,仍重蹈旧俄时代学者的覆辙,在档案文献整理和利用上并未超出诺伏列托夫的水平。

20世纪20—40年代,在苏联学术界,符拉基米尔佐夫、巴托尔德、格鲁姆·格尔日麦洛、科津等学者的著述中虽然对准噶尔历史有所论及,但是未

---

① В. Л.科特维奇:《有关十七至十八世纪与卫拉特人交往的俄国档案文献》,载《俄国科学院通报》1919年第1—3分册,第791—822、1071—1092、1200—1214页。
② 亚洲博物馆于1818年成立,1930年与东方学家委员会、佛教文化研究所、土耳其研究室合并,在此基础上成立了东方研究所,1950年由列宁格勒迁往莫斯科,并设列宁格勒分所。参阅《民族史译文集》第7期编者前言。
③ 兹拉特金:《准噶尔汗国史》,莫斯科1964年版,第19页。
④ 苏联科学院等编:《卡尔梅克苏维埃社会主义自治共和国史纲》,莫斯科1967年版,第13页。
⑤ 苏联科学院等编:《卡尔梅克苏维埃社会主义自治共和国史纲》,第12页。

能利用俄国档案。① 因此,这一时期关于准噶尔历史有影响的研究成果可谓寥寥。

我们应该看到,苏联学术界一直对蒙古史的研究进行调整。1930年,苏联科学院东方学研究所设立了蒙古研究室,1933年蒙古研究室下设了一个蒙古协会。它的任务是:"把所有的蒙古学力量,其中也包括在各加盟共和国的力量,广泛地集中起来,以便更好地进行协调工作,消除拟订科研题目时的重复现象和尽快地培养出蒙古学干部。"当时他们放弃承担编写综合性蒙古通史的任务,并确定:"此时的基本任务是发表文献资料。"②实践证明,20世纪30年代苏联蒙古学的调整是带有战略性的,它的意义随着时间的推移而日益显示,在准噶尔历史研究这一领域内也表现了出来。

20世纪40年代末50年代初以来,在这一领域内出现的人物和成果,我们是应该予以认真研究的。当然,有必要说明两点:第一,我们重视其成果,并不等于赞同他们的观点;第二,20世纪70年代以来,苏联史坛上出现了诸如B.古列维奇、B.A.莫依塞耶夫、Г.B.麦里霍夫等人,他们发表了一系列俄中关系论文,也涉及准噶尔历史,并利用了俄国档案和汉文资料,但他们的论文已远离了学术研究轨道,因此,这类论文不属本文评述范围。

20世纪50年代末以来,苏联陆续出版了几部大型档案文献汇编,现予简要介绍。

(1)《十七世纪俄中关系》,第一卷和第二卷分别在1969年、1972年出版于莫斯科,主编是齐赫文斯基。第一卷收录了1609—1683年有关俄中关系的214件档案文献,其中包括有俄国与西蒙古诸部早期交往的记载。第二卷是麦·阿·戈洛文出使报告,记录了参加尼布楚谈判的俄国代表团就谈判和签订1689年《尼布楚条约》的情况给俄国政府的报告,报告中涉及17世纪80年代至90年代西蒙古政治形势和戈洛文唆使噶尔丹出兵喀尔喀蒙古的翔实经过。

---

① 他们的主要著作如下,符拉基米尔佐夫:《蒙古社会制度史》,莫斯科1934年版;巴托尔德有两篇题为《卡尔梅克人》的论文,分载《巴托尔德文集》第2卷第1分册和第5卷;格鲁姆·格尔日麦洛:《西蒙古与乌梁海》第2卷,列宁格勒1926年版;科津:《江格尔传》,莫斯科1941年版。

② 《亚洲博物馆——苏联科学院东方学研究所列宁格勒分所》,莫斯科1972年版。译文见《民族史译文集》第7期。

(2)《十八世纪俄中关系》第一卷,莫斯科 1978 年版,主编是齐赫文斯基,共收录了 1700—1725 年 250 件档案文献,其中包括了有关土尔扈特部阿玉奇汗的重要资料。

(3)《俄蒙关系史料(1607—1636)》,莫斯科 1959 年版,Г. И. 斯列萨丘克主编,参加编著的有 А. М. 加塔乌尔萨娜、М. И. 戈利曼。他们均是苏联科学院东方学研究所蒙古部的科研人员,И. Я. 兹拉特金参加了本书的校订工作。本书共收录了 135 件档案文献,这些文献资料主要取自保存于中央国家古代文书档案库的外务衙门的存档(准噶尔事务全宗、卡尔梅克事务全宗和蒙古事务全宗)和西伯利亚衙门存档。

(4)《俄蒙关系史料(1636—1654)》,莫斯科 1974 年版,М. И. 戈利曼、Г. И. 斯列萨尔丘克主编。本书是《俄蒙关系史料(1607—1636)》的续编,共收录了 136 件文献资料。这些文献主要是保存在中央国家古代文书档案库的西伯利亚衙门存档、外务衙门存档和喀山宫廷衙门部分存档,还收入了苏联科学院档案馆列宁格勒分馆的米勒卷袋中有关托木斯克、托博尔斯克、叶尼塞斯克等西伯利亚诸城镇官署的官方文书抄件。

(5)《十六—十八世纪哈萨克-俄罗斯关系》,阿拉木图 1961 年版。全书分五个时期,即 1594—1722 年、1730—1740 年、1741—1747 年、1748—1760 年、1761—1770 年,共收录了 266 件档案文献。这些档案主要取自俄国对外政策档案馆和苏联科学院档案馆的存档,其中包括哈萨克与准噶尔关系的有价值的文献资料。

上述档案文献汇集出版的同时,在准噶尔史研究中,还出现了一些值得我们注意的人物以及他们的著述。

首先需提到的是 Г. Н. 鲁缅采夫、Л. С. 普奇科夫斯基和 И. И 约里什。他们着力于搜集、整理蒙古文手稿和木刻本的工作,其中有不少夹杂在浩瀚的档案文献之中。

Г. Н. 鲁缅采夫(1903—1966),1931 年列宁格勒东方学院毕业后,在列宁格勒大学东方学图书馆手稿部从事蒙古文手稿的科学编目工作。1932—1933 年在列宁格勒东方学院任助教,1934—1939 年为东方学院研究所科研人员,1939 年直至逝世,在乌兰乌德的苏联科学西伯利亚分院布里亚特综合研究所工作。他的大量手稿及资料,其中包括他从苏联各档案馆收集的有关准噶尔历史档案文献的摘录和抄本,现在均收藏在俄罗斯科学院东方学研究所东方学家档案室。①

Л.С.普奇科夫斯基(1899—1970),1925年毕业于列宁格勒大学社会系,1932年开始在列宁格勒历史、语言研究所工作,同年成为苏联科学院东方学研究所研究员,1945—1950年在列宁格勒大学东方系任教,1951年5月成为高级研究员。他长期从事苏联科学院东方学研究所列宁格勒分所收藏的大量蒙古文手稿本和木刻本的整理、编目工作。他的《十三—十七世纪蒙古封建史料研究》②和《东方学研究所蒙文、布里亚特蒙文和卫拉特蒙文手稿及木刻本》(列宁格勒1957年版),反映了他在这一领域内的研究水平。

Л.С.普奇科夫斯基的工作没有完成,他的《东方学研究所蒙文、布里亚特蒙文和卫拉特蒙文手稿及木刻本》只出版了第1卷,仅有历史和法律部分。1966年,И.И约里什继其之后,发表了《列宁格勒档案馆收藏的蒙古、卡尔梅克和布里亚特资料》一书。

其次是Г.И.斯列萨尔丘克与М.И.戈利曼。近30年来,从未间断从未间断俄国档案文献的整理、编纂工作。他们参加了《俄蒙关系史料(1607—1636)》《俄蒙关系史料(1636—1654)》和《十七世纪俄中关系》等大型档案资料的汇集、整理和编纂。在整理档案文献过程中,他们也利用档案文献进行西蒙古历史的研究。他们合作撰写的《十七世纪三十至五十年代俄国与蒙古相互关系的俄国档案文献》,③为人们提供了巴图尔珲台吉时期准噶尔和俄国关系的有价值的档案资料。1976年在乌兰巴托召开的第三次国际蒙古学者会议上,Г.И.斯列萨尔丘克提交了题为有关顾实汗的俄文档案材料的论文。④ 戈利曼还对著名的1640年蒙古卫拉特法典俄文译本和抄本进行了研究。⑤

---

① 《简评Г.Н.鲁缅采夫的手稿材料》,载И.И约里什:《列宁格勒档案馆收藏的蒙古、卡尔梅克和布里亚特资料》,莫斯科1966年版,第102、103、308—310页。

② Л.С.普奇科夫斯基:《十三—十七世纪蒙古封建史料研究》,载《苏联科学院东方学研究所学报》1953年第6卷,第131—166页。

③ Г.И.斯列萨尔丘克、М.И.戈利曼:《十七世纪三十至五十年代俄国与蒙古相互关系的俄国档案文献》,载《亚洲民族研究所简报》1965年第76辑,第166—181页。

④ 至今尚未见到此文公开发表。参阅М.И.戈利曼:《第三届国际蒙古学学者会议》,载《亚非民族》1977年第4期;小泽重男:《国际蒙古学(第三次)大会》,载《东洋学报》第58卷第3—4号,1977年3月。

⑤ 《蒙古民族的语言和历史》,莫斯科1958年版。

再次是沙斯金娜和奇米特多尔端也夫。他们在喀尔喀蒙古和厄鲁特蒙古的研究领域里,利用了大量俄国档案资料,引起了学术界的重视。

沙斯金娜,1898 年生,1922 年毕业于伊尔库茨克大学教育系,1928—1936 年在蒙古人民共和国工作,1937—1942 年是苏联科学院图书馆研究员,1943—1945 年伊尔库茨克大学任教,1964 年起成为苏联科学院东方学研究所研究员,1969 年起在国立莫斯科大学东方语言研究所工作。她于 1950 年以论文《莫斯科与蒙古阿勒坦诸汗的最初往来》,获得了历史学博士学位,1955 年晋升为高级研究员。沙斯金娜精通蒙古文,研究领域广泛,对俄蒙关系史的研究一直没有间断。1958 年她公布了保存于中央国家古代文书档案库的两封和托辉特部罗卜藏额林沁台吉致俄国沙皇的信件,并做了翻译和注释,① 同年她的《十七世纪俄蒙通使关系》出版,此书虽然重点分析了俄国与喀尔喀蒙古的往来关系,但也涉及了俄国与准噶尔的往来关系。

奇米特多尔端也夫,1927 年生,1952 年毕业于列宁格勒大学东方系,1959—1964 年在托木斯克大学任教,1964 年起在布里亚特国立师范学院任教,1959 年 3 月获历史学副博士学位。奇米特多尔端也夫自 1958 年发表《十七世纪俄国与卫拉特(西蒙古)互相联系》② 以来,还发表了一系列利用俄国档案文献研究准噶尔历史的论文和著述。1978 年,他出版了长达二百余页的《十七—十八世纪蒙古与俄国相互关系》一书,重点阐述了俄国与准噶尔的关系。该书引用的俄国档案文献比兹拉特金的《准噶尔汗国史》更为丰富。③ 此书与沙斯金娜的《十七世纪俄蒙通使关系》互为补充,为我们提供了 17 世纪俄蒙关系发展、变化和全貌。

以上从收集版本、整理档案、利用档案几个不同的侧面介绍了一些有代表性的人物及其他们的著述。最后,需要指出,在准噶尔研究领域里,兹拉特金和他的《准噶尔汗国史》尤应予以重视。兹拉特金,1898 年出身于彼得

---

① 《蒙古民族的语言和历史》,第 275—288 页。

② 奇米特多尔端也夫:《十七世纪俄国与卫拉特(西蒙古)互相联系》,《列宁格勒大学学报》1958 年第 20 期。

③ 两书除了均利用苏联科学院档案馆和中央国家古代文书档案库的档案外,《准噶尔汗国史》利用了俄国对外政策档案馆的档案,而奇米特多尔端也夫还利用了当时下述诸档案馆存档:列宁格勒中央国家历史档案馆、布里亚特苏维埃社会主义自治共和国中央国家档案馆、伊尔库茨克地区国家档案馆、鄂木斯克地区国家档案馆、蒙古人民共和国国家档案馆。

堡工人家庭,曾参加苏联国内战争和卫国战争,1930—1934年任苏联驻新疆总领事,1934—1938年为苏联驻蒙古人民共和国大使馆参赞,同时任《现代蒙古》杂志编辑近四年,1938—1941年在苏联外交部工作。他于1948年在莫斯科大学获历史学副博士,1950年起在苏联科学院东方学研究所从事研究工作,1951年为高级研究员,1962年获历史学博士。兹拉特金关于准噶尔历史的著述主要有《论俄国在十七世纪后半叶至十八世纪前半叶蒙古人民反抗满族侵略者争取独立斗争中的作用》①和《有关阿睦尔撒纳的俄国档案资料》②。《蒙古近现代史纲要》一书中也有专门章节论及准噶尔历史。③与此同时,兹拉特金还参加了俄蒙关系档案文献的编纂、出版工作。他的《准噶尔汗国史》就是在此基础上于1964年出版的。就这本书的基本观点和史料运用方法而言,我们并不认为是恰当的。不过,《准噶尔汗国史》作为一部学术专著,其综合性和详尽性是毋庸置疑的,而且作者引用了大量人们不易见到的俄国档案资料,为研究准噶尔历史和研究早期中俄关系史提供了新的线索,这是值得我们重视的。④

三

在简述了俄国和苏联史学界利用俄国档案研究准噶尔历史的概况后,笔者必须指出苏联史学家在准噶尔史的研究中,特别是在阐述准噶尔与清政府的关系,以及准噶尔与沙皇俄国的关系这两个重大问题时,完全违背了历史的真实。一方面美化俄国对中国准噶尔地区的侵略政策,把沙皇俄国的侵略扩张说成是"和平友好";另一方面则否认和抹杀准噶尔同清朝政府

---

① 兹拉特金:《论俄国在十七世纪后半叶至十八世纪前半叶蒙古人民反抗满族侵略者争取独立斗争中的作用》,载《东方学研究所简报》1952年第6期。

② 兹拉特金:《有关阿睦尔撒纳的俄国档案资料》,载《蒙古民族语言和历史》,莫斯科1958年版。

③ 《蒙古近现代史纲要》(莫斯科1957年版)第三章17世纪后半期蒙古的国际与国内形势、满洲人征服喀尔喀蒙古,第四章清朝在喀尔喀统治地位的巩固、18世纪前半期卫拉特汗国,第五章1754—1758年蒙古的反清解放运动、卫拉特汗国的覆灭均有提及。

④ 马大正、蔡家艺:《略评兹拉特金的〈准噶尔汗国史〉》,载《中俄关系问题》1982年第2期。

之间密切的政治、经济联系。这是我们在阅读他们的论著时必须充分注意的。

但是,我们也应看到,苏联史学界整理公布的俄国档案中有不少值得我们重视的史料,我们对这些已公布的档案文献决不能一概予以排斥或简单否定,而应该认真研究,去伪存真。

从我们已看到的有关俄国的档案文献来看,至少在下述几个方面,其为我们研究准噶尔史提供了有价值的资料。

第一,关于准噶尔与俄国关系的史料。由于准噶尔所处的地理位置,17世纪以来,准噶尔部首当其冲与沙俄的侵略势力相遇。在长达一个多世纪的岁月中,准噶尔与俄国相互交往的历史,成了早期中俄关系史的一个重要组成部分,具有十分特殊的地位。

清代史籍中有关这方面的记述并不详尽,特别是17世纪前半叶,正是明清两朝交替的动乱时期,汉文史载更少。巴图尔珲台吉、僧格时期,俄国向准噶尔部渗透、扩张,以及准噶尔人民的反抗斗争,以往只能从巴德利的《俄国·蒙古·中国》和加斯东·加恩的《彼得大帝时期的俄中关系史(1689—1730年)》等书中找到一些俄国档案资料的记述。现在我们从苏联有关著述披露的大量档案中,可以看到更为详尽的记述。这一时期准噶尔人民除了武装反抗外,主要是外交斗争,当时外交上的斗争主要围绕两个问题:一是礼仪程序之争,二是对捷列乌惕贡民征收实物税权益之争。前者实质上"反映了是捍卫民族尊严、反对民族屈辱,还是摒弃民族尊严、接受民族屈辱",后者则"反映了是维护民族主权、反对武力侵略,还是出卖民族主权、屈从武力威胁"这样一些原则性问题。①

历史事实证明,沙皇俄国对准噶尔部的侵略,正如兹拉特金所承认的,是"极力通过和平手段把卫拉特王公和执政者变成俄国的臣民,把从属于这些王公和执政者的居民变成替俄国国库提供实物税的属民,并把他们居住的地区变成俄国的领土"②。又如,俄国政府与准噶尔首领噶尔丹、阿睦尔撒纳勾结的历史事实,仅仅依靠汉文记载是无法揭示其真相的。沙斯金娜

----

① 马大正、蔡家艺:《试论僧格时期准噶尔人民的抗俄斗争》,载《新疆大学学报》1979年第1期。另可参阅蔡家艺、马大正:《略论十七世纪前厄鲁特及和托辉特人民的抗俄斗争》,载《中俄关系问题》1981年第1期。

② 兹拉特金:《准噶尔汗国史》,第168页。

的《十七世纪俄蒙通使关系》中公布了一封1691年噶尔丹致沙皇的信件,信中说:"为了贵我双方事业的成功,敬请阶下就兵员、火药、弹铅和火炮等等一切作战之所需,给予至善的论旨。"①而俄国派到噶尔丹的基比列夫活动情况以及戈洛文勾结噶尔丹的内情也只有在俄国档案资料中才有较为详尽的记述。②18世纪中叶俄罗斯边界大臣通过密使卡斯金诺夫交给阿睦尔撒纳的密信,在兹拉特金《关于阿睦尔撒纳的俄国档案资料》一文中首次公布了一部分,当时阿睦尔撒纳正藏匿于阿布赉处,而俄国的密信中向他表示:"我们是能够向您提供必要的帮助。"③无怪阿睦尔撒纳读信后涕泪交加,投降俄国,最后走死异邦。

第二,档案资料中包括了大量关于准噶尔社会经济方面有价值的材料。苏联《历史档案》杂志1962年第5期所载的奇米特多尔端也夫《十七世纪末俄国——卫拉特贸易关系的历史》一文,发表了苏联科学院历史研究所列宁格勒分所收藏的十封准噶尔部致俄国政府的信件(九封系蒙古文、一封系托忒文)。从信中我们可以看到,当时准噶尔商队遭到俄国属民的野蛮洗劫;同时,信中所开列的被抢掠的数百种商品和日用品的清单,也为我们研究当时准噶尔部经济、贸易状况提供了资料。前面提到的"1722—1724年翁斜夫斯基旅行记",更是了解策妄阿拉布坦时期准噶尔社会各个方面情况的极宝贵的记载。

同时,苏联史学界整理、利用俄国档案的工作,也为我们提供了一些值得借鉴的研究方向。从历年发表的论文和著作的作者名单中可以看出,从事此项工作的人,无论从工作内容到专业方面都相对稳定,保持了工作的持续性,且大多数是能够直接使用蒙古文资料,如兹拉特金、奇米特多尔端也夫、斯列萨尔丘克、戈利曼等,近些年还有一个B.C.库兹涅佐夫,也接连发表了有关准噶尔历史的论文,1980年还出版了专著《阿睦尔撒纳》。因他的论文大多数只见纲目而未得见文,故暂且不论。

---

① 沙斯金娜:《十七世纪俄蒙通使关系》,莫斯科1958年版,第107页附页。
② 齐赫文斯基:《十七世纪俄中关系》第2卷《戈洛文出使报告》,莫斯科1972年版。
③ 兹拉特金:《关于阿睦尔撒纳的俄国档案资料》,载《蒙古民族的语言和历史》,第306页。此信与其他三封信后为清军缴获,信件的满文稿藏于中国第一历史档案馆,据满文译稿转译之汉文信稿,载《清代档案资料丛编》第7辑,第225—233页。

另外，他们当时利用俄国档案资料的广度与深度也颇有引人注目之处。从已发表的数十种著作和论文中可以看出，他们至少动用了下述研究单位和档案馆的藏件，具体是苏联科学院档案馆和列宁格勒分馆、苏联科学院历史研究所列宁格勒分所、苏联中央国家古代文书档案库、俄国对外政策档案馆、列宁格勒苏联中央国家档案馆、布里亚特苏维埃社会主义自治共和国中央国家档案馆、伊尔库茨克地区国家档案馆、鄂木斯克地区国家档案馆等，涉及的档案全宗的类别就更多了。

综上所述，苏联史学界利用俄国档案研究准噶尔史的情况和成果，确实值得我们予以高度重视。

为进一步开展中俄关系史和准噶尔的历史研究，我们呼吁并建议：

第一，苏联史学界利用俄国档案资料撰写的有关著述，特别是《俄蒙关系史料（1606—1636）》和《俄蒙关系史料（1636—1654）》两本档案文件汇编，我们应组织力量予以翻译或节译，尽早出版，以供深入研究之急需。事实上，我国目前这类出版物不是足够了、多了，而是太少了。

第二，我国浩如烟海的清代档案中，也有大量有关准噶尔的珍贵历史资料。中华人民共和国成立以来由于种种原因，至今可供我们公开引用的有关准噶尔历史的资料，还只限于20世纪30年代在一些刊物上公布的那些。 大量的档案缺乏系统整理和科学分类，查阅困难。即使有条件看到部分清代有关档案资料，想要引用也是十分不易，关卡重重。

这种画地为牢、作茧自缚的做法，正严重地影响着历史研究工作的蓬勃发展。现在是对我国明清档案的管理制度进行根本性改革的时候了！

值得注意的是1977年台北文史哲出版社出版了庄吉发译注的《清代准噶尔史料初稿》，书中汇集了27件康熙三十三年至康熙三十六年（1694—1697）有关平定噶尔丹的满文档案文献。

补记：

这篇文章是笔者当年尚未完成的研究课题《厄鲁特史研究与俄国档案资料》的一部分。初稿在1979年曾以《苏联史学界利用俄国档案资料研究准噶尔历史情况简述》为题，在华北地区中俄关系研究会编《中俄关系研究

---

① 20世纪30年代出版的《史料丛编》《史料丛刊》以及《故宫俄文史料——清康乾间俄国来文原档》中均发表了一些有关准噶尔历史的档案资料。

会通讯》第 2 期上刊载。之后,笔者又以此初稿为基础,略做补充,以《简评苏联史学界准噶尔史研究中对俄国档案资料的利用》和《亟应重视的动向——苏联史学界利用沙俄档案资料研究准噶尔历史情况简介》为题,分别在《民族研究通讯》1980 年第 2 期和《蒙古族厄鲁特部历史资料译文集》第 12 辑上刊载。

  随着所见资料日增,1981 年秋笔者对这篇文章做了增补改写,取题为《苏联史学界利用俄国档案研究准噶尔史述评》,增补稿已收入中国社会科学院民族研究所民族史室主编的《民族史译文集》第 11 期上。《伊犁师范学院学报》1982 年第 2 期也登载了此文的节录稿。

  本稿是 1983 年完成的修改稿,是年在乌鲁木齐召开的中亚文化研究协会第一届学术讨论会暨第二届会员代表大会提交。

17世纪前半叶俄蒙关系历史档案文献的中译与史料价值
——马曼丽《俄蒙关系历史档案文献集》中文版序

《俄蒙关系历史档案文献集》终于与中国读者见面了,该书是分别出版于1959年和1974年的《俄蒙关系史料(1607—1636)》和《俄蒙关系史料(1636—1654)》俄文版档案文献汇集的合集,笔者的欣喜与欣慰之情难以言表。该书中文译者马曼丽教授嘱笔者为之书序,笔者也确有很多与本书有关的话想说,其间既有学人间真诚的友情,亦有卫拉特蒙古研究史中某些值得一记的有意义的片段,当然也有对本书史料价值不可或缺的理性研判和对卫拉特蒙古档案文献收集和中译的期盼。

一

1975年,中国科学院哲学社会科学部民族研究所,接受了一项外交部交办的研究任务:准噶尔问题。为此,民族所抽调民族史研究室研究西北边疆的部分研究人员组建了研究小组,笔者有幸在抽调之列。这是笔者1964年进入民族研究所后参加的第一个研究项目。在著名民族史学家翁独健教授的指导下,研究小组确定撰写一部反映17至18世纪准噶尔历史的学术专著,定名为《准噶尔史略》①,研究小组严格按学术研究规律有序开展工作。收集相关档案文献资料和了解中外学者研究成果是工作首选,且贯穿于研究工作的始终。编制准噶尔历史研究书目是笔者的任务之一。1964年出版的苏联学者兹拉特金《准噶尔汗国史》引起研究小组的极大兴趣,调研中获悉该书已有中译稿,且正在商务印书馆审阅之中,颇费周折得到了一

---

① 《准噶尔史略》1985年由人民出版社出版,2007年广西师范大学出版社重新出版。

册《准噶尔汗国史》中译稿的油印本。① 当时办公条件简陋,办公经费更是拮据,为了让研究小组成员人手一份,遂人人动手,分工复写五份,经过几个月"苦干",一册《准噶尔汗国史》中译稿油印本之外,又添了五册手抄复写本。也就是在这一过程中,我们得知《准噶尔汗国史》中译本的译者是兰州大学的马曼丽。随着对《准噶尔汗国史》中译稿的研读,我们对译者历史知识的丰厚和译文水平的精湛的钦佩之情可说是与时俱增!

1979年9月,笔者赴兰州参加由中国社会科学院近代史研究所和兰州大学历史系共同主办的中俄关系史学术讨论会,在会上,得以结识既是专家又忙于会务的马曼丽。由于是研究上的同行,又都是祖籍浙江宁波的同乡,我们开始了延续至今已近40年的学人情谊。其间,马曼丽的研究轨迹是卫拉特蒙古史—西北边疆民族史—中国边疆史—中亚史—中国边疆安全与跨界民族研究;而笔者则是卫拉特蒙古史—新疆史—中亚史—中国边疆史—中国边疆学。笔者与马曼丽教授均是由卫拉特蒙古史研究起步,20世纪80年代,我们都以各自研究成果为推动中国卫拉特蒙古史研究的开启与深化尽了心、出了力。"学术界把她(马曼丽)与马大正教授、马汝珩教授并称为国内开拓卫拉特研究领域的'三马'"。② 在之后研究领域的延伸中,马曼丽教授和笔者也都离不开中国边疆这个大主题。

在学术生涯中,能有马曼丽教授这样的学术知音,实乃人生之幸事。

二

资料是研究工作的基础,没有坚实的资料支撑,研究工作就如无源之水,因此,广集资料是开展研究的基础性工作。我们在着手准噶尔历史进而研究卫拉特蒙古历史时,清朝的档案文献尤其是满文档案文献的收集、整理和有选择地汉译始终是收集资料中重中之重的工作。由于17—18世纪准噶尔历史演进的区位特点,以及当时准噶尔乃至卫拉特蒙古的土尔扈特、和硕特诸部与俄国交往频繁,俄文档案应是又一个资料收集的关注重点,这一认识随着对《准噶尔汗国史》中译稿的深入研读,更是不断得以强化。兹拉特金利用了大量17—18世纪各类俄文原档,成了这部学术专著的最大亮

① 兹拉特金著,马曼丽译:《准噶尔汗国史》,商务印书馆1981年版。
② 徐黎丽:《封面学者:马曼丽教授》,载《广西民族大学学报》2013年第1期。

点,尽管对于兹拉特金的学术观点,我们并不完全认同,但作者大量利用俄国档案为我们研究这一时期的历史开启了一个新的窗口,确实是一大贡献。笔者在编制准噶尔历史研究书目过程中先后又发现了《俄蒙关系史料(1607—1636)》和《俄蒙关系史料(1636—1654)》两本俄国档案汇编,我们又从 В. Л. 科特维奇《有关十七至十八世纪与卫拉特人交往的俄国档案文献》、М. И. 戈利曼、Г. И. 斯列萨尔丘克《十七世纪三十至五十年代俄国与蒙古相互关系的俄国档案文献》、Г. И. 斯列萨尔丘克《十七世纪中期俄罗斯与准噶尔往来关系中的档案文书》、奇米特多尔济耶夫《十七世纪末俄罗斯和卫拉特关系的历史资料》等论文中获悉了更多俄国档案的信息,从而认为上述提及的两册俄蒙关系史料档案汇编是最值得重视的。为此,我们将两册的绪论和档案文献目录进行了汉译。① 也即从此时开始,笔者萌生了组织力量选译或全译俄蒙关系史料的设想,时间大约是在 1985 年。

承担此项重任的人除了要有扎实的相关历史知识积累外,具备中译古俄文功力也是必不可少的条件。而当时国内有此能力的专家可谓少之又少,马曼丽教授实在是难得的合适人选。为此,我们曾多次商议,终因诸多条件尚不成熟,搁置了下来,一晃 20 余年已过去。

2007 年夏秋,国家清史纂修工程有意促成此事,在笔者的诚邀下,马曼丽教授虽已年过古稀,但壮心不已,慨然承担此项工作,项目名称确定为"俄国与清廷、俄国与卫拉特蒙古交往的俄文档案(1607—1654)译文汇编",并于 2009 年结项,共选译了《俄蒙关系史料(1607—1636)》所收录档案第 33 号至第 135 号、《俄蒙关系史料(1636—1654)》所收录档案第 1 号至第 136 号,中译文总字数约 34 万字。由于项目设计所限,我们未能将两书收录档案全部中译,留下了遗憾。

时光又过去了三年,2013 年收录了两册书的全部档案,以《俄蒙关系历史档案文献集》为题名,由余太山先生主编、施援平博士具体操作的"欧亚历史文化文库"选题正式出版,完成了我们 30 余年的心愿,中国学人得以一见珍贵档案之全貌,实是卫拉特蒙古历史研究史上值得记上一笔的美事。

---

① 两册俄蒙关系史料档案汇编的绪论和档案文献目录的中译稿以及上述提及的四篇论文的中译稿均刊印在由国家清史编纂委员会编译组主持的"清史译文新编"第 3 辑《卫拉特蒙古历史译文汇集》第 1 册。

三

《俄蒙关系历史档案文献集》收录的俄文档案的史料价值以其唯一性将为中国学者所重视,深入利用这批档案定将填补17世纪前期和中期卫拉特蒙古历史的诸多空白,尤在以下几个方面记述颇详,价值重大:一是卫拉特蒙古诸部与明、清政府之间的政治、经济、文化等方面的关系;二是卫拉特蒙古诸部与周边诸族的交往与纷争;三是卫拉特蒙古诸部特别是准噶尔部、土尔扈特部与沙皇俄国及中亚诸部族的关系;四是卫拉特蒙古的社会结构、生产生活、风俗习惯。

上述内容在相关汉文档案和史籍中鲜有记述,几乎是空白,即使有记述也多语焉不详。通过认真研读,我们努力恢复了这一段历史的全貌。

马曼丽教授完成了一件有利研究进一步深化,且惠及后人的十分有意义的工作。

为了将卫拉特蒙古历史研究可持续推进,笔者曾多次呼吁学人静下心来在发掘、整理、中译、出版相关档案文献方面多做些工作,主要有二:

一是认真梳理各类文种的档案材料,以备中译工作启动之用。其中,如收藏于中国第一历史档案馆的满文、蒙古文相关档案,以及内蒙古自治区档案馆、阿拉善盟档案馆的蒙古文档案,2012年广西师范大学出版社出版的《清代新疆满文档案汇编》可优先作为中译备用材料;收藏于西藏自治区档案馆的藏文档案;收藏于俄罗斯联邦,特别是卡尔梅克共和国档案馆以及蒙古国档案馆的档案,《十八世纪俄中关系》(档案汇编)、《俄蒙关系档案文献(1654—1685)》(1996年出版)、《俄蒙关系档案文献(1685—1691)》(2000年出版)可优先作为中译备用材料。

二是尽最大努力阐述此项工作在深化研究和推动学科建设中的重大和深远意义,争取有关管理部门的理解和支持,为中译工作的有序开展提供更有利的保障。

当然,笔者也十分认同马曼丽教授在译者序中所说的话:"这些珍贵档案能够在中国出版,能为华人学术界利用应该是难得的幸事。由于拥有丰富的新史料,相信有机会钻研这些文献的学者们会得益匪浅,或会掀起有关研究领域研究的新高潮。我想,这还取决于我们能否超越80年代那个时期的研究视野,以新时代的新视野,结合新时代的要求发掘新的研究课题,那么,这类文献的作用就能够造成超越 80 年代那种效果"。"能为学术界继 80 年代一度掀起的中俄关系史和卫拉特蒙古史研究的高潮之后,再次开辟出内陆欧亚研究领域的一片新天地"。

果能如此,小言之为卫拉特蒙古历史研究的深化,大言之为中国边疆学的兴旺,又增添了一砖一瓦!愿中国学者共同努力。

(原载马曼丽译编《俄蒙关系历史档案文献集》,兰州大学出版社 2014 年版)

略评兹拉特金的《准噶尔汗国史》

准噶尔部是我国蒙古族的一支,是中华民族的一员。在长期的历史发展中,准噶尔部人民和各族人民在政治、经济、文化等方面有着血肉相连的联系,准噶尔部人民和各族人民共国奋斗,缔造了我们伟大的祖国。准噶尔部的历史,是中华民族历史不可分割的组成部分。准噶尔部的活动舞台是东西要冲的中亚,他们的历史涉及中亚史、蒙古史、中俄关系史、清史和民族关系史诸领域,因此,长期以来,准噶尔史一直是中外史学家关心的重要课题。苏联蒙古史学家兹拉特金的《准噶尔汗国史》是这一领域中一部较有影响的专著。① 此书1964年出版以来,引起了苏联和国际上西蒙古史学者的兴趣。1966年12月,苏联《亚非民族》杂志编辑部为此书专门组织过讨论会,②日本学者若松宽、美国学者塞罗斯也先后发表了书评。③ 他们普遍认为这部书是"目前世界上有关15世纪至18世纪中叶卫拉特史的第一部综合性的著作"④,"是准噶尔汗国的详尽的通史"⑤。我们认为,《准噶尔汗国史》作为一部学术专著,它的综合性和详尽性是毋庸置疑的,作者引用了大量人们不易见到的俄国档案资料,为研究准噶尔历史和早期中俄关系史,提供了新的线索,这些都是值得我们重视的。但是也必须指出,兹拉特金在阐述准噶尔与清政府的关系、准噶尔与沙皇俄国的关系这两个重大问题时完全违背了历史的真实:一方面美化俄国对中国准噶尔地区的侵略政策,把俄

---

① 20世纪70年代若松宽也写过一篇全面论述准噶尔历史的概论性作品《卫拉特族的发展》,载《岩波讲座·世界历史》,东京岩波书店1971年版。
②④ 《有关准噶尔史的书进行的讨论》,载《亚非民族》1967年第4期。
③ 《东洋史研究》第25卷第2期;《美国东方学会杂志》1966年第85卷。
⑤ 《东洋史研究》第25卷第2期。

国的侵略扩张说成"和平友好";另一方面否认和抹杀准噶尔同清朝政府密切的政治、经济联系。本文试以历史事实为据,就准噶尔与清朝政府的关系,对《准噶尔汗国史》中所宣扬的所谓"没有任何往来论"略做评述。

一

兹拉特金写道:"在巴图尔珲台吉和僧格执政的所有年代中,从未有过任何一个准噶尔领主派自己的代表去北京的事。"①他还写道:"史料可以确定,他有生之年未同那些征服者有过接触,不管他们成绩多大,不管准噶尔大会之前,喀尔喀封建主已经和满洲皇帝保持了定期的联系,而在大会后不久库库淖尔(指青海)的执政者以及达赖喇嘛本人也走上了同样的道路。甚至连跟中国进行贸易交流这种有关切身利益的事,也没有迫使他与清政府发生过一次交往。"②

事实证明,这种说法是毫无根据的。

据《清太宗实录》等书记载,准噶尔领主早在清朝入关前就已同后金统治者建立了通贡关系。清朝初年,巴图尔珲台吉不仅令其兄弟子侄入贡,还亲自遣使奏表入贡。

《清太宗实录》崇德三年(1638)十月庚戌云:"达尔罕诺颜艾松古等于归化城,遇厄鲁特墨尔根戴青,来贡马匹,遂偕至军营。"③又崇德六年(1641)四月甲子曰:"以厄鲁特部落墨尔根戴青使臣诺垒送拜山至,赐诺垒及其从役银两有差。"④

此处所说的墨尔根戴青谓谁?《西域图志》卷四七《准噶尔世系》说得很清楚,哈喇忽喇有子七人:长曰巴图尔珲台吉,以下顺次为墨尔根岱青、楚库尔(或称楚琥尔乌巴什)、达尔玛、色楞、沙巴图、诺木齐。《皇朝藩部要略》之《厄鲁特要略一》:"巴图尔珲台吉者,名和多和沁,孛罕十四世孙,恃强侮诸卫拉特,即与土尔扈特部长和鄂尔勒克交恶者,墨尔根岱青、楚琥尔乌巴什皆其弟。"类似的记载也见于张穆《蒙古游牧记》。除准噶尔部外,其

---

① 兹拉特金:《准噶尔汗国史》,莫斯科1964年版,第227页。
② 兹拉特金:《准噶尔汗国史》,第177页。
③ 《清太宗实录》卷四四,崇德三年十月庚戌。
④ 《清太宗实录》卷五五,崇德六年四月甲子。

— 417 —

余诸厄鲁特部并无墨尔根岱青其人。墨尔根岱青为准噶尔部长巴图尔珲台吉之弟是毋庸置疑的。顺治三年(1646),和硕特部顾实汗"奉表贡"时,墨尔根岱青也是"附名以达"①的数位准噶尔首领中的一个。

继墨尔根岱青之后,与后金政权建立通贡的是都喇勒和硕齐。都喇勒和硕齐是额伯内伊勒登的儿子,他与巴图尔珲台吉是从兄弟,他遣使至盛京是在崇德八年(1643)。②

顺治元年(1644),清朝统治者占领北京。随着满族统治势力的扩大,准噶尔封建主同他们的政治、经济联系进一步密切。1646年,顾实汗遣使贡"方物"③,当时不仅和硕特、土尔扈特部各主要台吉要求一起"附名",而且以巴图尔珲台吉为首的准噶尔部各重要台吉也要求一起"附名"。他们是巴图尔珲台吉、都喇勒和硕齐、楚琥尔乌巴什、罗卜藏胡土克图、绰克图、诺木齐及上面提到的墨尔根岱青。

"绰克图",《西域图志》之《准噶尔世系》作"绰克图乌巴什"。他是哈喇忽喇季弟。《皇朝藩部要略》之《厄鲁特要略一》把他和诺木齐当作和硕特部领主,但又说"未详所出"。其实,这完全是祁韵士的误解。在和硕特世系中,根本没有诺木齐和绰克图。我们只有在准噶尔部世系中能找到他们。罗卜藏胡土克图是楚琥尔乌巴什的儿子,他的名字表明他是一位高级喇嘛。顾实汗遣使奉贡"方物"的第二年,他就派巴汗格隆、盆苏克札穆苏等到北京纳贡。④ 他是清朝入关后最先派人到北京纳贡的准噶尔领主。

在罗卜藏胡土克图遣使后不久,巴图尔珲台吉也向北京遣使。关于巴图尔珲台吉遣使进贡一事,过去有人以为史籍无载,其实不然。《清朝文献通考》之《舆地十六》云:"……准噶尔,传至巴图鲁台吉,于顺治七年曾遣使入贡,其子僧格继之。"⑤俞正燮《癸巳类稿》:顺治七年,"厄鲁特珲台吉使来朝"⑥。关于这一点,我们还可以从《清圣祖实录》中得到印证。如康熙二十一年(1682)七月,康熙皇帝在致噶尔丹的敕书中说:"自尔父兄,历世相承,

---

① 祁韵士:《皇朝藩部要略》卷九《厄鲁特要略一》。
② 《清太宗实录》卷六四,崇德八年五月丁酉。
③ 《清世宗实录》卷二八,顺治三年九月戊寅。
④ 《清世祖实录》卷三四,顺治四年九月戊子。
⑤ 嵇璜等:《清朝文献通考》卷二八四《舆地十六》。
⑥ 俞正燮:《癸巳类稿》卷八《驻扎大臣原始》。

虔诚礼好,敬贡有年,延及尔身,笃尽悃忱,往来不绝,殊为可嘉。"①康熙二十二年(1683)七月,当内大臣奇塔特为庆祝平定"三藩之乱"赴准噶尔颁赏赍后返回北京报告经过情形时,议政王大臣会议又指出:"噶尔丹博硕克图汗,累代进贡,往来通好,今将敕书赏物,照彼蒙古例接受,恭请圣安。又称嗣后遣使,俱经用印符验,填注年月日期,应毋庸议。"②同年九月,康熙皇帝在致噶尔丹的诏谕中又指出:"声教既一以来,尔历世相承,虔修职贡,聘问有年……"③这些言词虽然都是针对噶尔丹而发,但都直接或间接地提到了巴图尔珲台吉进贡事。历史事实有力地表明,巴图尔珲台吉向清廷遣使事,史籍记载是明确的。

遣使纳贡的准噶尔领主除上述两个人外,实际上还有堪布胡土克图和诺木齐。堪布胡图克图《清世祖实录》作"干布胡土克图"④。他是我们前面提到的墨尔根岱青的儿子。他的贡使到达北京的时间是顺治七年(1650),与巴图尔珲台吉遣使恰好是同一年。在《清世祖实录》中,诺木齐先后两次向清廷遣使。一次是顺治八年(1651)四月,一次是在顺治十三年(1656)二月。⑤

事实上,不仅准噶尔部的重要领主与清朝政府有着密切的贸易关系,与准噶尔部一起游牧的和硕特、杜尔伯特部领主也在不同程度上同清朝政府建立了通贡关系。例如,和硕特台吉鄂齐尔图和阿巴赖虽然分别游牧于额尔齐斯河流域的塞米巴拉丁斯克及斋桑湖附近一带,⑥仍不远万里,多次派人贡马匹、貂皮等物。游牧于塔尔巴哈台和伊塞克湖附近的昆都伦乌巴什,也屡次遣人奉表入贡。⑦

顺治十年(1653)巴图尔珲台吉死,僧格成了准噶尔首领,他继续奉行巴图尔珲台吉加强与清政府联系的方针,这是史有明载的。《清圣祖实录》康

---

① 《清圣祖实录》卷一〇三,康熙二十一年七月乙卯。
② 《清圣祖实录》卷一一一,康熙二十二年七月戊戌。
③ 《清世祖实录》卷一一二,康熙二十二年九月癸未。
④ 《清世祖实录》卷五〇,顺治七年九月丁丑。
⑤ 《清世祖实录》卷五六,顺治八年四月己未;《清世祖实录》卷九八,顺治十三年二月丁巳。
⑥ 格鲁赛著,后滕十三雄译:《亚洲游牧民族史》第三章。
⑦ 《外藩蒙古回部王公表传》之《和硕特部总传》,载《国朝耆献类征初编》卷首一一八;祁韵士:《皇朝藩部要略》卷九《厄鲁特要略一》。

熙六年(1667)十一月甲子条云:"厄鲁特僧厄台吉遣使进贡,宴赉如例。"①又康熙八年(1669)十二月庚申条也有同样的记载。②"僧厄"即"僧格"之转音,僧格时准噶尔部向清政府的进贡,噶尔丹也是承认的。康熙十一年(1672)正月庚午条云:"理藩院议复,厄鲁特噶尔丹台吉疏言,伊兄僧厄台吉在时,曾遣使进贡……应如所请,从之。"③在昭昭史实前,兹拉特金虽然不得不轻描淡写地承认"准噶尔汗国与中国贸易联系依旧是偶而有之的现象",但他笔锋一转,却说"可以大胆肯定,他们之间仍然没有任何关系"。④兹拉特金的"大胆"推测可谓"惊人"!

诚然,目前所能见到的关于僧格与清朝关系的记载,比起巴图尔珲台吉时期确实是少了许多,但这是有深刻的社会原因的。

大家知道,巴图尔珲台吉死后,僧格虽然名义上是准噶尔首领,实际上并没有完全控制准噶尔的局势。他刚登上首领的宝座后不久,就遭到了他的异母兄车臣和卓特巴巴图尔的攻击,从而使他陷入了难以自拔的内部权力斗争之中。只是到了1664年左右,由于其叔父楚琥尔乌巴什、岳祖父鄂齐尔图车臣汗的帮助,他才稳定了局势,巩固了自己的统治。由此可见,在僧格统治前期,之所以未见其向清廷遣使,应该是因为当时尚不具备遣使的客观条件。这一点我们从1667年和1669年他连续两次遣使可得到反证。它表明,当准噶尔内部局势趋向稳定时,他同清朝政府的关系很快得到了加强。

二

兹拉特金写道:"1677年噶尔丹第一次与清政府发生外交关系。他派出一个正式外交代表团到北京'奉表入贡',代表团在那里受到非常隆重的接待,并获得厚赏。由于这个蒙古外交代表团是双方关系中断两个世纪之后的第一个代表团,又由于它开创了清帝国和卫拉特领地之间的外交关系,

---

① 《清圣祖实录》卷二四,康熙六年十一月甲子。
② 《清圣祖实录》卷三一,康熙八年十二月庚申。
③ 《清圣祖实录》卷三八,康熙十一年正月庚午。
④ 兹拉特金:《准噶尔汗国史》,第224页。

所以史料中特别记载了关于卫拉特和噶尔丹的某些情况。"①在这里兹拉特金试图说明两个问题：一是在1677年前两百年间准噶尔与明清两朝是没有"外交关系"的；二是1677年噶尔丹第一次与清政府发生"外交关系"。关于1677年以前准噶尔与清政府的关系，从第一部分的分析中可以看出，它们之间的政治、经济联系不仅有而且颇为密切。

我们想着重分析一下1671年噶尔丹上台以后，是否如兹拉特金所说，直到1677年才第一次与清政府发生正式关系呢？

查《清圣祖实录》，噶尔丹入贡的最早记录是康熙十一年（1672）正月，其文曰："厄鲁特噶尔丹台吉疏言，伊兄僧厄台吉在时，曾遣使进贡，今请示照常遣使进贡"，对此，理藩院议复的结论是"应如所请，从之"。②

根据上述记载，噶尔丹遣使向清廷纳贡的最初时间显然是在1671年冬，因为理藩院议决此事是1672年正月，噶尔丹贡使到达北京的时间肯定是在这一月或之前。由此可见，噶尔丹在击败了车臣和卓特巴巴图尔、控制了准噶尔局势后，即着手遣使"奉表入贡"。当噶尔丹知悉清廷准许入贡后，于同年冬又派人再次到北京奉贡。③自此之后，康熙十三年（1674）三月④，康熙十五年（1676）二月⑤，噶尔丹又接连遣使入贡，并上奏准噶尔部内发生的重大事宜。

到康熙十六年（1677）五月，噶尔丹在"戕鄂齐尔图，破其部"后，即"遣使献俘"⑥，"进所获弓刀，圣祖却之"⑦。这大约就是兹拉特金所津津乐道的1677年的所谓"一个正式外交代表团"的由来。其实，类似性质的"代表团"早已史载不绝了。

康熙十八年（1679）九月，噶尔丹又遣使进京禀告达赖喇嘛已授以博硕克图汗号，请求承认。康熙二十一年（1682），清政府"以三藩既平"，派遣内大臣奇塔特赴噶尔丹处"大加赏赉"，同时还派遣重臣大吏率员分赴喀尔喀左翼土谢图汗、哲卜尊丹巴胡图克图、车臣汗、额尔克带青诺颜、墨尔根诺

---

① 兹拉特金：《准噶尔汗国史》，第249页。
② 《清圣祖实录》卷三八，康熙十一年正月庚午。
③ 《清圣祖实录》卷四〇，康熙十一年十二月己未。
④ 《清圣祖实录》卷四六，康熙十三年三月辛巳。
⑤ 《清圣祖实录》卷五九，康熙十五年二月癸酉。
⑥ 祁韵士：《皇朝藩部要略》卷九《厄鲁特要略一》。
⑦ 俞正燮：《癸巳类稿》卷八《驻扎大臣原始》，商务印书馆1957年版，297页。

颜、右翼札萨克图汗、盆楚克台吉、额尔德尼济农、色棱阿海台吉、达尔马希里诺颜、罗卜藏台吉等处慰问。① 从这一安排看,清政府是把喀尔喀诸部、厄鲁特诸部、噶尔丹等一体对待的。

内大臣奇塔特一行于康熙二十一年十二月二十八日(1683年1月)抵噶尔丹牙帐,噶尔丹特遣人远迎奇塔特一行。在首次会见时,"及交敕书,噶尔丹俯身两手受之,其衣服等物,则彼左右人受之,其器用币帛等物,并骆驼牵入,一一展视受之"②。奇塔特一行于次年康熙二十二年(1683)正月二十七日起程,噶尔丹派专人护送,并贡马四百匹、骆驼六十头、貂皮三百、银鼠五百、猞猁皮三张、沙狐皮一百、黄狐皮二十、活雕一只、贴金牛皮五张、厄鲁特鸟枪四杆。

由此可见,噶尔丹自任准噶尔部首领以来,在与清廷保持臣属关系的前提下,与清政府的关系基本上是密切的,并且不断地发展着。尤其在1677年噶尔丹袭杀鄂齐尔图、擅称博硕克图汗以后,部势日炽,贡使往来更是络绎不绝。据统计,1677—1688年噶尔丹几乎每年都遣使入关,噶尔丹贡使、商队往来频繁,准噶尔地区与中原地区的贸易联系也日益加强。当时准噶尔部牧民所用的棉絮、棉线以及台吉、宰桑用的锦缎、丝绣等物,均需向中原地区购买,中原地区精美的制品连噶尔丹等人也"艳慕不已"③。

其实,即使在1677年以前,到北京或内地贡驼马、方物的也不只是噶尔丹一部,其兄弟、同族台吉等也多有遣使纳贡。《皇朝藩部要略》卷一二《厄鲁特要略四》记:"有布木者,号额尔德尼台吉……康熙初,布木尝附噶尔丹,表贡驼马。"布木系噶尔丹之弟,④此为一例。《国朝耆献类征初编》卷首八九载:"初,巴图尔珲台吉游牧阿尔台,子噶尔丹嗣为厄鲁特长,诸台吉皆附之贡,不得自奉表,惟丹津得专使,间岁辄使至。"丹津,号噶尔玛岱青和硕齐,系前面提到的墨尔根岱青的儿子。⑤ 也就是说,当时除了噶尔玛岱青和

① 《清圣祖实录》卷一三〇,康熙二十一年七月甲申。
② 《亲征平定朔漠方略》卷二,康熙二十二年七月戊戌。《清圣祖实录》卷一一一,康熙二十二年七月戊戌也有关于首次会见的记述,与《亲征平定朔漠方略》略有差异,文曰:"噶尔丹跪受敕书及赏赉诸物,随请皇上起居。"
③ 梁份:《西陲今略》卷七《噶尔旦传》。
④ 高文德、蔡志纯:《蒙古世系》表43《额鲁特蒙古准噶尔部世系——巴图尔珲台吉诸子世系》,中国社会科学出版社1979年版,第87—88页。
⑤ 《西域图志》卷四七《杂录一》。

硕齐外,其余诸台吉都是附噶尔丹奉贡。噶尔玛岱青和硕齐被破格允许独自奉贡的原因史籍无征。据我们看,可能是由于其部众较多,且其父墨尔根岱青是最早向清朝通贡的准噶尔部落长之一,才特予优待。

除准噶尔本部外,我们还可以看到,1677年以前鄂齐尔图汗和阿巴赖诺颜的贡使经常出入北京,杜尔伯特部台吉也不时遣使随鄂齐尔图汗贡使入朝进贡。① 顺治十四年(1657)的陀音台吉(达赖台什第三子)、康熙十三年(1674)达赖台什曾孙额勒敦噶木布的奉表入贡,就是一例。②

三

兹拉特金说:"自从缔结1739年和约以来……虽说清帝国和卫拉特汗国之间没有发生武装冲突,却也没有任何睦邻关系,没有任何贸易往来。"③

兹拉特金这里所说的"1793年和约",显然是指当年准噶尔宰桑哈柳在北京同清廷大臣定议的准噶尔、喀尔喀牧界协定。

根据《清高宗实录》及《平定准噶尔方略》等书记载,早在雍正十三年(1735)勘分准噶尔、喀尔喀牧界刚刚开始谈判时,准噶尔同内地的贸易活动就已经在发展了。④ 后经双方共同努力,乾隆四年(1739)准噶尔和喀尔喀牧界正式达成协议,贸易进入了空前活跃的阶段。

据统计,1739—1754年短短十几年间,准噶尔统治者先后遣使到北京纳贡就有十三次,派到肃州参加定期"互市"五次,为进藏熬茶在东科尔和得卜特镜湖等地贸易三次,为进藏熬茶在哈密贸易两次。前来参加贸易的商队少则十多人、二十多人,多至三百余人。贸易额低的值银数千两,高的达十多万两,甚至二十余万两。

例如乾隆六年(1741),宰桑齐默特等三百人到东科尔贸易时,携驼二千八十峰,马一千七百一十六匹,牛四百九十五只,羊七千三百九十二只。⑤ 此

---

① 《清世祖实录》卷一〇三、卷一一〇、卷一一六、卷一一八;《清圣祖实录》卷二七、卷四二、卷四九。
② 祁韵士:《皇朝藩部要略》卷九《厄鲁特要略一》。
③ 兹拉特金:《准噶尔汗国史》,第431页。
④ 《清高宗实录》卷一一,乾隆元年正月壬子。
⑤ 中国第一历史档案馆藏:《军机处录副奏折》,民族类蒙古项2283卷第4号。

外还有羊皮三万余张,沙狐皮六万余张,黄狐皮八万六千余张,青狼皮三千余张,香牛皮三百余张,①硇砂一万九千余斤,羚羊角八万二千七百余支。②还有大批的绿葡萄。

又如乾隆九年(1744)冬,噶尔丹策零派宰桑哈柳等三十八人到北京纳贡,不仅带来了大量的牛羊马驼,而且有为数相当多的毛皮、葡萄、羚羊角等物。据档案资料统计,其中有马五百四十三匹,驼一百九十一峰,牛三百七十八只,羊七千六百六十九只③,貂皮三千七百张,沙狐皮一千二百八十九张,猞猁皮七十三张,貂皮十三张,狼皮二百五十一张,野狸皮六十张,羊羔皮二千五百二十二张,白兔皮八十张,绿葡萄八包,羚羊角五百支。④ 仅在肃州贸易货银约值二万七八千两。⑤ 如果再加上在哈密变卖乏弱牲畜:马七十五匹,牛一百七十四头,羊三千五百四十六只⑥,则当次贸易银约值三万余两。

再如乾隆十五年(1750),宰桑诺落素等三百人到肃州贸易,不仅携羊十五万六千九百多只,还带来牛二千二百多头,马一千九百多匹,骆驼千余只,狐皮、貂皮、猞猁皮、羊羔皮七万余张。⑦ 清政府虽然已挑收了其中的大部分,但在肃州的贸易额仍然上升到十八万六千余两。⑧ 如果再加上在哈密变卖乏弱马二百匹,牛一千四百只,羊两千余只,及其在肃州与商民零星交易数,当次贸易肯定在二十万两以上。

1740—1754 年,其中除个别年份外,几乎年年都有准噶尔商队到内地贸易,有时甚至一年来两次或三次。

乾隆七年(1742),宰桑吹纳木克春天来一次,冬天又来一次。⑨ 乾隆八年(1743),噶尔丹策零派人到北京纳贡、进藏熬茶、参加肃州"定期互市"等

---

① 中国第一历史档案馆藏:《军机处录副奏折》,民族类蒙古项 2283 卷第 23、24、25 号。

② 中国第一历史档案馆藏:《军机处录副奏折》,民族类蒙古项 2283 卷第 25 号。

③ 中国第一历史档案馆藏:《军机处录副奏折》,民族类蒙古项 2289 卷第 3 号。

④⑥ 中国第一历史档案馆藏:《军机处录副奏折》,民族类蒙古项 2289 卷第 7 号。

⑤ 中国第一历史档案馆藏:《军机处录副奏折》,民族类蒙古项 2289 卷第 12 号。

⑦ 中国第一历史档案馆藏:《朱批奏折·民族事务类》,0156 卷第 3 号。

⑧ 中国第一历史档案馆藏:《朱批奏折·民族事务类》,0156 卷第 13 号。

⑨ 《清高宗实录》卷一六〇,乾隆七年二月丙申;《平定准噶尔方略》前编卷四七,乾隆七年十二月戊子。

先后多达五次。①

由于商队频繁往来,牛、羊、马、驼大批进入,贸易规模不断扩大,货物滞销越来越严重。尽管陕西、甘肃总是摊派分销贸易的货物,但仍然无法解除货物长期堆积的困扰。这种情况在当时甘肃巡抚黄廷桂等人的奏疏中有明显的反映。黄廷桂乾隆七年(1742)六月二十七日在给乾隆帝的奏折中指出:"交易一事……前货未销,后货复至,陈陈相继,岁益加增。查每次交易各货,除陕省分变七分外,甘省分变三分。惟缘地处边徼,土瘠民贫,服饰朴陋,其御寒所衣者,粗褐毡片及老羊皮张而已。而轻裘细暖,即一二有力之家,亦多吝而不购。至于葡萄、硇砂、羚羊角,尤非所需,此民间之难于销变者也。"他还说:"若来使所携皮张,既多平常,作价又昂,商人每虞亏折,不肯认买,而硇砂等物,更非常用之货,转售维艰,益生观望,此商贾之难于销变者也。"②为了使积货迅速得到处理,黄廷桂提出:"与其壅滞一处,致国币无以补苴,何如散之邻省,使货物咸归有用。"③与此同时,他又呈请清廷对前来贸易商队携货实行限制,企图将贸易控制在一定范围之内。然而,在准噶尔封建主的要求下,限制贸易的规定一直无法施行。只有到乾隆十六年(1751)准噶尔内乱加剧后,贸易才受到较为严格的限制。

我们还可以看到,清廷对于前来纳贡、贸易的准噶尔族人的照顾是颇为周到的。凡是进京纳贡的,不但沿途派拨官兵护送,"丰裕供应"给食,④且令补偿其于肃州之倒毙马驼;⑤凡属进藏熬茶的,每次俱"资以口粮,帮给驼马"⑥,令人于东科尔为之牧放乏弱牲畜;凡途经哈密商队,准其于该地贩卖乏弱牲畜,以减少其损失。⑦ 其寄留卡伦马驼,有时还令人为之放牧,使其能

---

① 这五次互市如下:乾隆八年四月巴布等人在哈密的贸易;乾隆八年六月至九月吹纳木克等三百一十二人在东科尔贸易;乾隆八年十一月额连胡里等一百二十二人在肃州贸易;乾隆八年十二月额尔古济克等在哈密贸易;乾隆八年十二月图尔都等到北京纳贡。

②③ 《准噶尔夷人贸易案》,载《史料旬刊》第24期。

④ 中国第一历史档案馆藏:《军机处录副奏折》,民族类蒙古项2279卷第8号。

⑤ 中国第一历史档案馆藏:《军机处录副奏折》,民族类蒙古项2279卷第3号。

⑥ 《准噶尔夷人进贡案》,载《史料旬刊》第20期。

⑦ 哈密一向不设"市",根据清廷规定,凡买卖牲畜、皮货须至肃州交易。后因过往商队多有乏弱牲畜,需要急速销售,否则便有倒毙危险,因此,自1739年始,凡过往商队,大多数都在哈密变卖乏弱牲畜。

全力以赴到内地贸易。

以上所述,虽然只是其中一部分内容,但却可以清楚地看出,1739 年以后,准噶尔与清朝政府之间的关系是多么密切!倘以其贸易之频繁程度而言,这是噶尔丹和策妄阿拉布坦统治时期也望尘莫及的。

四

综上所述,兹拉特金在阐述准噶尔部与清政府关系时所制造的"没有任何往来"论是违背历史事实的。人们不禁要问,像兹拉特金这样拥有众多著述的蒙古史学者,怎么会出现这种常识性的错误?

具体原因当然是兹拉特金忽视汉文资料的史料价值。在这部几十万字的著作中竟完全排除汉文资料的运用,而恰恰是在汉文资料中保存了大量准噶尔部与清政府有密切关系的记载。对此,连苏联学者也指出:"由于对汉文史料轻视忽略,兹拉特金往往做出草率的、没有根据的结论。"而《准噶尔汗国史》也就成了"是在摇晃不定的基础上修建起来的楼房"①而列入了史林!

(原载《中俄关系问题》1982 年第 2 期,合作者蔡家艺,执笔人蔡家艺)

---

① 《有关准噶尔史的书进行的讨论》,载《亚非民族》1967 年第 4 期。

我们正在谱写卫拉特研究的历史
——第一至第六届卫拉特蒙古历史文化学术研讨会评述

卫拉特蒙古是我国蒙古族的一支,在各个历史时期有不同的称谓。元代称斡亦剌惕,明代称瓦剌,清代称卫拉特,亦称厄鲁特、额鲁特或漠西蒙古、西蒙古。国外则称之为卡尔梅克。

明末清初之际,卫拉特蒙古分为和硕特、准噶尔、杜尔伯特和土尔扈特四大部落,在清代历史上起过重要作用。在清代前期一个多世纪中,准噶尔雄踞天山南北,和硕特进据青藏高原,而土尔扈特大部分则远徙伏尔加河流域。长期以来,卫拉特蒙古人民以自己的辛勤劳动和艰苦斗争,发展了本民族的经济、文化,开发了祖国的西北边疆,为推动统一多民族中国历史的发展做出了有益贡献,其势力所及也直接影响其邻近各部族历史的进程。

综观元代以来卫拉特蒙古历史的发展进程,大体上可做如下划分:元明时期的斡亦剌惕和瓦剌是卫拉特蒙古历史发展的先世时期;明清之际至清代前期,亦即公元17—18世纪,是卫拉特蒙古历史发展由兴盛到危机的过渡时期,这一时期卫拉特蒙古各部,特别是统治天山南北的准噶尔、统治青藏高原的和硕特、远徙伏尔加河流域的土尔扈特,是活跃于西部和西北的三支重要政治力量,它们之间相互联系又各自沿着自己的轨迹发展,写下了历史上值得一书的华彩篇章;清中叶以降及至民国时期,是卫拉特蒙古历史发展的稳定时期;中华人民共和国成立以后,卫拉特蒙古和各族人民一起进入了社会主义发展的崭新阶段,正在谱写着历史的新篇章。

但与卫拉特蒙古辉煌的历史相比,卫拉特蒙古历史的研究在很长一段时间里则显得有些落寞。依笔者愚见,20世纪以来国内学者对卫拉特蒙古历史研究,大体上经历了三个发展阶段:1949年以前为研究的沉寂期;1949—1976年为研究发展的准备期;1977年迄今为研究的发展期。

1977年以来,卫拉特蒙古历史研究的内容几乎涉及卫拉特蒙古的各个方面,包括卫拉特蒙古先世史研究;卫拉特蒙古族源、分布、系谱研究;卫拉特蒙古经济、社会、宗教研究;卫拉特蒙古与清政府以及其他邻近诸族关系研究;卫拉特蒙古与俄国关系研究;卫拉特蒙古历史人物研究;地方史中的卫拉特蒙古研究;等等。①

本文拟进行评述的第一届至第六届卫拉特蒙古历史文化学术研讨会则可视为1977年以来卫拉特蒙古研究发展期内一道亮丽的风景线!

一、概况

1986—2009年的23年间,国内分别召开了六届卫拉特蒙古历史文化学术研讨会,具体如下:

第一届卫拉特蒙古历史文化学术研讨会(当时会议名称为"全国首届卫拉特史学术讨论会"),1986年8月10日至16日在新疆维吾尔自治区博尔塔拉蒙古自治州博乐市召开,由博尔塔拉蒙古自治州政府、内蒙古师范大学和新疆师范大学共同主持。来自北京、内蒙古、甘肃、青海、黑龙江和新疆的92位学者与会。会议的中心议题:回顾和总结国内外卫拉特史的研究;讨论卫拉特各部的起源与变迁,以社会制度和文献史料的研究为主,一律不涉及历史人物评价。与会代表提交论文32篇,著作2部。会后会议论文结集《卫拉特史论文集》,以《新疆师范大学学报》专号形式出版,由新疆师范大学和内蒙古师范大学合编,共收录会议论文23篇。

第二届卫拉特蒙古历史文化学术研讨会(当时会议名称为"1989年全国第二届卫拉特史学术讨论会"),1989年8月10日至14日在内蒙古自治区阿拉善盟巴彦浩特召开,由阿拉善盟行政公署、内蒙古师范大学、新疆师范大学共同主持。来自北京、新疆、甘肃、青海、黑龙江、河北、宁夏和内蒙古的近100位学者与会。会议的中心议题:阿拉善和额济纳的历史;卫拉特各部的起源及变迁;《江格尔》产生的历史背景、时间和地点;我国卫拉特史研究的回顾和展望。与会代表提交论文60篇。会后会议论文结集《卫拉特史论文集》,以《内蒙古师范大学学报》(哲学社会科学版)1990年第3期专号

---

① 马大正、蔡家艺:《卫拉特蒙古史入门》,青海人民出版社1989年版,第1—2、155—199页。

形式出版,由内蒙古阿拉善盟公署和内蒙古师范大学合编,共收集会议论文38篇。

第三届卫拉特蒙古历史文化学术研讨会(当时会议名称为"全国第三届卫拉特史学术讨论会"),1992年7月10日至16日在新疆维吾尔自治区巴音郭楞蒙古自治州首府库尔勒市召开,由巴音郭楞蒙古自治州政府、内蒙古师范大学、新疆师范大学共同主持。来自北京、内蒙古、甘肃、青海、宁夏、黑龙江、河北、新疆等地,以及日本、英国、法国等国的112位学者与会。会议的中心议题:近年我国学术界在卫拉特史研究方面提出的新观点;土尔扈特部的历史及文化;英雄史诗《江格尔》产生的时间和地域研究等。与会代表提交论文72篇和专著10余部。本次研讨会未见会议论文集面世。

第四届卫拉特蒙古历史文化学术研讨会(当时会议名称为"全国第四届卫拉特史学术讨论会")。2003年8月5日至8日在青海省西宁市和海西州德令哈市召开,由中国《江格尔》研究会、青海省民族委员会、内蒙古师范大学、新疆师范大学、新疆卫拉特蒙古研究会和内蒙古阿拉善盟行政公署共同主持。来自北京、新疆、内蒙古、甘肃、香港和青海的80余位学者与会。会议中心议题:和硕特部历史、卫拉特重大历史事件和历史人物;英雄史诗《江格尔》和卫拉特《格斯尔》的产生及对卫拉特文化发展的影响;卫拉特蒙古传统文化等。与会代表提交论文48篇和专著1部。本次研讨会未见会议论文集面世。

第五届卫拉特蒙古历史文化学术研讨会(会议全称为"第五届全国卫拉特蒙古历史文化学术研讨会"),2006年9月23日至26日在内蒙古自治区阿拉善盟额济纳旗达来呼布召开,由中国人民政治协商会议阿拉善盟委员会、西北民族大学主办,额济纳旗人民政府、中国人民政治协商会议额济纳旗委员会、中国人民政治协商会议阿拉善盟委员会文史资料研究委员会、西北民族大学蒙古语言文化学院承办,中国《江格尔》研究会和新疆卫拉特蒙古研究会协办。来自北京、新疆、甘肃、青海和内蒙古的100余位学者与会。会议的中心议题:卫拉特历史人物和重要历史事件研究;卫拉特蒙古英雄史诗《江格尔》研究;卫拉特传统文化研究;卫拉特蒙古历史文化变迁研究等。与会代表提交论文74篇和专著1部。会后西北民族大学蒙古语言文化学

---

① G.朝格图:《一至五次全国卫拉特蒙古历史文化学术研讨会概况》,载《卫拉特蒙古历史文化研究》,民族出版社2007年版,第741—742页。

院卫拉特文化研究室编《卫拉特蒙古历史文化研究》一书,2007年由民族出版社正式出版,共收录会议论文和讲话108篇。

第六届卫拉特蒙古历史文化学术研讨会(会议名称全称为"全国第六届卫拉特蒙古历史文化学术研讨会"),2009年7月16日至19日在内蒙古自治区呼伦贝尔市鄂温克族自治旗召开,由中国人民政治协商会议呼伦贝尔市委员会和呼伦贝尔市鄂温克族自治旗人民政府承办,内蒙古呼伦贝尔市鄂温克族自治旗额鲁特蒙古文史研究协会、内蒙古农业大学人文学院主办。来自北京、新疆、青海、甘肃、宁夏、黑龙江、内蒙古等地,以及来自蒙古国的120余位学者与会。会议的中心议题:卫拉特蒙古历史人物和历史事件;卫拉特蒙古宗教信仰、民俗文化、民间文学、游牧文化与环保传统等。与会代表提交论文75篇。

在近1/4个世纪,就一个研究领域持续召开学术研讨会,在国内学术研究领域中并不多见。

二、特色

(一)研究深化,成果众多

据不完全统计,六届研讨会共提交论文、著作近430篇(部),其中,蒙古文和蒙古文汉文两种文字撰写的论文和著作近220篇(部),占提交论文总数近一半。

上述论文和著作研讨了卫拉特蒙古历史和文化诸多方面的问题,涉及卫拉特各部起源与变迁,卫拉特社会制度与卫拉特法典,卫拉特重大历史事件和历史人物的评价,卫拉特传统文化、宗教信仰、民族民俗和旅游开发,卫拉特与周边诸族关系,英雄史诗《江格尔》,卫拉特汉文、满文和托忒文文献史料整理,卫拉特研究回顾与前瞻,以及生活在新疆、内蒙古、青海、黑龙江等地区卫拉特部的历史与文化等诸多方面问题,研究步步深入,成果丰硕,从单一历史研究扩展到整个文化领域。提交到第一届和第二届会议的部分论文已成为卫拉特历史文化研究中的传世之作,如浩·巴岱、金峰、额尔德尼《论四卫拉特联盟》(第一届会议提交),道润梯步《〈卫拉特法典〉在蒙古法制史上的地位》(第一届会议提交)和《论〈卫拉特法典〉的指导思想》(第二届会议提交),马汝珩、马大正《伏尔加河畔土尔扈特汗国的建立及其与俄国的关系》(第一届会议提交),冯锡时《图理琛事迹钩沉》(第一届会议提交)和《准噶尔各鄂托克、昂吉、集赛牧地考》(第二届会议提交),宋嗣喜《策妄阿喇布坦与彼得一世往来书信研究》(第一届会议提交)等,提交第一次会议的《卫拉特历史文献》收录了浩·巴岱、金峰、额尔德尼、诺尔布等学者汉译的《四卫拉特史》《和鄂尔勒克史》《卡尔梅克诸汗简史》《卫拉特法典》等,成为国内首批汉译整理的托忒文文献,对推动卫拉特历史研究起到了重要作用。

对于卫拉特史研究的回顾与前瞻是第一届至第六届与会者关注的热点,诸如马大正《一九八六年清代漠西蒙古历史研究综述》(第一届会议提交),马汝珩、马大正《1977—1989年的卫拉特蒙古史研究》(第二届会议提交),浩·巴岱《新疆的卫拉特学研究概况》(第二届会议提交),金峰《对我国托忒蒙文文献研究的展望》(第一届会议提交),郝苏民《中国卫拉特学的发轫与开拓卫拉特研究的思考》(第五届会议提交),丹碧《关于卫拉特学的构建与发展》(蒙古文,第五届会议提交),还有马大正在第六届研讨会上的讲话《我们正在谱写卫拉特研究的历史》(即本文构思的第一个版本)等。

(二)老中青研究者大聚集,新一代蒙古族青年学者脱颖而出

据不完全统计,第一届至第六届研讨会与会学者近600人次,其中参加第一届研讨会的就有时任中国人民大学清史研究所所长、当代著名清史学者戴逸教授,他在1986年8月10日的开幕式上发表了重要讲话,这篇讲话曾以《发掘文献资料,促进卫拉特史研究》为题刊发在1986年8月16日《博尔塔拉报》第二版。此次找出这篇讲话,深感其对当前卫拉特历史研究仍有指导意义,加之此文未曾在戴逸教授已出版的多种文集中刊载,故全文录入本文,与读者重温。戴逸教授讲话全文如下:

> 我很高兴能参加在新疆博尔塔拉举行的卫拉特史学讨论会。卫拉特是蒙古族的一部分。它是我国民族大家庭中的一个成员,它创造了自己的文明,在历史上有着重要地位,对于形成、发展和保卫我国的西部边疆做出了重要贡献。
>
> 卫拉特曾经建立了强大的政权,这就是准噶尔政权,它所统治控制的地域十分广大。卫拉特发展了自己的经济,发展了自己的

---

① 第三、四届研讨会因缺少会议论文目录资料,只能暂缺。

政治、法律制度，创制了自己的文字（托忒文），产生了许多杰出的文学作品，形成了自己的艺术风格。明清两代，卫拉特是我国西部边疆上最强大的力量。在它周围团聚、联系了许多分散、弱小的民族、部落，而且当俄国殖民主义向东扩张的时候，起来英勇抵抗俄国的侵略，阻止和延缓了俄国的向东扩张，它在祖国历史上做出了重大贡献。

我国有悠久的历史文明，它有两个源泉，一个源泉是以汉族为主的中原和南方的农业民族创造的文明；另一个源泉是北方草原民族创造的文明。两种文明的接触、交流、汇合，形成了浩浩荡荡的中华民族历史文明的长河，两个源泉缺一不可。当然，两种文明也有斗争和排斥，但总的趋势是交流和融合。卫拉特是我国古代北方草原民族中最后一个强大的势力，它是中华民族的一部分，它所创造的文明，也是中华民族光辉灿烂的文明的一部分，而且它离今天的时间较近，影响较大，我国历史学家、蒙古学家应该重视这一研究课题。

卫拉特的研究已成为国际性学科，苏联、日本、西德等国的专家写了许多著作、文章。我们一方面欢迎国际友人研究卫拉特历史，和他们交流，向他们学习；另一方面，更加鞭策自己开展研究，努力使我们对卫拉特史的研究处在国际的前列和领先地位。

这次卫拉特史学术讨论会有几个特点：

第一，这次着重讨论卫拉特的族源、社会制度、经济文化，这是很好的。以前对战争史和人物评价的比较多，为了深入研究，应对卫拉特的起源、社会内部结构和发展水平做进一步探究，进一步阐明卫拉特文明的特色。

第二，这次将学术讨论和实地考察结合起来，在博尔塔拉和伊宁两地进行。这两个地方是卫拉特的故乡和统治中心，了解到这里山川地形、水草甘美和交通情况，也看到一些遗址，大大增加了感性知识，对于文献资料上的记载有了更加深入的体会。

第三，这次会议上发表了许多托忒文的新资料，这是卫拉特研究史上重大的前进。以往大多用汉文或俄文，而托忒文是卫拉特自己的文字，是第一手的资料，更为重要。也因此想到今后对满文、蒙古文、藏文、维吾尔文史料应进一步发掘，各种民族语文的档案中可能有关于卫拉特情况的重要信息。

卫拉特史的研究,也有非常现实意义。它对于了解新疆的近、现代史,了解历史上形成的新疆的特点,了解新疆各民族的由来、分布和相互关系,都有重要的价值。这对于制定新疆的发展战略,促进民族团结,开发和建设新疆是有参考、借鉴意义的。

根据当年的会议代表名单可知参与第一届研讨会的老一辈学者有戴逸、马汝珩、黄静涛、特布信、戈瓦等。老中青三代蒙古族学者是第一届至第六届会议的主力军,在第六届研讨会上,与会学者既有90多岁高龄的德高望重的著名学者,也有20余岁的硕士、博士,形成四世同堂的盛况!

今天我们再回顾第一届至第六届研讨会历程时,必须提到浩·巴岱同志的倡导、组织、参与之功。第一届研讨会是在浩·巴岱同志倡导、组织、参与下于1986年8月在新疆博乐市召开的,自此之后,浩·巴岱同志由政界、学界两线作战,到致力于卫拉特历史文化和史诗《江格尔》研究,不顾年迈,始终是六届研讨会的指导者和组织者。我在2009年第六届研讨会闭幕会上曾说:"对于卫拉特学研究的开创和发展,浩·巴岱同志做出了重要贡献。我在30年前刚刚开始接触卫拉特历史研究时,曾得到作为新疆重要领导的浩·巴岱同志的大力支持。他指导、组织我们研究团队完成多项研究任务,其中包括1992年和1996年由新疆人民出版社出版的《卫拉特蒙古简史》上、下册,浩·巴岱同志为本书撰写了长篇序言。由于出版后深受学界和蒙古族读者的欢迎,该书还出版了蒙古文版,并在2006年易名《卫拉特蒙古史纲》再版发行。""这次,80岁高龄的浩·巴岱同志,从祖国西北边疆不远万里来到这里参加会议,与我们共同研讨卫拉特蒙古的历史与文化,这种敬业精神值得我们每一位与会者学习。我们今天在美丽富饶的呼伦贝尔草原共聚一堂,共享卫拉特学丰硕成果盛宴之时,对浩·巴岱同志表示由衷的感谢,祝福他健康长寿!"

(三)形成让学术走向大众,让大众了解学术的良性互动

卫拉特蒙古和察哈尔蒙古是新疆蒙古族的主要组成部分。卫拉特蒙古17至18世纪反抗沙俄侵略、保卫国家领土的功绩功不可没,尤其是1771年

土尔扈特蒙古举族东归祖邦故土的壮举,更是中华民族历史上一曲爱国主义凯歌。而18世纪60年代以降,察哈尔蒙古和锡伯、满族、索伦、绿营大批兵丁西进新疆屯垦戍边,构成了一幅西进的宏伟图幅,成为18世纪中国历史上一道独特亮丽的风景线,同时是一项具有特殊"以史为鉴"功能的绝好研究领域。卫拉特人先辈谱写的光辉历史成为今天民族团结、社会稳定的生动教材。

第一届至第六届研讨会均选择在卫拉特人聚居的地区举办,既有利于推动地方史、乡土志材料的收集和研究的深化,也让学术有机会走近当地的普通大众。

除了第一届至第六届研讨会外,还有三次值得一提的让学术走向大众、让大众了解学术良性互动的成功之举,即2004年6月14至17日在库尔勒市举行的东归历史文化研讨会和东归浮雕揭碑仪式;2004年6月19日至20日在博乐市举行的"西迁、东归学术研讨会";2009年7月7日至11日在巴音郭楞蒙古自治州和静县举行的"东归历史与文化研讨会"。笔者有幸亲身参与其间,深切感受到自己的研究成了普通群众的共识的喜悦,这种良性互动局面的出现又为卫拉特历史文化研究的进一步深化提供了有利的、可靠的外部条件。

三、感悟

当对第一届至第六届研讨会做了一番简要的回顾与评议后,于众于己笔者都萌生了些许感语,想写出来与读到本文的诸君同享。

于众而言,以卫拉特历史与文化为主题的研讨会在近30年时间里能持续六届,反映出这项研究具备了坚强的生命力。而生命力产生的原动力:其一是学科发展的需要,卫拉特蒙古研究从某种意义上说是一门边缘性研究项目,从学科分类看,它涉及历史学、社会学、民族学、人类学、政治学、法学,甚至与一些自然科学学科相关,即使从历史学角度看,它也涉及边疆史、元明史、清史、中外关系史、蒙古史等;其二是研究内容的群众性,尤其是当代卫拉特人对先辈光荣历史的知识渴求,使得一旦学术走向了大众,大众想要了解学术所产生的力量是无穷的,这从六届研讨会召开地点的成功选择可以得到印证。

于己而言,作为一个不合格的卫拉特历史研究者(不具备蒙古文和汉文兼通的能力),笔者有幸经历了近40年卫拉特历史发展的全过程,六届研讨会有幸与会四次(第四、五届因事请假),实乃个人之大幸!

卫拉特历史研究是笔者研究生涯中除研究生学习期间从事太平天国史研究外的第一个课题。1975年秋冬,笔者有幸得到了参加工作10年后第一个研究课题,并参加《准噶尔史略》一书的撰写,笔者卫拉特蒙古史研究即始于此时,但此项研究真正有序展开已是1978年。卫拉特蒙古史研究工作的起步是顺利的,因为从大环境而言,笔者赶上了社会科学研究蓬勃发展的时代;从小环境而言,笔者有幸置身于一个团结、进取的研究集体之中。而且在研究工作伊始,笔者即得到享誉海内外的著名前辈学者翁独健教授的指导与启迪,至今笔者仍清晰记得《准噶尔史略》编写工作之初翁独健老师的谆谆告诫:"一定要详尽地掌握原始资料和国内外研究动态,首先把前人的研究成果收齐,编好目录,仔细阅读,在前人的基础上,把这本书写成有较高科学性的民族史专著,不要成为应时之作。"这种治学精神,成了指导笔者走学术探索之路的准则而永存心际。1982年在完成《准噶尔史略》一书后,笔者又开始了17至18世纪土尔扈特蒙古政治史的研究。自此之后,尽管工作岗位有变动,研究重点有调整和拓展,但卫拉特蒙古历史研究始终是研究工作的重点之一。20世纪80年代以来,有关卫拉特蒙古历史的著作,笔者先后出版了10种,兹以出版先后为序,列书目如下:《厄鲁特蒙古史论集》(与马汝珩合著),青海人民出版社1984年版;《准噶尔史略》(合著),人民出版社1985年版,广西师范大学出版社2007年版;《满文土尔扈特档译编》(合编),民族出版社1988年版;《卫拉特蒙古史入门》(与蔡家艺合著),青海人民出版社1989年版;《漂落异域的民族——17至18世纪的土尔扈特蒙古》(与马汝珩合著),中国社会科学出版社1991年版,2003年修订再版;《卫拉特蒙古简史》(上册)(合著),新疆人民出版社1992年版;《卫拉特蒙古简史》(下册)(合著),新疆人民出版社1996年版;《天山问穹庐》,山东画报出版社1997年版,2010年修订再版;《卫拉特蒙古历史译文汇集》(第一册至第四册)(主编);《卫拉特蒙古史纲》(与成崇德共同主编),新疆人民出版社2006年版,该书是《卫拉特蒙古简史》上、下册的修订版。

卫拉特蒙古历史研究成为笔者个人研究生涯中的一项重要内容,而正是在卫拉特蒙古历史田野调查、研究写作与参加各种研讨会的过程中,笔者与学界同行在相互切磋中结下了深厚的友情,特别是与蒙古族学者的交往,使笔者更是感悟到许多书本上学不到的知识,这大大有利于笔者在认识、分析历史上复杂多变的民族关系时有更冷静的判断,以更接近历史的真实。

卫拉特蒙古历史研究的实践,真是笔者治学生涯中的一件幸事!

第七届卫拉特蒙古历史文化学术研讨会召开在即,衷心祝贺会议成功,相信研讨会将一届一届办下去,一届比一届办得更成功!

(原载《西部蒙古论坛》2012年第3期)

补记:

2012年7月21日至22日,第七届全国卫拉特蒙古历史文化研讨会在新疆维吾尔自治区和布克赛尔蒙古自治县召开。包括老中青各族从事卫拉特蒙古历史文化研究的145人与会,收到会议论文160篇(蒙古文、汉文),76位学者在会上宣读了论文。论文内容涵盖或涉及卫拉特蒙古历史与文化研究的诸多方面。但总体而言,本届研讨会论文还是以历史研究为主,民俗文化与社会文化次之,这比较客观地展现了我国当前卫拉特历史文化研究的基本面貌。研讨会论文结集题为《卫拉特蒙古历史文化研究——第七届全国卫拉特蒙古历史文化学术研讨会论文集》,2012年由新疆人民出版社出版,论文集由乌·叶尔达、巴·巴图巴雅尔主编。

如新疆卫拉特蒙古研究学会名誉会长、新疆师范大学教授丹碧在题为《构建和发展卫拉特学,开创卫拉特蒙古研究新局面》的会议学术总结中指出:"我们正在谱写卫拉特研究的历史,这句话,也是马大正先生提交本届研讨会的论文题目,正如马大正先生所言:对于卫拉特史研究的回顾与前瞻是第一届至第六届与会者关注的热点。本届会议依然如故。这就说明,卫拉特研究以历史研究为发端,在今后的发展与深入过程中,还是以历史研究为重点,以带动其他学科研究,使卫拉特研究逐步走向专门学科——卫拉特学。"

2014年7月21日至22日,第八届全国卫拉特蒙古历史文化研讨会在新疆维吾尔自治区巴音郭楞蒙古自治州巩乃斯召开。来自北京、内蒙古、河北、辽宁、浙江、甘肃、新疆63位学者和媒体记者与会,本届会议主题是进一步深化研究卫拉特蒙古的历史和文化,收到用蒙古文、汉文撰写的48篇论文,展示了上届研讨会以来研究不断深化的成果。本次研讨会上专家们还对新疆维吾尔自治区重点项目《卫拉特蒙古通史》的撰写发表了真知灼见。

20 世纪中国卫拉特历史研究述评

卫拉特蒙古是我国蒙古族的一支,历史悠久。长期以来,卫拉特蒙古人民以自己的辛勤劳动和艰苦奋斗,发展了本民族的经济、文化,开发了祖国的西北边疆,为推动统一多民族中国历史的发展做出了重大贡献,其势力所及,也直接影响到邻近各部族历史的进程。

20 世纪中国卫拉特史的研究经历了四个发展阶段:1949 年以前为第一阶段;1949—1976 年为第二阶段;1977—1989 年为第三阶段;20 世纪最后十年可称为第四阶段。下面就中国卫拉特史研究四个阶段略做评述。

一、卫拉特历史研究的起步期(1949 年以前)

这一阶段的卫拉特历史研究相对薄弱,还未真正成为独立的学科。我们只是在研究清史、西北边疆史、中俄关系史的专题著述中可以看到一些涉及卫拉特历史的段落或只言片语。

民国初年,《清史稿》和《清史列传》先后出版。前者在卷五二二、卷五二三中,对卫拉特诸部有所记述,在其一些有关人物列传中也多少有所论及;而后者,我们虽能从一些人物列传中查到有关卫拉特蒙古历史活动的蛛丝马迹,但亦多为分散零星的记载。

这一阶段发表论文约有 70 篇,其内容涉及以下几个方面。第一,以清史为角度研究卫拉特史。华企云《中国近代边陲经略史》(载《新亚细亚》1936 年第 3 期)、陈芳芝《清代边制述略》(载《燕京学报》第 34 期,1949 年 6 月)、丁实存《清圣祖驱准保藏用兵始末》(载《康导月刊》1945 年第 5—8 期合刊)、《伊犁将军设置之起因与其职权》(载《边政公论》1944 年第 8 期)等在论述清朝前期经营新疆、西藏时都较详尽地涉及卫拉特蒙古的活动。郑鹤声《前清康乾时代之理藩政策》(载《边政公论》1942年第3—5期合刊)则是从研究清朝边疆统治的角度论述了对卫拉特蒙古的政策和实践。

第二，从早期中俄关系史角度研究卫拉特蒙古史。较为重要的有罗应荣《中俄蒙的接触与清代的理藩政策》(载《岭南大学历史政治学报》创刊号，1946年12月)，张维华《清初平定喀准两部时之中俄关系》(载《学思》1942年第1—2期)和《土尔扈特西徙与图理琛之出使》(载《边政公论》1943年第3—5期合刊)。作者在早期中俄关系史的历史背景中，通过一些具体事件考察了卫拉特蒙古在中俄交涉中的作用与地位。

第三，从边疆民族史和民族调查的角度研究卫拉特蒙古历史和现状的文章比较多。关于居住在新疆的蒙古族，倪志书《新疆之蒙族》(载《新亚细亚》1934年第2期)和周东郊《现在的外蒙古与新疆蒙古之源流》(载《亚洲世纪》1948年第1期)分别对卫拉特蒙古的历史、沿革、分布、生活、婚丧、宗教、语言文字、风俗、政治等方面做了概述。关于居住在青海的蒙古族，马鹤天《青海蒙藏民族之已往与现在》(载《新青海》1943年第4—5期)、靳玄生《青海蒙古的过去与现在》(载《西北论衡》1937年第11—12期)、吴均《青海蒙古族户数今昔之比较》(载《和平日报》1945年7月25日)、佚名《青海蒙族之调查》(载《新青海》1934年第6期)等文章对和硕特部的历史沿革做了阐述；竞凡《青海蒙旗封爵史略》(载《开发西北》1935年第4期)、魏明章《青海的蒙旗》(载《新西北》1944年第12期)和王泽戎《青海蒙古二十九旗旗名、俗称、现任札萨克姓名表》(载《边疆通讯》1945年第11—12期)则对清朝雍正以来青海蒙旗的沿革、演变以及现状做了较详尽的介绍。对和硕特蒙古社会经济历史和现状进行研究方面较重要的则有张元彬《青海蒙藏两族的经济政治及教育》(载《新青海》1933年第10期)和《青海蒙族牧民之畜牧概况》(载《新亚细亚》1933年第6期)等两篇论文，后者对和硕特部牧地的论述，于青海民族关系研究颇有参考价值。研究居住在甘肃蒙古族的有谷苞《甘肃境内的蒙古族》(载《甘肃民国日报》1945年7月16日)、段绥滋《黄河南亲王史略》(载《方志》1936年第3—4期合刊)、佚名《马鬃山蒙民迁徙》(载《边政公论》1941年第1期)和陈国钧《西蒙阿拉善旗之民族》(载《新中华》1944年第3期)等。他们分别介绍了居住在甘肃和内蒙古的卫拉特蒙古和硕特部和土尔扈特部。

第四，从民族史角度将卫拉特蒙古作为研究主体进行研究，则集中在土尔扈特部。王金绂《土尔扈特与杜尔伯特民族之由来及其生活状况》(载

《真知学报》1943年第2期)依据中外文献记载,对卫拉特蒙古的源流特别是土尔扈特部和杜尔伯特部的源流做了概述,苏北海①也连续著文,对土尔扈特历史和现状做了很有价值的研究。

此外,杨敏曾《青海罗卜藏丹津战地考》(载《地学杂志》1914年第3期)和韩儒林《青海佑宁寺及其名僧》(载《边政公论》1943年第1期),均对雍正初年的罗卜藏丹津反清事件做了有益的考释与叙述。

20世纪30年代以来,随着《清实录》《东华录》的印行,故宫博物院也陆续公布了一批有关卫拉特蒙古史的档案文献,如《康熙时关于噶尔丹文书》(载《文献丛编》1930年第6期)、《准噶尔夷人进贡案》(载《史料旬刊》1930年第19—20期)、《准噶尔夷人贸易案》(载《史料旬刊》1941年第24—27期)等,为卫拉特蒙古史的研究提供了新的资料。

但是,无论从资料整理还是专题研究来看,这一时期卫拉特蒙古史的研究均是依附于其他学科而缺乏系统性。

二、卫拉特历史研究的缓慢发展时期(1949—1976)

这一时期,从总体上说,卫拉特蒙古史尚未引起史学界的重视,其客观原因主要是当时与卫拉特蒙古史有关的学科,如清史、蒙古史、中俄关系史、中亚史等研究或尚未深入展开,或有待开拓,因此作为一门多学科交叉的边缘学科——卫拉特蒙古史,未被人们所顾及,似亦无可厚非。

20世纪五六十年代有关这一课题的,有著作2种,论文8篇。赖家度《明朝对瓦剌的战争》(上海人民出版社1954年版)是从研究明史出发涉及卫拉特蒙古先世瓦剌的一部著作,而王钟翰《胤禛西征纪实》(载《燕京学报》1950年第38期)虽论及康熙末年清兵"驱准保藏"军事行动的始末,但作者研究的观点同样在于清史,而非卫拉特蒙古史。《居延海》成书于1944年,1952年中华书局将全书出版。该书是作者董正钧于1944年参加川康宁农业调查团的一份报告,主要记录了当时额济纳社会、经济的诸多方面,政

---

① 苏北海:《蒙古土尔扈特之西徙》,载《新疆日报》1949年4月8日;《蒙古土尔扈特部之东返》,载《新疆日报》1949年4月10日;《南路蒙古族中之喇嘛概况》,载《新疆日报》1949年7月23日;《和靖县之地名地理》,载《新疆日报》1949年4月28日、1949年4月30日、1949年5月1日。

治宗教一章最为重要,记载了额济纳的政教关系、行政系统、郡王府之组织及札萨克郡王之世系、喇嘛庙及喇嘛之管辖等重要内容。在有关论文中,陈复光《18世纪初叶清廷进攻准噶尔期间第一次到俄属及俄京的中国使节》(载《云南大学学报》1957年第2期)和金启琮《清朝前期卫拉特蒙古和中原的互市》(载《内蒙古大学学报》1964年第2期)的文章应予以重视。特别是陈复光关于雍正时满达伊(即满泰)使团出访土尔扈特的研究,为国内首创,金启琮针对我国封建时期史籍中"过多地记述卫拉特蒙古和中原王朝战争的一面,比较忽视卫拉特蒙古和中原长期的和平交往以及紧密的经济联系"的倾向,在深入研究了《清实录》《东华录》和查阅档案的基础上,将清前期卫拉特蒙古与中原的互市分为四个时期:青海、西套和硕特部为主的互市时期(1642—1662);准噶尔部为主的互市时期(1677—1688);和战间歇期中准噶尔部与清廷的互市交涉(1688—1738);1739年以后准噶尔部与中原的互市(1739—1753)。与前人相比,作者的研究大大前进了一步。

20世纪60年代以后,随着中俄关系史、沙俄侵华史研究的开展,卫拉特蒙古史日益为史学家们所关注,到1976年前后,已发表了几篇论文,大体上可分两大类。一类是论述卫拉特蒙古与俄国的关系,内蒙古大学历史研究室《谎言改变不了历史——驳苏修篡改我国准噶尔部历史的无耻谰言》(载《内蒙古大学学报》1976年第1期)和庆思《清朝政府平定准噶尔部叛乱与抵御沙俄侵略的斗争》(载《历史研究》1976年第2期)是这一类研究中的代表作,在当时影响颇大。另一类则是通过有关文物的研究,阐述卫拉特蒙古反抗压迫的光荣事迹,这方面的论文较重要的有张平一、蒋其祥《热爱祖国、反抗沙俄压迫的土尔扈特蒙古及其历史文物》(载《文物》1975年第7期),王宏钧、刘如仲《清代平定准噶尔贵族叛乱的历史画卷》(载《文物》1976年第12期),史棣祖《清朝平定准噶尔部贵族的叛乱及其意义——从新疆昭苏县格登山碑谈起》(载《文物》1976年第12期),周伟洲《略论清代承德普陀宗乘之庙〈土尔扈特全部归顺记〉》(载《西北大学学报》1976年第1期)。这一时期,卫拉特蒙古史研究与前一时期一样,仍依附于其他学科,卫拉特蒙古史仍未成为独立的研究客体而为研究者所重视。

三、卫拉特历史研究的快速发展时期(1977—1989)

(一) 资料的积累

1977年,特别是1978年以来,随着中国学术研究的复苏和发展,在蒙古史、清史、中亚史、中俄关系史研究逐步深入的基础上,卫拉特蒙古史的研究也有了明显的进展,并逐渐成为一门独立的研究学科。这一时期发表和出版了大量的专著和学术论文。这一阶段中国卫拉特史研究的一个特点是注重资料的整理与出版。众所周知,史料是历史研究的基础,如果没有可靠的第一手资料,那么科学的历史研究就无从谈起。随着卫拉特蒙古历史研究的深入与发展,资料的整理与出版已初见成效。这里仅就有关出版情况做一简介。《清实录》《亲征平定朔漠方略》和《平定准噶尔方略》是研究卫拉特史的三大基本史料,但以往流传不广且难以查阅,给研究者造成一定的困难。1987年以来,中华书局根据中国第一历史档案馆藏大红绫本为主影印出版了《清实录》,近年中国书店也重新影印了殿版《亲征平定朔漠方略》,中国藏学中心影印了《平定准噶尔方略》。

在资料的整理方面,《〈明实录〉瓦剌资料摘编》和《〈清实录〉准噶尔资料摘编》①以及《土尔扈特蒙古满文档案译辑》(民族出版社1987年版)三本资料集,方便了研究者对卫拉特史基本史料的利用。中国第一历史档案馆编《清代中俄关系档案史料选编》第一编(中华书局1981年版),收集了有关土尔扈特部历史的极有价值的史料。中国社会科学院历史研究所清史研究室主编的《清史资料》(中华书局出版)中也先后刊印有关资料,比较重要的有爱新觉罗·胤祯的《抚远大将军奏议》(载第3辑),《岳襄勤公行略》(载第4辑)等,均是研究卫拉特史的有用资料。

值得一提的是,对托忒文史料的搜集与汉译工作也取得了很大成绩。金峰、浩·巴岱、额尔德尼《卫拉特历史文献》②,道润梯步《〈卫拉特法典〉校

---

① 新疆人民出版社分别于1982年和1987年出版了《〈清实录〉准噶尔资料摘编》托忒文版。

② 《卫拉特历史文献》有内蒙古文化出版社1985年版,新疆人民出版社1987年托忒文版。

注》(内蒙古人民出版社1985年版),诺尔布校注的《咱雅班第达传》(内蒙古人民出版社1990年版)极大地便利了研究者对托忒文资料的使用。新疆《汗腾格里》杂志也先后刊载了有关托忒文资料10余篇。托忒文资料的汉译工作也有所进展,乌力吉图先后汉译了有关托忒文资料数篇,①《咱雅班第达传》也由成崇德汉译并注释收入《清代蒙古高僧传译辑》(全国图书馆文献缩微复制中心1990年版)。

　　这一时期不仅注重资料的积累,还开展了对卫拉特蒙古社会历史的调查。据我们所知并见到调查报告的有5次,分别如下:1978年7月至8月,新疆大学周轩②在新疆塔城地区和布克赛尔蒙古族自治县进行的社会历史调查;1982年6月至8月,中国社会科学院民族所、历史所,新疆社会科学院历史所、宗教所、经济所,新疆大学历史系组成了10人的"新疆蒙古族社会历史考察队",考察了3个自治州、15个市县、18个公社牧场,这是中华人民共和国成立以后我国史学工作者对新疆蒙古族的社会历史进行的第一次全面实地考察;③1983年10月,新疆大学历史系苏北海在和布克赛尔蒙古自治县进行社会调查,调查报告题为《新疆北路土尔扈特蒙古族社会历史调查》(载《新疆历史研究》1986年第2期);1985年8月至9月,新疆社会科学院宗教研究所佛教研究室的科研人员对和静县巩乃斯乡进行了卫拉特蒙古宗教、社会状况的定点调查;④1988年10月,新疆蒙古族历史文物考察队调查了尼勒克县发现的托忒蒙古文石刻佛经,这尚属第一次发现。⑤

　　上述社会历史调查的成果是显著的:一是记录了大量口述史料和民间传说;二是收集到一些有价值的历史、宗教史料,特别是托忒文文献,推动了

---

①　噶班沙剌布:《四卫拉特史》,载《蒙古学资料与情报》1987年第4期;格坿克楚勒特尔:《土尔扈特史》,载《蒙古学资料与情报》1988年第4期;特克第:《蒙古溯源史》,载《蒙古学资料与情报》1989年第1期;伦布策凌:《布里亚特史》,载《蒙古学资料与情报》1989年第2期。

②　周轩:《土尔扈特蒙古部落调查记》,载《西北史地》1982年第3期。

③　此次考察的全部资料刊载于新疆社会科学院宗教研究所编印的《新疆宗教研究资料》第9辑。

④　该调查材料以《巩乃斯乡调查资料集》刊于该所主编的《新疆宗教研究资料》第14辑。

⑤　《新疆尼勒克县新发现托忒蒙古文、藏文石刻佛经》,载《新疆文物》1989年第1期。

地方史研究中卫拉特蒙古史的发展。

(二)卫拉特史研究领域的开拓

1977年以来,卫拉特蒙古史的研究内容几乎涉及卫拉特蒙古的各个方面,研究课题的广度与深度也达到前所未有的地步。从研究论文的选题和内容来看,其已远远超过了以往研究的范围,日益明显地呈现出由长期附属于其他学科向独立学科发展过渡的趋向,也就是说,卫拉特蒙古已日益成为研究的客体,为研究者所探讨。这是一个极为可喜的进步,也是卫拉特蒙古史研究进入一个崭新阶段的标志。现从以下几方面进行综述。

1. 卫拉特蒙古先世史研究

卫拉特蒙古在元代汉文献中称斡亦剌惕,明代汉文文献中称瓦剌,卫拉特蒙古的先世史研究,实际上即是对斡亦剌惕、瓦剌的研究。由于史籍中对斡亦剌惕的记述十分零散,以往国内学者研究甚少。韩儒林主编《元朝史》对斡亦剌惕做了颇有深度的综述,是研究必读之作。杜荣坤《试论斡亦剌十三四世纪政治经济的变化》(载《民族研究》1980年第6期)认为,13世纪当时还停留在氏族制后期的斡亦剌,由于其领袖和成吉思汗家族及元皇室有世袭姻亲关系,并受到分封制的影响,上层建筑发生演变,促进了早期封建关系的形成,导致斡亦剌政治、经济的变化。而白翠琴《斡亦剌贵族与成吉思汗系联姻考述》(载《民族研究》1984年第1期)通过详尽考述,指出斡亦剌与成吉思汗家族的联姻对缓和统治阶级间矛盾,促使斡亦剌社会向早期封建制转化方面曾起过一定作用,对明代蒙古地区的政治形势也产生了深刻的影响。杜荣坤、白翠琴《斡亦剌与周围诸族之关系》(载《西蒙古史研究》,新疆人民出版社1986年版)考察了斡亦剌与汉、乞儿吉思、畏兀儿等族间的关系,以及斡亦剌人远及波斯、阿拉伯等国的活动。

瓦剌史研究方面,杜荣坤和白翠琴的研究成果十分瞩目,收录在《西蒙古史研究》中的9篇论文,可以视之为较系统的瓦剌史专题研究。作者从研究瓦剌王猛可帖木儿的事迹入手,阐明了有明一代瓦剌的兴衰,复从瓦剌

---

① 《瓦剌王猛可帖木儿杂考》《从经济交流看瓦剌与中原地区的关系》《土木之役与景泰和议》《也先称汗及其败亡》《东西蒙古纷争及瓦剌西迁》《也先之后瓦剌与明廷的联系》《明代蒙古与西域关系述略》《明前期蒙古与女真》,以上论文载《西蒙古史研究》,新疆人民出版社1986年版。

与明朝,以及周邻诸族政治、和战关系、经济贸易入手,分析了瓦剌兴衰的内在因素和外来影响。白翠琴《瓦剌境域变迁考述》(《蒙古史研究》第1辑,内蒙古人民出版社1985年版)根据汉、蒙古文及外文资料零星记载,分三个阶段对瓦剌分布和迁徙做了叙述,展现了瓦剌从叶尼塞河上游向东南、西南发展以及后来主力向西迁徙的历史进程。俺答汗征讨卫拉特,是他一生中三次重要军事行动之一。薄音湖《俺答汗征卫拉特史实》(载《内蒙古大学学报》1983年第4期)依据蒙古文抄本《俺答汗传》,对其征讨卫拉特做了阐述,补充了史籍中对16世纪以来瓦剌记载的不足。吴其玉《从猛可帖木儿说到玛哈齐蒙克——谈明初历史的一个问题》(载《福建师大学报》1979年第4期)通过考证认为,《明史·瓦剌传》中的猛可帖木儿就是《蒙古源流》中的乌格齐哈什哈,《明史·鞑靼传》中的鬼力赤,张穆《蒙古游牧记》和祁韵士《皇朝藩部要略》以及帕拉斯《蒙古民族史料集》中的玛哈齐蒙克,"这四个名字实际上就是一个人的名字"。马曼丽《明代瓦剌与西域》(载《西北史地》1984年第1期)从瓦剌势力始入西域,脱欢、也先时期瓦剌对其西域近邻的政策,也先死后瓦剌活动重新移向西域及其与中亚的关系三个方面,对瓦剌与西域诸族的关系进行了有益探讨。奥登《论也先汗》〔载《内蒙古社会科学》(蒙古文版)1982年第1期〕、薄音湖《评十五世纪也先对蒙古的统一及其与明朝的关系》(载《内蒙古社会科学》1985年第2期)对瓦剌历史上的雄主也先的政治、军事活动进行了考述,并对也先统一蒙古的作用及其与明朝的关系进行了分析和评述。另外,杨绍猷《太平卒年考》(载《民族史论丛》第1辑)、陈梧桐《永乐至宣德的政策失误与"土木之变"》(载《光明日报》1988年12月21日)也在这方面发表了重要文章。

2. 卫拉特蒙古族源、分布、系谱研究

卫拉特蒙古的族源是卫拉特史研究中公认的难点。岑仲勉《卫拉特即卫律说》(载岑仲勉:《中外史地考证》上册,中华书局2004年版,第58—66页)虽应者寥寥,但却开了卫拉特族源研究的先河。中外史学家对卫拉特蒙古族源有突厥说、蒙古说、突厥蒙古融合说和兀鲁黑塔说四种,杜荣坤《厄鲁特族源初探》(载《新疆大学学报》1981年第2期)通过对卫拉特蒙古历史、社会经济生活、语言、地理分布以及周围各部族关系等方面研究,指出蒙古说较为可靠。诺尔布《试论土尔扈特的起源—兼论克列特》〔载《中国蒙古史学会论文选集(1981年)》,内蒙古人民出版社1986年版〕依据托忒文资料和有关中外史载,认为土尔扈特起源于克列特,直到与成吉思汗同时代的王罕(王汗)时,克列特开始改称土尔扈特,文章从土尔扈特族源入手支持了蒙古说的观点。

关于卫拉特蒙古的分布及其变迁,钮仲勋《准噶尔西北疆域考》(载《中俄关系史论文集》,甘肃人民出版社 1979 年版)和杜荣坤《论准噶尔分布地域的变迁》(载《西蒙古史研究》,新疆人民出版社 1986 年版)都有专文论述。尤其是杜荣坤的文章考察了厄鲁特于元明清间地域分布之历史过程,指出准噶尔分布之牧地与领地皆属中国历史疆域的一部分。巴赫《公元 1757 年以后新疆蒙古族的分布与变迁》(载《新疆社会科学研究》1985 年第 13 期)概述了截至清末居住在新疆地区的土尔扈特、准噶尔、察哈尔诸部的发展与变迁。而马大正《新疆和硕特蒙古札萨克印考述》(载《蒙古史研究》第 1 辑,内蒙古人民出版社 1985 年版)和蔡家艺《新疆察哈尔营、厄鲁特营概述》(载《蒙古史研究》第 2 辑,内蒙古人民出版社 1986 年版)则分别对居住在新疆的准噶尔部、和硕特等部的分布及其活动做了进一步的阐述。

对卫拉特蒙古诸部王公系谱的整理,当首推高文德、蔡志纯《蒙古世系》(中国社会科学院出版社 1979 年版),该书表 35—48 即为卫拉特蒙古诸部王公系谱。巴·乌云《青海蒙古部落袭位表》(载《青海民族学院学报》1979 年第 2 期)对青海和硕特部的系谱做了专题综合研究。在王公系谱研究中,土尔扈特王公系谱更引起研究者的兴趣。冯锡时《我国厄鲁特蒙古土尔扈特部世系考订》(载《新疆大学学报》1980 年第 2 期)和周轩《关于土尔扈特蒙古部落世系的初探》(载《社会科学战线丛刊》1980 年第 2 期)分别对清代记述和当代研究中一些失实之处进行了考订和探讨。而马汝珩、马大正《土尔扈特蒙古系谱考述》(载《民族研究》1982 年第 1 期)则在诸家研究基础上,结合满文土尔扈特档和托忒文资料以及中外史载,特别是俄文资料,对翁罕至渥巴锡之间系谱中的缺漏做了考证,并对有关历史人物——散札布、沙克都尔扎布、车楞敦噜布、渥巴锡之仲兄萨赖的活动做了补缺,从中阐述了阿玉奇汗时期土尔扈特部与准噶尔部策妄阿拉布坦关系的变化。同时,这反映出阿玉奇汗死后,土尔扈特贵族争夺汗位的斗争,以及俄国利用土尔扈特内争混乱,加强其控制的进程。

3. 卫拉特蒙古经济、社会、宗教研究

卫拉特蒙古的社会经济、社会制度是卫拉特研究中的薄弱环节。关于卫拉特蒙古的畜牧业和农业研究,蔡家艺的《准噶尔的畜牧业》(载《民族研究》1985 年第 1 期)和《准噶尔的农业——准噶尔社会经济初探之二》(载

《蒙古史研究》第 1 辑，内蒙古人民出版社 1985 年版）是这一领域仅有的值得重视的研究之作。作者指出准噶尔是一个游牧民族，畜牧业是准噶尔的社会经济基础，准噶尔人的畜牧业，主要是牧养马、牛、羊、骆驼四种牲畜。作者认为，准噶尔人习农业，识耕稼。策妄阿拉布坦和噶尔丹策零统治时期是农业大发展时期。广泛使用"塔兰奇人"从事农业，是准噶尔农业的一个重要特点，但"塔兰奇人"的农业不能代表整个准噶尔农业，从事农业的还有准噶尔人。作者进而指出游牧民族并非完全拒绝农业，反对发展农业，畜牧业生产与农业生产也不是互相排斥，恰恰相反，在一定条件下，它们是互相补充、互相促进的关系。策妄阿拉布坦和噶尔丹策零时，准噶尔社会经济之所以有较大发展，与农业生产的进步不无关系。

杜荣坤、白翠琴《十五至十八世纪卫拉特社会组织和统治机构》（载《西蒙古史研究》，新疆人民出版社 1986 年版）对以往少有人涉及的卫拉特蒙古社会组织进行了研究，分析了 15 世纪至 17 世纪初瓦剌社会结构及其变化，17 世纪中期至 18 世纪中期准噶尔社会集团和统治机构的组成及特点，较为系统地记述了卫拉特蒙古的阶级关系、社会组织和统治机构。

蒙古《卫拉特法典》是研究卫拉特蒙古社会的最重要史料，它与《喀尔喀法典》《理藩院则例》被誉为蒙古法三大文献。蒙古《卫拉特法典》的研究在我国起步较晚，罗致平、白翠琴《试论〈卫拉特法典〉》（载《民族研究》1981 年第 2 期），从法典产生的时代背景、主要内容及其历史意义诸问题做了探讨，并通过对《卫拉特法典》的研究，分析了蒙古社会组织和阶级关系，是中国第一篇研究法典的力作。马曼丽《浅议蒙古〈卫拉特法典〉的性质与宗旨》（载《西北史地》1981 年第 2 期）则对法典制定的历史背景做了合乎情理的论证。道润梯步《〈卫拉特法典〉在蒙古法制史上的地位》（载《卫拉特史论文集》，《新疆师范大学学报》1987 年）一文，对法典在卫拉特史上的地位与作用做了全面评价，认为它是一部前无古人、后无来者、独具风采的历史文献，它的基本指导思想就是团结御侮的反侵略精神。作者在另一篇文章《论〈卫拉特法典〉的指导思想》（载《卫拉特史论文集》，《内蒙古师范大学学报》1990 年第 3 期）中，肯定法典的基本指导思想是整顿内部秩序，消除历史隔阂，加强团结一致，抗击外来侵略的同时，指出了法典中消极的、不利于团结御侮的因素。而杨选第、刘海滨《〈理藩院则例〉与〈卫拉特法典〉之比较》（载《卫拉特史论文集》，《内蒙古师范大学学报》1990 年第 3 期）则比较了《理落院则例》与《卫拉特法典》，探讨了两者的异同。

宗教在卫拉特社会中占有特殊的地位。蔡志纯《明代瓦剌喇嘛教简述》（载《新疆大学学报》1985年第4期）探讨了黄教在西蒙古传播的原因和过程以及对整个社会的影响。蔡家艺《西藏黄教在厄鲁特蒙古的传播和发展》（载《民族史论丛》第1辑，中华书局1987年版）较全面地论述了17世纪以来藏传佛教格鲁派在卫拉特蒙古地区传播和发展的进程，以及对其政治、经济、文化的深远影响（有积极的也消极的）。作者还指出，藏传佛教格鲁派传入卫拉特蒙古，对中国西北地区的民族关系产生了重大影响。它既是噶尔丹占领天山南路、策妄阿拉布坦侵袭西藏的重要诱因，同时又有力地促进了蒙古族、藏族和汉族之间关系的发展。和硕特部固始汗遣使到盛京奉表贡，西藏五世达赖喇嘛到北京觐见顺治皇帝，土尔扈特汗渥巴锡率众东返，无不与此有着千丝万缕的联系。同一主题的文章还有陈世良、谭吴铁、陈国光《藏传佛教（喇嘛教）在新疆的传播和发展》（载《新疆维吾尔自治区社会科学院首届学术报告会论文选集》）、陈国光《西蒙古佛教经济的兴衰》（载《新疆社会科学》1987年第4期）。巴赫《准噶尔地区的黄教及其寺院研究》（载《新疆历史研究》1986年第1期）重点考察了天山北路和南路的黄教寺庙及其内部僧侣组织、僧人学位。作者的结论：清朝统治阶级把扶持黄教定为国策，他们以黄教来驾驭蒙古人，是以整个民族为目标的。黄教也以其特殊的社会功能，使准噶尔地区的蒙古族最终坠入了萎靡不振的毁灭性深渊。

4. 卫拉特蒙古与清政府关系研究

清朝前期，卫拉特蒙古雄踞西北，是一支非常活跃的政治力量，它和清政府关系的发展和演变，一直是研究者所关心的课题。由于各自所处的地位有差异，和硕特、准噶尔、土尔扈特与清政府的关系各具特色。

（1）和硕特部与清政府关系研究

李见颂《青海和硕特蒙古概说》（载《青海民族学院学报》1980年第1期）、冯锡时《明末清初的和硕特蒙古》（载《新疆大学学报》1982年第1期），在较广阔的范围内阐述了有清一代和硕特蒙古与清政府的关系，虽说内容十分概略，但轮廓勾画之功不可没。

和硕特蒙古与清政府政治关系的研究多集中在以下两个方面：一是顾实汗时与清政府关系的建立与发展（这一方面研究，将在人物研究中介绍）；二是罗卜藏丹津时与清政府关系的破裂。芈一之《试论罗卜藏丹津事件》（载《中国蒙古史学会成立大会纪念集刊》），马汝珩、马大正《论罗卜藏丹津叛乱与清政府的善后措施》（载《新疆大学学报》1980年第3期），李凤珍

《试论罗卜藏丹津叛乱始末及其影响》(载《西藏民族学院学报》1983 年第 2 期),蒲文成《试谈雍正"癸卯之乱"的历史渊源》(载《西藏研究》1985 年第 1 期),李延恺《罗卜藏丹津反清原因、时间及被俘年代辨》(载《青海民族研究》第 3 辑)等,从不同角度论述了雍正年间发生的罗卜藏丹津反清事件及其深远影响。

陈柏萍《清朝前期青海蒙藏民族和中原的贸易关系》(载《青海民族研究》第 3 辑),陈先国、王浩勋《明清时期青海蒙藏关系和中央王朝对蒙藏的政策》(载《中国藏学》1989 年第 1 期)分别从经济贸易和政治角度分析了和硕特与清政府关系的发展进程。

(2) 准噶尔部与清政府关系研究

准噶尔部自噶尔丹以来多次与清政府发生军事冲突,双方关系研究中,战争史研究占据突出的位置。马汝珩《康熙三征噶尔丹》(载《文史知识》1983 年第 4 期)概括论述了康熙帝与噶尔丹统治准噶尔部时期的三次战争。在具体战役的研究方面,袁森坡《乌兰布通考》(载《历史研究》1978 年第 8 期)和《乌兰布通之战考察》(载《历史研究》1983 年第 4 期),洪用斌《试论乌兰布通战争的结局》(载《内蒙古社会科学》1984 年第 6 期)和《昭莫多之战》(载《内蒙古社会科学》1980 年第 2 期),张羽新《乌兰布通之战的胜败问题》(载《历史研究》1986 年第 5 期),邢玉林《乌兰布通之战》(载《民族研究》1986 年第 4 期)以及王勇《费扬古与昭莫多战役》(载《北华大学学报》1983 年第 1 期)分别对 17 世纪末准噶尔和清政府两次重大战役做了深入分析。罗丽达《1717 年准噶尔侵扰西藏及清政府平定西藏的斗争》(载《清史研究集》第 2 辑,中国人民大学出版社 1982 年版)围绕西藏政局准噶尔和清政府关系的演变进行了研究。18 世纪 50 年代清政府对准噶尔战争的胜利,使新疆地区归于清政府的直接行政管辖之下,对我们统一多民族国家的形成具有深远意义。郭蕴华《清政府统一新疆的历史意义》(载《新疆史学》1979 年创刊号),杨建新《清代准噶尔贵族的叛乱及其覆灭》(载《新疆历史论文续集》,新疆人民出版社 1982 年版),李之勤《格登碑杂考》(载《新疆大学学报》1981 年第 4 期),周轩《〈平定准噶尔勒铭格登山之碑〉碑文浅释》(载《新疆大学学报》1981 年第 4 期)等,着重阐述了 18 世纪中叶准噶尔部内讧迭起,清政府统一西北的历程及意义。

在清政府对准噶尔战略思想的研究方面,袁森坡《康熙的北部边防政策与措施》(载《清史论丛》第 4 辑,中华书局 1982 年版)从政治、军事、经济等方面详尽而细致地分析了康熙皇帝对我国漠北和西北采取的政策与措施,并指出,由于政策、措施的得当,清政府保护了中华民族各族人民的共同利益,有利于边疆地区经济的开发。乾隆皇帝继承了康熙皇帝的事业,张羽新《乾隆对彻底平定准噶尔的指导作用》(载《新疆社会科学》1984年第1期)、王爱军《乾隆对阿睦尔撒纳的斗争策略——从乾隆第二次东巡谈起》(载《沈阳故宫博物馆文集》)以及左书谔《从平准战争看乾隆对准部政策的转变》(载《西北史地》1985年第2期)和《乾隆区别对待达瓦齐和阿睦尔撒纳的原因》(载《伊犁师范学院学报》1986年第1期)从不同侧面研究了乾隆皇帝对准噶尔政策的各个方面。随着研究的深入,研究者还将视点放到了清朝与准噶尔战争中的清军后勤供应问题,左书谔《平准战争与康熙的后勤供应》(载《新疆师范大学报》1987年第1期)认为康熙皇帝对后勤供应的指导思想可以用"备于前、省于途、用于急"九字概括,在这一思想指导下,清政府在整个战争中,配备了强有力的后勤领导组织人员,并在保证运输工具、粮饷供应、军需马匹等方面都做了精心安排。而王希隆《平准战争中的转输与屯田》(载《西北民族学院学报》1986年第2期)指出,康熙五十四年(1715)以前,平准噶尔噶尔清军的粮草依靠转输供应,康熙五十四年(1715)开始,屯田和转输并行供给,进而分析了北路屯田(主要在喀尔喀蒙古西部)和西路屯田(主要在新疆东部巴里坤、吐鲁番、哈密、甘肃河西地区)的兴起和作用。

  值得注意的是,近年来研究者并不满足于前人开辟的研究领域,蔡家艺另辟蹊径,接连发表了数篇文章①全面论述了巴图尔珲台吉以来准噶尔与中原地区贸易关系的发展进程,着重探讨了噶尔丹策零统治时期同中原地区贸易关系的活跃状况,指出这一时期贸易达到了空前繁荣,不仅商队往来之频繁大大超过从前,就是贸易规模的发展在准噶尔历史上也是罕见的。叶志如《从贸易熬茶看乾隆前期对准噶尔部的民族政策》(载《新疆大学学报》1986年第1期),张羽新《肃州贸易考略》(上、中、下)(载《新疆大学学报》1986年第3—4期,1987年第1期)都依据了中国第一历史档案馆所藏之有关汉文档案。前者在分析了清政府各项政策措施后指出:其政策核心是以

---

① 蔡家艺:《十八世纪中叶准噶尔同中原地区的贸易往来略述》,载《清史论丛》第4辑;《准噶尔同中原地区的贸易交换——两份准噶尔的购货单试析》,载《民族研究》1982年第6期;《清朝前期准噶尔与内地的贸易关系》,载《中亚学刊》第1辑。

怀柔为手段,借以笼络准噶尔部的上层,以达到统治准噶尔部人民的目的。但就其效果来说,它不仅使准噶尔部恭顺于清王朝的统治,达到"海宇共享升平之福"的目的,有利于维护封建的多民族国家的统一和团结,而且在客观上使准噶尔部人民和内地各族人民之间的政治、经济、文化联系,得到了加强和发展,对于促进新疆和内地的农业牧业生产的发展,均起到了积极推动作用。后者则对清朝与准噶尔贸易的重要窗口肃州(今甘肃酒泉),从贸易活动始末、历年贸易数额、准噶尔输入内地货物和内地输入准噶尔货物等方面做了深入考察。

(3)杜尔伯特部与清政府关系研究

在卫拉特蒙古各部与清政府的关系研究中,研究者们对杜尔伯特部的研究较少。马汝珩、马大正《论杜尔伯特三车凌维护国家统一的斗争》(载《清史研究集》第1辑)较系统地论述了乾隆十八年(1753)杜尔伯特部首领车凌、车凌乌巴什和车凌蒙克不堪战乱蹂躏,率属众内迁的原因、始末及其意义,还兼及杜尔伯特部的源流和内附后的政治活动,进而指出杜尔伯特三车凌的内附以及在他们带动、影响下卫拉特蒙古部众的纷纷内附,对清政府完成统一西北边疆的事业,确实起了积极的作用。而马汝珩《乾隆夜宴三车凌》(载《历史知识》1982年第4期)则着重叙述了三车凌投归清朝后受到乾隆皇帝接待的盛况。杨伯达《〈万树园赐宴图〉考析》(载《故宫博物院院刊》1982年第4期)则从研究文物入手,考察了三车凌的历史功绩。

(4)土尔扈特部与清政府关系研究

对17—18世纪土尔扈特蒙古历史的研究是比较活跃的。马汝珩、王思治《土尔扈特蒙古西迁及其反抗沙俄压迫、重返祖国的斗争》(载《社会科学战线》1978年第3期),马曼丽《我国蒙古族土尔扈特部的西迁及其重返祖国的斗争》(载《新疆历史论文集》,新疆人民出版社1978年版),张平一《土尔扈特蒙古万里归国记》(河北人民出版社1981年版),郭蕴华《土尔扈特部回归祖国》(载《西域史论丛》第1辑,新疆人民出版社1985年版),都对这一时期土尔扈特历史做了有益的概述。

比较系统地论述土尔扈特部与清政府关系的是马汝珩、马大正《清朝前期土尔扈特蒙古与祖国的关系》(载《中国古代民族关系史研究》,福建人民出版社1989年版),他们指出留居伏尔加河流域的土尔扈特与中国的关系经历了初建、发展和稳定三个阶段。马大正、郭蕴华《〈康熙谕阿玉奇汗敕书〉试析》(载《民族研究》1984年第2期)和马汝珩、马大正《试论〈雍正谕土尔扈特汗敕书〉与满泰使团的出使》(载《民族研究》1988年第1期)首次向读者全文介绍了两件土尔扈特与清政府关系的珍贵文献,进而分析了18世纪上半叶先后出使土尔扈特的图理琛使团、满泰使团的历史功绩。

18世纪70年代土尔扈特蒙古历尽艰险东返故土,是当时国内民族关系的一件大事。马汝珩、马大正《跋涉数千里,一心向祖国——渥巴锡与土尔扈特蒙古重返祖国的斗争》(载《光明日报》1980年11月4日)、任世江《试析土尔扈特回归祖国的原因》(载《社会科学》1983年第2期)和李映发《土尔扈特抗俄返国史实考》(载《四川大学学报》1982年第1期)对土尔扈特蒙古东返的原因、性质及意义分别进行了研究,批判了封建史家和资产阶级学者在这些问题上的错误观点。

由于中外史载的混乱,土尔扈特东返历程错谬之处甚多,马大正《土尔扈特蒙古东返始于何时》(载《新疆社会科学》1985年第1期)和《土尔扈特蒙古东返人户数考析》(载《历史档案》1983年第1期),蔡家艺《土尔扈特东返经由何路进入沙喇伯勒》(载《西北史地》1983年第3期)分别对各自主题做了较为细致的考释,并提出了令人信服的结论。

马大正《清政府对蒙古族土尔扈特的安置》(载《清史研究集》第2辑,中国人民大学出版社1982年版)和蒋其祥《新发现的旧土尔扈特北右旗札萨克印》(载《考古与文物》1983年第1期)对东返故土后土尔扈特的定牧、安置的情况做了有益阐述。

5.卫拉特诸部之间以及他们与藏族、维吾尔族诸族关系研究

在卫拉特蒙古诸部之间关系的研究中,卫拉特联盟是一个十分重要的课题,但目前研究的论文仍不多见。马曼丽、胡斯振《四卫拉特联盟初探》(载《民族研究》1982年第2期)对联盟的形成、性质、作用及其崩溃进行了有益探讨,作者认为:四卫拉特联盟从15世纪后半叶开始初具雏形,到16世纪末,形成较为完善的联合体。它是分散游牧、互不隶属的卫拉特各部,向强大统一的卫拉特封建社会过渡的特殊社会组织形式。它对克服也先死后的分裂动荡和几面受敌的危机形势,对共同御敌、保障卫拉特的生存,对发展封建经济、封建制度和加强与中原的经济、政治交往,都起到了积极的历史作用。关于联盟的崩溃,作者认为在17世纪70年代,噶尔丹袭杀鄂齐尔图汗是联盟最终崩溃的标志,开始了卫拉特蒙古历史"噶尔丹军事集权统治时期"。浩·巴岱、金峰、额尔德尼《论四卫拉特联盟》(载《卫拉特史论文集》,《新疆师范大学学报》1987年)依据托忒文文献,结合了中外文史载,提

出卫拉特联盟可依其发展变化分为早、中、晚三期。早期是明正统二年至弘治十五年（1437—1502），中期是弘治十五年至崇祯十年（1502—1637），晚期是崇祯十年至清乾隆二十二年（1637—1758），并对每一时期做了详尽的叙述。在此文发表前，同一作者还用蒙古文以《论早期四卫拉特联盟》（载《蒙古史研究》第1辑）为题刊出了上述文章的部分内容。关于此文的见解，虽尚未见到专文讨论，但1986年8月在新疆维吾尔自治区博尔塔拉蒙古自治州召开的卫拉特史学术讨论会上已引起讨论。有的学者认为将早期、中期联盟用明确的年代划分不一定合适，但有更多学者指出可以将1640年蒙古《卫拉特法典》的制定，作为晚期联盟建立的标志。1758年作为晚期联盟的结束不能使人信服，因为在17世纪中叶前后，作为卫拉特主要组成部分的和硕特、准噶尔、土尔扈特部，实际上已走上各自不同的发展道路，对联盟的真正认识还有待于学者们的深入研究。

在土尔扈特西迁原因的研究中，也涉及卫拉特诸部间关系的变化。一种观点认为土尔扈特因受准噶尔巴图尔珲台吉排挤而西迁。罗丽达《土尔扈特部为什么西迁》（载《清史研究通讯》1985年第2期）提出，1625年厄鲁特部大内讧是土尔扈特西迁的直接和根本原因，而西迁是土尔扈特首领出于对这场自相残杀的内讧事件的强烈不满所采取的抗议行动。蔡家艺《卫拉特蒙古史事杂考》（载《历史档案》1985年第4期）进一步指出，牧地紧张以及由于纷争所引起的经济危机，是迫使他们不得不离开故土的另一个重要因素，并首次引用了中国第一历史档案馆所藏满文档案中渥巴锡归国后对福隆安所讲的话，以资佐证。

卫拉特蒙古与藏族关系的研究方面，蔡家艺《清前期卫拉特蒙古进藏熬茶考述》（载《中国民族史研究》，中国社会科学出版社1987年版）全面考察了双方关系中占有重要地位的熬茶活动，认为卫拉特蒙古地区的进藏熬茶，产生于17世纪初，其较大发展主要是在17世纪40年代以后，从17世纪40年代至70年代，进藏熬茶主要是由各部封建主分别派遣，率领熬茶者大都是封建主本人。噶尔丹兼并四卫拉特以后，准噶尔地区的进藏熬茶大体上都由准噶尔封建主统一派遣。和硕特部与藏族的关系是研究者着力研究的一个热点。17世纪前半期顾实汗进据青藏是双方关系中的一件大事。安应民《试论喇嘛教格鲁派与和硕特蒙古相互结纳的根源》（载《西藏民族学院学报》1982年第4期）、《浅析和硕特蒙古进据青藏地区的原因》（载《兰州大学学报》1985年第1期）从当时政治、经济、军事和宗教等方面进行分析,指出卫拉特蒙古内部争权夺利的斗争、牧畜数量的增长与牧地之争是和硕特蒙古南迁的主要原因。而与青藏地区的宗教关系则是确定进据青藏地区的决定因素。韩官却加《藏传佛教教派斗争与和硕特蒙古南迁》(载《青海民族学院学报》1985年第3期)着重从教派斗争的角度分析了南迁的原因,认为此次事件不仅有它本身的政治和经济原因,更重要和当时西藏佛教格鲁派为剪除敌对势力,求得自身的生存和发展所采取的政治邀请是密切相关的。唐明英《第巴桑结嘉措对和硕特汗王的斗争》(载《西藏民族学院学报》1986年第3期)则指出他们之间的斗争不是一般意义上的争权夺利的斗争,它揭开了清前期西藏地方由蒙藏联合掌权的政治体制向藏族统治者掌权的政教合一的政治体制过渡所不可避免的斗争序幕。

关于卫拉特蒙古与维吾尔族的关系,目前主要研究的是准噶尔在南疆的统治问题。马大正、蔡家艺《论准噶尔贵族对南疆的统治》(载《新疆大学学报》1981年第2期)较全面地论述了准噶尔贵族在南疆统治由确立到覆亡的全过程。安瓦尔·巴依图尔《略论阿帕克和卓》(载《民族研究》1982年第5期)利用了大量察合台文资料,研究了与噶尔丹进军南疆有着密切联系的阿帕克和卓的政治生涯,使人们看到了双方关系的一个鲜为人知的侧面。

6. 卫拉特蒙古与俄国关系研究

卫拉特蒙古由于长期游牧在祖国西北边陲,是我国最早与俄国侵略势力发生交往的少数民族之一。卫拉特蒙古与俄国关系的研究是早期中俄关系史的一项重要内容。迄今为止的众多研究论文中,可以看出两个明显的倾向:一是大多着力于揭露俄国的侵略罪行和颂扬卫拉特蒙古人民反抗侵略的爱国主义传统;二是与卫拉特蒙古一些历史人物的研究紧密相连。这里主要介绍前一方面的研究情况,后者在卫拉特蒙古历史人物研究中进行介绍。

蔡家艺、马大正《略论十七世纪前期厄鲁特及和托辉特人民的抗俄斗争》(载《中俄关系问题》1981年第1期)和《十八世纪初准噶尔人民抗俄斗争的重要一页》(载《中俄关系史论文集》,甘肃人民出版社1979年版)利用了大量俄国记载,比较详尽地介绍了俄国对准噶尔牧地的渗透和侵略。这一方面,还有李绍明《清初平定准部扰藏和抵御沙俄侵略的斗争》(载《西南民族学院学报》1979年第1期)、郭蕴华《从阿睦尔撒纳的叛乱看沙俄对准噶尔部的侵略》(载《西北史地》1981年第1期)、栗振复《乾隆防御沙俄侵略的措施》(载《历史档案》1983年第3期)、张广达《沙俄侵藏考略》(载《中央民族学院学报》1978年第1期）等文章。

土尔扈特部居留伏尔加河流域达一个半世纪之久，他们与俄国发生过内容广泛的交往，马汝珩、马大正《伏尔加河畔土尔扈特汗国的建立及其与俄国的关系》（载《西北史地》1987年第4期）和《略论十八世纪二十—五十年代的土尔扈特汗国》（载《新疆社会科学》1986年第6期）在利用了苏联学者研究成果基础上，比较翔实地研究了17世纪30—70年代和18世纪20—50年代土尔扈特汗国与俄国的政治关系，在一定程度上填补了国内研究的空白。不足之处是作者的视点还只停留在政治关系中的对抗一面，对政治关系中友好交往的一面以及经济、文化关系等更广泛的领域，尚未涉及。

7. 卫拉特蒙古历史人物研究

有关人物的专题研究，几乎涉及卫拉特蒙古历史上所有有影响的人物，是卫拉特历史中最活跃的研究领域。研究的显著特点是研究者针对以往史学界对卫拉特历史人物存在过多否定的倾向，在研究了大量中外史料的基础上，对卫拉特历史人物进行了重新评价，力求还原历史的本来面貌。杜荣坤《关于准噶尔历史人物的评价问题》〔载《中国蒙古史学会论文选集（1980年）》，内蒙古人民出版社1980年版〕从理论上提出了评价卫拉特蒙古历史人物的三条标准：客观上是否有利民族团结、祖国统一；是否有利于本民族社会经济的发展；是否有利于对外来侵略势力的反抗和斗争。尽管研究者们对上述三条标准的认识并不一致，但这对历史人物研究的深入无疑是有益的。其实卫拉特历史人物的研究，是中国少数民族历史人物研究的有机组成部分，随着中国民族史研究的深入，坚持实事求是，坚持民族平等，已日益被研究者认为是研究中所必须遵循的前提，并用之于研究之中。

（1）和硕特部历史人物研究

顾实汗（固始汗）是研究较多的一个人物。马汝珩、马大正《顾实汗生平略述》（载《民族研究》1983年第2期）在研究了大量史料的基础上，对顾实汗一生的功绩做了评述，指出顾实汗一生做了许多事，至少有三件事值得提出并予以肯定。第一，他统一了青藏高原，使明末以来青藏地区的战乱割据状态逐渐走向安定统一局面，为清政府后来进一步统一青藏地区奠定了良好基础；第二，他对青海与西藏的统一加强了西北各族间的关系，尤其是蒙古族和藏族的关系，使蒙古族和藏族之间的政治、经济与文化联系进一步加强，这对青藏地区的发展，无疑是有着促进作用的；第三，他加强了蒙藏地区与清朝中央政府的政治联系，特别是使西藏地方政府在明末清初几十年战乱之后,又和中央政府建立了政治隶属关系,促进了统一的多民族国家的发展。罗丽达《明末清初的蒙藏关系和顾实汗入藏事件》(载《清史研究集》第5辑,光明日报出版社1986年版)在我国统一多民族的国家发展历史进程的大背景下,对顾实汗入藏的原因、进程及深远影响做了详尽论述,进而分析了顾实汗入藏后施行的一系列政策,指出顾实汗入藏后,除了必要的军事行动以外,没有更多地使用暴力,没有用大规模野蛮的屠杀对付藏族人民,以至于把游牧的、落后的生活方式强加给西藏社会,这固然受到多种因素的影响,但是,对于一个戎马一生、兵威强盛的蒙古汗王来说,能做到这一步是难能可贵的。他入藏不久,即结束了西藏持续了一个多世纪分裂、动乱的局面,实现了一定时期内西藏社会的稳定和经济的发展,这对西藏社会的发展是有积极作用的。芈一之《达赖、班禅与蒙古汗王的关系》(载《青海民族学院学报》1982年第2期)对顾实汗建立班禅神职系统的目的、过程及其影响进行了论述。关于顾实汗,李延恺《统一青藏高原的固始汗》(载《青海社会科学》1982年第2期)、陈庆英《固始汗简介》(载《历史知识》1984年第4期)、陈柏萍《浅述顾实汗统一青藏高原及其与清朝的关系》(载《青海民族研究》第2辑)以及蔡志纯《固始汗生卒年小考》(载《民族研究》1984年第2期)等学者也都发表了相关论文。

鄂齐尔图车臣汗在卫拉特历史上是一个叱咤风云的人物。蔡家艺《鄂齐尔图车臣汗》(载《清代人物传稿》上编第2卷)依据汉文、蒙古文、俄文的记载,对其一生活动做了综述,并认为,鄂齐尔图车臣汗于康熙十五年(1676)正月为噶尔丹所败,最后于斋桑湖附近被杀,他的部众部分为噶尔丹所并,部分逃到青海、甘肃边境。他的妻子多尔济拉布坦则率少数人逃往伏尔加河土尔扈特部。蔡志纯《鄂齐尔图车臣汗卒年与殂地小议》(载《内蒙古师范大学学报》1985年第1期)则认为鄂齐尔图车臣汗是康熙十六年(1677)卒于西套,时正为噶尔丹所败。关于鄂齐尔图车臣汗的死因、死时和死亡地点,除上述两种说法外,还有1678年在斋桑湖为噶尔丹所杀,1680年死在博罗塔拉等说法。

咱雅班第达是出身和硕特贵族的著名喇嘛,马汝珩、马大正《厄鲁特蒙古喇嘛僧咱雅班第达评述》(载《新疆大学学报》1982年第3期)对其一生政治、宗教活动做了评述,认为他一生的活动,并没有只停留于法坛之间,主持法事,诵经说教,更没有仅仅埋头书案,从事于典籍的译述,而是迈出寺院,奔走于内乱战火之中,斡旋于各部首领牙帐之间,为厄鲁特各部的安定团结做出了不懈的努力。因此,他不仅是一位热心弘扬佛教的宗教家和对本民族文化做出贡献的学者,而且是活跃于17世纪中叶厄鲁特蒙古历史舞台上的一位政治活动家。咱雅班第达的学生拉德纳巴德拉撰写的《咱雅班第达传》不仅是研究专著,也是研究17世纪后半期卫拉特蒙古历史的重要文献。近年来新疆大学历史系诺尔布和中国人民大学清史研究所成崇德先后对托忒文本的《咱雅班第达传》进行了汉译和研究,诺布尔、冯锡时《〈咱雅班第达传〉的若干问题》(载《新疆大学学报》1985年第1期)和马汝珩、成崇德《一部重要的厄鲁特蒙古历史文献——〈咱雅班第达传〉》(载《新疆社会科学》1985年第1期)即是他们各自的研究成果,分别论述了《咱雅班第达传》成书经过、版本情况以及该书在研究卫拉特蒙古中的重要史料价值。

蔡家艺《沙克都尔曼济之死》(载《新疆大学学报》1980年第4期)对18世纪中叶受屈而死的沙克都尔曼济的悲惨结局做了翔实探讨,进而分析了清政府民族政策的压迫实质。

(2)准噶尔部历史人物研究

关于巴图尔珲台吉。马汝珩、成崇德《略论准噶尔民族政权的奠基人——巴图尔珲台吉》(载《西北史地》1983年第4期)在论述了其一生政治生涯的各个方面后,认为巴图尔珲台吉作为一个游牧民族的领袖,在厄鲁特蒙古民族史上做出了重大贡献。他不仅结束了东西蒙古的长期对立,统一了厄鲁特各部,建立起强大的准噶尔民族政权,而且为了巩固其政权,他苦心经营城镇居民点,发展农业和手工业,这无疑是厄鲁特民族史上一大进步。因此,他作为厄鲁特蒙古史上的英雄是当之无愧的。马曼丽《巴图尔珲台吉与俄国》(载《民族研究》1980年第4期)着重分析了巴图尔浑(珲)台吉与俄国交往的政治实践,作者的结论是巴图尔浑(珲)台吉的一生,是为准噶尔的统一与发展、安定与团结,是为抵制沙俄对准噶尔的侵略与蚕食而艰苦斗争的一生。他是中国历史上一位杰出的少数民族领袖,一位卓越的少数民族政治家。

关于僧格。马大正、蔡家艺《试论僧格时期准噶尔人民的抗俄斗争》(载《新疆大学学报》1979年第1—2期合刊)比较详细地论述了1664—1670年间僧格与五个俄国代表团的外交斗争,指出当时与俄国交涉主要集中在两个问题上:一是围绕着"礼仪程序"之争,反映了是捍卫民族尊严、反对民族屈辱,还是摈弃民族尊严、接受民族屈辱;二是围绕着对捷列乌特贡民征收实物税权益之争,反映了是维护民族主权、反对武力侵略,还是出卖民族主权、屈从武力威胁。正是在这些原则问题面前,僧格为保卫我国西北边陲不受侵犯做出了应有的贡献。

关于噶尔丹。噶尔丹是卫拉特历史上争议最多的人物之一,争议的本身,就吸引着更多的研究者对这个复杂的历史人物进行探讨。江波《噶尔丹的东方政策》(载《西北民族学院学报》1984年第4期)认为在噶尔丹一生的政策中,客观上存在东方政策。这个政策的核心是与满族争夺喀尔喀蒙古,企图利用各种势力,恢复其祖先的伟业,建立一个蒙古族统治下的大帝国。作者在17世纪70年代至90年代历史背景下,论述了东方政策产生、实施直至破产的全过程,得出结论:噶尔丹的东方政策虽然失败,但是并不能因而全盘予以否定。17世纪,在根本没有今天这样完整的国家概念和多民族大家庭的概念的历史条件下,它是噶尔丹在满人威胁蒙古族地区时,采取的争取蒙古民族独立,抵制异族势力而执行的政策。许曾重《论康乾盛世的几个问题(上)》(载《清史研究通讯》1985年第1期)则是从清朝前期的中国作为统一多民族世界大国格局最终确立这样的大前提出发,对噶尔丹的历史地位做了如下评述:以噶尔丹为代表的准噶尔统治集团准备统一蒙古,并扩大其势力范围的行动,有着深刻的社会经济原因。然而,这时清朝已经建立统一的中央政权,执行基本符合各族人民利益的政治、经济等政策,并开始取得成效。噶尔丹无视这种形势,执意追求既定目标,为此不惜勾结俄国侵略者。准噶尔部队侵入喀尔喀,不仅破坏了当地军民正在进行的抗俄战争,甚至还牵制了清朝与俄国的谈判。准噶尔统治集团在其所控制的地区,推行残酷的掠夺政策,袭击喀尔喀,对当地广大牧民的生命财产造成了严重损失。这一切都和全国各族人民的利益背道而驰。上述两种认识的差异是显而易见的。评价噶尔丹的历史功过,又一个焦点是他与俄国的关系问题,马大正《噶尔丹与沙俄》(载《蒙古族历史人物论集》,中国社会科学出版社1981年版)认为噶尔丹与沙俄关系的全过程,大体上经历了接近—勾结—投靠三个阶段。1671—1683年为接近阶段,1683—1691年为勾结阶段,1691—1697年为投靠阶段。每一阶段的演变有着深刻的社会政治原因,因为噶尔丹的对俄政策是从属其称霸西北、恢复故元霸业总政策的,从根本上说,他的对俄政策是为这一总政策服务的。马曼丽《评噶尔丹与俄国的关系》(载《蒙古社会科学》1980年第4期)则认为噶尔丹有过维护边境主权,抵制沙俄侵略的功劳,也犯过配合沙俄攻打兄弟同胞和分裂祖国的错误。但最后,他在内外压力很大的情况下,并没有像沙俄所希望的那样臣服于沙皇。噶尔丹与西藏第巴桑结嘉措的关系，是噶尔丹一生政治生涯中重要而又研究得很不充分的问题。

关于策妄阿拉布坦和噶尔丹策零。策妄阿拉布坦父子统治时期准噶尔社会经济得到很大发展，内政外交也空前活跃。蔡家艺、范玉梅《策妄阿拉布坦功过评述》（载《民族研究》1980年第2期），蔡家艺《简论噶尔丹策零》（载《民族研究》1981年第3期），江波《论策妄阿拉布坦时期准噶尔的兴盛》（载《西北史地》1986年第4期）和《噶尔丹策零时期准噶尔的危机及其解决》（载《西北史地》1987年第4期）全面评述了他们的历史活动。作者们都认为策妄阿喇（拉）布坦和噶尔丹策零是准噶尔历史上的"杰出人物""出类拔萃的领袖"。策妄阿拉布坦与俄国有多方面的交往，功过评说不一。宋嗣喜《策妄阿喇布坦与沙皇俄国——温科夫斯基出使准噶尔前后》（载《民族研究》1984年第6期）、《〈俄国政府给温科夫斯基的外交指令〉释析》（载《新疆大学学报》1985年第4期）首次利用了卫拉特蒙古史的重要史料《温科夫斯基旅行记》，认为就策妄阿喇（拉）布坦同沙皇俄国关系而言，反抗、斗争是主要的，几乎贯穿他一生的始终。他派博罗库尔干出使俄国，谋求俄国援助以达到自己的目的，当然不足称道，但这只是他一生中的一段插曲，更何况他能及时悬崖勒马，没有掉进沙皇俄国早已为他准备好的深渊，酿成历史悲剧，因此不应苛责。

关于达瓦齐和喇嘛达尔札。张羽新《达瓦齐究竟如何夺取汗位——兼谈准噶尔内部的民族矛盾斗争》（载《历史档案》1984年第4期）依据档案记载指出："达瓦齐杀喇嘛达尔济（札）自立为准噶尔汗是在乾隆十七年腊月二十一日（1753年1月24日）"，文章又依据档案记载指证，由于喇嘛达尔济（札）属下的维吾尔头目，把喇嘛达尔济（札）"拿献"于达瓦齐，达瓦齐才得以杀喇嘛达尔济（札）而自立为准噶尔汗。蔡家艺《卫拉特蒙古史事杂考》（载《历史档案》1985年第4期）对张羽新文章的说法提出异议。作者考释了满、汉文档案以及《平定准噶尔方略》等史籍的记载，指出喇嘛达尔札为阿睦尔撒纳和达瓦齐所袭杀，时间是乾隆十七年（1753）十一月二十七日。由此可见，所谓达瓦齐篡夺汗位的具体日期"疏漏未载"的说法是不能成立的；把喇嘛达尔札之被杀、达瓦齐篡取汗位，说成是民族矛盾的产物，也是不能令人信服的。

关于阿睦尔撒纳。出身于辉特部的阿睦尔撒纳是一个有争议的历史人物，马汝珩《论阿睦尔撒纳的反动一生》（载《新疆大学学报》1979年第1—2

期合刊),郭蕴华《阿睦尔撒纳叛乱及清政府的平叛斗争》(载《新疆大学学报》1979年第1—2期合刊),白翠琴、杜荣坤《关于民族分裂主义分子阿睦尔撒纳》(载《文史哲》1979年第4期)等,都对其一生政治活动做了概述,我们从题名中的"反动一生""叛乱"和"民族分裂主义分子"等词可以看出,作者们对阿睦尔撒纳的评价是完全否定的。

(3)土尔扈特部历史人物研究

这方面研究主要集中在土尔扈特著名领袖阿玉奇和渥巴锡上。马汝珩《阿玉奇汗简论》(载《中国民族史研究》,中国社会科学出版社1987年版)全面论述了阿玉奇汗一生的政治活动,认为"他不仅统一了土尔扈特汗国内部,发展了汗国实力,而且在对俄关系方面,出色地继承并发展了其先辈制定的方针、政策。他个人的作为和才能,造就了他一生的光辉业绩,同时也把土尔扈特民族的历史推向了一个鼎盛时期"。有关阿玉奇汗的论文还有宋嗣喜《试谈阿玉奇同祖国的关系》〔载《中国蒙古史学会论文选集(1980年)》,内蒙古人民出版1980年版〕和饶以诚《厄鲁特蒙古的民族英雄阿玉奇》(载《西北民族文丛》1953年第2期)。

马汝珩、马大正《试论渥巴锡》(载《民族研究》1981年第1期)与《渥巴锡承德之行与清政府的民族统治政策》(载《新疆大学学报》1984年第1期)以及马大正《再论渥巴锡》(载《中国民族史研究》,中国社会科学出版社1987年版)可视为研究渥巴锡的系列论文。前一篇综合大量中外史载,对渥巴锡在领导土尔扈特人民武装起义、东返故土做了深入分析;后两篇则是依据中国第一历史档案馆所藏有关满文档案的珍贵记载,探讨了渥巴锡回归故土后的政治实践,作者的结论:"综观其短促的一生,前期完成了摆脱俄国的民族压迫,率部胜利东返故土的壮举;后期则是在当时历史条件许可的条件下,顺利地使自己的部众在故土上开始了新的游牧生活。我们可以看到,渥巴锡一生功绩贯穿一个思想,即始终为了本民族的生存和发展。为此目的,在组织领导东返斗争时,渥巴锡不畏强暴,大智大勇;回国后安置部众时,又能审时度势、忍辱负重,终于完成了历史赋予他的使命。"

马大正《土尔扈特蒙古大喇嘛僧罗卜藏丹增史事述补》(载《民族史论丛》第1辑,中华书局1987年版)对在土尔扈特东返斗争中起过重要作用的但又乏于史载的罗卜藏丹增史事,做了有益的探讨。

8.地方史中的卫拉特蒙古研究

随着地方史研究的开展,居住于新疆、青海、甘肃、内蒙古等地的卫拉特蒙古的历史和现状日益为研究者所关注,令人瞩目的是一批关于自治地方概况的著作的出版,其中,重要的著作有《巴音郭楞蒙古自治州概况》《博尔塔拉蒙古自治州概况》《伊犁哈萨克自治州概况》《和布克赛尔蒙古自治县概况》《河南蒙古族自治县概况》《青海省海西蒙古族藏族哈萨克族自治州概况》《海南藏族自治州概况》等。上述著作均属于"中国少数民族自治地方概况丛书",对于我们了解居住在新疆、青海的卫拉特蒙古的历史、社会、习俗具有参考价值。

关于居住于青海的卫拉特蒙古,曲又新《蒙古和硕特部青海黄河南前首旗亲王世系述略》(载《青海民族学院学报》1984年第1期)论述了青海黄河南蒙古亲王在拉卜楞寺的创建、发展等方面的作用及其对卫藏地区政治、宗教的影响。芈一之《青海蒙古史的几个问题》(载《蒙古史研究》第2辑,内蒙古人民出版社1986年版)让人们对青海蒙古史有一个宏观的认识,有助于视野的开拓。

关于居住于甘肃的卫拉特蒙古,王琦《甘肃蒙古族源流述略》(载《甘肃民族研究》1985年第3—4期合刊)对居住在肃北的卫拉特蒙古自治县蒙古族的历史和现状做了清晰的介绍。

居住于内蒙古的卫拉特蒙古主要聚居于阿拉善旗和额济纳旗,成崇德、赵云田《西套厄鲁特部起源考辨》(载《民族研究》1982年第4期)和苗棣《清前期的西套难民问题和阿拉善旗的设置》(载《西北史地》1983年第1期)的论述,是了解这一地区卫拉特蒙古历史值得一读的文章。

姜黎《黑龙江依克明安旗始末》(载《北方文物》1986年第2期)介绍了居住在黑龙江的卫拉特蒙古的历史和现状。

9. 关于卫拉特蒙古史的研究专著

这个阶段出版的关于卫拉特历史的学术专著有很多。它们是中国社会科学院民族研究所和新疆社会科学院民族研究所部分科研人员集体编撰的《准噶尔史略》(人民出版社1985年版),马汝珩、马大正的《厄鲁特蒙古史论集》(青海人民出版社1984年版),杜荣坤、白翠琴的《西蒙古史研究》(新疆人民出版社1986年版),王宏钧、刘如仲《准噶尔的历史与文物》(青海人民出版社1984年版)。值得肯定的是,上述著作资料翔实、研究领域广泛,是中国学者首次将卫拉特蒙古史作为研究客体写成的学术专著。因此,从某种意义上看,上述著作的出版是国内卫拉特蒙古史研究进入一个新阶段的标志,说明卫拉特蒙古史研究已经作为一个独立的研究领域引起学术界的重视。

另外,卫拉特蒙古史与民族史、民族关系史、清史、中俄关系史、地方史、中亚史等有着密切的关系。因此,上述领域的研究著作必然包含丰富的卫拉特蒙古史的内容。如民族史、民族关系史领域有《中国北方民族关系史》(中国社会科学出版社 1987 年版),王辅仁、陈庆英的《蒙藏民族关系史略》(中国社会科学出版社 1985 年版),翁独健主编的《中国民族关系史纲要》(中国社会科学出版社 1990 年版)和《蒙古族简史》(内蒙古人民出版社 1985 年版),刘志霄的《维吾尔族历史》(上编)(民族出版社 1985 年版)等。

四、20 世纪最后十年中国卫拉特历史研究

20 世纪最后十年,卫拉特历史研究在数量上不如前一时期多,但在研究的深度上和广度上都超过以往。可以说,这一时期是中国卫拉特历史研究的平稳发展时期,相继出版了数部重要著作。马汝珩、马大正的《漂落异域的民族——17 至 18 世纪的土尔扈特蒙古》(中国社会科学出版社 1991 年版)是中国第一部研究俄国境内卫拉特蒙古史的专著。该书论述了土尔扈特蒙古游牧汗国的建立及政治、经济的发展,重点介绍了 17—18 世纪土尔扈特蒙古举族西迁又东返故土的始末。白翠琴《瓦剌史》(吉林教育出版社 1991 年版)则全面评述了瓦剌历史上的一些重要人物及重大事件、瓦剌的社会组织与政治制度,同时详尽描述了瓦剌的宗教、习俗、文化艺术等。马大正、蔡家艺的《卫拉特蒙古史入门》(青海人民出版社 1989 年版),在概括介绍卫拉特蒙古历史概貌后,重点评述了卫拉特蒙古历史的基本史料和国内外研究概况,是一部卫拉特蒙古史研究的入门书。集体编纂的《卫拉特蒙古简史》(上、下册)(新疆人民出版社 1992、1996 年版),则是一部有关卫拉特蒙古的通史性著作,可以说,它代表了国内该领域的最高研究成果。这一时期的重要著作还有蒙古族青年学者乌云毕力格用蒙古文出版的《和硕特蒙古史略》(内蒙古文化出版社 1990 年版)一书。

值得注意的是,这一时期部落史的研究引起了有关人士的关注。张体先的《土尔扈特部落史》(当代中国出版社 1999 年版)全面系统考察了土尔扈特部落一千余年曲折、辉煌的历史发展轨迹。这是国内第一部部落史,作者以其独特的地方史志工作者的优势和视角,对以往研究相对薄弱的 19—20 世纪土尔扈特历史给予了充分的观照。此后,又有两部部落史专著相继

出版。一是纳·巴生的《和硕特部落史》(内蒙古大学出版社1991年版),二是布伦巴雅尔的《青海蒙古史》(内蒙古教育出版社2002年版)。

这一时期发表的论文尽管数量上远不及上一时期,但在研究的深度和研究者队伍的扩大上也有可圈可点之处。

创刊于1989年的《卫拉特研究》是20世纪90年代以后国内刊发卫拉特蒙古研究文章最重要的学术刊物,新疆社会科学院主办的《西域研究》在同一时期也刊发了相当数量的卫拉特蒙古历史的研究论文,对此,马大正在《成果的积累,人才的聚集——评〈卫拉特研究〉杂志》(载《卫拉特研究》2004年第1期)已做了评述,本文不再赘述。

肖立军《瓦剌的兴衰》(载《历史教学》1997年第10期)主要探讨了明代瓦剌政权的兴衰,而马曼丽《试论卫拉特与东蒙古的分离》(载《西北民族研究》1990年第2期)则论述了卫拉特和东蒙古的分离过程、原因和影响。

王思治、吕元聪《18世纪前夜西北边疆局势述论》(载《清史研究》1995年第1期)主要论述了噶尔丹举兵侵扰喀尔喀及康熙皇帝如何处理北部边疆错综复杂的局势。纳比坚·穆哈穆德罕《15世纪至18世纪中叶哈萨克与西蒙古准噶尔部关系初探》(载《新疆社会科学》1990年第3期)探讨了准噶尔与哈萨克的战争,并认为直到清朝统一新疆以后才结束了它们之间相互攻伐的不幸一页。另外,祁杰《准噶尔与哈萨克关系述略》(载《西北民族学院学报》1996年第1期)也对准噶尔与哈萨克关系进行了研究。

以天山北路为主要游牧地的西蒙古各部,在明、清时期分别建立过瓦剌、准噶尔等强大政权。后者曾占领天山南北,势力强大,各部间既有分合,又有离徙。

阎学仁《土尔扈特部回归祖国的经过》(载《博物馆研究》1994年第2期)勾勒了顺治三年(1646)到乾隆三十六年(1771)土尔扈特部东归的半个多世纪里,土尔扈特汗国与清王朝之间互通使者,直至土尔扈特部全部东归故土的历史长卷,作者认为跋涉万余里回归祖国的动人历史,是土尔扈特蒙古人民热爱祖国、摆脱沙俄140多年的奴役剥削,进行英勇顽强的搏斗的壮丽诗篇,这也是我国民族史上可歌可泣的一页。而钟国发《清朝土尔扈特外交考释》(载《新疆师范大学学报》1994年第4期)却对此持截然不同的观点。文章以使节交往为主线,勾勒了清朝与土尔扈特汗国外交关系发展演变的概貌,认为清朝与土尔扈特汗廷的关系是一种"封建性等级国际秩序下特有的畸形外交关系",提出"爱国诚然有之",是哪一"国",则应辨析。郭成康《土尔扈特蒙古回归日期续考》（载《清史研究》1998年第2期）则对土尔扈特部自伏尔加河启程东归的时间进行了考证。土尔扈特部东归故土以后，就要涉及清朝政府对土尔扈特部的接待、安置及其日后的生计和社会经济发展的问题。吐娜《东返后的土尔扈特社会制度及其经济概况》（载《新疆大学学报》1994年第3期）及《从清政府对土尔扈特部的优恤与安置看其民族政策》（载《西域研究》1997年第4期）正是对这一问题的全面解答。

罗布《蒙、藏文文献中顾实汗入藏记载的考辩》（载《清史研究》1998年第2期）利用藏文文献的记载否定了以往顾实汗于木猪年（1635）进藏之说，认为顾实汗进藏拜见达赖喇嘛是在火牛年，即1637年秋。此外，文章还对格鲁派集团派往卫拉特的使者为何人、是谁派使者向卫拉特借兵等历史遗案进行了考证，并提出了较为可信的观点。

管守新《阿睦尔撒纳服叛对乾隆治准政策的影响》（载《中国边疆史地研究》1997年第2期）是这个时期有关人物研究仅见的文章。作者认为阿睦尔撒纳先归顺后反叛的行为，不仅是使准噶尔人陷入锋镝战火之中的重要原因之一，而且导致乾隆皇帝治理准噶尔政策的改变，从而改变了清朝统治新疆的浓重的羁縻色彩。卫拉特蒙古和察哈尔蒙古是新疆蒙古族的主要组成部分。卫拉特蒙古在17—18世纪反抗沙俄侵略、保卫国家领土方面功不可没，尤其是1771年土尔扈特蒙古举族东归祖邦故土的壮举，更是中华民族历史上一曲爱国主义凯歌。而18世纪60年代以降，察哈尔蒙古和锡伯、满族、索伦、绿营大批兵丁西迁新疆屯垦戍边，则构成一幅西进的宏伟图幅，成为18世纪中国历史上一道独特亮丽的风景线，也是一项具有特殊"以史为鉴"功能的绝好研究领域。

为此，我们建言：

第一，继续下大力气发掘新资料。近年虽然已出版了《满文土尔扈特档案译编》《清代西迁新疆察哈尔蒙古满文档案全译》等重要档案集，但有关新疆蒙古历史的档案文献资料，特别是满文、藏文档案仍应成为首要开发对象。有了新资料的基础，开拓研究视野、深化研究才有可能。

第二，开拓研究新视野，强化知识普及读物的出版。就研究而言，17—18世纪新疆蒙古历史仍应成为研究重点。当时新疆蒙古族在政治上、经济上、文化上（包括他们所信仰的藏传佛教）的建树和在推动新疆历史发展中所起的作用，有待研究者进行探讨。近代、现代至当代新疆蒙古族的历史活动的研究更需要研究者去填补空白。就学术成果普及而言，新疆蒙古族的历史与现状是一份不可多得的进行爱国主义教育的乡土教材,已是人们所熟知的"东归""西迁"乃至众多文艺作品的绝好题材。

第三,采取有力举措,让学术研究成果走向群众。巴音郭楞蒙古自治州、博尔塔拉蒙古自治州党委和政府,结合本地特点,弘扬"东归""西迁"爱国主义精神,创办"东归节""西迁节",是一项特别值得予以赞扬的,让学术走向大众、让大众了解学术的好举措。自治区党委和政府应给予更大的鼓励,并将此项活动持之以恒地办下去。

第四,加大投入,办好现有研究阵地。人才培养方面应抓住新疆社会科学院、新疆大学和巴音郭楞蒙古自治州、博尔塔拉蒙古自治州的地方志系统,这是新疆蒙古史研究的三个人才聚集点,要保护老一代研究者,更要扶植中青年研究者,以发挥研究的整体合力。在现有的研究阵地建设上,我们要加大对《卫拉特研究》杂志的投入和扶植力度。由新疆维吾尔自治区社会科学联合会主办的《卫拉特研究》自1989年创刊以来,已出版了50余期,是国内唯一以卫拉特蒙古为研究对象,并采用蒙古文、汉文刊发学术成果的学术刊物。由于其独特性,《卫拉特研究》已经成为中国卫拉特学的重要学术园地,并在国内外学术界产生了广泛的影响。创刊15年来,成绩显著,可谓是"成果的积累、人才的聚集"。但该刊当前面临严重资金困难,建议有关部门采取有力措施,加大对该刊的指导、支持力度,给予切实的扶持。

(原载《卫拉特研究》2004年第4期,合作者阿拉腾奥其尔,执笔人阿拉腾奥其尔)

历史的真实与艺术的探索
——谈电影《东归英雄传》与电视剧《东归英雄》

1771年1月,土尔扈特蒙古部众在渥巴锡汗的领导下破釜沉舟、义无反顾举旗东归,离开了生活近一个半世纪的伏尔加河流域,在历尽艰辛付出了巨大的民族牺牲之后,回到了被他们称为"太阳升起的地方"。这场横跨欧亚大陆、震撼中外的历史活剧在血与火的搏击中启开序幕,在理想与信念、生与死的冲突中落下帷幕,正如一位外国作家所指出:"土尔扈特人的悲壮之举不是消失在历史上的传奇交界地区的一个孤立事件,而是人类永恒地追求自由与和平的一个真实范例,是值得我们传诵的一篇伟大的叙事史诗。"①土尔扈特东归的历史事件不仅成了历史研究中一个永恒的命题,也成了文艺创作中一个激荡人心的题材。

关于将土尔扈特人东归历史尝试用史话、报告文学、小说等多种文艺形式进行创作,19世纪的外国作家已有作品问世。依笔者所见,出版于1837年的《鞑靼的反叛》,其作者英国作家托马斯·德昆赛(1785—1859),依据的主要史料是早已不易见到的18世纪德国旅行家本杰明·波格曼所著的《卡尔梅克人游历记》,附加以精彩的文学处理,读起来扣人心弦。土尔扈特人的无畏精神深深打动了每一位读者,但它毕竟不是严格意义的史学专著而是一部基本遵循历史事实但经过作者合理的艺术再创造的文学作品。

进入20世纪,有两部外国学者撰写的作品值得一读,一部是瑞典探险家斯文·赫定,于1932年在伦敦出版的《热河·皇帝城》(中译本有中信出版社2008年版),该书第三章《土尔扈特大迁徙》撰写的正是这一历史事件,作者运用史话的体裁,采用散文的笔法,将土尔扈特人东归的前因后果,某

---

① W. L. 芮弗著,凌颂纯、王嘉琳译:《土尔扈特—长篇历史小说》作者前言,新疆人民出版社1988年版。

些细节人物的思想与对话,生动形象地变成了文字,呈现在读者面前,起到了学术专著所不能起到的激荡人心的作用。

另一部是1939年在纽约出版的《土尔扈特》,作者是美国作家W.L.芮弗。该书中译本译者是年长于我的老友凌颂纯、王嘉琳,1988年该书在新疆人民出版社出版。当时的书名是《土尔扈特——长篇历史小说》。此书于2005年入选"汗血马丛书"由外文出版社再次出版,书名改为《东归:向着太阳升起的地方》,对于此书的成功与不足,译者前言做了中肯的评议。"作者以雄伟的构思、流利的笔触、饱满的激情再现了土尔扈特人民东归祖国的历史场面,读之令人感动不已。""作者鉴于历史偏见,错误地把土尔扈特部族在东归途中所遭受的惨重的牺牲,惊人的损失,经受的挫折、困难、折磨,统统归咎于土尔扈特部领导集团某些头面人物的'背叛',甚而归咎于东归的行动。这是不正确的,与历史实际大相径庭。这部历史小说虽有此不实之处和其他的缺点,但毕竟瑕不掩瑜,不失为一部好书。它是最早反映距今已有两个世纪之久的这个伟大事件的文艺作品。"①

中国的文艺家(后来也有学者客串"票友")关注此题材,应是始于20世纪70年代末,湖北歌舞剧院作家王韦鸣创作了以土尔扈特东归题材的歌剧,取名为《启明星》。王韦鸣同志在创作过程中曾专程赴京征求笔者的意见,笔者读了剧本的初稿后曾就历史的真实提出了两点修改建议。

其一,因作者不甚熟悉土尔扈特历史(20世纪70年代末国内尚没有一部关于土尔扈特蒙古历史的学术专著),作者想当然地将渥巴锡汗塑造成一位德高望重的老汗王,由此构思出一段渥巴锡女儿的爱情戏,并成为该剧的一条副线贯穿始终。笔者看后指出,渥巴锡领导土尔扈特重返故土时是一位不到而立之年的英俊青年。

其二,由于受当时文艺创作中时代大环境的影响,剧中包括俄国女皇、权臣、官吏以及渥巴锡汗的政敌等这些所谓的"反面人物"被漫画化、脸谱化。

王韦鸣同志认真听取并接受了笔者的修改建议,对剧本初稿进行了较大修改,在创作实践中较好地做到了艺术的探索与历史真实的结合,最终使演出获得了成功,渥巴锡汗的扮演者是著名歌唱家吴雁泽。

---

① W.L.芮弗著,凌颂纯、王嘉琳译:《东归:向着太阳升起的地方》译者前言,外文出版社2005年版,第2、3页。

自此之后，同一题材、不同文艺形式的作品接连问世，依笔者孤陋之信息，兹列目如下：

①舞剧《东归的大雁》，乌兰察布歌舞团创作演出。

②广播连续剧《奔向太阳升起的地方》，编剧闫德荣，辽宁人民广播电台1986年9月播出。

③话剧《渥巴锡汗》，呼伦贝尔歌舞团创作并演出。

④电影剧本《风雪万里行》，作者丁宇，载《电影作品》1982年第2期。

⑤电影剧本《流水归海》上下集，作者凌颂纯、尚志同、熊大文等，载《边城艺苑》戏剧、电影文学剧本集。

⑥长诗《大漠风雷》，作者何理，燕山出版社1983年版。

⑦长诗《渥巴锡》，作者武列路，载《燕山文艺集刊》。

⑧纪实文学《横跨欧亚大回归》，作者朱传雄、杨仕，解放军文艺出版社1992年版。

⑨小说《大漠雄风——土尔扈特人传奇》，作者张祖荣，中国文联出版公司1997年版。

⑩小说:《渥巴锡大汗》，作者木子，民族出版社2004年版。

⑪小说:《归魂》，作者迟松年。

⑫电视剧:《忠勇之王》(暂名)。

当然，在罗列的一长串相关作品名单之外，近20余年土尔扈特东归题材的文艺作品中影响最大的是电影《东归英雄传》和电视连续剧《东归英雄》，导演均是塞夫、麦丽丝夫妇。

《东归英雄传》实际上是一部将东归事件作为历史大背景的动作片，与历史的真实无重大关联。2008年隆重放映的《东归英雄》是近年这一题材的力作。该片部导演麦丽丝在其《在路上》一文中写道："《东归英雄》史诗剧就要和观众见面了，编剧赵玉衡，导演塞夫，你们和土尔扈特死难的东归英雄一样能感悟得到。十二年了，你们呕心沥血，锲而不舍才有了这部鸿篇力作。十二年很短，只不过一次生肖轮回，在你们的艺术生命中却很漫长，亦如灯火每日每夜燃烧直至安息在东归创作路上。这部史诗历史剧弘扬蒙古民族在人类历史上的最后一次民族大迁徙，讴歌了中华民族英雄渥巴锡可汗，赞美他崇尚和平，拒绝征战，带领二十四万部族百姓回归故土的伟大壮举，完成了几代土尔扈特蒙古人不再漂泊异域的夙愿。这反映了我们中华民族在康熙、乾隆年间开明的边疆政策和日渐强盛的民族向心力，同时人性化地记录了中俄两国人民世代相依相存的友谊。更重要的是它非常符合当今和平统一的国情民意,具有深远的历史意义和现实意义。"(载《东归英雄》献映宣传手册)《东归英雄》创作群体穷十余年的辛劳,其敬业精神让人敬佩,编剧赵玉衡,总导演之一塞夫安息在东归创作路上,让人缅怀。

笔者作为一个土尔扈特蒙古史研究者,有幸受邀参与了剧本的审读讨论,个人的一些陋见也颇受主创人员的认同与重视,2007年初观看了摄制完成后的全剧。全剧大气磅礴的宏伟气势,雄浑真实的蒙古族风格,以及主要演员的精湛表演,使《东归英雄》作为一部艺术精品呈现在我们面前,给人们以艺术享受之余,使人们再一次为东归英雄崇高的爱国主义壮举所感动。

但也要坦率指出,该剧在艺术的探索与历史的真实如何和谐结合上留下了遗憾。

第一,全剧结尾时,俄国叶卡捷琳娜女皇和宠臣波特金到了巴尔喀什湖畔,并会见了渥巴锡汗。在这关键的时刻,剧本虚构了如下情节:一是女皇向渥巴锡汗表示,她可以容许卡尔梅克人在哈萨克草原择地重建汗国,但渥巴锡要把汗位让给她的教子阿萨赖,自己到圣彼得堡领罪;二是波特金下令俄国士兵朝天空放尽枪中所有的子弹,他说,如果谁向这样一个民族开枪,都将是永远洗刷不掉的耻辱。全剧结束的场景:土尔扈特人整顿行装,走过严酷的戈壁沙漠,终于望见了边境界河。人们欢呼着,投入河水,尽情畅饮。且不说历史上全无此事,如此虚构的情节客观上造成了这样一种误解:土尔扈特人东归最终摆脱绝境,走向胜利,回归祖邦,是俄国女皇和宠臣波特金人性回归的结果!

第二,全剧虚构了一个贯穿剧情始终的英雄人物——娜塔丽娅,她不仅深受俄国女皇的宠信,还与东归的主要领导人渥巴锡汗、策伯克多尔济存在着扯不清的政治和感情关系,最终竟成了汗国的监督官。这样的艺术虚构完全违背了蒙古民族的传统,远离了历史的真实。

笔者始终认为,作为一部历史正剧,创作中的艺术虚构应受历史真实的制约,正是《东归英雄》这两大致命遗憾的存在,影响了历史正剧的严肃性,冲击了人们对东归伟大历史事件爱国主义精神体现的价值判断。

(原载《天山问穹庐》,山东画报出版社2010年版)

附录：马大正有关卫拉特蒙古历史著述目录（1979—2018）

一、专著、论集

蒙古族历史人物论集（合编）
　　　　　　　　　　中国社会科学出版社 1981 年版

厄鲁特蒙古史论集（合著）
　　　　　　　　　　青海人民出版社 1984 年版

准噶尔史略（合著）
　　　　　　　　　　人民出版社 1985 年版
　　　　　　　　　　广西师范大学出版社 2007 年版

卫拉特蒙古史入门（合著）
　　　　　　　　　　青海人民出版社 1989 年版

漂落异域的民族——17 至 18 世纪的土尔扈特蒙古（合著）
　　　　　　　　　　中国社会科学出版社 1991 年版
　　　　　　　　　　2003 年中国社会科学出版社修订再版

边疆与民族——历史断面研考
　　　　　　　　　　黑龙江教育出版社 1993 年版

卫拉特蒙古简史（上册）（合著）
　　　　　　　　　　新疆人民出版社 1992 年版

卫拉特蒙古简史（下册）（合著）
　　　　　　　　　　新疆人民出版社 1996 年版

天山问穹庐
　　　　　　　　　　山东画报出版社 1997 年版

中国边疆研究论稿
　　　　　　　　　　　　　山东画报出版社 2010 年增补本
　　　　　　　　　　　　　内蒙古人民出版社 2016 年蒙古文版
　　　　　　　　　　　　　黑龙江教育出版社 2002 年版
跬步集——新疆史探微
　　　　　　　　　　　　　兰州大学出版社 2003 年版
马大正文集
　　　　　　　　　　　　　上海辞书出版社 2005 年版
卫拉特蒙古史纲（主编之一）
　　　　　　　　　　　　　新疆人民出版社 2006 年版
　　　　　　　　　　新疆人民出版社、人民出版社 2012 年版
西出阳关觅知音——新疆研究十四讲
　　　　　　　　　　　　　上海辞书出版社 2013 年版

二、资料集

准噶尔史论文集（合编）
　　　　　　　　　中国社会科学院民族研究所 1981 铅印本
新疆蒙古族社会历史、宗教调查资料汇编（合编）
　　　　　　　　　　　　　《新疆宗教研究资料》第 9 辑
满文土尔扈特档案译编（合编）
　　　　　　　　　　　　　民族出版社 1988 年版
清代蒙古的历史与宗教（编译）
　　　　　　　　　　　　　黑龙江教育出版社 1994 年版
卫拉特蒙古历史译文汇编（第一册至第四册）
　　　　　　　国家清史编纂委员会：《清史译文新编》第 3 辑
清代土尔扈特蒙古历史资料汇编（手稿）
有清一代卫拉特蒙古碑铭资料汇校（手稿）
卫拉特蒙古研究书目集萃（手稿）

三、论文

试论僧格时期准噶尔人民的抗俄斗争(合著)

《新疆大学学报》1979 年第 1—2 期

《新疆历史研究论文选编·清代卷》,新疆人民出版社 2008 年版

18 世纪初准噶尔人民抗俄斗争的重要一页(合著)

《中俄关系史论文集》,甘肃人民出版社 1979 年版

苏联史学界利用俄国档案资料研究准噶尔历史情况简述

《中俄关系研究会通讯》1979 年第 2 期

《民族研究通讯》1980 年第 2 期

《伊犁师范学院学报》1982 年第 2 期

《中国史研究动态》1982 年第 1 期

《档案与卫拉特历史研究》,内蒙古人民出版社 2014 年版

跋涉数千里一心向祖国——渥巴锡与土尔扈特蒙古重返祖国的斗争(合著)

《光明日报》1980 年 11 月 4 日第 4 版

论杜尔伯特三车凌维护国家统一的斗争(合著)

《清史研究集》第 1 辑,中国人民大学出版社 1980 年版

论罗卜藏丹津叛乱与清政府的善后措施(合著)

《新疆大学学报》1980 年第 3 期

《中国蒙古史学会论文选集(1980 年)》,内蒙古人民出版社 1980 年版

《中国古代史》1981 年第 4 期

《厄鲁特蒙古史论集》,青海人民出版社 1984 年版

略论 17 世纪前期厄鲁特及和托辉特人民的抗俄斗争(合著)

《中俄关系问题》1981 年第 1 期

噶尔丹与沙俄

《西北史地》1981 年第 2 期

《蒙古族历史人物论集》,中国社会科学出版社 1981 年版

《厄鲁特蒙古史论集》,青海人民出版社 1984 年版

论准噶尔贵族对南疆的统治(合著)

《新疆大学学报》1981 年第 2 期

《中国民族关系史研究》,中国社会科学出版社 1984 年版

《中国少数民族》1981 年第 3 期

《厄鲁特蒙古史论集》,青海人民出版社 1984 年版

试论渥巴锡(合著)

《民族研究》1981 年第 1 期

《中国蒙古史学会论文选集(1980 年)》,内蒙古人民出版社 1980 年版

《蒙古族历史人物论集》,中国社会科学出版社 1981 年版

《中国古代史》1981 年第 6 期

《厄鲁特蒙古史论集》,青海人民出版社 1984 年版

土尔扈特蒙古系谱考述(合著)

《民族研究》1982 年第 1 期

《中国蒙古史学会论文选集(1981 年)》,内蒙古人民出版社 1986 年版

《厄鲁特蒙古史论集》,青海人民出版社 1984 年版

《跬步集——新疆史探微》,兰州大学出版社 2003 年版

清政府对蒙古族土尔扈特部的安置

《清史研究集》第 2 辑,中国人民大学出版社 1982 年版

厄鲁特蒙古喇嘛僧咱雅班第达评述(合著)

《新疆大学学报》1982 年第 3 期

《厄鲁特蒙古史论集》,青海人民出版社 1984 年版

略评兹拉特金的《准噶尔汗国史》(合著)

《中俄关系问题》1982 年第 2 期

土尔扈特蒙古东返人、户数考析

《历史档案》1983 年第 1 期

《厄鲁特蒙古史论集》,青海人民出版社 1984 年版

《跬步集——新疆史探微》,兰州大学出版社 2003 年版

顾实汗生平略述(合著)

《民族研究》1983 年第 2 期

《厄鲁特蒙古史论集》,青海人民出版社 1984 年版

伊犁考古散记

《伊犁河》1983 年第 3 期

《康熙谕阿玉奇汗敕书》试析(合著)

《民族研究》1984 年第 2 期

渥巴锡承德之行与清政府的民族统治政策(合著)
          《新疆大学学报》1984年第1期
      《厄鲁特蒙古史论集》,青海人民出版社1984年版

土尔扈特蒙古东返始于何时考
           《新疆社会科学》1985年第1期
            《新华文摘》1985年第5期
        《中国历史大辞典通讯》1985年第4期
    《跬步集——新疆史探微》,兰州大学出版社2003年版

新疆和硕特蒙古札萨克印考述
      《蒙古史研究》第1辑,内蒙古人民出版社1985年版
  《边疆与民族——历史断面研考》,黑龙江教育出版社1993年版
    《跬步集——新疆史探微》,兰州大学出版社2003年版

略论18世纪20—50年代的土尔扈特汗国(合著)
          《新疆社会科学》1986年第6期

僧格
    《清代人物传稿》上编第二卷,中华书局1986年版

伏尔加河畔土尔扈特汗国的建立及其与俄国的关系(合著)
            《西北史地》1987年第4期

再论渥巴锡
   《中国民族史研究》,中国社会科学出版社1987年版

土尔扈特蒙古大喇嘛罗卜藏丹增史事述补
      《民族史论丛》第1辑,中华书局1987年版
  《边疆与民族——历史断面研考》,黑龙江教育出版社1993年版
    《跬步集——新疆史探微》,兰州大学出版社2003年版

试论《雍正谕土尔扈特汗敕书》与满泰使团的出使(合著)
            《民族研究》1988年第1期

清前期土尔扈特蒙古与祖国的关系(合著)
   《中国古代民族关系史研究》,福建人民出版社1989年版

略论雍正年间清政府两次派往俄国的使团(合著)
          《中俄关系问题》1989年第4期
           《外交学院学报》1989年第4期

略论若松宽的清代蒙古历史与宗教研究

《西北民族研究》1992年第1期

《清代蒙古的历史与宗教》,黑龙江教育出版社1994年版

噶尔丹的政治和军事实践

《边疆与民族——历史断面研考》,黑龙江教育出版社1993年版

《跬步集——新疆史探微》,兰州大学出版社2003年版

《马大正文集》,上海辞书出版社2005年版

清末土尔扈特蒙古郡王帕勒塔述论

《庆祝王锺翰先生八十寿辰学术论文集》,辽宁大学出版社1993年版

《中国边疆研究论稿》,黑龙江教育出版社2002年版

《跬步集——新疆史探微》,兰州大学出版社2003年版

《马大正文集》,上海辞书出版社2005年版

民国初年土尔扈特亲王帕勒塔述论

《海峡两岸中国少数民族研究与教学研讨会论文集》,中国台北1996年版

《中国边疆研究论稿》,黑龙江教育出版社2002年版

《跬步集——新疆史探微》,兰州大学出版社2003年版

《马大正文集》,上海辞书出版社2005年版

一条鲜为人知的哈萨克草原通道

《西域考察与研究续编》,新疆人民出版社1998年版

摘要刊《新疆经济报》1998年2月17日,题为《专家发现新疆历史上一条新丝路》,论点又摘发于《北京晚报》1997年11月30日第12版

《中国边疆研究论稿》,黑龙江教育出版社2002年版

《跬步集——新疆史探微》,兰州大学出版社2003年版

卫拉特蒙古历史概述

《跬步集——新疆史探微》,兰州大学出版社2003年版

《西出阳关觅知音——新疆研究十四讲》,上海辞书出版社2013年版

渥巴锡论——兼论清朝政府的民族统治政策

《跬步集——新疆史探微》,兰州大学出版社2003年版

《马大正文集》,上海辞书出版社2005年版

历史研究的资料收集与视点选择——以18世纪土尔扈特人东归故土为例

《敦煌与丝路文化学术讲座》第2辑,北京图书馆出版社2005年版

《西出阳关觅知音——新疆研究十四讲》,上海辞书出版社 2013 年版
土尔扈特蒙古万里回归的启示
            《清史参考》2007 年第 42 期
《清史镜鉴:部级领导干部清史读本·第一辑》,国家图书馆出版社 2008 年版
东归精神永存——土尔扈特蒙古万里东归的启示
            《西部蒙古论坛》2009 年第 4 期
以《东归精神不朽——土尔扈特东归 240 年祭》为题,刊发于《中国社会科学报》2011 年 9 月 22 日第 8 版
以《土尔扈特蒙古东归的当代启示》为题,分别刊于《和布克赛尔蒙古族历史文化研究》(新疆人民出版社 2011 年版)和《西出阳关觅知音——新疆研究十四讲》(上海辞书出版社 2013 年版)
以《土尔扈特蒙古万里回归的启示》为题,分别刊于《跬步集——新疆历史探微》(兰州大学出版社 2003 年版)和《马大正文集》(上海辞书出版社 2005 年版)
我的新疆考察与研究
            《石河子大学学报》2012 年第 6 期
西迁东归的当代启示
            《新西部》2013 年 8 月增刊
历史资料搜集与研究视点选择
            《历史教学》2017 年第 12 期
圆梦之旅——走马观花俄罗斯卡尔梅克共和国(合著)
            《西部蒙古论坛》2018 年第 4 期

四、书序、书评

读《准噶尔的历史与文物》(合著)
            《清史研究通讯》1985 年第 2 期
张体先《土尔扈特部落史》序
            当代中国出版社 1999 年版
满琳《土尔扈特女儿》序
            农村读物出版社 2004 年版
准噶尔史研究传统领域的新开拓——李秀梅《清朝统一准噶尔史实研

究——以高层决策为中心》序

民族出版社 2007 年版

以《准噶尔史研究的新开拓——读李秀梅博士著〈清朝统一准噶尔史实研究〉》为题,刊于《中国边疆史地研究》2008 年第 1 期

卫拉特蒙古历史文物收集与研究的有益探索——《清代土尔扈特部与和硕特部印章研究》代前言

新疆人民出版社 2009 年版

吐娜、潘美玲、巴特尔《巴音郭楞蒙古族史:近现代南路土尔扈特·和硕特社会发展研究》序

线装书局 2011 年版

清代满文档案的整理与新疆研究的深化——《清代东归和布克赛尔土尔扈特满文档案全译》代序

新疆人民出版社 2013 年版

马曼丽译《俄蒙关系历史档案文献集》序

兰州大学出版社 2014 年版

《塞外文论:马曼丽内陆欧亚研究自选集》,兰州大学出版社 2014 年版

一部有创意的卫拉特蒙古历史研究之作——荐《准噶尔蒙古与清朝关系史研究(1672—1697)》

《中国边疆史地研究》2016 年第 1 期

五、研究综述

土尔扈特蒙古史研究简述(合著)

《内蒙古师范学院学报》1982 年第 3 期
《厄鲁特蒙古史论集》,青海人民出版社 1984 年版

厄鲁特蒙古史研究综述

《民族研究动态》1984 年第 2 期
《中国史研究动态》1984 年第 8 期

一九八五年清代漠西蒙古历史研究综述

《清史研究通讯》1986 年第 2 期

一九八六年清代漠西蒙古历史研究综述

《清史研究通讯》1987 年第 4 期

卫拉特蒙古史研究述评
《卫拉特史论文集》
《蒙古学十年：1980—1990》，内蒙古人民出版社1990年版
20世纪中国卫拉特历史研究述评（合著）
《卫拉特研究》2004年第4期
新疆蒙古族社会历史考察队考察工作总结（合著）
《新疆社会科学研究》1982年第24期
新疆蒙古族社会历史考察简记（合著）
《资料与情报》1982年第4期
新疆蒙古族社会历史考察纪略（合著）
《光明日报》1983年1月12日第3版
建国以来首次对新疆地区蒙古族进行综合性考察工作
《史学情报》1983年第1期
卫拉特史学术讨论会综述（笔名闵丁）
《民族研究》1986年第5期
卫拉特蒙古学术讨论会在博乐市召开（笔名锷玛）
《光明日报》1986年12月31日第3版
全国第二届卫拉特史学术讨论会简记（笔名闵丁）
《民族研究》1990年第1期
我们正在谱写卫拉特研究的历史——第一至第六届卫拉特蒙古历史文化学术研讨会评述
《卫拉特蒙古历史文化研究——第七届全国卫拉特蒙古历史文化学术研讨会论文集》，新疆人民出版社2012年版
《西部蒙古论坛》2012年第3期

六、译文

十七世纪末俄罗斯和卫拉特贸易关系的历史资料
《卫拉特蒙古历史译文汇集》第一册
卡尔梅克人
《卫拉特蒙古历史译文汇集》第二册
厄鲁特蒙古封建法的整理和研究

1771年后伏尔加河畔的卡尔梅克人
《民族译丛》1984年第5期

《民族译丛》1989年第6期

七、其他

僧格(笔名马炜)

《民族团结》1979年第4期

厄鲁特蒙古历史论文索引(笔名闵丁)

《民族研究通讯》1981年第2期

《准噶尔史略》出版(笔名闵众)

《光明日报》1986年7月16日第3版

平定准噶尔、噶尔丹

《中国大百科全书·历史》,中国大百科全书出版社1992年版

后　记

忙中挤闲,历时6个月终于完成了《卫拉特蒙古历史论考》从定题、选文到定稿的全部流程。全书分设综论、人论、考论、研论四编,共收论文40篇,前置《回忆与思考:我的卫拉特蒙古历史研究》权充代前言,后缀后记,述编选原则,抒发内心的感悟与谢忱之意,并编制《马大正有关卫拉特蒙古历史著述目录(1979—2018)》作为论集之附录。

对于选入本集的论文尚需说明如次:第一,收选论文内容保持原貌,若有增补或重大修改,则增写"补记"置于文后;第二,收选论文均标明该文首发时间和刊发于何处;第三,论文凡系合作之作,均在文末注明合作者,为尊重合作者劳动,特别注明执笔者。

后记行文至此,还有几句追思与感谢的话要说:中国人民大学清史研究所马汝珩教授,新疆维吾尔自治区社会科学院郭蕴华研究员,均是我卫拉特蒙古历史研究的合作者,收入论集的论文中有10篇,即是我与汝珩教授成文于20世纪八九十年代的作品。只是他(她)——我的大哥和大姐已先后驾鹤西归,此次重读当年合作之作,不尽的思念与淡淡的哀思时袭心际!

我要感谢收入本论集论文的另外两位合作者:中国社会科学院民族学和人类学研究所蔡家艺研究员和中国社会科学院中国边疆研究所阿拉腾奥其尔研究员。前一位与我同龄,是当年《准噶尔史略》撰写时的挚友,后一位正当盛年,已成为中国边疆研究的中坚力量。

我还要感谢我的学生西北大学历史学院陈跃博士,本论集入选西北大学出版社选题,陈跃功不可没;对于将我的文稿变成电子版的国家清史编纂委员会周小东同志的辛劳当然是要表达谢意的。

我的谢忱还要送给西北大学出版社,他们对学术的关注、支持,他们出版家的气势与风范,实在让人感动和敬佩。尤其是对为本书出版出力最著者社长马来先生、副总经理何惠昂先生、编辑李华女士,我要说一声谢谢!

马大正

2015 年 10 月草,2020 年 6 月改定于北京自乐斋